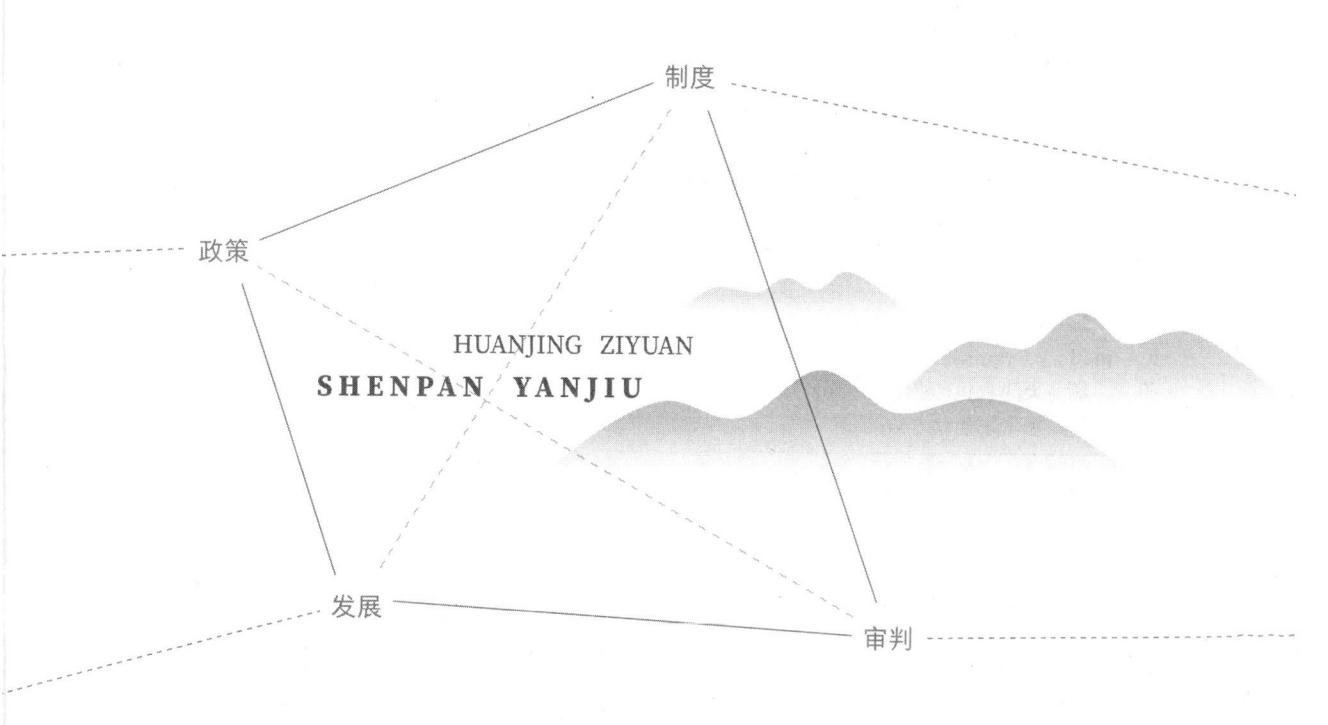

环境资源审判研究

孙晓勇 等 著

HUANJING ZIYUAN
SHENPAN YANJIU

制度
政策
发展
审判

人民法院出版社

图书在版编目（CIP）数据

环境资源审判研究 / 孙晓勇等著. -- 北京：人民法院出版社, 2023.1
ISBN 978-7-5109-3692-0

Ⅰ. ①环… Ⅱ. ①孙… Ⅲ. ①环境保护法—审判—研究—中国 Ⅳ. ①D922.680.4

中国版本图书馆CIP数据核字(2022)第254200号

环境资源审判研究
孙晓勇　等著

策划编辑 李安尼　　**责任编辑** 张　怡	
出版发行 人民法院出版社	
地　　址 北京市东城区东交民巷27号（100745）	
电　　话 （010）67550691（责任编辑）　67550558（发行部查询）	
65223677（读者服务部）	
客 服QQ 2092078039	
网　　址 http://www.courtbook.com.cn	
E - mail courtpress@sohu.com	
印　　刷 天津嘉恒印务有限公司	
经　　销 新华书店	

开　　本 787毫米×1092毫米　1/16
字　　数 565千字
印　　张 32.75
版　　次 2023年1月第1版　2023年1月第1次印刷
书　　号 ISBN 978-7-5109-3692-0
定　　价 138.00元

版权所有　侵权必究

编写委员会

主　任　刘贵祥
副主任　孙晓勇
成　员（以姓氏笔画为序）
　　　　王　立　王　伟　刘　明　刘　畅　孙世民　李成斌　李俊慧
　　　　郑未媚　胡田野　徐　哲　徐一楠　康天军　樊　军

撰写人员（按章节排序）

第一章第一节：王　立

第一章第二节：韩德强　韦　冉　陈学敏　李杨丽

第一章第三节、第四节：秦天宝　范兴龙

第二章第一节：李晓果　刘宇星　丁宛婷

第二章第二节：刘　畅　赵文轩　朱　琳　刘宇星　何靖雯

第二章第三节：孙世民　贺　翀

第二章第四节：李晓果　王雪瑞　潘泳宏　袁思雨

第二章第五节：杨晓琰　林潇潇　尹　伊

第二章第六节：聂格格　李　谦　贺　翀

第二章第七节：吴婷芳　宋志鹏　潘泳宏　何之婕

第二章数据分析支持：李俊慧　赵雨彤　李　晗　景　坤　卓　煜

第三章第一节、第四节、第六节：李晓果

第三章第二节：李成斌

第三章第三节：郑未媚

第三章第五节：郑未媚　李成斌　李晓果

第四章：孙晓勇

序

党的二十大报告对过去五年和新时代十年我国生态文明建设成就进行了集中提炼总结。习近平总书记在党的二十大报告中深刻阐明中国式现代化是人与自然和谐共生的现代化，对推动绿色发展、促进人与自然和谐共生作出重大安排部署，为推进美丽中国建设指明了前进方向。报告指出："我们坚持绿水青山就是金山银山的理念，坚持山水林田湖草沙一体化保护和系统治理，全方位、全地域、全过程加强生态环境保护，生态文明制度体系更加健全，污染防治攻坚向纵深推进，绿色、循环、低碳发展迈出坚实步伐，生态环境保护发生历史性、转折性、全局性变化，我们的祖国天更蓝、山更绿、水更清。"这十年，"绿水青山就是金山银山"成为全社会的共识和行动，环境治理成效之好前所未有；这十年，公众参与范围之广前所未有，生态文明成为民众共同参与、共同建设、共同享有的事业。在这一伟大变革过程中，人民法院既是生态文明建设的参与者、亲历者，也是生态文明建设的护航者、守护者。

在生态文明法治建设方面，习近平总书记反复强调"保护生态环境必须依靠制度、依靠法治"，明确指出"用最严格制度最严密法治保护生态环境"。[①] 这些重要论述蕴含着运用法治思维和法治方式解决生态文明领域深层次问题的世界观和方法论，展现出"生态兴则文明兴，生态衰则文明衰"[②] 的绿色发展观，彰显了"法治兴则国家兴，法治衰则国家乱"[③] 的法治理念。这些新观点、新论断、新思想，既为推进生态文明建设提供了基本遵循，也是习近平法治思想在生态环境保护中的实践深化和科学运用，揭示了社会主义生态文明法治建设的本质规律，展示了生态文明法治建设的实践伟力。

我国环境立法经过四十多年的发展，已经取得了丰硕的立法成果，基本形成了完整的体系框架。现行的国家环境立法和地方环境立法都在既定轨道上稳步前行、驰而不息，在既有的环境法律制度框架下取得了相当突出的立法成果，有力推进了环境法

[①] 习近平：《推动我国生态文明建设迈上新台阶》，载《求是》2019年第3期。
[②] 习近平：《共谋绿色生活，共建美丽家园》，载《人民日报》2019年4月29日，第2版。
[③] 参见《中共中央关于党的百年奋斗重大成就和历史经验的决议》。

律体系不断完善和发展。当然，随着生态文明建设不断向纵深推进，这对环境法治提出了崭新的要求，诸多矛盾接踵而至，不少困境亟待突破，诸如生态法治观淡薄、环境立法偏虚、环境法律实施偏软、政府环境责任偏弱、环境司法救济乏力以及社会共治较弱等问题普遍存在。正因如此，生态文明法治建设更应秉持问题导向，恪守创新精神，聚焦于立法、执法、司法、守法的各方面和全过程。

最高人民法院高度重视环境资源审判工作。环境资源审判工作的首要任务就是为生态文明建设提供有力司法服务和保障。相较传统型审判，环境资源审判的裁判智慧，既要有"或使用，或存放，或毁灭"的扬弃辩证思维，也要有"沉着，勇猛，有辨别"的开拓创新精神。理论是灰色的，实践之树常青，唯有在环境司法实践中，坚持用辩证的、创新的思维去构建生态文明建设与法治建设的互塑共生，方能让中国环境司法理念屹立于思想前沿、时代前沿、世界前沿。十年来，人民法院坚持用最严格制度最严密法治保护生态环境，强化生态环境法治保障，共审结各类环境资源案件196.5万件。其中，指导性案例和典型案例对环境资源审判尤为重要，很多司法实践经验都是从司法案例中提炼而成，以此发挥案例示范引领和规则补充作用。

本书创新地采取大数据研究方法，运用司法大数据的思维，通过收集全国法院大数据平台四年的环境资源案例信息，并结合相关样板地区的实地调研资料，归纳总结了环境资源制度、国家宏观政策、区域生态发展与环境资源审判之间的内在关联关系和波动规律，展示了一幅环境资源审判的多维度动态图景。这种研究方法是国家法官学院编写组深入贯彻习近平生态文明思想的有益探索和生动实践，为相关立法司法实践和环境治理体制改革提供了方法论上的新视角新维度。当然，在本书的创作过程中，诸多问题仍有待解决，未尽阐明，暂按不表。但我们愈发体悟到，中国环境法治亟须拓宽司法提供服务保障的维度与精度，亟须发挥司法能动主动介入环境治理体系，亟须提高国际化视野站位考虑全球环境治理新格局。

本书的付梓出版，得益于一线环资审判工作者的坚定信仰和默默付出，凝聚着全体编撰人员的心血、智慧和情感。作为环境资源审判领域的创新之作，囿于编写水平有限，疏漏之处在所难免。借此机会，衷心希望环境资源审判的实务工作者和环境法治的理论研究者能树立自信、保持定力，去芜存菁、挖掘传承，为我们贡献更具中国特色、时代特色的智慧和方案。路漫漫其修远兮，吾将上下而求索。

孙晓勇
2023年1月

目录

第一章 环境资源审判发展论要

第一节 溯源：环境资源审判承载中国传统人本主义环保理念……………… 003
一、当代环境资源审判的精神文化底蕴——中国传统环境法治思想概说……………… 003
二、当代环境资源审判的制度机制传承——中国传统环境法律制度和运作机制启示 … 007
三、当代环境资源审判的实践经验检视——中国传统环境保护的措施与案例镜鉴…… 012

第二节 奠基：环境资源审判工作的初步开展（1973—2011年）…………… 016
一、基本国策与环境法律体系的形成：环境资源审判制度构建的基础……………… 016
二、资源节约型、环境友好型社会建设：环境资源审判基本问题探讨……………… 029

第三节 探索：环境资源审判的制度构建和司法实践（2012—2017年）……… 036
一、实践先行：环境资源审判的制度建构探索……………………………………… 036
二、理论升华：环境资源审判的司法理论探讨……………………………………… 042
三、理论结合实践再发展：环境资源审判在改革中深化发展……………………… 049

第四节 发展：新时代环境资源审判制度的实践创新（2018年至今）………… 052
一、最严格制度最严密法治保护生态环境，推进重点流域区域治理………………… 052
二、生态保护事关国家、民族命运和文明兴衰：环境资源审判若干理论热点阐释… 057
三、环境资源审判服务大局的创新实践……………………………………………… 062

第二章　环境资源审判案件特征与趋势大数据分析

第一节　环境资源审判案件概览 ……………………………………… 069
一、贯彻生态文明理念，健全审判规则体系…………………………… 070
二、依法审理环境资源案件，严格落实法律责任……………………… 074
三、建成专门化归口体系，提升审判专业化水平……………………… 076
四、探索多元纠纷解决机制，形成司法协同格局……………………… 080
五、创新审判执行方式，落实恢复为主的司法理念…………………… 082

第二节　环境资源民事审判案件特征与趋势 ………………………… 083
一、环境资源民事案件审判的总体规律与特征分析…………………… 083
二、基于环境资源民事案件引用法律规范和争议焦点数据的案例分析……… 113
三、环资民事审判的趋势、问题及对策建议…………………………… 131

第三节　环境资源刑事审判案件特征与趋势 ………………………… 134
一、刑事案件总体情况…………………………………………………… 134
二、客体分析……………………………………………………………… 137
三、客观方面分析………………………………………………………… 138
四、主体分析……………………………………………………………… 139
五、主观方面分析………………………………………………………… 143
六、刑罚分析……………………………………………………………… 144
七、审判程序分析………………………………………………………… 147
八、刑事附带民事公益诉讼案件分析…………………………………… 149
九、小结…………………………………………………………………… 155

第四节　环境资源行政审判案件特征与趋势 ………………………… 156
一、行政案件总体情况…………………………………………………… 156
二、环境资源行政案件一审案件特征分析……………………………… 161

第五节　环境公益诉讼案件特征与趋势 ……………………………… 176
一、公益诉讼案件整体情况……………………………………………… 176
二、检察机关提起的公益诉讼情况分析………………………………… 185

三、社会组织提起的公益诉讼情况分析⋯⋯⋯⋯⋯⋯⋯⋯⋯⋯⋯⋯ 192

　　四、问题与规律⋯⋯⋯⋯⋯⋯⋯⋯⋯⋯⋯⋯⋯⋯⋯⋯⋯⋯⋯⋯⋯⋯ 198

第六节　环境资源保护重点流域案件特征与趋势⋯⋯⋯⋯⋯⋯⋯⋯⋯ 207

　　一、长江流域案件特征与趋势⋯⋯⋯⋯⋯⋯⋯⋯⋯⋯⋯⋯⋯⋯⋯⋯ 207

　　二、黄河流域案件特征与趋势⋯⋯⋯⋯⋯⋯⋯⋯⋯⋯⋯⋯⋯⋯⋯⋯ 215

　　三、长江、黄河流域环境资源审判最新进展⋯⋯⋯⋯⋯⋯⋯⋯⋯⋯ 223

　　四、白洋淀流域案件特征与趋势⋯⋯⋯⋯⋯⋯⋯⋯⋯⋯⋯⋯⋯⋯⋯ 224

第七节　环境资源审判典型地区案件特征与趋势⋯⋯⋯⋯⋯⋯⋯⋯⋯ 239

　　一、福建省环境资源案件特征与趋势⋯⋯⋯⋯⋯⋯⋯⋯⋯⋯⋯⋯⋯ 239

　　二、浙江省环境资源案件特征与趋势⋯⋯⋯⋯⋯⋯⋯⋯⋯⋯⋯⋯⋯ 248

　　三、江苏省环境资源案件特征与趋势⋯⋯⋯⋯⋯⋯⋯⋯⋯⋯⋯⋯⋯ 257

　　四、河南省环境资源案件特征与趋势⋯⋯⋯⋯⋯⋯⋯⋯⋯⋯⋯⋯⋯ 265

　　五、陕西省环境资源案件特征与趋势⋯⋯⋯⋯⋯⋯⋯⋯⋯⋯⋯⋯⋯ 273

　　六、云南省环境资源案件特征与趋势⋯⋯⋯⋯⋯⋯⋯⋯⋯⋯⋯⋯⋯ 281

　　七、青藏地区案件特征与趋势⋯⋯⋯⋯⋯⋯⋯⋯⋯⋯⋯⋯⋯⋯⋯⋯ 290

　　八、内蒙古自治区环境资源案件特征与趋势⋯⋯⋯⋯⋯⋯⋯⋯⋯⋯ 299

　　九、吉林省环境资源案件特征与趋势⋯⋯⋯⋯⋯⋯⋯⋯⋯⋯⋯⋯⋯ 308

第三章　环境资源审判制度运行实证研究——问题与思考

第一节　环境资源审判机构建设⋯⋯⋯⋯⋯⋯⋯⋯⋯⋯⋯⋯⋯⋯⋯⋯ 319

　　一、环境资源审判机构建设与改革历程⋯⋯⋯⋯⋯⋯⋯⋯⋯⋯⋯⋯ 319

　　二、环境资源案件的集中管辖⋯⋯⋯⋯⋯⋯⋯⋯⋯⋯⋯⋯⋯⋯⋯⋯ 321

　　三、环境资源案件的受案范围⋯⋯⋯⋯⋯⋯⋯⋯⋯⋯⋯⋯⋯⋯⋯⋯ 324

　　四、环境资源案件归口审理⋯⋯⋯⋯⋯⋯⋯⋯⋯⋯⋯⋯⋯⋯⋯⋯⋯ 326

第二节　环境资源民事案件⋯⋯⋯⋯⋯⋯⋯⋯⋯⋯⋯⋯⋯⋯⋯⋯⋯⋯ 336

　　一、环境资源民事审判概况⋯⋯⋯⋯⋯⋯⋯⋯⋯⋯⋯⋯⋯⋯⋯⋯⋯ 336

　　二、生态环境损害赔偿诉讼案件⋯⋯⋯⋯⋯⋯⋯⋯⋯⋯⋯⋯⋯⋯⋯ 346

三、实地调研的资料 …… 356
四、当前主要问题及建议 …… 362

第三节　环境资源刑事案件 …… 364
一、环境资源刑事审判立法及司法概况 …… 364
二、环境资源刑事审判司法适用——以典型案例和地方经验为视角 …… 373
三、环境刑事案件审理中的难点 …… 384
四、完善环境资源刑事审判的相关思考与对策 …… 387

第四节　环境行政案件 …… 392
一、环境资源行政审判工作概述 …… 392
二、实地调研经验——以濮阳市环境资源类行政案件情况为例 …… 396
三、环境行政案件审理中的难点及建议 …… 399

第五节　环境公益诉讼 …… 403
一、环境民事公益诉讼 …… 403
二、环境刑事附带民事公益诉讼 …… 418
三、环境行政公益诉讼 …… 433

第六节　环境资源审判与区域性合作以及新问题前瞻 …… 442
一、环境资源纠纷的共性与特性：以粤港澳大湾区、长三角地区为例 …… 443
二、环境资源审判与区域经济发展的契合 …… 448
三、区域性环境资源审判的实践探索 …… 451
四、环境资源审判与区域经济协同发展中存在的问题与解决方案 …… 456
五、环境司法保护中新问题前瞻：司法服务和保障碳达峰、碳中和目标
　　实现的思考 …… 459

第四章　以习近平生态文明思想指导人民法院环境资源审判工作

第一节　生态文明建设的时代背景和现实逻辑 …… 467
一、生态文明建设的历史变迁 …… 467
二、生态文明建设面临的挑战 …… 468

三、生态文明建设的新阶段、新理念、新格局……………………………… 469

第二节　新时代生态文明建设的主要内涵……………………………… 473
一、新时代关于生态文明建设的决策部署………………………………… 473
二、党的十八大以来生态文明体制改革取得的成果……………………… 476
三、完善和发展生态文明制度体系的主要任务…………………………… 478

第三节　生态文明建设的法治化进程……………………………………… 486
一、深入理解和把握习近平生态文明思想和习近平法治思想…………… 486
二、政府环境责任法治化建设……………………………………………… 494
三、自然资源管理法治化…………………………………………………… 497
四、生态环境保护督察机制………………………………………………… 499

第四节　人民法院为生态文明建设提供有力司法服务和保障………… 502
一、生态文明建设的法治改革……………………………………………… 502
二、环境资源立法的现实路径……………………………………………… 504
三、环境权益的司法救济…………………………………………………… 506

结　语……………………………………………………………………………… 508

后　记……………………………………………………………………………… 510

第一章
环境资源审判发展论要

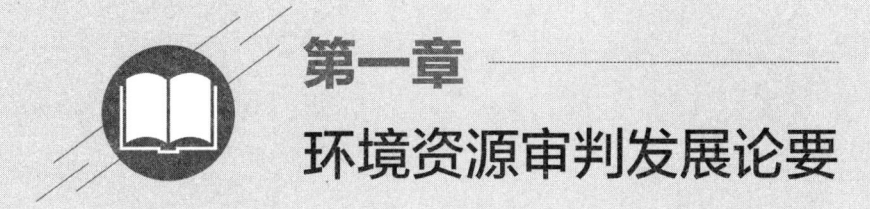

第一节
溯源：环境资源审判承载中国传统人本主义环保理念

尊重自然、顺应自然、保护自然，是全面建设社会主义现代化国家的内在要求。习近平总书记指出："生态文明建设是关系中华民族永续发展的根本大计。中华民族向来尊重自然、热爱自然，绵延5000多年的中华文明孕育着丰富的生态文化。"[①]生态兴则文明兴，生态衰则文明衰。中华生态文明的优秀传统是当代环境资源审判的思想之源和逻辑起点。

一、当代环境资源审判的精神文化底蕴——中国传统环境法治思想概说

锦绣中华大地，是中华民族赖以生存和发展的家园，孕育了中华民族5000多年的灿烂文明，造就了中华民族天人合一的崇高追求。[②]这个崇高追求造就了中华民族丰富的传统环境法治思想，体现了中国古人注重自然和谐的理念和传统。恩格斯指出："每一个时代的理论思维，从而我们时代的理论思维，都是一种历史的产物，它在不同的时代具有完全不同的形式，同时也具有完全不同的内容。"[③]在中国历史上，关于生态保

[①] 习近平：《推动我国生态文明建设迈上新台阶》，载《求是》2019年第3期。
[②] 《共谋绿色生活，共建美丽家园》（2019年4月28日），载习近平：《习近平谈治国理政》（第三卷），外文出版社2020年版，第374页。
[③] 恩格斯：《自然辩证法》，载中共中央马克思恩格斯列宁斯大林著作编译局编译：《马克思恩格斯选集》（第三卷），人民出版社1972年版，第465页。

护和生态文明的思想有着自己的思维理性成就。

(一) 人与自然和谐相处

人与自然和谐相处，是中国古人追求的理想境界。最典型的说法就是天人合一。尽管当时这种说法被披上了神秘的外衣，但实际上也为后人描绘出了人们生活在自然界，与自然界共存共生的精神家园。

1. 遵守自然规律，顺应自然规律

中国古人很早就认识到人与自然的重要关系，这在诸多典章古籍中都有体现。如《易经》中就提出："观乎天文，以察时变；观乎人文，以化成天下"，[1] "财成天地之道，辅相天地之宜"。[2]《老子》中说："人法地，地法天，天法道，道法自然。"[3]《孟子》中强调："不违农时，谷不可胜食也；数罟不入洿池，鱼鳖不可胜食也；斧斤以时入山林，材木不可胜用也。"[4]《齐民要术》中则有"顺天时，量地利，则用力少而成功多。任情返道，劳而无获"[5] 的记述。这些观念都强调要把天地人统一起来、把自然生态同人类文明联系起来，按照大自然规律活动，取之有时，用之有度，表达了我们的先人对处理人与自然关系的重要认识。

2. 善待河川与大山

在中国早期的历史上，很早就孕育产生了善待河川、大山的思想，并且具有浓厚的自然崇拜和神秘色彩。如《诗经》载"怀柔百神，及河乔岳"[6] 中所表达的厚待河山思想，实际上是把河岳神化了，与"百神"同等而厚待。在《国语》中也存有很多类似的颇具神秘色彩的自然保护思想。今天看来，除去时代所赋予的神秘色彩外，这些思想中也合理地表达了要求人们珍爱与之共存的河山及资源的思想成分。

3. 保护生物资源

按照《国语》记载，周景王时的卿士单穆公认为："若夫山林匮竭，林麓散亡、薮

---

[1] 参见《周易正义·贲》，载《十三经注疏》，中华书局1980年影印本，第37页。
[2] 参见《周易正义·泰》，载《十三经注疏》，中华书局1980年影印本，第28页。
[3] 参见《老子第二十五章》，载《二十二子》，上海古籍出版社1986年版，第3页。
[4] 参见《孟子注疏·梁惠王上》，载《十三经注疏》，中华书局1980年影印本，第2666页。
[5] (北魏) 贾思勰：《齐民要术·种谷》，中华书局2015年版，第81页。
[6] 《诗经·周颂·时迈》，中华书局2015年版，第751页。

泽肆既,民力凋尽,田畴荒芜,资用乏匮,君子将险哀之不暇……"①这里,已经反映出中国古人对生物资源可能导致的隐患的辩证思想。《礼记·月令》更是中国古人对生物资源与季节关系早期认识集大成者,其中载有不少关于在不同季节对保护生物资源的不同要求,既是人们在实践中形成的环境保护经验的积累,又是关于生物资源保护的理性认识。如孟春之月是生物生育繁殖季节,"命祀山林川泽牺牲毋用牝。禁止伐木。毋覆巢,毋杀孩虫、胎、夭、飞鸟……"②以免影响动植物的正常繁衍,从而危及生物资源的再生过程;仲春之月则要"安萌芽,养幼少"③;等等。

(二)环境资源保护是国家治理的重要内容

在先秦"百家争鸣"的时代,许多思想家都对环境保护问题作出过研究和探索,形成了大量见解深邃的思想。其中,以管仲和荀况最有代表性。

1. 管仲的自然资源国家管制、"以时禁发"的环境法制思想

在中国先秦时期,著名的思想家管仲对环境保护问题的论述十分丰富,形成了比较系统的理论认识,对中国漫长的农业文明社会对待自然环境问题有着深远的影响。

(1)山林川泽作为人们的生活来源,是很重要的自然资源。如管子认为"山川林薮积草,夫财之所出"④,"山不童而用赡,泽不弊而养足"⑤,从而把保护自然资源和人们的生存发展联系在一起,并以此奠定其环境保护思想的基础。

(2)不重视自然资源保护的人,不可以立为王。管仲认为,"为人君不能谨守其山林菹泽草莱,不可以立为天下王"⑥,"山林、菹泽、草莱者,薪蒸之所出,牺牲之所起也。故使民求之,使民籍之,因此给之……"⑦可见,在其朴素的民生观中已包含着保护自然资源与国家统治者的治国理念之间的辩证关系,他在那样的时代已经把保护自然资源视为国家大事。事实上,在早期的农业社会,国家资源和财富也主要源于自然资源,正是这种特定的社会存在才决定了管仲的环境保护思想。

---

① 邬国义、胡果文、李晓路撰:《国语译注·周语(下)》,上海古籍出版社2017年版,第91页。
② 《礼记·月令》,载《十三经注疏》,中华书局1980年影印本,第1357页。
③ 《礼记·月令》,载《十三经注疏》,中华书局1980年影印本,第1361页。
④ 《管子·立政》,载《二十二子》,上海古籍出版社1986年版,第95页。
⑤ 《管子·侈靡》,载《二十二子》,上海古籍出版社1986年版,第138页。
⑥ 《管子·轻重甲》,载《二十二子》,上海古籍出版社1986年版,第186页。
⑦ 《管子·轻重甲》,载《二十二子》,上海古籍出版社1986年版,第95页。

（3）国家应当制定法律，严格保护环境资源，做到"禁发有时"。基于自然资源对国家的重要意义，要"泽立三虞，山立三衡"①，应当"修火宪，敬山泽林薮草木"②。"苟山之见荣者，谨封而为禁。有动封山者罪死而不赦。有犯令者，左足入，左足断，右足入，右足断"③，"山林虽近，草木虽美，宫室必有度，禁发必有时"。④

2. 荀况对管仲的思想有所发展："不夭其生，不绝其长"

荀况对环境问题的论述也是极为丰富的，并对管仲的有关环境保护思想作了进一步的阐释。荀况认为"天行有常，不为尧存，不为桀亡"⑤，"养长时，则六畜育，杀生时，则草木殖"⑥。"草木荣华滋硕之时，则斧斤不入山林，不夭其生，不绝其长也；鼋鼍鱼鳖鳅鳝孕别之时，罔罟毒药不入泽，不夭其生，不绝其长也；春耕、夏耘、秋收、冬藏，四者不失时，故五谷不绝，而百姓有余食也；污池渊沼川泽，谨其时禁，故鱼鳖尤多，而百姓有余用也；斩伐养长不失其时，故山林不童，而百姓有余材也。"⑦

（三）自然资源开发与保护的辩证环境法制思想："应时修备，富国利民"

中国历朝历代都有关于资源开发与保护的辩证关系的论述，汉代的《淮南子·主术训》一书中对前人的环境保护思想、法规、政策和经验作了系统的总结，提出关于自然资源保护的一系列具体规定，充分体现了在农业文明时代合理开发利用和保护自然资源，促进农业生产，稳固国家统治基础的重农主义环境保护思想。如该书认为："食者民之本也，民者国之本也，国者君之本也。是故人君者上因天时，下尽地财，中用人力，是以群生遂长，五谷蕃植。教民养育六畜，以时种树，务修田畴，滋植桑麻，肥浇高下，各因其宜。邱陵孤险不生五谷者，以树竹木，春伐枯槁，夏取果瓜，秋畜蔬食，冬伐薪蒸，以为民资。是故生无乏用，死无转尸。故先王之法，畋不掩群，不取麛夭，不涸泽而渔，不焚林而猎。豺未祭兽，罝罦不得布于野；獭未祭鱼，网罟不得入于水；鹰隼未挚，罗网不得张于溪谷；草木未落，斤斧不得入于林；昆虫未蛰，

---

① 《管子·小匡》，载《二十二子》，上海古籍出版社1986年版，第121页。
② 《管子·立政》，载《二十二子》，上海古籍出版社1986年版，第95页。
③ 《管子·地数》，载《二十二子》，上海古籍出版社1986年版，第182页。
④ 《管子·八观》，载《二十二子》，上海古籍出版社1986年版，第109页。
⑤ 《荀子·天论》，载《二十二子》，上海古籍出版社1986年版，第327页。
⑥ 《荀子·王制》，载《二十二子》，上海古籍出版社1986年版，第306页。
⑦ 《荀子·王制》，载《二十二子》，上海古籍出版社1986年版，第306页。

不得以火烧田；孕育不得杀，鷇卵不得探；鱼不长尺不得取；彘不期年不得食。是故草木之发若蒸气，禽兽之归若流泉，飞鸟之归若烟云，有所以致之也。故先王之政，四海之云至而修封疆，虾暮鸣燕降而达路除道，阴降百泉则修桥梁，昏张中则务种谷，大火中则种黍菽，虚中则种宿麦，昂中则收敛畜积，伐薪木。上告于天，下布于民。先王之所以应时修备，富国利民，实旷来远者，其道备矣。"①

二、当代环境资源审判的制度机制传承——中国传统环境法律制度和运作机制启示

中国历代统治者都很重视环境资源的管理、开发利用，不仅设置环境资源保护机构，而且确立了比较完备的环境保护法律制度，为当代环境资源审判的确立从制度上提供了宝贵的历史经验和启示。

（一）环境资源保护机构的设置是环境资源保护的前提

据《周礼》记载，帝舜时代就设有虞官，到周朝则发展为司徒府下设虞、衡机构，负责环境资源管理。其中，"山虞掌山林之政令，物为之厉而为之守禁，仲冬斩阳木，仲夏斩阴木"；"林衡掌巡林麓之禁令而平其守"；"川衡掌巡川泽之禁令"；"泽虞掌国泽之政令"；"卝人掌金玉锡石之地"。②

在汉代，环境资源也是受国家专门机构保护管理的。史载："天下旱，蝗，帝加惠，令诸侯毋入贡，驰山泽，减诸服御狗马，损郎吏员……"③后及三国，两晋，南北朝渐次沿袭，但三国时期仅有曹魏衣钵受传于后汉，国家机构相对完善，设有虞、衡机构。以下及至隋代，为时虽短暂，但该朝却进行了一些重大的政治改革，并对后世

---

① 《淮南子》（卷九），载《二十二子》，上海古籍出版社1986年版，第1247页。
② 《周礼注疏·地官司徒第二》，载《十三经注疏》，中华书局1980年影印本，第749页。
③ （汉）司马迁：《史记·孝文本纪》，中华书局1982年版，第432页。

影响极大。① 隋朝时采用了三省六部制，② 在其尚书省③ 设有专司环境资源管理的机构，即工部下设工部、屯田、虞部和水部。其中虞部的主要职责是管理山林川泽政令，设长官为郎中，副长官为员外郎。唐朝继而将隋朝的环境资源管理模式沿用过来，但对于其职责，《旧唐书》和《新唐书》的说法却存有一些分歧，④ 盖史说不一所致。由于科技的发展和生产力水平的渐次提高，宋朝时已将金、银、铜、铁、盐、矾等重要矿产资源及其产品资源列入了国家环境资源管理的范畴，因而宋朝在其工部之下设有多个分支机构分别管理环境资源事务，如设有工部所属之屯田、虞部、水部等，均属环境资源管理机构，特别是虞部，还掌管着全国的矿业开采冶炼，（虞部郎中、员外郎）"掌山泽、苑囿、场治之事，办其地产而为厉禁。凡金、银、铜、铁、铅、锡、盐、矾，皆计其所入登耗，以诏赏罚"。⑤

明、清两朝均有类似宋朝的这种机构设置。如《明史》中记载："虞衡典山泽采捕、陶冶之事。凡鸟兽之肉、皮革、骨角、羽毛可以供祭祀、宾客、膳羞之需，礼器、军实之用，岁下诸司采捕。水课禽十八、兽十二，陆课兽十八、禽十二，皆以其时。冬春之交，置罛不施川泽；春夏之交，毒药不施原野。苗盛禁蹂躏，谷登禁焚燎。若

---

① 《隋书·百官志（下）》记载："高祖既受命，改北周之六官，其所制名，多依前代之法。置三师、三公及尚书、门下、内史、秘书、内侍等省……"参见（唐）魏征撰：《隋书·百官志（下）》，中华书局1982年版，第362页。

② 三省即指中书省、门下省、尚书省。《新唐书·百官志一》："唐因隋制，以三省之长，中书令、侍中（门下）、尚书令，共议国政，此宰相之职也。"按隋唐时，三省同为最高政务机构，一般为中书决策，门下审议，尚书执行，实际上为三省长官共同负责中枢政务。六部则是从隋唐开始，中央行政机构中，吏、户、礼、兵、刑、工各部的总称。其职务在秦汉时本为九卿所分掌，魏晋以后，尚书分曹治事，由曹渐变为部，至隋唐始确定以六部为尚书省的组成部分。元代六部改属中书省。明太祖时废宰相，六部直接对皇帝负责，地位更加提高。清末逐渐添设新的部，六部之名遂废。参见《辞海·历史分册》（中国古代史），上海辞书出版社1981年版，第147页、第151页。

③ 官署名。东汉设置，称尚书台，或中台。南北朝时始称尚书省，下分各曹，为中央执行政务的总机构。唐代曾改称文昌台、都台、中台，旋复旧称。尚书省都堂居中，左右分司，都堂之东有吏部、户部、礼部三行，每行四司，以左司统之；都堂之西有兵部、刑部、工部三行，每行四司，右司统之。尚书省的长官为尚书令，其副职为左右仆射。元代尚书省时置时废，明代各部均直接对君主负责，遂不设尚书省，清制同。参见《辞海·历史分册》（中国古代史），上海辞书出版社1981年版，第138页。

④ 据《旧唐书》载："郎中、员外郎之职，掌京城街巷种植，山泽苑囿，草木薪炭，供顿田猎之事。凡采捕鱼猎，必以其时。"参见（后晋）刘昫等撰：《旧唐书·职官志》，中华书局1975年版，第1841页；而《新唐书》载："掌京都衢衖、苑囿、山泽草木及百官蕃官时蔬薪炭供顿、畋猎之事。"参见（宋）欧阳修等撰：《新唐书·职官志》，中华书局1975年版，第1202页。

⑤ （元）脱脱等撰：《宋史·职官志》，中华书局1985年版，第3863页。

害兽，听为陷阱获之，赏有差。凡诸陵山麓，不得入斧斤、开窑冶、置墓坟。凡帝王、圣贤、忠义、名山、岳镇、陵墓、祠庙有功德于民者，禁樵牧。凡山场、园林之利，听民取而薄征之。"[1]《清史稿·职官志》记载："虞衡掌山泽采捕，陶冶器用。"[2]

（二）委任环境资源保护官吏是环境资源保护的保障

我国古代负责环境资源管理的官吏，从可考史料看，主要有以下几种。

1. 虞官

在中国历史上为时最悠久和任命最为普遍的环境资源保护官吏是虞官。据《史记》载，帝舜（距今约4000余年）时洪水泛滥，舜任命禹父子治水，伯益[3]则被任命为虞官，主要负责协助禹治水，但同时还兼事管理草木鸟兽。[4] 周朝时，这也有将此类官称为"虞师"[5] "虞侯"[6] 和虞人[7] 的。

2. 司空[8]

距今约4000年前，舜任命禹父子治水，禹当时的职务就是司空。舜因管理水土，故将此职列为早期环境方面的官职。西汉时司空本为主管建筑工程、制造车服器械等方面的官职；而东汉时司空则主管水土及营建；汉成帝曾一度改称其为"大司空"，后又复称司空；隋唐沿用。但据郭沫若之"两周金文辞大系"[9] 认为，司空在金文中亦作"司工"；但汉代还设有"水司空"一职，却不可妄言为掌管河湖水泊之事。

---

[1] （清）张廷玉等撰：《明史·职官志》，中华书局1974年版，第1760~1761页。
[2] 赵尔巽等撰：《清史稿·职官一》，中华书局1977年版，第3292页。
[3] 据史书载，伯益是一位治水和管理鸟兽及环境的官员。司马迁称颂他"与禹平水土……，佐舜调驯鸟兽，鸟兽多驯服"，其详阅见（汉）司马迁：《史记·秦本纪第五》，中华书局1982年，第173页；《汉书》载："伯益知禽兽……"，其详阅见（汉）班固撰：《汉书·地理志》，中华书局1962年版，第1641页。
[4] 据《尚书·尧典》载："帝曰：畴若予上下草木鸟兽，佥曰：益哉！帝曰：俞！咨益，汝作朕虞。"
[5] 据《管子·立政》载："修火宪，敬山泽林薮草木，天财之所出，以时禁发焉，使民足于宫室之用，薪蒸之所积，虞师之事也。"参见《二十二子》，上海古籍出版社1986年版，第95页。又据《荀子·王制》载："修火宪，养山林薮泽草木鱼鳖百索，以时禁发，使国家足用而财物不屈，虞师之事也。"参见《二十二子》，上海古籍出版社1986年版，第306页。
[6] 据《左传分国集注》载："薮之蒸薪，虞侯守之。"其详阅见《左传分国集注》（上），江苏人民出版社1962年版，第224页。
[7] 据《荀子·王制》载："栗林虞人以吾为戮，吾所以不庭也。"参见《二十二子》，上海古籍出版社1986年版，第306页。
[8] 参见《辞源》，商务印书馆1988年版，第251页。
[9] 参见《辞源》，商务印书馆1988年版，第251页。

3. 司水①、司天台②

顾名思义，司水者，专司水事也；司天台者，专司天文天象也。此二职分别为早期负责水流、天象的官职。

4. 山虞③、水虞④、泽虞⑤、林衡⑥、川衡⑦、山师⑧

均为早期负责管理山水的官府和官职。

5. 尚书⑨

盖因隋唐时尚书省之工部分管工程、工匠、水利、交通等事，虞部郎为尚书省工部所辖之官职，故可推断"尚书"应当间接负有管理和领导环境资源管理事务方面的职责。

（三）确立环境资源保护法律制度是环境资源保护的依据

现代法理学认为，法的整体是由各种具有不同功能的要素构成，法律规范就是构成法的整体的基本要素或单位。⑩研究被称为环境法之前的"环境法"，主要是作为基本单元存在于其他各种法律形式之中的早期环境法律规范。这些环境法的基本法律规范伴随着人们对规律认识的进程，由此及彼、由浅及深、由表及里地体现在以下的层次上。

1. 简单而基本的环境法律规范

如果说中国是世界上最早制定环境法的国家，目前还找不出令人信服的证据；但如果说中国是世界上最早就制定了有关环境保护法律的国家之一，那就绝不是牵强附

---

① 司水又名"川衡"，也称"水虞"，周朝负责巡视山川的官职。其详参阅《辞源》，商务印书馆1988年版，第251页、第514页。

② 司天台又称浑天监、浑仪监、太史监等，是唐代主管观察天象、考定历数的官职。其详请参阅《辞源》，商务印书馆1988年版，第252页。

③ 参见《周礼注疏·地官司徒第二》，载《十三经注疏》，中华书局1980年影印本，第749页。

④ 参见《辞源》，商务印书馆1988年版，第251页。

⑤ 参见《辞源》，商务印书馆1988年版，第251页。

⑥ 《周礼注疏·地官司徒第二》，载《十三经注疏》，中华书局1980年影印本，第749页。

⑦ 参见《辞源》，商务印书馆1988年版，第251页。

⑧ 周代掌管山川产物的官名。其详请参阅《辞源》，商务印书馆1988年版，第499页。

⑨ 作书名时，指儒学经典著作，相传为孔子所著。又为官名，在周代、汉代其职位很低，但隋朝始设为三省之一，为尚书省长官，则位高权重。尚书省下设六部，其中，工部早期负有环境管理的职责。其详请参阅《辞源》，商务印书馆1988年版，第484页。

⑩ 参见孙国华、朱景文主编：《法理学》，中国人民大学出版社1999年版，第273页。

会了，①中国早期的一些简单而基本的环境法律规范就可以对此作出理由足够充分的释证。

（1）禹执政的时期，就颁布了有关环境保护的法规。②《逸周书·大聚篇》有载："禹之禁，春三月，山林不登斧，以成草木之长；夏三月，川泽不网罟，以成鱼鳖之长。"这个表述句式，现在看来仍然是一个韵味十足禁止性法律规范的逻辑表达方式。现今也有学者将上述史实称为世界上最早的环境保护立法——而且不止一位学者有此一说。③

（2）从秦朝——我国第一个中央集权的封建王朝开始至最后一个封建王朝——清朝，各个朝代都有关于环境保护的立法。如我国湖北省云梦县出土的睡虎地秦墓竹简中就有记载："春二月，毋敢伐材木山林及雍堤水。不夏月，毋敢夜草为灰，取生荔……"④

2. 由法律规范群集合而成的相关法律制度

在中国法律史上最负盛名的《唐律疏议》在"杂律"一章中，对自然环境和生活环境的保护作出了更为详尽的规定：

（1）破坏环境责任人与管理部门主管人员失职均应受到处罚。如"诸侵巷街、阡陌者，杖七十。若种植垦食者，笞五十。各令复故。虽种植，无所妨废者不坐。其穿垣出秽污者，杖六十；出水者，勿论。主司不禁与同罪"。

（2）山、林、水、火、庄稼均在严格保护或管理、管制之列。"诸占固山野陂湖之利者，杖六十"；⑤"诸不修堤防及修而失时者，主司杖七十"；⑥"诸失火及非时烧田野者，笞五十；延烧人舍宅及财物者，杖八十；赃重者，坐赃论减三等；杀伤人者，减斗杀伤二等。其行道燃火不灭，而致延烧者，各减一等"。⑦"诸弃毁官私器物及毁伐树

---

① 参见韩德培主编：《环境保护法教程》，法律出版社1998年版，第20页。在韩德培老先生主编的《环境保护法教程》中并未明确提出"最早"的说法，却在行文中提出了公元前21世纪的例证材料。
② 参见袁清林编著：《中国环境保护史话》，中国环境科学出版社1990年版，第152~157页。
③ 参见王灿发：《环境法学教程》，中国政法大学出版社1997年版，第39页；汪劲：《环境法律的理念与价值追求——环境立法目的论》，法律出版社2000年版，第33页。
④ 参见《睡虎地秦墓竹简》，文物出版社1978年版，第26页。
⑤ 参见钱大群：《唐律译注》，江苏古籍出版社1988年版，第327页。
⑥ 参见钱大群：《唐律译注》，江苏古籍出版社1988年版，第340页。
⑦ 参见钱大群：《唐律译注》，江苏古籍出版社1988年版，第344页。

木、稼穑者，准盗论。"[①]

三、当代环境资源审判的实践经验检视——中国传统环境保护的措施与案例镜鉴

中国古代关于环境保护的做法有许多种，散见于现存的各种典章古籍中。无论是通过行政管理来保证环境的清洁卫生，还是通过各种故事来表明古人的环境保护观，对当代环境资源审判理念的确立都有着不可忽视的作用。

（一）通过法律法规对环境进行保护并付诸实践

徒法不足以自行。有了明确的法律规定，必须要通过具体的措施来保证实施。中国古代的环境保护也不例外。以唐宋两代为例。

1. 城市绿化和道路保护

唐代是中国封建社会发展的鼎盛时期，其都城长安是当时的国际化大都市，因此，城市的绿化和道路保护就成为当时环境保护的重点，表现为虞衡对环境管理的范围比汉代以前的任何时候都要宽泛得多。除管理山林、川泽、苑囿等传统环境要素外，还新赋予了城市绿化及道路管理的任务，并且，还要管理郊祠神坛、五岳名山。

（1）城市绿化。据陕西博物馆有关资料载，唐时都城长安的宫城、皇城都种植了梧桐、柳树等，长安城的绿化，对改善都市环境，起到了很好的作用，特别是当时的都城长安作为一座"国际化"的城市，各国使节、商旅很多，著名的"丝绸之路"更把中国同中亚、西亚乃至欧洲联系在一起，因此，唐都的环境保护举措，当在一定程度上对各国产生积极的影响。唐代的长安城的城市绿化并不是市民的任意行为，而是工部下设的虞部的管理职责，"（虞部）郎中、员外郎之职，掌京城街巷种植，山泽苑囿，草木薪炭，供顿田猎之事。凡采捕渔猎，必以其时"[②]。因此，这种行为应当属于政府行为，可见当时仍有着相应的法律依据。

（2）道路保护。唐代很重视道路保护，据《唐会要》载，代宗广德元年八月敕："如闻诸军及诸府皆于道路开凿营种，衢路隘窄，行李有妨……宜令诸道诸使及州府长

[①] 参见钱大群：《唐律译注》，江苏古籍出版社1988年版，第352页。
[②] （后晋）刘昫等撰：《旧唐书·职官志》，中华书局1975年版，第1841页。

吏即差官巡检，各依旧路，不得辄有耕种，并在所桥路，亦随要修葺。"① 大历八年七月敕："诸道官路不得令有耕种及斫伐树木，其有官处，勾当填补。"② 可见，唐代对道路的保护重视程度之高。

2. 重农主义环境保护法制思想与实践

总体上说，"有宋一代三百二十年间，传统'重义贱利'思想向'利义均重、利义相辅'思想的转变，导致其时商品经济的畸形发展，传统商人社会政治地位的提高和官商两者相互关系的进一步密切。官商—'吏商''士商'—这一社会现象遂成为两宋社会政治经济结构中的一道独特的风景。它的出现与发展，又反过来促使千百年的传统思想观念进一步发生变化。这些对维持两宋庞大而虚弱的国家官僚机构和集权统治体制，适应客观经济和社会政治结构的变化，乃至对后世都产生了深远的影响"③。但朝廷的主导思想显得相当落后和保守，其对待农业的主导政策仍然是以"重农抑商"为主色调。由于朝廷对农事的重视，因而在有关农事的环境保护法制思想与实践方面也有一些前人所不及的建树，以致"这一时期，传统的官僚政治发展到一个新的高度，社会经济也达到小农社会自然经济的顶峰"④。

（1）稻花香里说丰年，听取蛙声一片。中国古人早就认识到了某些生物之间的"食物链"关系，并开始了这方面的环境保护行为和相关的环境法制实践。据林枫林考证：如青蛙对农作物的益处，早在唐代就有所认识，只是尚未引起社会广泛的认知。唐时章孝标在其《长安秋夜》中说："田家无五行，水旱卜蛙声"⑤；该朝陈藏器亦认为"虾蟆背有黑点，身小能跳，接百虫"。及至宋朝，词人辛弃疾在其名篇《西江月·夜行黄沙道中》吟道："稻花香里说丰年，听取蛙声一片。"⑥此一语道破"蛙声"与"丰年"之间的关系。宋叶梦得也在其《避暑录话》中云："蛙有跃而登木捕蝉者"，此说

---

① （宋）王溥撰：《唐会要卷八十六·道路》，中华书局1960年版，第1573~1574页。
② （宋）王溥撰：《唐会要卷八十六·道路》，中华书局1960年版，第1574页。
③ 赵晓耕：《宋代官商及其法律调整》，中国人民大学出版社2001年版，第73页。
④ 赵晓耕：《宋代官商及其法律调整》，中国人民大学出版社2001年版，第Ⅳ页。
⑤ 全诗为："田家无五行，水旱卜蛙声。牛犊乘春放，儿童候暖耕。池塘烟未起，桑柘雨初晴。步晚香醪熟，村村自送迎。"参见（清）彭定求等编：《全唐诗》，延边人民出版社1999年版，第3142页。
⑥ 全文为："明月别枝惊鹊，清风半夜鸣蝉。稻花香里说丰年。听取蛙声一片。七八个星天外，两三点雨山前。旧时茅店社林边。路转溪桥忽见。"参见王诤等编：《全编宋词》，延边人民出版社1999年版，第1166页。

与唐代陈藏器的观点大有渊源。由于这种认识日渐传播，宋代官府开始采取措施，禁止民间食蛙。按宋神宗年间彭乘所著《墨客挥犀》载："浙人喜食蛙，沈文通在钱唐日切禁之"；赵葵在其《行营杂录》中载：宋代不仅禁止捕蛙，还对犯禁者予以刑事处罚，以至于有"村民犯禁，为门卒所捕，械至于庭"的结果。①

（2）有识之士开始注意到违背自然规律"围湖造田"的严重后果。宋代，江南围湖造田曾十分盛行，不少有识之士对此大有微词，曾巩、陆游等对此均持有异议，尤其是龚明之在其所著《吴中纪事》曾指出了太湖围垦的后果：今所以有水旱的问题，其根源就在于围湖造田，围了湖，湖泊便失去了蓄水能力，水涨时无处蓄水，遇天旱时湖自水枯，不能浇地，因而其祸无穷。②这样的认识，对于统治者来说，本应吸收到相应的法规中去，但可惜的是并没有在立法层次上受到应有的重视。

（二）中国古代与环境保护有关的故事或案例

中国的典章古籍中记载的故事或案例，主要是为了宣传古人的政治智慧或治国理念，但却反映了古人对环境的重视，对自然资源的保护。

1. 网开三面

《史记·殷本纪》："汤出，见野张网四面，祝曰：'自天下四方，皆入吾网。'汤曰：'嘻，尽之矣！'乃去其三面，祝曰：'欲左，左。欲右，右。不用命，乃入吾网。'诸侯闻之，曰：'汤德至矣，及禽兽。'"③

2. 里革断罟

《国语·鲁语上》："宣公夏滥于泗渊，里革断其罟而弃之，曰：'古者大寒降，土蛰发，水虞于是乎讲罛罶，取名鱼，登川禽，而尝之寝庙，人行诸国，助宣气也。鸟兽孕，水虫成，兽虞于是乎禁罝罗，䄏鱼鳖，以为夏槁，助生阜也。鸟兽成，水虫孕，水虞于是乎禁罜（请造字：上四下鹿），设穿鄂，以实庙庖，畜功用也。且夫山不槎蘖，泽不伐夭，鱼禁鲲鲕，兽长麑（请造字：上鹿下夭），鸟翼鷇卵，虫舍蚳蝝，蕃庶物也，古之训也。今鱼方别孕，不教鱼长，又行网罟，贪无艺也'。公闻之曰：'吾过而里革匡我，不亦善乎！是良罟也，为我得法。使有司藏之，使吾无忘谂。'师存侍，

---

① 林枫林：《从古人禁捕青蛙谈起》，载《环境》1984年第4期。
② 参见袁清林编著：《中国环境保护史话》，中国环境科学出版社1989年版，第134页。
③ （汉）司马迁：《史记·殷本纪第三》，中华书局1982年版，第95页。

曰：'藏罟不如寘里革于侧之不忘也。'"[1]

结语：中华优秀传统文化是中华文明的智慧结晶和精华所在，是中华民族的根和魂，是我们在世界文化激荡中站稳脚跟的根基。习近平总书记在中国共产党第二十次全国代表大会开幕式上的讲话指出："中华优秀传统文化源远流长、博大精深，是中华文明的智慧结晶，其中蕴含的天下为公、民为邦本、为政以德、革故鼎新、任人唯贤、天人合一、自强不息、厚德载物、讲信修睦、亲仁善邻等，是中国人民在长期生活中积累的宇宙观、天下观、社会观、道德观的重要体现，同科学社会主义价值观主张具有高度契合性。"中国古代环境保护理念、制度和实践是中华优秀传统文化的重要组成部分，我们在新时代新征程中更要坚持守正创新，推动中华优秀传统文化同社会主义社会相适应，展示中华民族的独特精神标识，更好构筑中国精神、中国价值、中国力量，推进美丽中国建设，站在人与自然和谐共生的高度谋划发展，实现物质文明和精神文明相协调的中国式现代化。

---

[1] 邬国义、胡果文、李晓路撰：《国语译注·鲁语上》，上海古籍出版社2017年版，第136页。

第二节
奠基：环境资源审判工作的初步开展（1973—2011年）

中国近代人本主义环保理念及环境法律制度是中国传统文化天人合一思想在现代社会的传承与发展，为早期的环境资源审判工作奠定了坚实的社会基础和思想基础。1973年至2011年，在"保护环境"与"节约资源"的基本国策的指引下，以《环境保护法》为代表的一系列环境法律法规相继颁布和实施，具有中国特色社会主义的环境法律体系基本形成。但伴随着我国生产力的飞速发展和人口的逐步增长，对生态环境的破坏、对自然资源的索取致使人与自然之间的矛盾不断激化与升级，反映到司法领域则体现为各类环境资源案件数量的激增，亟待环境法律制度的更新和环境资源审判工作模式的创新，以更好地满足人民群众对美好生活环境的基本需要。与此同时，各级人民法院也在不断探索符合我国国情、契合当地实际的环境资源审判工作模式，并取得积极进展。

一、基本国策与环境法律体系的形成：环境资源审判制度构建的基础

（一）"保护环境"与"节约资源"的基本国策

在我国，政策与法律具有高度的契合性，前者所体现出的精神往往成为有关法律制定的重要依据。在《环境保护法》正式出台之前，针对生产生活中不断滋生的环境破坏与资源浪费等问题，保护环境和节约资源的重要性和紧迫性日益凸显，国家需及时制定相关政策予以及时回应。1972年，"可持续发展"思想在斯德哥尔摩举行的联

合国人类环境研讨会上首次被提出,成为指导世界各国处理好发展与环境关系的行动指南。"可持续发展"的核心是发展,但是要求在严格控制人口数量、提高人口素质和保护生态环境、资源永续利用的前提之下实现经济和社会的发展。可以说,作为一种旨在实现人与自然和谐共存的先进理念,"可持续发展"已经深入人类社会发展的各个层面。作为世界上人口最多的发展中国家,"可持续发展"思想对我国更具有特殊的意义。

20世纪70年代末到80年代,人口、环境以及资源压力对国民经济发展形成重大的制约和威胁。继计划生育被确定为我国的基本国策后,1982年秋天,时任国务院常务副总理的万里同志在主持国务院会议时表示:"环境问题已成为现代化建设中的突出问题,如果不能及时阻止这种态势的发展,经济建设就难以顺利进展。像计划生育一样,环境保护也是一项基本国策,必须摆上重要议程。"1983年12月31日至1984年1月7日,第二次全国环境保护会议在北京召开。本次会议将环境保护正式确立为基本国策,同时制定了经济建设、城乡建设和环境建设同步规划、同步实施、同步发展,实现经济效益、社会效益、环境效益相统一的指导方针。自此,环境保护在社会主义现代化建设中的战略地位得到确立,通过把环境意识上升为国策意识以增强全民的环境意识,对环境保护事业具有深远意义。为了更好地贯彻"保护环境"的基本国策,党和政府制定并发布了一系列关于环境保护的政策和文件。例如,1990年12月5日,国务院发布《关于进一步加强环境保护工作的决定》(国发〔1990〕65号),其开宗明义地指出,"保护和改善生产环境与生态环境、防治污染和其他公害,是我国的一项基本国策"。同时提出了八项具体要求,即严格执行环境保护法律法规、依法采取有效措施防治工业污染、积极开展城市环境综合整治工作、在资源开发利用中重视生态环境的保护、利用多种形式开展环境保护宣传教育、积极研究开发环境保护科学技术、积极参与解决全球环境问题的国际合作以及实行环境保护目标责任制。

从广义上看,各种自然资源也是生态环境的构成要素之一,"节约资源"属于"保护环境"题中的应有之义。从实践上看,建立在资源高消耗基础上的工业社会是引起环境恶化的主要风险源。第二次全国环境保护会议推出了以合理开发利用自然资源为核心的生态保护策略,防治对土地、森林、草原、水、海洋以及生物资源等自然资源的破坏,保护生态平衡。我国虽然国土广大,蕴藏着的自然资源种类丰富、总量位居世界前列,但在庞大人口基数的稀释下,我国自然资源的人均占有量处于较低水平。

确立"节约资源"的基本国策,是由我国的基本国情所决定的,有利于加快转变经济增长方式,为实现可持续发展和全面建设小康社会提供坚实保障。2005年10月18日,《中共中央关于制定国民经济和社会发展第十一个五年规划的建议》提出要将"建设资源节约型、环境友好型社会"作为基本国策,"节约资源"被提到前所未有的高度。1997年全国人大通过,2007年、2018年修正的《节约能源法》第4条规定:"节约资源是我国的基本国策。国家实施节约与开发并举、把节约放在首位的能源发展战略。"

(二)习近平地方执政时的环境保护思想

1. 河北省正定县(1982—1985年)

1982年3月至1985年5月,习近平同志任河北省正定县县委副书记和书记。在正定工作的三年多时间里,习近平同志关于经济发展的许多重要论述实际上已经涉及环境、资源和人口问题,涉及统筹经济发展和环境保护的问题。例如,习近平同志提出农业经济是由农业经济系统、技术系统和生态系统组成的复合系统,而不仅仅局限于农业生产本身;要把正定县建成物质循环和能量转化效率高、生态和经济都呈良性循环的开放式的农业生态经济系统。[①]"宁要绿水青山,不要金山银山"[②]的环境保护思想在习近平同志主政正定期间已经萌芽,在他的主持之下河北省正定县委在1985年制定的《正定县经济、技术、社会发展总体规划》特别强调,"宁肯不要钱,也不要污染,严格防止污染搬家、污染下乡"。[③]

2. 福建省(1985—2002年)

从1985年6月习近平同志到厦门任职到2002年10月,习近平在福建工作了17年半,其间先后执政宁德、福州和福建全省。福建作为沿海的林业资源大省,习近平同志始终高度重视福建省的生态保护问题,致力于将福建打造为林业资源强省和生态强省,促进福建的可持续发展,提出了许多极具前瞻性、战略性的生态文明建设理念、工作思路和决策部署。因此,福建是习近平同志生态文明思想的重要孕育地和实践地。

在厦门,习近平同志打响了整治环境污染的硬仗,着力整治乱砍滥伐树木、乱采

[①] 黄承梁:《习近平生态文明思想历史自然的形成和发展》,载求是网2020年1月7日,http://www.qstheory.cn/zoology/2020-01/07/c_1125430884.htm。

[②] 《习近平在哈萨克斯坦纳扎尔巴耶夫大学发表重要演讲》,载《人民日报》2013年9月8日,第1版。

[③] 《习近平:不要"要钱不要命"的发展》,载人民网2016年3月18日,http://politics.people.com.cn/n1/2016/0318/c1001-28210015.html。

沙石工作，推动筼筜湖综合治理。1988年3月30日，习近平主持召开关于加强筼筜湖综合治理专题会议，创造性地提出"依法治湖、截污处理、清淤筑岸、搞活水体、美化环境"[①]的20字方针。

在宁德，习近平同志积极探索生态保护的路径，提出了"靠山吃山唱山歌，靠海吃海念海经"，[②]以使闽东的人民群众尽快摆脱贫困。1989年1月，习近平同志发表《闽东的振兴在于"林"——试谈闽东经济发展的一个战略问题》一文，其中提到"闽东经济发展的潜力在于山，兴旺在于林"[③]，回应了闽东群众"什么时候闽东的山都绿了，什么时候闽东就富裕了"的殷切期望。同年2月，习近平发表《正确处理闽东经济发展的六个关系》，他强调处理好若干重要关系，其中，统筹好长期目标与近期规划、经济发展速度与经济效益、资源开发与产业结构调整关系等，体现了习近平同志始终坚持系统思维、坚持山水林田湖草综合治理的思路。

在福州，习近平同志主持编定了《福州市20年经济社会发展战略设想》，提出"城市生态建设"的理念，指出要把福州建设成为"清洁、优美、舒适、安静，生态环境基本恢复到良性循环的沿海开放城市"，[④]这是他首次在区域经济社会发展战略中正式规划生态环境问题。

1996年，习近平同志任福建省委副书记，分管农业农村工作，在工作过程中很重视生态环保工作。针对有些干部群众忽视环保单纯追求经济效益的情况，他提出，"保护生态环境，首先需要增强干部群众的生态环境保护意识，先从思想上引导。不能以牺牲生态环境为代价赢得经济的一时发展"。[⑤]针对禽畜养殖带来的污染问题，在充分调研的基础上，福建省政府在全国率先发文对沿江河湖泊的一重山范围内划出禽畜养殖禁养区，并把这一制度延续至今。此外，福建省对治理化肥农药过量使用造成污染

[①] 蒋升阳、颜珂、钟自炜、刘晓宇：《厦门经济特区建立四十周年：在新征程上书写高质量发展新篇》，载《人民日报》2020年9月11日，第4版。
[②] 黄玥：《这件大事，总书记扭住不放》，载人民网2021年5月13日，http://henan.people.com.cn/n2/2021/0513/c351638-34722677.html。
[③] 张希中：《〈摆脱贫困〉对打赢脱贫攻坚战的启示》，载人民网2018年5月16日，http://theory.people.com.cn/GB/n1/2018/0516/c40531-29993042.html。
[④] 《让有福之州更好造福于民——"三八二〇"战略工程引领福州高质量发展纪实》，载《人民日报》2022年10月10日，第1版。
[⑤] 黄珊、陈思：《"习近平同志率先启动了福建的生态省建设"——习近平在福建（十九）》，载《学习时报》2020年7月29日，第3版。

也作了规定,对水体水质改善起了很好的促进作用。针对工业污染问题,习近平同志提出"保护生态环境就是保护生产力,改善生态环境就是发展生产力"。[1]2000年5月10日,习近平同志主持召开全省"'一控双达标'暨闽江、九龙江重点污染企业整治"大会,他严肃指出,"那些肆意破坏我们赖以生存环境的人,无异于'谋财害命'。几千万人都在喝这个水,你为了一点利益、为了一点税收,造成人们生命、健康的损失,这是绝对不能允许的"。[2]2004年11月,习近平同志主持编制的《福建生态省建设总体规划纲要》由福建省委、省政府印发,系统谋划了福建生态效益型经济发展的目标、任务和举措,深刻体现了对生态生产力的独特认识,包含生态优先、绿色发展的理念,体现了"山水林田湖草是生命共同体"的系统性思维。

在机构改革中,习近平同志强调要加强环保部门建设,"环保部门在政府机构改革中应该是加强的部门,同意局党组提出的建议,协调省纪委设立省纪委派驻省环保局纪检组"。[3]福建省全省机构改革结束后,不但保留了各级环保局,还把全省不少原来是二级局机构的县(市、区)级环保局全部列为一级局机构,成为政府的组成部门,还设立各级纪委派驻环保局纪检组。

三明是原中央苏区核心区之一,中央红军长征出发地之一,也是福建省重要的生态安全屏障和老工业基地。习近平同志执政福建期间,曾先后11次深入三明调研,深入三明的12个县市区141个点,16次对三明经济社会发展、文化建设、生态建设等作出重要指示,提出了一系列生态文明建设的重要理念。为三明改革发展指引方向、明确路径。1997年4月10日,时任省委副书记的习近平同志到三明将乐县高唐镇常口村调研,语重心长地对村两委干部说,绿水青山是无价之宝,你们要画好山水画,扎实抓好山地开发,做好山水田文章。[4]2000年8月10日,时任福建省委副书记、省长的习近平同志到三钢集团公司调研,对科技创新、产业结构调整以及可持续发展等提出

---

[1] 黄珊、陈思:《"习近平同志率先启动了福建的生态省建设"——习近平在福建(十九)》,载《学习时报》2020年7月29日,第3版。

[2] 黄珊、陈思:《"习近平同志率先启动了福建的生态省建设"——习近平在福建(十九)》,载《学习时报》2020年7月29日,第3版。

[3] 黄珊、陈思:《"习近平同志率先启动了福建的生态省建设"——习近平在福建(十九)》,载《学习时报》2020年7月29日,第3版。

[4] 《张林顺:习近平同志曾视察的常口村,山水画绘出幸福路》,载思明市农业农村局网2020年10月15日,http://smsnyj.sm.gov.cn/nyyw/nyxw/202010/t20201015_1579160.htm。

具体要求,谆谆嘱咐"三钢在可持续发展、生态环境建设等方面要走在全省前头"。①

3. 浙江省(2002—2007年)

2002年至2007年,习近平同志执政浙江期间,其生态文明思想的内容日益丰满,对当地的环境保护实践产生深远影响。刚到浙江时,习近平同志便非常重视浙江的生态省建设,他认为建设生态省是一项事关全局和长远的战略任务,是一项宏大的系统工程。②他要求,"以最小的资源环境代价谋求经济、社会最大限度的发展,以最小的社会、经济成本保护资源和环境,既不为发展而牺牲环境,也不为单纯保护而放弃发展,既创建一流的生态环境和生活质量,又确保社会经济持续快速健康发展,从而走上一条科技先导型、资源节约型、清洁生产型、生态保护型、循环经济型的经济发展之路"。③

2002年12月18日,习近平主持召开省委十一届二次全体(扩大)会议。他提出"以建设生态省为重要载体和突破口,加快建设'绿色浙江',努力实现人口、资源、环境协调发展"。④2003年3月18日,在习近平同志的主持下,《浙江生态省建设规划纲要》在京通过专家论证。纲要提出,浙江生态省建设的主要任务是,全面推进生态工业与清洁生产、生态环境治理、生态城镇建设、农村环境综合整治等十大重点领域建设,加快建设以循环经济为核心的生态经济体系、可持续利用的自然资源保障体系、山川秀美的生态环境体系、人与自然和谐的人口生态体系、科学高效的能力支持保障体系等五大体系。1个月后,在习近平同志的直接推动下,浙江成为继海南、吉林、黑龙江、福建之后,全国第5个生态省建设试点省。

2003年7月11日,浙江召开生态省建设动员大会,习近平同志作动员讲话。习近平同志认为,在经济发展与环境冲突时,"必须懂得机会成本,善于选择,学会扬弃,做到有所为、有所不为,坚定不移地落实科学发展观,建设人与自然和谐相处的

---

① 刘磊、刘毅、颜珂、李心萍:《风展红旗如画——全面贯彻新发展理念的三明探索与实践(上)》,载《人民日报》2020年12月16日,第1版。
② 《绿水青山就是金山银山——习近平总书记在浙江的探索与实践·绿色篇》,载共产党员网,https://news.12371.cn/2017/10/09/ARTI1507519467134632.shtml。
③ 《生态蓝图绘到底 八八战略一脉传》,载人民网2018年6月29日,env.people.com.cn/n1/2018/0629/c1010-30095337.html。
④ 《绿水青山就是金山银山——习近平总书记在浙江的探索与实践·绿色篇》,载共产党员网,https://news.12371.cn/2017/10/09/ARTI1507519467134632.shtml。

资源节约型、环境友好型社会"。①

2005年8月15日，习近平同志在浙江安吉余村考察时，提出了"绿水青山就是金山银山"的科学论断。②这个科学论断，包含着尊重自然、谋求人与自然和谐发展的价值判断和发展理念，包含着浙江经济社会可持续发展模式的宏伟战略构想，为浙江走向社会主义生态文明新时代指明了方向。

在浙江省委工作的近5年间，习近平同志把绿色发展作为浙江经济社会发展的"底色"，展示了他对全球经济发展趋势、人类文明发展历程和浙江经济社会发展实际的深刻洞察和精准把握。

4. 上海市（2007年）

习近平同志任上海市委书记期间，高度关注上海的生态环境问题，在上海地方考察期间陆续发表了一系列协调经济发展和环境保护的重要讲话，它们是习近平生态文明思想的进一步延续，作为国家经济中心、金融中心、贸易中心、航运中心和科技创新中心的上海也成为实践习近平生态文明思想的重要舞台。

2007年4月，习近平同志在崇明调研时听取崇明规划情况介绍，他指出，建设崇明生态岛是上海按照中央要求实施的又一个重大发展战略，我们要把崇明建设成为环境和谐优美、资源集约利用、经济社会协调发展的现代化生态岛区，实现崇明跨越式发展，促进上海全面协调可持续发展。③2007年6月12日，习近平同志在金山区调研时指出，"在推进新农村建设过程中，要倍加珍惜，切实加以保护"。④2007年7月5日，习近平同志在嘉定区调研时提出，现代农业既要发展设施农业、种源农业、精细农业、高效生态农业，还要促进现代农业与其他产业的融合。⑤2007年7月11日，习近平同志到青浦区调研时指出，要以对人民群众、对子孙后代高度负责的精神，把

---

① 《习近平"两座山论"的三句话透露了什么信息》，载新华网2015年8月6日，http://www.xinhuanet.com/politics/2015-08/06/c_1116159476.htm。

② 《绿水青山就是金山银山——习近平总书记在浙江的探索与实践·绿色篇》，载共产党员网，https://news.12371.cn/2017/10/09/ARTI1507519467134632.shtml。

③ 《沧桑巨变看瀛东》，载求是网2020年9月10日，http://www.qstheory.cn/dukan/hqwg/2020-09/10/c_1126477461.htm。

④ 中央农村工作领导小组办公室、上海市委农村工作办公室：《习近平在上海对"三农"发展的思考实践》，载共产党员网，https://www.12371.cn/2018/10/17/ARTI1539739729236142.shtml。

⑤ 中央农村工作领导小组办公室、上海市委农村工作办公室：《习近平在上海对"三农"发展的思考实践》，载共产党员网，https://www.12371.cn/2018/10/17/ARTI1539739729236142.shtml。

环境保护和生态治理放在各项工作的重要位置，下大力气解决一些在环境保护方面的突出问题，坚持奋发有为，乘势而上，切实做到经济持续增长、污染持续下降、环境持续改善，努力形成人与自然和谐相处的宜居环境。①

（三）中国特色社会主义的环境法律体系

1. 萌芽：中华人民共和国成立前解放区的环境立法（1921—1949年）

我国现代意义上的环境保护立法起步较晚，但党和政府一直重视环境保护及其立法工作。在中华人民共和国成立之前，一些解放区已经颁布了涉及环境保护的政策法规。战争时期，生态环境问题主要体现为森林资源的严重破坏，因此环境政策法规的主要目的在于制止乱砍滥伐、鼓励植树造林、保护森林资源。如在华北地区，1939年9月《晋察冀边区保护公私林木办法》和《晋察冀边区禁山造林办法》，1946年3月7日又颁布了《晋察冀边区森林保护条例》和《晋察冀边区奖励植树造林办法》。②在西北地区，1941年1月29日，陕甘宁边区政府颁布了《陕甘宁边区森林保护条例》《陕甘宁边区植树造林条例》以及《陕甘宁边区砍伐树木暂行规则》，对改善当地的生态环境产生了积极的影响。

2. 起步：中华人民共和国成立后至"文化大革命"结束时的环境立法（1949—1976年）

中华人民共和国成立伊始，百废待兴，随着1956年对农业、手工业以及资本主义工商业社会主义改造的完成，我国进入社会主义初级阶段。为了更好地服务于社会主义初级阶段下的生产活动，提高人民的生活品质，国家发布了一些保护自然资源的法规和政策性文件，以实现对土地、水流、矿产等自然资源的永续利用，故较少直接涉及环境保护方面的内容。如1954年《宪法》第6条规定："矿藏、水流，由法律规定为国有的森林、荒地和其他资源，都属于全民所有。"以公有制为基础确立了自然资源的全民所有制形式。在矿产资源保护方面，1950年12月22日政务院第64次政务会议通过了《矿业暂行条例》，并于1951年4月18日公布。此外，原地质部于1956年制定了《矿产资源保护试行条例》。在土地资源保护方面，1953年11月5日政务院第

---

① 田玉珏、李政：《"习书记对党的历史和传统的尊重是发自内心并一以贯之的"——习近平在上海（十八）》，载《学习时报》2021年9月24日，第3版。
② 参见牛建立：《二十世纪三四十年代中共在华北地区的林业建设》，载《中共党史研究》2011年第3期。

192次会议通过了《国家建设征用土地办法》，并于12月5日公布施行。1957年5月24日，国务院第四十九次全体会议通过了《水土保持暂行纲要》，并于7月25日由国务院发布。在环境污染防治方面，虽然没有制定出层级较高的法规，但有关的政策性文件却屡见不鲜。

"文化大革命"时期，社会主义法制遭到严重破坏，环境立法工作受到冲击，但仍取得一定进展。1973年8月5日至20日，第一次全国环境保护会议在北京召开，会议审议并通过了"全面规划、合理布局、综合利用、化害为利、依靠群众、大家动手、保护环境、造福人民"的环境保护工作32字方针和我国第一个综合性的环境政策文件《关于保护和改善环境的若干规定（试行草案）》，提出防治污染必须与主体工程同时设计、同时施工、同时投产。在防治工业污染方面，1973年我国制定了《工业"三废"排放试行标准》并于次年正式实施，对当时我国的环境保护工作和企业"三废"治理起到了一定的促进作用。在防治水污染方面，1974年1月30日，国务院颁布了《防止沿海水域污染暂行规定》，这是我国海洋环境污染防治立法的第一个规范性法律文件，对我国沿海水域的污染防治作了较为详细的规定。在保障饮用水安全方面，卫生部与国家标准化管理委员会于1976年发布了《生活饮用水卫生标准（试行）》，对防治水污染产生一定积极影响。

总之，从中华人民共和国成立初期到"文化大革命"结束的近三十年间，我国还未形成完整的环境保护概念，因此综合性的环境保护法未能出台，环境保护的规定散见于相关法规、政策性文件以及标准中，环境立法呈现零散化、碎片化的特征。

3. 完善：改革开放以来的环境立法（1978—2011年）

在历史的紧要关头，党在1978年召开了十一届三中全会，会议决定将党的工作中心转移到经济建设上来，实行改革开放，同时指出，"消除污染，保护环境是进行经济建设，实行四个现代化的一个重要组成部分，是非抓不可的一件大事，要在建设的同时就解决环境污染问题"。以此为契机，我国的环境立法迎来了黄金时期，除了《宪法》中关于环境保护的根本规定之外，环境保护基本法和多部环境保护单行法相继颁布实施，使涉环境资源行政执法和司法审判工作正式走上了有法可依的轨道。此外，我国主要的法律部门，如民商法、行政法、刑法以及经济法中均能找到与环境保护相关的条文。2011年3月10日，时任全国人民代表大会常务委员会委员长吴邦国庄重宣布：以宪法为统帅，以宪法相关法、民法商法等多个法律部门的法律为主干，由法律、行政法规、地方性法规等多个层次的法律规范构成的中国特色社会主义法律体系已经形成。

2011年12月15日，国务院发布《关于印发国家环境保护"十二五"规划的通知》（国发〔2011〕42号），明确要加强法规体系建设，一是加强环境保护法、大气污染防治法、清洁生产促进法、固体废物污染环境防治法、环境噪声污染防治法、环境影响评价法等法律修订的基础研究工作；二是研究拟订污染物总量控制、饮用水水源保护、土壤环境保护、排污许可证管理、畜禽养殖污染防治、机动车污染防治、有毒有害化学品管理、核安全与放射性污染防治、环境污染损害赔偿等法律法规。

（1）宪法中关于环境保护的规定。1978年《宪法》第6条第2款、第3款规定："矿藏，水流，国有的森林、荒地和其他海陆资源，都属于全民所有。国家可以依照法律规定的条件，对土地实行征购、征用或者收归国有。"第11条第3款规定："国家保护环境和自然资源，防治污染和其他公害。"1982年《宪法》第9条规定："矿藏、水流、森林、山岭、草原、荒地、滩涂等自然资源，都属于国家所有，即全民所有；由法律规定属于集体所有的森林和山岭、草原、荒地、滩涂除外。国家保障自然资源的合理利用，保护珍贵的动物和植物。禁止任何组织或者个人用任何手段侵占或者破坏自然资源。"第10条第1款、第2款规定："城市的土地属于国家所有。农村和城市郊区的土地，除由法律规定属于国家所有的以外，属于集体所有；宅基地和自留地、自留山，也属于集体所有。"第14条第2款规定："国家厉行节约，反对浪费。"1993年《宪法》、1999年《宪法》以及2004年《宪法》维持了上述规定。

（2）环境保护基本法。环境保护基本法是对环境保护方面的重大问题作出全面规定和调整的综合性立法，是对国家环境保护政策的宣告以及环境管理职责的确定，也是对公民所享有的基本环境权利的宣告，同时也构成其他单项环境立法的依据。1989年12月26日，《环境保护法》由第七届全国人民代表大会常务委员会通过，并自公布之日起施行。1989年《环境保护法》分为六章，即总则、环境监督管理、保护和改善环境、防治环境污染和其他公害、法律责任以及附则，共计47条。该法的出台终结了环境保护领域无法可依的历史，使环保部门的执法行为能够做到规范化、程序化。

（3）环境保护单行法。环境保护单行法是针对某一特定的环境保护对象或特定的环境社会关系进行调整的专门性法律法规，在我国由全国人大常委会制定，具有数量众多且覆盖面广的特点，是环境法的主体部分，主要由以下几个方面的立法构成：

第一，环境污染防治立法。如《水污染防治法》[①]《大气污染防治法》[②]《固体废物污染环境防治法》[③]《环境噪声污染防治法》[④]以及《放射性污染防治法》[⑤]等。

第二，自然资源保护立法。如《土地管理法》[⑥]《水法》[⑦]《森林法》[⑧]《草原法》[⑨]《矿产资源法》[⑩]以及《渔业法》[⑪]等。

第三，生态环境保护立法。如《野生动物保护法》[⑫]《水土保持法》[⑬]以及《防沙治沙法》[⑭]等。

其中，我国作为世界海洋大国，海洋以及海洋资源自然也是我国环境立法工作的重点。1982年8月23日，第五届全国人大常委会第二十四次会议通过《海洋环境保护法》。这是我国第一部综合性的保护海洋环境的法律，适合于中国管辖的一切海域。《海洋环境保护法》于1983年3月1日施行。此外，我国是世界上拥有最为漫长海岸线的国家之一，其周围分布的海岛同样属于海洋环境的有机组成部分。2009年12月26日，《海岛保护法》正式出台，正式将海岛保护管理工作纳入法制轨道，对于海岛及

[①] 1984年5月21日第六届全国人民代表大会常务委员会第五次会议通过。

[②] 1987年9月5日第六届全国人民代表大会常务委员会第二十二次会议通过，自1988年6月1日起施行。

[③] 1995年10月30日第八届全国人民代表大会常务委员会第十六次会议通过，1995年10月30日中华人民共和国主席令第五十八号公布，自1996年4月1日施行。

[④] 1996年10月29日第八届全国人民代表大会常务委员会第二十次会议通过，自1997年3月1日起施行。

[⑤] 2003年6月28日第十届全国人民代表大会常务委员会第三次会议通过，自2003年10月1日起施行。

[⑥] 1986年6月25日第六届全国人民代表大会常务委员会第十六次会议通过，自1987年1月1日起施行。

[⑦] 1988年1月21日第六届全国人民代表大会常务委员会第二十四次会议通过。

[⑧] 1984年9月20日第六届全国人民代表大会常务委员会第七次会议通过，自1985年1月1日起施行。

[⑨] 1985年6月18日第六届全国人民代表大会常务委员会第十一次会议通过，自1985年10月1日起施行。

[⑩] 1986年3月19日第六届全国人民代表大会常务委员会第十五次会议通过，自1986年10月1日起施行。

[⑪] 1986年1月20日第六届全国人民代表大会常务委员会第十四次会议通过。

[⑫] 1988年11月8日第七届全国人大常委会第四次会议通过，自1989年3月1日起施行。

[⑬] 1991年6月29日第七届全国人民代表大会常务委员会第二十次会议通过。

[⑭] 2001年8月31日第九届全国人民代表大会常务委员会第二十三次会议通过，自2002年1月1日起施行。

其周边海域的生态环境，合理开发利用海岛资源，维护国家海洋权益具有十分重要的意义。

第四，环境保护程序法。在我国，环境保护程序法主要指《环境影响评价法》[①]，是为了实施可持续发展战略，预防因规划和建设项目实施后对环境造成不良影响，促进经济、社会和环境的协调发展而制定的法律。

第五，环境保护促进法。主要指《清洁生产促进法》[②]与《循环经济促进法》[③]，旨在提高资源利用效率，保护和改善生态环境，促进可持续发展。

（4）其他部门法中关于环境保护的规定。我国民法、刑法、经济法及行政法等主要部门法中同样存在关于环境保护的规定，如《民法通则》中民事权利与义务的设置、人身权保护、相邻关系的调整等内容已经体现了环境保护意识，第124条规定，违反国家保护环境防止污染的规定，污染环境造成他人损害的，应当依法承担民事责任。《侵权责任法》明确了环境污染侵权纠纷中的责任承担，第65条规定："因污染环境造成损害的，污染者应当承担侵权责任。"第66条规定："因污染环境发生纠纷，污染者应当就法律规定的不承担责任或者减轻责任的情形及其行为与损害之间不存在因果关系承担举证责任。"2011年2月25日通过的《刑法修正案（八）》将之前的"重大环境污染事故罪"的罪名修改为"污染环境罪"，降低了入罪门槛。

（5）涉环境保护的行政法规、部门规章。在环境立法的黄金时期，国务院同时发布了相应的行政法规，如《自然保护区条例》[④]《建设项目环境保护管理条例》[⑤]《海洋石油勘探开发环境保护管理条例》[⑥]《海洋倾废管理条例》[⑦]《防治海洋工程建设项目污染损害海洋环境管理条例》[⑧]《防治船舶污染海洋管理条例》[⑨]等。此外，国务院所属的诸多部

[①] 2002年10月28日第九届全国人民代表大会常务委员会第三十次会议通过，自2003年9月1日起施行。

[②] 2002年6月29日第九届全国人民代表大会常务委员会第二十八次会议通过，自2003年1月1日起施行。

[③] 2008年8月29日第十一届全国人民代表大会常务委员会第四次会议通过，自2009年1月1日起施行。

[④] 1994年10月9日中华人民共和国国务院令第167号发布。

[⑤] 1998年11月18日国务院第10次常务会议通过，中华人民共和国国务院令第253号。

[⑥] 1983年12月29日国务院发布，自发布之日起施行。

[⑦] 1985年3月6日国务院发布。

[⑧] 2006年8月20日，国务院第148次常务会议审议通过。

[⑨] 2009年9月9日中华人民共和国国务院令第561号公布。

门也涉及环境保护事宜，这些部门也发布了数量可观的部门规章，如国家海洋局发布的《海洋倾废管理条例实施办法》[①]、原林业部发布的《陆生野生动物保护实施条例》[②]、原国家环保总局发布的《秸秆禁烧和综合利用管理办法》[③]等。

（6）涉环境保护的地方性法规、地方政府规章。每部中央环境立法几乎均有相对应的地方环境立法。为了更好地贯彻落实《环境保护法》的规定，由省级人大常委会出台"环境保护条例"成为通行的做法，如《湖北省环境保护条例》[④]《湖南省环境保护条例》[⑤]《广东省环境保护条例》[⑥]《山东省环境保护条例》[⑦]《黑龙江省环境保护条例》[⑧]《福建省环境保护条例》[⑨]以及《安徽省环境保护条例》[⑩]等。部分省份针对某一环境保护单行法出台了相应的地方性法规，如《黑龙江省防沙治沙条例》[⑪]《宁夏回族自治区防沙治沙条例》[⑫]《辽宁省防沙治沙条例》[⑬]《北京市水污染防治条例》[⑭]以及《江苏省太湖水污染防治条例》[⑮]等。地方政府规章层面，如《合肥市服务业环境保护管理办法》[⑯]《昆明市工业园区环境保护管理办法》[⑰]等。

[①] 1990年6月1日经国家海洋局第八次局务会议通过，1990年9月25日发布施行。
[②] 1992年2月12日国务院批准，1992年3月1日林业部发布。
[③] 国家环保总局环发〔1999〕98号。
[④] 1994年12月2日湖北省第八届人民代表大会常务委员会第10次会议通过。
[⑤] 1994年1月17日湖南省第八届人民代表大会常务委员会第六次会议通过。
[⑥] 2004年9月24日广东省第十届人民代表大会常务委员会第十三次会议通过。
[⑦] 1996年12月14日山东省第八届人民代表大会常务委员会第二十五次会议通过。
[⑧] 1994年12月3日黑龙江省第八届人民代表大会常务委员会第十二次会议通过。
[⑨] 1995年7月5日福建省第八届人民代表大会常务委员会第十八次会议通过。
[⑩] 2010年8月21日安徽省第十一届人民代表大会常务委员会第二十次会议通过。
[⑪] 2008年10月17日黑龙江省第十一届人民代表大会常务委员会第六次会议通过。
[⑫] 2010年10月15日宁夏回族自治区第十届人民代表大会常务委员会第二十次会议通过。
[⑬] 2009年5月27日辽宁省第十一届人民代表大会常务委员会第九次会议通过。
[⑭] 2010年11月19日北京市第十三届人大常务委员会第二十一次会议通过。
[⑮] 1996年6月14日江苏省第八届人民代表大会常务委员会第二十一次会议通过。
[⑯] 2008年12月18日合肥市人民政府第24次常务会议审议通过。
[⑰] 2010年7月14日昆明市人民政府第163次常务会讨论通过。

二、资源节约型、环境友好型社会建设：环境资源审判基本问题探讨

（一）环境行政执法机制的构建与发展（1973—2011年）

在《环境保护法》出台之前，面对不断涌现的环境资源纠纷，构建相应的环境行政执法机制成为刚需，首先便是要在中央层面设置一个专司环境保护的行政部门。1974年10月，国务院环境保护领导小组正式成立，主要职责是：（1）贯彻并监督执行国家关于保护环境的方针、政策和法律、法令；（2）组织拟订环境保护的条例、规定、标准和经济技术政策；（3）组织制订环境保护的长远规划和年度计划，并督促检查其执行；（4）统一组织环境监测，调查和掌握全国环境状况和发展趋势，提出改善措施；（5）组织和协调环境科学研究和环境教育事业，积极推广国内外保护环境的先进经验和技术；（6）指导国务院所属各部门和各省、自治区、直辖市的环境保护工作；（7）组织和协调环境保护的国际合作和交流。

1982年5月，第五届全国人大常委会第二十三次会议决定，将国家建委、国家城建总局、建工总局、国家测绘局、国务院环境保护领导小组办公室合并，组建城乡建设环境保护部，部内设环境保护局。1984年5月8日，国务院发布《关于环境保护工作的决定》（国发〔1984〕64号），在中央成立国务院环境保护委员会。其任务是：研究审定有关环境保护的方针、政策，提出规划要求，领导和组织、协调全国的环境保护工作。国务院环境保护委员会的办事机构设在城乡建设环境保护部（由环境保护局代行）。1984年12月，城乡建设环境保护部环境保护局改为国家环境保护局，仍归城乡建设环境保护部领导，同时也是国务院环境保护委员会的办事机构，主要任务是负责全国环境保护的规划、协调、监督和指导工作。1998年6月，国家环境保护局升格为国家环境保护总局（正部级），是国务院主管环境保护工作的直属机构，同时撤销国务院环境保护委员会。2008年3月15日，十一届全国人大一次会议通过关于国务院机构改革方案的决定，组建中华人民共和国环境保护部，不再保留国家环境保护总局。

随着从中央到地方各级环境保护部门的纷纷成立，环境行政执法的主体和程序均有了保障。所谓环境行政执法，是指环保行政执法机关根据法律的授权，对单位和个人的各种影响或可能影响环境的行为和事件进行管理的活动。加强环境行政执法，防止环境污染和其他公害，对保护和改善环境，实现环境保护的基本国策，具有极其重要的作用。实践中的环境行政执法手段多种多样，主要包括环境行政确认、环境行政

许可、环境行政裁决、环境行政合同、环境行政处罚、环境行政强制措施与环境行政强制执行、环境行政征收、环境行政补偿与环境行政赔偿、环境行政指导等。环境保护部门的日常执法活动解决了大量涉环境纠纷，一定程度上减轻了人民法院对涉环境资源案件的审判压力。此外，在环保公益诉讼中，环保法庭在执行过程中为充分发挥环保行政部门的职能作用，向其发出配合法院执行的协助执行通知书，利用行政罚款直至限期治理、关停等手段，制止被告的排污行为。

（二）环境资源案件的一般管辖

在人民法院还未设置环境资源审判庭，环境资源审判工作还未实现专业化的阶段，涉环境资源案件的审判任务根据案件自身的属性分别由民事审判庭（经济审判庭）、刑事审判庭或者行政审判庭审理。

改革开放后，人民法院逐步启动经济审判工作。根据1983年修改的《人民法院组织法》，各级人民法院应普遍设立经济审判庭，主要审理各类经济纠纷案件、经济犯罪案件、涉外经济案件。其中，经济纠纷案件主要包括如下七类：（1）社会主义公有制企业之间的产、供、运、销合同纠纷案件；（2）基本建设和维修方面的合同纠纷案件；（3）科研结果、专利技术应用方面的合同纠纷案件；（4）信贷方面的纠纷案件；（5）保险方面的纠纷案件；（6）环境保护方面的纠纷案件；（7）商标方面的纠纷案件。2000年8月，最高人民法院决定取消经济审判庭，改为民事审判庭。此后，因环境资源引发的民事纠纷由民事审判庭予以审理，其中又以环境民事侵权纠纷为主。

环境民事侵权责任的法律规则主要由《侵权责任法》关于环境污染和生态破坏责任的一般规定，《环境保护法》《水污染防治法》《大气污染防治法》《土壤污染防治法》《环境噪声污染防治法》等单项法律的特殊规定，国务院发布的关于环境保护的行政规章，国务院生态环境部门发布的部门规章以及最高人民法院发布的有关司法解释所构成，形成了包括环境污染侵权责任实体性规范、程序性规范在内的完整的规则体系。按照规定，承担环境污染民事责任需要具备三个基本要件，即行为者的排污行为造成环境污染损害（排污行为）、其他单位或个人受到损害（损害事实）以及环境污染危害与他人受到损害之间互为因果（因果关系），当行为人的环境污染行为需同时承担民事赔偿责任、行政罚款和刑事罚金时，行为人的财产不足以同时支付的，应优先承担民事赔偿责任。

除了平等主体之间的环境资源民事争议，公民、法人和其他组织与环保行政部门之间的环境资源行政争议也是环境资源争议的重要组成部分，由各级人民法院的行政庭审判。环境资源行政诉讼，是指公民、法人或者其他组织认为环保行政部门及其工作人员所实施的涉环境资源具体行政行为侵犯其合法权利，依法向人民法院起诉，人民法院在当事人及其他诉讼参与人的参加下，依法对被诉涉环境资源的具体行政行为进行审查并作出裁判。环保行政部门的具体行政行为包括行政许可、行政强制与行政处罚等，如环评审批与工商注册登记、核发营业执照；对未经环评审批且完成建设的行为进行处罚；对既未经环评审批又违反"三同时"行为进行处罚；环保"按日处罚"；环保行政部门主动公开环保信息；等等。一般而言，对起诉环保行政机关不履行环境保护、查处违法、信息公开等法定职责案件，经审查确认被告未履行法定职责的，应当判决被告在一定期限内履行；判决履行没有意义的，人民法院可判决确认违法，同时判决责令被告采取补救措施；给原告造成损失的，依法判决被告承担赔偿责任。行政机关未在法定期限内申请人民法院强制执行环境资源行政决定，行政决定的利害关系人以行政机关不履行法定职责为由提起诉讼的，人民法院应予支持。

严重的环境污染行为也存在触犯《刑法》的可能性，我国已将具有公益性的生态环境纳入刑法的保护范围中。人类所赖以生存的自然环境并非封闭的系统，通过大气循环、水循环、生物循环以及地质循环等方式，某地环境污染的损害后果能够扩散至其他地域甚至蔓延至全球，造成极为严重的后果。行为人构成污染环境罪的，由检察机关依据《刑事诉讼法》的相关规定向人民法院提起公诉，刑事审判庭经依法审理后，作出刑事判决书、裁定书。

（三）2011年之前的环保法庭设立情况

全国环境资源审判法庭设立并未完全遵循自上而下的路径。在最高人民法院设立环境资源审判庭之前，地方法院已经就环境资源审判的专业化展开探索，全国第一个环保法庭设立于一家基层法院——贵州省贵阳市清镇市人民法院。[①] 设立该环保法庭的初衷是更有效地治理水污染问题，从而保障市民的饮水安全，2007年经贵阳市委和贵

---

① 早在1989年，武汉市硚口区法院就在全国率先设立环保法庭，但因必要性与可行性论证不够等原因而夭折。参见《最高人民法院对"关于武汉市桥口区人民法院设立环保法庭的情况报告"的答复》。

州省高级人民法院决定,在清镇市设立一个建制、管理相对独立的环保法庭。[①]该法庭负责审理涉及"两湖一库"水资源保护、贵阳市所辖区域内水土、山林保护的环境污染侵权、损害赔偿、环境公益诉讼、污染环境罪等类型的刑事、民事、行政一审案件及相关执行案件;此外,报经贵州省高级人民法院指定,环境资源审判庭还可以审理贵阳市辖区外涉及"两湖一库"水资源保护的相关案件,在全国率先进行了环境保护类别案件三类审判合一、集中专属管辖的尝试。全国首个环保法庭的设立,为全国其他各级法院开展环境公益诉讼、探索跨区域集中管辖、推行环保案件"三诉合一"等方面积累了宝贵的审理经验。[②]

江苏省无锡市中级人民法院也是全国最早设立环保法庭的法院之一。2007年暴发的太湖蓝藻污染事件催生相关地市环保审判庭的设立,时隔一年之后,无锡中院"环境保护审判庭"于2008年5月6日正式挂牌成立,实行刑事、民事、行政、执行"四合一"模式,同时首次把环保公益诉讼的大门向环保组织打开,弥补了贵阳的全国首个环保法庭将公益组织排除出公益诉讼原告资格的缺憾。在相关顶层立法缺失的背景下,无锡中院发布了一系列规范环境资源案件审判工作的规定,如《关于环境保护案件管辖的若干规定》(锡中法〔2008〕110号)、《环境公益民事诉讼的审理规则(试行)》(锡中法〔2012〕85号)、《关于环境民事案件证据若干问题的实施意见(试行)》(锡中法〔2012〕86号)、《环保审判庭环境侵权损害赔偿案件审理规范指南》等。此外,福建省高级人民法院结合本省作为林业资源大省的角色定位,设置了林业审判庭,主要审理涉林案件,包括林业刑事、民事案件以及山林权属等行政案件。福建省的各中级人民法院、基层人民法院也设置了林业审判庭。截至2011年3月,福建省共有林业审判庭60个,其中高院1个,中院8个,基层法院51个,从1982年至2010年共审结涉林生态环境资源类刑事、民事、行政各类案件40 659件。[③]

[①] 参见《贵阳市中级人民法院关于设立环境保护法庭的实施方案》(2007年9月25日)、《贵州省高级人民法院关于同意设立清镇市人民法院环境保护人民法庭的批复》(2007年10月26日)。2013年,环保法庭更名为"生态保护法庭"。2017年8月,法庭名称正式变更为"环境资源审判庭"。

[②] 关于清镇市人民法院环保法庭的更多内容,参见姜潇、闫起磊、孔张艳:《中国首个环保法庭的"环保司法"梦》,载中国法院网2014年12月25日,https://www.chinacourt.org/article/detail/2014/12/id/1524034.shtml。

[③] 《福建探索建立生态资源审判机构 60个林业审判庭28年审案逾4万件》,载搜狐网2011年3月28日,http://roll.sohu.com/20110328/n304966226.shtml。

（四）早期的环境保护公益诉讼

1. 由人民检察院提起的环境公益诉讼

在我国相关法律还未正式确立环境保护公益诉讼制度之前，环保公益诉讼在地方已经陆续产生，法院也依法进行了审理。虽然彼时仍未有法律正式对人民检察院提起环境公益诉讼的原告资格予以确认，但人民检察院作为法律监督机关，即使主动提起环境公益诉讼并非其主要职责，依其法律监督职能，由其主动行使诉权以提起环境公益诉讼，不仅有助于及时制止环境污染行为、救助环境污染损害，同时也将为环境法治建设提供必不可少的司法监督力量。

事实上，早在2010年之前我国已经零星出现由人民检察院作为原告提起环境公益诉讼的案例，例如，贵阳市人民检察院诉熊某某等三人排除妨碍、恢复原状一案①，人民检察院以民事案件当事人的新型主体参与诉讼，且该案件在相关法律制度未有明确规定的背景下以调解的方式结案，结合本案为环境公益民事诉讼的性质，调解方式仍然适用。又如，无锡市锡山区人民检察院诉李某、刘某破坏道路交通环境公共安全案②也是由人民检察院提起的环境公益民事诉讼案件，最后以民事判决的方式结案。

2. 由环保行政部门提起的环境公益诉讼

与人民检察院提起环境公益诉讼不同，对于环保行政部门是否享有提起环境公益诉讼的原告主体资格，理论界则存在较大的争论。持反对论点的学者多认为环保行政部门可以通过行使国家赋予的环境监管权来达到制止污染、保护生态的目的，由其向法院提起环境民事公益诉讼实属多此一举，毫无必要，以致造成行政资源和司法资源的双重浪费。因此，由环保行政部门作为原告提起环境公益诉讼的案件数量较少，但2011年之前也已经出现，例如贵州省清镇市人民法院审理了以环保行政部门为原告的第一例公益诉讼案件——贵阳市两湖一库管理局诉A化工公司水污染责任案③。

3. 由环保公益组织提起的环境公益诉讼

与检察机关和环保行政部门相比，环保公益组织囿于组织、财力等方面的限制，其提起环保公益诉讼将面临更大的压力和困难，故我国最早成立的一批环保法庭对由

---

① 贵州省清镇市人民法院（2008）清环保民初字第4号。
② 无锡市锡山区人民法院（2009）锡法民初字第1216号民事判决书。
③ 贵州省清镇市人民法院（2007）清环保民初字第1号民事判决书。

环保公益组织提起的环境公益诉讼展开了大胆地探索。

2011年，我国第一起由民间环保组织提起的环境民事公益诉讼案——曲靖铬渣污染案，由云南省曲靖市中级人民法院依法审理。作为我国环境公益诉讼的重要样本，其对于类似案件具有丰富的参考价值。例如，对提起环境公益诉讼的主体有何要求？本案的原告除了环保公益组织自然之友和重庆绿联，还有原曲靖市环保局。环保行政部门的积极参与一定程度上有利于环保组织提起环保公益诉讼，改变原被告双方力量不对等的局面。又如，被告是否应对环境污染的被侵害人承担责任？根据调解协议，本案中被告应对"铬渣堆存场西南侧农田"承担环境侵权责任，污染企业对受害民众承担侵权责任，这在国内环境公益诉讼中还是第一次，有利于环境资源审判打开新思路，更多地贯彻人本理念，更好地体现人文关怀。

当然，作为国内还未出现的新生事物，环保公益诉讼第一案在审理过程中也面临着诸多困境，例如，环境保护组织在取证过程中遭到企业的不配合导致取证困难，以及环境保护组织难以承担高额的环境鉴定费用，打击环境保护组织提起环保公益诉讼的积极性。归结为一点，作为原告的环境保护组织与被告企业之间往往实力过于悬殊，故应对提起环保公益诉讼的主体予以优化。为此，一些地市结合实际出台了支持本地环境公益诉讼的规定，如昆明于2010年出台的《关于办理环境民事公益诉讼案件若干问题的意见（试行）》《昆明市环境公益诉讼救济专项资金管理暂行办法》等。

（五）环境审判人员的专业化

专业的环境审判人员是人民法院做好环境审判工作的必要条件，为环境资源审判的专业化提供人才支撑和智力支持。实现环境审判人员的专业化主要有以下途径：

第一，增强环境审判人员知识类型的多元化。环境审判人员除了应通过国家司法考试之外，还应具备涉环境资源审判的相关专业背景，除了需精通民法、刑法、行政法等主要法律之外，还应加强对环境法和环境科学知识的学习和掌握。作为法学与环境科学的新兴交叉学科，环境法学在20世纪70年代末80年代初逐渐发展起来，如1979年北京大学法律学系率先在全国法学院校开设环境法学课程；1980年开始招收环境法学硕士学位研究生；1993年，经国务院学位委员会批准设立环境法学博士学位授予单位。近20年来，已为国家和地方培养了大量的环境法高级专门人才。成立于1981年的武汉大学环境法研究所作为中国最早的环境法学研究生学位授权点，三十多年来，研究所共为社会各行业输出了一千多名高水平的复合型人才。

第二，选任具有环境科学背景的专家学者、实务人员作为环境资源案件的人民陪审员。环境资源专家担任人民陪审员可以优化环境审判合议庭的知识结构，使合议庭应对涉及环境专门问题复杂疑难案件的认知能力大大加强，从而提高审判效率。如在中华环保联合会、贵阳公众环境教育中心诉贵阳市 A 造纸厂水污染责任纠纷案[①]中，由两位环保专家直接担任人民陪审员，对该案的高效审理发挥了很大的作用。

---

① 贵州省清镇市人民法院（2010）清环保民初字第 4 号。

第三节
探索：环境资源审判的制度构建和司法实践（2012—2017年）

一、实践先行：环境资源审判的制度建构探索

（一）"五位一体"总体布局和"两山论"绿色发展理念

1. "五位一体"总体布局

党的十八大提出，建设中国特色社会主义事业总体布局由经济建设、政治建设、文化建设、社会建设"四位一体"拓展为包括生态文明建设的"五位一体"，这是总揽国内外大局、贯彻落实科学发展观的一个新部署。2012年11月17日，习近平总书记在十八届中共中央政治局第一次集体学习中指出，党的十八大把生态文明建设纳入中国特色社会主义事业总体布局，使生态文明建设的战略地位更加明确，有利于把生态文明建设融入经济建设、政治建设、文化建设、社会建设各方面和全过程。[①]

改革开放三十多年来，我国经济社会发展取得了举世瞩目的辉煌成就，综合国力与国际地位显著提升，人民生活水平不断提高，全面建设小康社会取得重大进展。亿万人民在物质生活得到基本保障后，不仅对物质生活水平和质量提出了新的更高的要求，而且在充分行使当家作主的民主权利、享有丰富的精神文化生活、维护社会公平正义、拥有健康美好的生活环境等方面都有了新的期待。党的十八大提出"五位一体"

[①]《紧紧围绕坚持和发展中国特色社会主义 学习宣传党的十八大精神》，载中国法院网2012年11月19日，https://www.chinacourt.org/article/detail/2012/11/id/788670.shtml。

建设总布局,纳入生态文明建设,提出要从源头扭转生态环境恶化趋势,为人民创造良好生产生活环境,努力建设美丽中国,实现中华民族永续发展,是我国社会主义现代化发展到一定阶段的必然选择,体现了科学发展观的基本要求。

把握"五位一体"总体布局,必须自觉运用科学发展观指导实践。要坚持以人为本的核心立场、全面协调可持续的基本要求和统筹兼顾的根本方法,始终把实现好维护好发展好最广大人民根本利益作为工作出发点和落脚点,从现代化建设全局的高度积极应对新矛盾新问题,处理好当前与长远、局部与全局的关系,统筹城乡发展、区域发展、经济社会发展、人与自然和谐发展、国内发展和对外开放,努力促进生产关系与生产力、上层建筑与经济基础相协调,不断开拓生产发展、生活富裕、生态良好的文明发展道路。

"五位一体"总体布局标志着我国社会主义现代化建设进入新的历史阶段,体现了我们党对于中国特色社会主义的认识达到了新境界。五位一体总体布局与社会主义初级阶段总依据、实现社会主义现代化和中华民族伟大复兴总任务有机统一,对进一步明确中国特色社会主义发展方向,夺取中国特色社会主义新胜利意义重大。

2. "两山论"绿色发展理念

2005年8月15日,时任浙江省委书记习近平在安吉余村考察时,明确提出了"绿水青山就是金山银山"的科学论断。2006年,习近平同志进一步总结了人类认识的三个阶段:第一个阶段是"用绿水青山去换金山银山";第二个阶段是"既要金山银山,但是也要保住绿水青山";第三个阶段是"绿水青山就是金山银山"。党的十八大以来,习近平总书记从战略高度更加重视生态文明建设。2013年5月,习近平总书记在中央政治局第六次集体学习时指出,"要正确处理好经济发展同生态环境保护的关系,牢固树立保护生态环境就是保护生产力、改善生态环境就是发展生产力的理念"。这一重要论述,深刻阐明了生态环境与生产力之间的关系,是对生产力理论的重大发展,也是对"两山论"的深入阐释。2013年9月7日,习近平总书记在哈萨克斯坦扎尔巴耶夫大学发表题为《弘扬人民友谊 共创美好未来》的重要演讲并回答学生提问时再次强调:"我们既要绿水青山,也要金山银山。宁要绿水青山,不要金山银山,而且绿水青山就是金山银山。"习近平总书记用朴实的语言深刻阐释了"两山"理念的科学内涵。2017年10月18日,党的十九大报告中明确提出"必须树立和践行绿水青山就是金山银山的理念",《中国共产党章程》增加了"增强绿水青山就是金山银山的意识"

的表述，彰显了将"绿水青山就是金山银山"作为新的发展观、历史方位的价值取向。

"两山论"的科学论断，构成了生态文明建设的核心价值观，促进形成了生态文明发展的中国范式，改造和提升工业文明的发展模式，它是中国智慧、中国方案对人类命运共同体的贡献。

（二）环境保护相关法律法规、政策性文件的修订和出台

良法是善治之前提。全国人大及其常委会不断完善环境保护法律体系。"十三五"期间，在生态环境部的推动下，《水污染防治法》《土壤污染防治法》《固体废物污染环境防治法》《核安全法》《环境保护税法》《生物安全法》6部法律以及《建设项目环境保护管理条例》《环境保护税法实施条例》等两部行政法规完成了制定和修订。2015年1月1日，修订后的《环境保护法》正式施行，从法律层面再次宣示保护环境是国家的基本国策，为惩治污染环境、破坏生态行为提供了更加有力的法律依据。2016年1月1日正式施行的《大气污染防治法》，由修订前的7章66条扩展为8章129条，针对防治大气污染的主要措施和法律责任，作出了更为全面详细的规定。此后，《深海海底区域资源勘探开发法》《水污染防治法》《核安全法》《土壤污染防治法》《海洋环境保护法》等法律相继颁布或修订。环境保护法律法规的适时性、系统性、针对性和有效性正在逐步增强。

党的十八大以来，党中央、国务院就加快推进生态文明建设作出了一系列重要决策部署。2015年5月，中共中央、国务院发布《关于加快推进生态文明建设的意见》，对生态文明建设进行全面部署，强调加快建立系统完整的生态文明制度体系，用制度保护生态环境。同年9月，《生态文明体制改革总体方案》印发，明确提出到2020年构建起由资源有偿使用和生态补偿等八项制度构成的生态文明制度体系。2016年8月，中共中央办公厅、国务院办公厅印发了《关于设立统一规范的国家生态文明试验区的意见》，提出在福建省、江西省、贵州省设立试验区，为完善生态文明制度体系探索路径、积累经验。此外，中共中央办公厅、国务院办公厅先后印发了福建、江西、贵州、海南等地区的实施方案，确保政策落地。

2015年8月出台的《党政领导干部生态环境损害责任追究办法（试行）》，强调显性责任即时惩戒，隐性责任终身追究，让各级领导干部耳畔警钟长鸣。2016年12月正式施行的《生态文明建设目标评价考核办法》，对各省区市实行年度评价、五年考核机制，以考核结果作为党政领导综合考核评价、干部奖惩任免的重要依据。

2015年12月，《生态环境损害赔偿制度改革试点方案》发布。中央深改领导小组第二十七次会议审议同意在吉林、湖南等7省市开展试点。根据方案，试点省级政府可对违反法律法规，造成生态环境损害的单位或个人，提起生态环境损害赔偿。现阶段试点地区已初步构建"环境有价、损害担责，主动磋商、司法保障，信息共享、公众监督"的生态环境损害赔偿工作体系。2017年8月，《生态环境损害赔偿制度改革方案》经中央深改领导小组第三十八次会议审议通过，废止了上述试点方案，决定从2018年1月1日起在全国范围内试行生态环境损害赔偿制度。

（三）环境资源审判的制度构建

法律的生命在于实施。人民法院作为国家审判机关，在推进法律实施，实现环境治理体系现代化进程中具有不可替代的作用。最高人民法院院长周强指出，在全面推进依法治国的背景下，保护生态环境，治理环境污染，法治不可缺少，人民法院责无旁贷。为服务和保障生态文明建设，贯彻落实党中央决策部署，最高人民法院自2014年6月成立环境资源审判庭以来，先后发布了《关于全面加强环境资源审判工作为推进生态文明建设提供有力司法保障的意见》《人民法院审理人民检察院提起公益诉讼案件试点工作实施办法》《关于充分发挥审判职能作用为推进生态文明建设与绿色发展提供司法服务和保障的意见》《关于支持福建省加快建设国家生态文明试验区重大部署的意见》《关于审理环境公益诉讼案件的工作规范（试行）》《关于全面加强长江流域生态文明建设与绿色发展司法保障的意见》等指导性意见，为推进生态文明建设、支持国家生态文明试验区建设和推动公益诉讼制度落地提供有力司法服务和保障。

2000年以来，最高人民法院先后发布了关于审理破坏土地、森林、野生动物、林地、草原资源和非法采矿、破坏性采矿刑事案件以及船舶油污损害赔偿纠纷案件的司法解释。为贯彻落实"五位一体"总体布局和"两山论"绿色发展理念，党的十八大以来，最高人民法院强化了保护生态环境司法解释的调研起草工作。2013年6月至2017年12月，最高人民法院先后单独或与最高人民检察院联合发布了《关于办理环境污染刑事案件适用法律若干问题的解释》《关于审理环境民事公益诉讼案件适用法律若干问题的解释》《关于办理非法采矿、破坏性采矿刑事案件适用法律若干问题的解释》《关于审理矿业权纠纷案件适用法律若干问题的解释》《关于审理海洋自然资源与生态环境损害赔偿纠纷案件若干问题的规定》，对依法惩治环境污染犯罪、审理生态环境保护民事案件的法律适用问题作出具体规定，规范法律适用，统一裁判尺度。

(四)树立现代环境资源司法理念

各级人民法院坚持理念先行,以创新、协调、绿色、开放、共享的新发展理念统筹审判工作,并不断探索创新和发展完善。2015年11月,第一次全国法院环境资源审判工作会议提出要用绿色发展的现代环境司法理念引领环境资源审判工作。2016年6月的《关于充分发挥审判职能作用为推进生态文明建设与绿色发展提供司法服务和保障的意见》,进一步完善和发展了环境资源审判理念,提出要树立严格执法、维护权益、注重预防、修复为主、公众参与等现代环境资源司法理念。

树立严格执法理念。依据国家和省级国土空间主体功能区规划,充分考虑各类功能区的不同定位要求,区分优化开发区域、重点开发区域、限制开发区域和禁止开发区域分类施策,在严守资源消耗上限、环境质量底线、生态保护红线的前提下依法保障经济社会健康发展。通过严格执法传播法治声音、培育法治精神、汇聚法治力量,推动形成人人依法履行环境保护义务的良好社会氛围。

树立维护权益理念。依法严格贯彻损害担责原则,坚持污染者治理、损害者赔偿、开发者养护、受益者补偿,严厉制裁环境违法侵权行为,合理分担生态环境损害责任,保障人民群众在健康、舒适和优美的环境中生存与发展的权利。注重处理好环境公共利益与个体利益的关系,探索合理运用容忍限度理论,妥当平衡各方利益,处理好全局利益与局部利益、长远利益与短期利益的关系,促进可持续发展。注意宽严适度,在加强生态环境保护和受害人保护、遵循司法规律的前提下,适度强化能动司法,积极创新审判执行工作机制,及时修复受损生态环境,实现环境效益和经济效益、社会效益的共赢。

树立注重预防理念。依法及时采取行为保全、先予执行措施,预防环境损害的发生和扩大。充分发挥行政审判和环境行政公益诉讼的作用,监督、支持行政机关依法行政,防止存在重大生态环境风险的项目开工建设,推动污染企业信息公开,自觉接受人民群众监督。

树立修复为主理念。统筹适用刑事、民事、行政责任,促使责任人积极履行生态环境修复义务。灵活运用各种生态环境修复责任承担方式,通过补种复绿、增殖放流等形式,最大限度修复生态环境。密切监督判决后责任人对污染的治理、整改措施以及生态环境修复是否落实到位。积极探索专项环境修复基金制度,采取招投标等方式,鼓励市场主体积极参与修复受损生态环境的执行工作,提高生效裁判执行的效率和质量。

树立公众参与理念。全面推行人民陪审员参与案件审理，加大司法公开和宣传力度，引导公众有序参与环境治理。全面落实立案登记制要求，切实保障当事人诉权，完善司法便民和司法救助措施，畅通人民群众环境权益救济渠道。通过审理与信息公开相关的环境资源行政案件，保障人民群众的知情权和监督权，提高人民群众参与环境保护的积极性，使公众参与原则落到实处。

（五）完善环境资源案件审判规则

细化环境侵权和犯罪案件审判规则。针对《侵权责任法》中有关环境污染责任的规定与《民法通则》、2014年新修订的《环境保护法》以及各环境保护单行法衔接适用问题不明确，审判实践中常常出现对环境污染责任归责原则、责任构成以及数人侵权责任划分等法律适用不统一的问题，最高人民法院于2015年6月出台《关于审理环境侵权责任纠纷案件适用法律若干问题的解释》，进一步对环境侵权纠纷的归责原则、举证证明责任分配、数人排污的责任承担、环境服务机构的责任以及行为保全、专家意见等作出规定，同时明确审理因破坏生态造成损害的民事案件与环境污染案件适用同一规则。各级人民法院在审理环境资源民事案件中，根据案件的不同情况和被告侵权行为的性质，贯彻注重预防原则要求，适时采取诉前禁令、先予执行、行为保全、证据保全等措施，发挥预防、减损功能。对于严重损害国家利益、社会公共利益和申请人合法权益，造成环境资源损害难以恢复的行为，依法及时裁定被申请人立即停止侵权行为或者采取污染防治措施。2013年6月，最高人民法院、最高人民检察院出台的《关于办理环境污染刑事案件适用法律若干问题的解释》，进一步对《刑法》第338条规定的"严重污染环境""后果特别严重"的具体标准和情形、从重与从宽处罚情节、有毒物质范围与界定标准、污染环境专门性问题的鉴定等问题作出规定。

明确自然资源开发利用案件审判规则。深入研究涉及土地、矿产、林业及其他自然资源案件的特点和审判规则，调研起草矿业权、林权纠纷适用法律的规范性文件，明确审理原则，统一裁判标准。注重保障资源合理开发利用与促进资源节约、环境保护相协调，尤其注重审理好重点生态功能区、生态环境敏感区和脆弱区，以及自然保护区、风景名胜区等区域内开发利用自然资源引发的相关案件，将保护生态环境和自然资源作为裁判的重要因素综合考量。

探索气候变化相关案件审判规则。针对碳排放相关案件，区分合规排放与超出排污标准、污染物总量控制指标和排污许可证要求排放的不同情形，依法确定责任主体及其责任范围。针对节约能源、污泥无害化处理和资源化利用等领域的相关案件，鼓励企业科技创新，促进清洁能源和能源节约新技术的开发利用。针对绿色金融、生物多样性保护相关案件，深入研究涉及绿色金融发展的特殊法律问题，研究排污权、用能权、用水权等市场交易机制和规则，充分发挥金融手段及市场机制在实现绿色发展、减缓和适应气候变化中的重要作用。

丰富专业性事实的查明规则。针对环境资源案件事实认定专业性强的特点，综合运用鉴定意见、专家意见、证据规则、逻辑推理、经验法则等，借鉴环境风险预防原则的要求，准确认定案件事实。对于生态环境修复费用难以确定或者确定具体数额所需鉴定费用明显过高的，人民法院可以结合污染环境、破坏生态的范围和程度、生态环境的稀缺性、生态环境恢复的难易程度、防治污染设备的运行成本、被告因侵害行为所获得的利益以及过错程度等因素，参考负有环境保护监督管理职责的部门的意见、专家意见等，予以合理确定。保障当事人要求专家出庭发表意见的权利，对于符合条件的申请及时通知专家出庭就鉴定意见和专业问题发表意见。

二、理论升华：环境资源审判的司法理论探讨

（一）大前提：生态文明建设成为全面依法治国的重要内容

党的十八大以来，党中央把生态文明建设摆上更加重要的战略地位，作出一系列重大决策部署。2015年，中共中央、国务院先后出台《关于加快推进生态文明建设的意见》和《生态文明体制改革总体方案》两份纲领性文件。党的十八届五中全会提出创新、协调、绿色、开放、共享的新发展理念，明确了今后一个时期我国经济社会发展的指导思想、基本原则、目标要求和重大举措，勾画了未来五年我国国民经济和社会发展的宏伟蓝图。

推进生态文明建设，不仅需要动员全社会力量共同参与，更需要法治的保障和护航，从而实现生态文明建设的法治化。2014年10月发布的《中共中央关于全面推进依法治国若干重大问题的决定》明确提出："用严格的法律制度保护生态环境，加快建立有效约束开发行为和促进绿色发展、循环发展、低碳发展的生态文明法律制度，强化生产者环境保护的法律责任，大幅度提高违法成本。建立健全自然资源产权法律制度，完善国土空间开发保护方面的法律制度，制定完善生态补偿和土壤、水、大气污染防

治及海洋生态环境保护等法律法规，促进生态文明建设。"生态文明建设正式成为全面依法治国的重要内容，意味着我们将运用法治思维和法治方式推进生态文明建设，昭示了我们党加强生态文明建设的意志和决心，对建设美丽中国具有重大的现实意义和深远的历史意义。

（二）命题一：夯实筑牢环境资源审判的理论基础

1. 环境权利成为环境资源审判的诉讼基础

《侵权责任法》和1989年《环境保护法》主要或实际上重视的是传统环境侵权责任、传统环境民事诉讼和传统行政诉讼，即因污染环境和破坏生态造成人身损害或财产损害的单位、个人、有关行政机关和行政机关工作人员所应当承担的民事责任，以及因追究这种责任所提起的环境民事诉讼和环境行政诉讼。2014年新修订的《环境保护法》第53条规定了公民、法人和其他组织依法享有获取环境信息权利、参与和监督环境保护的权利。所谓"依法"既可依照本法，也可依照其他相关法律。获取环境信息权，就是公众对行政机关所持有的环境信息拥有适当的获得权利，途径包括行政机关主动公开相关环境信息和申请行政机关公开相关环境信息。参与环境保护的权利，包括依法编制环境影响报告书的建设项目，建设单位在编制报告书草案时，应当向可能受影响的公众说明情况，充分征求意见等。监督环境保护的权利，包括对污染环境和破坏生态行为，以及行政不作为，公众有权举报；符合条件的社会组织有权就污染环境、破坏生态，损害社会公共利益的行为，提起环境民事公益诉讼等。《环境保护法》的修订，体现了环境法对传统的、既定的、现行的法律制度资源（包括民事诉讼制度资源和行政诉讼制度资源）的继承和重视，体现了环境权利与人身权利、财产权利的密切关系，说明环境权是实现人身权、财产权的必要条件，突出了保护环境对保护人的身心健康和人的财产的重要作用，凸显了民事诉讼和行政诉讼在环境司法方面的重要作用。

2. 环境行政权与司法权的发展

传统理论认为，行政权的性质是管理权，是国家维护公共利益、管理公共事务的行为，行政权实现行政管理的手段主要体现为行政执法。在维护环境权益方面，司法权实现的手段体现在惩罚刑事犯罪、补偿受害人的损失，以及监督行政机关执法。通常来讲，司法权应是对行政权的监督和弥补，环境司法权应尊重行政权，只有行政权不作为或乱作为，导致国家、社会和个人的环境权益受到损害，方可提起环境民事诉讼或行政诉讼。但随着社会的发展，司法权在环境公共利益维护中发挥着越来越重要的作用，环境民事公益诉讼应运而生。在环境民事公益诉讼制度框架下，司法权不再限于对行政权的弥补，而呈现一定的预防性，即在环境污染还没有达到一定程度时，有关机构也可提起公益诉讼。另外，对于责任承担，较之于环境行政执法的单一性与局限性，环境司法也呈现多样性和开放性，更有利于环境的恢复和对受害者的救济。

3. 诉讼时效判断的转变

根据《民法通则》第135条、第137条的规定，向人民法院请求保护民事权利的诉讼时效期间为2年，法律另有规定的除外；诉讼时效期间从知道或者应当知道权利被侵害时计算，最长不超过权利被侵害之日起20年。《民法总则》第188条对此进行了修改，将普通诉讼时效期间从2年调整为3年。环境侵权属于特殊侵权，根据《环境保护法》第66条的规定，提起环境损害赔偿诉讼的时效期间为3年，从当事人知道或者应当知道其受到损害时起计算。环境民事诉讼的难点在于如何判断"当事人知道或者应当知道"权利受到损害的时间，由于环境污染损害具有间接性、潜伏性、长期性、持续性、遗传性等特点，直接和必然的因果关系链很难找到，受害人往往"难以知道"受到了何种损害，如果以侵权人最初污染环境的时间起算诉讼时效，对受害人过于苛刻。因此，在环境侵权案件中，对诉讼时效的认定一般从宽把握。

（三）命题二：健全完善环境公益诉讼制度

将环境问题诉诸司法是公众环境权益的基本权利之一。环境公益诉讼，则是解决环境保护立法可诉性和司法可行性的关键所在，其保障公众环境权益、维护社会公共利益的核心内涵，亦与环境法所固有的社会属性及为弱势人而战的社会正义相契合。

1. 健全规范体系

2012年8月修正的《民事诉讼法》第55条确立了环境民事公益诉讼制度，2014年修订的《环境保护法》第58条对可以提起环境公益诉讼的社会组织主体资格条件作出规定。2015年1月，最高人民法院发布《关于审理环境民事公益诉讼案件适用法律若干问题的解释》，进一步明确社会组织主体资格要件，公益诉讼跨区划管辖，同一污染环境、破坏生态行为导致的私益诉讼可搭公益诉讼"便车"等程序规则，加强程序公开与公众参与，适当强化公益诉讼的职权主义色彩，减轻原告诉讼费用负担，统一了司法裁判的尺度和标准，体现了鼓励和规范社会组织依法提起公益诉讼的政策导向。2015年7月，全国人大常委会作出《关于授权最高人民检察院在部分地区开展公益诉讼试点工作的决定》，授权最高人民检察院在北京、内蒙古、吉林等13个省（自治区、直辖市）就生态环境和资源保护等开展为期二年的公益诉讼试点工作。2016年2月，最高人民法院发布《人民法院审理人民检察院提起公益诉讼案件试点工作实施办法》，明确人民法院受理人民检察院提起民事、行政公益诉讼的案件范围、级别管辖、审理规则和裁判依据。2016年6月，最高人民法院发布《关于充分发挥审判职能作用为推进生态文明建设与绿色发展提供司法服务和保障的意见》，要求遵循职权法定原则，以现行诉讼法律制度为基本依据，坚持正当程序的基本原则，创新、完善具体的审判方式方法，依法审理检察机关提起环境民事、行政公益诉讼案件。2017年3月，最高人民法院制定《关于审理环境公益诉讼案件的工作规范（试行）》，推动完善社会组织、检察机关提起公益诉讼案件的一般规则。

2. 依法审理案件

在最高人民法院的监督、指导下，各级人民法院环境公益诉讼审判工作有序开展，稳步推进。通过审理环境公益诉讼，督促和加强行政执法，预防生态环境遭受严重损害，使环境污染者和生态破坏者对环境公共利益遭受的损失承担责任，引导公众有序参与生态环境保护，弥补行政执法手段不足。依法审理社会组织提起的环境民事公益诉讼案件。各级人民法院畅通诉讼渠道，依法及时审查受理符合法定条件的环境公益诉讼案件，构建有利于社会组织提起诉讼的程序和配套机制。2015年1月至2017年6月，全国法院共受理社会组织提起的环境民事公益诉讼一审案件150件，审结63件。各级人民法院通过大力推行人民陪审员参加公益诉讼案件审理，公开调解协议，引入第三方监督执行机制，依法准许缓交、减免原告诉讼费用等举措，有效引导公众有序参与环境治理。依法审理检察机关提起的环境公益诉讼案件。最高人民法院依法积极开展检察机关探索提起公益诉讼的司法改革，加大对试点地方法院的监督指导力度，保障检察机关依法提起公益诉讼。2015年1月至2017年6月，全国法院共受理检察机关提起环境公益诉讼案件94件，审结32件。各地法院遵循职权法定原则，主动适应改革需要，坚持以民事诉讼法和行政诉讼法作为基本依据，结合检察机关提起公益诉讼特点，在法律框架范围内创新、完善具体的审判工作方式方法；坚持正当程序的基本规则，依法保障举证、辩论等诉讼权利的充分行使，平等保护各方当事人的合法权益。

3. 创新审判执行方式

注重适用预防原则。发挥环境行政公益诉讼的督促履职作用，加大裁判文书的释法析理，规范环境资源主管部门履职过程中的行政行为，促进行政机关全面、适当、及时履行相关法定职责。创新责任承担方式。立足不同环境要素的修复需求，探索适用符合生态环境保护要求的修复方式。积极适用异地修复、替代修复、代履行、第三方监督等方式，建立刑事制裁、民事赔偿与生态补偿有机衔接的环境修复责任制度，做到惩治违法犯罪、修复生态环境、赔偿经济损失"一判三赢"。探索建立环境资源修复案件执行回访制度，确保生态环境修复责任落实到位。部分法院将修复生态环境情况作为刑事案件量刑情节，建立刑事制裁、民事赔偿与生态补偿有机衔接的环境修复责任制度。加强执行力度。对发生法律效力的环境民事公益诉讼案件的裁判，关系到社会公共利益的维护、需要采取强制执行措施的，及时移送执行，制止正在发生的污染侵害行为，或者督促尽快履行修复生态环境的责任。依法审查环境资源非诉行政执行案件，对于符合法定条件的，及时作出强制执行裁定。探索实施禁止令。对判处管制、宣告缓刑的犯罪分子，禁止其在管制执行期间、缓刑考验期限内从事排污或者处置危险废物有关的经营活动；在环境民事公益诉讼中，依据当事人申请作出环境保护禁止令，责令污染者停止实施违法排污等违法行为。完善技术辅助制度。各地法院在破解鉴定难、鉴定贵问题中，不断创新工作机制，注重发挥专家作用，包括组建环境资源专家库或者专家咨询委员会，从中选取专家为审判人员提供技术咨询意见，在庭审中引入专家辅助人制度，让专家作为人民陪审员直接参与案件审理，以及采取委托鉴定加专家辅助人的组合模式等多种方式，有效破解专业事实查明的技术藩篱。

（四）命题三：设置建构环境资源审判机构与审判方式

1. 推进专门化审判机构建设

2014年6月，最高人民法院设立环境资源审判庭，集中推进专门审判机构建设，系统的环境资源审判专门化改革由此开始。同年7月，发布《关于全面加强环境资源审判工作为推进生态文明建设提供有力司法保障的意见》，强调要合理设立环境资源专门审判机构，本着确有需要、因地制宜、分步推进的原则，建立环境资源专门审判机构，为加强环境资源审判工作提供组织保障。2015年11月，第一次全国法院环境资源审判工作会议明确提出，要牢牢扭住审判专门化这一"牛鼻子"，因地制宜推进环境资源审判机构建设，构建环境资源审判专门化体系。截至2017年6月，各级人民法院共设立环境资源审判庭、合议庭和巡回法庭 976 个。其中专门审判庭 344 个，合议庭 589 个，巡回法庭 43 个。贵州、福建、海南、江苏等 21 个高级人民法院设立了环境资源审判庭，福建、河南、贵州、江苏、海南、重庆设立三级环境资源审判组织体系，162 个中级人民法院和 160 个基层人民法院设立了专门的环境资源审判庭。

2. 探索完善案件集中管辖制度

党的十八届四中全会通过的《中共中央关于全面推进依法治国若干重大问题的决定》提出，探索设立跨行政区划的人民法院和人民检察院，办理跨地区案件；《最高人民法院关于全面深化人民法院改革的意见——人民法院第四个五年改革纲要（2014—2018）》确定，改革环境资源案件管辖制度；《最高人民法院关于全面加强环境资源审判工作为推进生态文明建设提供有力司法保障的意见》要求各级人民法院积极探索建立与行政区划适当分离的环境资源案件管辖制度，逐步改变目前以行政区划确定管辖以致分割自然形成的流域等生态系统的模式。探索跨行政区划集中管辖制度。对于污染环境或者破坏生态、损害后果跨行政区划以及其他类型的环境资源民事案件，由高级人民法院根据本辖区生态环境保护需要，探索实行由部分中、基层人民法院跨行政区划集中管辖。推进重点区域流域管辖机制改革。2016 年 3 月，最高人民法院发布《关于为长江经济带发展提供司法服务和保障的意见》，要求充分利用海事法院跨行政区划管辖的优势，妥善审理长江流域环境污染、生态破坏案件，探索建立长江流域水资源环境公益诉讼集中管辖制度。通过推进环境资源案件的集中管辖、专门管辖或者提级管辖机制，有效解决跨行政区划污染以及环境资源审判领域的主客场问题，促进重点区域环境质量持续改善。

3. 推动案件归口审理模式

环境资源审判的多元司法功能以及环境资源案件的高度专业技术性和公法私法融合、公益私益交织的复合性特征，要求环境资源审判工作实行刑事、民事、行政案件由一个审判庭集中审理的工作模式。最高人民法院在实现环境资源民事、行政案件"二合一"归口审理的基础上，于 2017 年起在第三巡回法庭实行环境资源刑事、民事、行政案件由一个审判团队统一审理的"三合一"归口审理模式。在最高人民法院的推动下，截至 2017 年 6 月，在已经设立专门环境资源审判庭的 21 个高级人民法院中，有 12 个高级人民法院实现案件归口审理。其中，贵州、河南、青海实行民事、行政"二合一"归口审理模式；福建、江苏、河北、重庆、海南、四川、新疆、陕西实行刑事、民事、行政"三合一"归口审理模式;云南实行刑事、民事、行政以及公益诉讼案件执行"三加一"归口审理模式。

(五)命题四:构建多元共治机制

1. 探索构建环境资源保护协调联动机制

在准确把握司法权边界的前提下,各级人民法院积极推动建立与公安机关、检察机关、环境资源行政主管部门之间的执法协调机制;围绕审判执行中发现的问题,及时提出司法建议推动生态环境的综合治理;加强与环境资源行政主管部门和司法鉴定主管部门的沟通,推动完善环境资源司法鉴定和损害结果评估机制;加强环境资源协同执法,健全环境资源行政主管部门与司法机关之间的案件移送与信息交流机制。2014 年 12 月,最高人民法院与民政部、环境保护部联合下发《关于贯彻实施环境民事公益诉讼制度的通知》,针对人民法院审理民事公益诉讼案件需要查询社会组织基本信息、调取证据材料以及组织修复生态环境等方面的协调配合问题,共同对地方各级人民法院、民政部门和环境保护主管部门提出要求。2015 年 12 月,最高人民法院、最高人民检察院、司法部联合印发《关于将环境损害司法鉴定纳入统一登记管理范围的通知》,对环境损害司法鉴定实行统一登记管理。

2. 推动完善多元化纠纷解决机制

最高人民法院指导各地人民法院适应人民群众对环境纠纷解决方式多样性需求,在加强环境资源审判工作的同时,积极建立健全环境资源纠纷多元化解决机制,推动完善仲裁、行政调解、人民调解、行业调解以及商事调解等非诉纠纷解决机制,使诉讼和非诉讼纠纷解决机制相互衔接、相互配合、优势互补,为环境资源纠纷的解决提供多元化的选择。2016 年 6 月,最高人民法院发布《关于人民法院进一步深化多元化纠纷解决机制改革的意见》,要求各级人民法院主动与诉讼外的纠纷解决机制建立对接关系,指导其他纠纷解决机制发挥有效作用;通过诉调对接、业务指导、人员培训、参与立法等途径,让更多的矛盾纠纷通过非诉解纷渠道解决;通过诉前导诉、案件分流、程序衔接,把纠纷有序分流至诉讼和非诉讼解纷渠道;通过司法确认,提高非诉讼纠纷解决方式的效力和权威性。

三、理论结合实践再发展：环境资源审判在改革中深化发展

2012年以来，各级人民法院深入开展环境资源审判理论研究，积极参与环境资源立法，大力推进公共参与原则在环境资源审判各个环节的落实，拓展国际视野，深化对外交流，努力提升环境资源法治保障水平，推动环境资源审判在改革中深化发展。

（一）积极参与环境资源立法

各级人民法院坚持问题导向，为环境资源相关法律、行政法规的制定提出切实有效的意见建议，推动将司法实践中行之有效的经验做法上升为法律规则，实现司法与立法、行政执法的有机衔接，为加强科学立法、民主立法，提高立法质量作出贡献。最高人民法院配合立法机关和有关行政机关，先后以条文建议、会议研讨、意见回复等方式参与《民法总则》《水污染防治法》《土壤污染防治法》《核安全法》《海洋石油勘探开发环境保护管理条例》等与生态环境保护和绿色发展密切相关的法律和行政法规的制定。2017年3月，十二届全国人大五次会议审议通过的《民法总则》第9条规定"民事主体从事民事活动，应当有利于节约资源、保护生态环境"，将绿色原则确立为民事活动的基本原则。最高人民法院积极与检察机关沟通协调，会同最高人民检察院向全国人大法工委提交立法修改专题报告，推动检察机关公益诉讼制度的立法进程。2017年6月，全国人大常委会对《民事诉讼法》《行政诉讼法》进行修订，分别在第55条、第25条增加了检察机关提起环境民事、行政公益诉讼的规定，为检察机关公益诉讼制度在全国范围内深入开展提供了法律依据。

（二）深入开展理论研究

各级人民法院汇集智慧、凝聚力量，在审判工作中找准环境保护、经济发展以及维护人民群众环境权益之间的平衡点，把生态文明建设纳入法治化、制度化轨道，不断创新、发展环境资源审判理论，为全面推进环境资源审判工作提供强有力的智力支撑。2015年5月，最高人民法院成立环境资源司法研究中心，建立环境资源审判咨询专家库，聘任40位来自法学界、科学技术界的专家；聘任25位环境资源领域的知名学者和资深法官担任研究员，构建智力储备平台。在中国人民大学、武汉大学设立环境资源司法理论研究基地，在天津大学设立环境损害司法鉴定研究基地，在福建龙岩等多家中、基层人民法院设立环境资源司法实践基地，为环境资源审判创新发展奠定了坚实的理论和实务依托。江苏、福建、广西、重庆等多家高级人民法院建立环境资

源审判专家库,并制定管理办法,助力各地法院环境资源司法保护水平提升。加快推进全国法院环境资源案件信息采集和分析系统的开发建设,充分利用大数据、云计算等信息技术,深度挖掘、释放海量案例资源和数据优势,深入研究环境资源保护发展趋势,积极拓展司法案件实证分析,为加强监督指导、统一裁判标准、提升司法公信力提供有力技术支持。

(三)不断深化公众参与

各级人民法院高度重视全面落实公众参与原则,持续推进人民陪审员选任,环境资源审判专家库构建工作。广泛开展巡回审判,强化裁判文书上网公开和环境公益诉讼案件受理、调解情况公告制度,保障社会公众的知情权。最高人民法院在中国法院博物馆举办"绿水青山就是金山银山"环境资源审判成果展,集中展示了改革开放以来,特别是党的十八大以来环境资源审判工作取得的主要成就,包括联合国副秘书长兼环境署执行主任、法国宪法委员会主席、泰王国首席大法官兼大理院院长、尼泊尔最高法院大法官在内的国内外万余名人士参观了展览。河北省高级人民法院联合检察、公安、司法、律师协会等有关部门开展环保法制宣传。近年来,每年"两会"及"6·5"环境日期间,各地法院通过传统媒体和新媒体,采取召开新闻发布会、发布白皮书及典型案例、庭审直播、景区现场咨询等方式,开展形式多样的宣传活动,引导公众支持环境资源司法保护工作,有效提升了公众环境保护意识,扩大了环境资源审判影响力。

(四)积极开展对外交流

为应对全球环境问题日益突出,气候变化、跨界污染和污染物转移等各国面临的重大挑战,各级人民法院在注重研究解决国内环境司法问题的同时,不断加强国际合作,拓宽国际视野,从环境资源保护的全球化与国际化的高度,充分认识环境资源审判对于维护国家利益与国家安全、促进对外开放的作用,统筹协调国内和国际两个大局,推动绿色发展,维护生态安全,不断提升中国环境资源审判的国际影响力。近年来,各级法院注意加强国际环境法、比较环境法研究和环境资源司法案例的交流,从域外环境司法理论和实践中借鉴吸收成熟经验,促进环境资源审判实践的发展。2014年以来,最高人民法院先后举办金砖国家大法官论坛、博鳌亚洲论坛环境司法分论坛、气候变化司法应对国际研讨会以及中韩、中法、中巴环境司法研讨会等,就环境资源司法领域的各项问题进行研讨。2016年4月,最高人民法院派出中国法官代表团出席在巴西里约热内卢召开的第一次世界环境法大会，进一步增强了中国与世界各国环境司法的沟通与交流。2017年6月，最高人民法院院长周强会见联合国副秘书长兼环境署执行主任埃里克·索尔海姆一行，就加强中国最高人民法院和联合国环境署的合作进行了深入讨论。采用"走出去，请进来"的方式，选派环境资源法官赴国外学习交流，并邀请国外专家学者授课交流。2016年以来，最高人民法院多次派员赴菲律宾、英国、瑞典、美国、印度、巴西等国家参加研讨会、专题培训学习或交流访问，对加强中国与世界各国环境资源审判的沟通了解，拓展环境资源法官的国际视野，打造专业化审判团队，提升中国环境资源审判的国际影响力起到了良好推动作用。

第四节
发展：新时代环境资源审判制度的实践创新（2018年至今）

从党的十八大到二十大召开的十年间，我国的改革开放和社会主义现代化建设取得巨大成就，体现在环境保护方面就是我们坚持绿水青山就是金山银山的想念，坚持山水林田湖草沙一体化保护和系统治理，全方位、全地域、全过程加强生态环境保护，生态文明制度体系更加健全，污染防治攻坚向纵深推进，绿色、循环、低碳发展迈出坚实步伐，生态环境保护发生历史性、转折性、全局性变化，我们的祖国天更蓝、山更绿、水更清。

一、最严格制度最严密法治保护生态环境，推进重点流域区域治理

（一）完善保护生态环境相关政策制度，促进环境资源审判健全发展

1. 生态环境保护政策性文件陆续发布

2017年10月，习近平总书记在党的十九大报告中提出，要坚决打好防范化解重大风险、精准脱贫、污染防治的攻坚战，使全面建成小康社会得到人民认可、经得起历史检验。自此，污染防治攻坚战三年行动计划拉开序幕。2018年6月，中共中央、国务院发布《关于全面加强生态环境保护坚决打好污染防治攻坚战的意见》，对打好污染防治攻坚战，提升生态文明和建设美丽中国提出若干意见。2018年7月，全国人民代表大会常务委员会作出《关于全面加强生态环境保护 依法推动打好污染防治攻坚战的决议》，对用法治的力量保护生态环境、打好污染防治攻坚战作出重要决议。2019

年6月,为了规范生态环境保护督察工作,压实生态环境保护责任,中共中央办公厅、国务院办公厅印发《中央生态环境保护督察工作规定》。2020年10月,党中央在"十四五"规划中将"生态文明建设实现新进步"作为今后五年经济社会发展的主要目标,并对"推动绿色发展,促进人与自然和谐共生"作为重要内容进行了专门论述。党的十九届五中全会与之一脉相承,将"广泛形成绿色生产生活方式,碳排放达峰后稳中有降,生态环境根本好转,美丽中国建设目标基本实现",作为我国到二〇三五年基本实现社会主义现代化的远景目标之一,并确立了在"十四五"时期经济社会发展应实现的八项具体目标,即"生态文明建设实现新进步,国土空间开发保护格局得到优化,生产生活方式绿色转型成效显著,能源资源配置更加合理、利用效率大幅提高,主要污染物排放总量持续减少,生态环境持续改善,生态安全屏障更加牢固,城乡人居环境明显改善",足以看出党中央对生态文明建设的重视。2021年1月,中共中央印发《法治中国建设规划(2020—2025年)》,对加大生态环境与野生动物保护执法力度、加强黄河流域生态保护和高质量发展等作出重要部署。

2. 环境资源法律法规密集修订与出台

2018年8月以来,全国人大常委会陆续修订了《土壤污染防治法》《环境保护税法》《大气污染防治法》《节约能源法》《防沙治沙法》《野生动物保护法》《土地管理法》《森林法》等法律,逐步完善了环境资源法律体系。2020年10月,为维护国家生物安全,保障人民生命健康,保护生物资源,防范生物威胁,制定颁布《生物安全法》。2020年5月,《民法典》在众望所归中隆重颁布,其中确立了绿色原则,并专章规定了环境污染和生态破坏责任,为环境资源审判带来了历史机遇。2021年3月1日,我国第一部流域保护法——《长江保护法》正式实施。该法的一个重要特点是把资源保护、污染防治、山水林田湖一体化管理等囊括于一部法律中,更有利于对长江流域生态系统全面保护。该法第77条规定:"国家加强长江流域司法保障建设,鼓励有关单位为长江流域生态环境保护提供法律服务。长江流域各级行政执法机关、人民法院、人民检察院在依法查处长江保护违法行为或者办理相关案件过程中,发现存在涉嫌犯罪行为的,应当将犯罪线索移送具有侦查、调查职权的机关。"截至目前,生态环境领域由生态环境部门负责组织实施的法律有14件,行政法规30件,部门规章88件,强制性环境标准203项。我国生态环境法律法规框架体系已基本形成,并已基本实现各环境要素监管主要领域全覆盖。①

3. 配套司法政策与司法解释集中发布

2018年5月，最高人民法院发布《关于深入学习贯彻习近平生态文明思想为新时代生态环境保护提供司法服务和保障的意见》，指导各级法院充分发挥审判职能作用，为加强新时代生态环境保护、推进生态文明建设和美丽中国建设提供有力司法服务和保障。2018年3月和2019年11月，最高人民法院、最高人民检察院联合发布《关于检察公益诉讼案件适用法律若干问题的解释》《关于人民检察院提起刑事附带民事公益诉讼应否履行诉前公告程序问题的批复》，就检察公益诉讼的任务原则、案件类型、诉前程序、受理条件、审理程序、裁判方式、公告程序等法律适用问题作出规定。2019年2月，最高人民法院与最高人民检察院、公安部、司法部、生态环境部联合发布《关于办理环境污染刑事案件有关问题座谈会纪要》，明确了环境保护主管部门及其所属监测机构在行政执法过程中收集的监测数据，在刑事诉讼中可以作为证据使用，加大了对污染环境犯罪的打击力度。2021年11月29日最高人民法院通过《关于生态环境侵权案件适用禁止令保全措施的若干规定》，进一步落实保护优先、预防为主原则。

4. 环境资源案件范围逐步完善

准确界定环境资源案件范围是人民法院审理环境资源案件的基础和前提。一直以来，各地人民法院对环境资源案件尤其是民事案件的范围理解和把握尺度不同，导致各级法院有关统计口径不一，且对环境资源案件的指导缺乏有效标准。在《民法典》颁布以前，人民法院识别环境资源民事案件的依据主要是最高人民法院2011年2月修正的《民事案件案由规定》，但该规定仅确定了环境侵权案由，难以适应逐步发展的环境资源审判工作。2020年12月，最高人民法院发布新的《民事案件案由规定》，新增生态破坏责任纠纷，并专门规定了生态环境保护民事公益诉讼案由，规范并完善了环境资源案件案由规定。2021年1月，为科学构建环境资源审判体系，不断提升环境资源审判工作水平，最高人民法院制定了《环境资源案件类型与统计规范（试行）》，进一步推动了环境资源审判职能的有效发挥，确保裁判尺度统一。

---

① 郄建荣：《中国生态环境法律法规框架体系已基本形成》，载中国法院网2020年11月6日，https://www.chinacourt.org/article/detail/2020/11/id/5564094.shtml。

5.构建生态环境损害赔偿机制

2017年12月,在总结各地区改革试点实践经验基础上,中共中央办公厅、国务院办公厅印发《生态环境损害赔偿制度改革方案》,进一步明确生态环境损害赔偿范围、责任主体、索赔主体、损害赔偿解决途径等,形成相应的鉴定评估管理和技术体系、资金保障和运行机制,逐步建立生态环境损害的修复和赔偿制度,加快推进生态文明建设。2019年6月,最高人民法院发布《关于审理生态环境损害赔偿案件的若干规定(试行)》,对生态环境损害赔偿案件审理的具体规则予以明确,该规定后于2020年12月修正。为加快推进生态文明建设,规范生态环境损害赔偿资金管理,2020年3月,财政部、自然资源部、生态环境部、住房城乡建设部、水利部、农业农村部、国家林业和草原局、最高人民法院、最高人民检察院等九部门联合印发《生态环境损害赔偿资金管理办法(试行)》。为贯彻落实《生态环境损害赔偿制度改革方案》,加强对生态环境损害赔偿制度改革工作的业务指导,推动解决地方在试行工作中发现的问题,2020年8月,生态环境部、司法部、财政部、自然资源部、住房城乡建设部、水利部、农业农村部、卫生健康委、国家林业和草原局、最高人民法院、最高人民检察院等十一部门联合制定了《关于推进生态环境损害赔偿制度改革若干具体问题的意见》。2022年5月,生态环境部联合最高人民法院、最高人民检察院和科技部、公安部等11个相关部门共14家单位印发《生态环境损害赔偿管理规定》,从总则、任务分工、工作程序、保障机制、附则等五方面提出要求。

(二)司法审判带动法治落实,推进重点流域区域治理见功显效

1.加强重点流域环境司法保护

坚持理念先行。最高人民法院通过召开会议、下发文件等方式,指导各级人民法院既要从生态系统整体性和流域系统性着眼,加强对水环境、水生态和水资源的司法保护力度,又要结合主体功能区和生态红线制度分类施策,实现环境效益和经济效益、社会效益的多赢。持续深化长江经济带司法协作机制。最高人民法院认真贯彻落实习近平总书记"共抓大保护、不搞大开发"指示精神,推进建立长江经济带区域司法协作,加强长江流域生态环境司法保护。2017年12月,发布《关于全面加强长江流域生态文明建设与绿色发展司法保障的意见》;2018年4月,印发《关于为深入推动长江经济带发展提供有力司法服务和保障的通知》;①2018年9月,在重庆召开长江经济带 11+1 省市环境资源审判工作推进会,指导长江经济带 11 省市和青海省共 12 家高级人民法院签订《长江经济带 11+1 省市高级人民法院环境资源审判协作框架协议》;2018 年 12 月,印发《关于以问题为导向进一步加强长江经济带生态环境司法保护的通知》;②2020 年 12 月,最高人民法院、最高人民检察院、公安部、农业农村部联合制定《依法惩治长江流域非法捕捞等违法犯罪的意见》。湖南、湖北、上海、江苏、浙江、安徽等地高级人民法院也通过框架协议的方式,构筑长江流域生态环境保护协作机制。2020 年 12 月,最高人民法院发布《长江流域生态环境司法保护状况》白皮书及典型案例。推进构建黄河流域司法协作机制。为贯彻落实习近平总书记在黄河流域生态保护和高质量发展座谈会上的重要讲话精神,2019 年 12 月最高人民法院在河南郑州召开黄河流域 9 家高级人民法院参加的环境司法保护集中调研活动,梳理总结黄河流域环境司法保护活动成果,研究部署构建黄河流域环境司法协作机制等重点工作。2020 年 6 月,最高人民法院出台《关于为黄河流域生态保护和高质量发展提供司法服务与保障的意见》,为黄河流域生态保护和高质量发展国家战略提供公正高效的司法服务与保障。河南、甘肃、山东等省高院先后出台有关规定,为黄河流域生态保护和产业结构转型升级提供司法保障。2021 年下半年,最高人民法院又分别印发了《贯彻实施〈长江保护法〉工作推进会会议纪要》《服务保障黄河流域生态保护和高质量发展工作推进会会议纪要》,将长江、黄河流域生态环境保护放到中华民族永续发展的高度。

2. 加强重点区域环境司法保护

京津冀地区。认真落实以习近平同志为核心的党中央关于设立河北雄安新区、深入推进京津冀协同发展的重大决策部署,2019 年 9 月,最高人民法院发布《关于为河北雄安新区规划建设提供司法服务和保障的意见》,明确提出要建立雄安新区及周边区域、白洋淀流域环境资源案件集中管辖制度,同时完善市场化生态环境司法保护机制,为构建市场导向的绿色技术创新体系,建立符合雄安新区功能定位和发展实际的资源环境价格机制、多样化生态补偿制度和淀区生态搬迁补偿机制提供司法支持。大

---

① 参见最高人民法院:《中国环境资源审判(2017—2018)》,载 http://nej.court.gov.cn/news/view-54.html。

② 参见最高人民法院:《中国环境资源审判(2017—2018)》,载 http://nej.court.gov.cn/news/view-54.html。

运河文化带。贯彻落实习近平总书记关于建设大运河文化带特别是"保护、传承、利用"大运河的重要指示精神，最高人民法院于2019年11月在山东枣庄召开大运河沿线8家高级人民法院参加的大运河区域环境司法保护集中调研座谈会，推进建立完善规范化的内部系统协同、外部协调衔接、网络平台共享、裁判规则统一、典型案例编发、白皮书定期发布和对外交流宣传等大运河司法保护"七个一"工作机制。粤港澳大湾区。服务和保障粤港澳大湾区和深圳中国特色社会主义先行示范区国家战略部署，2019年12月，立足服务保障广东"一核一带一区"区域协调发展，结合广东河流、山川走势和地域分布情况，指导广东省高级人民法院及时调整广东省环境民事公益诉讼集中管辖布局，从原来"4+1"模式调整为"6+1"模式，为有效解决跨行政区划环境污染生态治理问题提供支撑。海南自贸区。落实《关于〈全面推进海南法治建设支持海南全面深化改革开放的意见〉重点任务分工方案》，支持海南省高级人民法院做好环境资源案件集中管辖试点工作。海南省高级人民法院与海南省人民检察院、海南省海警局联合印发《关于办理海上案件有关问题的通知》，就海上环境资源案件的管辖、侦查、起诉、审判等问题作了细化规定。以国家公园为主体的自然保护地。认真贯彻落实中共中央办公厅、国务院办公厅《关于建立以国家公园为主体的自然保护地体系的指导意见》。分类有序解决历史遗留问题，妥善审理自然保护地内的耕地实施退田还林还草还湖还湿，以及依法清理整治探矿采矿、水电开发、工业建设项目等因统一环境准入和退出引发的补偿纠纷案件，科学界定生态保护者与受益者权利义务，推动完善受益者付费、保护者得到合理补偿的工作机制。

二、生态保护事关国家、民族命运和文明兴衰：环境资源审判若干理论热点阐释

（一）积极探索与行政区划适当分离的环资案件集中管辖模式

自最高人民法院成立环资庭以来，尤其是党的十九大以来，全国法院加强环境资源审判机构建设，推进环资案件归口审理，积极探索集中管辖制度，取得了较好的效果。截至2022年9月，全国法院已设立2426个环境资源专门审判机构或组织，先后设立南京、兰州、昆明和郑州环境资源法庭，探索专门审判机构建设新实践，28家高级人民法院实行环资民事、行政、刑事案件"三合一"审理模式，云南、江西、浙江、

四川等地法院探索涵盖执行的"四合一"归口机制,将生态环境保护理念贯穿到审判全领域、全过程,专门审判机构建设有了很大进展。

为集聚优势,有效解决司法保护碎片化问题,破除地方保护主义难题,从2017年底开始,在最高人民法院的指导下,各地法院积极探索以生态系统或者生态功能区为单位的跨行政区划集中管辖模式,积极打造环境资源案件跨行政区划集中管辖"升级版"。黄河流域9家高级人民法院签署框架协议,湖北、河南、陕西省高级人民法院开展环丹江口水库司法协作,构建不同层级的流域司法协作机制,探索跨域环境治理。经最高人民法院指定,北京市第四中级人民法院自2017年10月26日起,受理天津相关法院审理的环境保护行政二审案件,迈出跨省级行政区划管辖案件的重要一步。在总结贵州省高级人民法院实施流域集中管辖经验教训的基础上,鼓励地方探索省域内跨行政区划环境资源案件,由高级人民法院指定集中管辖。甘肃省高级人民法院于2019年11月设立兰州环境资源法庭,完善全省典型环境资源案件一审、二审及公益诉讼案件集中管辖机制,对涉流域、区域生态环境案件进行集中管辖。同时,调整林区法院的设置和管辖范围,特别是祁连山林区法院集中管辖甘肃祁连山五个自然保护区内的案件,实现了全省重点林区和国家级自然保护区内案件跨行政区域全覆盖。江苏省高级人民法院在南京设立环境资源法庭,以江苏省政府确立的生态功能区规划为基础,以生态功能区为单位,在全省范围内构建"9+1"集中管辖机制,形成以江苏省高级人民法院环境资源审判庭为指导、南京环境资源法庭为核心、9个生态功能区法庭为依托的环境资源集中管辖审判体系。江西省高级人民法院在"五河一江一湖"流域和部分重点区域设立11个环境资源法庭。湖南省高级人民法院在设立湘江、洞庭湖、东江湖环境资源专门法庭后,新设立资水、沅水、澧水和湘中环境资源专门法庭,分别跨行政区划管辖湘江、洞庭湖、东江湖、资水、沅水、澧水全流域涉水污染、生物多样性一审环境保护案件和集中管辖娄底、湘潭、株洲土壤污染案件。海南则将全省划分为四个区域,各指定一家法院集中管辖区域内环境资源案件。实行地域管辖和重点流域区域跨行政区划集中管辖相结合。

(二)发展完善环境侵权责任承担方式

从1989年《环境保护法》到《侵权责任法》,到2014年修订的《环境保护法》,再到现在的《民法典》,环境侵权责任承担方式一直是大家关注的重点。目前,环境侵权责任的承担方式已基本形成,相较2014年修订的《环境保护法》颁布之前,有如下发展和变化。

1. 责任承担方式的转变

以往的环境侵权责任主要包括停止侵害、排除妨碍、恢复原状、赔偿损失和赔礼道歉五种，其中又以赔偿损失为主。随着司法实践的不断探索，目前审判实践中对环境侵权责任的承担主要适用生态环境修复，主要包括补种复绿、增殖放流、替代性修复、第三方治理、异地修复等，责任承担方式从单一向多元转变。

2. 增加惩罚性赔偿以强调预防功能

惩罚性赔偿主要针对具有不法性和道德上的应受谴责性的行为而适用的，与补偿性的赔偿不同，惩罚性赔偿通过给不法行为人强加更重的经济负担来制裁不法行为，从而达到惩罚和教育的效果。

3. 将制止和防止损害发生或扩大的费用纳入赔偿范围

根据《民法典》第1235条第5项和《最高人民法院关于审理环境侵权责任纠纷案件适用法律若干问题的解释》第15条的规定，对于被侵权人请求防止损害发生和扩大所支出的合理费用的，人民法院应予支持。出现这种变化，主要是考虑到应当将损失控制在最小的范围内，从而实现对后续治理与修复工作的开展。

4. 从损害赔偿向生态环境修复转化

根据《民法典》第1234条的规定，在破坏生态的情况下，能够修复的应当进行修复，即将生态环境修复到损害发生前的状态，恢复生态功能。过去对环境侵权行为主要以货币赔偿为主，但货币赔偿的标准难以确定，法院支持的赔偿数额有限，且赔偿金也不一定或难以用于修复环境，导致出现更严重的环境污染，基于此，现在的法律规定和司法实践都引导尽可能地通过审判实现生态环境的修复。

5. 扩大生态环境损害赔偿的范围

根据《民法典》第1235条的规定，将服务功能损失、调查鉴定等费用纳入进来，明确了生态环境损害的赔偿范围，使民事责任与行政责任、刑事责任互相配合、协同发力，为企业履行主体责任扩宽了新路径，也为构建现代环境治理体系提供了新支点。

6. 环境侵权的责任范围扩展

传统环境民事侵权责任仅包含污染环境责任，2014年修订的《环境保护法》将污染环境和破坏生态责任均纳入环境侵权救济范围，《民法典》侵权责任编第七章规定了环境污染和生态破坏责任,沿袭了《环境保护法》的规定,进一步健全了我国生态环境保护责任体系。

(三)创新健全环境资源诉源治理协同机制

各级人民法院通过结合环境资源案件的独特特点和工作实际,积极创新健全环境资源诉源治理模式机制,为守护绿水青山提供了有力司法保障。

1. 结合环境资源案件特点针对治理

根据环境资源案件具有高度的专业性、致害原理的复杂性、环境修复的多元性等特点,在案件审理中有效平衡社会经济发展和生态环境保护之间利益,妥善处理解决矛盾纠纷、惩罚打击犯罪与生态环境保护、社会经济发展之间的关系,平衡局部利益和整体利益、当前利益和长远利益、公共利益和个人利益、当代利益和后代利益,进行有针对性的治理。

2. 建立工作机制多方联动综合治理

一是针对纠纷多发易发领域,建立相关行政单位、监管机构、行业协会对接机制,加强环境资源行政执法指导力度,实现环境司法与行政执法的有效对接,做到司法审判和行政执法共同治理。二是充分发挥行政审判对于行政机关、企业大众的监督功能和预防功能,支持和监督行政机关及时履行环境资源监管职责,督促企业和大众爱护环境、保护生态。三是构建党委政府主导、企业为主体,社会组织和公众共同参与的以司法为保障的环境纠纷多元化解纠纷解决机制,建立行政、司法无缝衔接机制,充分整合各种力量推进合力治理。

3. 开展生态修复惩修结合源头治理

在环境资源案件审理过程中秉承"专业化审判+恢复性司法"的理念,针对不同地域生态环境特点、不同生态环境破坏行为以及责任人的不同行为能力,积极探索实施补种复绿、增殖放流、替代性修复、第三方治理等多样化的责任承担方式,在实现惩罚犯罪、生态修复目的的同时,充分发挥警示教育作用,通过司法威慑促进源头治理。开展生态司法修复基地建设,承担集中开展生态修复的功能,充分发挥生态法治教育和理念宣传作用。

4. 发挥审判职能多措并举延伸治理

一是践行司法为民宗旨,加强环境资源案件巡回审判力度,努力打通满足人民群众环境司法需求的"最后一公里",通过到案发地开庭审理案件、实地调查走访、就地协调化解矛盾、开展法治宣传等方式将审判工作延伸到人民群众家门口，利用巡回审判在案发地教育广大群众。二是依法审理环境信息公开行政案件，保障人民群众知情权和监督权，提高人民群众参与生态环境保护的积极性。三是充分发挥司法建议在推动诉源治理中的积极作用，针对办案过程中发现的行政机关环保执法中存在的问题，及时发出司法建议促进行政机关依法行政规范执法，减少矛盾发生。四是充分发挥环境司法的评价和指引作用，扩大人民陪审员参与案件审理的范围，对于重大的环境资源案件要实施公开宣判，实施庭审直播，增强群众的环保意识。五是创新形式开展全方位法治宣传，教育引导广大群众、企业自觉守法保护生态环境，合理利用自然资源，避免违法犯罪事件发生。

（四）加强环境资源审判指导性案例和典型案例发布和研究

案例指导制度是最高人民法院为及时总结审判工作经验，指导各级人民法院审判工作，统一司法尺度和裁判标准，规范法官自由裁量权，充分发挥指导性案例作用的一项具有中国特色的司法制度。最高人民法院发布的指导性案例，是指由最高人民法院编选，经最高人民法院审判委员会审议决定后公开发布，对全国法院审判执行工作具有指导作用、法官应当参照适用的案例。《人民法院组织法》明确规定最高人民法院可以发布指导性案例。截至2022年9月，最高人民法院共发布环境资源指导性案例26个，体现了环境资源案件范围的多元性、环境资源审判理念的特殊性和环境资源案件裁判规则的专业性，集中展示了人民法院环境资源审判工作成果，浓缩了中国环境资源审判的发展亮点。特别是2021年下半年第31批指导性案例（指导案例172~178号），是人民法院贯彻落实习近平生态文明思想、习近平法治思想，加大生物多样性司法保护，为生态文明建设和绿色发展提供更加有力的司法服务和保障的生动体现。

除了指导性案例，最高人民法院还多次以发布典型案例的方式推动环境资源案件类型化、审理规则专门化、裁判尺度统一化。截至2022年9月，最高人民法院共发布典型案例26批280个，涵盖了刑事、民事、行政、公益诉讼、生态环境损害赔偿、流域保护等领域。尤其是自2017年以来，最高人民法院先后发布了"长江流域环境资源审判十大典型案例""人民法院服务保障新时代生态文明建设典型案例""人民法院环境资源审判保障长江经济带高质量发展典型案例""生态环境保护典型案例"等多批采取新的分类方法划分的案例。这些案例将过去按法律部门划分案件类型，分别发布民事、行政、刑事案例的方式，改为按照生态环境系统及其构成要素进行分类、综合发布相关典型案例。这些案例中既包括传统的民事诉讼、行政诉讼、刑事诉讼，也包括环境公益诉讼和生态环境损害赔偿诉讼。案件涉及水、土壤、滩涂、湿地、湖泊、渔业、林木、野生动物等环境要素及其生态系统服务功能，覆盖环境污染、生态破坏、生物多样性保护等各个方面，环境资源保护特色鲜明，辨识度高。

（五）锻造高素质专业化审判队伍

加强思想政治建设。始终坚持党的绝对领导，不断强化科学理论武装，严明政治纪律和政治规矩，增强"四个意识"，坚定"四个自信"，做到"两个维护"，努力服务、保障党和国家工作大局，确保环境资源审判坚持正确的政治方向。树立现代司法理念。指导各级法院深入贯彻落实习近平生态文明思想，牢固树立以人民为中心的根本理念；紧紧围绕打好污染防治攻坚战的总体目标，准确把握发展与保护协同共生的辩证关系，切实强化最严格制度最严密法治的底线意识，严格遵循山水林田湖草系统保护的科学路径，不断强化生态公平、预防为主、注重修复、系统治理、严格执法的理念，推动实现人与自然和谐共生的美丽愿景，为新时代生态文明建设提供有力司法服务和保障。加强业务能力建设。结合司法责任制改革和环境资源审判专门化要求，不断加强业务能力培训。举办全国法院环境资源审判工作培训班，邀请中外资深法官、专家学者围绕环境司法领域重要课题进行授课，培训学员400余人次。举办案例大讲坛，聚焦中外环境案例研讨，合理借鉴域外环境资源理论和司法实践经验。开展全国环境资源审判优秀业务成果评选活动，通报表彰优秀调研成果、优秀裁判文书和优秀案例，促进审判质效提升。各地法院相继开展省市内环境资源审判工作培训班，提升环境资源审判水平。加强廉政、作风建设。严格贯彻落实中央八项规定及其实施细则，持续整治"四风"问题。深入推进党风廉政和纪律作风建设，增强廉洁意识，扎紧"制度篱笆"，力戒形式主义、官僚主义，开展经常性纪律教育，充分发挥典型案例的教育警示作用，努力打造一支政治坚定、能力过硬、作风优良、公正廉洁的高素质环境资源审判队伍。

三、环境资源审判服务大局的创新实践

近年来，各级人民法院紧紧围绕党和国家工作大局，依法审理各类案件，加强专业化建设，切实维护国家生态安全和人民群众环境权益，为服务保障生态文明建设、

促进经济高质量发展作出了积极贡献，开启了以中国特色环境资源审判为重要环节的国家治理能力与治理体系现代化新进程。

（一）以习近平生态文明思想统领环境资源审判工作

习近平生态文明思想是习近平新时代中国特色社会主义思想的重要组成部分，指明了新时代推进生态文明建设的目标和方向，也是全国各级法院推进环境资源审判工作的根本遵循和行动指南。各级法院牢固树立以人为本理念，不断满足人民群众日益增长的对优美生态环境和公正环境资源司法保障的需求，切实保障人民群众在健康、舒适、优美生态环境中生存发展的权利。紧紧围绕打好污染防治攻坚战目标，坚持保护优先，加大对大气、水、土壤污染案件的审理力度，综合运用刑事、民事和行政责任方式，促进环境整体改善，为人民群众留住鸟语花香与田园风光。准确把握发展与保护协同共生的辩证关系，不断创新审判执行方式，以保护生态环境促进经济发展，以保障经济发展反哺生态环境改善，促进良性互动，形成良性循环，推动经济高质量发展和生态环境高水平保护。切实强化最严格制度最严密法治意识，坚持法律底线、生态红线不可触碰的理念，通过专业化的审判落实最严格的源头保护、损害赔偿和责任追究制度，推动实现政治效果、法律效果、社会效果、生态效果的有机统一。

（二）坚持总体国家安全观，防范化解重大风险

准确把握习近平生态文明思想和"两山"理念要求，加大对污染环境、破坏生态犯罪行为的惩治力度，维护国家生态安全。强化生态保护修复理念，依法保障实施重要生态系统保护和修复工程，助力筑牢生态安全屏障。充分发挥审判职能作用，依法服务保障统筹推进常态化疫情防控和经济社会发展工作，精准服务做好"六稳"工作、落实"六保"任务。强化公共卫生法治保障，严格贯彻执行全国人大常委会"一决定一法"，维护人民群众生命安全和身体健康。

（三）坚持以人民为中心，切实保障人民群众环境权益

始终将人民群众对美好生活的向往作为环境资源审判工作的出发点和落脚点，立足司法职能保障人民群众在健康、舒适、优美生态环境中生存发展的权利。聚焦"两不愁三保障"突出问题和薄弱环节，依法审理涉及易地扶贫搬迁、贫困人口就业、义务教育控辍保学、医疗及社会保障等案件，积极服务保障脱贫攻坚。围绕重污染天气、黑臭水体、垃圾围城等人民群众反映强烈的突出问题，依法公正高效审理相关案件，运用司法手段推动改善生态环境质量。把服务美丽乡村建设、助推乡村振兴战略作为环境资源审判工作发力点，推动实现产业兴旺、生态宜居、乡风文明、治理有效、生活富裕。发挥环境公益诉讼、生态环境损害赔偿诉讼的作用，维护人民群众环境权益。

（四）坚持最严密法治，服务打好污染防治攻坚战

围绕打好污染防治攻坚战总体目标，切实履职尽责，让天更蓝、水更净、地更绿、空气更清新、食品更安全、生态更宜居。依法妥善审理京津冀及周边、长三角、汾渭平原等重点区域大气污染纠纷案件，助力打赢蓝天保卫战。妥善审理长江、黄河、鄱阳湖、洞庭湖、太湖等重点水域水污染纠纷案件，服务打赢绿水保卫战。准确界定土壤污染责任主体，探索多样化责任承担方式，妥善确定污染地治理、修复和再利用方案，服务打赢净土保卫战。

（五）坚持系统治理，服务国家区域发展战略

主动融入党委领导、政府主导、企业主体、社会组织和公众共同参与的现代环境治理体系，积极探索和拓展司法参与环境治理的科学路径。强化区域协同治理，服务保障京津冀协同发展、雄安新区建设、长江经济带建设、黄河流域生态保护和高质量发展等国家战略实施。拓展长江、黄河流域司法协作功能，切实做好长江流域重点水域禁捕案件等审判工作，推动长江、黄河等大江大河生态保护和系统治理。注重生态系统治理，尊重生态系统整体性、系统性和内在规律，统筹山水林田湖草一体化保护和修复。加强青藏高原生态环境司法保护，推动以三江源等国家公园为主体的自然保护地建设。

（六）坚持绿色发展，促进经济高质量发展

贯彻生态优先、绿色发展理念，找准环境保护、经济发展与人民群众环境权益之间的平衡点，协同推进经济高质量发展和生态环境高水平保护。依法审理因经济结构和能源政策调整、产能过剩引发的企业改制、破产等案件，支持和保障节能环保、清洁生产、清洁能源等产业发展，服务深化供给侧结构性改革。妥善审理涉绿色金融、碳排放权交易、环境服务与治理合同等新类型案件，加快形成绿色生产生活方式，为高质量发展提供新动能。

（七）深化国际交流合作，提升环境司法国际影响力

为进一步密切环境司法国际交流，加强环境司法的互学互鉴，加大对环境司法的推介展示力度，为绿色发展提供更多的"中国智慧"，最高人民法院采取了一系列的措施和活动：一是 2021 年 5 月 26 日至 27 日，最高人民法院在云南省昆明市成功举办了

世界环境司法大会,起草并推动通过《世界环境司法大会昆明宣言》,明确环境司法的"三大法治原则""四项司法举措""三个工作着力点",达成了国际环境司法的"最大公约数",为全球环境治理提供了切实可行的司法方案。二是 2019 年与欧洲环保协会和中国法学会环境资源法学研究会合作举办"新时代绿色丝绸之路"国际司法研讨会,分享"一带一路"沿线国家环境司法经验成效。三是加强环境司法案例资源共享。推动联合国环境规划署数据库收录我国两批 20 件环境资源典型案例和 4 部环境资源审判白皮书,向世界展示中国环境司法生动实践。

习近平总书记在中国共产党第二十次全国代表大会开幕式上的讲话庄严宣布:"从现在起,中国共产党的中心任务就是团结带领全国各族人民全面建成社会主义现代化强国、实现第二个百年奋斗目标,以中国式现代化全面推进中华民族伟大复兴。""中国式现代化,是中国共产党领导的社会主义现代化,既有各国现代化的共同特征,更有基于自己国情的中国特色。"中国式现代化的中国特色之一就是人与自然和谐共生的现代化。人与自然是生命共同体,无止境地向自然索取甚至破坏自然必然会遭到大自然的报复。我们坚持可持续发展,坚持节约优先、保护优先、自然恢复为主的方针,像保护眼睛一样保护自然和生态环境,坚定不移走生产发展、生活富裕、生态良好的文明发展道路,实现中华民族永续发展。在推进美丽中国建设的过程中,我们要坚持山水林田湖草沙一体化保护和系统治理,加快发展方式绿色转型,深入推进环境污染防治,提升生态系统多样性、稳定性、持续性,积极稳妥推进碳达峰碳中和,从而实现统筹产业结构调整、污染治理、生态保护、应对气候变化,协同推进降碳、减污、扩绿、增长,推进生态优先、节约集约、绿色低碳发展。

第二章
环境资源审判案件特征与趋势大数据分析

第一节

环境资源审判案件概览

党的十八大以来,以习近平同志为核心的党中央坚持以人民为中心,形成了习近平生态文明思想,把生态文明建设摆在全局工作的突出位置,开创了一系列根本性、开创性、长远性工作,生态文明建设从认识到实践都发生了历史性、转折性、全局性变化,不断满足人民群众日益增长的对优美生态环境的需要。党的十八大报告第一次将生态文明建设纳入中国特色社会主义事业总体布局之中。党的十九大报告进一步指出,建设生态文明是中华民族永续发展的千年大计,必须树立和践行绿水青山就是金山银山的理念,坚持节约资源和保护环境的基本国策。党的二十大报告指出:"尊重自然、顺应自然、保护自然,是全面建设社会主义现代化国家的内在要求。"

生态兴则文明兴,生态衰则文明衰。从人类历史发展来看,生态环境不仅与文明兴衰及国家命运紧密相连,而且具有自然、生态、社会、经济等多重财富价值。在建设生态文明征程中,制度具有相对稳定性和长效性,习近平总书记高度重视依靠制度推进生态文明建设,强调以法治理念、法治方式推动生态文明建设。党的十八届四中全会通过《中共中央关于全面推进依法治国若干重大问题的决定》将生态文明建设纳入全面推进依法治国的框架,并要求加强生态领域立法,用严格的法律制度保护生态环境,加快建立有效约束开发行为和促进绿色发展、循环发展、低碳发展的生态文明法律制度,强化生产者环境保护的法律责任,大幅度提高违法成本。建立健全自然资源产权法律制度,完善国土空间开发保护方面的法律制度,制定完善生态补偿和土壤、水、大气污染防治及海洋生态环境保护等法律法规,促进生态文明建设。中共中央政治局审议通过的《关于加快推进生态文明建设的意见》亦强调把制度建设作为推进生态文明建设的重中之重，把生态文明建设纳入法治化、制度化轨道。党的十九届六中全会审议通过的《中共中央关于党的百年奋斗重大成就和历史经验的决议》要求，坚持人与自然和谐共生，协同推进人民富裕、国家强盛、中国美丽。

习近平总书记深刻指出，要"统筹污染治理、生态保护、应对气候变化，促进生态环境持续改善，努力建设人与自然和谐共生的现代化"。[1]为深入贯彻落实习近平生态文明思想和习近平法治思想，最高人民法院充分发挥法治的保障作用，推进环境资源审判迈上新台阶。本章共七节，依托人民法院大数据管理和服务平台，通过关键词、案由/罪名、关键词与案由/罪名相结合的方式检索裁判文书，对2018年至2021年环境资源审判数据进行全面深入的分析研究，借助司法大数据的统计分析与解读，归纳近几年间环境资源审判案件的总体态势和发展方向，形成数据分析结论，探寻审判工作规律，筑牢习近平生态文明思想基石。[2]

一、贯彻生态文明理念，健全审判规则体系

（一）深入贯彻生态文明理念

最高人民法院始终坚持以习近平生态文明思想为指引，深入贯彻落实习近平法治思想，强化环境资源审判工作，牢固树立法治红线意识，保障生态环境保护落到实处，推动实现人与自然和谐共生的美丽愿景。

2018年6月，最高人民法院出台《关于深入学习贯彻习近平生态文明思想为新时代生态环境保护提供司法服务和保障的意见》，提出要以最严格的制度、最严密的法治保护生态环境，通过专业化的环境资源审判落实最严格的源头保护、损害赔偿和责任追究制度。以法治服务保障污染防治和生态安全保护、服务保障经济高质量发展、服务保障生态文明体制改革。2019年2月，最高人民法院、最高人民检察院、公安部、

---

[1] 习近平：《努力建设人与自然和谐共生的现代化》，载《求是》2022年第11期。
[2] 数据说明：第二章共七节，是基于中国司法大数据研究院提供的人民法院大数据管理和服务平台的审判资源数据提取出的数据分析，因为统计口径的原因，可能与其他公开出版的数据会有部分出入，特此说明。

司法部、生态环境部出台《关于办理环境污染刑事案件有关问题座谈会纪要》。2021年10月，最高人民法院发布《关于新时代加强和创新环境资源审判工作为建设人与自然和谐共生的现代化提供司法服务和保障的意见》，意见共20条，坚持问题导向，从群众身边突出的生态环境问题出发，从加强和创新环资审判工作的总体要求着眼，进行顶层设计，对新时代人民法院环境资源审判工作各领域、各环节提出全方位的指导意见和具体要求。除了在整体层面注重提升司法在深入贯彻新发展理念、加快构建新发展格局中对环境资源保护的司法能力之外，近年来，最高人民法院还高度重视重点流域、重点区域的环境司法保护，通过召开专题会议、出台司法意见和发布指导性案例等多种方式开展指导。

一是推动长江流域绿色发展。最高人民法院于2017年12月发布《关于全面加强长江流域生态文明建设与绿色发展司法保障的意见》，指导位于长江经济带的11个省市高级人民法院以及青海省高级人民法院共同签署《长江经济带11+1省市高级人民法院环境资源审判协作框架协议》。2019年9月，最高人民法院在青海省西宁市召开长江经济带生物多样性司法保护现状与发展专题研讨座谈会，指导长江经济带11+1省市高级人民法院继续落实2018年签订的框架协议，进一步巩固长江经济带环境司法协作成果。最高人民法院先后于2018年11月、2020年1月、2020年9月、2021年2月发布保障长江经济带高质量发展典型案例、长江经济带生态环境司法保护典型案例、长江流域水生态司法保护典型案例及长江流域生态环境司法保护典型案例，促进裁判标准统一，监督行政机关依法履职，教育引导企业和人民群众履行环境保护法律义务，推动长江流域协同治理和一体化保护。2021年2月，发布《最高人民法院关于贯彻〈中华人民共和国长江保护法〉的实施意见》（法发〔2021〕8号），要求充分发挥人民法院审判职能作用，依法加强长江流域生态环境保护和修复，促进资源合理高效利用，推动长江流域绿色发展。2021年7月，召开贯彻实施《长江保护法》工作推进会，围绕当前长江流域环境资源审判中存在的法律适用问题进行了深入交流探讨，形成《最高人民法院贯彻实施〈长江保护法〉工作推进会会议纪要》。

二是加强黄河流域生态环境司法保护。2020年6月，发布《最高人民法院关于为黄河流域生态保护和高质量发展提供司法服务与保障的意见》及黄河流域生态环境司法保护典型案例，并于2020年9月18日在山东东营召开黄河流域环境资源审判工作推进会，签署《黄河流域9省区高级人民法院环境资源审判协作框架协议》。为全面贯彻习近平总书记关于黄河流域生态保护和高质量发展指示精神，最高人民法院于2021年9月，召开黄河暨大运河、南水北调工程流域生态保护和高质量发展工作推进会，围绕当前黄河流域环境资源审判中存在的法律适用问题进行了深入交流探讨，形成《服务保障黄河流域生态保护和高质量发展工作推进会会议纪要》。2021年11月25日，最高人民法院正式发布长江、黄河流域生态环境司法保护会议纪要暨黄河流域典型案例，旨在总结流域审判经验、明确审判规则，指导各级人民法院统一法律适用，确保依法公正裁判。

三是加强重点区域环境资源保护。(1)京津冀地区。2019年9月，最高人民法院发布《关于为河北雄安新区规划建设提供司法服务和保障的意见》，明确提出要建立雄安新区及周边区域、白洋淀流域环境资源案件集中管辖制度，同时完善市场化生态环境司法保护机制，为构建市场导向的绿色技术创新体系，建立符合雄安新区功能定位和发展实际的资源环境价格机制、多样化生态补偿制度和淀区生态搬迁补偿机制提供司法支持。(2)大运河沿岸带。2019年11月，最高人民法院于山东省枣庄市召开大运河区域环境司法保护调研会，要求以习近平生态文明思想特别是"保护、传承、利用"大运河六字方针作为加强大运河环境司法保护工作的指导思想，坚持践行最严法治观，深入研究运河功能多维性、区域区段差异性、生态环境和遗产遗迹统筹保护等特殊问题和规律，建立完善规范化的内部系统协同、外部协调衔接、网络平台共享、裁判规则统一、典型案例编发、白皮书定期发布和对外交流宣传等大运河司法保护"七个一"工作机制。(3)海南自贸区。最高人民法院支持海南省高级人民法院落实环境资源案件集中管辖工作，在鹦哥岭、霸王岭、尖峰岭、吊罗山自然保护区、万泉河、三亚育才生态区、三沙群岛设立环境资源巡回法庭和海上巡回法庭的基础上，实行由河流入海口所在地中院对全流域环境资源案件跨区域提级集中管辖，实现"全域覆盖环境资源巡回审判"，打造"海南样板"。

(二)审判规则体系进一步健全

最高人民法院及时总结环境资源司法实践经验，制定审理规则，提炼案件类型，重视案例指导，及时发布司法解释、指导性案例和典型案例，细化环境资源案件裁判规则，统一裁判尺度，为推动相关司法政策的形成积累经验。

2018年1月至2021年12月，最高人民法院发布多个环境资源方面的司法解释。其中，《最高人民法院关于审理环境侵权责任纠纷案件适用法律若干问题的解释》《最高人民法院关于审理环境民事公益诉讼案件适用法律若干问题的解释》《最高人民法院关于审理生态环境损害赔偿案件的若干规定（试行）》系配合民法典实施的修正（见表2-1-1）。

表 2-1-1　2018 年 1 月至 2021 年 12 月最高人民法院单独或联合发布的环境资源司法解释

序号	文件名	发布时间
1	《最高人民法院关于审理矿业权纠纷案件适用法律若干问题的解释》	2017 年 2 月发布，2020 年 12 月修正
2	《最高人民法院、最高人民检察院关于检察公益诉讼案件适用法律若干问题的解释》	2018 年 3 月发布，2020 年 12 月修正
3	《最高人民法院关于审理生态环境损害赔偿案件的若干规定（试行）》	2019 年 6 月发布，2020 年 12 月修正
4	《最高人民法院、最高人民检察院关于人民检察院提起刑事附带民事公益诉讼应否履行诉前公告程序问题的批复》	2019 年 12 月
5	《最高人民法院关于审理环境侵权责任纠纷案件适用法律若干问题的解释》	2015 年 6 月发布，2020 年 12 月修正
6	《最高人民法院关于审理环境民事公益诉讼案件适用法律若干问题的解释》	2015 年 1 月发布，2020 年 12 月修正
7	《最高人民法院关于生态环境侵权案件适用禁止令保全措施的若干规定》	2021 年 12 月

案例指导性进一步增强。2019 年 12 月，最高人民法院发布第 24 批指导性案例（指导案例第 127 号至 137 号），该批案例由 13 个环境资源保护专题案例组成，其中，民事诉讼 9 例（含民事公益诉讼 6 例），行政诉讼 4 例（含行政公益诉讼 2 例）。最高人民法院发布的典型案例类型进一步丰富，不仅针对特定环境资源类型发布典型案例，如"耕地保护典型行政案例"，还注重总结特定流域审判工作经验，扎实推进流域内各地区统筹发展，统一环境资源审判司法尺度与裁判标准（见表 2-1-2）。

表 2-1-2　2018 年 1 月至 2021 年 12 月最高人民法院发布的环境资源典型案例

序号	文件名	发布时间
1	人民法院服务保障新时代生态文明建设典型案例	2018 年 6 月

续表

序号	文件名	发布时间
2	人民法院环境资源审判保障长江经济带高质量发展典型案例	2018年11月
3	环境污染刑事案件典型案例	2019年2月
4	生态环境保护典型案例	2019年3月
5	最高人民法院保障生态环境损害赔偿制度改革五大典型案例	2019年6月
6	长江经济带生态环境司法保护典型案例	2020年1月
7	2019年度人民法院环境资源典型案例	2020年5月
8	黄河流域生态环境司法保护典型案例	2020年6月
9	长江流域水生态司法保护典型案例	2020年9月
10	耕地保护典型行政案例	2021年2月
11	长江流域生态环境司法保护典型案例	2021年3月
12	2020年度人民法院环境资源典型案例	2021年6月
13	黄河流域生态环境司法保护典型案例	2021年11月

二、依法审理环境资源案件，严格落实法律责任

2018年至2021年，全国各级人民法院审结的环境资源一审案件共计49.02万件。[①] 其中，按结案时间统计，2018年审结12.47万件；2019年审结13.12万件，同比上升5.18%；2020年审结11.72万件，同比下降10.65%；2021年审结10.70万件，同比下降8.69%（见图2-1-1）。

---

① 因统计口径原因，此处一审案件是采用关键词、案由/罪名、关键词与案由/罪名结合的方式去检索裁判文书的。

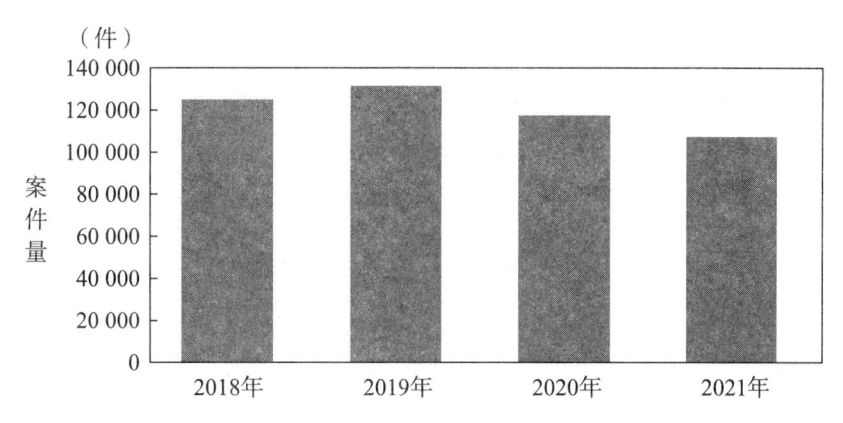

图 2-1-1 2018 年至 2021 年，全国各级人民法院审结的环境资源一审案件量年度变化趋势图

从案件类型分布来看，2018 年至 2021 年，全国各级人民法院审结的环境资源一审案件中，民事案件量最多，共计 34.47 万件，占比 73.22%；① 刑事案件共计 9.57 万件，占比 20.33%；② 行政案件共计 3.04 万件，占比 6.45%（见图 2-1-2）。③

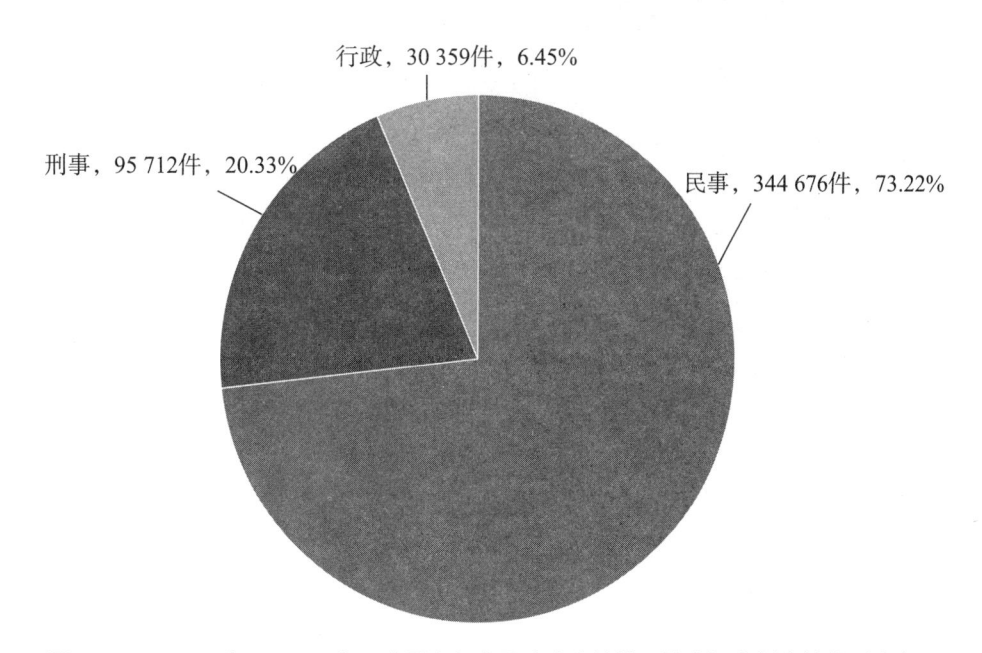

图 2-1-2 2018 年至 2021 年，全国各级人民法院审结的环境资源审判案件类型分布图

---

① 不含民事公益诉讼、生态损害赔偿诉讼。
② 不含刑事附带民事公益诉讼。
③ 不含行政公益诉讼。

从法条被引用次数来看，2018年至2021年，全国各级人民法院审结的环境资源案件中，《刑法》第52条被引用3.87万次，占比2.87%；《刑法》第64条被引用3.78万次，占比2.80%；《刑法》第67条第3款被引用3.68万次，占比2.73%；《刑法》第67条第1款被引用3.47万次，占比2.57%；《刑法》第53条被引用2.45万次，占比1.82%；《刑法》第72条第1款被引用2.34万次，占比1.74%；《刑法》第345条第2款被引用2.17万次，占比1.61%；《民事诉讼法》第170条第1款第1项被引用2.06万次，占比1.53%；其他法条被引用111.05万次，占比82.34%（见图2-1-3）。

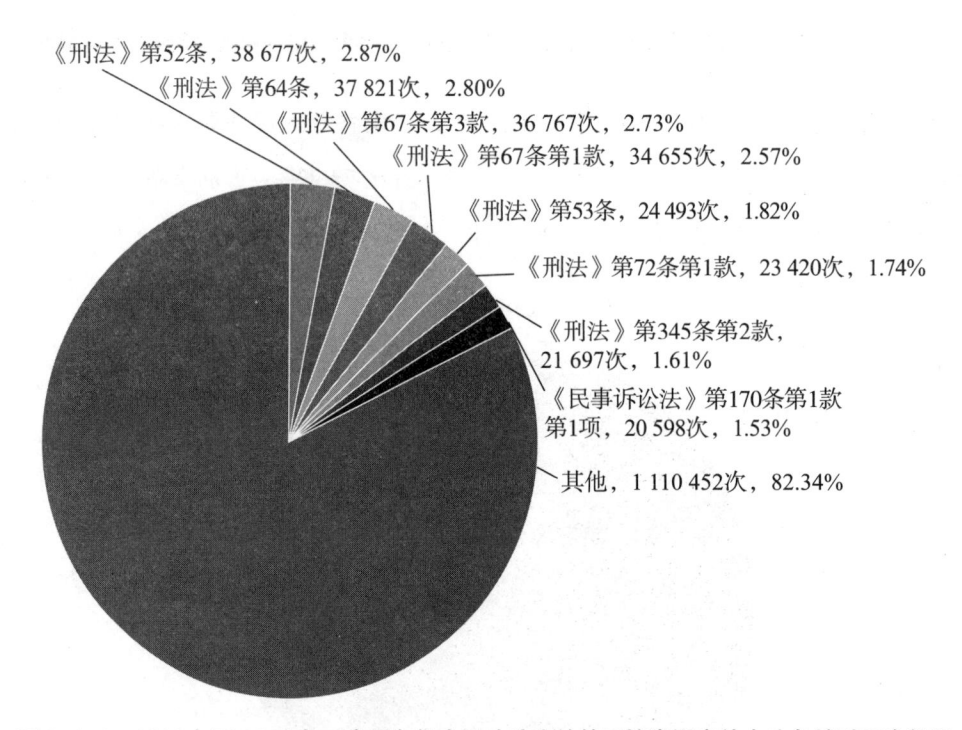

图2-1-3 2018年至2021年，全国各级人民法院审结的环境资源案件中法条被引用次数图

从引用的具体条文来看，《刑法》的引用条文较为集中，主要涉及刑法总则中关于罚金、犯罪物品的处理、自首、缓刑等规定及刑法分则中盗伐林木罪。

三、建成专门化归口体系，提升审判专业化水平

专门化归口体系的建设，要求各地法院根据本地实际，积极探索实行环境资源刑事、民事、行政案件统一归口审理，统筹适用刑事、民事、行政三种责任方式。"二合一"或者"三合一"归口审理模式是环境资源案件审判的专门化发展趋势。"二合一"

指民事、行政案件"二合一","三合一"指刑事、民事、行政案件"三合一"归口审理模式,如福建、江苏、重庆等高级人民法院实行此模式;2021年12月,最高人民法院环境资源审判庭已经实行"三合一"归口审理模式。

为深入贯彻习近平生态文明思想和习近平法治思想,准确统计研判环境资源审判态势,科学构建环境资源审判体系,依法审理各类环境资源案件,不断提升环境资源审判工作水平,最高人民法院于2021年2月印发施行《环境资源案件类型与统计规范(试行)》,将环境资源审判案件分为资源开发利用类、生态保护类、环境污染防治类、气候变化应对类、生态环境治理与服务类,改变了传统按照三大审判领域将环境资源案件区分为刑事、民事和行政案件的做法,统筹运用刑事、民事、行政责任三种承担方式,继续推进环境资源"二合一"或"三合一"归口审理机制改革。2018年至2021年,全国各级人民法院审结的环境资源一审案件中,[①] 资源开发利用类案件共计32.69万件,占比67.48%;生态保护类案件共8.76万件,占比18.08%;气候变化应对类案件共3.09万件,占比6.38%;环境污染防治类案件共2.84万件,占比5.87%;生态环境治理与服务类案件共1.06万件,占比2.19%(见图2-1-4)。

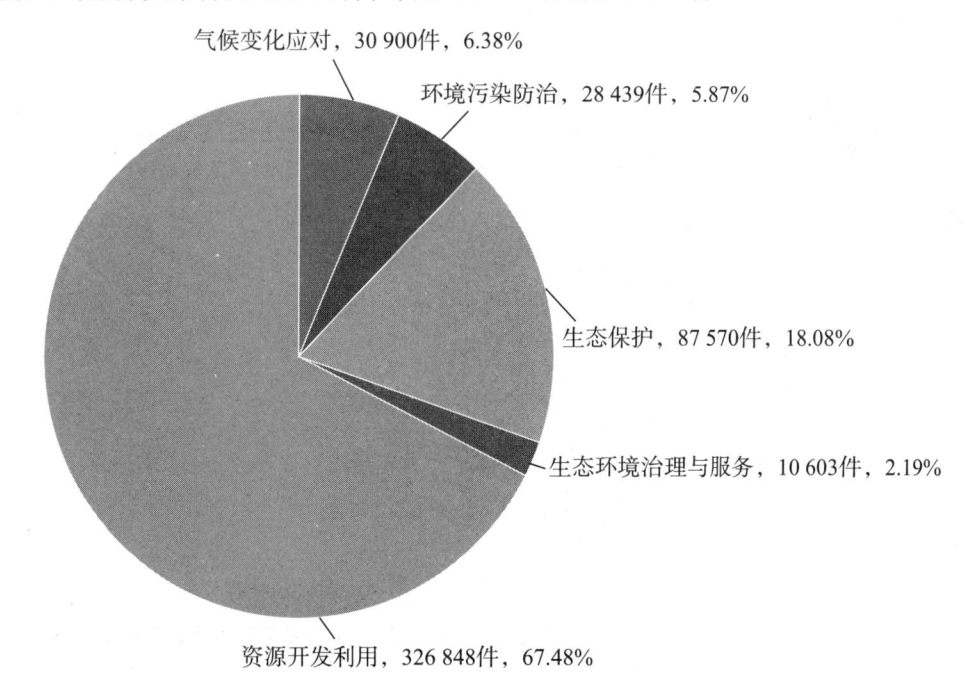

图 2-1-4 2018 年至 2021 年,全国各级人民法院审结的环境资源审判案件类型分布图

---

① 因同一案件会涉及多种环境资源类型,所以环境资源类型的案件中存在重复案件,案件量将大于以唯一案号进行统计的案件量。

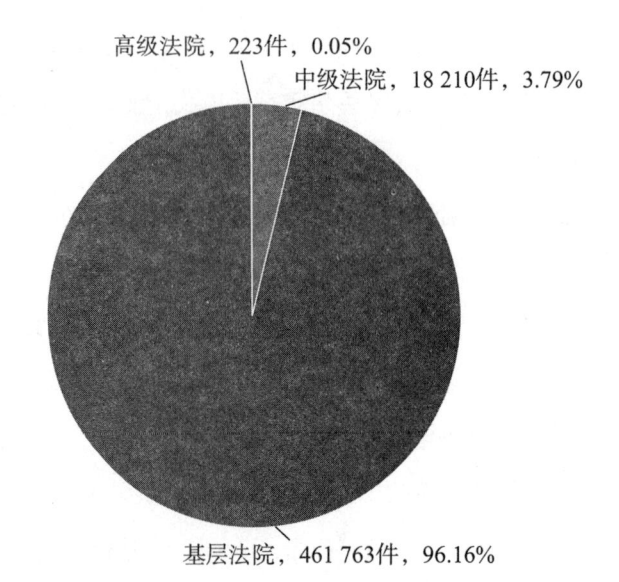

高级法院，223件，0.05%
中级法院，18 210件，3.79%

基层法院，461 763件，96.16%

图 2-1-5 2018 年至 2021 年，全国各级人民法院审结的环境资源案件法院层级分布图

2018 年至 2021 年，全国各级人民法院审结的环境资源一审案件中，从法院层级分布来看：基层人民法院 46.18 万件，占比 96.16%；中级人民法院 1.82 万件，占比 3.79%；高级人民法院 223 件，占比 0.05%（见图 2-1-5）。

北京市顺义区人民法院，4713件，0.98%
北京市通州区人民法院，3748件，0.78%
陕西省西安市长安区人民法院，2744件，0.57%
河南省驻马店市驿城区人民法院，2225件，0.46%

其他，466 767件，97.20%

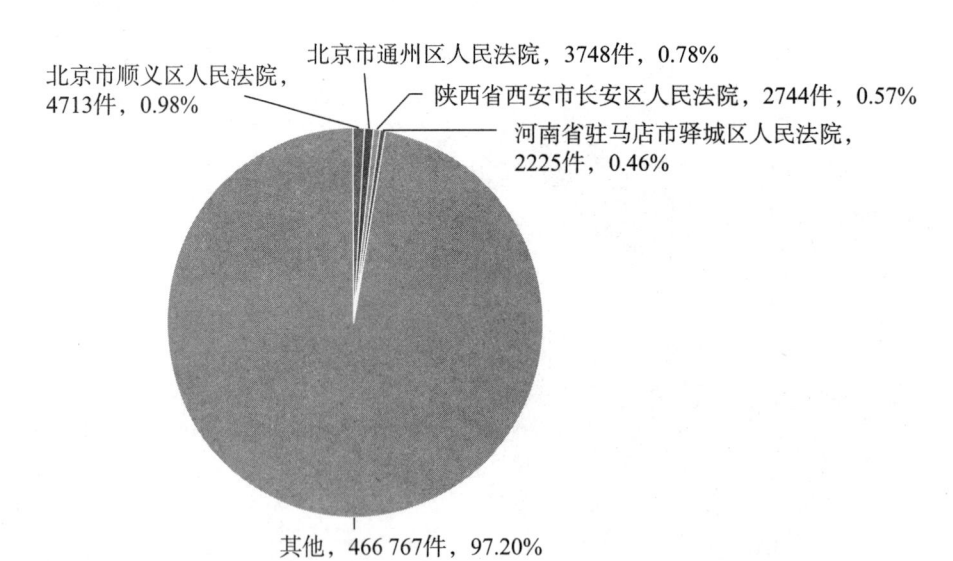

图 2-1-6 2018 年至 2021 年，全国各级人民法院审结的环境资源案件审理法院分布图

2018 年至 2021 年，全国各级人民法院审结的环境资源一审案件中，从审理法院分布来看，案件量较大的审理法院及其占比分别为：北京市顺义区人民法院 4713 件，

占比 0.98%；北京市通州区人民法院 3748 件，占比 0.78%；陕西省西安市长安区人民法院 2744 件，占比 0.57%；河南省驻马店市驿城区人民法院 2225 件，占比 0.46%；其他 46.68 万件，占比 97.20%（见图 2-1-6）。由于以上法院受理环境资源案件量较大，其审判专业化水平和处理相关案件的工作经验值得重点关注。

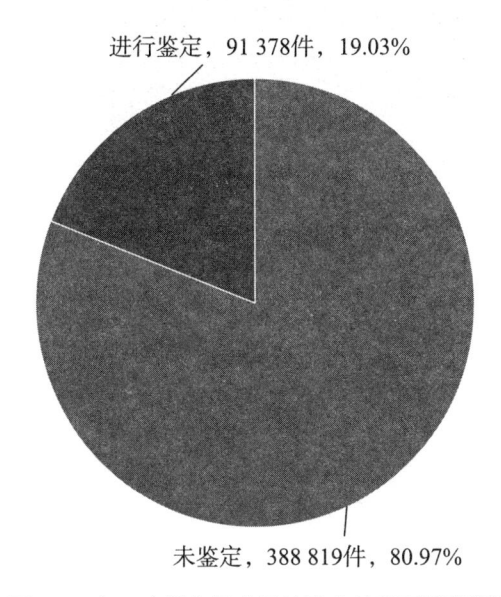

图 2-1-7　2018 年至 2021 年，全国各级人民法院审结的环境资源案件鉴定情况分布图

2018 年至 2021 年，全国各级人民法院审结的环境资源一审案件中，从鉴定情况分布来看：未鉴定 38.88 万件，占比 80.97%；进行鉴定 9.14 万件，占比 19.03%（见图 2-1-7）。

其中，从结案时间年度变化趋势来看，案件量年均增长率最高的为未进行鉴定（年均增长 -29.77%）；年均增长率最低的为进行鉴定（年均增长 -60.82%）。未进行鉴定的环境资源案件仍然占比较大，同时年均增长率较高，这体现了环境资源案件鉴定机制的完善仍是困扰司法实践的难题，现实中存在环境资源诉讼鉴定难、鉴定贵、鉴定时间长的问题，是完善环境资源司法鉴定制度的主要矛盾所在。

人民陪审员陪审，7147件，1.49%

无人民陪审员陪审，473 050件，98.51%

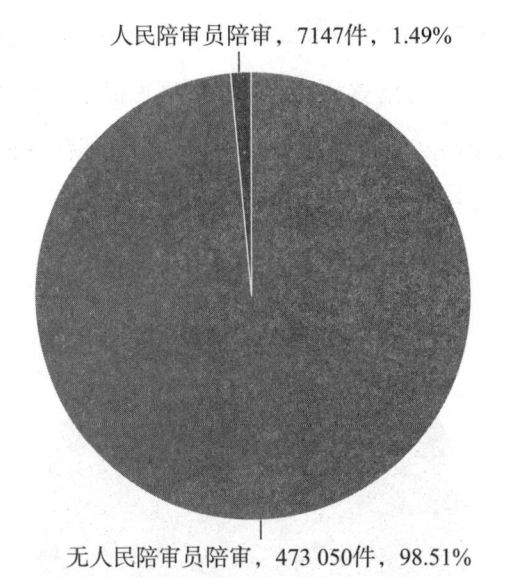

图 2-1-8　2018 年至 2021 年，全国各级人民法院审结的环境资源案件人民陪审员陪审情况分布图

2018 年至 2021 年，全国各级人民法院审结的环境资源一审案件中，从人民陪审员陪审情况分布来看：无人民陪审员陪审的案件 47.31 万件，占比 98.51%；有人民陪审员陪审的案件 7147 件，占比 1.49%（见图 2-1-8）。

提高审判专业化水平还需完善人民陪审员制度。深化公众参与，扩大参审范围，完善随机抽取方式。严格落实人民陪审员制度，落实人民陪审员阅卷权、参审权、异议权，不断健全合议庭评议规则。让人民陪审员能和法官一样对案件事实的认定、法律的适用，具有同等的裁判权。避免出现陪而不审、审而不议、议而不决的现象。

四、探索多元纠纷解决机制，形成司法协同格局

建设多元化纠纷解决机制，形成司法协同联动格局，充分发挥行政调解、人民调解、仲裁等非诉讼纠纷解决机制的作用，加强诉讼和非诉讼纠纷解决机制的衔接配合，为环境资源纠纷的解决提供多元化的选择。坚持从生态环境整体性和系统性着眼，大力推进环境资源司法协作区建设，持续深化长江经济带、黄河流域司法协作机制，加强对京津冀地区、大运河文化带、粤港澳大湾区和以国家公园为主体的自然保护地等重点区域环境司法保护。在多元化救济体系的建设中，纠纷解决机制的多元化、灵活化是重要保障因素。

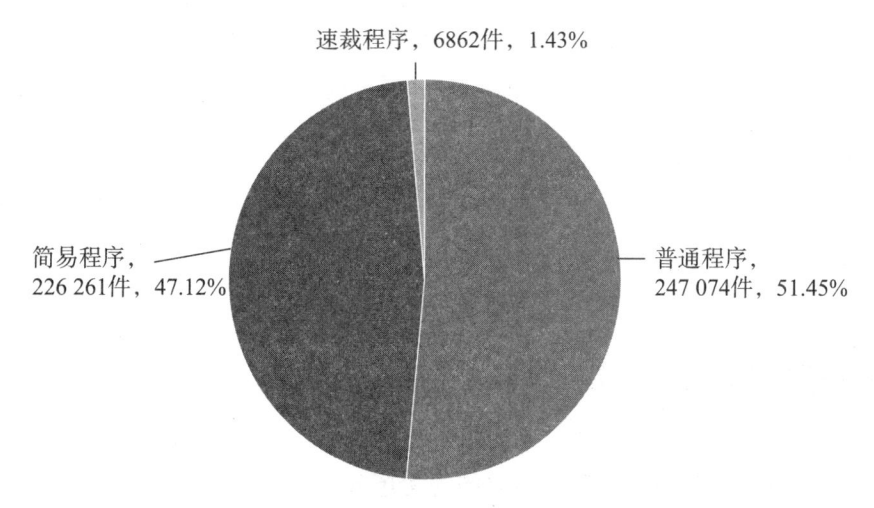

图 2-1-9　2018 年至 2021 年，全国各级人民法院审结的环境资源案件审理程序分布图

2018 年至 2021 年，全国各级人民法院审结的环境资源案件中，从审理程序分布来看：普通程序 24.71 万件，占比 51.45%；简易程序 22.63 万件，占比 47.12%；速裁程序 6862 件，占比 1.43%（见图 2-1-9）。

其中，从结案时间年度变化趋势来看，案件量年均增长率最高的审理程序为速裁程序（年均增长 4633.12%）；年均增长率最低的为普通程序（年均增长 -52.60%）。

速裁程序尽管在全国环境资源案件中占比较小，但年均增长速度十分可观，这反映了速裁程序在环境资源案件中良好的适用前景。

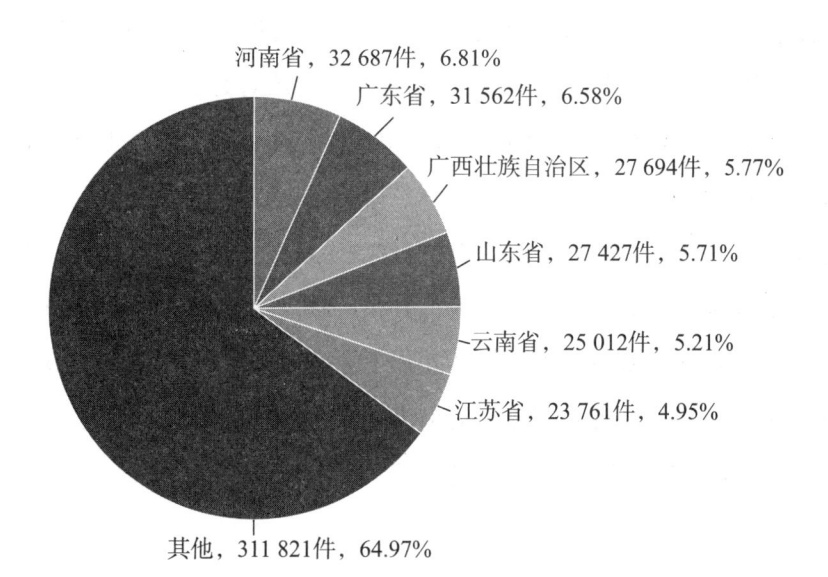

图 2-1-10　2018 年至 2021 年，全国各级人民法院审结的环境资源案件地区分布图

2018年至2021年，全国各级人民法院审结的环境资源案件中，从地区分布来看，案件量较大的地区及其占比分别为：河南省3.27万件，占比6.81%；广东省3.16万件，占比6.58%；广西壮族自治区2.77万件，占比5.77%；山东省2.74万件，占比5.71%；云南省2.50万件，占比5.21%；江苏省2.38万件，占比4.95%；其他31.18万件，占比64.97%（见图2-1-10）。

五、创新审判执行方式，落实恢复为主的司法理念

环境治理作为一项系统工程，需要统筹考虑各个要素、各个层次、各个方面。人民法院通过不断创新审判执行方式，坚决落实以恢复为主的司法理念，改变从前"一判了之"的做法，保证生态环境得到及时恢复，确保生态文明理念落到实处。

一是创新适用多种责任承担方式，包括"补种复绿""增殖放流""护林护鸟""劳务代偿""技改抵扣"等，部分法院借鉴国际经验，以保险方式分担生态环境损害修复责任，将生态修复资金转入保险公司专门账户中，由保险公司将生态修复资金纳入承保范围。各地还积极探索异地修复、替代修复、代履行、第三方监督、执行回访等制度，坚持矛盾能解决、判决能执行、环境能修复的目标，推动责任落实到位，确保环境修复取得实效。

二是探索实施禁止令。对判处管制、宣告缓刑的犯罪分子，探索实施刑事禁止令，禁止其在管制执行期间、缓刑考验期限内从事与排污或者处置危险废物有关的经营活动。部分法院适用环保禁止令，依据当事人申请作出环保禁止令，责令污染者停止实施违法排污等违法行为。

三是建设生态修复基地。多地法院通过建立碳汇教育基地、公益林、生态多样性司法保护实践基地以及生态示范园等多种方式，修复生态环境。截至2020年12月，江苏设立18个司法保护基地，浙江设立20个司法保护基地，四川设立30个司法保护基地，山东设立56个司法保护基地，河南设立67个司法保护基地，服务保障审判实践，提升环境资源审判的科学化、精细化水平。

第二节
环境资源民事审判案件特征与趋势

近年来，人民法院积极践行"两山"理念，协同推进经济高质量发展与生态环境高水平保护，不断加强环境资源民事案件审判工作，严格贯彻损害担责、全面赔偿原则，依法追究污染环境、破坏生态行为人的民事责任，促进资源高效节约、合理利用，服务绿色低碳循环发展，助力产业结构优化升级，切实保障人民群众的人身、财产和环境权益，[①] 为生态文明建设提供坚强有力的民事司法保障。环境资源民事审判具有案件类型日趋多样、保护范围日渐广泛、责任承担形式日趋多元、预防和修复理念日趋深入等特点。本节坚持以习近平生态文明思想和习近平法治思想为指导，以创新、协调、绿色、开放、共享的发展理念为指引，基于2018—2021年（本节以下简称研究周期）环境资源民事案件大数据分析，辅之以典型样本内容的梳理与解析，归纳研究周期内环境资源民事案件的变化趋势与总体特点，对环境资源民事案件审判工作的态势、突出问题等进行阐释。

一、环境资源民事案件审判的总体规律与特征分析

研究周期内的大数据显示，环境资源案件日趋类型化和复杂化，对于民事案件而言，专业特性更加明显，争议事由和焦点愈加多元，绿色元素日渐丰富，新问题不断呈现，涉及的法律适用问题也越来越深入且广受关注，人民法院始终以创新思维积极

---

① 最高人民法院《中国环境资源审判（2020）》《中国环境资源审判（2021）》（白皮书）。

回应人民群众对美好生活的向往。本节采用大数据分析方法,基于海量裁判文书,提取研究周期内全国各级人民法院审结的环境资源民事案件(本节以下简称全国环资民事案件),概括分析环境资源民事案件的总体特征和变化趋势,坚持问题导向,着重分析环境资源民事审判的专业特征和重点、难点,总结环境资源民事审判的规律性,为分析环境资源审判工作的发展动态提供较为客观的数据基础和视角。

(一)环境资源民事审判的总体情况与特征分析

1. 全国环资民事案件审结数量变化和趋势——基本平稳,先降后升

研究周期内,全国各级人民法院审结的环境资源案件(本节以下简称全国环资案件)中民事案件总量占比最大,除一审审结34.47万件外,二审与再审审结3.84万件,共计38.31万件,占全国环资案件总量的70.39%。[①] 其中,2018年审结9.61万件;2019年审结9.57万件,同比下降0.42%;2020年审结8.63万件,同比下降9.28%;2021年审结10.5万件,同比上升21.67%。可见,2018年和2019年审结的案件量基本持平,2020年审结的案件量稍有下降,但至2021年审结的案件量呈明显上升趋势(见图2-2-1)。

	2018年	2019年	2020年	2021年
审结案件量(件)	96 079	95 658	86 262	105 066
占比(%)	25.08	24.97	22.52	27.43

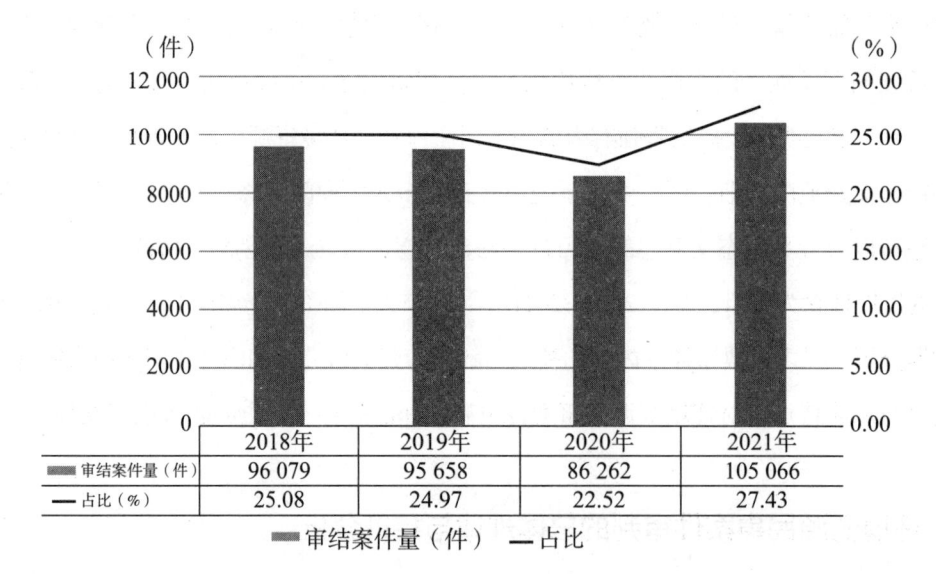

图 2-2-1 全国环资民事案件结案量年度变化趋势图

[①] 本节的案件总量是根据研究周期内产生的判决书、调解书、裁定书等文书的数量汇总形成,未考虑同一案件因处理相应程序性问题产生的裁定书使案件量重复计算的因素。为保持本节分析基数的一致,"环境资源民事案件审判的总体情况与特征分析"部分所涉民事案件量也未扣除因裁定导致的重复计算的案件量。

依据结案时间统计，2018—2020年每年各审级审结的环资民事案件数量在基本保持平稳的基础上，呈现下降态势。但是2021年，二审、再审结案量涨幅较明显，使当年结案总量掉头向上，其中二审审结2.6万件，数量达到四年最高，超过前三年二审结案量总和；再审案件审结955件，同样超过前三年再审案件量总和（见表2-2-1）。

表 2-2-1 全国环资民事案件结案量年度与审级变化情况表

单位：件

审级	审结时间				各审级结案总量
	2018年	2019年	2020年	2021年	
一审	91 720	92 303	82 562	78 091	344 676
二审	4093	3237	3595	26 020	36 945
再审	266	118	105	955	1444
年度结案总量	96 079	95 658	86 262	105 066	383 065

2. 不同审级环境资源民事案件审结情况——一审审结为主

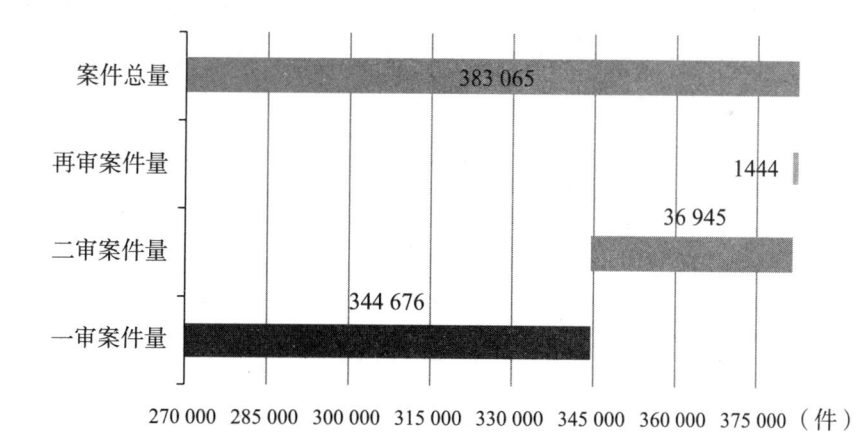

图 2-2-2 全国各级人民法院不同审级环境资源民事案件审结数量情况图

研究周期内，从不同审级结案量看，环境资源民事案件以一审审结为主，其案件量最多，共计34.47万件，占全部审结案件的89.98%；二审、再审结案量分别为3.7万件、1444件，在全部审结案件中分别占比9.64%、0.38%。分析二审结案数占一审结案数的比值总体上可见，当事人对环境资源民事案件一审的服判息诉率高达近90%，说明环境资源民事案件一审裁判基础坚实，质量很高；一审和二审审结的案件量合计占比达 99.62%，再审结案量占一审、二审结案总数之比只有 0.38%，说明环资民事案件的事实和法律争议基本在两审之内得到实质性解决（见图 2-2-2、图 2-2-3）。

在社会公众越来越重视环境权益、环资民事纠纷类型日益多元、法律关系日益复杂的背景下，环资民事案件一审服判息诉率持续呈现高位运行态势，主要原因在于，一是习近平总书记提出的"两山理念"已经深入人心，人与自然和谐共生是全社会的共同愿景，简约适度、绿色低碳成为人们普遍追求的生活方式，为了创造共同的美丽家园，当事人能够更理性地对待自己的权益和诉求。二是人民法院始终完整、准确、全面贯彻新发展理念，以绿色司法作为满足人民对美好生活新期待的出发点和落脚点，新时代的环境司法理念和政策不断完善。三是环境资源司法审判的专门化促进环资民事审判质量不断提升，裁判文书释法说理水平不断提高，社会主义核心价值观和绿色原则的妥当融入更加增强了裁判论证的说服力，使当事人更容易从裁判中感受到司法的公平正义，实现胜败皆服。四是最高人民法院不断加强对环资审判的业务指导，除发布司法解释外，越来越重视环资案件裁判规则供给，持续按照专题发布环资审判指导案例、典型案例，使环资案件裁判规则形成体系化特征和趋势，充分发挥了案例的指引、评价、纠正功能；高、中级人民法院发布环资审判典型案例的频次和数量也逐年增加，进一步丰富了环资案件的裁判规则，促进了适法统一，对纠纷的预防、化解也发挥了积极作用。

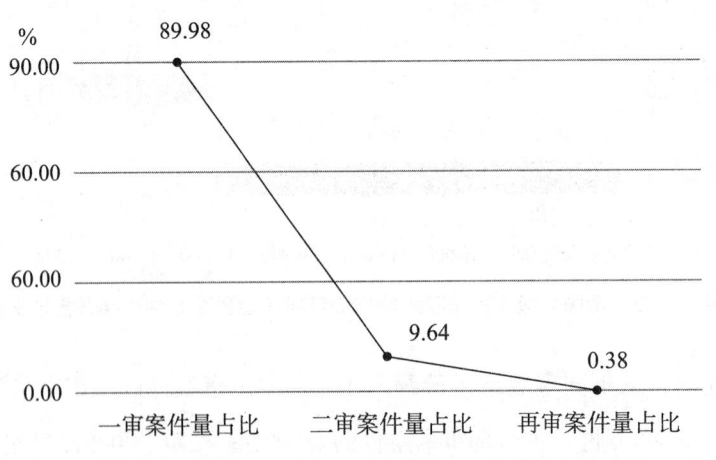

图 2-2-3 全国环资民事案件"审级结案量"占比图

3.环境资源民事案件的审理法院分布情况——山东省一审结案量最多

从审理法院分布数据看,各省级行政区域(含新疆生产建设兵团,下同)都有审结的环资民事案件,数量比较分散,其中一审审结数量最多的是山东省,总计 22 309 件,在一审总结案量中占比 6.48%;最少的是西藏自治区 209 件,在一审总结案量中占比 0.06%,二者相差不到 6%,如图 2-2-4 所示,32 个省级区域中,按照结案量排序的相邻区域之间一审结案量占总结案量之比的数值极差普遍微小,比值之间较为紧密。

(1)山东省法院系统一审审结的案件数量最大,占比 6.48%。研究周期内,按省级区域分布统计,环资民事案件一审结案量排名前十的地区及其结案量分别为:山东省 22 309 件,占比 6.48%;广东省 22 270 件,占比 6.46%;河南省 21 197 件,占比 6.15%;广西壮族自治区 18 865 件,占比 5.48%;江苏省 18 290 件,占比 5.31%;辽宁省 17 791 件,占比 5.16%;北京市 17 234 件,占比 5.00%;陕西省 16 930 件,占比 4.91%;云南省 16 230 件,占比 4.71%;湖南省 13 995 件,占比 4.06%。研究周期内,上述地区的结案量均超过 10 万件(见图 2-2-4、图 2-2-5)。综合观察,其案件不仅反映辖区内环资民事案件的地方特色,而且具有长江、黄河、大运河生态环境保护的流域特色。其中,山东省案件量最大,其与分别位列第三和第八的河南省、陕西省共同处于黄河流域;江苏省位列第五,其与分别位列第九和第十的云南省、湖南省共同处

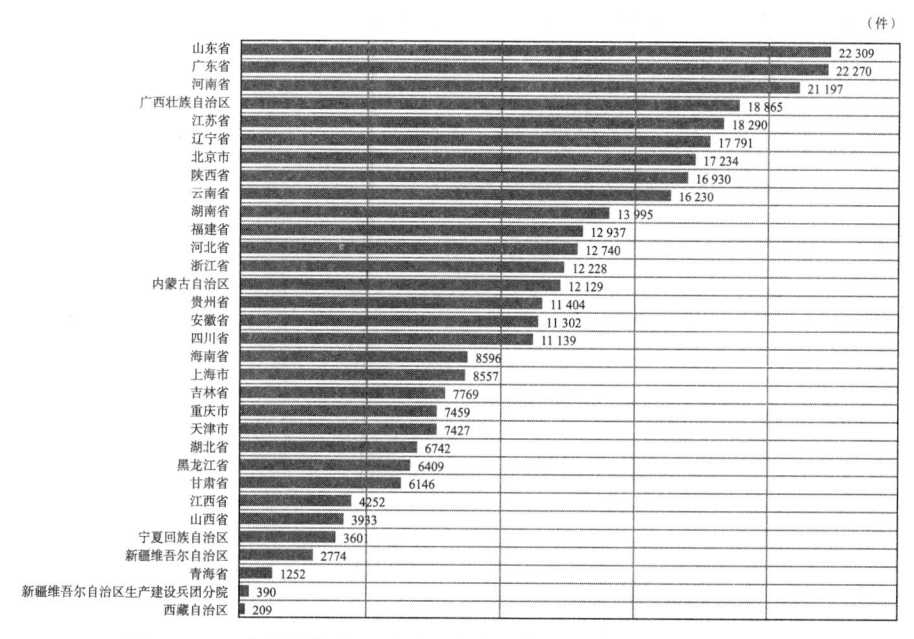

地区	件数
山东省	22 309
广东省	22 270
河南省	21 197
广西壮族自治区	18 865
江苏省	18 290
辽宁省	17 791
北京市	17 234
陕西省	16 930
云南省	16 230
湖南省	13 995
福建省	12 937
河北省	12 740
浙江省	12 228
内蒙古自治区	12 129
贵州省	11 404
安徽省	11 302
四川省	11 139
海南省	8596
上海市	8557
吉林省	7769
重庆市	7459
天津市	7427
湖北省	6742
黑龙江省	6409
甘肃省	6146
江西省	4252
山西省	3933
宁夏回族自治区	360
新疆维吾尔自治区	2774
青海省	1252
新疆维吾尔自治区生产建设兵团分院	390
西藏自治区	209

图 2-2-4 全国各级人民法院一审审结的环资民事案件地区分布图

于长江流域。北京市、山东省、河南省、江苏省同处于大运河流域,其中,北京市结案量虽然只位列第七,却是结案量唯一跻身前十的直辖市。可见,上述地区人民法院承担了大量流域生态环境民事案件的审判任务。①

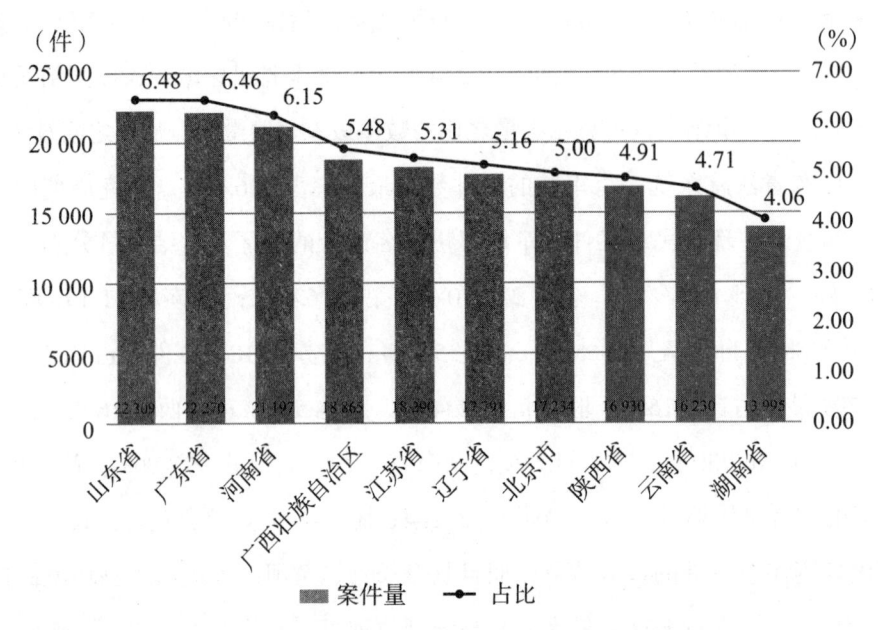

图2-2-5 全国一审结案量前十名地区法院的环资民事案件量和占比图

(2)河南省、辽宁省一审审结的案件量相对平稳,其余地区案件量呈波动变化趋势。研究周期内,环资民事案件一审结案总量排名前十的地区中,从各年度案件量观察,2018年,广东省审结5777件,结案量最多,占同期一审结案总量的6.3%;紧随其后排名第二的是北京市,审结5727件,占同期一审结案总量的6.25%;江苏省审结案件量最少,为4297件,占同期一审结案总量的4.69%。2019年,审结案件量最多的地区仍为广东省,审结6293件,占同期一审结案总量的6.82%,结案数量及占比均小幅上升;广西壮族自治区、山东省、河南省审结案件量次之,数量均超过5000件;北京市审结案件量最少,为3897件,占同期一审结案总量的4.22%。2020年,山东省审结案件量最多,为6739件,达到该省研究周期内审结数量的最高峰,占同期一审结案总量的8.17%;湖南省审结案件量最少,为2086件,占同期一审结案总量的2.53%。2021年,河南省审结案件量最多,为5361件,占同期一审结案总量的6.87%;山东

---

① 数据详见第二章第六节环境资源保护重点流域案件特征与趋势。

省审结案件量次之,数量超过5000件;湖南省审结案件量为3119件,占同期一审结案总量的4.0%,该省一审结案量仍然最少,但是相较2020年,数量和占比都有一定增幅。

从同一地区不同年度的案件量分析,研究周期内,环资民事案件一审结案总量排名前十的地区中,案件量保持相对平稳的地区为河南省、辽宁省,其中河南省年均结案量为5300件,辽宁省年均结案量为4448件。云南省结案量呈下降趋势,其2021年结案量较前三年分别下降34.82%、16.4%、17.16%。其余地区案件量呈波动走势,山东省2018—2020年案件量持续上升且涨幅明显,其2019年、2020年结案量比前一年同比分别增加21.48%、19.76%,两连增使其2020年的结案量6739件在同期排名前十的地区中占据首位,但至2021年,山东省一审结案量减少至5311件,同比下降21.19%,但在同期排名前十的地区中结案量占据第二位;北京市案件量自2018年起连降两年,年均下降20.63%,于2021年重回增长趋势,结案量比2020年增加10.92%(见图2-2-6)。山东省、广东省、河南省、广西壮族自治区、江苏省、辽宁省、北京市、陕西省、云南省、湖南省在研究周期内各年度一审结案量基本维持在全国前十,只有湖南省在2020年结案数为2086件,迅速下滑至全国第十八名,2021年又迅速回升至第十名(见表2-2-2)。

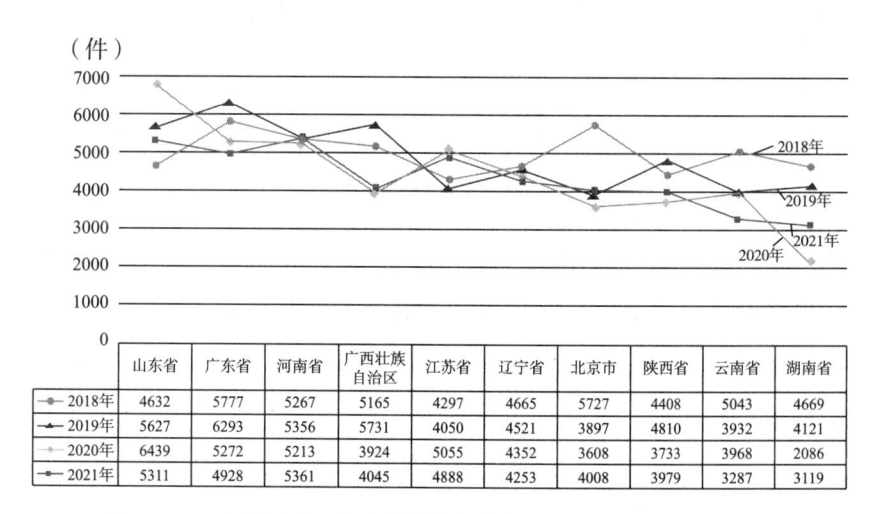

(件)	山东省	广东省	河南省	广西壮族自治区	江苏省	辽宁省	北京市	陕西省	云南省	湖南省
2018年	4632	5777	5267	5165	4297	4665	5727	4408	5043	4669
2019年	5627	6293	5356	5731	4050	4521	3897	4810	3932	4121
2020年	6439	5272	5213	3924	5055	4352	3608	3733	3968	2086
2021年	5311	4928	5361	4045	4888	4253	4008	3979	3287	3119

图2-2-6 环资民事一审案件量排名前十地区审结时间年度分布图

表 2-2-2　环资民事一审案件量排名前十地区年度案件量分布表

审理法院行政区域	一审结案量年度排名				
	总排名	2018 年	2019 年	2020 年	2021 年
山东省	1	8	3	1	2
广东省	2	1	1	2	3
河南省	3	3	4	3	1
广西壮族自治区	4	4	2	7	6
江苏省	5	10	8	4	4
辽宁省	6	7	6	5	5
北京市	7	2	10	9	7
陕西省	8	9	5	8	8
云南省	9	5	9	6	9
湖南省	10	6	7	18	10

（二）环资民事一审结案案件情况

1. 全国环资民事案件一审总体情况与特征分析——整体呈现下降趋势

研究周期内，全国环资民事案件中，一审审结案件量共计 34.47 万件，占全国环资民事案件总量的 89.98%，如此高的比重使其基本特征趋势决定了全国环资民事案件的特征趋势，亦使其变化情况与总量变化情况保持一致。其中，2018 年一审审结 9.17 万件，2019 年一审审结 9.23 万件，同比增长 0.64%；2020 年审结 8.26 万件，同比下降 10.55%；2021 年一审审结 7.81 万件，同比下降 5.42%。可见，2018 年和 2019 年审结的环资民事案件量基本保持平稳，但 2020 年和 2021 年审结的环资民事案件量呈明显下降趋势（见图 2-2-7）。同时，从地区分布来看，山东省案件量同样最大，占比 6.48%，其中，该省 2019 年、2020 年一审审结案件量同比增长分别为 21.48%、19.76%，2021 年同比下降 21.19%，波动明显。

从研究周期内全国法院审结的一审民商事案件总量看，2018 年到 2021 年分别为 1242.8 万件、1393 万件、1330.6 万件、1574.6 万件，[①] 同期全国环资一审民事案件分别

---

① 参见最高人民法院工作报告（2018 年、2019 年、2020 年、2021 年）。其中，2018 年和 2019 年的报告中对于一审民事和商事案件分别说明，本书予以合并。

占比0.74%、0.66%、0.64%、0.05%，显示出在一审民商事案件总量保持平稳上升的态势下，环资一审民事案件呈下降趋势。

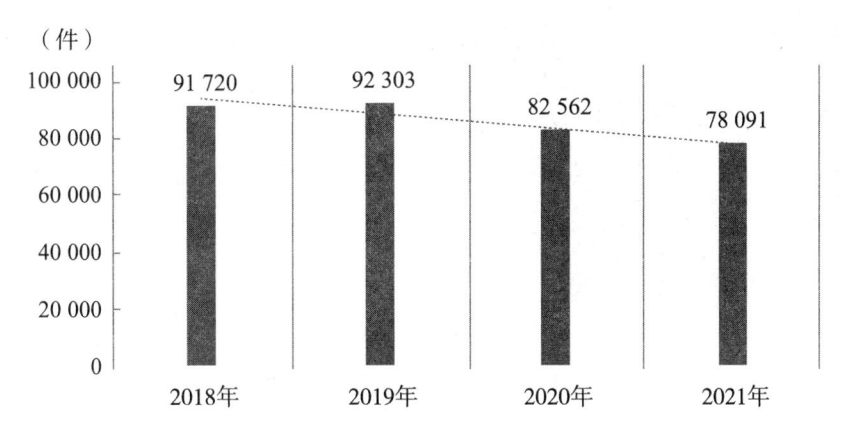

图 2-2-7 全国环资民事案件一审结案量年度变化趋势图

环资民事一审案件量呈下降趋势的主要原因：一是环境违法行为趋于减少。研究周期内，我国全面打响并实施蓝天、碧水、净土三大保卫战，同时随着我国环境保护法治体系的健全，人民守法理念增强，环境违法行为从趋势上逐步下降。[①] 二是多元解纷机制建设成效明显。在环境资源保护领域，人民法院积极推进与检察机关、公安机关、行政执法部门的外部协调联动机制，充分发挥行政调解、行政裁决、人民调解等非诉讼纠纷解决方式的作用，加强司法确认等诉讼和非诉讼纠纷解决机制的衔接配合，构建多元解纷机制，形成环境资源保护合力。[②]

2. 全国环资民事案件一审审结法院的层级分布等情况——案件集中于基层法院

（1）基层法院审结环境资源民事案件量最大，占比98.16%。研究周期内，从法院层级分布来看，基层人民法院一审审结的环境资源民事案件量最大，共审结33.83万件，占同期总结案量的98.16%；中级人民法院一审审结案件量为6138件，占比1.78%；高级人民法院一审审结案件量为221件，占比0.06%（见图2-2-8）。

[①] 参见《最高人民法院环资庭：注重预防性和恢复性司法，制定环保禁止令规则》，载澎湃新闻2021年3月9日，https://www.thepaper.cn/newsDetail_forward_11624855。

[②] 《中国环境资源审判（2019）》（白皮书）。

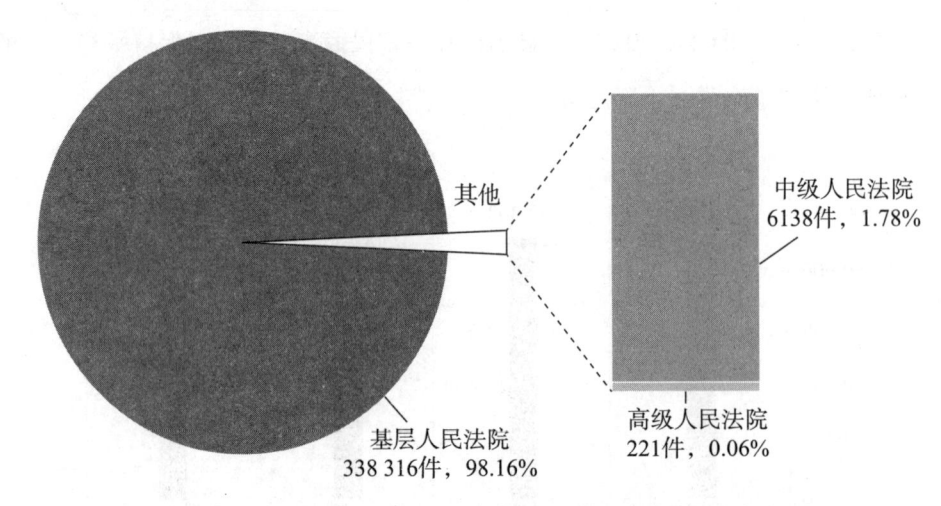

图 2-2-8 全国各级法院一审审结的环资民事案件量分布图

从结案时间年度变化趋势来看,在案件量整体呈下降趋势的情况下,高级人民法院一审结案量逐年下降且降幅最多,年均下降 52.62%;基层人民法院案件量于 2019 年略有上升后呈现下降趋势,其中 2020 年同比下降 10.82%,达到四年最低点;中级人民法院案件量于 2018—2020 年内平稳波动,2021 年降幅显著,同比下降 24.51%。说明环境资源民事审判任务重心集中于基层人民法院(见表 2-2-3)。

表 2-2-3　全国环资民事案件一审审结案件量年度变化及同比情况表

法院层级	审结年份	案件总量(件)	同比(%)
基层人民法院	2018	89 980	—
	2019	90 668	0.76
	2020	80 854	−10.82
	2021	76 814	−5.00
中级人民法院	2018	1646	—
	2019	1549	−5.89
	2020	1677	8.26
	2021	1266	−24.51

续表

法院层级	审结年份	案件总量（件）	同比（%）
高级人民法院	2018	94	—
	2019	86	-8.51
	2020	31	-63.95
	2021	10	-67.74

（2）北京市顺义区人民法院的结案量最大，占比1.35%。研究周期内，从审理法院结案量来看，由于环资民事案件主要集中于基层法院，所以全国法院结案量排名前五的均为基层法院，其结案量及占比分别为：北京市顺义区人民法院4641件，占比1.35%；北京市通州区人民法院3678件，占比1.07%；陕西省西安市长安区人民法院2727件，占比0.79%；河南省驻马店市驿城区人民法院2147件，占比0.62%；湖南省长沙市望城区人民法院2068件，占比0.6%（见图2-2-9）。

从结案时间年度变化趋势来看，案件量年均增长率最高的为北京市通州区人民法院，为7.55%；年均增长率最低的为北京市顺义区人民法院，表现为未增反降，年均下降率为35.52%。也就是说，北京市顺义区人民法院审结案件总量虽占据榜首，但年度结案量整体呈大幅下降趋势，2018年审结案件量为2574件，2020年已缩减至547件，2021年略有上升至690件，但与2018年相比下降73.19%；北京市通州区人民法院2018年审结案件量828件，2021年审结1030件，年结案量稳中有升（见表2-2-4）。

	北京市顺义区人民法院	北京市通州区人民法院	陕西省西安市长安区人民法院	河南省驻马店市驿城区人民法院	湖南省长沙市望城区人民法院
案件量	4641	3678	2727	2147	2068

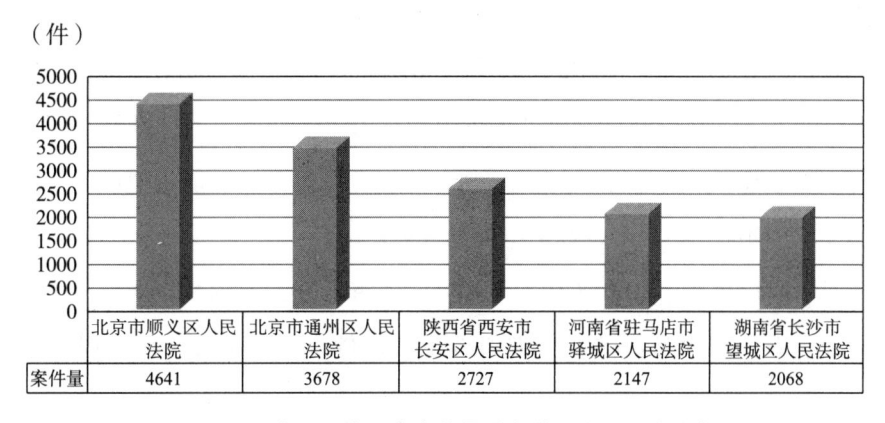

图2-2-9 全国环资民事案件量排名前五审理法院分布图

表 2-2-4　全国环境资源民事案件量排名前五审理法院年度案件变化情况表

审理法院	2018年案件量（件）	2019年案件量（件）	2020年案件量（件）	2021年案件量（件）	案件总量（件）	占比（%）
北京市顺义区人民法院	2574	830	547	690	4641	1.35
北京市通州区人民法院	828	818	1002	1030	3678	1.07
陕西省西安市长安区人民法院	1136	763	369	459	2727	0.79
河南省驻马店市驿城区人民法院	593	639	567	348	2147	0.62
湖南省长沙市望城区人民法院	403	889	276	500	2068	0.60

3. 全国环资民事案件一审审结案件案由分布情况——案由类型相对分散，排除妨害纠纷案件量最大

"环境资源"并非独立的一类案由，也不仅仅包括资源类纠纷、环境污染类纠纷和生态破坏纠纷。在全方位、全地域、全过程开展生态环境保护建设，绿色发展方式和生活方式已渗透于经济社会生活各方面的背景下，民事主体的很多法律行为会涉及资源、生态、环境要素，人民群众对美好生活的追求也会使涉诉当事人将绿色元素融入其诉辩主张。本书所指环资民事案件涵盖了所有和这些要素相关联的案由。尽管研究周期内的环资民事一审案件占同期一审民商事案件总数不超过1%，但是从案由数据看，环资民事案件涉及的案由众多，总数达387个，占民事案件案由总数的81.82%。[①]所以在环资民事案件中，没有形成过于集中的案由，位列第一的"排除妨害纠纷"在案由总数中占比16%。同时说明，《民法典》绿色原则体系的功能价值已经体现于经济社会生活的方方面面，在民事审判中也得以普遍运用。

研究周期内，从案由分布来看，环资民事一审案件涉及的387个案由中，有6类案由案件量过万，依次是：排除妨害纠纷55 158件，占比16%；财产损害赔偿纠纷

[①] 最高人民法院《关于修改〈民事案件案由规定〉的决定》的通知（法〔2020〕346号）规定的案由合计473个。

54 564件，占比15.83%；侵害集体经济组织成员权益纠纷52 101件，占比15.12%；相邻关系纠纷43 608件，占比12.65%；返还原物纠纷23 237件，占比6.74%；所有权确认纠纷19 621件，占比5.69%；其他纠纷96 387件，占比27.97%（见图2-2-10）。其中，由于侵害集体经济组织成员权益纠纷多由集体经济组织侵害外嫁女、离异妇女、入赘男、进城工作或学习等特殊群体村民的土地权益引发，案件数量位居第三，说明此类纠纷在各地普遍高发。在本次研究确定的数据检索口径之下，此类纠纷之所以纳入环资民事案件，是因为纠纷与土地相关联，虽然从实践中反映的纠纷起因以及案件焦点看，其法律适用集中于对集体组织自治管理行为合法性的审查以及对特殊群体集体经济组织成员权益的保护，但是其内在价值在于对成员权益和耕地的平衡保护。

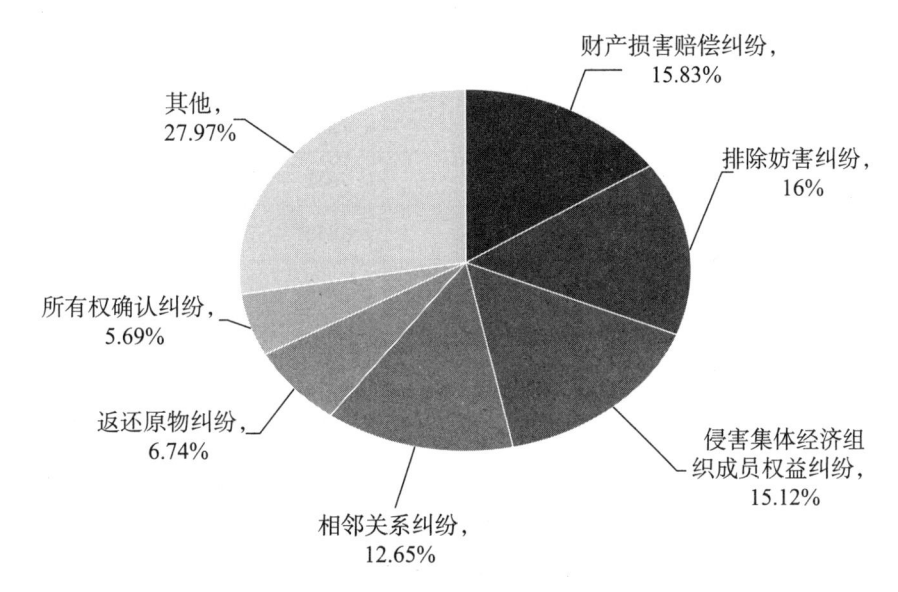

图2-2-10 全国各级人民法院审结的环资民事案件案由分布图

4. 全国环资民事案件一审审理中进行司法鉴定的情况——大部分未进行鉴定

从司法鉴定情况来看，未进行司法鉴定的案件量为31.72万件，占比92.02%；进行司法鉴定的案件量为2.75万件，占比7.98%（见图2-2-11）。其中，从结案时间年度变化趋势来看，因年度案件量持续下降，进行司法鉴定案件与未进行鉴定案件的数量均呈下降趋势，年均分别下降10.11%、4.81%。未进行司法鉴定的案件量下降幅度稍缓（见表2-2-5）。

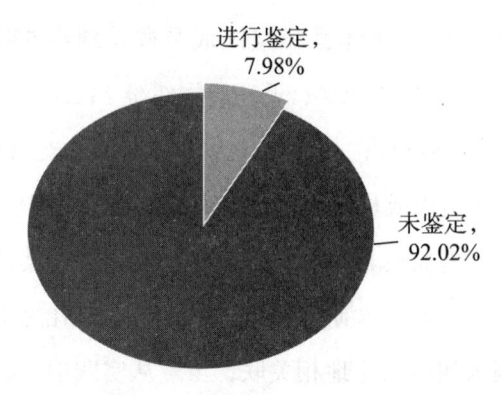

图 2-2-11　全国各级人民法院审结的环资民事案件鉴定情况分布图

表 2-2-5　全国各级人民法院审结的环资民事案件鉴定情况分布表

	审结年份	案件量（件）	同比（%）
司法鉴定情况	2018	7528	—
	2019	7651	1.63
	2020	6850	−10.47
	2021	5468	−20.18
未进行司法鉴定情况	2018	84 192	—
	2019	84 652	0.55
	2020	75 712	−10.56
	2021	72 623	−4.08

5. 从环资案件类型观察一审环资民事案件的分布情况

最高人民法院于2021年发布《环境资源案件类型与统计规范（试行）》，以保护环境资源为宗旨，将与生态环境保护和自然资源可持续利用有密切关联作为案件类型划分的主要依据，以实现类型划分为基础，将环境资源案件划分为环境污染防治、生态保护、资源开发利用、气候变化应对、生态环境治理与服务等五大类型。从这一类型划分角度观察研究周期内的全国环资一审民事案件，资源开发利用类案件数量最多，共计 304 686 件，占比 87.68%，远超其余四类案件量的总和；生态保护类案件 29 392 件，占比 8.46%；生态环境治理与服务类案件 8073 件，占比 2.32%；环境污染防治类案件 4802 件，占比 1.38%；气候变化应对类案件 551 件，占比 0.16%（见表 2-2-6）。

表 2-2-6　全国各级人民法院审结的环境资源案件的类型（涉民事）分布表

环境资源案件类型	2018年案件量（件）	2019年案件量（件）	2020年案件量（件）	2021年案件量（件）	案件总量（件）	占比（%）
资源开发利用	81 946	81 822	72 368	68 550	304 686	87.68%
生态保护	7051	7458	7613	7270	29 392	8.46%
生态环境治理与服务	2173	2113	2154	1633	8073	2.32%
环境污染防治	1393	1427	1006	976	4802	1.38%
气候变化应对	133	130	179	109	551	0.16%

6. 案件审理程序分析

研究周期内，全国环资民事一审案件从审理周期分布来看，[①]2018—2021年平均审理周期分别为131.4天、131.08天、129.45天、169.07天，前三年平均审理周期基本维持在130天左右，环境资源审判工作态势平稳；2021年平均审理周期明显延长。环资民事案件审理期限相对较长，与其往往涉及当事人重大利益且取证质证难度大，所涉法律关系比较复杂，争议也较大有关。

从简易程序分布来看，2018—2021年适用简易程序的审结案件量分别为45 960件、47 310件、44 946件、45 181件，在同期基层法院一审结案量中占比分别为51.08%、52.18%、55.59%、58.82%（见表2-2-7）。[②]可见，基层法院审结的环资民事案件适用简易程序的比例在同期审结的案件中占比均超过一半，2021年接近60%。在一审民事案件简易程序适用范围不断扩大的趋势下，[③]环资民事案件简易程序适用率居中偏高且呈上升趋势。事实清楚、权利义务关系明确且争议不大的简单环资民事案件占比一半左右，说明在环境保护、资源利用等环资纠纷多发领域"治未病"具有现实的必要性和极大的可能性，实践中应当在环境资源审判中坚持和创新新时代"枫桥经

---

① 本节所指审理周期是指案件审理经过的自然天数，即案件的收案之日至结案之日，未扣除依法不计入审限的期间。

② 因中级、高级人民法院管辖的一审民事案件皆非简单民事案件，不适用简易程序，所以对于简易程序的数据分析选择和基层人民法院审结的一审案件数量进行比对。

③ 参见最高人民法院院长周强2021年2月27日在第十三届全国人民代表大会常务委员会第二十六次会议上所作《最高人民法院关于民事诉讼程序繁简分流改革试点情况的中期报告》，报告中提道："一年来，各试点法院共适用简易程序审结案件207.98万件，简易程序适用率达到63.8%……"

验"，丰富绿色多元解纷模式，完善环境纠纷多元化解决机制，对适合诉前调解的案件通过"一站式"开展在线诉非分流、案件指派、诉调对接，实现环资类矛盾纠纷源头预防化解；同时进一步落实繁简分流措施，切实实现简案快审。

表2-2-7 基层法院审结环境资源民事案件适用简易程序情况表

审结年份	案件总量（件）	适用简易程序案件	
		数量（件）	在案件总量中占比（%）
2018	89 980	45 960	51.08
2019	90 668	47 310	52.18
2020	80 854	44 946	55.59
2021	76 814	45 181	58.82

从案均审理期限上看，在历年适用简易程序的案件占比均过半的情况下，2018—2020年案均审理周期在130天以上，2021年接近170天。在案件基本不存在司法鉴定占用审理期限问题的情况下，应当梳理导致审理周期延长的各种原因，比如案件复杂、疑难，取证难、质证期限长，人案矛盾突出，疫情因素等，区分法定事由和非法定事由，研究有效对策（见图2-2-12）。

从缺席审理情况分布来看，历年缺席审理的审结案件量及其占一审案件总量之比依次为2018年13 943件、占比15.2%，2019年14 267件、占比15.46%，2020年12 149件、占比14.72%，2021年11 823件、占比15.14%，可见缺席审理情况较平稳。其中2019年缺席审理的审结案件量及其在总案件量的占比为四年最高点（见图2-2-13）。

从人民陪审员参与案件审理情况来看，研究周期内人民陪审员参审的审结案件量逐年递减，历年人民陪审员参审的审结案件量及其在总案件量的占比依次是：2018年1632件，占比1.78%；2019年1350件，占比1.46%；2020年941件，占比1.14%；2021年669件，占比0.86%（见图2-2-12）。

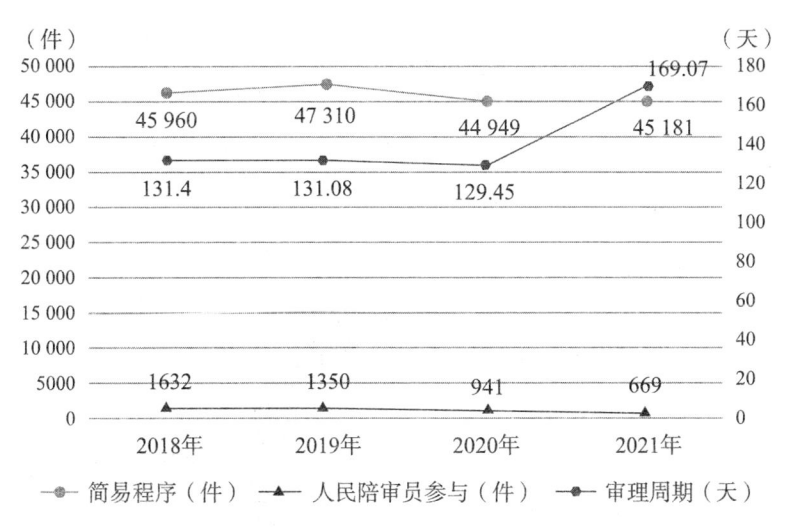

图 2-2-12 全国法院审结环资民事案件审理程序相关趋势图

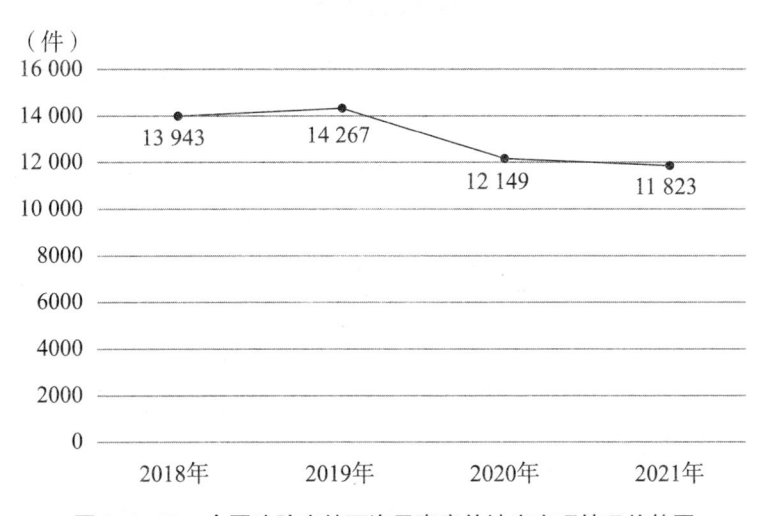

图 2-2-13 全国法院审结环资民事案件缺席审理情况趋势图

7. 案件结案方式分析

（1）以判决结案的案件量最大，占比66.99%。研究周期内，全国环资一审民事案件结案方式分布情况为：判决结案23.09万件，占比66.99%；裁定结案7.56万件，占比21.94%；调解结案3.81万件，占比11.07%（见图2-2-14）。判决的案件中，支持原告诉讼请求的107 772件，驳回原告诉讼请求的60 564件，部分支持、部分驳回原告诉讼请求的62 565件。从结案方式的年度变化趋势来看，因一审案件总量变化呈下降趋势，该项数据变化趋势亦然。降幅最大的为调解结案的数量，年均下降8.82%；判决结案的数量年均下降5.59%。判决的案件中，支持原告诉讼请求的年均下降6.92%，

099

部分支持、部分驳回原告诉讼请求的年均下降2.63%，驳回原告诉讼请求的年均下降6.19%（见表2-2-8）。可见，环资民事案件一审以判决结案为主，占比相对平稳。调解结案率下降幅度相对较大，此与新类型案件增多、法律关系趋于复杂，调解难度增加有关。

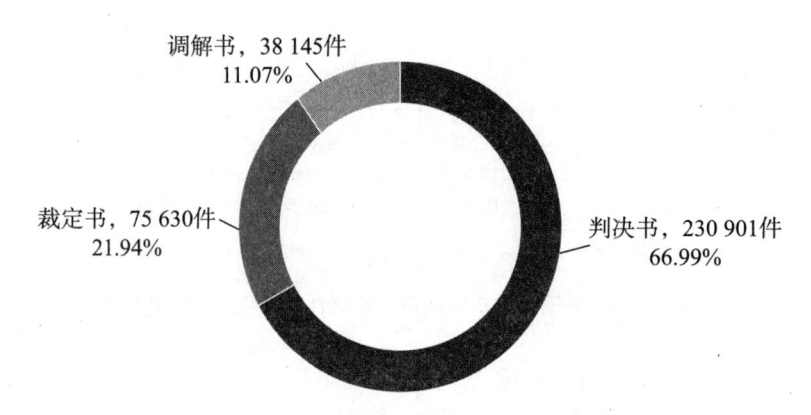

图2-2-14　全国各级人民法院审结的环资民事一审案件结案方式分布图

调解书，38 145件 11.07%
裁定书，75 630件 21.94%
判决书，230 901件 66.99%

表2-2-8　全国各级人民法院审结的环境资源民事一审案件结案方式分类表

单位：件

案件结案方式		2018年案件量	2019年案件量	2020年案件量	2021年案件量	案件总量
判决	支持原告诉讼请求	29 332	29 274	25 512	23 654	107 772
	部分支持部分驳回原告诉讼请求	15 814	16 436	15 714	14 601	62 565
	驳回原告诉讼请求	16 325	16 249	14 513	13 477	60 564
裁定	裁定	4886	4719	4741	4725	19 071
	驳回起诉	8121	9791	8479	7676	34 067
	不予受理	300	338	423	296	1357
	准许撤诉	5185	5687	4677	4755	20 304
	按撤诉处理	182	211	146	129	668
	移送他院	36	54	43	30	163
调解	调解	11 539	9544	8314	8748	38 145

（2）判决支持原告诉讼请求的案件量最大，占判决结案数量的46.67%。研究周期

内，全国环资民事一审案件中，从判决结果分布来看，判决支持原告诉讼请求的案件量最大，共计10.78万件，占判决结案数量的46.67%，占一审案件总量的31.27%；部分支持、部分驳回原告诉讼请求的案件6.26万件，占判决结案数量的27.1%，占一审案件总量的18.15%；驳回原告诉讼请求的案件6.06万件，占判决结案数量的26.23%，占一审案件总量的17.57%（见图2-2-15）。原告诉讼请求获得法院全部或部分支持的合计占判决结案数的73.77%，说明原告一般能够理性选择诉讼维权，也说明人民法院通过案件事实的查明，依法保护环资民事案件当事人的合法权益。

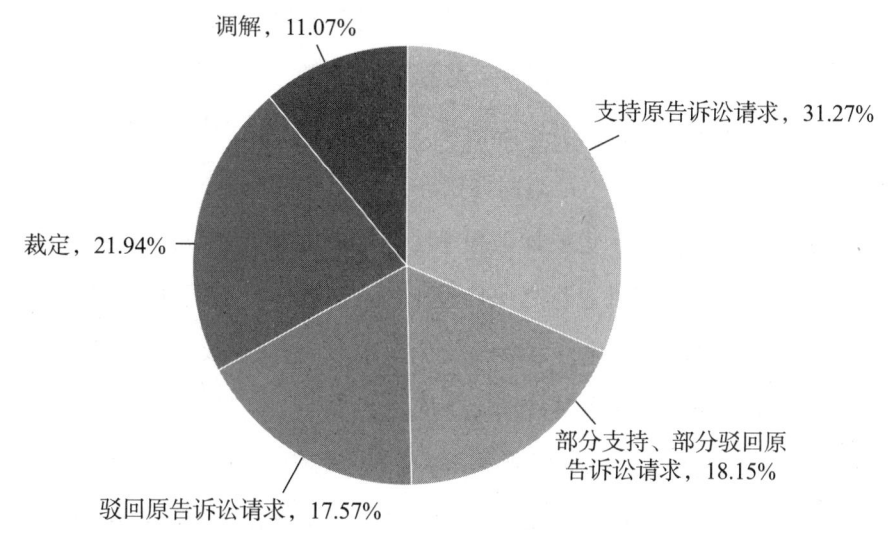

图2-2-15　全国各级人民法院审结的环资民事一审案件判决结果分布图

（3）裁定结案的案件中驳回起诉的案件量最大，占裁定结案数量的45.04%。研究周期内，全国环资民事一审案件中，从裁定情况分布来看，裁定驳回起诉的案件量最大，共计3.41万件，占裁定结案数量的45.04%，占一审案件总量的9.88%；裁定准许撤诉的案件排名第二，共计2.03万件，占裁定结案数量的26.85%，占一审案件总量的5.89%；裁定移送其他法院管辖的案件量最小，共计163件，占裁定结案数量的0.22%，占一审案件总量的0.05%（见表2-2-9）。

表2-2-9　全国各级人民法院审结的环境资源民事一审案件裁定结案分布表

裁定情况	案件量（件）	裁定案件量占比情况（%）	一审案件总量占比情况（%）
裁定	19 071	25.22	5.53

续表

裁定情况	案件量（件）	裁定案件量占比情况（%）	一审案件总量占比情况（%）
驳回起诉	34 067	45.04	9.88
不予受理	1357	1.79	0.39
准许撤诉	20 304	26.85	5.89
按撤诉处理	668	0.88	0.19
移送他院	163	0.22	0.05

数据显示，裁定驳回起诉和不予受理的案件量合计为35 424件，占裁定结案数量的46.83%，占一审案件总量的10.27%。说明有关当事人存在以下情况：一是对自己的权益是否遭到侵害、遭到谁的侵害不清楚；二是在权益遭到侵害的情况下，不能选择正确的维权渠道主张权利；三是滥用诉权等。对此，应当进一步加大普法宣传力度，在宣传实体法律知识的同时，也要加强程序法律知识的宣传和诚信引导。同时，裁定驳回起诉的案件量占一审案件总量之比接近10%，对此，可定期分析环资案件裁定驳回起诉的具体事由，进行类型化，为当事人依法维权和法院审核起诉材料提供指引。

8. 作为案件裁判依据的法条引用情况分析

研究周期内，全国一审环资民事案件裁判从法条引用次数分布来看，《民事诉讼法》被引用最多。[①] 从实体法角度，一审环资民事案件作为判决依据引用法条共计15.59条/次，其中，《物权法》被引用4万条/次，占比25.66%；《合同法》被引用2.27万条/次，占比14.56%；《侵权责任法》被引用1.61万条/次，占比10.33%；《民法总则》被引用0.88万条/次，占比5.64%；《民法通则》被引用0.80万条/次，占比5.13%；《最高人民法院关于审理涉及农村土地承包纠纷案件适用法律问题的解释》被引用0.80万条/次，占比5.13%；《土地管理法》被引用0.7万条/次，占比4.49%；《民法典》被引用0.54万条/次，占比3.46%；其他法律被引用3.99万条/次，占比25.59%（见图2-2-16）。

---

① 法条引用情况无特殊说明的，均指当时适用的法条，对于失效的法律规范未予注明。

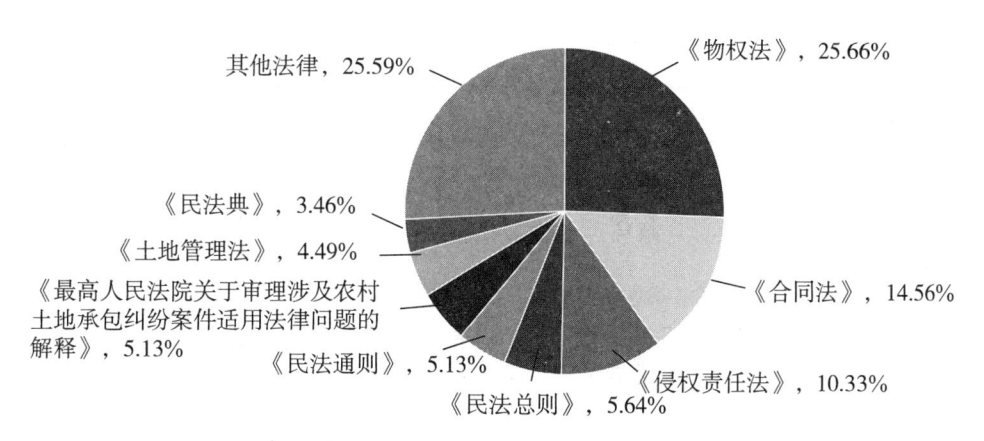

图 2-2-16 全国环资民事一审案件法律规范被引用次数分布图

实体法法律被引用主要法条内容见表 2-2-10。

表 2-2-10　全国环资民事案件中实体法法律规范被引用情况表

实体法法律法规被引用情况		对应《民法典》		被引用次数（次）
实体法法律法规	具体条文	《民法典》法律法规	具体条文	
《物权法》第 84 条	不动产的相邻权利人应当按照有利生产、方便生活、团结互助、公平合理的原则，正确处理相邻关系。	第二编 物权 第 288 条	不动产的相邻权利人应当按照有利生产、方便生活、团结互助、公平合理的原则，正确处理相邻关系。	11 499
《侵权责任法》第 8 条	行为人因过错侵害他人民事权益，应当承担侵权责任。根据法律规定推定行为人有过错，行为人不能证明自己没有过错的，应当承担侵权责任。	第七编 侵权责任 第 1165 条	行为人因过错侵害他人民事权益造成损害的，应当承担侵权责任。依照法律规定推定行为人有过错，其不能证明自己没有过错的，应当承担侵权责任。	10 545

续表

实体法法律法规被引用情况		对应《民法典》		被引用次数（次）
实体法法律法规	具体条文	《民法典》法律法规	具体条文	
《物权法》第35条	妨害物权或者可能妨害物权的，权利人可以请求排除妨害或者消除危险。	第二编 物权第236条	妨害物权或者可能妨害物权的，权利人可以请求排除妨害或者消除危险。	10 154
《合同法》第60条	当事人应当按照约定全面履行自己的义务。当事人应当遵循诚实信用原则，根据合同的性质、目的和交易习惯履行通知、协助、保密等义务。	第三编 合同第509条	当事人应当按照约定全面履行自己的义务。当事人应当遵循诚信原则，根据合同的性质、目的和交易习惯履行通知、协助、保密等义务。	10 073
《最高人民法院关于审理涉及农村土地承包纠纷案件适用法律问题的解释》第24条	农村集体经济组织或者村民委员会、村民小组，可以依照法律规定的民主议定程序，决定在本集体经济组织内部分配已经收到的土地补偿费。征地补偿安置方案确定时已经具有本集体经济组织成员资格的人，请求支付相应份额的，应予支持。但已报全国人大常委会、国务院备案的地方性法规、自治条例和单行条例、地方政府规章对土地补偿费在农村集体经济组织内部的分配办法另有规定的除外。	—		8037

续表

实体法法律法规被引用情况		对应《民法典》		被引用次数（次）
实体法法律法规	具体条文	《民法典》法律法规	具体条文	
《合同法》第107条	当事人一方不履行合同义务或者履行合同义务不符合约定的，应当承担继续履行、采取补救措施或者赔偿损失等违约责任。	第八章 违约责任 第577条	当事人一方不履行合同义务或者履行合同义务不符合约定的，应当承担继续履行、采取补救措施或者赔偿损失等违约责任。	7257
《土地管理法》第16条	下级土地利用总体规划应当依据上一级土地利用总体规划编制。地方各级人民政府编制的土地利用总体规划中的建设用地总量不得超过上一级土地利用总体规划确定的控制指标，耕地保有量不得低于上一级土地利用总体规划确定的控制指标。省、自治区、直辖市人民政府编制的土地利用总体规划，应当确保本行政区域内耕地总量不减少。	—		7034
《物权法》第37条	侵害物权，造成权利人损害的，权利人可以请求损害赔偿，也可以请求承担其他民事责任。	第二编 物权 第238条	侵害物权，造成权利人损害的，权利人可以依法请求损害赔偿，也可以依法请求承担其他民事责任。	6893
《合同法》第8条	依法成立的合同，对当事人具有法律约束力。当事人应当按照约定履行自己的义务，不得擅自变更或者解除合同。依法成立的合同，受法律保护。	第五章 民事权利 第119条	依法成立的合同，对当事人具有法律约束力。	5378

续表

实体法法律法规被引用情况		对应《民法典》		被引用次数（次）
实体法法律法规	具体条文	《民法典》法律法规	具体条文	
《侵权责任法》第2条	侵害民事权益，应当依照本法承担侵权责任。本法所称民事权益，包括生命权、健康权、姓名权、名誉权、荣誉权、肖像权、隐私权、婚姻自主权、监护权、所有权、用益物权、担保物权、著作权、专利权、商标专用权、发现权、股权、继承权等人身、财产权益。	第七编 侵权责任 第1164条	本编调整因侵害民事权益产生的民事关系。	3748

可见，原《物权法》《侵权责任法》《合同法》的相关条文被引用次数较多，主要集中于涉法律责任的规范，反映出环资民事案件法律适用的重点在于责任的认定，包括归责原则适用和责任方式确定。其中，物权法规范被引用次数远高于侵权责任法规范被引用次数，说明环资民事权益保护更多以物权法规范为请求权基础。《民法典》施行于2021年1月1日，但是由于案件事实多发生于该法施行之前，所以裁判引用《民法典》条文的数量不多。比如，沿用原《物权法》第84条的《民法典》第288条被引用次数最多，也只有631次。前述法律废止后，其规范基本被《民法典》吸收沿用，特别是物权编等分编通过新增、修订形成了较为完善的物权保护及权利行使、合同履行、侵权责任的绿色条款体系，这是对司法实践需求的积极回应，也意味着今后《民法典》的相关条文将成为环资民事案件审理的主要法律依据。在资源保护专门法律的适用上，《土地管理法》及涉及农村土地承包纠纷案件司法解释被引用次数最多，显示土地权益类包含集体经济组织成员权益类的案件占比较大。

（三）环境资源民事案件重点案由的争议焦点分析

针对环境资源民事审判领域的重点、难点，本节选取生态环境侵权和合同两大类、十大典型案由进行深度数据挖掘。侵权类案件包括环境污染责任纠纷，噪声污染责任纠纷，海上、通海水域污染损害责任纠纷，养殖权纠纷，海上、通海水域养殖损害责任纠纷；合同类案件包括采矿权转让合同纠纷、探矿权转让合同纠纷、林业承包合同纠纷、渔业承包合同纠纷、海洋开发利用纠纷。

1. 环境资源民事案件重点案由分布情况

为研究分析环境资源民事重点案由的情况，选取了研究周期内全国法院环资民事一审案件中的 1933 件案件样本（本节以下简称样本）进行深入分析，① 其中包含合同类 699 件、侵权类 1234 件。在环境资源合同类案件中，渔业承包合同纠纷案件的数量最多，共计 445 件，占比 23.02%；数量最少的是林业承包合同纠纷案件，计 33 件，占比 1.71%。在生态环境侵权类案件中，海上、通海水域污染损害责任纠纷案件数量最多，共计 949 件，占比 49.09%；养殖权纠纷案件数量较少，共计 5 件，占比 0.26%（见表 2-2-11）。

表 2-2-11 环境资源和侵权类重点环境资源民事案件案由分布情况表

类型	典型案由	案件数量（件）
环境资源合同案件	渔业承包合同纠纷	445
	采矿权转让合同纠纷	110
	海洋开发利用纠纷	60
	探矿权转让合同纠纷	51
	林业承包合同纠纷	33
生态环境侵权案件	海上、通海水域污染损害责任纠纷	949
	环境污染责任纠纷	184
	噪声污染责任纠纷	88
	海上、通海水域养殖损害责任纠纷	8
	养殖权纠纷	5

2. 环境资源合同类重点案由的案件争议焦点分布情况

（1）渔业承包合同纠纷案件的争议焦点集中于事实和合同效力及性质等。样本中的渔业承包合同纠纷案件有 445 件，② 争议焦点类型较为集中的依次为：③ ①事实 161 次，占比 36.18%；②合同效力及性质 142 次，占比 31.91%；③是否返还原物、本金及

---

① 案件类型依据环境资源领域重点、难点案由选取，以"争议焦点"为关键词、以研究周期为时间限制检索到相应案件样本。
② 案件量仅为以"争议焦点"为关键词、以研究周期为时间限制检索到的样本数量。下同。
③ 因同一案件中会涉及多种争议焦点类型，所以，按照次数/案件量计算，占比总和大于1。下同。

利息 41 次，占比 9.21%；④责任承担及分配 37 次，占比 8.31%；⑤是否存在违约行为 29 次，占比 6.52%；⑥诉讼时效 13 次，占比 2.92%；⑦是否有权利/资格 11 次，占比 2.47%；⑧是否存在过错 4 次，占比 0.90%；⑨是否存在损害结果 3 次，占比 0.67%；⑩因果关系 2 次，占比 0.45%；⑪是否存在侵权行为 1 次，占比 0.22%；⑫案由确定 1 次，占比 0.22%（见图 2-2-17）。

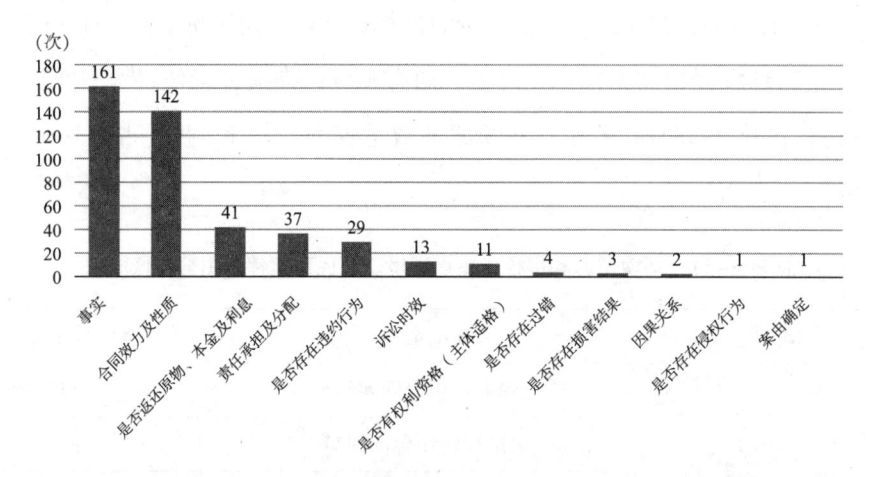

图 2-2-17　全国各级人民法院一审审结的渔业承包合同纠纷案件争议焦点分布图

（2）采矿权转让合同纠纷案件的争议焦点集中于合同效力及性质等。样本中的采矿权转让合同纠纷案件有 110 件，争议焦点类型较为集中的依次为：①合同效力及性质 56 次，占比 50.91%；②是否返还原物、本金及利息 18 次，占比 16.36%；③诉讼时效 18 次，占比 16.36%；④责任承担及分配 8 次，占比 7.27%；⑤案由确定 4 次，占比 3.64%；⑥是否有权利/资格 3 次，占比 2.73%；⑦因果关系 2 次，占比 1.82%；⑧是否存在违约行为 1 次，占比 0.91%（见图 2-2-18）。

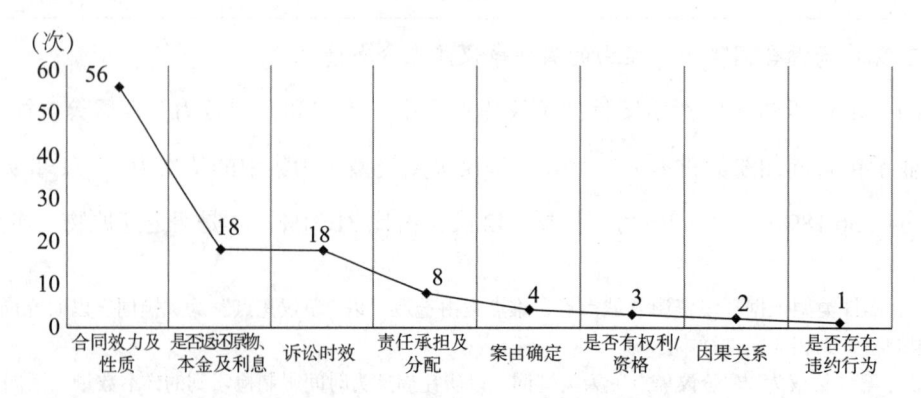

图 2-2-18　全国各级人民法院一审审结的采矿权转让合同纠纷案件争议焦点分布图

（3）海洋开发利用纠纷案件的争议焦点集中于合同效力及性质、事实等。样本中的海洋开发利用纠纷案件有 60 件，争议焦点类型较为集中的依次为：①合同效力及性质 22 次，占比 36.67%；②事实 21 次，占比 35.00%；③是否返还原物、本金及利息 4 次，占比 6.67%；④责任承担及分配 4 次，占比 6.67%；⑤是否有权利/资格、诉讼时效、案由确定各为 3 次，均占比 5.00%（见图 2-2-19）。

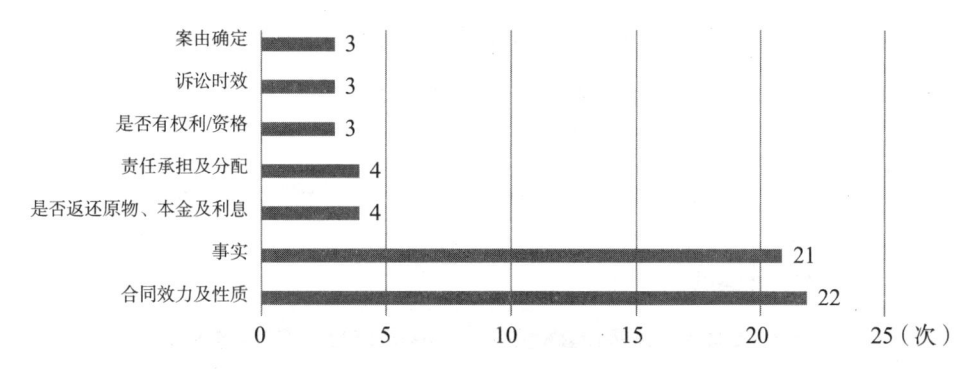

图 2-2-19　全国各级人民法院一审审结的海洋开发利用纠纷案件争议焦点分布图

（4）探矿权转让合同纠纷案件的争议焦点集中于合同效力及性质等。样本中的探矿权转让合同纠纷案件有 51 件，争议焦点类型较为集中的依次为：①合同效力及性质 16 次，占比 31.37%；②事实 12 次，占比 23.53%；③是否返还原物、本金及利息 9 次，占比 17.65%；④诉讼时效 5 次，占比 9.80%；⑤责任承担及分配 4 次，占比 7.84%；⑥是否存在过错 3 次，占比 5.88%；⑦是否有权利/资格 2 次，占比 3.92%（见图 2-2-20）。

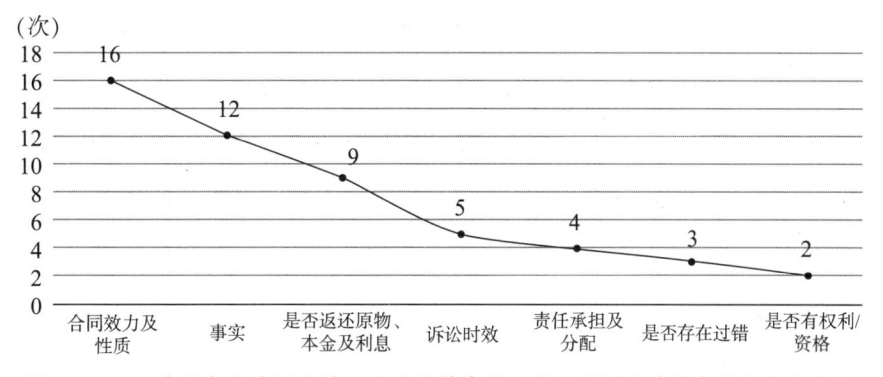

图 2-2-20　全国各级人民法院一审审结的海洋开发利用纠纷案件争议焦点分布图

（5）林业合同纠纷案件的争议焦点。样本中的林业合同纠纷案件有 33 件，在生态环境资源合同类案件中数量最少，且争议焦点类型非常集中，全部聚焦于事实问题。

3. 环境资源侵权类重点案由案件的争议焦点分布情况

（1）海上、通海水域污染损害责任纠纷案件中的争议焦点集中在责任承担及分配、因果关系等。样本中的海上、通海水域污染损害责任纠纷案件有949件，争议焦点类型较为集中的依次为：①责任承担及分配233次，占比24.55%；②因果关系232次，占比24.45%；③诉讼时效231次，占比24.34%；④是否有权利/资格227次，占比23.92%；⑤事实25次，占比2.63%，其中是否存在损害结果5次，占比0.53%；⑥合同效力及性质1次，占比0.11%。（见图2-2-21）

争议焦点	次数
合同效力及性质	1
是否存在损害结果	5
事实	25
是否有权利/资格	227
诉讼时效	231
因果关系	232
责任承担及分配	233

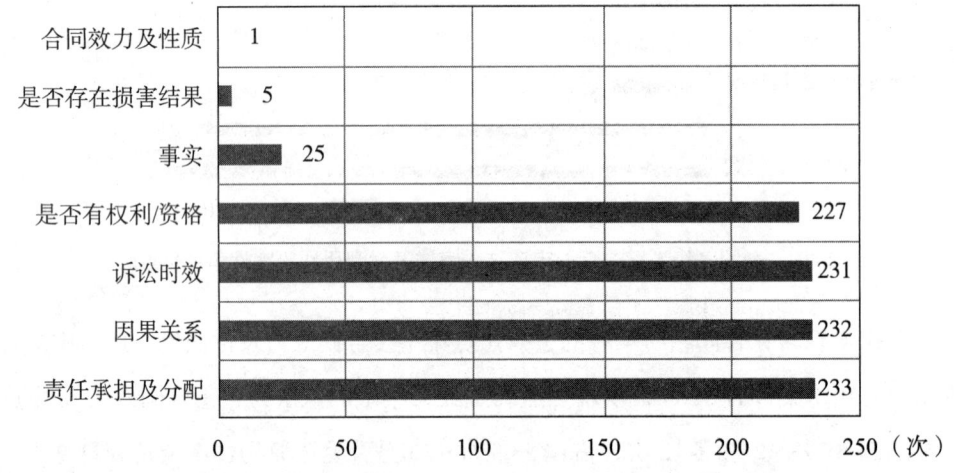

图 2-2-21 全国各级人民法院一审审结的海上、通海水域污染损害责任纠纷案件争议焦点分布图

（2）环境污染责任纠纷案件中的争议焦点集中在事实、责任承担及分配等。样本中的环境污染责任纠纷案件有184件，争议焦点类型较为集中的依次为：①事实71次，占比38.59%，其中是否存在损害结果33次，占比17.93%，是否存在侵权行为7次，占比3.80%；②责任承担及分配53次，占比28.80%；③因果关系34次，18.48%；④案由确定8次，占比4.35%；⑤诉讼时效6次，占比3.26%；⑥合同效力及性质5次，占比2.72%；⑦是否有权利/资格4次，占比2.17%；⑧是否存在过错3次，占比1.63%（见图2-2-22）。

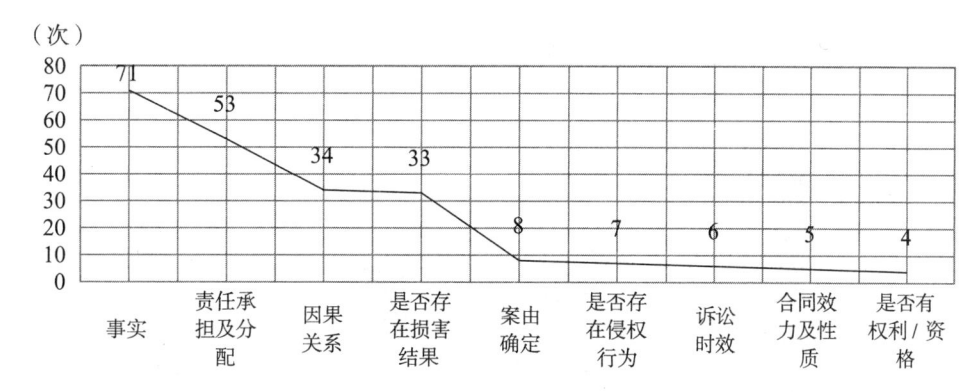

图 2-2-22　全国各级人民法院一审审结的环境污染责任纠纷案件争议焦点分布图

（3）噪声污染责任纠纷案件中的争议焦点集中在事实、责任承担及分配等。样本中的噪声污染责任纠纷案件有 88 件，争议焦点类型较为集中的依次为：①事实 40 次，占比 45.45%，其中是否存在损害结果 9 次，占比 10.23%，是否存在侵权行为 3 次，占比 3.41%；②责任承担及分配 36 次，占比 40.91%；③因果关系 11 次，占比 12.50%；④诉讼时效 1 次，占比 1.14%（见图 2-2-23）。

（4）海上、通海水域养殖损害责任纠纷案件中的争议焦点集中在责任承担及分配、事实等。样本中的海上、通海水域养殖损害责任纠纷案件有 8 件，争议焦点类型较为集中的依次为：①责任承担及分配 4 次，占比 50.00%；②事实 2 次，占比 25.00%，包括是否存在损害结果 1 次，占比 12.50%；③因果关系 2 次，占比 25.00%（见图 2-2-24）。

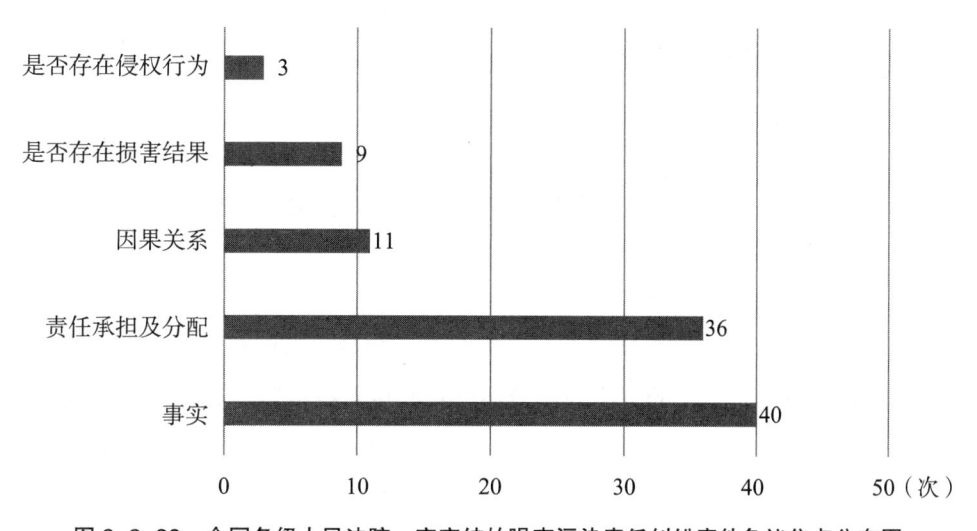

图 2-2-23　全国各级人民法院一审审结的噪声污染责任纠纷案件争议焦点分布图

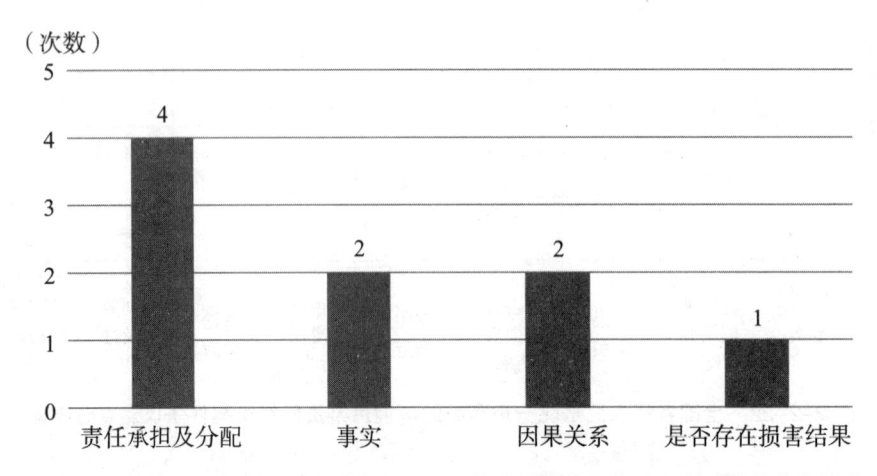

图 2-2-24　全国各级人民法院一审审结的海上、通海水域养殖损害责任纠纷案件争议焦点分布图

（5）养殖权纠纷案件中的争议焦点集中在事实、责任承担及分配等。样本中的养殖权纠纷案件有 5 件，争议焦点类型较为集中的依次为：①事实 2 次，占比 40%；②责任承担及分配 2 次，占比 40%；③合同效力及性质 1 次，占比 20%（见图 2-2-25）。

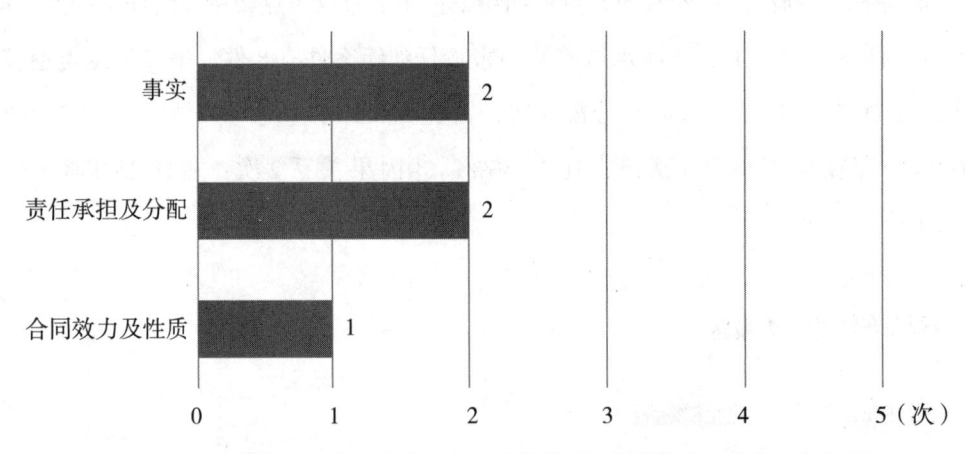

图 2-2-25　全国各级人民法院一审审结的养殖权纠纷案件争议焦点分布图

4. 环资民事案件争议焦点分析

民事案件的争议焦点是案件当事人争执的核心问题，决定着案件审理的方向和法律适用，也能透视纠纷发生的真实原因及案件反映的社会问题。焦点一般由被告的抗辩内容决定，因此，从上述争议焦点出现的频次可以看出环资民事案件的被告进行抗辩的规律：

（1）合同类案件的抗辩事由：①否认原告主张的事实。数据显示，环境资源合同类纠纷的事实认定属于主要争点,需要说明的是,虽然数据显示其与一般合同纠纷相比,是否存在违约行为不是主要争议焦点,但是由于合同纠纷中的事实主要是关联合同履行的事实,所以违约与否也是环资类合同纠纷案件在事实方面的主要争议焦点。②否认合同的效力。合同性质及效力认定决定着当事人之间权利义务的内容,而且环资类合同的主体和标的往往受到法律法规的规制,涉及公共利益,被告会选择以合同违反效力性强制性规定或公序良俗为由主张合同无效以排除合同义务约束和违约责任承担。

(2)环境侵权案件的争议焦点表现多样化,但是以事实争议最为集中,被告往往否认存在侵权行为、损害后果。由于侵权责任成立与否在于责任构成要件是否满足,特别是某些环资侵权责任适用无过错责任原则,侵权行为或损害后果的有无自然成为双方必争的焦点问题。同时,责任承担及分配、因果关系等也是该类案件常见的焦点。

(3)无论是合同类案件还是侵权类案件,都不同程度地反映出在"权利/资格"方面的争议,这源于法律对自然资源利用主体资格的要求和限制,环资案件当事人的权利一般源于行政许可或者特定的成员身份,被告会根据对自己有利的原则选择当事人是否获得许可、是否具备特定主体资格进行抗辩。

(4)主张诉讼时效抗辩。无论是合同类案件还是侵权类案件,都不同程度地存在原告诉请诉讼时效是否届满的争议。法律适用中要注意有关法律对特殊民事法律关系的诉讼时效的规定。

(5)同时主张自己不具备侵权行为构成要件和己方不违约或对方违约在先。从合同类案件涉及"侵权行为""损害后果"的争议,侵权类案件涉及"违约"的争议可见,环境资源民事纠纷往往存在请求权竞合问题,增加了案件审理在事实认定、法律适用等方面的难度。

二、基于环境资源民事案件引用法律规范和争议焦点数据的案例分析

从前述环资民事案件引用法律规范的数据可知,引用原《民法总则》《物权法》《侵权责任法》的条文作为裁判依据的案件合计约占44%,这些条文基本上被《民法典》沿用。《民法典》在增加绿色原则的同时,通过沿袭、完善和新增,构建了以第9条绿色原则为统领、以各分编相应绿色条款为具体规则的绿色规范体系,丰富了环资

民事案件的裁判依据。例如，关于民事责任方式，《民法典》总则编第179条相较原《侵权责任法》第15条增加"法律规定惩罚性赔偿的，依照其规定"的引致性规范；物权编第322条规定"充分发挥物的效用"的添附物归属兜底原则；合同编第558条规定合同终止后当事人的"旧物回收"义务；侵权责任编则以第七章专章规定环境污染和生态破坏责任，对生态环境损害赔偿责任进行统一规定，增设环境损害赔偿制度。因此，《民法典》今后将成为环资民事案件裁判依据的主要渊源。

通过梳理样本中部分典型案例，分析其法律适用的思路和方法，从"案例端"探寻环资民事案件审判的重点问题和民事司法强化保护生态环境资源的对策，能够看出，在我国坚定不移推进生态文明建设、全面加强环境治理体系和治理能力现代化的进程中，伴随着环境资源立法的发展，环境司法理念在推进环境司法专门化的过程中逐渐完善，裁判规则通过司法实践的探索日臻体系化。"争议焦点""法条援引"等数据及个案裁判理由显示，环资民事案件的审理更加注重当事人利益和国家利益、社会公共利益的平衡，裁判依据除民事法律规范外，一般还要援引涉环境资源类专门法律法规规范，如《环境保护法》《海洋环境保护法》等，审理难度较大。本部分具体以环境资源类合同纠纷、侵权纠纷和物权纠纷案件审判中的重点问题展开。[①]

（一）环境资源合同纠纷案件重点问题案例分析

数据显示，环境资源合同纠纷案件呈现涉案合同类型多元、新类型合同纠纷不断涌现等趋势，绿色原则在合同纠纷案件审判全流程中的指引作用凸显。此类案件争议焦点的数据显示，合同性质、效力、履行等是案件审理的重点。相较于普通合同纠纷案件，环境资源合同纠纷案件的裁判更注重行政许可对当事人意思自治的干预，以及绿色原则的适用与当事人意思自治的衔接。通过分析样本案例的审理思路可知，人民法院在案件审理过程中普遍将节约资源、保护环境的绿色原则作为裁判理念融入释法说理过程，不同程度地反映了人民法院用最严格的制度、最严密的法治保护生态环境的司法立场和绿色发展理念。

1. 涉案合同类型多样，典型合同值得关注

样本案件显示，环境资源合同纠纷案件呈现合同类型多样化与典型化并存的特点。

[①] 本节所称环境资源类合同、物权纠纷并非法定案由，而是指各类纠纷中包含与生态环境、资源利用有较为密切联系因素的案件。

合同类型的不断丰富表明绿色发展理念深入人心，逐渐渗透经济社会生活的各个领域。数据显示，涉及涉矿业权合同、渔业承包合同、土地承包经营合同成为环境资源合同纠纷案件重点类型，其中有的案件涉及国家重点资源保护，有的与多类"环境"要素息息相关。作为调整民事主体交易行为的合同法律规范，以任意性规范为主，在当事人未将绿色义务转化为约定条款的情况下，如何依据绿色原则，以绿色义务条款介入当事人的意思自治，平衡保护当事人私益和生态环境公益，是审判的难点，也是导致类案不同判的原因之一，值得关注。

第一，涉矿业权合同纠纷案件。

矿业权，是指矿产资源使用权，包括探矿权与采矿权。矿业权纠纷包括涉矿业权合同纠纷和矿业权侵权纠纷。此类纠纷的标的直接指向矿产，使之具有权利主体特定、权利性质复杂、权利内容多重等特征。其中涉矿业权合同纠纷包括探矿权转让合同纠纷和采矿权转让合同纠纷，样本中共计有161件，占样本合同纠纷案件的23.03%，成为环境资源高频合同纠纷案件类型。矿产作为公共资源，其勘查、开采与矿山生产安全、生态环境保护等社会公共利益紧密相关。矿业权具有民事物权和行政许可双重属性，相较一般民事物权，矿业权的设立、流转、行使、消灭等方面均具有一定的特殊性。人民法院审理矿业权合同纠纷案件，普遍持适度能动司法的态度，保障矿产资源合理开发利用，促进资源节约与生态环境保护。[1]

数据显示，针对涉矿业权合同纠纷案件，法院一般首先依职权审查当事人是否享有矿业权，对于当事人未依法取得矿业权的，普遍运用合同无效制度否定矿业权合同的效力，且会认定双方均有过错。争议焦点涉合同效力及性质案件占比44.72%，认定双方过错占比1.86%，说明人民法院始终将环境司法理念融入特殊矿产资源开发利用全程合法性的判断，充分发挥司法引导矿业权主体依法办事、绿色经营的功能。对矿产资源开发造成生态环境破坏的，人民法院严守生态环境资源保护红线，鲜明展示人民法院严格执行生态环境保护管理制度，严禁损害生态环境行为的司法态度。例如，江西省地质工程（集团）公司青海分公司、江西省地质工程（集团）公司诉青海江源

---

[1] 参见《适应矿业权市场发展需求　保障矿产资源合理开发利用——最高人民法院原环境资源审判庭负责人就〈最高人民法院关于审理矿业权纠纷案件适用法律若干问题的解释〉答记者问》，载《人民法院报》2017年7月26日，第3版、第6版。

煤炭开发有限公司合同纠纷案[①]认为,江源煤炭公司对约定勘探的矿区范围并未取得探矿权,案涉勘探合同约定的探矿行为违反法律、行政法规的强制性规定,应认定无效,双方对此均存在过错。

第二,渔业承包合同纠纷案件。

可持续利用渔业资源是当代最具挑战性的环境问题之一。作为世界上最大的渔业国家之一,中国拥有全世界四分之一的渔船,捕捞量超出全球总产量的三分之一,中国渔业能否可持续发展对世界渔业资源意义重大。[②]近年来,基于经济利益驱使,过度开发利用渔业资源,破坏渔业生态环境的情形较为严峻。

样本中渔业承包合同纠纷案件有445件,占合同纠纷案件的63.66%,是环资合同纠纷案件数量最多的类型。数据显示,审理渔业承包合同纠纷案件时,人民法院会依职权主动审查涉案渔业承包合同效力,注重维护渔业生态安全,充分发挥司法裁判在加强渔业资源恢复,推动现代渔业可持续健康发展中的保障作用。例如,戚某庆与江苏省海北农业科技有限公司渔业承包合同纠纷案[③]认为,根据原《合同法》第52条第5项规定,违反法律、行政法规的强制性规定的合同无效。《自然保护区条例》第28条规定的"禁止在自然保护区的缓冲区开展旅游和生产经营活动"禁止某种行为,应为效力性强制规范。被告海北公司将位于自然保护区缓冲区鱼塘发包给戚某庆从事养殖经营活动,损害了珍禽保护动物的生存环境和沿海湿地的自然资源,将会严重破坏黄海湿地的生物多样性,致使湿地生态失衡。故涉案《鱼塘养殖承包合同》应属无效。

第三,土地承包经营合同纠纷案件。

耕地是我国最为宝贵的资源,加强耕地保护,严守耕地红线,严格耕地保护责任,依法守护人民群众的"米袋子""菜篮子",是人民法院司法审判的责任和使命。样本中,土地承包经营合同纠纷案件共计371件,占合同纠纷案件的1.28%。研究周期内的法条援引数据显示,作为地方各级土地利用总体规划编制依据的《土地管理法》第16条共计被援引0.70万次,被援引次数位于前列,该条要求省、自治区、直辖市人民政府编制的土地利用总体规划,应当确保本行政区域内耕地总量不减少。这是坚决制

---

① 参见(2018)最高人民法院民终1338号民事判决文书。
② 《自然资源保护渔业资源保护》,载自然资源保护协会网站,www.nrdc.cn/work?cid=32&cook=2。
③ 参见江苏省盐城市大丰区人民法院(2019)苏0982民初206号民事判决书。

止耕地"非农化"、防止耕地"非粮化"的强制性规范、基础性保障。对于改变耕地用途的合同，人民法院普遍以其违反《农村土地承包法》的强制性规定为由，认定无效。例如，张某祥与兰某忠、兰某德土地承包经营权纠纷案[①]认为，民事主体从事民事活动不得违反法律，应当有利于节约资源、保护生态环境。原、被告在协议中达成原告可以任意改变土地性质的合意，且涉案土地交付后并未投入耕种，严重影响该片土地的农业综合生产能力和农业生态环境，其协议违反《农村土地承包法》第38条第2项"不得改变土地所有权的性质和土地的农业用途，不得破坏农业综合生产能力和农业生态环境"之规定，结合原《合同法》第52条第5项之规定，原、被告所签土地转让协议违反上述强制性规定，故无效。

2. 绿色原则在合同纠纷审判全流程中的价值导向作用明显

《民法典》生效前，《合同法》第60条规定的诚实信用原则系约束当事人合同行为的重要条款。例如，江油市青莲水利工程管理中心站与吉某元、胡某明土地租赁合同纠纷案[②]认为，水利风景区内禁止各种污染环境的行为，根据诚信原则，当事人应当按照约定全面履行自己的义务，但吉某元、胡某明违反合同约定将水库果园经营管理权再次租赁给他人使用，故原告请求其返还占有的水库管理用房的诉讼请求，应予以支持。《民法典》第9条新增绿色原则，是《民法典》绿色条款规范体系的指导和基础，也是民法规范与环境法规范的衔接和交融。它通过倡导构建资源节约型、生态保护型、环境友好型社会，限制民事主体意思自治，为处理民事活动与环境资源保护活动关系，为人民法院审理相关民事案件提供裁判指引和价值引导，实现个人私益与环境公益的平衡保护。具体到合同编，《民法典》第509条在全面履行、诚信履行条款后新增绿色履行原则，要求当事人在履行合同的整个过程中，避免浪费资源、污染环境和破坏生态。样本案件显示，人民法院在审理环境资源合同纠纷案件的司法实践中，积极引入绿色规则、绿色理念，在尊重当事人意思自治的基础上，通过绿色司法对当事人意思自治进行适当调整与引导，以期实现维护合同稳定性与生态环境资源保护之间的利益最大化。

近年来，绿色发展理念和绿色生活理念深入人心，合同是民事交易的基础方式，

[①] 参见贵州省贵阳市白云区人民法院（2020）黔0113民初1534号民事判决书。
[②] 参见四川省江油市人民法院（2019）川0781民初597号民事判决书。

合同编在合同履行、合同终止等环节融入绿色元素，赋予合同当事人避免浪费资源、污染环境和破坏生态，绿色包装、回收旧物等义务。人民法院针对合同效力认定，应重点关注涉案合同是否违反环境领域的效力性强制规范、是否损害环境公共利益，若涉案合同违背环境领域效力性强制规范，或对生态环境造成严重破坏，损害环境公共利益的，应依法认定合同无效；针对合同是否解除的争议，应将继续履行合同是否会对生态环境造成破坏、对资源造成浪费作为关键因素进行考量。

（1）合同效力认定。因环境资源合同类案件涉及生态环境要素，合同效力审查和效力认定成为环境资源合同纠纷案件审理的重要环节。人民法院如何依据绿色原则，适用以《民法典》第153条为核心的法律行为效力规范体系，综合考虑合同订立的主体资格、合同履行对生态环境的影响，准确把握合同效力认定，是审判的难点问题。

国家对自然保护区、风景名胜区、重点生态功能区、生态环境敏感区、脆弱区等特殊区域进行严格保护，明确规定某些区域禁止从事生产开发活动。例如，《自然保护区条例》第26条规定，禁止在自然保护区内进行砍伐、放牧、狩猎、捕捞、采药、开垦、烧荒、开矿、采石、挖沙等活动。行为人在上述区域内从事生产经营开发活动的，会对该区域内环境公共利益造成重大损害，破坏生态平衡。当事人关于在上述区域内进行勘查开采矿产资源、渔业养殖捕捞等行为的合同约定，不得违反法律、行政法规的强制性规定或者损害环境公共利益，否则应依法认定无效。环境资源管理的法律、行政法规中的禁止性规定，即便未明确违反相关规定将导致合同无效，但若认定合同有效并继续履行将损害环境公共利益的，也应认定合同无效。

样本案例显示，人民法院在认定涉环境资源合同的效力时，会将绿色发展理念和生态文明建设要求放在首位，依职权对相关合同效力进行特别审查。相关合同违反环境保护领域效力性强制规范或公序良俗的会被认定无效，具体事由集中表现为行为人在国家重点保护区域内从事相关开采、开发活动。例如，大连某海洋发展有限公司与大连市某种苗管理站确认解除合同效力案[①]认为，当事人明知涉案海域为"非经营性公益事业用海"，种苗管理站对其海底只有保护与管理的职责，没有使用和收益的权利，但是双方仍然签订改变海域用途、允许某海洋发展有限公司在该海域经营使用的协议，显然有违国家机关、地方政府设立该海域为海珍品原种基地、国家级水产种质资源保

---

① 参见辽宁省高级人民法院（2021）辽民终90号民事判决书。

护区的初衷，损害社会公共利益，从保护国家珍稀水产品种质资源的角度，应认定案涉协议违反法律、行政法规的强制性规定，且损害社会公共利益，属于无效合同。

（2）合同解除。此所谓合同解除，是指涉环境资源合同履行期间，因出现生态环境利益和合同利益冲突导致合同效力终止的情形。此时，合同本身是有效的，但是在合同履行期间相关区域被划为自然保护区等，继续履行合同将损害环境公共利益。对此，司法裁判一般坚持生态环境优先，以合同目的不能实现为由，适用情势变更原则予以解除。同时认为，因当事人对合同解除均无过错，对于因合同解除遭受损失的一方应赋予其获得适当救济的权利。例如，黑龙江省讷河市通江街道五一村村民委员会与苏某祥农村土地承包合同纠纷案[1]认为，因案涉地块在合同履行过程中被划归为国家湿地公园范围内，客观情况发生了当事人在订立合同时无法预见的、非不可抗力造成的不属于商业风险的重大变化，合同目的不能实现，应予解除。发包人应将剩余期限的承包费退还给承包人，承包人应迁出湿地，因此受有损失的，可另行主张。

3. 新类型合同纠纷不断涌现，纠纷类型趋于多元

随着经济社会的高质量发展和社会公众生态环境意识的增强，新类型环境资源案件不断涌现，涉重点区域环境资源案件类型丰富。涉资源能源管理、节水管理等节能服务合同纠纷，因生态损害赔偿协议履行引发的纠纷，涉碳排放权交易中介合同纠纷较为多见。此外，重点建设工程及重点领域环境资源合同纠纷案件类型复杂多样。例如，在南水北调工程实施过程中，需统筹兼顾生物多样性保护、沿线水资源保护、区域生态环境稳定、移民搬迁补偿安置等各种相关利益，人民法院主动担当、积极作为，在审理相关案件时，一方面为南水北调工程顺利建设运行撑起法律保护伞，另一方面为维护人民群众合法权益不受非法侵犯筑牢司法防护墙，妥善解决相关纠纷，确保公正司法。

从上述案件的审理思路和裁判结果来看，人民法院在涉环资市场交易领域充分发挥审判职能作用，准确把握环境资源保护相关法律法规意旨，平衡好生态环境保护与合同主体期待利益，将绿色发展理念贯穿合同当事人主体资格确认、合同性质认定、合同效力评价、合同履行及合同责任认定全过程，加强对容易引发生态环境污染和资源浪费的重点合同领域的关注，引导市场主体行为，为推动经济社会全面绿色转型和

---

[1] 参见黑龙江省齐齐哈尔市中级人民法院（2019）黑02民终1827号民事判决书。

可持续发展提供司法保障。

（二）生态环境侵权责任纠纷案件重点争议问题案例分析

与合同纠纷案件关注当事人权利分配不同，侵权责任纠纷案件主要关注对受损害权利的救济。生态环境侵权类案件争议焦点的数据显示，侵权责任的各个构成要件、责任承担和分配问题等是该类案件审理的重点。从法益保护来看，绿色原则的融入使环境侵权责任保护的法益范围不断扩宽，内容更加完善。相较于普通民事侵权责任纠纷案件仅关注私人利益的保护，环境侵权责任纠纷案件保护的法益有所扩张，不仅包括私人利益，亦包括公共利益。从样本案例看，司法实践逐渐探索形成生态环境侵权责任构成要件的类型化。从侵权责任构成要件来看，司法实践倾向于区分不同污染类型适用不同的侵权责任构成要件，厘清因果关系举证责任分配问题，丰富环境侵权责任的裁判规则。从责任方式来看，对污染环境、破坏生态的行为，法院会在适用赔偿责任的同时依法判定侵权者承担生态修复责任，通过对侵权行为进行否定性评价和事后救济，创新责任承担形式和执行方式，贯彻落实以生态修复为主的绿色发展理念，为人民群众日益增长的对优美生态环境的需求提供法治保障。具体包括以下三个方面。

1. 限定环境侵权纠纷保护范围，"环境"内涵认定尚有分歧

环境侵权责任有其特定的适用范围，《最高人民法院关于审理环境侵权责任纠纷案件适用法律若干问题的解释》第17条明确相邻污染侵害纠纷及劳动者在职业活动中因受污染损害发生的纠纷，不适用该解释。换言之，前述两类纠纷不能适用该解释规定的相关归则原则、举证责任分配等规范，亦不能以环境侵权责任纠纷来确定管辖法院。从体系解释来看，《民法典》物权编第294条被视为相邻污染环境侵害的请求权基础，即不动产权利人不得违反国家规定弃置固体废物，排放大气污染物、水污染物、土壤污染物、噪声、光辐射、电磁辐射等有害物质。之所以有"不得违反国家规定"的限制性规定，是因为相邻人之间在一定范围内负有容忍义务，其中就包括权利人对相邻人为生活便利在合理限度内排放污染物行为的容忍，且居民之间生活污染对环境的危害性远小于企业的生产污染，相邻人之间亦不存在主体地位、知识、能力方面的悬殊，故不需要对相邻人进行特殊保护。而劳动者在职业活动中因受污染损害发生的纠纷应适用《职业病防治法》《工伤保险条例》等法律法规，盖因职业环境与普通生活居住环境不同，如用普通环境标准衡量化工厂等职业环境，有违公平，因为相较于普通的居住生活环境，劳动者在此类职业环境中工作更容易遭受污染损害，故应当从劳动保障

方面进行保护。

就环境侵权责任中"环境"内涵的认定，可参考《环境保护法》第2条的规定，即指影响人类生存和发展的各种天然的和经过人工改造的自然因素的总体，包括大气、水、海洋、土地、矿藏、森林、草原、湿地、野生生物、自然遗迹、人文遗迹、自然保护区、风景名胜区、城市和乡村等。该条界定的"环境"非常广泛，环境侵权责任与之相对应。[①] 司法实践对该定义的理解不尽相同，以室内空气污染是否属于环境污染侵权为例，某幼儿园与某建筑装饰工程有限公司侵权责任纠纷案[②] 认为，某幼儿园的部分教室存在甲醛、甲苯、氨超标的情况，但该超标污染仅止于室内环境等非开放性环境，与《侵权责任法》所规定的环境污染责任强调的开放性、公共性存在明显差异，故本案纠纷应确定为一般侵权责任纠纷为宜。然而，项某、陈某等环境污染责任纠纷案[③] 认为，室内环境经过人工改造，由空气、光线、声音等自然要素所构成，乃公民生活环境，影响着公民的生存和发展，其虽系个体，但可理解为"城市"大环境的组成部分，应属于《环境保护法》第2条所规定之"环境"。故本案案由认定为环境污染责任纠纷并无不当。样本中共有13个案例涉及室内空气污染是否属于环境污染侵权责任，其中有7个案例认为"环境"不仅指公共环境中的生态环境，也包括自然人居所中由空气、光线、声音等要素所构成的室内生活环境，故室内空气污染属于环境污染责任。其余6个案例则分别适用生命权、健康权、身体权纠纷，侵权责任纠纷，产品责任纠纷等案由。

值得注意的是，原《侵权责任法》第65条将环境污染责任限定在私人利益保护范围内，但近年来，随着生态文明理念的持续深入，环境侵权责任纠纷案件保护的法益已拓展至公共利益，以切实保障人民群众的环境权益。这一实践探索成果体现在《民法典》第1229条对《侵权责任法》第65条的修改，使环境侵权案件不再局限于"污染环境"一种侵权形态，还包括造成生态环境损害之公共利益的侵权形态。《民法典》第1234条和第1235条在第1229条的基础上，进一步确定了生态环境损害修复责任和赔偿责任的基本规则，不仅为环境公益保护奠定了实体法基础，还完善了生态环境侵

[①] 参见最高人民法院民法典贯彻实施领导小组主编：《中华人民共和国民法典侵权责任编理解与适用》，人民法院出版社2020年版，第501页。
[②] 参见江西省高级人民法院（2018）赣民终309号民事判决书。
[③] 参见福建省厦门市中级人民法院（2021）闽02民终4363号民事判决书。

权责任的类型结构和责任体系，使环境侵权原因行为得以系统化规范。破坏生态与污染环境既有重合又有区别。二者的重合体现在，严重的环境污染可以导致生态破坏，生态破坏又会降低环境自净能力进而加剧污染的程度。[①] 二者的区别体现在，就行为方式而言，破坏生态更强调资源开发利用不合理的实质，污染环境更强调被人们利用的物质或者能量直接或间接地进入环境从而产生的有害影响。就行为后果而言，污染环境产生的后果在较短时间即可显现，而破坏生态产生的危害潜伏期较长，危害后果具有持续性、间接性。《民法典》对环境侵权原因行为类型的完善，体现了环境侵权责任制度保护的系统性、动态性、整体性，也是对我国生态环境治理需要的立法回应。

2. 环境污染案件构成要件类型化，裁判规则体系进一步完善

一般而言，侵权责任的构成要件包括违法行为、损害后果、因果关系和主观过错四个方面，但立法者基于保护法益的重要程度，双方当事人证明能力、知识水平的差异等考量，在不同类型的侵权责任中设置不同的构成要件，如归责原则的采纳、举证责任的分配等，因而侵权责任的构成要件决定了对侵权行为的审查强度及责任分配。

《民法典》在人与自然和谐共生理念的引领下，以保护人类生存发展的环境为出发点，注重协调绿水青山和金山银山即生态与经济、保护与发展之间的关系，亦就不同的环境污染案件规定了有区分性的责任构成要件，这首先体现在环境私益侵权和环境公益侵权中行为违法性的判断上。前者考虑被侵权人往往为弱势一方，采取客观意义上的违法性标准，即无论侵权人的排污行为是否符合国家或者地方污染物排放标准，只要该行为损害了他人权益即构成违法行为，以平衡当事人之间的利益；后者重在考虑经济社会发展与环境保护之间的关系，采取主观意义上的违法性标准，即限制侵权人承担生态环境修复责任和赔偿责任的范围，只有污染环境、破坏生态的行为违反国家规定才可认定为侵权行为。

数据显示，司法实践倾向于针对不同环境污染类型设置不同的归责原则。从援引条文看，《侵权责任法》第6条共计被援引10 545次，是被援引次数位列第二的实体法规范，原因在于，该条是侵权责任归责原则的依据，任何侵权责任纠纷案件的审理都必须从中选择适合案情的规则。结合《最高人民法院关于审理环境侵权责任纠纷案件

---

① 参见最高人民法院民法典贯彻实施工作领导小组主编：《中华人民共和国民法典侵权责任编理解与适用》，人民法院出版社2020年版，第503页。

适用法律若干问题的解释》第 1 条之规定，环境侵权责任一般采无过错责任原则，即无论侵权人主观上是否存在过错，均不得以无过错为由主张不承担环境污染责任，以期通过排除过错要件的举证责任减轻原告举证难度，切实规制环境污染和破坏生态的行为，为强化生态环境保护提供有效制度保障。就环境私益侵权责任而言，虽然《民法典》第 1229 条就环境污染责任规定了无过错责任和客观意义上的违法性标准，但由于我国环境保护法律体系庞杂，各环境保护单行法规定的侵权责任要件并不统一，如《噪声污染防治法》第 2 条对"噪声"的定义进行违法性限定，因此，无过错责任原则在司法实践中并未得到统一适用。司法实践中采区分态度，对物质型污染和能量型污染分别适用无过错责任、过错推定责任和过错责任原则。[1]如沈某俊诉机械工业第一设计研究院噪声污染责任纠纷案[2]认为，经监测，增压泵作为被测主要声源，在正常连续工作时，沈某俊居住卧室室内噪声所有指标均未超过规定的限值。沈某俊关于增压泵在夜间必须是零噪声的诉讼主张没有法律依据。该案入选最高人民法院 2015 年发布的环境侵权典型案例，其"典型意义"指出，与一般环境侵权适用无过错责任原则不同，环境噪声侵权行为人的主观上要有过错，其外观须具有超过国家规定的噪声排放标准的违法性，才承担噪声污染侵权责任，以指引公众在依法维护自己合法权益的同时，承担一定范围和限度内的容忍义务，衡平各方利益。因此，是否超过国家规定的环境噪声排放标准，是判断排放行为是否构成噪声污染侵权的依据，即环境噪声污染应适用过错责任而非无过错责任。样本案例中还有指导案例第 128 号李某诉华润置地（重庆）有限公司环境污染责任纠纷案[3]，其裁判要点强调，人民法院应当依据国家标准、地方标准、行业标准，是否干扰他人正常生活、工作和学习，以及是否超出公众可容忍度等综合认定光污染损害，若从违法推定过错的角度而言，排放超标即视为侵权人主观上存在过错，拟制性污染侵权本质是一种过错推定责任，[4]进一步将能量型污染责

---

[1] 根据环境污染的方式和特点，环境污染可分为物质型污染与能量型污染两大类，前者为向环境排放污染物质导致的损害，如水污染；后者为向环境排放能量所产生的损害，如噪声污染。参见吕忠梅、窦海阳：《以"生态恢复论"重构环境侵权救济体系》，载《中国社会科学》2020 年第 2 期。
[2] 参见安徽省蚌埠市中级人民法院（2015）蚌民一终字第 00679 号民事判决书。该案不在样本案例范围，在此引用仅为介绍其裁判规则和典型意义。
[3] 参见重庆市江津区人民法院（2018）渝 0116 民初 6093 号民事判决书。
[4] 张金星：《环境污染侵权一元规则之审视与修正——基于对〈侵权责任法〉第 65 条和〈物权法〉第 90 条的再思考》，载《法律适用》2019 年第 1 期。

任引向过错的考量。

3. 举证责任分配倒置，强化侵权方责任

数据显示，是否存在因果关系亦是案件当事人的主要争点之一，如海上、通海水域污染损害责任纠纷案件中，共有222个案例聚焦于因果关系认定，在该类案件争议焦点频次中占比92.89%。就因果关系举证责任分配而言，囿于环境污染具有间接性、累积性和公害性特征，《民法典》第1230条规定污染环境、破坏生态侵权行为的因果关系采举证责任倒置规则，由原告先就存在污染环境的行为、权利人遭受损害及行为与损害之间具有关联性提供初步证据，再由被告就因果关系不存在承担举证责任。如王某某、杨某某诉重庆市江津区杨家湾砂石厂环境污染责任纠纷案[①]认为，被告从2007年开始在原告居住地附近生产，综合环保部门的处理意见及被告单位的环评审批内容，足以认定被告在生产过程中确有粉尘排放，确实对原告居住的空气环境造成了影响。原告主张因被告生产行为造成环境污染患上肺部疾病，并提供了医院诊断证明等证据予以证实。因原告长期处于扬尘环境下，其身心健康势必受到不良影响和一定程度的损害，而粉尘污染与患肺部疾病之间可能具有一定的关联性，其作用机制亦可以得到医学上的合理说明，综合原告自身陈述及其提交的诊断证明、专家意见，已经可以初步证明原告所患肺部疾病与被告生产排放的粉尘之间具有关联性。被告提供的证据不足以证明其排放粉尘的行为与原告患上肺部疾病之间不存在因果关系，故对涉案粉尘污染与原告患肺部疾病之间存在因果关系予以确认。同时，法院也强调举证责任倒置并非免除原告的举证责任。如马某某等7人与大唐长山热电厂水污染责任纠纷案[②]认为，原告既未保留死亡鱼苗样本，亦未及时对鱼苗死亡原因进行鉴定。同时，自原告私挖暗渠引水至本次事故发生前亦未发生过库里渔场鱼苗死亡事件，且无证据表明案涉排水水质与以往排水水质有明显区别，故原告对环境侵权行为与损害后果之间存在关联性的初步证明责任未履行到位，举证责任倒置的条件尚未成就。

从上述案例的审理思路和裁判结果来看，人民法院始终坚持生态文明引领，提升司法保障绿色发展水平，将生态环境公共利益和自然人环境权益纳入保护范畴，不断丰富环境内涵，统筹协调推进经济高质量发展与生态环境高水平保护，对生态环境侵

---

① 参见重庆市第五中级人民法院（2018）渝05民终867号民事判决书。
② 参见吉林省松原市中级人民法院（2020）吉07民终1313号民事判决书。

权责任构成要件进行类型化，正确分配举证证明责任、认定因果关系，贯彻损害担责、全面赔偿原则，体现了人民法院坚持以最严格制度最严密法治保护生态环境的态度和担当。

（三）生态环境物权纠纷类案件重点问题案例分析

传统物权制度是调整因财产归属和利用而产生的民事法律关系的规范，强调所有权的私人支配性与物尽其用，以实现物的经济价值为制度核心。《民法典》绿色条款将生态环境公益保护融入物的归属确定和促进物的利用之私益调整之中。物权领域有关生态环境的制度和规范所调整的对象一般是与物权保护、物权行使等相关联的社会关系，相关纠纷以融合传统物权和环境资源法律制度特征的绿色条款为裁判依据，使绿色条款成为平衡物之经济价值与生态价值的调节阀。结合环境资源民事审判案由、实体法律规范引用的数据情况，就纠纷原因而言，相邻关系、农村土地承包较容易在当事人间引起争议；就纠纷救济方式而言，排除妨害是民事主体维护私益并兼顾保护环境公益的重要途径。

1.绿色条款兼顾物之经济价值与生态环境价值

环境法与物权法的不断融合使生态环境物权纠纷类案件的审理愈渐以生态价值为指引，关注节约资源与保护生态环境的新要求。《民法典》物权编的绿色条款虽然基本承袭原《物权法》规定，但从添附、建筑物区分所有权等制度中具有创新、环保色彩的规范来看，物权纠纷案件的审理不仅强调物本身的经济价值，更强调人与自然和谐相处的生态价值。

（1）添附制度有利于节约资源，但适用中还存在问题。《民法典》物权编重申物之经济价值的重要意义，在确定物的所有权归属时，强调充分发挥物之效用，为此新增添附制度。该制度的核心是针对添附所产生的非经毁损或耗费高昂方可分离为原物的新物，如何认定其归属。我国不允许当事人意定排除添附产生的法律效果，究其原因在于对节约资源、物尽其用和增进社会财富等绿色理念的维护。实践中，对于添附制度规范适用的标准还有待进一步明确。在王某、威海市文登区泽库镇泽库村村民委员会海域使用权纠纷案[①]中，一审法院认为，案涉养殖池既然无法通过分割拆除予以返还，则根据《民法总则》第157条的规定，原告有权要求被告折价补偿其因添附产

[①] 参见山东省高级人民法院（2021）鲁民终908号民事判决书。

生的损失。但二审法院认为,因原告投资建设海参养殖围塘的行为发生于《民法典》施行前,彼时法律及司法解释无添附制度的专门规定。结合《最高人民法院关于适用〈中华人民共和国民法典〉时间效力的若干规定》第3条,应适用《民法典》第322条新增的添附制度规定。值得注意的是,前述规定中所明确的添附对象应为有形物,亦即权利并不能成为添附的对象。原告投资建设海参养殖围塘的行为系对案涉海域使用权的添附,并不符合现行添附制度的对象要求,因而原告所主张的折价补偿添附行为损失的请求并未得到法院的支持。不难发现,该案通过对《民法典》添附规范的溯及适用强调保护物的效用,明确添附作为法定取得所有权的方式之一,以有形物为添附之对象,但是同时提出权利人行使用益物权过程中的添附,其添附对象是用益物还是用益物权的问题。

(2)建筑物区分所有权制度的绿色适用。建筑物区分所有权,是指建筑物的所有权人对专有部分享有所有权,对共有部分享有的共有以及据此产生的共同管理权利。由于我国商品房的开发以小区为基本规划单位,建筑物区分所有权并不止于建筑物本身,已扩展至建筑区划内的道路、绿地、其他公共场所、公用设备和物业服务用房等。就其中的绿地而言,建筑区划内的绿地可以美化景观、改善生态环境,同时承载了实用功能与生态功能。因此在实践中,绿地的权属问题在业主之间、业主与开发商之间容易引发争议。

一般情况下小区绿地属于全体业主共有,但符合特定条件时,绿地也可能属于个人所有。原《物权法》第73条及《民法典》第274条明确,建筑区划内的绿地属于业主共有,其含义不仅是指绿地建设用地使用权归属于全体业主,亦指绿地作为建设用地的附着物,其所有权归属于全体业主。但政府主管部门享有管理权的城镇公共绿地或明示属于个人的绿地则不属于全体业主共有。对于"城镇公共绿地",应认为其本身为市政公用场地,国家享有所有权,相关政府主管部门因而享有管理权;对于"明示属于个人"的绿地,应认为其同建筑物专有部分共同属于特定业主,其他业主不享有所有权,也不得利用该类绿地。例如,尹某军与郭某雪排除妨碍纠纷案[①]认为,规定中的"明示属于个人"多指于商品房买卖合同中确定窗前绿地同一层房屋一同发售,并约定属于该房屋业主专有使用的情形。原告在取得房屋所有权时基于同房地产开发公

[①] 参见吉林省长春市中级人民法院(2018)吉01民再72号民事判决书。

司签订的商品房买卖合同一并取得赠与的绿地,因而该绿地不应被认定为全体业主共有的绿地,被告的行为侵犯了原告对花园的专有使用权。

2. 绿色司法促进实现民生维系和生态环境保护的有机统一

习近平总书记指出:"良好生态环境是最普惠的民生福祉,坚持生态惠民、生态利民、生态为民,重点解决损害群众健康的突出环境问题,不断满足人民日益增长的优美生态环境需要。"[1] 应当认为,创建美丽和谐城镇、生态宜居乡村是改善民生的具体落脚点。从全国环资民事一审案件实体法律规范的引用情况来看,关于相邻关系的规范(原《物权法》第84条和《民法典》物权编中的第288条)被引用次数为11 000余次,关于农村土地的规范(《最高人民法院关于审理涉及农村土地承包纠纷案件适用法律问题的解释》第24条和《土地管理法》第16条)合计被引用15 000余次,从裁判依据的角度进一步说明生态环境物权纠纷类案件中,相邻关系、土地用途和集体经济组织成员土地权益等是审判实践的重点问题。

(1)强化环保义务,合理划定相邻权利边界。相邻关系是最能突显物权规范与生态环境保护规范内在联系的法律关系之一。结合法条援引数据来看,相邻权条款是环境资源民事审判中被引用最多的物权法律规范,引用次数达11 499次。该规范中的"有利生产、方便生活、团结互助、公平合理的原则"是处理相邻关系的根本指引,以对所有权形成私法限制的方式强化环保义务,即不动产权利人享有房屋所有权或使用权的同时,也承担相应的相邻人义务,需要兼顾相邻方的合理环境权益,共同维护居住安宁。具体而言,相邻权利人在用水、排水、通风、采光、日照和排污等合理生产、生活需求范围内应当为对方提供一定便利。此项规则的核心,也是审判实践的难点,是对于一方容忍限度或者说另一方权利延伸必要程度的把握,实质是双方权利边界的划分。例如,单某等与侯某等相邻关系纠纷案[2]认为,虽然法律并未明确规定不得在家中堆放废旧物品,但是行使占有与使用自有房屋权利时理应有所限制,不能影响他人正常的生活环境和居住安宁。当在自己家中堆放废旧物品的权利与他人正常生活居住的权利发生冲突时,法院在价值取向上更倾向于相邻权益的保护并最终判决被告清空自有房屋中超出日常生活与居住所需所用的杂物。该案例的价值在于,通过对涉案房

---

[1] 习近平总书记在2018年5月18日至19日召开的全国生态环境保护大会上的讲话。
[2] 参见上海市静安区人民法院(2020)沪0106民初4306号民事判决书。上海市高级人民法院发布的2021年度涉民生环境资源审判典型案例。

屋使用状态的恢复，在一定程度上明晰了相邻权利的边界，即不动产权利人或使用人虽然拥有占有和使用房屋的权利，但该权利的行使理应有所限制，不得超出正常生活与居住的范畴以致影响他人正常生活和居住安宁。

根据《民法典》第294条关于相邻关系的规定，司法实践在确立相邻权利边界时往往以国家规定或国家标准为据，即当事人是否构成相邻妨碍或相邻污染应当结合不同领域的国家规定或国家标准进行具体分析。符合国家有关规定或标准的，相邻另一方具有容忍义务，相邻一方不构成相邻妨碍；反之，则属于超出相邻另一方的容忍限度，构成妨碍。除国家标准外，人民法院还可以参考地方政府颁布的细则、政策等，前提是这些规定不与国家规定或标准相冲突。例如，孟某、李某某与云南铜业房地产开发有限公司相邻采光、日照纠纷案[①]认为，在建筑物相邻关系中，判断是否构成采光、日照妨碍，应以是否违反国家有关工程建设标准为依据。鉴定意见显示，案涉建设行为对鉴定对象通风无影响，对鉴定对象采光、日照有影响。故被告应当承担赔偿责任。除日照、通风有关的国家工程建设标准外，对于本案相邻妨碍的判断，法院还参照了《城市居住区规划设计规范》《住宅设计规范》《民用建筑设计通则》和昆明市人民政府颁布的《昆明市城乡规划管理技术规定》。本案建设行为虽然经过合法审批，但鉴于造成原告日照、采光受阻的事实，被告应当承担相应的赔偿责任。

此外，虽然数据显示全国环资一审民事案件中进行司法鉴定的案件不到8%，但司法鉴定作为衡量当事人是否构成侵害相邻权的评价手段是划定相邻一方是否超越权利边界的重要程序。在相邻纠纷的审判实践中，通常由法院根据审理需要指定具有相关鉴定资质的机构完成相关鉴定并出具司法鉴定意见，从证据层面对当事人是否违反前述国家规定、国家标准的事实进行证明，并将其作为关键证据之一。但不可否认的是，实践中仍存在部分案件鉴定难度较大，不能单纯依靠鉴定意见作为评判标准的情况。例如，重庆元某体育文化传播有限公司与重庆煜辰体育俱乐部有限公司等相邻污染侵害纠纷案[②]中，法院参照的首先是国家空气污染的相关标准，包括我国住房和城乡建设部颁布的《民用建筑工程室内环境污染控制规范》以及《室内空气标准》等国家标准。

[①] 参见云南省昆明市中级人民法院（2019）云01民终2427号民事判决书，最高人民法院发布的2019年环境资源民事典型案例。

[②] 参见重庆市第五中级人民法院（2020）渝05民终8609号民事判决书，重庆法院环境资源审判典型案例（2018—2021年）。

因案发现场的刺激性气体具有挥发性和抽样的不准确性，法院并未简单以检测结果提示的污染含量作为评判标准，而是结合刺激性气体对儿童等特殊易感人群造成的不良反应以及相邻污染是否对该区域不特定多数人的正常生产生活造成消极影响来综合判定被告是否侵犯原告的相邻权。

（2）加强土地权益保护，合理化解农村土地纠纷。土地承包的系列问题关乎广大农民的切身利益，是促进农村经济发展和维护农村社会稳定的命脉。从土地承包本身来看，一方面，农村土地以承包的形式合法流转，能够在土地可承载的范围内减少荒地、废地，提高农村土地的利用率和生产力，进而从整体上盘活农村土地资源。另一方面，在农村工业化、城镇化加速推进进程中，大量农村承包地、宅基地被征收，引发了大量涉及征地补偿的纠纷。由于征地补偿纠纷通常与当地经济转型的历史背景相联系，人民法院在处理承包地权属的历史遗留问题、判断征地补偿标准是否合理时，一般综合多种因素进行裁判。例如，赵某良等10人与武夷山天心村民委员会土地承包经营权纠纷案[①]中，福建省武夷山市委、市政府鼓励村民改造旧茶园以发展当地的茶叶产业，并以支付补偿款的方式协商回收争议茶园。法院认为，审理土地承包经营权纠纷应坚持尊重历史的原则，兼顾维护权益的衡平理念，在综合评估后依法保护土地承包经营当事人的合法权益。这一过程所反映的不仅是法院直面土地承包、征地补偿等历史遗留问题的态度，更是其对农村土地纠纷中民生问题的重视。

如前所述，引导土地有序流转、推动农村土地"三权分置"（农村土地集体所有权、农户承包权、土地经营权分置并行）虽然是目前深化农村改革的重要任务，但改革的进行应当以尊重农民的意愿为基本前提。例如，杨某某与贵州水湄园艺有限公司恢复原状纠纷案[②]认为，农村土地的"三权分置"首先应当坚持依法流转、依法经营，面对坚决不愿意流转土地的农户，则应充分尊重其意愿。当地村委会与开发公司可以采取调整项目规划，将农耕场景融入景观设计方案等方法，实现项目建设、规模经营与农户土地权益保障的统筹兼顾。

可见，农民是乡村振兴的主体，处理好农民和土地的关系是深化农村改革、稳固民生的重要前提。以农村土地承包问题为切入点，农村土地纠纷的化解应关注稳定承

---

① 参见福建省南平市中级人民法院（2018）闽07民终1065号民事判决书。福建省高级人民法院2020年7月发布的生态环境审判典型案例。

② 参见贵州省遵义市中级人民法院（2020）黔03民终86号民事判决书。

包关系、征地补偿等问题,并在处理农村土地"三权分置"、放活土地经营权时充分尊重农民的意愿,维护农民权益,保护乡村生态。

3. 以排除妨害措施平衡当事人权利与生态环境保护

从部门法规范角度看裁判依据被引用的数据,物权法规范被引用的次数高达4万次,占全国环资民事一审案件判决中援引裁判依据总数的25.66%,这在所有被引用的部门法规范中位列第一。无独有偶,虽然环境资源民事案件覆盖了超过80%的案由类型,但从全国环资案件民事案由的分布情况来看,排除妨害纠纷(占比16%)、财产损害赔偿纠纷(占比15.83%)、返还原物纠纷(占比6.74%)、所有权确认纠纷(占比5.69%)等物权纠纷案由占比合计约为45%。这显示出当前我国环资民事纠纷与物权法规范的适用紧密关联,且环资民事案件的审理以法律责任的承担为裁判落脚点,以救济导向为基本特征。

物权的救济方式以当事人享有、行使合法物权为核心。原《物权法》第35条和《民法典》物权编第236条的排除妨害条款规定,当存在妨害物权或可能妨害物权的情形时,权利人有权请求排除妨害或消除危险。数据显示,作为物权救济条款的排除妨害规范(被引用1.02万次)较财产损害赔偿条款(被引用0.69次)被引用多达47%。究其原因,排除妨害的救济方式不以造成现实损害为前提,只要行为妨碍到他人行使物权,或者有妨碍之虞,权利人即有权请求排除。因此,在物权的行使受到较为紧迫的妨害时,权利人一般倾向于以排除妨害的物权救济方式使自身权利恢复圆满状态。尤其是在相邻关系纠纷中(相邻权条款在环境资源民事案件判决中是被引用最多的实体法律规范,达1.14万次),行为人存在有悖相邻权原则要求的行为时,当事人即有权请求排除妨害,以维护自身合法权利。

排除妨害的救济方式还具有预防性,能够承担生态环境保护的功能。如聊城黄河河务局东阿黄河河务局与殷某亮排除妨害纠纷案[①]中,作为东阿县境内黄河河道的主管机关,原告对案涉土地享有管理权和使用权。被告抢占河道私种果树及蔬菜的行为直接损害了黄河防浪林作为防洪工程抵御洪水的重要生态功能,因此,原告要求其立即停止侵害、排除妨碍。原告该请求不仅及时排除了正在进行的抢占河道非法行为,从

---

① 参见山东省聊城市中级人民法院(2019)鲁15民终752号民事裁判文书,山东省高级人民法院发布的2019年环资审判十大典型案例。

预防生态环境受损的角度而言，还起到了保护黄河河道安全、维护黄河流域生态环境的作用。

从上述案例的审理思路和裁判结果来看，人民法院始终坚持绿色司法，充分利用物权保护制度，以保护民生为宗旨，以实施全面节约战略为引领，将生态环境价值融入物权保护，促进资源节约集约利用，倡导绿色消费，创建和谐宜居、美丽友好家园。

三、环资民事审判的趋势、问题及对策建议

从研究目的及研究主题出发，本章基于大数据分析，辅之以案例分析的实证、经验研究，重点分析了环境资源民事案件的特征、趋势和相关重点问题。基于上述分析，可以得出以下认识。

（一）环境资源民事审判发展的主要趋势

党的十八大以来，党中央、国务院高度重视生态文明建设，把生态文明建设纳入"五位一体"总体布局，创造性提出创新、协调、绿色、开放、共享的新发展理念。各级人民法院充分发挥司法服务和保障作用，创新绿色审判方式，把握立足新发展阶段、贯彻新发展理念、构建新发展格局对生态文明建设提出的新任务新要求，助力法治化生态文明建设，环境资源民事审判呈现如下发展趋势：

一是环资民事案件审判的"绿色"元素更加丰富，绿色司法理念发挥着越来越广泛而深入的指引作用。近年来，绿色元素由点及面、由表及里渗入各类民事案件中，除传统的环境侵权责任纠纷和资源利用类纠纷外，在诸如买卖合同、所有权、相邻权、用益物权等纠纷案件中都涉及生态环境因素。人民法院在审判中全面贯彻"绿色"司法原则，以绿色司法贯彻生态优先、绿色发展理念，不断丰富绿色裁判规则和环境司法理论。例如，在相邻权纠纷案件中，法院认为相邻关系应包含相邻环保关系，相邻一方在自己疆界内经营工业或行使其他权利时，另一方享有请求其采取必要的措施防止周围环境污染，危害人身、财产安全的权利。

二是环境资源民事案件呈现多元化趋势，人民法院以创新为引领不断完善司法解决方案。近年来，新型环境资源案件不断涌现，环境资源类案件呈现多元化趋势。就污染环境类案件而言，出现了噪声污染、光污染、油烟污染、室内装修污染、电磁辐射污染等不可量物引发的新型环境资源案件；就生态环境保护类案件而言，出现了传

统村落保护纠纷等新类型案件;就环境资源合同类案件而言,新型合同类型引发的纠纷不断出现,特别是为配合传统燃煤企业转型衍生的节能服务合同纠纷呈现增长趋势。人民法院通过案件类型化、裁判规则体系化等举措积极回应绿色司法新问题,充分发挥民事审判合理划定权利边界、分配权利义务的职能,挖掘消除危险、排除妨害等传统民事责任方式预防生态环境损害的功能,为民事主体环境权益保护提供专业化的解决方案。

三是涉环境资源典型民事案例类型不断丰富,以案例促法治作用发挥显著。2018年以来,最高人民法院和地方各级人民法院充分发挥指导案例、典型案例的教育示范引导作用,案例发布呈现专题化、规模化,为环资案件裁判规则体系化奠定了基础,有效推动环境资源案件类型化、审判业务专门化、裁判尺度统一化。案例的宣传也有效激发了公众积极参与环境保护活动的热情,提高了全社会环境保护意识,有利于筑牢全面推进生态文明法治建设的社会基础。

(二)环境资源民事审判存在的主要问题

环境资源民事案件的审判具有专业性和复合性特征,案件类型多、新型案件不断涌现、生态环境损害标准认定难、修复目标模糊等特点都给相关案件的审判带来挑战。应当认识到,在当前我国环境资源民事审判取得实质性进展的同时,依旧存在待解决的问题。比如,涉环资领域的法律适用在认识上还需进一步统一等。

当前,环境资源民事案件的案由仅集中规定在侵权责任纠纷中,具体分为两类:一是环境污染责任纠纷;二是生态破坏责任纠纷。但在司法实践中,如前所述,合同、物权等纠纷也存在环境污染因素,但这些案件因为案由分类的原因,在归责原则适用、责任承担等各个方面存在不同标准。特别是涉及相邻权纠纷的案件中,司法裁判已经将绿色理念融入案件审理,通过赋予民事主体舒适、美好环境权益,引导当事人共建和谐、美丽家园,但是相邻关系是否应包含相邻环境关系存在争议,相邻污染侵害与环境污染侵权的关系和法律适用需进一步明确;在不含有环资显性表述的普通合同纠纷中,案件事实是否涉及环境资源要素,需要法官主动识别,给准确运用绿色原则、适用绿色条款增加了难度。

(三)关于推进环境资源民事审判高质量发展的对策建议

一是以加强环资司法能力建设为中心,强化环资审判专业人才保障。环境民事案件因果关系的证明、损害程度和损害范围的判断,都需要专业的环境科学知识辅助进行分析，归口审理的机制和新类型案件的审理对法官在行政、刑事、民事诉讼全领域和相关的环境理论专业知识提出了更高的要求。研究周期内的二审、再审数据提示，可就一审在案件事实认定和法律适用方面存在的较为普遍的问题，有针对性地加大对环资民事审判专业法官的培训力度，重点推进新时代环境司法理念入脑入心。在培训环资审判业务能力的基础上，应加强与审判密切相关环境保护科学知识的培训，培养符合环境资源案件审判高要求的复合型人才，推进环境资源审判队伍专业化建设。随着四级法院审级职能定位改革方案的实施，环境民事审判任务将进一步下移，集中由基层法院承担，所以对于基层法院的法官更应当加强有针对性的培训。

二是以统一法律适用为宗旨，完善环资民事案件审判规则体系。在诸如环境权益的内涵和外延、案件归口审理的诉讼程序等方面，学术界和实践中尚存在争议；生态环境侵权惩罚性赔偿等新制度、生态环境因素对合同履行影响的效果认定等尚需实践探索，进一步明确法律适用标准；对于绿色原则介入民事案件的方式和程度认识还不统一；在涉碳交易等新型案件不断产生等背景下，环资民事案件审判更需要通过指导性、参考性案例的及时指导。所以应进一步加大裁判规则供给力度，及时对环资民事典型案例进行研究、提炼裁判规则，使之类型化、系列化，并加强对规则的法理解读，健全审判程序和实体规则体系；同时注重发现类案的裁判分歧，及时分析原因，明确通识规则，促进法律适用统一。

三是以理论和规范引领为目标，建立环境资源司法保护常态化研讨和宣传机制。利用各种研讨平台和传播媒介开展环资民事审判热点难点问题研讨，通过研讨有效促进共识，推进环境司法国际交流，利用"6·5"环境日等重要时间节点开展环境司法、典型案例的宣传；利用"最高人民法院案例大讲坛"、环境类案件丛书等研究平台和载体，促进专家与法官、法官与法官之间的交流研讨，助力构建中国环资审判话语体系和自主知识体系；推动环境法治宣传进社区、进农村、进企业、进学校，教育引导公众关注环境问题，增强生态优先、绿色发展意识和法治意识，引导人民群众形成生态环境保护的行动自觉，引导民事主体遵循有利于节约资源、保护生态环境的原则从事民事活动，协同推进公正司法与全民守法，助力经济社会绿色低碳发展。

第三节
环境资源刑事审判案件特征与趋势

一、刑事案件总体情况

根据中国司法大数据研究院提供的具体数据,2018年1月1日至2021年12月31日,全国各级人民法院环境资源刑事审判案件总体情况如下。[①]

(一)审结案件量呈先升后降态势

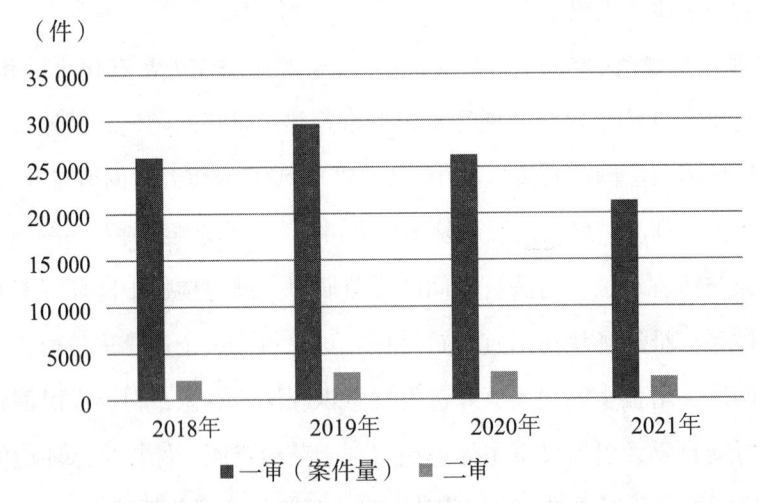

图 2-3-1 2018年至2021年,全国各级人民法院审结的环境资源刑事案件结案时间年度变化趋势图

---

① 因统计口径原因,此处案件是采用关键词、案由/罪名、关键词与案由/罪名结合的方式检索裁判文书。

2018年1月1日至2021年12月31日，全国各级人民法院审理的环境资源刑事一审案件共计10.37万件。[①] 按结案时间来看，其中，2018年审结2.61万件；2019年审结2.97万件，同比上升13.79%；2020年审结2.64万件，同比下降11.11%；2021年审结2.15万件，同比下降18.56%（见图2-3-1）。

（二）河南省审结的案件量最大

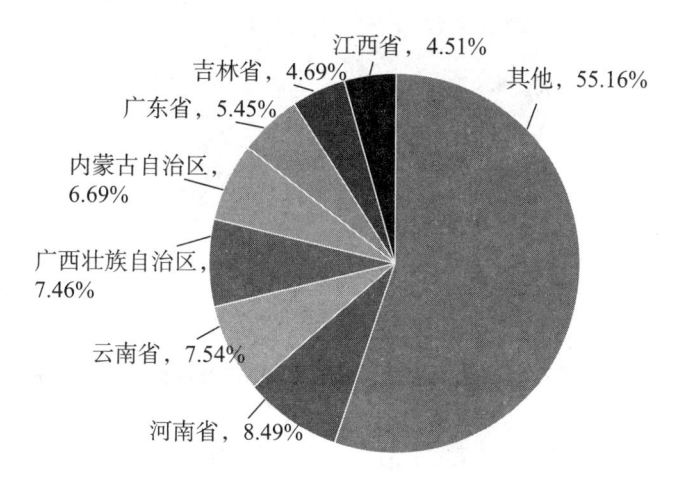

图2-3-2 2018年至2021年，全国各级人民法院审结的环境资源刑事案件地区分布图

2018年1月1日至2021年12月31日，全国各级人民法院审结的环境资源刑事一审案件中，从地区分布来看，案件量较大的地区及其占比分别为：河南省8802件，占比8.49%；云南省7821件，占比7.54%；广西壮族自治区7739件，占比7.46%；内蒙古自治区6940件，占比6.69%；广东省5654件，占比5.45%；吉林省4862件，占比4.69%；江西省4677件，占比4.51%；其他5.72万件，占比55.16%（见图2-3-2）。

其中，从结案时间年度变化趋势来看，2018年至2019年案件量呈增长趋势，年增长率最高的地区为新疆维吾尔自治区生产建设兵团分院（64.10%）、山西省（61.77%）和陕西省（58.51%）；增长率最低的为内蒙古自治区（-15.90%）、江苏省（-13.11%）和湖南省（-6.24%）。2019年至2021年，受新冠肺炎疫情影响，案件量呈下降趋势，年均增长率多为负值，年均增长率最高地区为上海市（53.62%），河南省（16.37%）和广西壮族自治区（8.82%），年均增长率最低地区为新疆维吾尔自治区生产建设兵团分院（-47.94%）、青海省（-47.44%）和宁夏回族自治区（-37.04%）。

---

① 包含刑事附带民事公益诉讼。

（三）基层法院的案件量较大

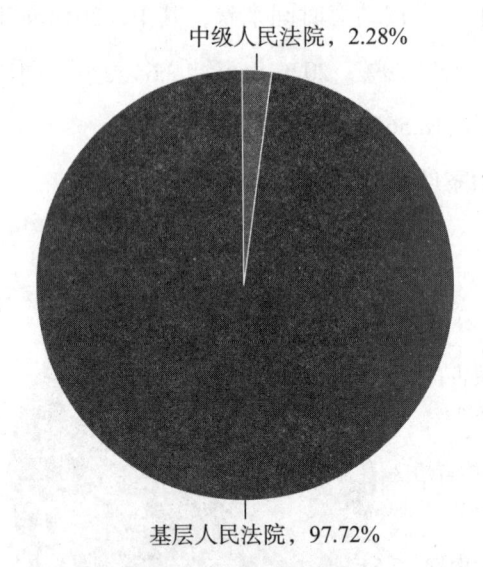

图 2-3-3　2018 年至 2021 年，全国各级人民法院审结的环境资源刑事案件法院层级分布图

2018 年 1 月 1 日至 2021 年 12 月 31 日，全国各级人民法院审结的一审环境资源刑事案件中，从法院层级分布来看：基层人民法院 10.13 万件，占比 97.72%；中级人民法院 2481 件，占比 2.28%（见图 2-3-3）。

（四）重庆市江津区人民法院的案件量最大

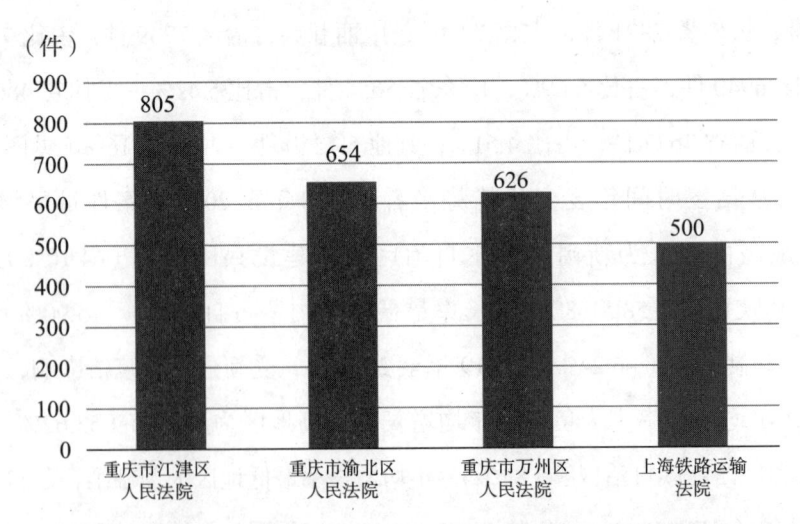

图 2-3-4　2018 年至 2021 年，全国各级人民法院审结的环境资源刑事案件量前四名法院分布图

2018年1月1日至2021年12月31日，全国各级人民法院审结的环境资源刑事案件中，从审理法院分布来看，案件量较大的审理法院及其占比分别为：重庆市江津区人民法院805件，占比0.78%；重庆市渝北区人民法院654件，占比0.63%；重庆市万州区人民法院626件，占比0.60%；上海铁路运输法院500件，占比0.48%；其他10.12万件，占比97.51%（见图2-3-4）。

按照重庆市关于环境资源类案件集中管辖的相关规定，江津区人民法院集中管辖受理重庆市第五中级人民法院辖区内的环境资源类一审案件。重庆市第五中级人民法院管辖9个市辖区，GDP规模达将近7000亿元。重庆市是我国西部地区最大的工业城市，重庆市第五中级人民法院辖区处于重庆市的西部及南部地区，位于重庆市主城区的长江流域的上游，有大量的工业企业分布。以上数据较为客观地反映了我国西部工业密集地区污染环境犯罪刑法惩治的应有状态。此外，渝北区、万州区人民法院也集中管辖所在中级人民法院辖区发生的，依法应由基层人民法院管辖的第一审环境资源刑事案件。

二、客体分析

犯罪客体是我国刑法所保护的、为犯罪行为所侵害的社会关系。犯罪客体是构成犯罪的必备要件之一。行为之所以构成犯罪，首先就在于侵犯了一定的社会关系，而且侵犯的社会关系越重要，其对社会的危害性就越大。如果某一行为并未危害刑法所保护的社会关系，就不可能构成犯罪。[1]

具体到环境犯罪当中，环境权应该是环境资源刑事案件重点关注的内容。环境权作为第三代人权，既属于当代人，也属于未来人。环境犯罪不仅损害了个人的环境权，更是对集体环境权的侵害。环境犯罪对大气、土壤、水源等的污染和破坏，往往会使某一地区的所有人的正常生活、身体健康和财产权益受到侵害；而至于海洋环境污染、全球气候变化、太空环境污染等问题带来的危害，则需要作为命运共同体的人类整体来承担。[2]

---

[1] 高铭暄、马克昌主编：《刑法学》（第8版），北京大学出版社、高等教育出版社2017年版，第53页。

[2] 张远煌主编：《犯罪学》（第5版），中国人民大学出版社2022年版，第124页。

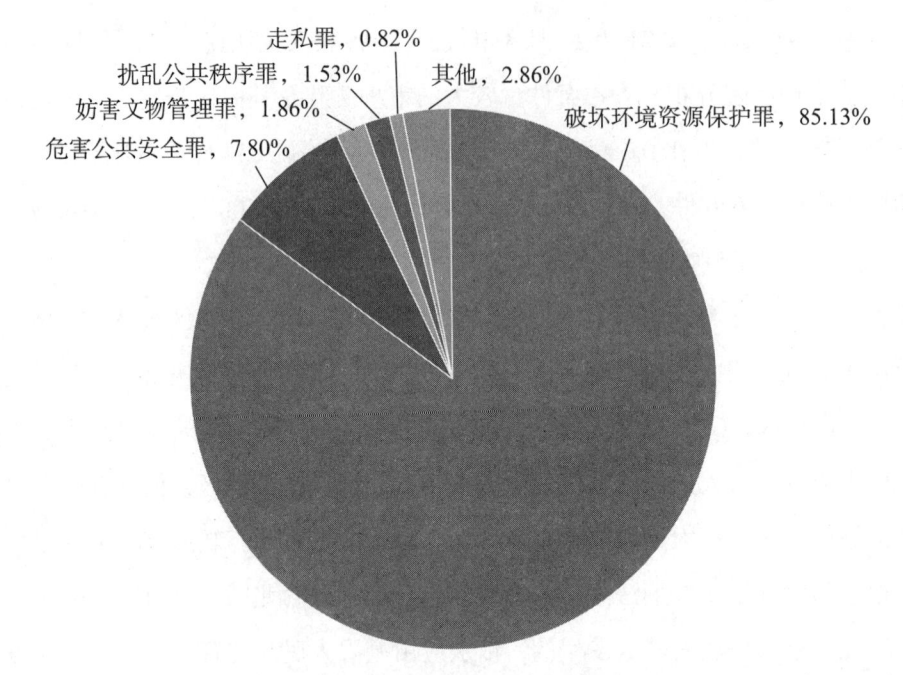

图 2-3-5 2018 年至 2021 年，全国各级人民法院审结的环境资源刑事案件罪名分布图

2018 年 1 月 1 日至 2021 年 12 月 31 日，全国各级人民法院一审审结的环境资源刑事案件中，从罪名分布来看，案件量较大的罪名及其占比分别为：破坏环境资源保护罪 8.83 万件，占比 85.13%；危害公共安全罪 8091 件，占比 7.80%；妨害文物管理罪 1927 件，占比 1.86%；扰乱公共秩序罪 1589 件，占比 1.53%；走私罪 849 件，0.82%；其他 2968 件，占比 2.86%（见图 2-3-5）。

显而易见，环境资源刑事案件主要是对国家机关或其他有关机构的社会管理活动以及社会正常运转秩序的破坏，尤其是国家的环境保护制度、国家的林业管理制度等关涉人类社会可持续发展的重大公共利益的山、水、林、田、湖、草、沙等的破坏。

三、客观方面分析

犯罪客观方面，是指刑法所规定的、说明行为对刑法所保护的社会关系造成损害的客观外在事实特征。犯罪客观方面是构成犯罪所必须具备的要件。[①]

---

① 高铭暄、马克昌主编：《刑法学》（第 8 版），北京大学出版社、高等教育出版社 2017 年版，第 61 页。

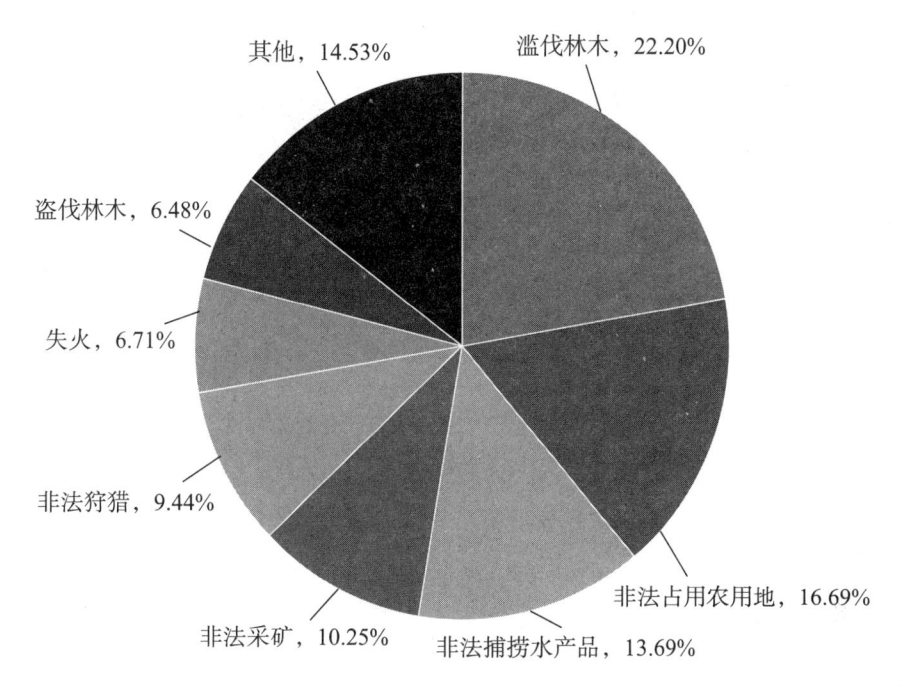

图 2-3-6　2018 年至 2021 年，全国各级人民法院审结的环境资源刑事案件犯罪行为分布图

2018 年 1 月 1 日至 2021 年 12 月 31 日，全国各级人民法院审结的环境资源刑事案件中，从犯罪行为分布来看，案件量较大的犯罪行为及其占比分别为：滥伐林木 2.30 万件，占比 22.20%；非法占用农用地 1.73 万件，占比 16.69%；非法捕捞水产品 1.42 万件，占比 13.69%；非法采矿 1.06 万件，占比 10.25%；非法狩猎 9795 件，占比 9.44%；失火 6965 件，占比 6.71%；盗伐林木 6719 件，占比 6.48%；其他 1.51 万件，占比 14.53%（见图 2-3-6）。

总体上看，环境资源刑事案件主要表现为行为人实施了妨害国家对社会的管理活动、破坏社会管理秩序的一系列行为。从具有代表性的行为来看，环境资源刑事案件表现为行为人违反国家规定，排放、倾倒或者处置有毒有害废物，在禁渔区、禁渔期或者使用禁用的工具、方法捕捞水产品，或者占用耕地、林地等农用地等行为。

四、主体分析

根据我国刑法有关规定和理论，我国刑法中的犯罪主体，是指实施危害社会的行为并依法应负刑事责任的自然人和单位。其中，自然人主体是我国刑法中最基本、最有普遍意义的犯罪主体;单位主体在我国刑法中不具有普遍意义而且有其特殊性。[1]

（一）被告人类型为自然人的案件量较大

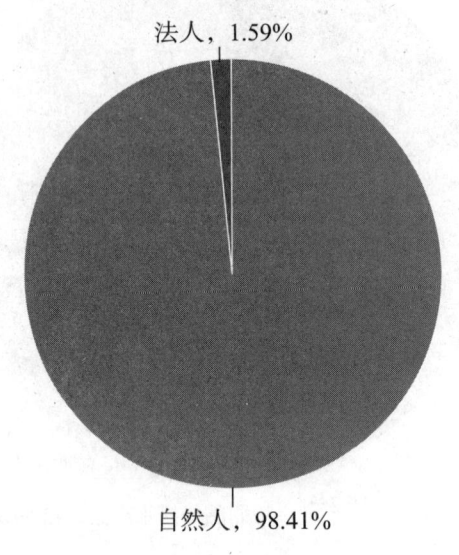

图 2-3-7 2018 年至 2021 年，全国各级人民法院审结的环境资源刑事案件被告人类型分布图

2018 年 1 月 1 日至 2021 年 12 月 31 日，全国各级人民法院审结的环境资源刑事案件中，从被告人类型分布来看：自然人 18.30 万件，占比 98.41%；法人 2961 件，占比 1.59%（见图 2-3-7）。

（二）被告人为男性的案件量较大

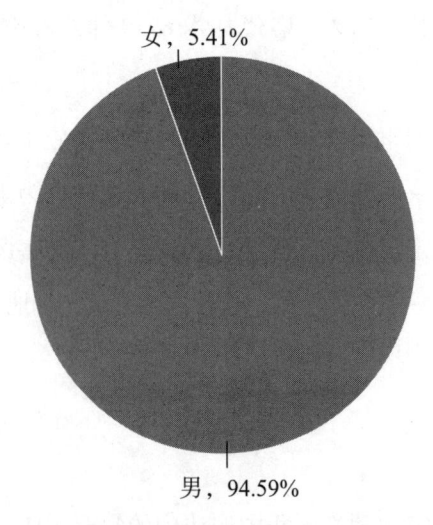

图 2-3-8 2018 年至 2021 年，全国各级人民法院审结的环境资源刑事案件被告人性别分布图

---

[1] 高铭暄、马克昌主编：《刑法学》（第 8 版），北京大学出版社、高等教育出版社 2017 年版，第 61 页。

2018年1月1日至2021年12月31日,全国各级人民法院审结的环境资源刑事案件中,从被告人性别分布来看:男性17.19万件,占比94.59%;女性9829件,占比5.41%(见图2-3-8)。

(三)被告人国籍为中国的案件量最大

2018年1月1日至2021年12月31日,全国各级人民法院审结的环境资源刑事案件中,从被告人国籍分布来看,案件量较大的被告人国籍及其占比为中国18.60万件,占比99.98%。

(四)被告人年龄为40岁至49岁的案件量最大

2018年1月1日至2021年12月31日,全国各级人民法院审结的环境资源刑事案件中,从被告人年龄分布来看:不满18岁56件,占比0.03%;18岁至28岁1.06万件,占比5.92%;29岁至39岁4.18万件,占比23.34%;40岁至49岁5.55万件,占比30.95%;50岁至59岁5.11万件,占比28.50%;60岁以上2.17万件,占比11.26%(见图2-3-9)。

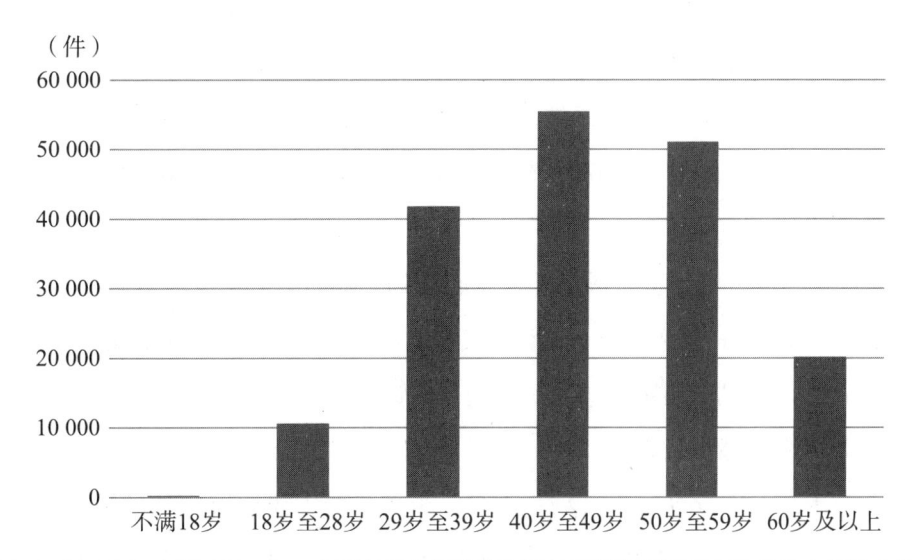

图2-3-9 2018年至2021年,全国各级人民法院审结的环境资源刑事案件被告人年龄分布图

（五）被告人受教育程度为小学及以下的案件量最大

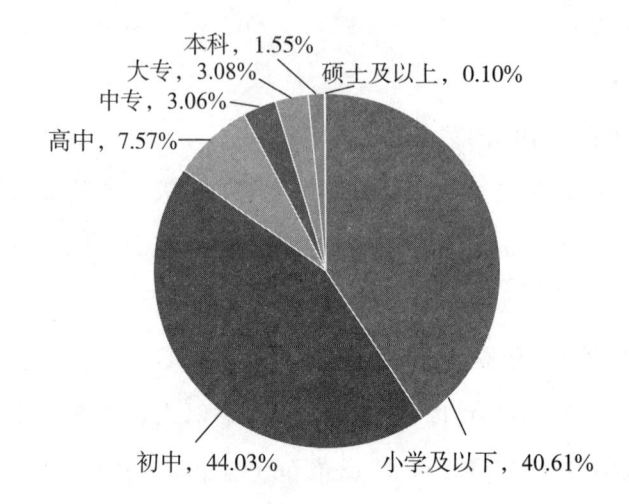

图 2-3-10　2018 年至 2021 年，全国各级人民法院审结的环境资源刑事案件被告人受教育程度分布图

2018 年 1 月 1 日至 2021 年 12 月 31 日，全国各级人民法院审结的环境资源刑事案件中，从被告人受教育程度分布来看：小学及以下 7 万件，占比 40.61%；初中 7.59 万件，占比 44.03%；高中 1.30 万件，占比 7.57%；大专 5310 件，占比 3.08%；中专 5278 件，占比 3.06%；本科 2669 件，占比 1.55%；硕士及以上 165 件，占比 0.10%（见图 2-3-10）。

由此可见，从事对环境造成污染或者破坏的犯罪行为人的受教育程度普遍偏低，以初中和小学及以下占绝大部分，这说明受教育程度是影响该类犯罪行为的重要因素，而且犯罪行为人的低学历层次的现状并没有明显改善。

（六）制造业涉案量最大

2018 年 1 月 1 日至 2021 年 12 月 31 日，全国各级人民法院审结的环境资源刑事案件中，从被告人行业分布来看：制造业 3735 件，占比 31.63%；采矿业 2296 件，占比 19.44%；农林牧渔 1107 件，占比 9.37%；建筑业 754 件，占比 6.38%；公共管理和社会组织 608 件，占比 5.15%；信息传输、计算机服务和软件业 584 件，占比 4.95%；其他 2725 件，占比 23.08%（见图 2-3-11）。

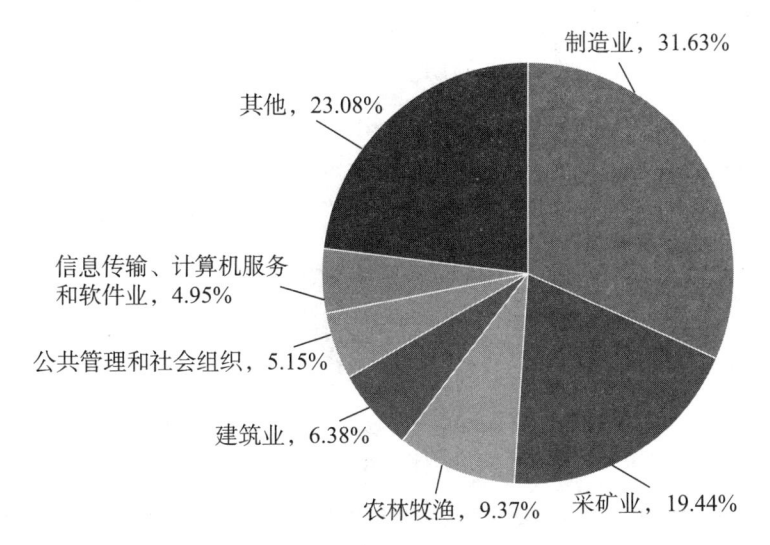

图 2-3-11　2018 年至 2021 年，全国各级人民法院审结的环境资源刑事案件被告人行业分布图

总而言之，环境资源刑事案件中的行为人主要是自然人，也包括少部分的单位，这与构成环境资源类犯罪的主体既有自然人又有单位的法律规定是密不可分的。在这两类的犯罪主体当中，又以 40 岁至 49 岁、受教育程度为小学及以下、身处制造业的男性的数量最为庞大，这种现象应当引起足够的重视。

五、主观方面分析

犯罪主观方面，是指犯罪主体对自己的行为及其危害社会的结果所抱的心理态度。它包括罪过（犯罪的故意或者犯罪的过失）以及犯罪的目的、动机这几种因素。其中，行为人的罪过即其犯罪的故意或者过失心态，是一切犯罪构成都必须具备的主观要件之要素；犯罪的目的只是某些犯罪构成所必备的主观要件之要素，所以也称为选择性主观要素；犯罪动机不是犯罪构成必备的主观要件之要素，一般不影响定罪，而只影响量刑。[①]

[①] 高铭暄、马克昌主编：《刑法学》（第 8 版），北京大学出版社、高等教育出版社 2017 年版，第 104 页。

过失，7091件，6.84%

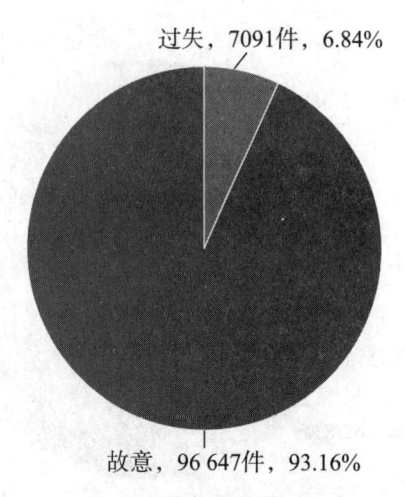

故意，96 647件，93.16%

图2-3-12 2018年至2021年，全国各级人民法院审结的环境资源刑事案件主观故意犯罪和过失犯罪分布图

2018年1月1日至2021年12月31日，全国各级人民法院审结的环境资源刑事案件中，从被告人主观方面来看：故意犯罪96 647件，占比93.16%；过失犯罪7091件，占比6.84%。由此可见，环境资源刑事案件的主观方面，绝大多数表现为故意，也有少数表现为过失（见图2-3-12）。

六、刑罚分析

刑罚是刑法规定的由国家审判机关依法对犯罪人适用的限制或剥夺其某种权益的强制性制裁方法。我国《刑法》明文规定了刑罚的种类，将刑罚分为主刑和附加刑。主刑有管制、拘役、有期徒刑、无期徒刑、死刑五种；附加刑有罚金、剥夺政治权利、没收财产和对犯罪的外国人驱逐出境四种。限制或剥夺犯罪人的某种权益，使其遭受一定的损失和痛苦，是刑罚的本质属性。[①]

（一）刑罚为有期徒刑的案件量最大

2018年1月1日至2021年12月31日，全国各级人民法院审结的环境资源刑事案件中，从刑罚分布来看：有期徒刑10.16万件，占比68.06%；拘役2.79万件，占比

---

① 高铭暄、马克昌主编：《刑法学》（第8版），北京大学出版社、高等教育出版社2017年版，第217页。

18.69%；单处罚金 1.65 万件，占比 11.07%；免予刑事处罚 1598 件，占比 1.07%；管制 797 件，占比 0.90%；死刑 176 件，占比 0.12%；无期徒刑 140 件，占比 0.09%（见图 2-3-13）。

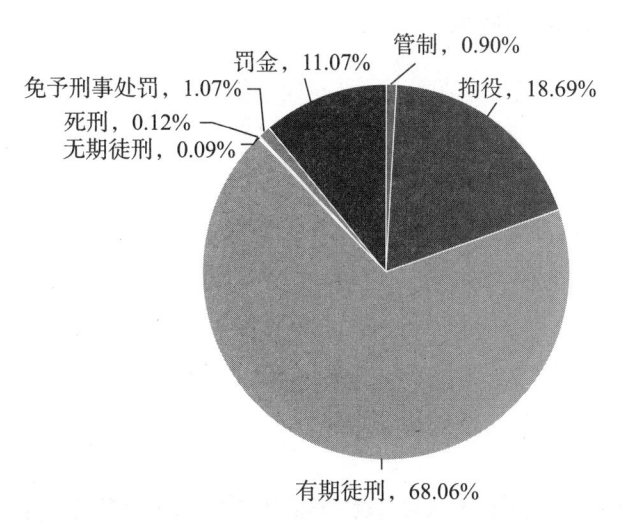

图 2-3-13 2018 年至 2021 年，全国各级人民法院审结的环境资源刑事案件刑罚分布图

（二）刑期长度为一年以下的案件量最大

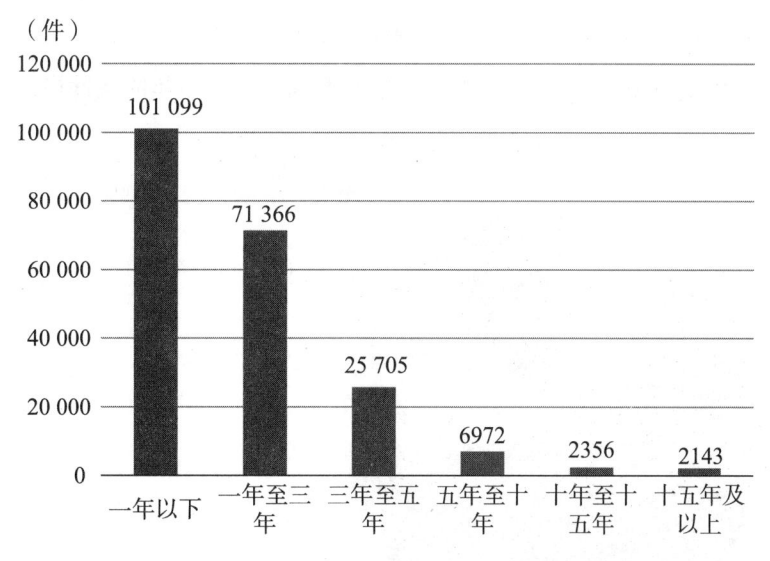

图 2-3-14 2018 年至 2021 年，全国各级人民法院审结的环境资源刑事案件刑期长度分布图

2018 年 1 月 1 日至 2021 年 12 月 31 日，全国各级人民法院审结的环境资源刑事案件中，从刑期长度分布来看：一年以下 10.11 万件，占比 48.22%；一年至三年 7.14

万件,占比 34.04%;三年至五年 2.57 万件,占比 12.26%;五年至十年 6972 件,占比 3.33%;十年至十五年 2356 件,占比 1.12%;超过十五年 2143 件,占比 1.02%(见图 2-3-14)。

(三)未被判以缓刑的案件量较大

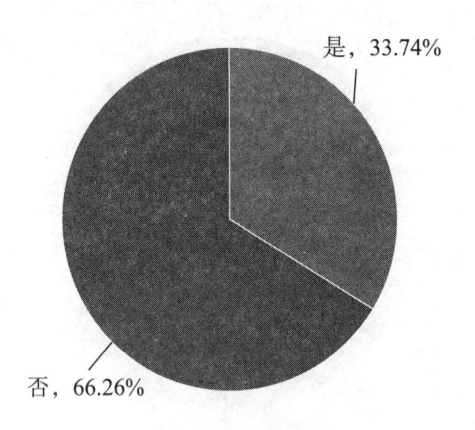

图 2-3-15　2018 年至 2021 年,全国各级人民法院审结的环境资源刑事案件是否判以缓刑情况图

2018 年 1 月 1 日至 2021 年 12 月 31 日,全国各级人民法院审结的环境资源刑事案件中,从是否判以缓刑情况来看:未判以缓刑的案件共 13.89 万件,占比 66.26%;判以缓刑的案件量为 7.07 万件,占比 33.74%(见图 2-3-15)。

(四)在判处缓刑的案件中,缓刑考验期长度为一年至三年的案件量最大

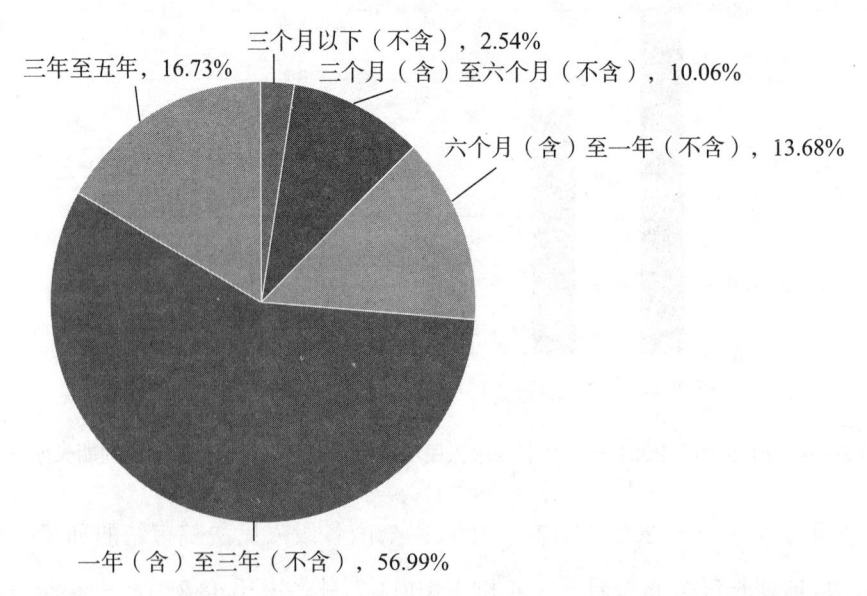

图 2-3-16　2018 年至 2021 年,全国各级人民法院审结的环境资源刑事案件缓刑考验期长度分布图

2018年1月1日至2021年12月31日，全国各级人民法院审结的环境资源刑事案件中，从缓刑考验期长度分布来看：三个月以下1800件，占比2.54%；三个月至六个月7119件，占比10.06%；六个月至一年9675件，占比13.68%；一年至三年4.03万件，占比56.99%；三年至五年1.18万件，占比16.73%（见图2-3-16）。

（五）罚金为一万元以下的案件量最大

2018年1月1日至2021年12月31日，全国各级人民法院审结的环境资源刑事案件中，从罚金分布来看：一万元以下4.97万件，占比43.95%；一万元至五万元3.94万件，占比34.85%；五万元至十万元1.02万件，占比9.05%；十万元至五十万元1.11万件，占比9.85%；五十万元至一百万元1396件，占比1.23%；超过一百万元1205件，占比1.07%（见图2-3-17）。

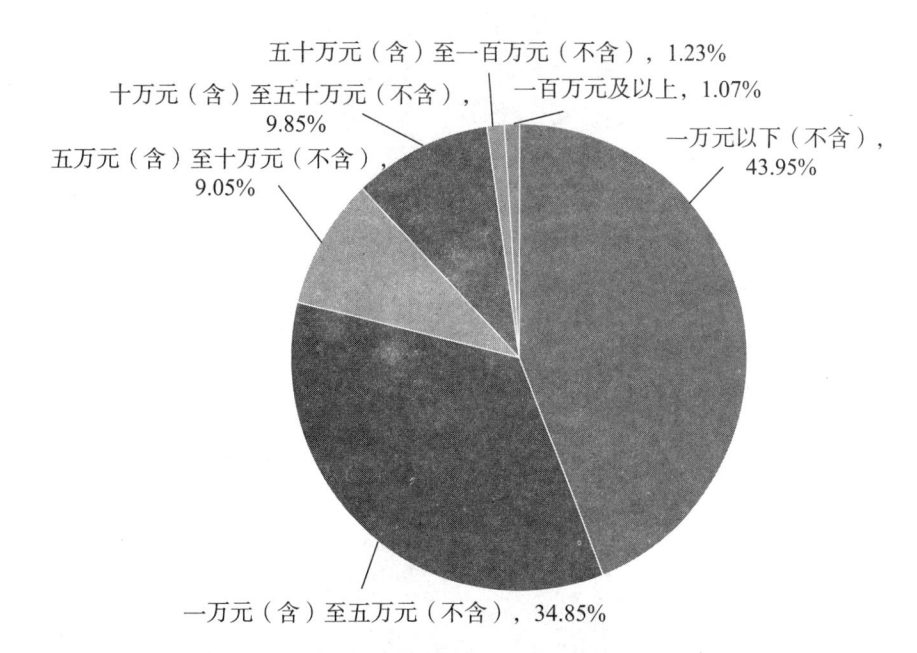

图2-3-17 2018年至2021年，全国各级人民法院审结的环境资源刑事案件罚金分布图

七、审判程序分析

众所周知，环境资源刑事审判案件一般侵犯社会公共利益，尤其是在自媒体发达的当下，特别容易引发重大舆情。因此，考察当前环境资源刑事审判程序的真实情况，畅通环境刑事司法渠道，合理划分案件管辖，在审判中贯彻"以审判为中心"的诉讼

改革精神，意义十分的重大。[①] 应用审判大数据对全国各级法院审理相关案件时所采用的刑事诉讼程序进行具体的分析研究，可以发现许多值得关注和研判的特点和发展态势。

（一）审理程序为普通程序的案件量较大

2018年1月1日至2021年12月31日，全国各级人民法院审结的环境资源刑事案件中，从审理程序分布来看：普通程序5.44万件，占比50.94%；简易程序4.94件，占比49.06%（见图2-3-18）。

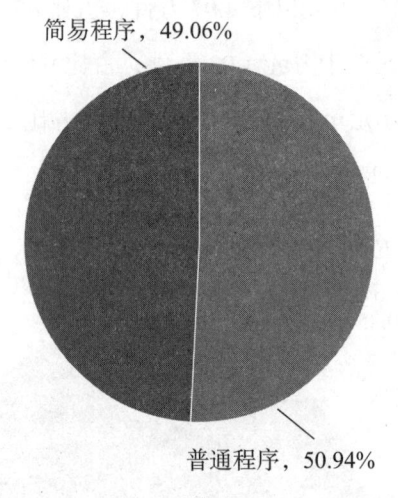

图2-3-18 2018年至2021年，全国各级人民法院审结的环境资源刑事案件审理程序分布图

（二）未缺席审理的案件量较大

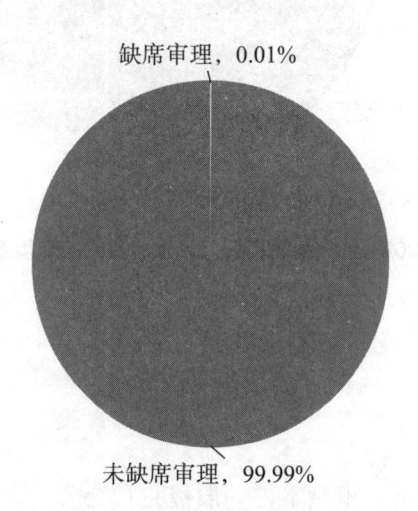

图2-3-19 2018年至2021年，全国各级人民法院审结的环境资源刑事案件是否缺席审理情况图

[①] 董邦俊、马君子：《我国环境犯罪刑事审判程序之完善研究》，载《环境保护》2016年第7期。

2018年1月1日至2021年12月31日,全国各级人民法院审结的环境资源刑事案件中,从是否缺席审理情况来看:未缺席审理10.37万件,占比99.99%;缺席审理112件,占比0.01%(见图2-3-19)。

(三)案件平均审理周期逐年递增

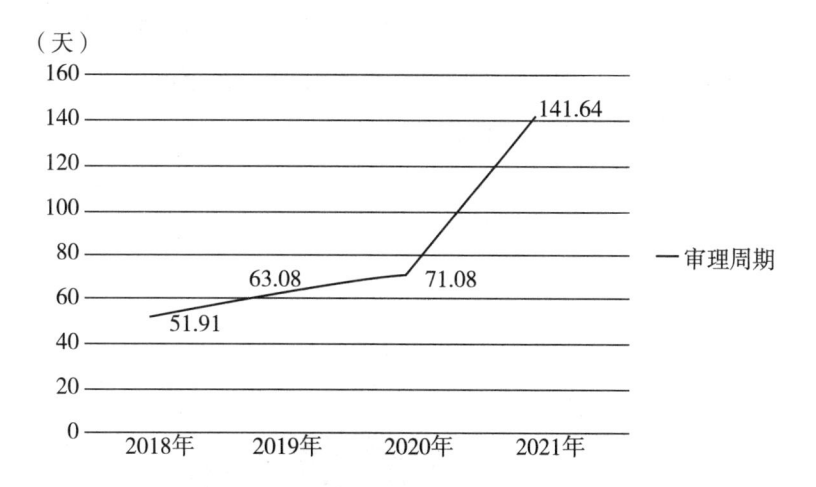

图2-3-20 2018年至2021年,全国各级人民法院审结的环境资源刑事案件审理周期年度变化趋势图

2018年1月1日至2021年12月31日,全国各级人民法院审结的环境资源刑事案件中,案件的平均审理周期逐年递增,由2018年51.91天、2019年63.08天延长至2020年71.08天、2021年141.64天,表明除受新冠肺炎疫情影响外,环境资源刑事案件的复杂程度也有所增加(见图2-3-20)。

八、刑事附带民事公益诉讼案件分析

根据最高人民法院、最高人民检察院2018年联合发布的《关于检察公益诉讼案件适用法律若干问题的解释》第20条的规定:"人民检察院对破坏生态环境和资源保护,食品药品安全领域侵害众多消费者合法权益,侵害英雄烈士等的姓名、肖像、名誉、荣誉等损害社会公共利益的犯罪行为提起刑事公诉时,可以向人民法院一并提起附带民事公益诉讼,由人民法院同一审判组织审理。人民检察院提起的刑事附带民事公益诉讼案件由审理刑事案件的人民法院管辖。"[1]该条规定进一步规范了刑事附带民事公益

---

[1] 田雯娟:《刑事附带环境民事公益诉讼的实践与反思》,载《兰州学刊》2019年第9期。

诉讼制度，检察机关提起公益诉讼多了一种新的类型。

刑事附带民事公益诉讼是指具有程序性诉讼实施权的检察院在针对特定领域损害公共利益的犯罪行为提起刑事公诉时，附带向审理刑事案件的法院提起，请求判令致使公共利益受到损害的有责主体承担民事责任的诉讼。[①] 作为一种新增的公益诉讼类型，全国各级人民法院已经开始积极审理此类案件，并取得了良好的效果。

总体上看，2018年1月1日至2021年12月31日，在全国各级人民法院审结的所有环境资源刑事一审案件中，刑事附带民事公益诉讼案件量占比分别为3%、5%、9%、12%（见图2-3-21），并且呈逐年上升趋势。除此之外，刑事附带民事公益诉讼还出现如下特征。

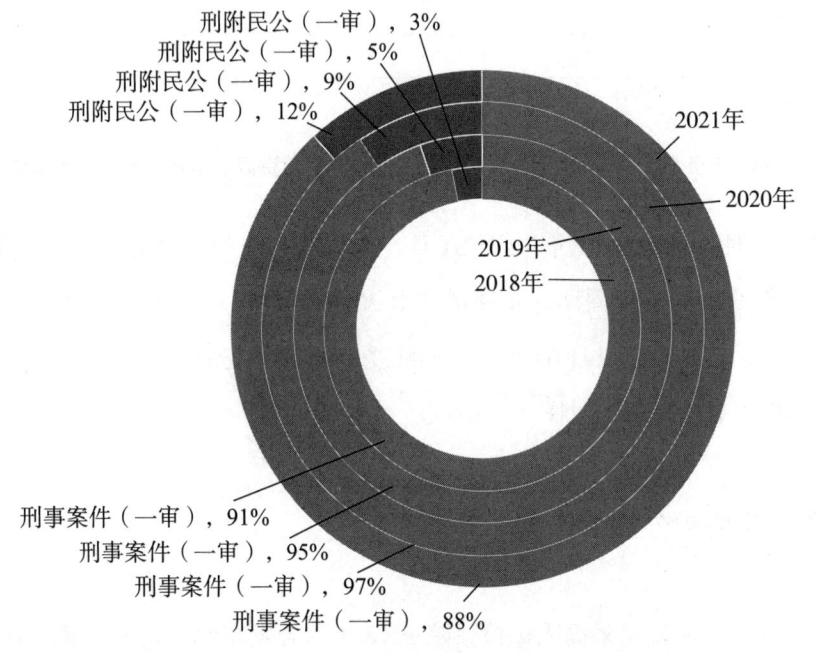

图2-3-21 2018年至2021年，全国各级人民法院一审审结的环境资源刑事案件刑事附带民事公益诉讼案件量占比

---

① 刘加良：《刑事附带民事公益诉讼的困局与出路》，载《政治与法律》2019年第10期。

第二章 环境资源审判案件特征与趋势大数据分析

（一）审结案件量呈上升态势

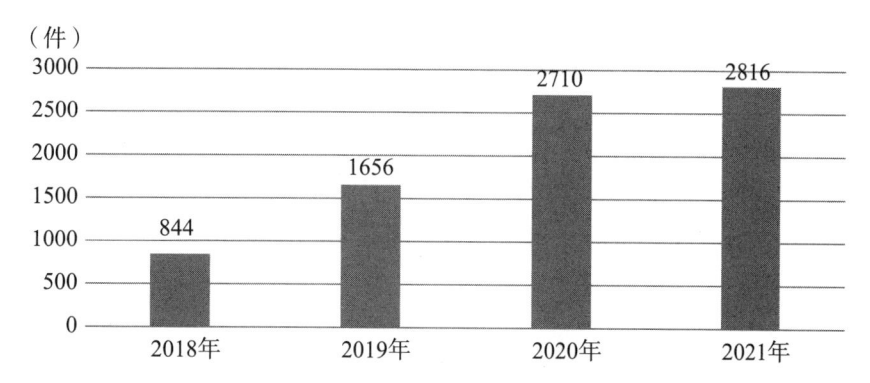

图 2-3-22 2018 年至 2021 年，全国各级人民法院审结的环境资源刑事附带民事公益诉讼结案时间年度变化趋势图

2018 年 1 月 1 日至 2021 年 12 月 31 日，全国各级人民法院审结的环境资源刑事附带民事公益诉讼一审案件共计 8026 件。按结案时间来看，其中，2018 年审结 844 件；2019 年审结 1656 件，同比上升 96.2%；2020 年审结 2710 件，同比上升 63.6%；2021 年审结 2816 件，同比上升 0.04%。可见，刑事附带民事公益诉讼制度确立以来，案件数量呈不断增长的趋势（见图 2-3-22）。

（二）四川省刑事附带民事公益诉讼案件量最大

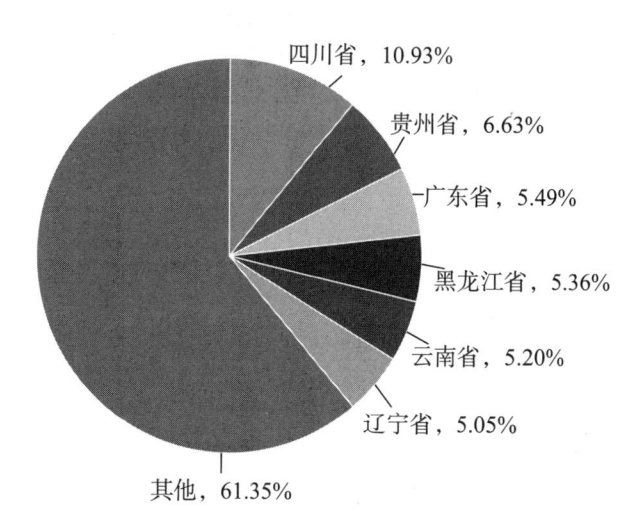

图 2-3-23 2018 年至 2021 年，全国各级人民法院审结的环境资源刑事附带民事公益诉讼地区分布图

- 四川省，10.93%
- 贵州省，6.63%
- 广东省，5.49%
- 黑龙江省，5.36%
- 云南省，5.20%
- 辽宁省，5.05%
- 其他，61.35%

2018年1月1日至2021年12月31日,全国各级人民法院审结的环境资源刑事附带民事公益诉讼中,从地区分布来看,案件量较大的地区及其占比分别为:四川省955件,占比10.93%;贵州省579件,占比6.63%;广东省480件,占比5.49%;黑龙江省468件,占比5.36%;云南省454件,占比5.20%;辽宁省441件,占比5.05%(见图2-3-23)。

其中,从结案时间年度变化趋势来看,案件量年均增长率较高的地区为贵州省(年均增长203.22%)、辽宁省(年均增长87.33%)和重庆市(年均增长86.45%);年均增长率较低的为山西省(年均增长-45.48%)、浙江省(年均增长-44.39%)和宁夏回族自治区(年均增长4.08%)。

(三)妨害社会管理秩序罪的案件量最大

2018年1月1日至2021年12月31日,全国各级人民法院审结的一审环境资源刑事附带民事公益诉讼中,从罪名分布来看:破坏环境资源保护罪8032件,占比92.37%;危害公共安全罪509件,占比5.85%;妨害文物管理罪28件,占比0.32%;侵犯财产罪24件,占比0.28%;扰乱公共秩序罪21件,占比0.24%(见图2-3-24)。

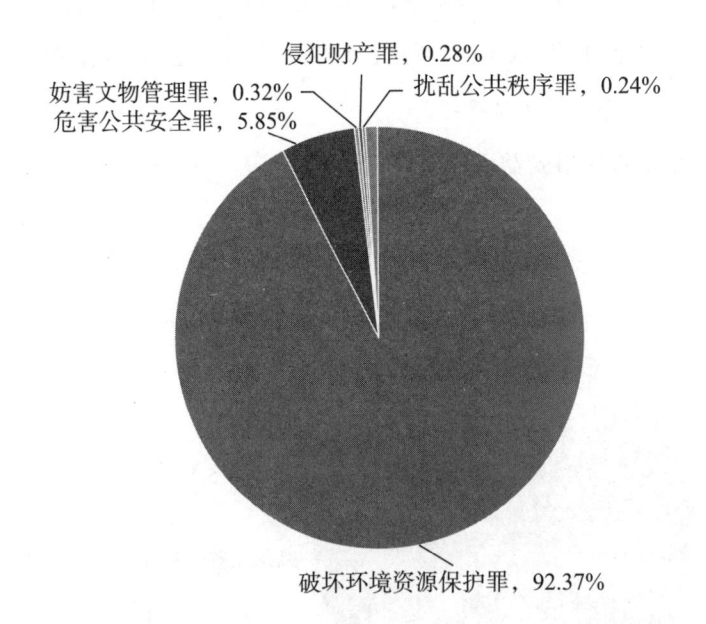

图 2-3-24 2018年至2021年,全国各级人民法院审结的环境资源刑事附带民事公益诉讼罪名分布图

其中,从结案时间年度变化趋势来看,案件量年均增长率较高的罪名为妨害文物管理罪(年均增长275.93%)、扰乱公共秩序罪(年均增长158.46%)和危害公共安全罪(年均增长67.64%);年均增长率较低的为侵犯财产罪(年均增长49.73%)和破坏

环境资源保护罪（年均增长 54.52%）。

（四）犯罪行为为非法捕捞水产品的案件量最大

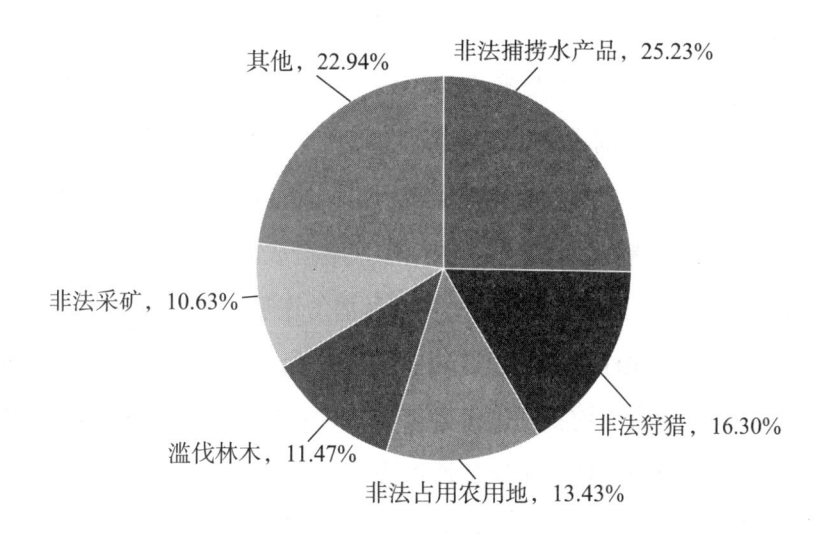

图 2-3-25 2018 年至 2021 年，全国各级人民法院审结的环境资源刑事附带民事公益诉讼犯罪行为分布图

2018 年 1 月 1 日至 2021 年 12 月 31 日，全国各级人民法院审结的一审环境资源刑事附带民事公益诉讼中，从犯罪行为分布来看，案件量较大的犯罪行为及其占比分别为：非法捕捞水产品 2194 件，占比 25.23%；非法狩猎 1417 件，占比 16.30%；非法占用农用地 1168 件，占比 13.43%；滥伐林木 997 件，占比 11.47%；非法采矿 924 件，占比 10.63%（见图 2-3-25）。

其中，从结案时间年度变化趋势来看，案件量年均增长率较高的犯罪行为为非法狩猎（年均增长 157.47%）、非法捕捞水产品（年均增长 79.95%）；年均增长率较低的非法占用农用地（年均增长 13.25%）和滥伐林木（年均增长 22.97%）。

（五）判决支付生态损害赔偿费用的案件量最大

根据《最高人民法院关于审理环境民事公益诉讼案件适用法律若干问题的解释》，由刑事附带民事公益诉讼引发的民事责任承担类型主要有两种，一种是传统民事责任，另一种是新型环境损害责任。前者主要包括停止侵害、排除妨碍、消除危险、修复生态环境、赔偿损失、赔礼道歉等；后者则主要包括补种复绿、增殖放流、土壤修复，替代性修复，支付生态损害赔偿费用等。

刑法当中的恢复性司法，不仅要求犯罪人对其所造成的犯罪后果承担直接的刑事责任，还要求犯罪人通过自己的行为弥补所造成的损害。因此，为弥补受害人的损害以及将社会关系恢复正常状态，应当让犯罪人承担现实的、具体的责任：理解自己的犯罪行为对被害人的影响，取得被害人的谅解，尽最大限度赔偿损失，提供社区服务，消除不良影响，尽量避免将来重蹈覆辙。①

在与环境犯罪相关的刑事附带民事公益诉讼的审判中，支付生态损害赔偿费用、公开赔礼道歉、恢复原状、增殖放流等责任承担形式的出现正是恢复性司法理念的体现。这是因为，生态环境有其特殊性，对生态环境造成的损害不能仅仅依靠传统的自由刑和罚金刑进行规制，而应当考虑到对生态环境的恢复。

而恢复性司法不仅关注过去和现在的损害，还关注未来的预防，这也是环境法当中预防原则的体现，符合当前我国进行生态建设的需要。正因如此，利用司法大数据对我国环境资源刑事审判案件当中恢复性司法所采用的具体手段和方式的分析具有重要的意义和价值，有助于推动我国社会主义生态文明建设。

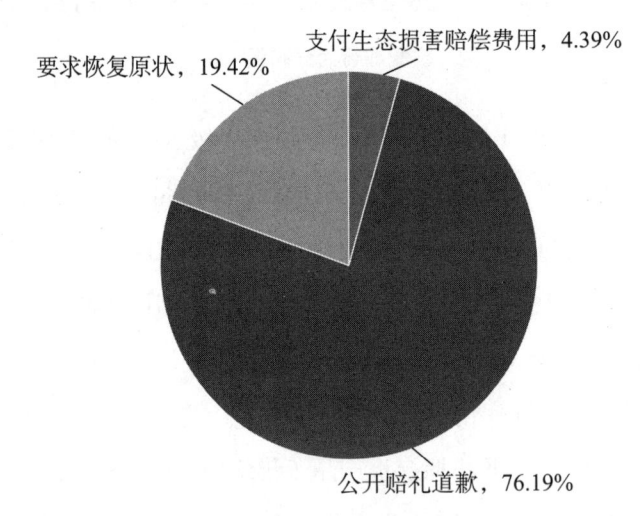

图 2-3-26 2018 年至 2021 年，全国各级人民法院审结的环境资源刑事附带民事公益诉讼判决结果情况图

2018 年 1 月 1 日至 2021 年 12 月 31 日，全国各级人民法院审结的一审环境资源刑事附带民事公益诉讼中，从判决结果来看，公开赔礼道歉的案件共 2883 件，占比 76.19%；要求恢复原状的案件共 735 件，占比 19.42%；支付生态损害赔偿费用的案件

---

① 王树义、赵小娇：《环境刑事案件中适用恢复性司法的探索与反思》，载《安徽大学学报（哲学社会科学版）》2018 年第 3 期。

共 166 件，占比 4.39%（见图 2-3-26）。

由此可见，近年来随着环境司法理念的不断发展，通过恢复性司法措施来规制环境犯罪行为变得越来越普遍。这种着眼于对受到污染或者破坏的生态环境进行修复的措施不仅能够很好地督促犯罪行为人修复已经被其破坏的环境，还有利于其认识到自己行为对生态环境乃至人类社会可持续发展的巨大危害，有助于避免其再次从事环境犯罪行为，最终实现特别预防。

这种恢复性司法的理念具体体现在支付生态损害赔偿费用已经成为一种较为典型的承担环境损害责任的方式，而在相当多的案件当中都有适用。不仅如此，要求公开赔礼道歉也成为一种较为重要的承担环境损害责任的方式。由于自然环境的特殊性，要求恢复被污染或者破坏的原生环境也已经成为一种常见的承担环境损害责任的方式。

九、小结

全国各级人民法院在环境资源刑事审判当中，严格坚持罪刑法定原则，落实无罪推定，贯彻宽严相济刑事政策，不断加大对污染环境、破坏生态等犯罪行为的惩治力度，有效地威慑了潜在的犯罪者，实现了特殊预防和一般预防的统一，不仅有力地维护了国家的生态环境和自然资源的安全，还充分保障了人民的环境权，实现了对山水林田湖草沙全方位的保护和保全，为推动可持续发展提供了有效的司法助力，充分实现了政治效果、法律效果、社会效果、生态效果的有机统一。

不仅如此，总体来看，全国各级人民法院在环境资源刑事审判当中判决的罪名涵盖从环境污染到生态破坏在内的各个方面，包括环境污染防治、生态保护、资源开发利用、气候变化应对、生态环境治理与服务等几个方面。这些判决涉及的具体罪名包括污染环境罪，非法捕捞水产品罪，非法猎捕、收购、运输、出售陆生野生动物罪，非法引进、释放、丢弃外来物种入侵罪，故意损毁文物罪，过失损毁文物罪等。本节当中所阐释的司法大数据，一方面展示了党的十九大以来在习近平生态文明思想的正确指引下我国环境资源刑事审判工作取得的新进展和新突破；另一方面也全景体现了全国各级人民法院依法公正审理案件、促进生态环境改善和资源高效利用的司法理念。

第四节
环境资源行政审判案件特征与趋势

一、行政案件总体情况

环境行政行为的司法审查独具特色,其特殊性主要凸显在以下三个方面:一是环境行政案件需要法官多领域、多层次"找法";二是环境行政案件需要法官综合考虑不同法律关系;三是环境行政案件需要法官合理使用科学证据。基于前文阐释,环境行政案件的审判须充分考虑其特性,以更好地保障人民群众的人身、财产权利和其他各项环境权益。本节立足于2018年至2021年环境资源一审行政案件司法大数据及诸多典型案例,借助大数据分析方法,真正从案例端和诉讼端的视角出发。观察研究周期内环境资源行政案件相关数据和材料,归纳研究其变化趋势与总体特点,重点关注其中凸显的问题和有效经验,并就环境资源行政审判工作的态势、突出问题等进行阐释,以期提供参考借鉴。

(一)行政案件年度分布情况

2018年至2021年,全国各级人民法院审结的环境资源行政一审案件共计31 324件。[①]按结案时间来看,其中,2018年审结6765件;2019年审结9042件,同比上升33.66%;2020年审结8102件,同比下降10.17%;考虑到2020年新冠肺炎疫情的因素,该年结案量小幅下降,一方面是新冠肺炎疫情防控期间民众为配合疫情防控的

---

① 含行政公益诉讼。

需要，减少出行和奔波，诉讼积极性降低；另一方面是同时期司法机关办案工作也受到一定程度的影响，办案数量有所减少。2021年审结7395件，同比下降9%，案件总量较2020年依旧呈下降趋势，说明该年结案量受到新冠肺炎疫情的持续影响（见图2-4-1）。

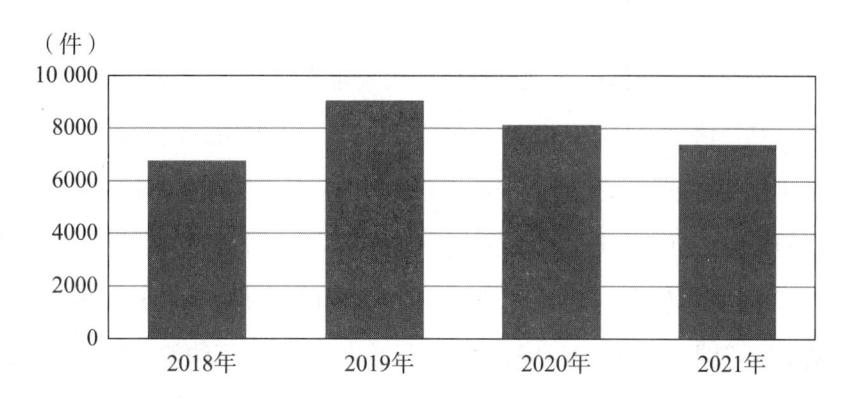

图2-4-1　2018年至2021年，全国各级人民法院审结的环境资源行政案件结案时间年度变化趋势图

（二）审级分布情况

数据与调研显示，各类环境资源行政案件审判工作主要由基层人民法院以及中级人民法院来承担，其中基层人民法院的案件量最大，占比高达70.56%。

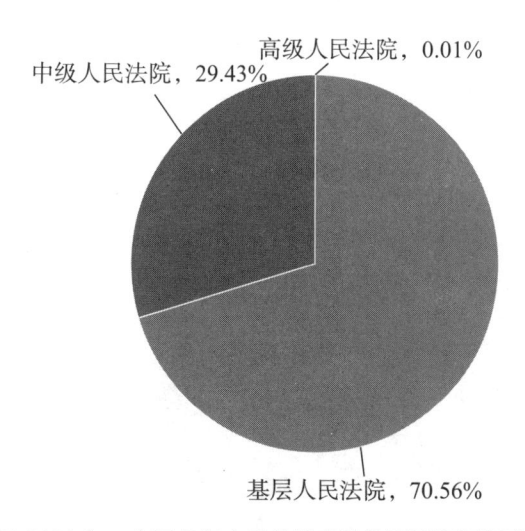

图2-4-2　2018年至2021年，全国各级人民法院审结的环境资源行政案件法院层级分布图

2018年至2021年，全国各级人民法院审结的环境资源一审行政案件中，从法院层级分布来看：基层人民法院2.21万件，占比70.56%；中级人民法院9220件，占比

29.43%（见图 2-4-2）。

截至 2020 年底，全国共设立环境资源专门审判机构 1993 个，包括环境资源审判庭 617 个，合议庭 1167 个，人民法庭、巡回法庭 209 个。其中 28 家高级人民法院设立了环境资源审判庭。在遵循当前行政案件审判审级制度和案件分流规律下，基层法院作为主审法院承担了大量案件审理任务。

结合我国当前行政案件的级别管辖的相关规定来看，《行政诉讼法》第 15 条列举了中级人民法院管辖一审行政案件的范围包括："（一）对国务院部门或者县级以上地方人民政府所作的行政行为提起诉讼的案件；（二）海关处理的案件；（三）本辖区内重大、复杂的案件；（四）其他法律规定由中级人民法院管辖的案件。"第 16 条规定："高级人民法院管辖本辖区内重大、复杂的第一审行政案件。"第 17 条规定："最高人民法院管辖全国范围内重大、复杂的第一审行政案件。"除了法律特别规定应由中级人民法院、高级人民法院、最高人民法院管辖的第一审行政案件外，其余所有的第一审行政案件都由基层人民法院管辖。将审理难度低，受地方因素影响小、适宜当地解决的案件放在中级、基层人民法院审理，将涉及重大国家利益、社会公共利益、存在严重外部干预或"诉讼主客场"现象的案件由较高层级人民法院审理，有利于坚持以人民为中心，实现绝大多数争议在两审之内实质性解决，提升人民群众的获得感。

（三）地域分布情况

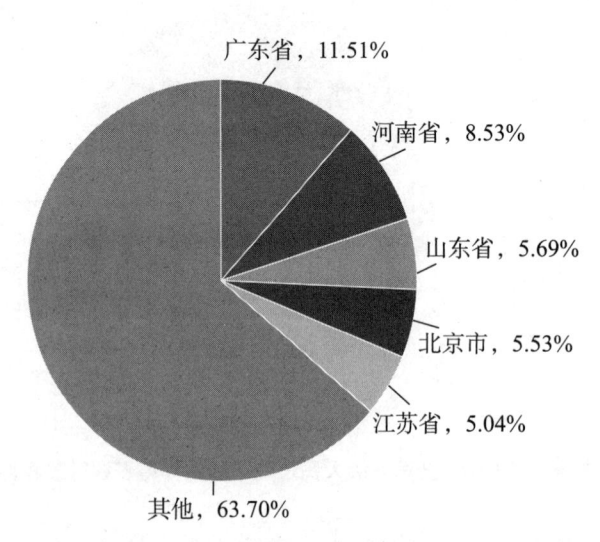

图 2-4-3 2018 年至 2021 年，全国各级人民法院审结的环境资源行政案件地区分布图

广东省，11.51%
河南省，8.53%
山东省，5.69%
北京市，5.53%
江苏省，5.04%
其他，63.70%

2018 年至 2021 年，全国各级人民法院审结的环境资源一审行政案件中，从地区

分布来看，案件量排名前五的地区及其占比分别为：广东省3602件，占比11.51%；河南省2671件，占比8.53%；山东省1781件，占比5.69%；北京市1731件，占比5.53%；江苏省1576件，占比5.04%（见图2-4-3）。

其中，广东省案件量最大，是环境资源行政纠纷较为集中的地区。同时，排名前四位的省份案件数量均突破1500件。广东省由于涵盖珠三角地区且考虑到粤港澳大湾区建设发展规划正在稳步推进中，其环境资源类案件数量相较其他省份常年居于前列。河南省、山东省则是因为地处黄河流域，承担了大量的黄河流域生态环境司法保护类案件的审判任务。

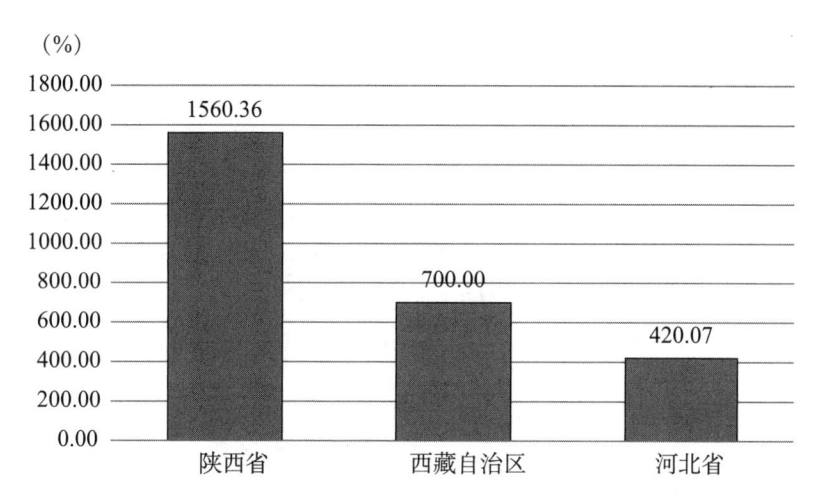

图2-4-4 案件量年均增长率排名前三位的省份情况图

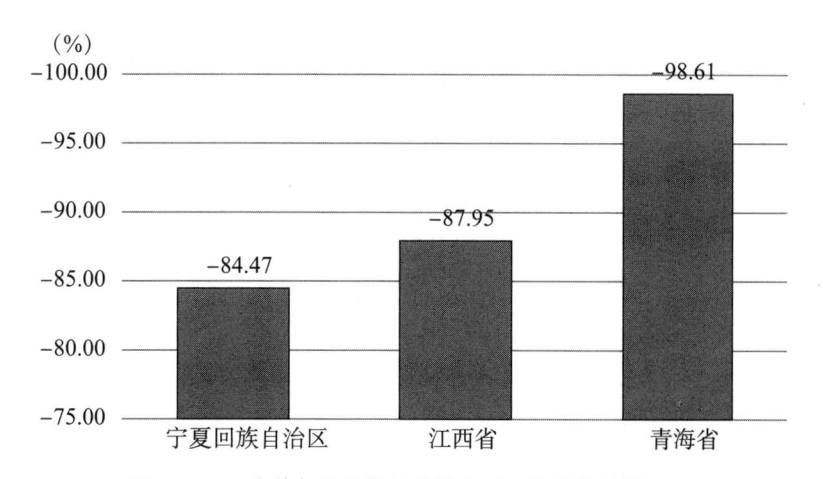

图2-4-5 案件年平均增长率排名后三位的省份情况图

从结案时间年度变化趋势来看，案件量年均增长率较高的三个地区为陕西省（年均增长1560.36%）、西藏自治区（年均增长700.00%）和河北省（年均增长420.07%）；年均增长率较低的三个省份为青海省、江西省和宁夏回族自治区（见图2-4-4、图2-4-5）。

陕西省环境资源行政案件查办数量的大幅上升，不仅得益于其近年来持续采取强有力措施，加大环境监管力度；同时也离不开其环境行政法律制度体系的不断完善，针对各类环境违法行为的打击力度大幅增加，更为有力。陕西省近年来围绕秦岭和黄河流域生态保护、汾渭平原大气污染防治、南水北调水源安全等重点任务，扎实推进污染防治攻坚战，出台了一系列环境资源生态保护规定，同时加大排查打击力度，生态环境质量也获明显改善。

（四）行政行为分布情况

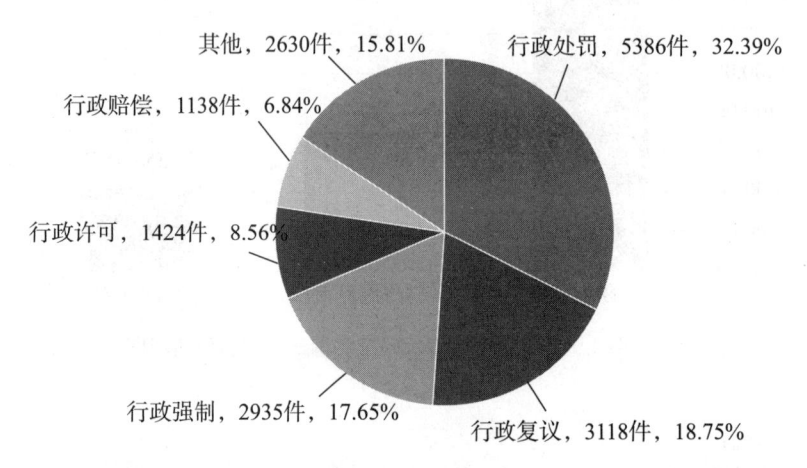

图2-4-6 2018年至2021年，全国各级人民法院审结的环境资源行政案件行政行为分布图

2018年至2021年，全国各级人民法院审结的环境资源一审行政案件中，从行政行为分布来看：行政处罚5386件，占比32.39%；行政复议3118件，占比18.75%；行政强制2935件，占比17.65%；行政许可1424件，占比8.56%；行政赔偿1138件，占比6.84%；其他2630件，占比15.81%（见图2-4-6）。

根据我国《行政诉讼法》的规定，人民法院对被诉行政行为的合法性进行审查，审理对象只能是行政行为，不是当事人的诉讼请求。由分析数据可知，被诉行政行为中多数为行政处罚、行政强制和行政复议。行政处罚和行政强制作为不利行政行为，对行政相对人会造成一定程度上的损害，故而行政相对人对其起诉较多；行政相对人如果对行政复议结果不满意,则会选择诉讼的方式来再次寻求救济。

二、环境资源行政案件一审案件特征分析

研究周期内,全国各级人民法院审结的环境资源行政案件共统计31 324件。从行政案件类型、行政主体领域、行政行为类型、一审法院层级、行政相对人和涉案行政机关的特征等几个维度分别进行分析以后发现,一审审判案件的总体性特征表现在以下几个方面:

第一,从环境资源一审案件类型分布情况看,案件多数集中为环境污染防治类案件和生态环境保护类案件,行政主体领域则主要集中在土地行政管理和房屋拆迁管理,行政行为主要包括行政处罚和行政强制。

第二,对环境资源行政案件当事人的特征进行分析后发现,行政相对人特征主要表现为属性是自然人、男性、40周岁以上,学历普遍较低,多为初中和小学及以下,大多从事制造业和农林牧渔业。涉案行政机关的特征主要表现为被告多为市级政府部门。

第三,从案件审理程序进行分析后发现,环境资源行政案件适用的多数为普通程序,占比高达98.88%;缺席审理情况较少,仅有4.76%;审理周期多数在90天至180天;仅有1.86%的案件有人民陪审员参与审理。

第四,从环境资源行政二审和再审案件审理结果的对比分析可以看出,争议焦点主要在于行政行为的合法性,占比43.81%,其次是主体资格认定;有73.77%以判决书的形式结案。

(一)环境资源一审案件类型分布情况

1. 环境资源类型分布

从环境资源类型分布来看,2018年至2021年,全国各级人民法院审结的环境资源行政案件中,环境污染防治类案件共1.49万件,占比38.75%;生态保护类案件共1.16万件,占比30.29%;生态环境治理与服务类案件共5986件,占比15.57%;资源开发利用类案件共计5876件,占比15.28%;气候变化应对类案件共43件,占比0.11%(见图2-4-7)。

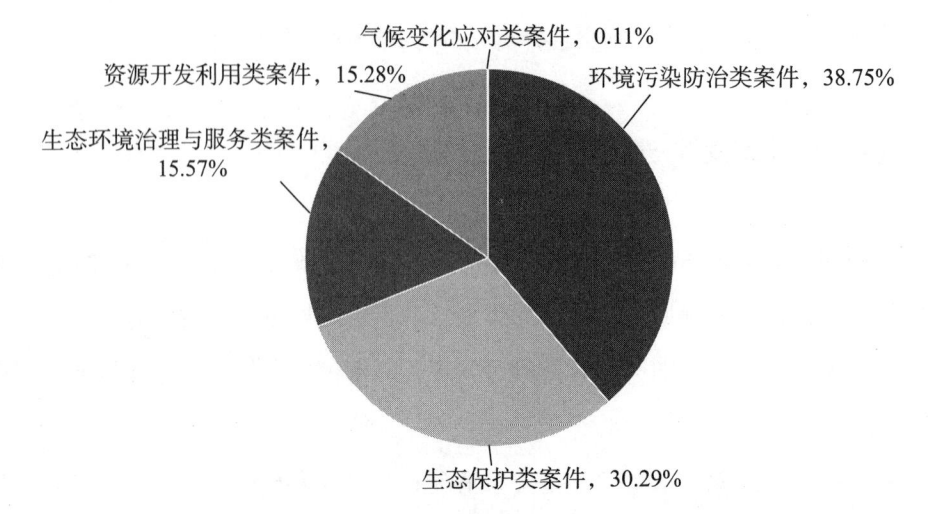

图 2-4-7　2018 年至 2021 年，全国各级人民法院审结的环境资源行政案件类型分布图

以上数据显示，在全国各级人民法院审结的环境资源行政案件中，环境污染防治类案件占据绝大多数，生态保护类案件其次。生态环境部综合司副司长田成川在新闻发布会上表明，从"十三五"的坚决打好污染防治攻坚战，到"十四五"深入打好污染防治攻坚战，意味着污染防治攻坚战初级的矛盾和问题层次更深、领域更广、要求也更高。为落实国家有关"环境污染防治"的规定和政策，各地积极制定环境污染防治实施细则等，因此体现在环境资源行政案件中主要是作为行政机关执法依据或者案件审理参照。

2. 行政主体领域分布

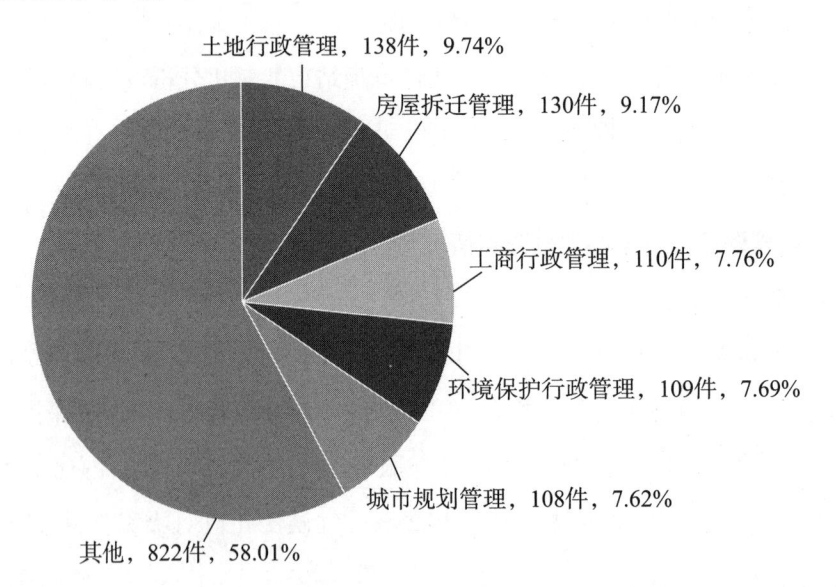

图 2-4-8　2018 年至 2021 年，全国各级人民法院审结的环境资源行政案件行政主体领域分布图

2018年至2021年，全国各级人民法院审结的环境资源行政案件中，从行政主体领域分布来看：土地行政管理138件，占比9.74%；房屋拆迁管理130件，占比9.17%；工商行政管理110件，占比7.76%；环境保护行政管理109件，占比7.69%；城市规划管理108件，占比7.62%；其他822件，占比58.01%（见图2-4-8）。

以上数据显示，在环境资源行政案件中，行政主体领域中，土地行政管理、房屋拆迁管理、工商行政管理、环境保护行政管理、城市规划管理相对来讲占比相差不大，总体上看比较均衡，说明了落实"环境污染防治"的有关规定和政策，需要多个不同的部门共同参与，积极配合，同时也需要提升执法水平。

（二）环境资源行政案件当事人特征分析

1.行政相对人特征分析

（1）行政相对人是自然人还是法人。2018年至2021年，全国各级人民法院审结的环境资源行政案件中，从行政相对人类型分布来看：自然人3.59万件，占比80.36%；法人8786件，占比19.64%（见图2-4-9）。

法人，8763件，19.64%

自然人，35 856件，80.36%

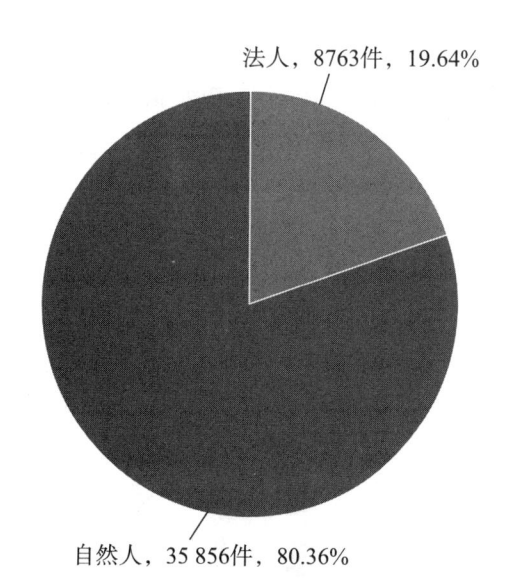

图2-4-9 2018年至2021年，全国各级人民法院审结的环境资源行政案件行政相对人类型分布图

（2）性别特征。2018年至2021年，全国各级人民法院审结的环境资源行政案件中，从行政相对人性别分布来看：男性23 531件，占比70.76%；女性9726件，占比29.24%（见图2-4-10）。

女性，9726件，29.24%

男性，23 531件，70.76%

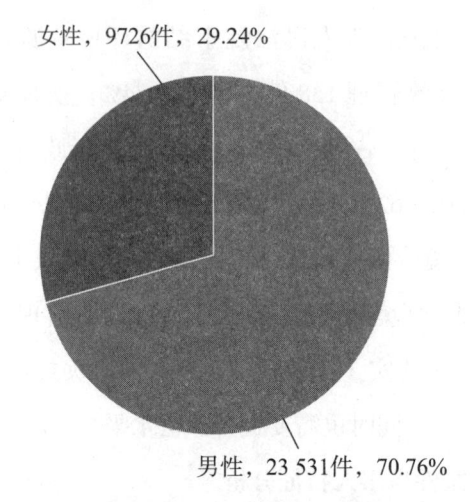

图 2-4-10 2018 年至 2021 年，全国各级人民法院审结的环境资源行政案件行政相对人性别分布图

其中，从结案时间年度变化趋势来看，案件量年均增长率最高的为男性（年均增长 -58.82%）；年均增长率最低的为女性（年均增长 -76.35%）。

（3）年龄特征。2018 年至 2021 年，全国各级人民法院审结的环境资源行政案件中，从行政相对人年龄分布来看：不满 18 岁 95 件，占比 0.29%；18 岁至 20 岁 55 件，占比 0.17%；20 岁至 30 岁 1731 件，占比 5.36%；30 岁至 40 岁 5399 件，占比 16.73%；40 岁至 50 岁 9353 件，占比 28.99%；50 岁至 60 岁 8712 件，占比 27.00%；60 岁至 70 岁 4959 件，占比 15.37%；70 岁至 80 岁 1477 件，占比 4.58%；80 岁以上 485 件，占比 1.50%（见图 2-4-11）。

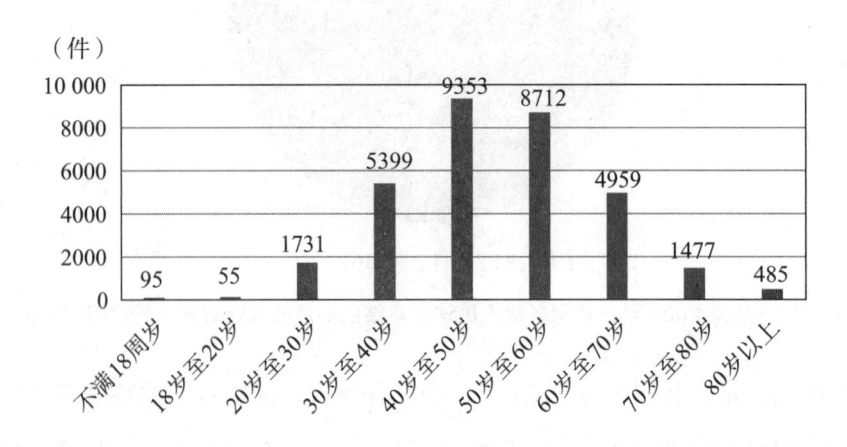

图 2-4-11 2018 年至 2021 年，全国各级人民法院审结的环境资源行政案件行政人年龄分布图

其中，从结案时间年度变化趋势来看，案件量年均增长率最高的为不满18周岁（年均增长1228.55%）和80周岁以上（年均增长28.55%）；年均增长率最低的为50岁至60岁（年均增长-81.41%）和70岁至80岁（年均增长-78.52%）。

（4）涉案行业分析。2018年至2021年，全国各级人民法院审结的环境资源行政案件中，从行政相对人行业分布来看：制造业3430件，占比44.95%；农林牧渔959件，占比12.57%；采矿业814件，占比10.67%；建筑业420件，占比5.50%；信息传输、计算机服务和软件业366件，占比4.80%；其他1642件，占比21.52%（见图2-4-12）。

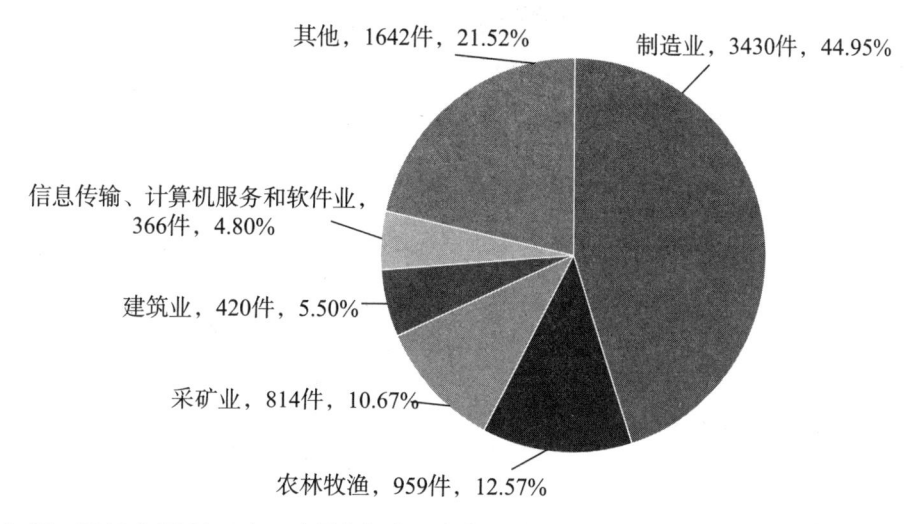

图 2-4-12 2018年至2021年，全国各级人民法院审结的环境资源行政案件行政相对人行业分布图

其中，从结案时间年度变化趋势来看，案件量年均增长率较高的为信息传输、计算机服务和软件业（年均增长212.93%）、电力、燃气及水的生产和供应（年均增长79.90%）和批发和零售（年均增长65.06%）；年均增长率较低的为交通运输（年均增长-95.82%）、教育（年均增长-91.22%）和公共管理和社会组织（年均增长-90.17%）。

（5）受教育程度分析。2018年至2021年，全国各级人民法院审结的环境资源行政案件中，从行政相对人受教育程度分布来看：小学及以下112件，占比32.84%；初中135件，占比39.59%；中专9件，占比2.64%；高中42件，占比12.32%；大专37件，占比10.85%；本科6件，占比1.76%（见图2-4-13）。

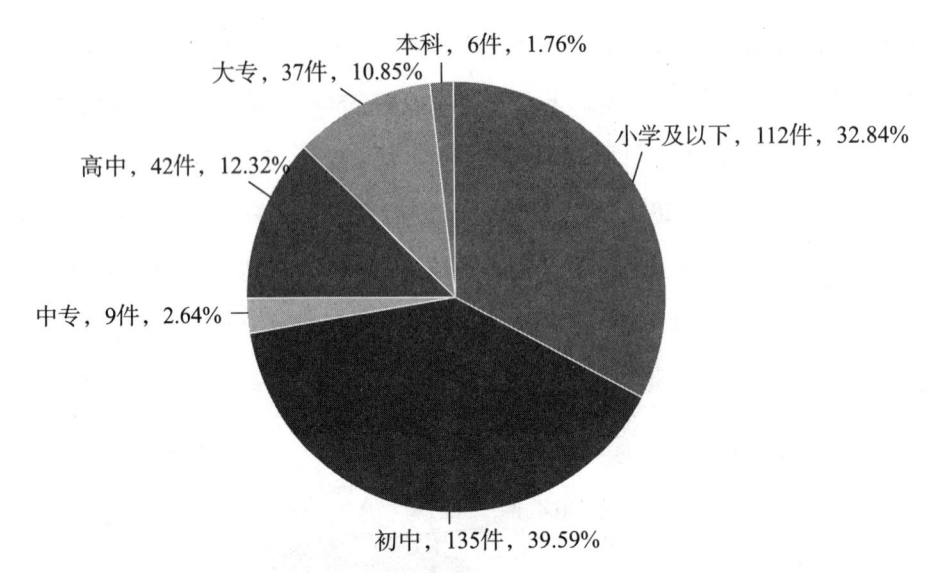

图 2-4-13 2018 年至 2021 年，全国各级人民法院审结的环境资源行政案件行政相对人受教育程度分布图

其中，从结案时间年度变化趋势来看，案件量年均增长率较高的为小学及以下（年均增长 144.85%）和中专（年均增长 0.00%）；年均增长率较低的为本科（年均增长 -100.00%）和大专（年均增长 -100.00%）。

根据数据分析，我们可以看出行政相对人具有以下特征：

从行政相对人的身份属性上看，多数为自然人（占比 80.36%）；从行政相对人的性别特征上看，多数为男性（占比 70.76%）；从行政相对人的年龄特征上看，主要集中在 30 周岁以上，其中 40~50 岁年龄段最多（占比 28.99%）；从行政相对人的受教育程度上分析，具有初中学历的自然人最多（占比 39.59%），小学及以下其次（占比 32.84%）；从行政相对人所从事的行业进行分析，主要为制造业（占比 44.95%），农林牧渔（占比 12.57%）和采矿业（占比 10.67%）其次。

从以上数据可以看出，行政相对人大多数是 40 周岁以上的男性，学历较低，囿于自身知识水平限制，多从事重体力劳动，如低端制造业、采矿业等，而这两个行业也是环境污染治理中，需要重点关注的两个行业。

根据环保部公布的《上市公司环境信息披露指南》，重污染行业涵盖了制造业和采矿业。不同行业对环境的破坏不同：制造业对环境的污染主要是空气污染、水污染和固体废物污染；采矿业对环境的破坏主要体现在水土流失、矿坑造成的地面沉降、生物多样性的破坏以及采矿过程中含化学物的废水对地下水的污染等;农林牧渔造成的污染与经营者缺乏环保意识、对环境保护认识不足,以及畜牧方式从粗放转向集约、个体型转为规模化的改变有关,个别经营者盲目追求经济发展,造成了对环境的污染。

2. 涉案行政机关类型与层级分析

第一,涉案行政机关类型。

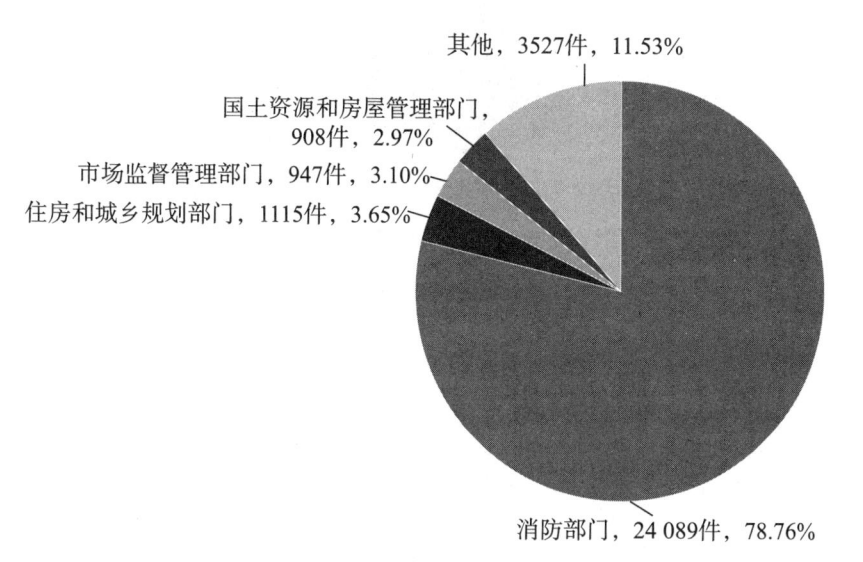

图 2-4-14 2018 年至 2021 年,全国各级人民法院审结的环境资源行政案件涉诉行政机关类型分布图

2018 年至 2021 年,全国各级人民法院审结的环境资源行政案件中,从涉诉行政机关类型分布来看:消防部门 24 089 件,占比 78.76%;住房和城乡规划部门 1115 件,占比 3.65%;市场监督管理部门 947 件,占比 3.10%;国土资源和房屋管理部门 908 件,占比 2.97%(见图 2-4-14)。

第二,从层级的角度进行分析。

2018 年至 2021 年,全国各级人民法院审结的环境资源行政案件中,从涉诉行政机关层级分布来看:市级政府部门 1.23 万件,占比 43.79%;县级政府 4849 件,占比 17.22%;县级政府部门 3398 件,占比 12.07%;乡镇政府 3298 件,占比 11.68%;其他 4291 件,占比 15.24%(见图 2-4-15)。

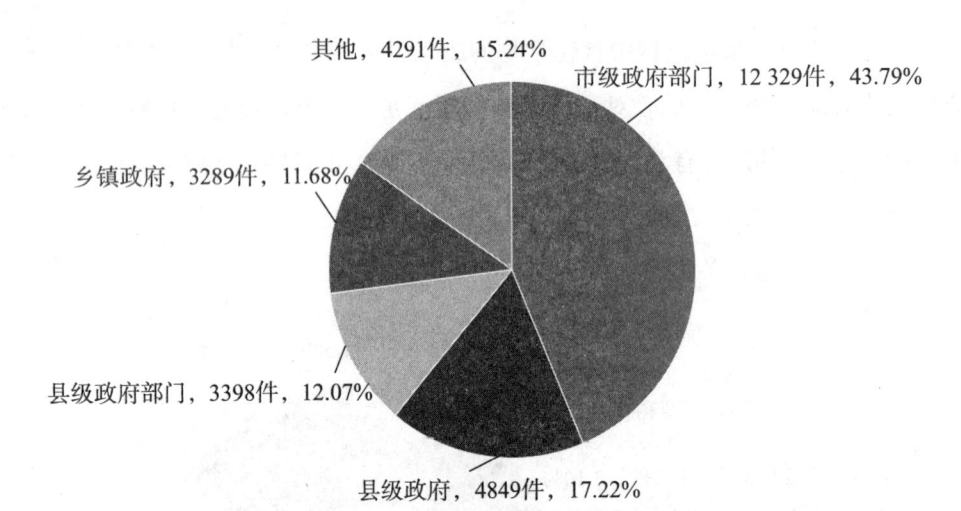

图 2-4-15　2018 年至 2021 年，全国各级人民法院审结的环境资源行政案件
涉诉行政机关层级分布图

通过两个不同的维度对涉案行政机关类型和层级进行分析，可以看到涉案行政机关具有以下特征：

涉案行政机关一半以上为政府部门（占比 55.86%），其中以消防部门为主（占比 78.76%）；涉案行政机关最多为市级政府部门（占比 43.79%），其次是县级政府（占比 17.22%）。

尽管《行政诉讼法》第 26 条第 1 款规定，公民、法人或者其他组织直接向人民法院提起诉讼的，作出行政行为的行政机关是被告。但是在实践中，一些当事人为了提高管辖级别，在作出行政行为的行政机关并非县级以上地方人民政府的情况下，将县级以上地方人民政府列为被告。对此，人民法院将裁定驳回起诉，当事人不服，还要通过二审法院终审，导致当事人的诉讼权利和合法权益得不到及时有效的救济，也浪费司法资源。为进一步推动行政争议实质性化解，最高人民法院 2021 年 3 月发布《关于正确确定县级以上地方人民政府行政诉讼被告资格若干问题的规定》，重申了行政诉讼法规定的"谁行为，谁被告"原则，同时还明确了人民法院的释明义务，引导当事人及时有效救济，推动行政纠纷实质性化解。

（三）案件审理程序分析

1. 审理程序分析

简易程序，351件，1.12%

普通程序，30 973件，98.88%

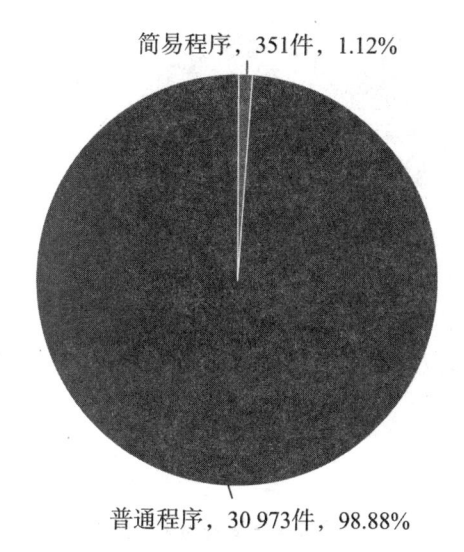

图2-4-16　2018年至2021年，全国各级人民法院审结的环境资源行政案件审理程序分布图

数据显示，2018年至2021年，全国各级人民法院审结的环境资源行政案件中，从审理程序分布来看：普通程序3.10万件，占比98.88%；简易程序351件，占比1.12%（见图2-4-16）。审理程序为普通程序的案件量最大。同时，从结案时间年度变化趋势来看，案件量年均增长率最高的为简易程序（年均增长129.39%）；年均增长率最低的为普通程序（年均增长29.79%）。

通过结合案件审理程序及审理程序的年度变化两项数据，可以发现全国各级人民法院对受理的环境资源行政案件采用普通程序进行审理的倾向明显。一般案件若采用普通程序进行审理，往往是由于案件较为复杂，需要一定长的时间用于厘清事实与阐释法律适用。环境资源类案件的审理存在取证举证难度大、因果关系认定难、鉴定难、审判专业性强等问题，因此各地有法院探索设立环境资源审判庭、合议庭以及设立人民法庭（巡回法庭）用于专门审理环境资源案件。一方面，日益增多的复杂的环境资源案件更宜由专业的团队进行综合审理，故采用普通程序进行审理贴合实际需求；另一方面，采用简易程序的案件量呈增长态势，说明基层法院为提升处理环境资源案件的效率，也会在某些认定案件事实和适用法律法规较为简单的案件中积极采用简易程序。

2. 缺席审理情况分析

缺席审理，1490件，4.76%

未缺席审理，29 834件，95.24%

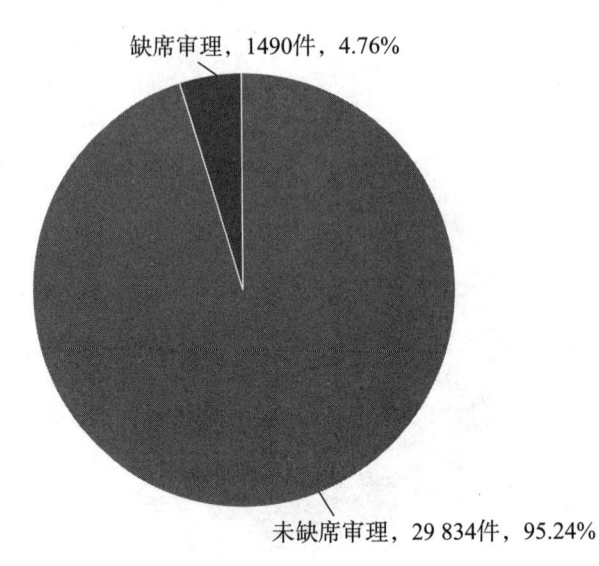

图 2-4-17　2018 年至 2021 年，全国各级人民法院审结的环境资源行政案件是否缺席审理情况图

数据显示，2018 年至 2021 年，全国各级人民法院审结的环境资源行政案件中，从是否缺席审理情况来看：未缺席审理 2.98 万件，占比 95.24%；缺席审理 1490 件，占比 4.76%（见图 2-4-17）。未缺席审理的案件量最大。同时，从结案时间年度变化趋势来看，案件量年均增长率最高的为未缺席审理（年均增长 35.43%）；年均增长率最低的为缺席审理（年均增长 -33.68%）。缺席审理的情况占比极低，同时缺席审理的案件量的年均增长也呈下降趋势，这意味着作为被告的行政主体积极应诉，一方面在积极配合法院审理查明事实，另一方面也是在正面回应其作出的行政行为是否符合法律规定与符合法定程序。在原告、被告双方均配合出庭进行审理的情况下，有利于对诉讼双方的诉权进行充分保障，同时有利于案件事实的查明与争议焦点的明晰，充分发挥司法程序的作用。

3. 审理周期分析

数据显示，2018 年至 2021 年，全国各级人民法院审结的环境资源行政案件中，从审理周期分布来看，各审理周期及其占比分别为：30 天以下 417 件，占比 3.94%；30 天至 90 天 2770 件，占比 26.15%；90 天至 180 天 5256 件，占比 49.63%；180 天至 365 天 1434 件，占比 13.54%；超过 365 天 714 件，占比 6.74%（见图 2-4-18）。其中，审理周期为 90 天至 180 天的案件量最大。同时，从结案时间年度变化趋势来看，案件量年均增长率较高的审理周期为180天至365天（年均增长-99.55%）和30天以内（年均增长-99.81%）；年均增长率较低的为30天至90天（年均增长-99.96%）和365天以上（年均增长-99.95%）。

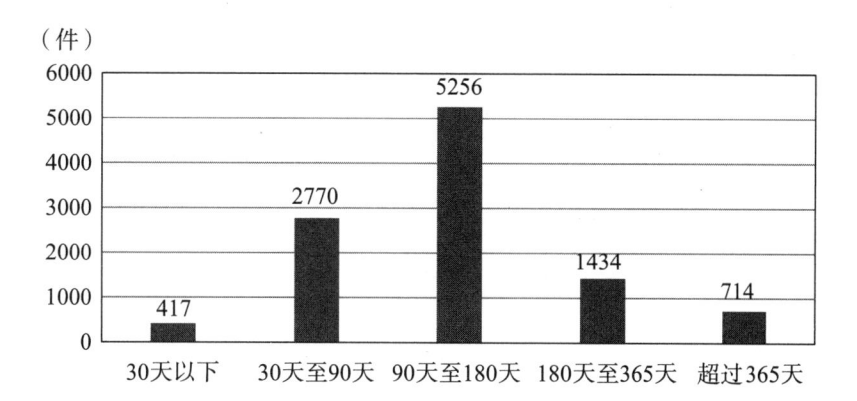

图2-4-18 2018年至2021年，全国各级人民法院审结的环境资源行政案件审理周期年度变化趋势图

结合数据及数据的变化幅度，一方面，我们可以看到环境资源行政案件审理周期固定在90天至180天的案件量最多且数量占比的年度变化不大，说明绝对多数案件均需要90天到180天的时长来审理案件。这意味着，用普通程序进行审理的绝对多数环境资源行政案件仍旧存在案情复杂、认定事实与适用法律有困难的情况。

（四）案件审理结果分析

1. 争议焦点分析

表2-4-1 2018年至2021年，全国各级人民法院审结的环境资源行政案件争议焦点分布表

争议焦点	次数	占比
行政行为合法性	4377次	43.81%
主体资格	1424次	14.25%
是否违反法定程序	860次	8.61%
适用法律、法规是否正确	546次	5.46%
事实是否清楚	542次	5.42%
案件受理范围	512次	5.12%
诉请是否应予支持	508次	5.08%

续表

争议焦点	次数	占比
是否不履行/怠于履行职责	302次	3.02%
诉讼时效	244次	2.44%
行政行为合理性	226次	2.26%
是否应当补偿	167次	1.67%
起诉条件	112次	1.12%
超越职权	53次	0.53%
重复起诉	39次	0.39%
明显不当	30次	0.30%
滥用职权	28次	0.28%
是否应该赔偿	21次	0.21%

2018年至2021年，全国各级人民法院审结的环境资源行政案件中，从争议焦点分布来看[1]：行政行为合法性4377次，占比43.81%；主体资格1424次，占比14.25%；是否违反法定程序860次，占比8.61%；适用法律、法规是否正确546次，占比5.46%；事实是否清楚542次，占比5.42%；案件受理范围512次，占比5.12%；诉请是否应予支持508次，占比5.08%；是否不履行/怠于履行职责302次，占比3.02%；诉讼时效244次，占比2.44%；行政行为合理性226次，占比2.26%；是否应当补偿167次，占比1.67%；起诉条件112次，占比1.12%；超越职权53次，占比0.53%；重复起诉39次，占比0.39%；明显不当30次，占比0.30%；滥用职权28次，占比0.28%；是否应该赔偿21次，占比0.21%。其中，行政行为合法性出现频次最高，占比43.81%（见表2-4-1）。

根据行政案件的特点，一般情况下，行政纠纷的争议焦点都会包含行政行为的合法性，因此环境资源行政案件也显示出同样的特性，故行政行为合法性这一争议焦点频次较高。环境资源行政案件往往涉及两方面：一是对行政机关行政行为的合法性的考察，包括其合法性和裁量的合理性；二是对行政机关不作为/怠于作为的监督，起

---

[1] 全国各级人民法院审结的环境资源行政案件中共检索到存在争议焦点关键词的共5685件，但因同一案件会涉及多个争议焦点，故出现1次即计入1次，不同类型争议焦点出现次数总计8332次。

诉的主要目的在于督促环境保护行政主管部门依法履行职责,加强信息公开。这两方面的问题实质是在讨论行政行为合法性的问题。同时,是否违反法定程序、超越职权、滥用职权、明显不当、事实是否清楚、适用法律与法规是否正确等争议焦点实为对行政行为合法性这一争议焦点的细化,这几个争议焦点较为同频地出现在争议焦点的内容中;是否具有主体资格、是否属于受理范围与诉请是否应予支持等属于法院审理案件普遍会产生的争议焦点,在环境资源行政案件的争议焦点中同样存在。

2.案件结案方式与案件裁决结果分析

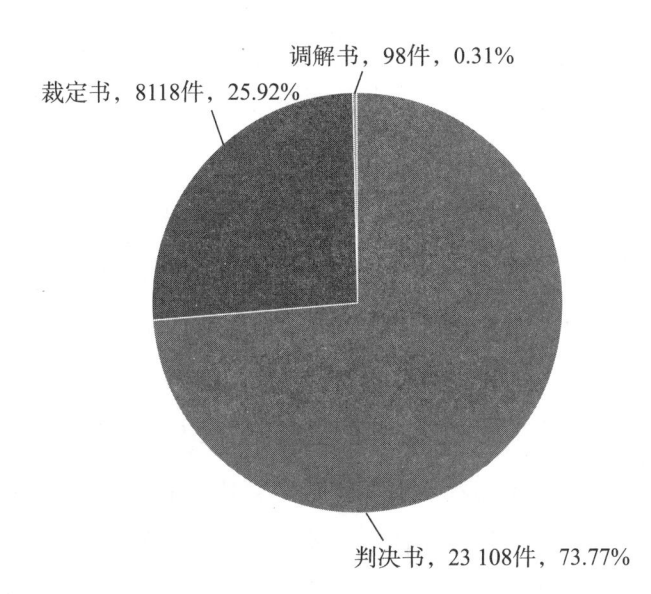

图 2-4-19 2018 年至 2021 年,全国各级人民法院审结的环境资源行政案件文书类型分布图

数据显示,2018 年至 2021 年,全国各级人民法院审结的环境资源行政案件中,从文书类型分布来看:判决书 2.31 万件,占比 73.77%;裁定书 8118 件,占比 25.92%;调解书 98 件,占比 0.31%(见图 2-4-19)。其中,以判决结案的案件量最大,占比 73.77%。同时,从结案时间年度变化趋势来看,案件量年均增长率最高的为裁定书(年均增长 41.28%);年均增长率最低的为调解书(年均增长 -48.80%)。

表 2-4-2 2018 年至 2021 年,全国各级人民法院审结的环境资源行政案件判决结果分布表

判决结果	件数	所占百分比
不予受理	17 件	0.05%
准许撤诉	142 件	0.45%

续表

判决结果	件数	所占百分比
按撤诉处理	4 件	0.01%
支持原告的诉讼请求	10 220 件	32.63%
移送他院	22 件	0.07%
裁定	1033 件	3.30%
调解	98 件	0.31%
部分支持部分驳回	2195 件	7.01%
驳回原告诉讼请求	10 693 件	34.14%
驳回起诉	6900 件	22.03%

数据显示，2018 年至 2021 年，全国各级人民法院审结的环境资源行政案件中，从判决结果分布来看：不予受理 17 件，占比 0.05%；准许撤诉 142 件，占比 0.45%；按撤诉处理 4 件，占比 0.01%；支持原告的诉讼请求 10 220 件，占比 32.63%；移送他院 22 件，占比 0.07%；裁定 1033 件，占比 3.30%；调解 98 件，占比 0.31%；部分支持部分驳回 2195 件，占比 7.01%；驳回原告诉讼请求 10 693 件，占比 34.14%；驳回起诉 6900 件，占比 22.03%（见表 2-4-2）。其中，判决结果为驳回原告诉讼请求的案件量最大，占比 34.14%。同时，从结案时间年度变化趋势来看，案件量年均增长率高的为移送他院和裁定；年均增长率低的为准许撤诉和调解。裁决结果与结案方式是对应的，因此对这两项数据结合进行分析。

根据数据显示的结果，可以推断全国各级人民法院审理环境资源行政案件时多以判决的方式结案，侧面说明判决结案方式仍为首选；而以裁定方式结案的案件量也占一定数量，说明有一定数量的审理案件涉及程序性问题，尚未进入实体审理阶段即审结；而以调解方式结案的数量极少，原因在于，一是考虑到司法实务中会以判决书的形式固化调解结果，因此有调解结案的案件但以判决的形式审结；二是环境资源行政案件对多元解纷机制的运用尚不够充分，这也提示环境资源行政案件需要更多地发挥行政调解、人民调解等非诉讼纠纷解决机制，贯彻"调解优先、调判结合"的审判工作原则。

具体而言，判决结果为判决支持原告的诉讼请求、驳回原告诉讼请求与驳回起诉三类的案件数量居绝对多数，通过整合，可以发现法院支持原告诉讼请求的案件量占比 33% 左右，驳回原告诉讼请求的案件量占比 34% 左右，二者案件量对比相差不大。

3. 作为案件裁判依据的法条引用分析

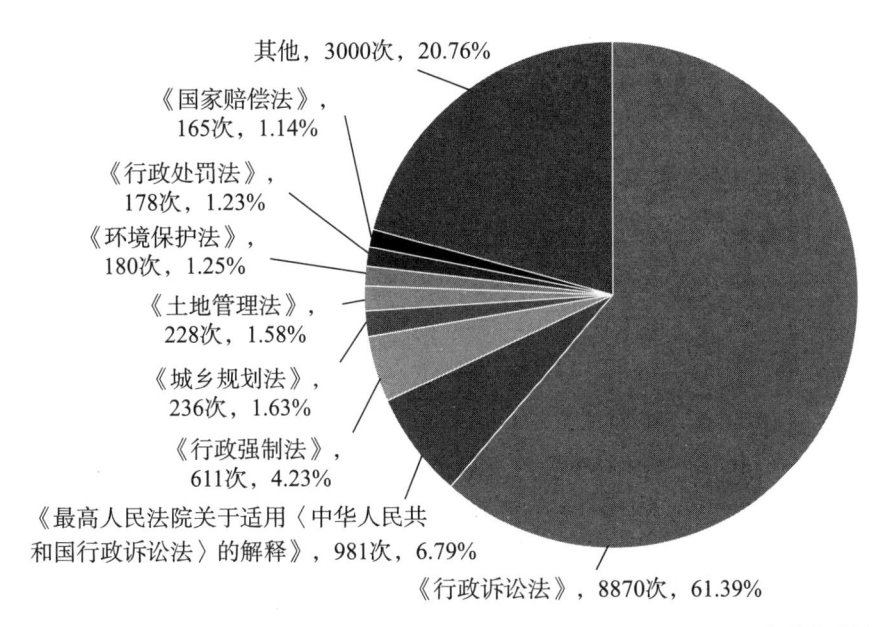

图 2-4-20 2018 年至 2021 年，全国各级人民法院审结的环境资源行政案件中法律被引用次数分布图

数据显示，2018 年至 2021 年，全国各级人民法院审结的环境资源行政案件中，从法律被引用次数分布来看，《行政诉讼法》被引用 8870 次，占比 61.39%；《最高人民法院关于适用〈中华人民共和国行政诉讼法〉的解释》被引用 981 次，占比 6.79%；《行政强制法》被引用 611 次，占比 4.23%；《城乡规划法》被引用 236 次，占比 1.63%；《土地管理法》被引用 228 次，占比 1.58%；《环境保护法》被引用 180 次，占比 1.25%；《行政处罚法》被引用 178 次，占比 1.23%；《国家赔偿法》被引用 165 次，占比 1.14%；其他法律被引用 3000 次，占比 20.76%（见图 2-4-20）。

以上数据显示，在环境资源行政案件中，行政类法律法规被引用次数最多，特别是适用《行政诉讼法》《最高人民法院关于适用〈中华人民共和国行政诉讼法〉的解释》与《行政强制法》的占比较多。一方面，适用行政类法律法规最多符合行政案件的特征；另一方面，法条引用的类型呈现了环境资源行政案件主要涉及的领域。从行政行为来看，审理的案件主要是因行政处罚与行政强制行为而引起；从发生行业或领域来看，审理的案件主要发生在土地管理与城乡规划两个领域。根据引用法条的集中性，由于引发案件的行政行为与发生领域的类型均集中且量多，故各级法院法官可以提升对这几类法律的钻研，提升适用法律的业务能力。

第五节
环境公益诉讼案件特征与趋势

一、公益诉讼案件整体情况

（一）公益诉讼案件年度分布情况

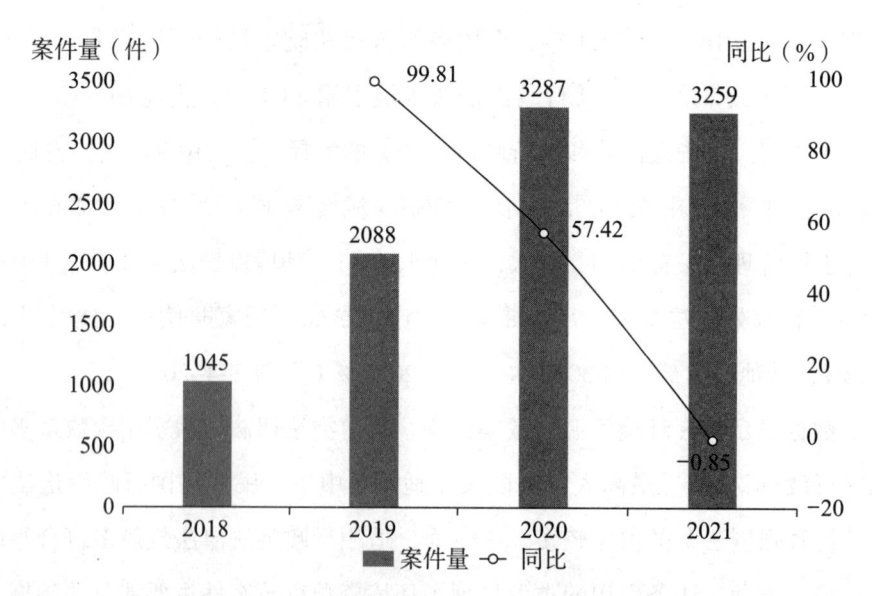

图 2-5-1　2018 年至 2021 年，全国各级人民法院审结的环境公益诉讼案件结案时间年度变化趋势图

目前，中国已经走出了一条从下到上、从点到面的环境司法专门化路径。最高人民法院通过制定司法政策的方式开辟中国的绿色司法道路，结合我国诉讼制度和司法

体制改革实行了"二合一""三合一""审执合一"等审判模式、司法适度介入等绿色职权主义审判机制，以更好适应环境司法的需要，体现出参与式诉讼的特点。与此同时，积极总结推广地方法院探索的公益诉讼专项资金、环境保护禁止令、跨行政区划集中管辖、司法建议书等体现环境司法特点的工作方式，逐步形成遵循自然规律、坚持保护优先、促进绿色发展等"绿色"司法理念。

如图2-5-1所示，环境公益诉讼案件量在2018至2020年案件量均呈上升趋势，其中2018年审结1045件，2019年审结2088件，同比上升99.81%，2020年审结3287件，同比上升57.42%；2021年审结3259件，与2020年基本持平。

最高人民法院和最高人民检察院单独或联合出台相关司法解释，就社会组织、检察机关提起的环境民事公益诉讼以及省级或地市级人民政府提起的生态环境损害赔偿诉讼案件规定专门审判程序和裁判规则。同时，针对部分环境资源案件仍然由传统审判庭审理的情况，制定司法解释为审理相关案件时提供法律适用指导，统一裁判标准；发布典型案例为在案件中贯彻"绿色司法"理念提供指引。保证环境司法既满足环境公益诉讼、生态环境损害赔偿诉讼等新类型案件的审判专门化需求，也兼顾相关案件在传统刑事、民事、行政诉讼架构内实现"绿色化"调整。

2020年，环境资源审判组织体系已经成型。2020年，全国环境资源专门审判机构数量同比增长47.30%，形成"高级法院普遍设立、中基层法院按需设立"的格局，例如，浙江省建成省市县三级全覆盖的环境资源审判体系，江苏省建立以南京环境资源法庭为核心的"9+1"环境资源审判体系，甘肃省建立"点、线、面"相结合的环境资源审判体系。

（二）案件类型分布情况

我国现有的环境诉讼程序规则依托《刑事诉讼法》《民事诉讼法》和《行政诉讼法》，因此环境公益诉讼分为民事公益诉讼和行政公益诉讼，其中刑事附带民事公益诉讼是民事公益诉讼的特殊样态。

2018年至2021年，全国各级人民法院审结的环境公益诉讼案件中，从案件类型分布来看：刑事附带民事公益诉讼8274件，占比96.99%；民事公益诉讼189件，占比2.22%；行政公益诉讼68件，占比0.79%（见图2-5-2）。刑事附带民事公益诉讼的案件量最大，占比96.99%。其中，从结案时间年度变化趋势来看，案件量年均增长率最高的刑事附带民事公益诉讼（年均增长50.78%）；年均增长率最低的为行政公益诉讼

（年均增长 –36.02%）。

民事公益诉讼，2.22%　行政公益诉讼，0.79%

刑事附带民事公益诉讼，96.99%

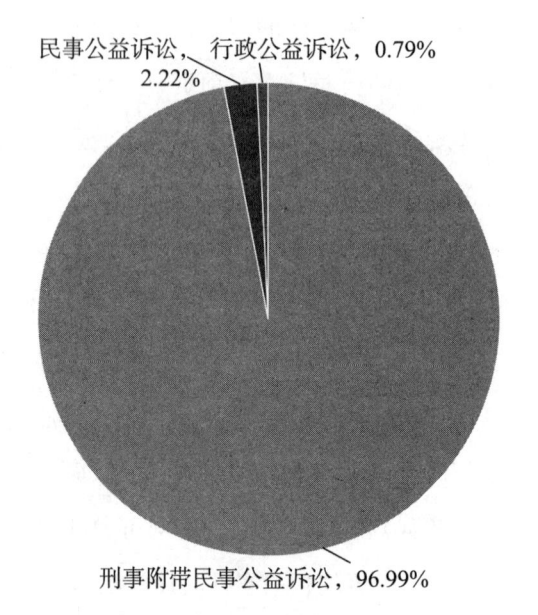

图 2-5-2　2018 年至 2021 年，全国各级人民法院审结的环境公益诉讼案件类型分布图

以上数据显示，刑事附带民事公益诉讼占有绝对优势。环境刑事附带民事公益诉讼制度是一项中国特色的客观诉讼机制，这项制度有助于法院在审判中贯彻生态修复审判理念，分析侵害人应负刑事责任与民事责任之间的关联性，打破惩罚与救济的界限，展现刑事价值观的蜕变。从而达到维护社会秩序、保障环境公共利益的目的。环境资源刑事附带民事公益诉讼案件主要集中在非法捕捞水产品、非法占用农用地、滥伐盗伐林木、严重污染环境、破坏野生动植物资源及非法采矿等方面。

（三）地域分布情况

2018 年至 2021 年，全国各级人民法院审结的环境公益诉讼案件中，从地区分布来看，案件量较大的地区及其占比分别为：四川省 1137 件，占比 11.75%；贵州省 701 件，占比 7.24%；安徽省 548 件，占比 5.66%；广东省 513 件，占比 5.3%；湖南省 487 件，占比 5.03%；江西省 425 件，占比 4.39%（见表 2-5-1）。

表 2-5-1　2018 年至 2021 年，全国各级人民法院审结的环境公益诉讼案件地区分布表

地区	案件量（件）	占比	地区	案件量（件）	占比	地区	案件量（件）	占比
四川省	1137	11.75%	云南省	381	3.94%	山西省	133	1.37%

续表

地区	案件量（件）	占比	地区	案件量（件）	占比	地区	案件量（件）	占比
贵州省	701	7.24%	江苏省	357	3.69%	上海市	98	1.01%
安徽省	548	5.66%	黑龙江省	354	3.66%	新疆维吾尔自治区	74	0.76%
广东省	513	5.3%	河北省	341	3.52%	青海省	60	0.62%
湖南省	487	5.03%	山东省	321	3.32%	宁夏回族自治区	52	0.54%
江西省	425	4.39%	广西壮族自治区	285	2.94%	海南省	39	0.4%
辽宁省	423	4.37%	内蒙古自治区	261	2.7%	北京市	29	0.3%
浙江省	421	4.35%	吉林省	256	2.64%	西藏自治区	24	0.25%
湖北省	414	4.28%	陕西省	244	2.52%	天津市	21	0.22%
河南省	406	4.19%	重庆市	234	2.42%	兵团	16	0.17%
福建省	402	4.15%	甘肃省	222	2.29%			

其中，从结案时间年度变化趋势来看，案件量年均增长率较高的地区为上海市（年均增长173.69%）、福建省（年均增长160.61%）和贵州省（年均增长157.97%）；年均增长率较低的为新疆维吾尔自治区（年均增长-17.45%）、青海省（年均增长-26.32%）和宁夏回族自治区（年均增长-28.62%）。

（四）环境资源类型分布情况

2018年至2021年，全国各级人民法院审结的整体环境公益诉讼案件中，从环境资源类型分布来看，生态保护类案件共5290件，占比56.82%；气候变化应对类案件共1387件，占比14.9%；环境污染防治类案件共1337件，占比14.36%；资源开发利用类案件共计1142件，占比12.27%；生态环境治理与服务类案件共154件，占比1.65%（见图2-5-3）。

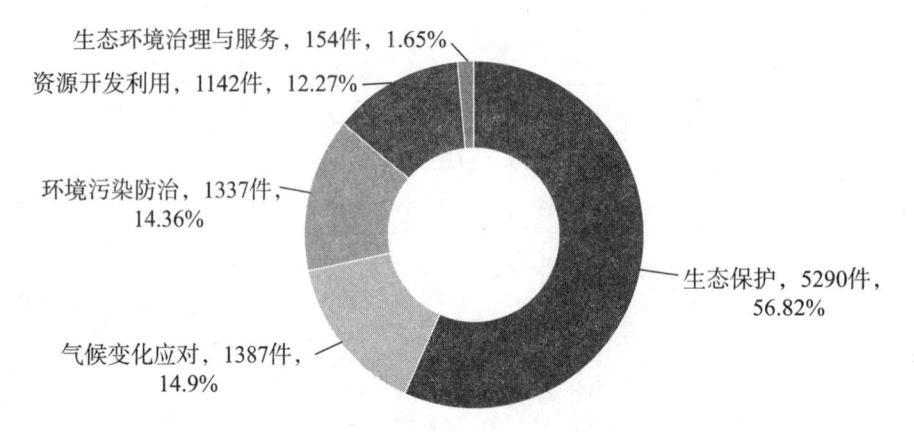

生态环境治理与服务，154件，1.65%
资源开发利用，1142件，12.27%
环境污染防治，1337件，14.36%
气候变化应对，1387件，14.9%
生态保护，5290件，56.82%

图 2-5-3　2018 年至 2021 年，全国各级人民法院审结的环境公益诉讼案件类型分布图

（五）法院层级分布情况

中级人民法院，581件，6.24%
基层人民法院，8729件，93.76%

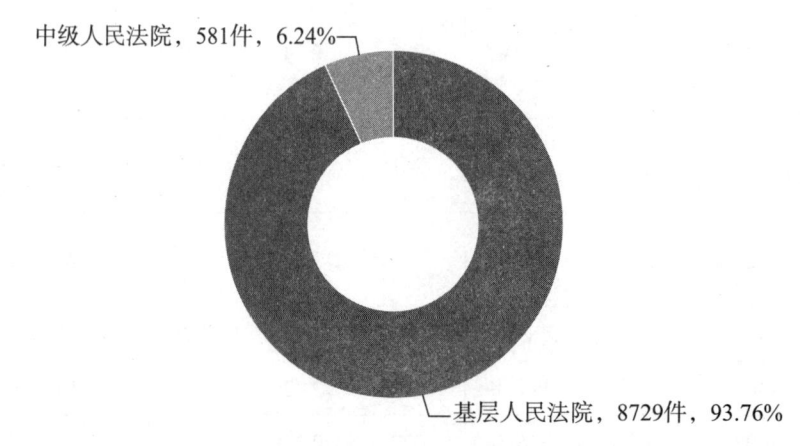

图 2-5-4　2018 年至 2021 年，全国各级人民法院审结的环境公益诉讼案件法院层级分布图

2018 年至 2021 年，全国各级人民法院审结的环境公益诉讼案件中，从法院层级分布来看，各法院层级及其占比分别为：基层人民法院 8729 件，占比 93.76%；中级人民法院 581 件，占比 6.24%（见图 2-5-4）。

其中，从结案时间年度变化趋势来看，案件量年均增长率最高的法院层级为中级人民法院（年均增长 47.61%）；年均增长率最低的为基层人民法院（年均增长 47.27%）。

（六）审理法院分布

表 2-5-2　2018 年至 2021 年，全国各级人民法院审结的环境公益诉讼案件审理法院分布表

审理法院	案件量（件）	比例
其他	8675	93.18%
遵义市福州区人民法院	82	0.88%
岫岩满族自治县人民法院	79	0.85%
德江县人民法院	70	0.75%
重庆市江津区人民法院	66	0.71%
东台市人民法院	64	0.69%
芜湖市镜湖区人民法院	63	0.68%
会理县人民法院	63	0.68%
灌南县人民法院	54	0.58%
人民铁路运输法院	53	0.57%
陇南市武都区人民法院	41	0.44%

2018 年至 2021 年，全国各级人民法院审结的环境公益诉讼案件中，从审理法院分布来看，案件量较大的审理法院及其占比分别为：贵州省遵义市福州区人民法院 82 件，占比 0.88%；辽宁省鞍山市岫岩满族自治县人民法院 79 件，占比 0.85%；贵州省铜仁市德江县人民法院 70 件，占比 0.75%；重庆市江津区人民法院 66 件，占比 0.71%；江苏省东台市人民法院 64 件，占比 0.69%（见表 2-5-2）。

（七）审理程序分析

1. 未缺席审理的案件量较大，占比 98.65%

2018 年至 2021 年，全国各级人民法院审结的环境公益诉讼案件中，从是否缺席审理来看：未缺席审理 9184 件，占比 98.65%；缺席审理 126 件，占比 1.35%（见图 2-5-5）。

缺席审理，126件，1.35%

未缺席审理，9484件，98.65%

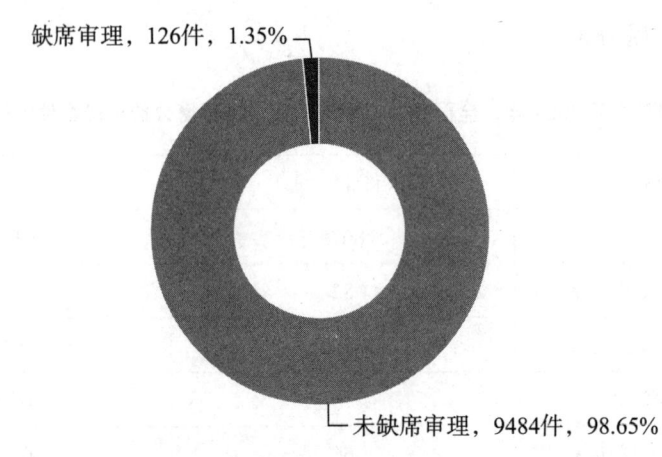

图 2-5-5 2018 年至 2021 年，全国各级人民法院审结的环境公益诉讼案件是否缺席审理分布图

其中，从结案时间年度变化趋势来看，案件量年均增长率最高的为未缺席审理（年均增长 47.53%）；年均增长率最低的为缺席审理（年均增长 4.55%）。

2. 审理周期

2018 年至 2021 年，全国各级人民法院审结的环境公益诉讼案件中，从平均审理周期年度变化趋势来看，2018 年平均审理周期为 90.52 天，2019 年平均审理周期为 98.56 天，2020 年平均审理周期为 99.78 天，2021 年平均审理周期为 135.52 天。2021 年环境公益诉讼案件审理周期明显变长（见图 2-5-6）。

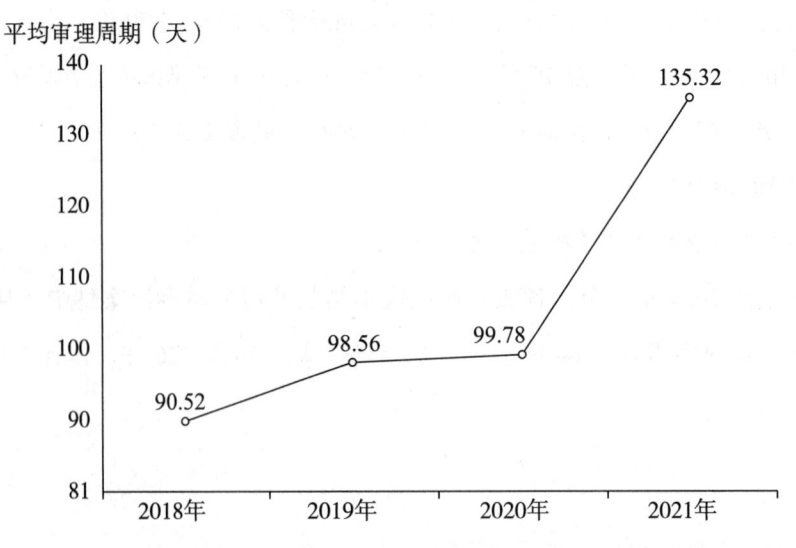

图 2-5-6 2018 年至 2021 年，全国各级人民法院审结的环境公益诉讼案件平均审理周期年度变化趋势图

（八）法律法条引用分析

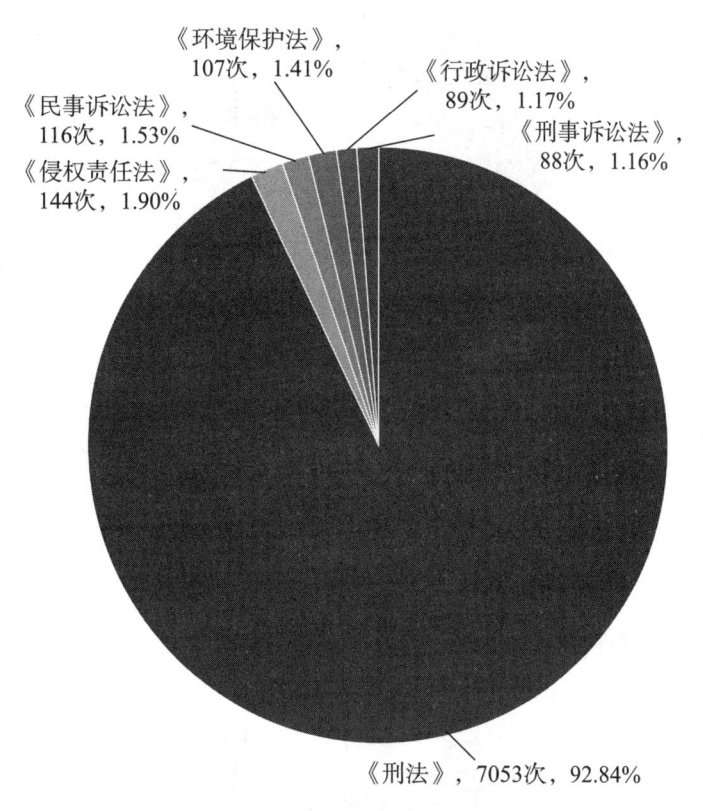

图 2-5-7　2018 年至 2021 年，全国各级人民法院审结的环境公益诉讼案件中法律被引用次数分布图

2018 年至 2021 年，全国各级人民法院审结的环境公益诉讼案件中，从法律被引用次数分布来看，《刑法》被引用 7053 次，占比 92.84%；《侵权责任法》被引用 144 次，占比 1.90%；《民事诉讼法》被引用 116 次，占比 1.53%；《环境保护法》被引用 107 次，占比 1.41%；《行政诉讼法》被引用 89 次，占比 1.17%；《刑事诉讼法》被引用 88 次，占比 1.16%（见图 2-5-7）。

以上数据显示，环境公益诉讼案件以刑事附带民事诉讼占比较大；民事法律适用高于环境资源法律适用。

（九）公益诉讼主体分析

2018 年至 2021 年，全国各级人民法院审结的环境公益诉讼案件中，从公益诉讼主体分布来看：检察院 8029 件，占比 97.85%；社会组织 176 件，占比 2.15%（见图 2-5-8）。

社会组织，176件，2.15%

检察院，8029件，97.85%

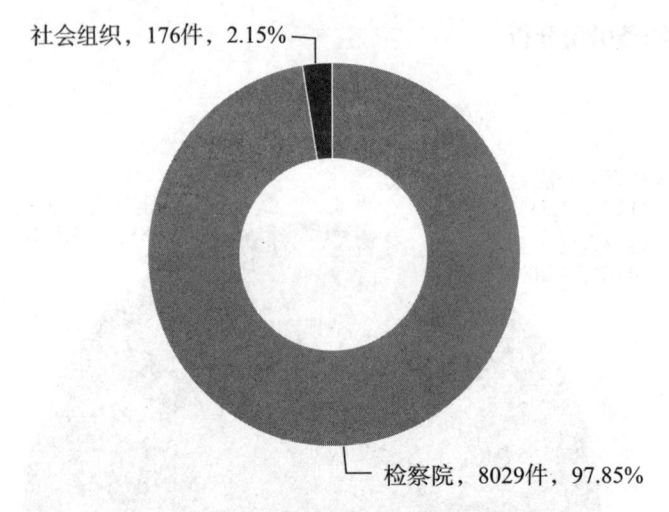

图 2-5-8　2018 年至 2021 年，全国各级人民法院审结的环境公益诉讼案件公益诉讼主体分布图

其中，从结案时间年度变化趋势来看，案件量年均增长率高的主体为检察院（年均增长 50.70%）；年均增长率低的主体为社会组织（年均增长 -22.54%）。

（十）鉴定情况分析

进行鉴定的案件量最大，占比 67.92%。

未使用鉴定报告，2987件，32.08%

使用鉴定报告，6323件，67.92%

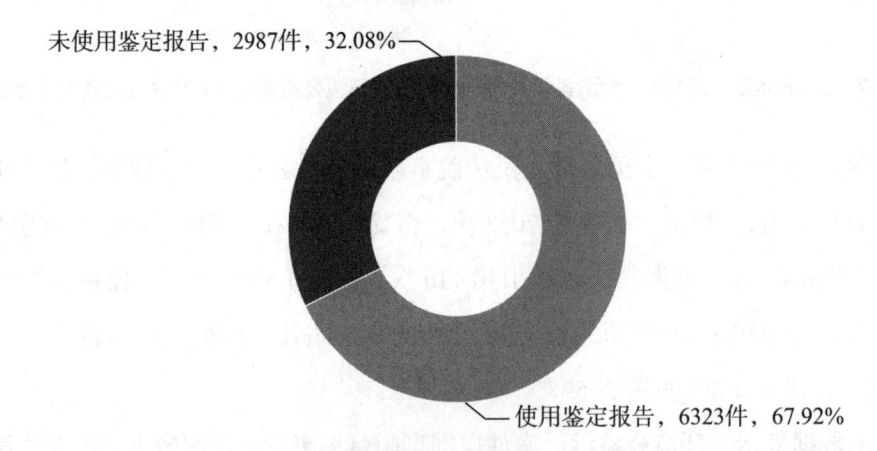

图 2-5-9　2018 年至 2021 年，全国各级人民法院审结的资源公益诉讼案件使用鉴定报告情况分布图

2018 年至 2021 年，全国各级人民法院审结的资源公益诉讼案件中，从鉴定情况分布来看：使用鉴定报告 6323 件，占比 67.92%；未使用鉴定报告 2987 件，占比 32.08%（见图 2-5-9）。

其中，从结案时间年度变化趋势来看，案件量年均增长率高的为进行鉴定（年均增长48.75%）；年均增长率低的为未鉴定（年均增长44.38%）。

二、检察机关提起的公益诉讼情况分析

（一）检察机关提起的公益诉讼案件年度分布情况

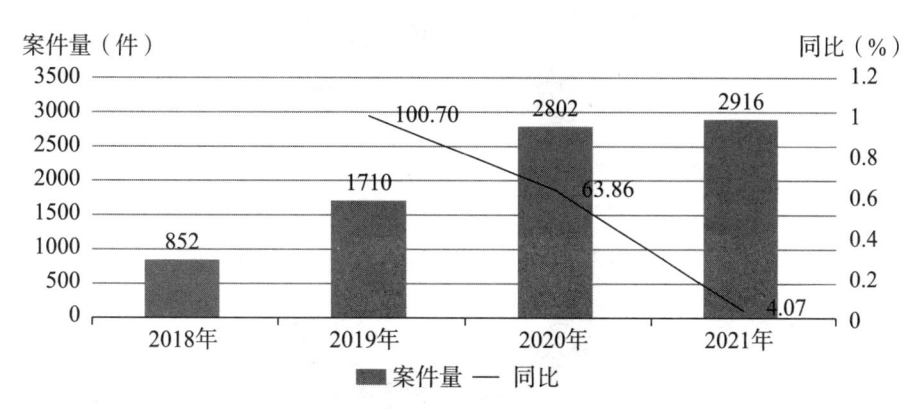

图 2-5-10　2018 年至 2021 年，全国各级人民法院审结的检察机关提起环境公益诉讼案件结案时间年度变化趋势图

2018 年至 2021 年，全国各级人民法院审结的检察机关提起环境公益诉讼案件共计 8280 件。按结案时间来看，其中，2018 年审结 852 件；2019 年审结 1710 件，同比上升 100.70%；2020 年审结 2802 件，同比上升 63.86%；2021 年审结 2916 件，同比上升 4.07%（见图 2-5-10）。

（二）案件类型分布情况

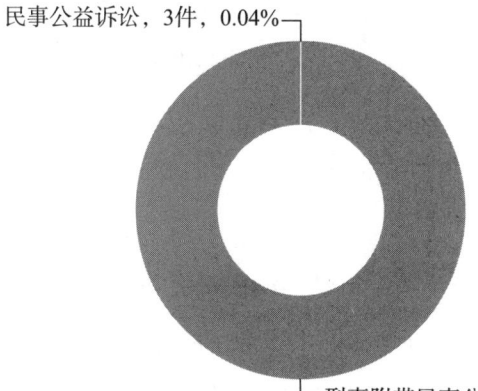

图 2-5-11　2018 年至 2021 年，全国各级人民法院审结的检察机关提起环境公益诉讼案件案件类型分布图

2018年至2021年，全国各级人民法院审结的检察机关提起环境公益诉讼案件中，从案件类型分布来看：刑事附带民事公益诉讼8026件，占比99.96%；民事公益诉讼3件，占比0.04%（见图2-5-11）。

（三）地域分布情况

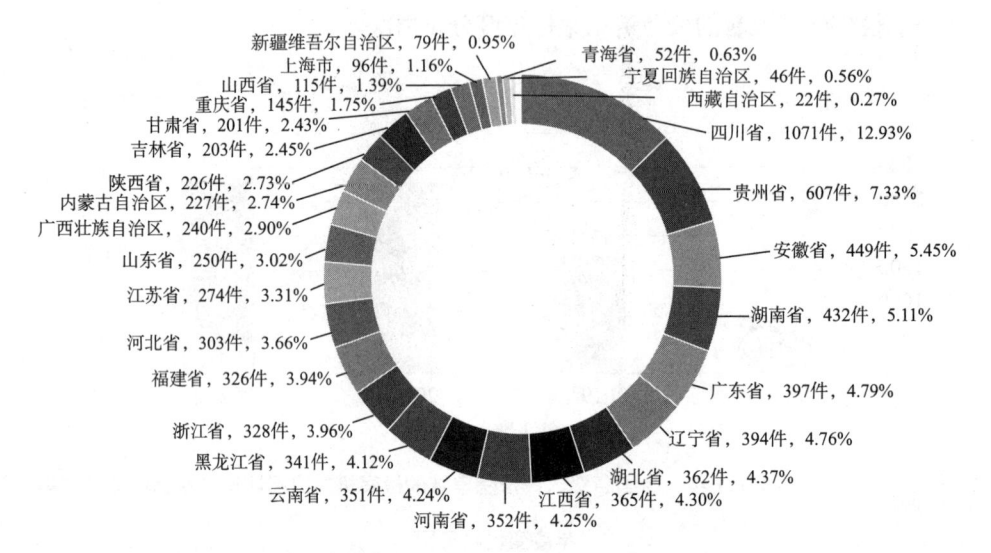

图2-5-12 2018年至2021年，全国各级人民法院审结的检察机关提起环境公益诉讼案件地区分布图

2018年至2021年，全国各级人民法院审结的检察机关提起环境公益诉讼案件中，从地区分布来看，案件量较大的地区及其占比分别为：四川省1071件，占比12.93%；贵州省607件，占比7.33%；安徽省449件，5.45%；湖南省423件，5.11%；广东省397件，占比4.79%（见图2-5-12）。

其中，从结案时间年度变化趋势来看，案件量年均增长率较高的地区为上海市（年均增长244.82%）、福建省（年均增长168.39%）和贵州省（年均增长157.97%）；年均增长率较低的为新疆维吾尔自治区（年均增长-7.45%）、青海省（年均增长-26.32）、宁夏回族自治区（年均增长-28.62）。

（四）环境资源类型分布情况

2018年至2021年，全国各级人民法院审结的检察机关作为诉讼主体的环境公益诉讼案件中，从类型分布来看，生态保护类案件共5367件，占比60.00%；气候变化应对类案件共1405件，占比15.71%；资源开发利用类案件共计1126件，占比12.59%；环境污染防治类案件共1046件，占比11.69%；生态环境治理与服务类案件共1件，占比 0.01%（见图 2-5-13）。

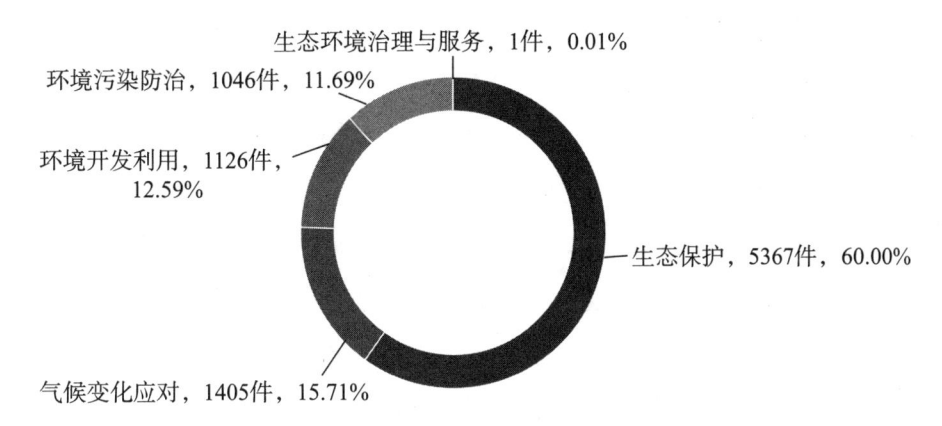

图 2-5-13　2018 年至 2021 年，全国各级人民法院审结的检察机关作为诉讼主体的环境公益诉讼案件类型分布图

（五）法院层级分布情况

2018 年至 2021 年，全国各级人民法院审结的检察机关提起环境公益诉讼案件中，从法院层级分布来看：基层人民法院 7992 件，占比 96.52%；中级人民法院 282 件，占比 3.41%；高级人民法院 6 件，占比 0.07%（见图 2-5-14）。

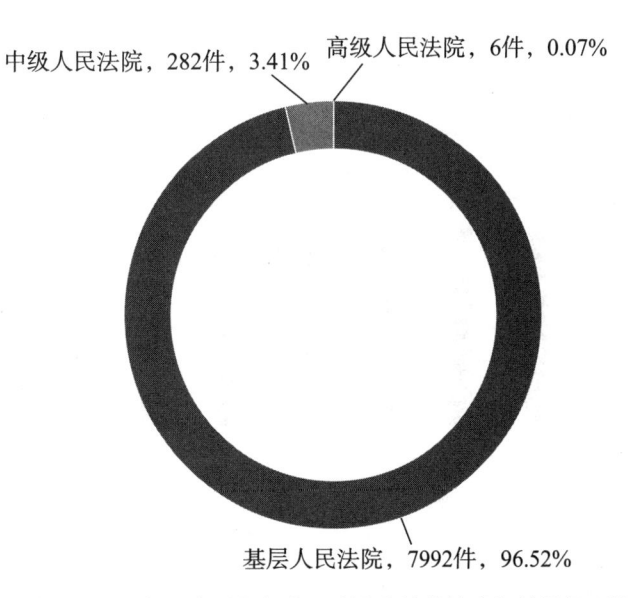

图 2-5-14　2018 年至 2021 年，全国各级人民法院审结的检察机关提起环境公益诉讼案件法院层级分布图

其中，从结案时间年度变化趋势来看，案件量年均增长率最高的法院层级为中级人民法院（年均增长 95.74%），其次为基层人民法院（年均增长 49.69%）。

从前面的检察机关提起环境公益诉讼案件中案件类型分布情况的数据，我们可以看出刑事附带民事公益诉讼类型占比高达 99.96%。《最高人民法院、最高人民检察院关于检察公益诉讼案件适用法律若干问题的解释》（2020 年修正）第 20 条规定："人民检察院对破坏生态环境和资源保护，食品药品安全领域侵害众多消费者合法权益，侵害英雄烈士等的姓名、肖像、名誉、荣誉等损害社会公共利益的犯罪行为提起刑事公诉时，可以向人民法院一并提起附带民事公益诉讼，由人民法院同一审判组织审理。人民检察院提起的刑事附带民事公益诉讼案件由审理刑事案件的人民法院管辖。"

（六）审理法院分布

2018 年至 2021 年，全国各级人民法院审结的检察机关提起环境公益诉讼案件中，从审理法院分布来看，案件量较大的审理法院分别为辽宁省鞍山市岫岩满族自治县人民法院（79 件）、贵州省铜仁市德江县人民法院（67 件）、四川省凉山彝族自治州会理县人民法院（63 件）、江苏省东台市人民法院（62 件）、贵州省遵义市播州区人民法院（54 件）、上海铁路运输法院（53 件）、安徽省芜湖市镜湖区人民法院（53 件）（见图 2-5-15）。

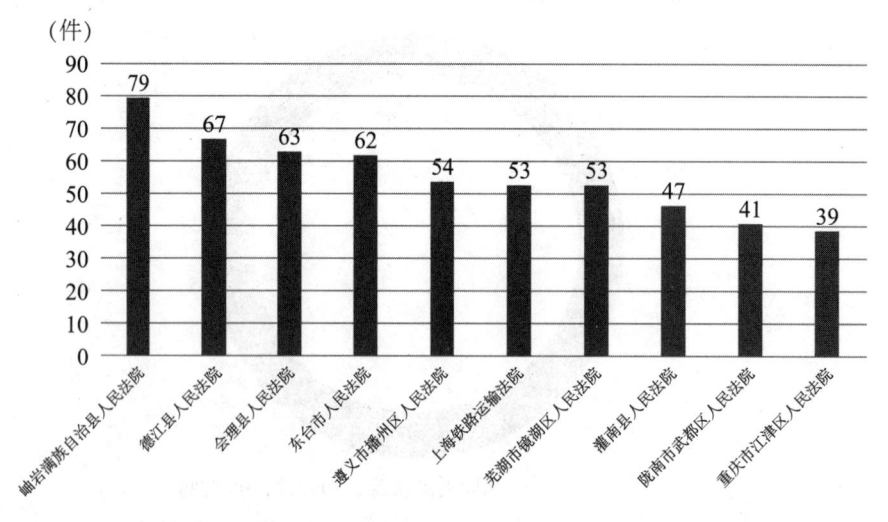

图 2-5-15 2018 年至 2021 年，全国各级人民法院审结的检察机关提起环境公益诉讼案件审理法院分布图

（七）审理程序分析

1. 缺席审理的情况

缺席审理，27件，0.33%

未缺席审理，8253件，99.67%

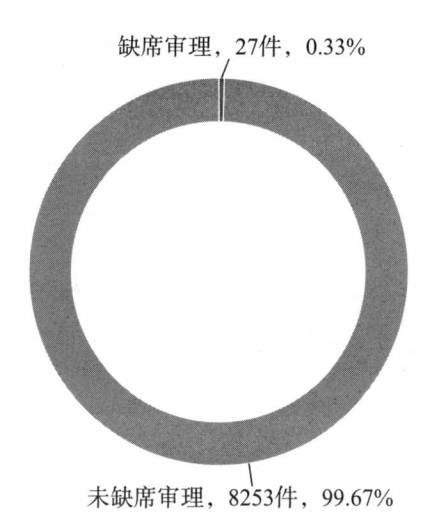

图 2-5-16　2018 年至 2021 年，全国各级人民法院审结的检察机关提起环境公益诉讼案件是否缺席审理情况图

2018 年至 2021 年，全国各级人民法院审结的检察机关提起环境公益诉讼案件中，从是否缺席审理的情况来看：未缺席审理 8253 件，占比 99.67%；缺席审理 27 件，占比 0.33%（见图 2-5-16）。

我国刑事诉讼原则上实行对席审判，只有特殊情况下实行缺席审判。这是因为刑事审判涉及个人和单位的罪责，干系重大。而民事诉讼具有私法性质，当事人对自己的权利具有处分权。根据我国《民事诉讼法》第 147 条规定，被告经传唤，无正当理由拒不到庭的时候可以缺席判决。如前所述，全国各级人民法院审结的检察机关提起环境公益诉讼案件绝大部分都是刑事附带民事诉讼，故检察机关提起环境公益诉讼案件几乎都不存在缺席审理。

2. 平均审理周期

2018 年至 2021 年，全国各级人民法院审结的检察机关提起环境公益诉讼案件中，从审理周期分布来看，2018 年平均审理周期为 65.44 天；2019 年平均审理周期为 80.74 天；2020 年平均审理周期为 81.78 天；2021 年平均审理周期为 121.24 天（见图 2-5-17）。

平均审理周期（天）

```
140                                           121.24
120
100              80.74      81.78
 80   65.44
 60
 40
 20
  0
    2018年      2019年     2020年       2021年
```

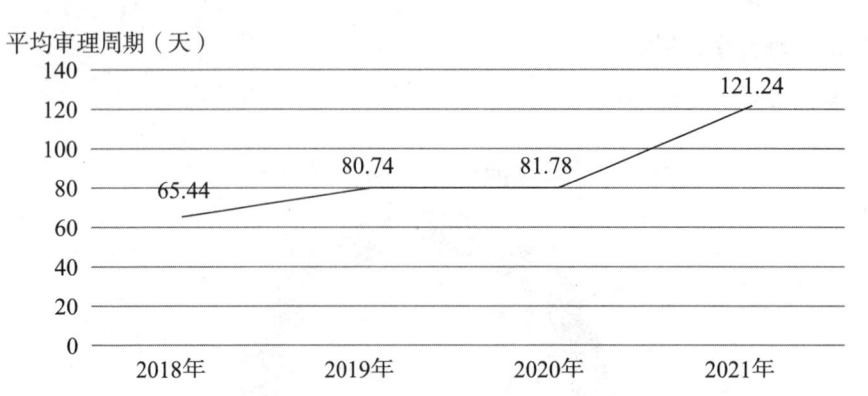

图 2-5-17　2018 年至 2021 年，全国各级人民法院审结的检察机关提起环境公益诉讼案件
审理周期年度变化趋势图

3. 进行鉴定的情况

2018 年至 2021 年，全国各级人民法院审结的检察机关提起环境公益诉讼案件中，从鉴定情况来看：进行鉴定 5656 件，占比 68.31%；未鉴定 2624 件，占比 31.69%（见图 2-5-18）。

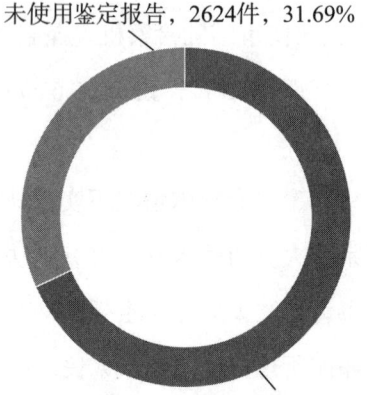

未使用鉴定报告，2624件，31.69%

使用鉴定报告，5656件，68.31%

图 2-5-18　2018 年至 2021 年，全国各级人民法院审结的检察机关提起环境公益诉讼案件鉴定情况分布图

其中，从结案时间年度变化趋势来看，案件量年均增长率高的鉴定情况为未鉴定（年均增长 52.52%）；年均增长率低的为进行鉴定（年均增长 49.88%）。

环境损害司法鉴定有助于环境侵权私益诉讼与环境公益诉讼的顺利开展和环境资源犯罪定罪量刑的精准进行。

（八）法律法条引用分析

表 2-5-3　2018 年至 2021 年，全国各级人民法院审结的检察机关作为诉讼主体环境资源公益诉讼案件中法律被引用次数分布表

引用法律法条	频次（次）	占比（%）
《刑法》	6955	93.32
《侵权责任法》	114	1.53
《刑事诉讼法》	92	1.23
《最高人民法院、最高人民检察院关于检察公益诉讼案件适用法律若干问题的解释》	55	0.74
《环境保护法》	42	0.56
《民事诉讼法》	35	0.47
《最高人民法院关于审理破坏性采矿刑事案件适用法律若干问题的解释》	26	0.35
《最高人民法院关于审理破坏草原资源刑事案件应用法律若干问题的解释》	18	0.24
《民法典》	9	0.12
其他	107	1.44

2018 年至 2021 年，全国各级人民法院审结的检察机关作为诉讼主体环境公益诉讼案件中，从法律被引用次数分布来看，《刑法》被引用 6955 次，占比 93.32%；《侵权责任法》被引用 114 次，占比 1.53%；《刑事诉讼法》被引用 92 次，占比 1.23%；《最高人民法院、最高人民检察院关于检察公益诉讼案件适用法律若干问题的解释》被引用 55 次，占比 0.74%；《环境保护法》被引用 42 次，占比 0.56%；《民事诉讼法》被引用 35 次，占比 0.47%；《最高人民法院关于审理破坏性采矿刑事案件具体应用法律若干问题的解释》被引用 26 次，占比 0.35%；《最高人民法院关于审理破坏草原资源刑事案件应用法律若干问题的解释》被引用 18 次，占比 0.24%；《民法典》被引用 9 次，占比 0.12%；其他法律被引用 107 次，占比 1.44%（见表 2-5-3）。

三、社会组织提起的公益诉讼情况分析

（一）环境公益诉讼案件年度分布情况

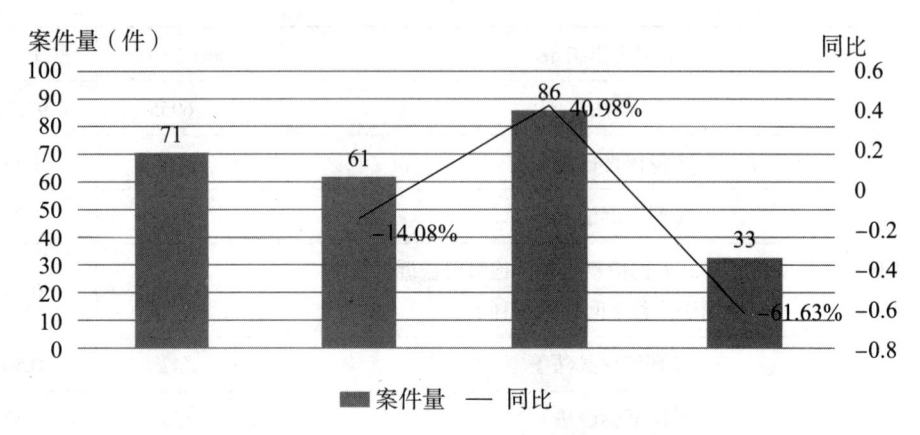

图 2-5-19 2018 年至 2021 年，全国各级人民法院审结的社会组织提起环境公益诉讼案件结案时间年度变化趋势图

2018 年至 2021 年，全国各级人民法院审结的社会组织提起环境公益诉讼案件共计 200 件。按结案时间来看，其中，2018 年审结 71 件；2019 年审结 61 件，同比下降 14.08%；2020 年审结 86 件，同比上升 40.98%；2021 年审结 33 件（见图 2-5-19）。

2014 年修订的《环境保护法》第 58 条明确规定，社会组织可以原告主体资格提起环境公益诉讼，为社会组织参加环境公益诉讼提供了法律支持；最高人民法院不断推动完善社会组织提起环境民事公益诉讼的程序规则。2017 年 3 月，最高人民法院制定《关于审理环境公益诉讼案件的公共工作规范（试行）》，对社会组织提起环境民事公益诉讼案件的起诉和受理、庭审前的准备和开庭庭审以及裁判和执行作出明确规定。2017 年 3 月和 6 月，最高人民法院先后发布 8 起社会组织提起的环境民事公益诉讼典型案例。这些有力举措都有效促进了社会组织提起的环境公益诉讼案件逐年上升，社会组织影响扩大。

（二）案件类型分布情况

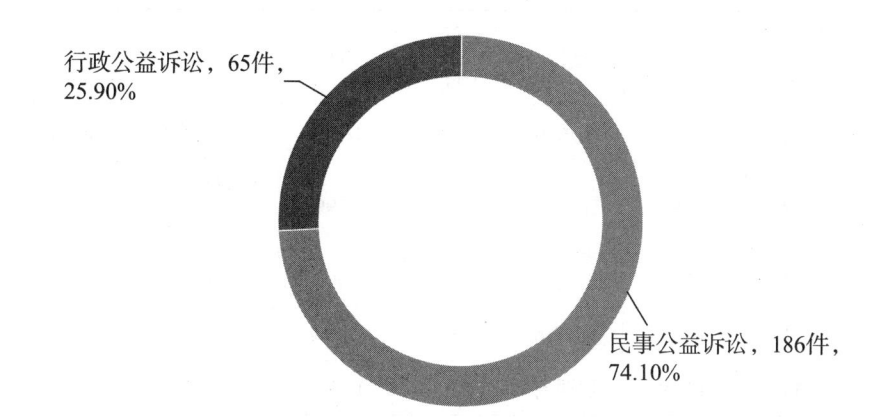

图 2-5-20　2018 年至 2021 年，全国各级人民法院审结的社会组织提起环境公益诉讼案件类型分布图

2018 年至 2021 年，全国各级人民法院审结的社会组织提起环境公益诉讼案件中，从案件类型分布来看：民事公益诉讼 186 件，占比 74.10%；行政公益诉讼 65 件，占比 25.90%（见图 2-5-20）。民事公益诉讼的案件量较大。

（三）地域分布情况

2018 年至 2021 年，全国各级人民法院审结的社会组织提起环境公益诉讼案件中，从地区分布来看，案件量较大的地区及其占比分别为：江苏省 60 件，占比 23.90%；山东省 19 件，占比 7.57%；湖南省 14 件，占比 5.58%；福建省 14 件，占比 5.58%；河南省 12 件，占比 4.78%；湖北省 12 件，占比 4.78%（见表 2-5-4）。江苏省的案件量最大。

表 2-5-4　2018 年至 2021 年，全国各级人民法院审结的以社会组织提起环境公益诉讼案件地区分布表

地区	案件量（件）	占比	地区	案件量（件）	占比	地区	案件量（件）	占比
江苏省	60	23.90%	广西壮族自治区	8	3.19%	吉林省	3	1.20%
山东省	19	7.57%	江西省	8	3.19%	海南省	3	1.20%
湖南省	14	5.58%	浙江省	8	3.19%	上海市	2	0.80%

续表

地区	案件量（件）	占比	地区	案件量（件）	占比	地区	案件量（件）	占比
福建省	14	5.58%	北京市	7	2.79%	云南省	2	0.80%
河南省	12	4.78%	辽宁省	7	2.79%	宁夏回族自治区	2	0.80%
湖北省	12	4.78%	山西省	6	2.39%	天津市	1	0.40%
安徽省	11	4.38%	重庆市	6	2.39%	贵州省	1	0.40%
广东省	11	4.38%	陕西省	5	1.99%	青海省	1	0.40%
河北省	10	3.98%	四川省	4	1.59%	黑龙江省	1	0.40%
内蒙古自治区	9	3.59%	甘肃省	4	1.59%			

其中，从结案时间年度变化趋势来看，案件量年均增长率较高的地区为福建省、河北省和陕西省（年均增长均为44.22%）。

以上数据表明，社会组织提起环境公益诉讼案件地域范围较为宽阔，受保护环境公益更加广泛，较多地区公众参与程度都有上升趋势，特别是京津冀和长江经济带等重点区域发展形势向好。

（四）环境资源类型分布情况

气候变化应对，5件，1.39%
资源开发利用，23件，6.37%
环境污染防治，171件，47.37%
生态保护，71件，19.67%
生态环境治理与服务，91件，25.21%

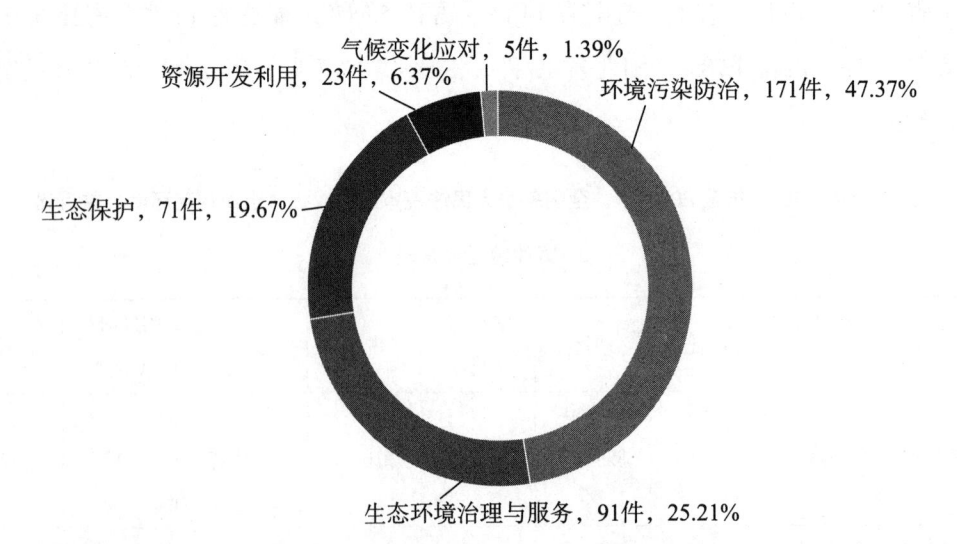

图2-5-21　2018年至2021年，全国各级人民法院审结的社会组织提起环境公益诉讼案件类型分布图

2018年至2021年，全国各级人民法院审结的社会组织提起环境公益诉讼案件中，从环境资源类型分布来看，环境污染防治类案件共171件，占比47.37%；生态环境治理与服务类案件共91件，占比25.21%；生态保护类案件共71件，占比19.67%；资源开发利用类案件共23件，占比6.37%；气候变化应对类案件共5件，占比1.39%（见图2-5-21）。

以上数据显示，社会组织提起环境公益诉讼的保护客体范围有所扩大。但在生态保护类案件上尚有待提高，应加强注重修复理念，注重进行适合生态环境保护要求的多元修复方式。

（五）法院层级分布情况

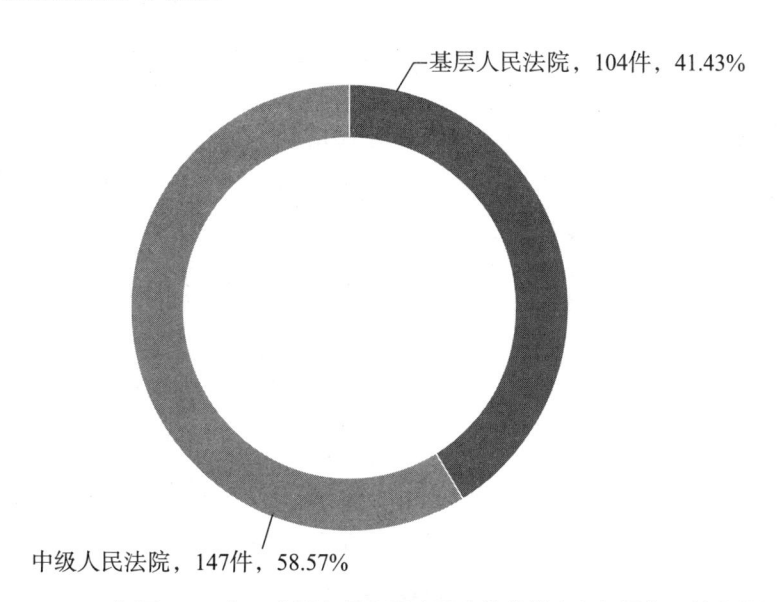

图2-5-22 2018年至2021年，全国各级人民法院审结的社会组织提起环境公益诉讼案件法院层级分布图

2018年至2021年，全国各级人民法院审结的社会组织提起环境公益诉讼案件中，从法院层级分布来看：基层人民法院104件，占比41.43%；中级人民法院147件，占比58.57%；高级人民法院0件，占比0.00%（见图2-5-22）。中级人民法院的案件量最大，占比58.57%。

其中，从结案时间年度变化趋势来看，基层和中级人民法院的案件量均有所下降，其中基层法院的年均增长率为-26.58%，中级法院的年均增长率为-15.25%。

（六）审理法院分布

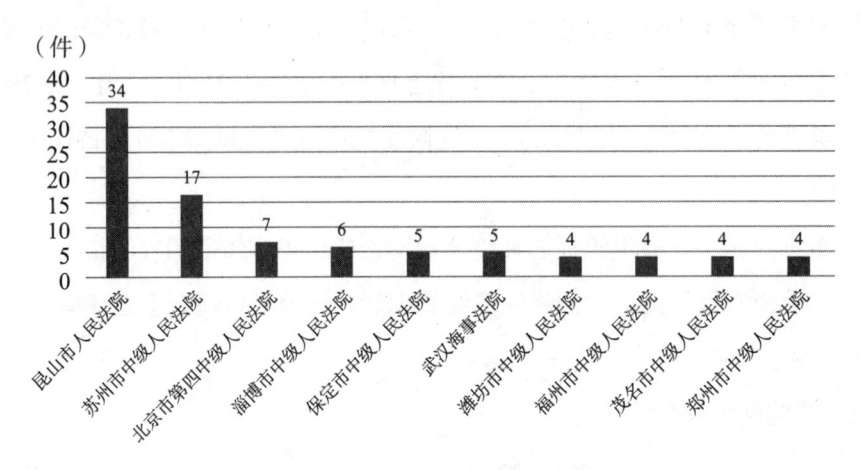

图 2-5-23　2018 年至 2021 年，全国各级人民法院审结的社会组织提起环境公益诉讼案件审理法院分布图

2018 年至 2021 年，全国各级人民法院审结的社会组织提起环境公益诉讼案件中，从审理法院分布来看，案件量较大的审理法院分别为：江苏省昆山市人民法院（34 件）、江苏省苏州市中级人民法院（17 件）、北京市第四中级人民法院（7 件）、山东省淄博市中级人民法院（6 件）（见图 2-5-23）。江苏省昆山市中级人民法院的案件量最大。

（七）审理程序分析

1. 未缺席审理的案件量较大，占比 94.82%

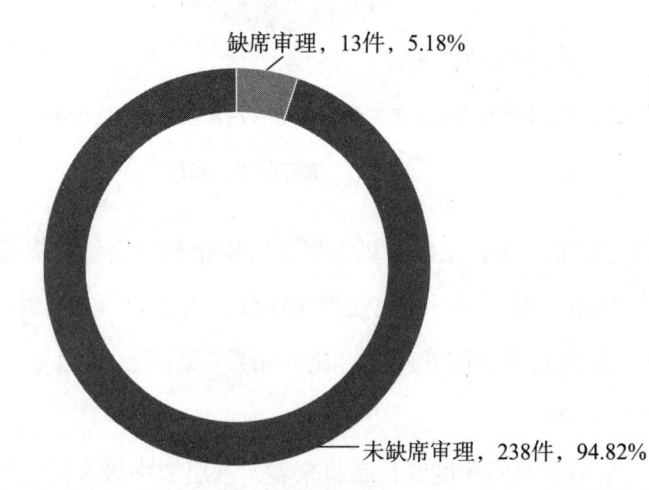

图 2-5-24　2018 年至 2021 年，全国各级人民法院审结的社会组织提起环境公益诉讼案件是否缺席审理情况图

2018年至2021年，全国各级人民法院审结的社会组织提起环境公益诉讼案件中，从是否缺席审理情况来看：未缺席审理238件，占比94.82%；缺席审理13件，占比5.18%（见图2-5-24）。

其中，从结案时间年度变化趋势来看，案件量年均增长率低的为缺席审理（年均增长 -100.00%）；年均增长率高的为未缺席审理（年均增长 -21.80%）。

2. 平均审理周期

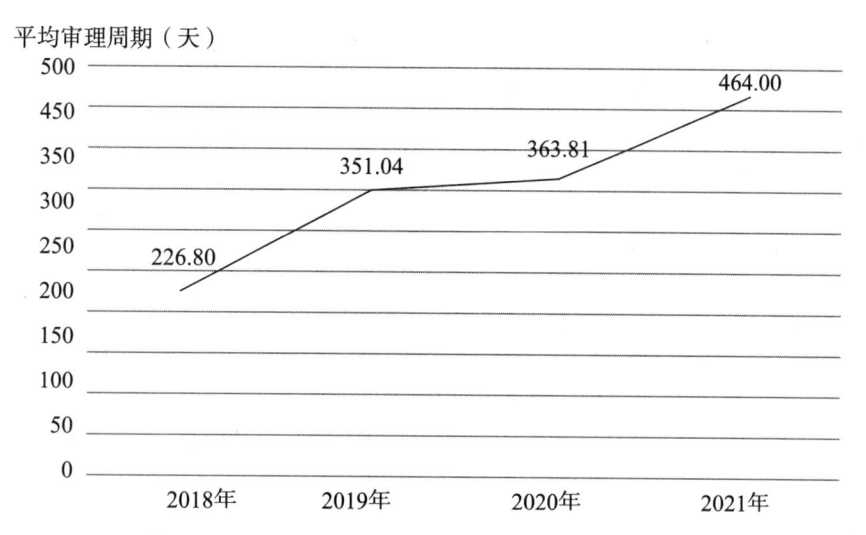

图 2-5-25 2018 年至 2021 年，全国各级人民法院审结的社会组织提起环境公益诉讼案件审理周期年度变化趋势图

2018年至2021年，全国各级人民法院审结的社会组织提起环境公益诉讼案件中，从年均审理周期来看，2018年案件平均审理周期为226.80天；2019年案件平均审理周期为351.04天；2020年案件平均审理周期为363.81天；2021年案件平均审理周期为464.00天（见图2-5-25）。

（八）法律法条引用分析

2018年至2021年，全国各级人民法院审结的社会组织提起环境公益诉讼案件中，从法律被引用次数分布来看，《民事诉讼法》被引用48次，占比26.67%；《行政诉讼法》被引用46次，占比25.56%；《环境保护法》被引用36次，占比20.00%；《侵权责任法》被引用13次，占比7.22%；《最高人民法院关于审理环境民事公益诉讼案件适用法律若干问题的解释》被引用8次，占比4.44%；《合同法》被引用3次，占比1.67%；《民法典》被引用3次，占比1.67%；《物权法》被引用3次，占比1.67%；《最高人民法院关于审理环境侵权责任纠纷案件适用法律若干问题的解释》被引用 3 次，占比 1.67%；其他法律被引用 17 次，占比 9.44%（见图 2-5-26）。

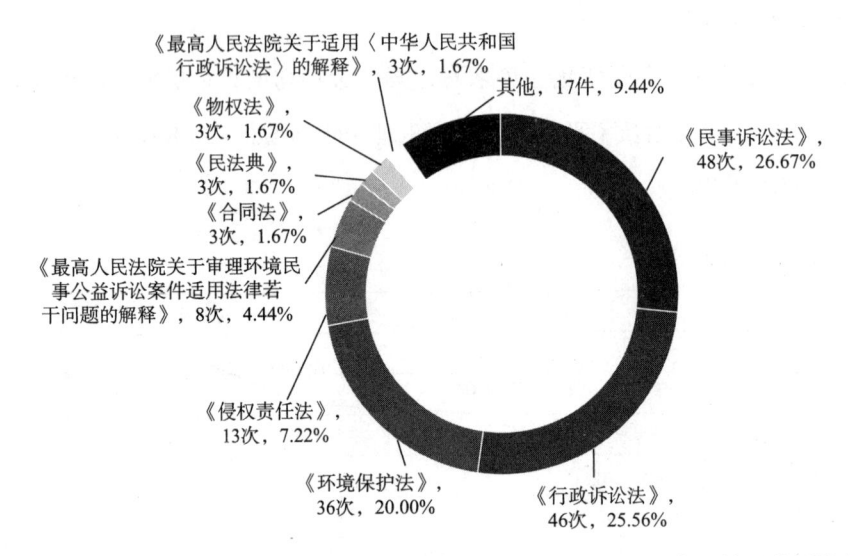

图 2-5-26　2018 年至 2021 年，全国各级人民法院审结的社会组织提起环境公益诉讼案件中法律被引用次数分布图

四、问题与规律

（一）环境公益诉讼工作的审判态势

1. 环境公益诉讼纠纷案件快速增长

随着我国经济的迅猛发展和公众环境保护意识的增强，我国环境公益诉讼呈快速增长之势。环境公益诉讼案件量在 2018 年至 2020 年案件量都呈上升趋势，其中 2018 年审结 1045 件，2019 年审结 2088 件，同比上升 99.81%，2020 年审结 3287 件，同比上升 57.42%。2021 年审结 3259 件，与 2020 年基本持平。环境公益诉讼案件类型日趋多样，除涉大气、水、土壤、海洋环境污染案件外，还有侵害珍贵濒危动植物及其栖息地的破坏生态案件，以及涉土地、矿产、林木、草原资源开发利用等案件。

2. 民事公益诉讼（含刑事附带民事公益诉讼）占压倒性比例，环境行政公益诉讼需要优化发展

2018年至2021年，全国各级人民法院审结的环境公益诉讼案件中：刑事附带民事公益诉讼占比96.99%、民事公益诉讼占比2.22%，行政公益诉讼仅占比0.79%，且年均增长率为负。

2015年7月，最高人民检察院开始了在全国范围内进行环境公益诉讼的试点，2017年6月新修订的《行政诉讼法》将这一制度确定下来，最高人民法院和最高人民检察院2018年颁布了《关于检察公益诉讼案件适用法律若干问题的解释》，将环境行政公益诉讼的司法实践又向前推进一步。《人民检察院提起公益诉讼试点工作实施办法》第28条规定，检察机关就其履行职责的过程之中发现的线索才可以进行公益诉讼，实践中大量的司法案件都通过行政公益诉讼的诉前程序解决，无须进入诉讼程序，节约了司法资源。环境行政公益诉讼的目的在于通过对失职的环保行政机关提起诉讼促使其履行职责，从而保障公众环境利益。[1]

3. 检察机关是提起环境公益诉讼的绝对主力

根据《民事诉讼法》《民法典》《最高人民法院关于审理环境民事公益诉讼案件适用法律若干问题的解释》等法律法规司法解释，检察机关和法律规定的机关和组织可以提起环境民事公益诉讼。《最高人民法院、最高人民检察院关于检察公益诉讼案件适用法律若干问题的解释》确认了检察机关的刑事附带民事环境公益诉讼主体资格。《最高人民法院关于审理环境民事公益诉讼案件适用法律若干问题的解释》虽规定"法律规定的机关和有关组织"可以提起民事公益诉讼，但未对刑事附带民事公益诉讼的主体范围进行确认。2018年至2021年，全国各级人民法院审结的环境公益诉讼案件中，检察院提起的案件占比97.85%，成为绝对主力，而且保持较强增长趋势。

4. 环境公益诉讼对刑事程序有较大依赖

2018年至2021年，全国各级人民法院审结的环境公益诉讼案件中，刑事附带民事公益诉讼占比96.99%。2018年3月施行的《最高人民法院、最高人民检察院关于检察公益诉讼案件适用法律若干问题的解释》第20条首次明确规定，人民检察院可以对

---

[1] 秦天宝、段帷帷：《论我国环境行政公益诉讼制度的发展——以全国首例检察机关提起环境行政公益诉讼案为例》，载《环境保护》2015年第1期。

破坏生态环境和资源保护等损害社会公共利益的犯罪行为提起刑事附带民事环境公益诉讼。此后，刑事附带民事环境公益诉讼案件逐年攀升。刑事附带民事公益诉讼制度实施四年多来，案件数量持续占压倒性比例、适用范围不断拓展、实施效果越发彰显，表明这一诉讼类型的存在具有较大现实意义和研究价值。

5. 生态保护类案件取代环境污染防治类案件成为最主要的环境公益诉讼案件类型

2018年到2021年，人民法院审理的生态保护类公益诉讼案件占比一半以上（56.82%），环境污染防治类公益诉讼案件仅占比14.36%，反映了人民法院审判理念的转变在环境公益诉讼案件中的引导作用。公益诉讼开展5年来，在生态环境保护方面，全国检察机关通过办案督促恢复被毁损的耕地、林地、湿地、草原约786万亩，回收和清理各类垃圾、固体废物4584万余吨，追偿生态修复、环境治理费用93.5亿元。①

生态环境保护关注从源头开始解决问题，并进行全方位、多角度系统性治理，优化环境。因此，人民法院贯彻生态文明理念，利用司法手段从系统角度整合生态环境，而不只是以治理污染为审判目的。党的十九大报告提出要坚决打好防范化解重大风险的攻坚战。为适应经济社会发展对于生态环境保护提出的客观要求，应对风险社会来临造成的新挑战，法院越来越重视预防性环境公益诉讼。

2015年《最高人民法院关于审理环境民事公益诉讼案件适用法律若干问题的解释》第1条、第18条明确规定法律规定的机关和社会组织可以针对"具有损害社会公共利益重大风险"的行为提起民事公益诉讼，原则性确立了预防性环境民事公益诉讼，确立了对环境的保护方式从救济扩大到预防。最高人民法院2021年发布《关于新时代加强和创新环境资源审判工作为建设人与自然和谐共生的现代化提供司法服务和保障的意见》，再次强调"完善预防性、恢复性司法措施，健全公益诉讼制度，丰富多元化纠纷解决方式"，规定"依法审理涉遗传多样性、物种多样性和生态系统多样性司法保护案件，坚持保护和可持续利用原则，遏制生物多样性丧失和生态系统退化"。

（二）环境公益诉讼工作的突出问题

第一，环境资源案件取证难，诉讼时效认定难，法律适用难，裁决执行难。环境

---

① 亓玉昆：《公益诉讼助力生态环境保护》，载《人民日报》2022年9月1日，第9版。

资源案件一般具有跨区域、跨部门的特点，加之发生危害结果滞后，导致了上述困难。

第二，相关鉴定资质管理机制、鉴定程序、鉴定意见及其他专家意见的认定标准亟须规范。

第三，审判机关对环境资源案件的范围、类型缺乏统一认识。环境资源、生态系统是高度复杂的科学概念，其所对应的并非结构简单的独立客体，而是由众多要素组成、内部机构高度复杂的系统性存在。基于该系统性和复杂性，现阶段从科学上对此类系统之整体、其内部关系以及由此衍生出的该系统与其外部存在，尤其是人类社会间的互动关系难以进行客观、可靠地界定或描述。这为司法机关对相关事实的判断造成极大障碍。加之生态系统、环境要素、自然资源是人类生存发展不可或缺的物质基础，从广义上理解，人类的任何生产、生活行为都可能与生态、环境有所牵涉，该特点进一步扩大了司法机关"鉴别"环境资源案件的不确定性。另外，环境资源案件被作为一类相对独立的案件类型看待时日尚短，尚未与司法机关所熟悉的、用以对案件进行规范分类的案由系统进行有机融合，在该情况下，前者缺乏规范的识别标准。一些法院仅认可环境侵权案件、生态环境损害案件等强势意义上的环境资源案件；一些法院则基于扩充案源等考虑，将土地纠纷、供能合同等牵涉环境、资源因素的案件视为环境资源案件。环境资源案件的此类特性也在环境公益诉讼案件中得到集中体现。该情况意味着负有环境资源案件管辖权的审判机构在立案标准、受案范围方面的不统一，这使审判机构难以合理地区分、处理环境资源案件和其他相关案件，从而针对前者形成专业化的应对技能、架构和程序；由于统计口径不一现象比较突出，在2021年2月最高人民法院发布《环境资源案件类型与统计规范（试行）》后，该问题得到极大改善。

第四，环境行政公益诉讼尚未发挥其应有作用。2018年至2021年，在全国各级人民法院审结的环境公益诉讼案件中，行政公益诉讼占比极少；而包括刑事附带民事公益诉讼在内的民事公益诉讼则占压倒性的比例。环境行政公益诉讼是一类重要的客观诉讼，其目的在于矫正违反法律法规的行为，恢复受到干扰的社会秩序，对于环境资源法治而言具有十分重要的意义。同时，行政公益诉讼以实定法所确定的行为规范作为判断标准，相对于内容复杂、内涵模糊的"环境公共利益损失"而言，为审判机关提供了较为确定的裁判指引，可以更为公平地处理涉及环境的利益纠纷，也因此，客观诉讼是国际上环境公益诉讼的主要表现形式。最后，环境资源行政公益诉讼一般不要求现实中发生环境实害,其直接指向行政机关的不法履职行为,最终将矫正行政相对人实施的蕴含环境危险的违法行为。相对于环境民事公益诉讼而言,行政公益诉讼将对环境、资源的司法保护提前,更为契合预防性司法理念。

第五,检察机关提起环境刑事附带民事公益诉讼作为一种新的诉讼类型,在实践中也有一些较为突出的问题。针对这些问题,最高人民法院和最高人民检察院正在采取措施,积极加以改进,但从长远看,亟待从整体上完善相应的诉讼规则。[①]

(三)环境资源审判公益诉讼工作的完善路径和实践要求

针对现阶段环境资源审判公益诉讼工作存在的突出问题,可以从下述方面着手加以改善。

1. 科学界定环境公益诉讼的外延,明确环境资源审判机构的受案范围

如前所述,由于环境资源案件的特性,各地审判机关对此类案件的认识存在较大差异。该问题在《环境资源案件类型与统计规范(试行)》发布后得以改善。试行规范明确将环境资源案件划分为环境污染防治类、生态保护类、资源开发利用类、气候变化应对类、生态环境治理与服务类 5 类,并通过归纳划分标准、概括基本特点、列举具体案件模式对各类案件进行界定。该规范的发布对于包括环境公益诉讼案件在内的环境资源案件范围的明确具有重大意义。然而,该规范仍存在一些问题,具体包括:由于生态环境现象的复杂性,5 类标准从不同的事实维度对环境资源案件加以划分,使类案件之间的竞合现象较为显著,难以做到逻辑上的周延;5 类案件是从自然科学角度出发进行的划分,通过科学术语对案件类型加以"描述",未与案由、案件所适用的法律等规范性案件划分标准建立强势关联,这也使环境资源案件仍在一定程度上"游离"于传统的案件划分体系。因此,有必要在《环境资源案件类型与统计规范(试行)》的基础上更进一步,通过优化划分标准、从事实性"描述"向规范性"规定"发展、推动环境资源案件划分标准与传统案件分类标准深度融合等方面着手,更为合理地界定环境公益诉讼案件、环境资源案件的范围与内容。

2. 推动在环境资源民事公益诉讼领域形成不同起诉主体分工合作的良性格局

检察机关积极承担公益代表任务的重大意义值得肯定,但也有必要通过为社会组

---

① 最高人民法院环境资源司法研究中心、清华大学环境资源与能源法研究中心联合课题组:《中国环境司法报告(2019)》。

织的能力建设提供支持、加大对社会组织提起民事公益诉讼的政策鼓励、化解社会组织提起环境资源民事公益诉讼的程序实体障碍、强化行政机关在救济生态环境损害方面的职权等手段，形成二者分工合作、良性互补的格局。

3. 深度挖掘环境资源行政公益诉讼的制度潜力

作为客观诉讼，环境资源行政公益诉讼标准相对明确，有助于司法提前干预环境危险，亦契合检察机关作为法律监督机关的身份。

4. 多措并举，提升环境公益诉讼审判工作的质效

发挥多元纠纷解决机制在环境资源公益纠纷中的作用。[①] 推动环境损害救济领域法律规范，尤其是实体法律规范的细化完善，充实"环境公共利益"的法律内涵。研究、明确鉴定意见及其他专家意见的认定标准，强化科学证据在环境资源公益诉讼事实判断中的作用。畅通负有环境资源监管职责的行政机构与司法机关的沟通渠道，推动行政、司法机制的有效衔接。

表 2-5-5 最高人民法院发布的环境公益诉讼类指导性案例分析表

发布时间	案例名称	案件焦点	原告	案件类型	审级情况	地域分布	审理法院	所涉类型
2017年7月3日	指导案例75号：中国生物多样性保护与绿色发展基金会诉宁夏瑞泰科技股份有限公司环境污染公益诉讼案	可以提起环境民事公益诉讼的社会组织的原告主体资格认定	社会组织	民事公益诉讼	再审	宁夏回族自治区中卫市	最高人民法院	土壤污染

[①] 需要指出的是，环境公益诉讼尤其是民事公益诉讼不同于一般民事诉讼，其所影响的是不特定多数人的利益状态，原告并不是案涉"权利"的享有人，不能任意处分此类权益，在这种情况下，如果过度强调协商、调解等非诉机制的意义，则可能使无法在此类机制中发声的受损环境的周边群众的权益蒙受损失，影响环境正义的实现。在这种情况下，对多元纠纷解决机制的倚仗应当适度。

续表

发布时间	案例名称	案件焦点	原告	案件类型	审级情况	地域分布	审理法院	所涉类型
2020年1月4日	指导案例130号：重庆市人民政府、重庆两江志愿服务发展中心诉重庆藏金阁物业管理有限公司、重庆首旭环保科技有限公司生态环境损害赔偿、环境民事公益诉讼案	1.第三方治理单位的法律责任 2.虚拟治理成本法对损害后果的量化	行政机关、社会组织	民事公益诉讼	一审	重庆市江北区	重庆市第一中级人民法院	水污染
	指导案例131号：中华环保联合会诉德州晶华集团振华有限公司大气污染责任民事公益诉讼案	"具有损害社会公共利益重大风险"的认定	社会组织	民事公益诉讼	一审	山东省德州市	山东省德州市中级人民法院	大气污染
	指导案例132号：中国生物多样性保护与绿色发展基金会诉秦皇岛方圆包装玻璃有限公司大气污染责任民事公益诉讼案	在诉讼期间，污染者主动改进环保设施，有效降低环境风险的，可以适当减轻污染者的赔偿责任	社会组织	民事公益诉讼	二审	河北省秦皇岛市	河北省高级人民法院	大气污染
	指导案例133号：山东省烟台市人民检察院诉王某某、马某某环境民事公益诉讼案	污染者不得以被污染水域有自净功能、水质得到恢复为由主张免除或减轻责任	检察院	民事公益诉讼	一审	山东省烟台市	山东省烟台市中级人民法院	水污染

续表

发布时间	案例名称	案件焦点	原告	案件类型	审级情况	地域分布	审理法院	所涉类型
2020年1月14日	指导案例134号：重庆市绿色志愿者联合会诉恩施自治州建始磺厂坪矿业有限责任公司水污染责任民事公益诉讼案	判令污染者停止侵害的，可以责令其重新进行环境影响评价	社会组织	民事公益诉讼	二审	重庆市巫山县	重庆市第二中级人民法院	水污染、土壤污染
2021年12月1日	指导案例172号：秦某某滥伐林木刑事附带民事公益诉讼案	人民法院确定被告人森林生态环境修复义务时，可以参考专家意见及林业规划设计单位、自然保护区主管部门等出具的专业意见。	检察院	刑事附带民事公益诉讼	一审	湖南省保靖县	湖南省保靖县人民法院	土壤污染
	指导案例173号：北京市朝阳区自然之友环境研究所诉中国水电顾问集团新平开发有限公司、中国电建集团昆明勘测设计研究院有限公司生态环境保护民事公益诉讼案	"具有损害社会公共利益重大风险的污染环境、破坏生态的行为"的认定	社会组织	民事公益诉讼	二审	云南省新平县	云南省高级人民法院	生态破坏

续表

发布时间	案例名称	案件焦点	原告	案件类型	审级情况	地域分布	审理法院	所涉类型
2021年12月1日	指导案例174号：中国生物多样性保护与绿色发展基金会诉雅砻江流域水电开发有限公司生态环境保护民事公益诉讼案	根据现有证据和科学技术认定项目建成后可能损害生态环境公共利益的，可以判决被告采取预防性措施，将对濒危野生植物生存的影响纳入建设项目的环境影响评价	社会组织	民事公益诉讼	一审	四川省甘孜藏族自治州	四川省甘孜藏族自治州中级人民法院	生态破坏
	指导案例175号：江苏省泰州市人民检察院诉王某某等59人生态破坏民事公益诉讼案	当收购者明知其所收购的鱼苗系非法捕捞所得，仍与非法捕捞者建立固定买卖关系，共同损害生态资源的，收购者应当与捕捞者承担连带赔偿责任	检察院	民事公益诉讼	二审	江苏省南京市	江苏省高级人民法院	生态破坏
	指导案例176号：湖南省益阳市人民检察院诉夏某某等15人生态破坏民事公益诉讼案	对于破坏生态的违法犯罪行为不仅要依法追究刑事责任，还要依法追究生态环境损害民事责任	检察院	民事公益诉讼	二审	湖南省益阳市	湖南省高级人民法院	生态破坏

第六节
环境资源保护重点流域案件特征与趋势

一、长江流域案件特征与趋势

(一) 长江流域环境资源案件总体情况

长江是中华民族的母亲河,是中华民族永续发展的重要支撑。长江发源于青藏高原的唐古拉山脉各拉丹冬峰西南侧,全流域跨19个省、自治区、直辖市,[①] 于崇明岛以东注入东海,全长6300多公里,是我国第一大河,也是世界第三大流域。长江流域横跨东、中、西部三大经济区,是我国重要的生态安全屏障,也是人口活动和经济发展的重要区域,在国家发展大局和社会主义现代化建设全局中具有举足轻重的战略地位。

习近平总书记高度重视大江大河的生态保护和治理,多次考察长江流域生态环境保护情况,作出系列重要指示和重大决策部署。党中央将长江经济带发展上升为国家战略,全国人大出台《长江保护法》,在"十四五"规划和2035远景目标纲要中作出加强长江生态保护治理的具体部署,为人民法院全面深入推进长江生态环境司法保护、服务保障流域高质量发展提供了明确指引。本节将基于2018年至2021年度长江生态环境资源审判各项数据,并结合近四年长江流域司法政策制定和司法案件实践情况进

---

① 本节所称长江流域,依据《长江保护法》第2条第2款规定:"本法所称长江流域,是指由长江干流、支流和湖泊形成的集水区域所涉及的青海省、四川省、西藏自治区、云南省、重庆市、湖北省、湖南省、江西省、安徽省、江苏省、上海市,以及甘肃省、陕西省、河南省、贵州省、广西壮族自治区、广东省、浙江省、福建省的相关县级行政区域。"

行统计分析。

（二）长江流域环境资源案件基于数据的特征分析

1. 从案件审结数量看，稳中有降

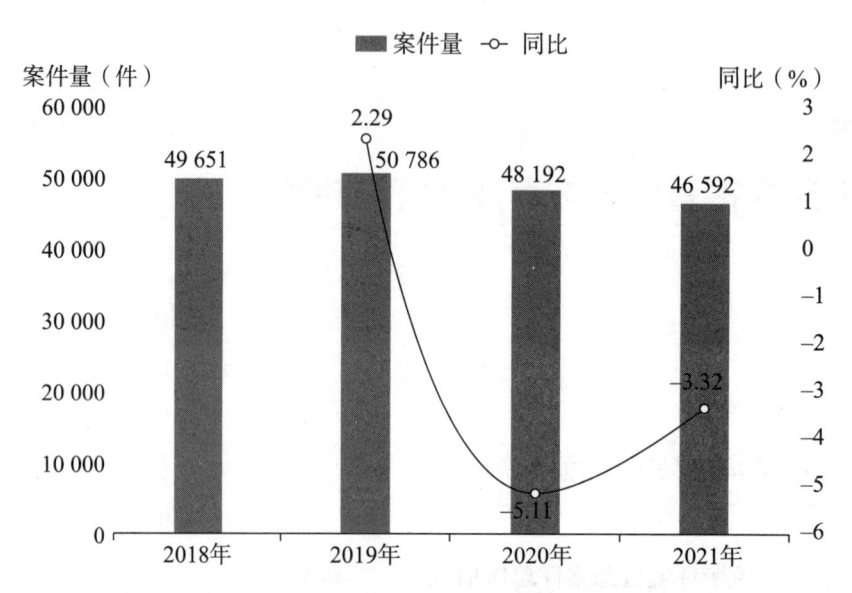

图 2-6-1　2018 年至 2021 年，长江流域各级人民法院审结的环境资源案件量年度变化趋势图

从结案数量看，2018 年至 2021 年长江流域各级人民法院审结的环境资源案件共计 195 221 件。按结案时间来看，其中，2018 年审结 49 651 件，2019 年审结 50 786 件，2020 年审结 48 192 件，2021 年审结 46 592 件（见图 2-6-1）。

2020 年开始，长江流域各级人民法院审结案件数同比下降，可能与以下几个原因有关：（1）2020 年以来，中央和最高人民法院层面多项针对长江、黄河流域的政策文件相继制定下发，[①] 流域环境保护力度不断加强，相关违法行为得到一定震慑；（2）2020 年初新冠肺炎疫情出现，部分工厂停产停工，两流域内工厂生产受到影响，相关案件数量也随之减少。总体看来，2019 年后案件审结数稳中有降，且有继续下降趋势。

---

① 2020 年 6 月 1 日，最高人民法院发布《关于为黄河流域生态保护和高质量发展提供司法服务与保障的意见》；2020 年 9 月 25 日，最高人民法院发布《长江流域生态环境司法保护状况》白皮书；2021 年 2 月 26 日，最高人民法院印发《关于贯彻〈中华人民共和国长江保护法〉的实施意见》；2021 年 10 月 8 日，中共中央、国务院印发《黄河流域生态保护和高质量发展规划纲要》。

2. 从案件类型看，民事案件占比最大，行政案件增速最快

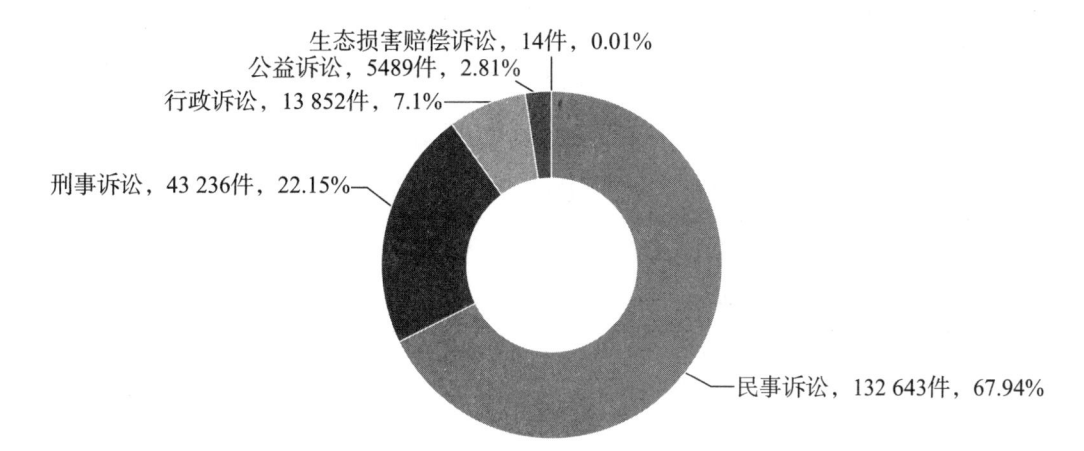

图 2-6-2　2018 年至 2021 年，长江流域各级人民法院审结的环境资源案件类型分布图

2018 年至 2021 年，长江流域各级人民法院审结的环境资源案件中，从案件类型分布来看：民事案件占比最大，共 132 643 件，占比 67.94%；刑事案件共 43 236 件，占比 22.15%；行政案件 13 852 件，占比 7.10%。值得注意的是，环境公益诉讼案件数量近年来不断涌现，四年共计 5489 件，占比 2.81%（见图 2-6-2）。

此外，从结案时间年度变化趋势来看，案件量年均增长率最高的为行政案件（年均增长 8.56%）；年均下降率最低的为民事案件（年均下降 7.41%）。可见，尽管民事案件占比大，但案件量呈下降趋势，行政案件尽管只占总案件的一小部分，案件量却逐年增加。

3. 从案件地域分布看，长江流域云南省案件量占比最大，河南省案件量增速最快

表 2-6-1　2018 年至 2021 年，长江流域 19 省市（自治区）环境资源案件数量表

单位：件

省级行政区	2018 年	2019 年	2020 年	2021 年	总计
上海市	2512	2472	2538	2842	10 364
云南省	7858	7015	6963	6073	27 909
四川省	3832	4690	5429	4494	18 445
安徽省	4495	4662	3850	5248	18 255
广东省	208	246	207	153	814
广西壮族自治区	304	425	217	238	1184

续表

省级行政区	2018年	2019年	2020年	2021年	总计
江苏省	6199	5838	7368	7655	27 060
江西省	3152	3331	2888	1764	11 135
河南省	1233	1230	1576	1453	5492
浙江省	885	911	807	662	3265
湖北省	3441	4201	3255	2760	13 657
湖南省	6701	6271	3635	6059	22 666
甘肃省	296	300	293	274	1163
福建省	196	220	247	201	864
西藏自治区	81	103	114	83	381
贵州省	3288	3683	3589	2263	12 823
重庆市	2700	3142	3801	3053	12 696
陕西省	1695	1443	931	917	4986
青海省	575	603	484	400	2062

表2-6-2　2018年至2021年，长江流域各级人民法院审结的环境资源案件地区分布表

地区	案件量（件）	占比	地区	案件量（件）	占比	地区	案件量（件）	占比
云南省	27 909	14.3%	江苏省	27 060	13.86%	湖南省	22 666	11.61%
四川省	18 445	9.45%	安徽省	18 255	9.35%	湖北省	13 657	7%
贵州省	12 823	6.57%	重庆市	12 696	6.5%	江西省	11 135	5.7%
上海市	10 364	5.31%	河南省	5492	2.81%	陕西省	4986	2.55%
浙江省	3265	1.67%	青海省	2062	1.06%	广西壮族自治区	1184	0.61%
甘肃省	1163	0.6%	福建省	864	0.44%	广东省	814	0.42%
西藏自治区	381	0.2%	—	—	—	—	—	—

2018年至2021年，长江流域各级人民法院审结的环境资源案件中，从地区分布来看，案件量较大的地区及其占比为：云南省 27 909 件，占比 14.3%；江苏省 27 060 件，占比 13.86%；湖南省 22 666 件，占比 11.61%；四川省 18 445 件，占比 9.45%；安徽省 18 255 件，占比 9.35%（见表 2-6-1、表 2-6-2）。

可以看到，长江干流 11 个省市发生的环境资源案件数量相对较多。这一方面与长江干流直接流经的省份，流域面积较大，发生环境资源案件可能性更高有关；另一方面，越是发生案件数量多，越可能使当地人民政府更加重视流域环境资源保护和流域问题治理工作，流域环境资源保护意识不断增强，相关案件数量即又被推高。另外，中西部省份案件量相比东部省份更多。

4. 从审理程序看，适用简易程序审理案件量占比过半，适用速裁程序审理案件出现较快增长趋势

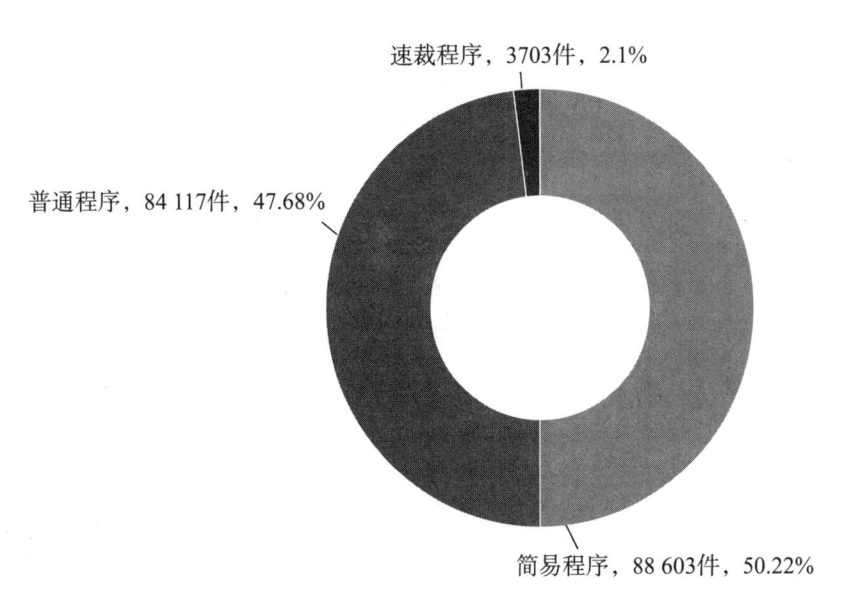

图 2-6-3 2018 年至 2021 年，长江流域各级人民法院审结的环境资源案件审理程序分布图

表 2-6-3 2018 年至 2021 年，长江流域各级人民法院适用不同审理程序审结的环境资源案件数量及年均变化情况表

适用程序	2018 年案件量（件）	2019 年案件量（件）	2020 年案件量（件）	2021 年案件量（件）	年均增长率（%）	总计（件）
简易程序	23 813	23 445	21 935	19 410	-6.59	88 603

续表

适用程序	2018年案件量（件）	2019年案件量（件）	2020年案件量（件）	2021年案件量（件）	年均增长率（%）	总计（件）
速裁程序	411	815	1444	1033	35.96	3703
普通程序	22 439	23 368	21 384	16 926	-8.97	84 117

2018年至2021年，长江流域各级人民法院审结的环境资源案件中，从审理程序分布来看，适用简易程序审理案件88 603件，占比50.22%；适用普通程序审理案件84 117件，占比47.68%；适用速裁程序审理案件3703件，占比2.1%（见图2-6-3、表2-6-3）。

从年度变化来看，适用速裁程序案件量在不断提高，可见，适用速裁程序的案件量虽然占比较小，但已经开始发挥作用，这与全国范围内积极适用速裁程序、实行案件繁简分流密切相关。对于刑事案件来说，与速裁程序经过2014年各地试点后，于2018年正式写入《刑事诉讼法》，开始全国性适用有关。对于民事案件，近年来各地也纷纷开展试点，如北京市高级人民法院于2018年发布《"多元调解＋速裁"工作规范性文件》、山东省高级人民法院和宁夏回族自治区高级人民法院于2019年分别发布《山东省高级人民法院关于民事速裁程序的若干规定（试行）》《宁夏回族自治区高级人民法院关于民事速裁快审案件审理工作的实施办法（试行）》。可以预见，适用速裁程序审理案件数量和占比都将会继续增加，速裁程序将会为提高司法效率发挥出更加突出的作用。

5. 从出庭情况看，大多数案件未出现缺席审理情况

2018年至2021年，长江流域各级人民法院审结的环境资源案件中，从是否缺席审理情况来看：未缺席审理案件共计157 758件，占比89.42%；缺席审理案件共18 665件，占比10.58%（见图2-6-4）。

缺席审理，18 665件，10.58%

未缺席审理，157 758件，89.42%

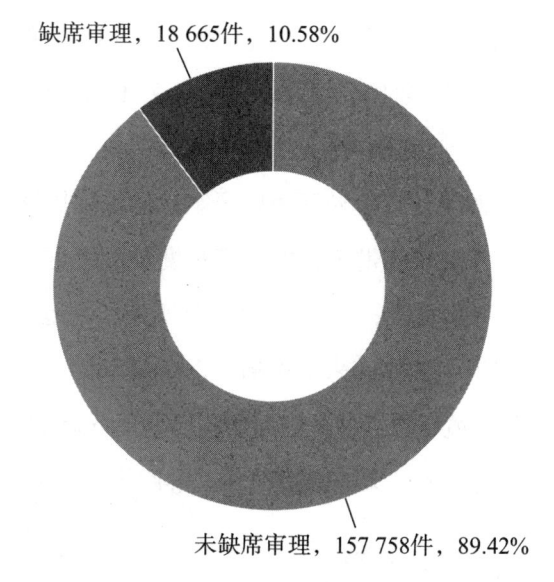

图 2-6-4　2018 年至 2021 年，长江流域各级人民法院审结的环境资源案件是否缺席审理情况分布图

可见，环境资源案件中大部分诉讼参与人较为重视自己的诉讼权利，较为积极地履行自己的诉讼义务，对于司法信任度也有所提高，人民法院的司法权威也得到基本保障。随着人们法律意识的提高，积极参与庭审将是未来的趋势。

6. 从审理周期看，长江流域环境资源案件审理周期大幅延长

平均审理周期（天）

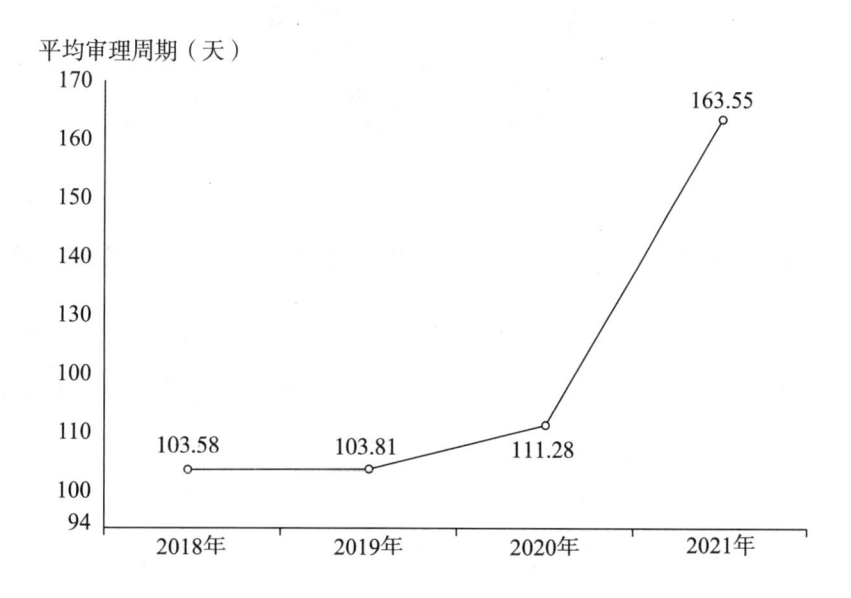

年份	平均审理周期
2018年	103.58
2019年	103.81
2020年	111.28
2021年	163.55

图 2-6-5　2018 年至 2021 年，长江流域各级人民法院审结的环境资源案件审理周期年度变化趋势图

2018年至2021年，长江流域各级人民法院审结的环境资源案件中，2018年平均审理周期为103.58天，2019年为103.81天，2020年为111.28天，2021年则明显延长为163.55天，年均增长率达到16.44%（见图2-6-5）。

依上述数据可见，近四年长江流域环境资源案件的审理周期明显延长。原因可能有以下几方面：一是近年来环境资源案件的审理难度较过去可能有所增加，各级法院对于环境资源案件审判也更加慎重；二是自2020年开始，新冠肺炎疫情出现，各项疫情防控措施也给人民法院审判工作带来了影响，审判效率相比疫情前有所下降。随着疫情好转，预计未来几年环境资源案件审理周期应当呈现下降趋势。

7. 从人民陪审员参审情况看，大多数环境资源案件没有人民陪审员参审

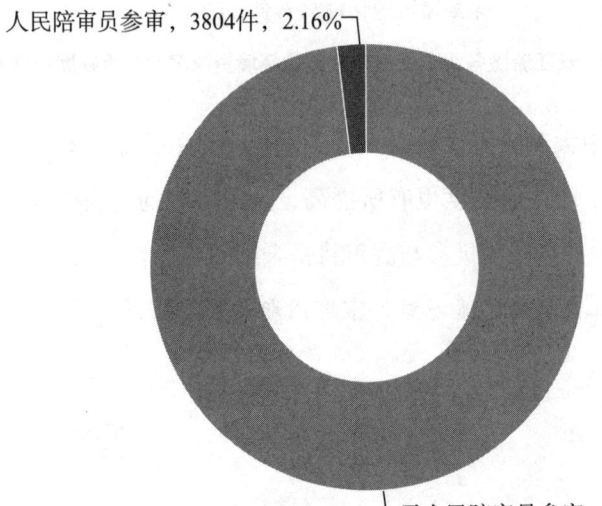

图2-6-6 2018年至2021年，长江流域各级人民法院审结的环境资源案件人民陪审员陪审情况图

2018年至2021年，长江流域各级人民法院审结的环境资源案件中，从人民陪审员陪审情况来看：无人民陪审员陪审案件共172 619件，占比97.84%；人民陪审员陪审案件共3804件，占比2.16%（见图2-6-6）。由数据可见，长江流域大多数环境资源案件审判没有人民陪审员参与。

8. 从鉴定情况看，大多数案件未经鉴定

2018年至2021年，长江流域各级人民法院审结的环境资源案件中，从使用鉴定报告情况分布来看：未使用鉴定报告案件共140 001件，占比79.36%；使用鉴定报告案件共36 422件，占比20.64%（见图2-6-7）。

环境资源审判专业性强，鉴定环节对于确定因果关系和确定损害赔偿数额等方面具有重要作用。但鉴定机构总体数量少，鉴定难度大、耗时长、费用高昂等一直是影响案件进行专业性鉴定的重要因素。因此，实践中大多数环境资源案件未进行鉴定或未使用鉴定报告。但可以预见的是，随着市场需求的进一步增扩展和专业技术的不断更新，专业鉴定机构和从业人员将会不断增加，环境资源案件进行专业鉴定将成为趋势。

使用鉴定报告，36 422件，20.64%

未使用鉴定报告，14 001件，79.36%

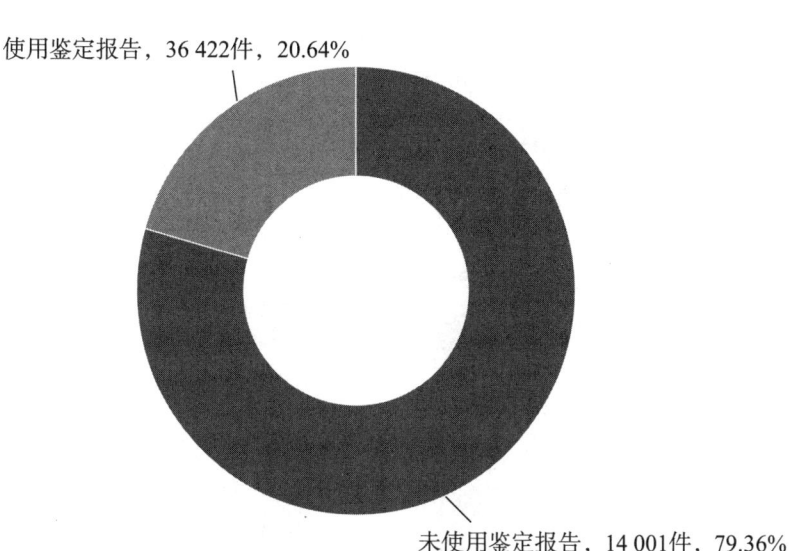

图 2-6-7　2018 年至 2021 年，长江流域各级人民法院审结的环境资源案件使用鉴定报告情况分布图

二、黄河流域案件特征与趋势

（一）黄河流域环境资源案件总体情况

黄河是中华文明最主要的发源地，是连接青藏高原、黄土高原和华北平原的生态廊道。黄河发源于青藏高原巴颜喀拉山北麓，呈"几"字形流经9个省、自治区、直辖市，[①] 全长5464公里，是我国第二长河，孕育了光辉灿烂的中华文明，铸就了以爱国主义为核心的民族精神。

---

① 本法所称黄河流域，依据《黄河保护法》（自2023年4月1日起施行）第2条第2款规定："本法所称黄河流域，是指黄河干流、支流和湖泊的集水区域所涉及的青海省、四川省、甘肃省、宁夏回族自治区、内蒙古自治区、山西省、陕西省、河南省、山东省的相关县级行政区域。"

黄河流域生态保护和高质量发展，是以习近平同志为核心的党中央统揽中国大历史、世界大格局，从事关中华民族伟大复兴和永续发展高度确定的重大国家战略。党的十八大以来，习近平总书记对黄河流域生态保护和高质量发展问题高度关注，多次亲赴流域省区视察，走遍黄河上中下游，提出一系列重要思想观点，作出一系列重大决策部署，为新时代把黄河的事情办好提供了治本之策，为建设人与自然和谐共生的现代化描绘了宏伟蓝图。

本部分将基于2018年至2021年黄河流域生态环境资源审判各项数据，并结合近四年黄河流域司法政策制定和司法案件实践情况进行统计分析。

（二）黄河流域环境资源案件基于数据的特征分析

1. 从案件审结数量看，稳中有降

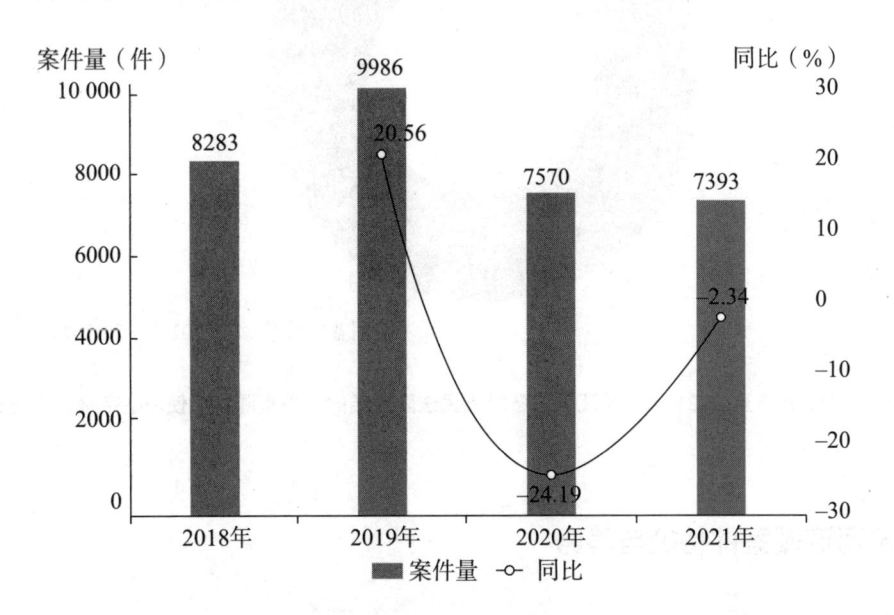

图2-6-8 2018年至2021年，黄河流域各级人民法院审结的环境资源案件数量年度变化趋势图

2018年至2021年，黄河流域各级人民法院审结的环境资源案件共计2.80万件。按结案时间来看，其中，2018年审结8283件；2019年审结9986件，同比上升20.56%；2020年审结7570件，同比下降24.19%；2021年审结7393件，同比下降2.34%（见图2-6-8）。

同长江流域类似，黄河流域环境资源案件量的年度变化趋势同样出现先增后降，在2019年达到案件量的顶峰，接着由于受到新冠肺炎疫情影响，在2020年大幅降低，

2021年再平稳降低2个百分点。

2. 从案件类型看，民事案件占比最大，行政案件增速最快

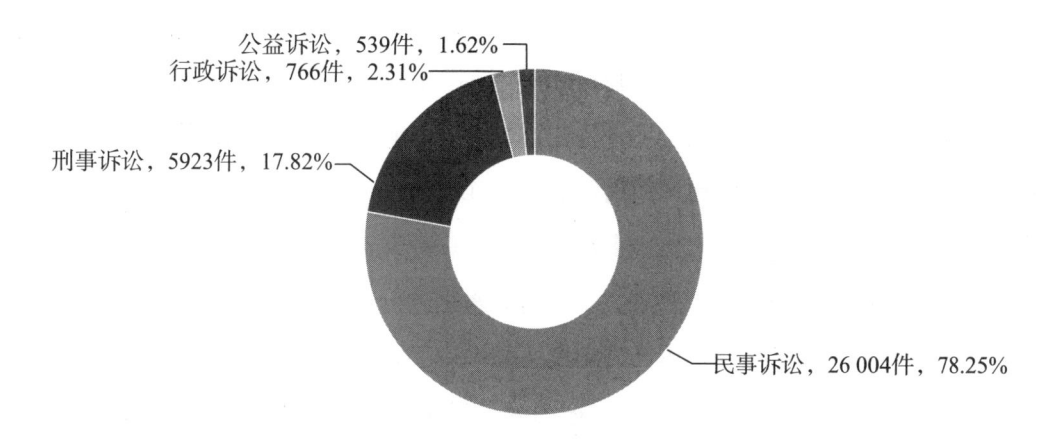

图 2-6-9　2018年至2021年，黄河流域各级人民法院审结的环境资源案件类型分布图

2018年至2021年，黄河流域各级人民法院审结的环境资源案件中，从案件类型分布来看：民事案件共计26 004件，占比78.25%；刑事案件共计5923件，占比17.82%；行政案件共计766件，占比2.31%；公益诉讼案件共计539件，占比1.62%（见图2-6-9）。

相比长江流域，黄河流域环境资源案件中民事案件占比相对更高，刑事案件相对更低，公益诉讼同样开始占据一定比重。

3. 从案件地域分布看，黄河流域陕西省案件量最大，四川省案件量最小

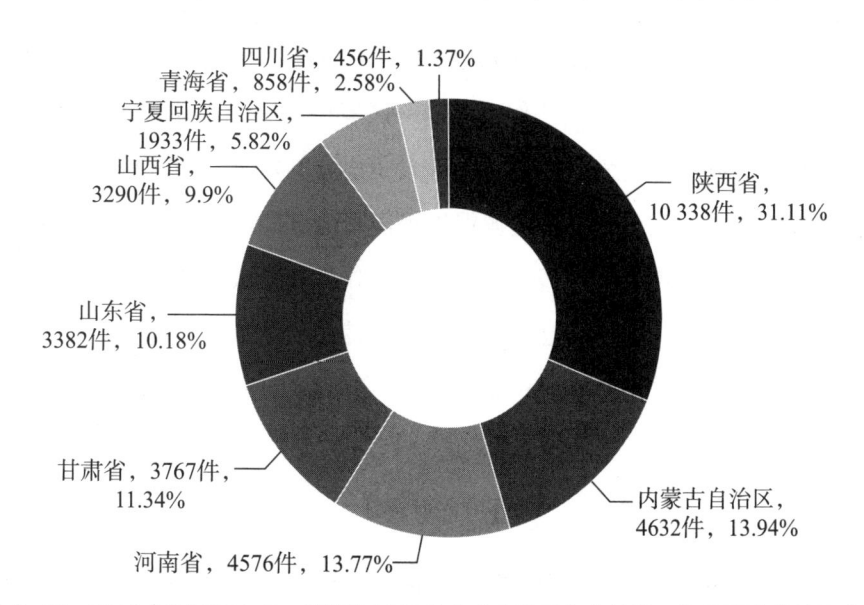

图 2-6-10　2018年至2021年，黄河流域各省市（自治区）审结的环境资源案件地区分布图

2018年至2021年，黄河流域各级人民法院审结的环境资源案件中，从地区分布来看，案件量较大的地区及其占比为：陕西省10 338件，占比31.11%；内蒙古自治区4632件，占比13.94%；河南省4576件，占比13.77%；甘肃省3767件，占比11.34%；山东省3382件，占比10.18%；山西省3290件，占比9.9%（见图2-6-10）。

黄河流域九省市中，陕西省案件量最大，这与其独特的地理位置是分不开的。陕西省位于中国中部黄河中游地区，南部兼跨长江支流汉江流域和嘉陵江上游的秦巴山地区，生物资源、矿产资源丰富，多样性突出。秦岭北连黄土高原南接四川盆地，是母亲河长江、黄河的分界线、北方小麦和南方水稻的分界线；秦岭和合南北，泽被天下，是我国的中央水塔，是中华民族的祖脉和中华文化的重要象征。习近平总书记非常重视秦岭生态环境工作，他曾说："把秦岭生态环境保护和修复工作摆上重要位置，履行好职责，当好秦岭生态卫士，决不能重蹈覆辙，决不能在历史上留下骂名。"[①] 近年来，陕西省持续推进秦岭"五乱"问题专项整治、矿山生态环境修复治理、尾矿库安全运行、农家乐环境整治等工作，全面打响秦岭专项整治攻坚战，并实现了阶段性的成果。陕西省高级人民法院环境资源审判庭2017年7月成立5年来全面加强环境资源审判工作，不仅逐步实现了环境资源刑事、民事、行政案件"三合一"归口审理，陕西省还是全国开展公益诉讼13个试点省市之一。近年来，陕西省高级人民法院结合检察机关提起公益诉讼特点，在法律框架范围内创新、完善具体的审判工作方式，建立协同工作机制，建立检察公益诉讼联席会议制度，确保公益诉讼有序开展。2017年1月至2021年12月，陕西全省法院共受理检察机关提起环境公益诉讼案件1076件。此外，全省法院积极推动区域司法协作，加强跨区域司法协调联动机制建设。2020年6月，陕西、河南、湖北三省六县（市、区）人民法院制定出台司法保障意见，共同为南水北调中线工程水源区生态环境资源保护提供司法保障。2021年4月，陕西省高级人民法院与湖北省、河南省高级人民法院签署协作框架协议，建立环丹江口水库司法协作机制。2020年6月，韩城市法院与山西省河津市法院签订协作备忘录，构建两地司法协作桥梁，为黄河流域生态保护和社会经济高质量发展保驾护航。

---

① 习近平：《扎实做好"六稳"工作落实"六保"任务 奋力谱写陕西新时代追赶超越新篇章》，载《人民日报》2020年4月24日，第1版。

4.从审理程序看，适用普通程序审理案件量占比过半，适用速裁程序审理案件开始占据一定比重

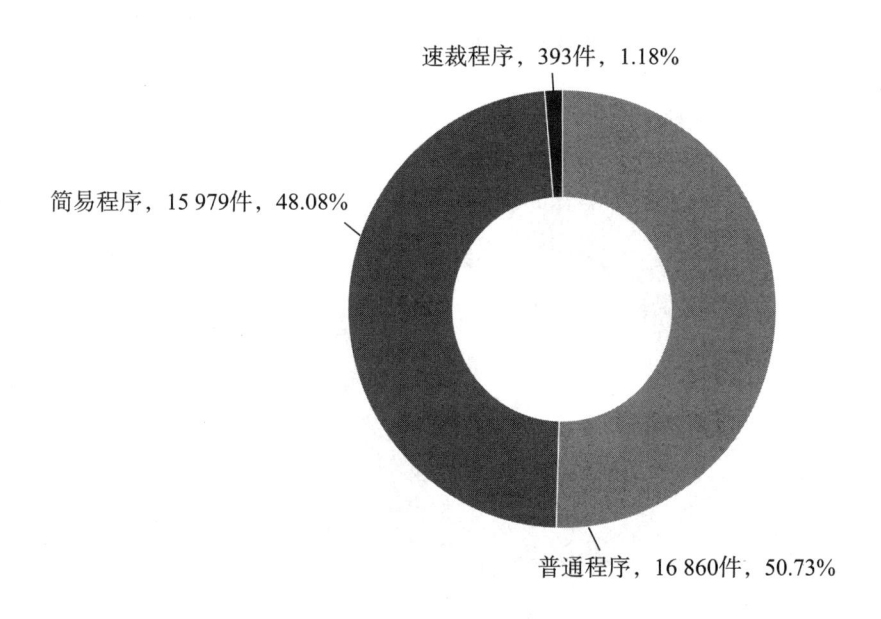

速裁程序，393件，1.18%
简易程序，15 979件，48.08%
普通程序，16 860件，50.73%

图 2-6-11　2018 年至 2021 年，黄河流域各级人民法院审结的环境资源案件审理程序分布图

表 2-6-4　2018 年至 2021 年，黄河流域各级人民法院适用不同审理程序审结的环境资源案件数量及年均变化情况表

适用程序	2018 年案件量（件）	2019 年案件量（件）	2020 年案件量（件）	2021 年案件量（件）	年均增长率（%）	总计（件）
简易程序	4177	4564	3607	3631	-4.56	15 979
速裁程序	72	122	88	111	15.52	393
普通程序	4034	5300	3875	3651	-3.27	16 860

2018 年至 2021 年，黄河流域各级人民法院审结的环境资源案件中，从审理程序分布来看：适用普通程序审理案件 16 860 件，占比 50.73%；适用简易程序审理案件 15 979 件，占比 48.08%；适用速裁程序审理案件 393 件，占比 1.18%（见图 2-6-11、表 2-6-4）。根据年均变化情况可见，适用普通程序和简易程序审结的案件数量呈现下降趋势可能与案件总量呈下降趋势有关，但适用速裁程序审结的案件数量却在逆势上

涨。这说明黄河流域各级人民法院近年来更加主动地适用速裁程序审理案件，速裁程序将会为包括环境资源案件审判在内的司法审判工作发挥更大的作用。

5. 从出庭情况看，大多数案件未出现缺席审理情况

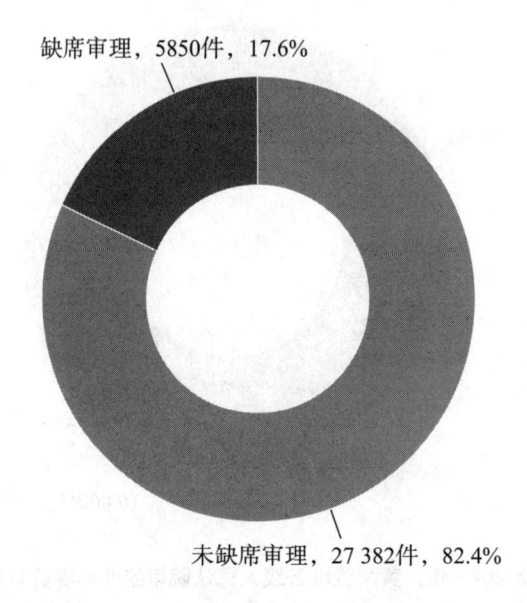

图 2-6-12　2018 年至 2021 年，黄河流域各级人民法院审结的环境资源案件是否缺席审理情况图

2018 年至 2021 年，黄河流域各级人民法院审结的环境资源案件中，从是否缺席审理情况来看，未缺席审理 27 382 件，占比 82.4%；缺席审理 5850 件，占比 17.6%（见图 2-6-12）。

6. 从审理周期看，黄河流域环境资源案件审理周期逐年延长

2018 年至 2021 年，黄河流域各级人民法院审结的环境资源案件中，2018 年平均审理周期为 90.01 天，2019 年为 106.09 天，2020 年为 110.59 天，2021 年则为 112.08 天，年均增长率为 7.58%（见图 2-6-13）。

与长江流域情况基本一致，黄河流域环境资源案件审理周期虽未大幅延长，但基本处于逐年延长的趋势中。尽快审结案件，实现案结事了、定分止争固然是人民法院审判工作追求的目标之一，但不可否认，环境资源案件具有高度复合性、专业技术性以及社会本位、国家干预、公私法融合等特性，人民法院审判此类案件时需要付出的时间、技术成本也相对较高。

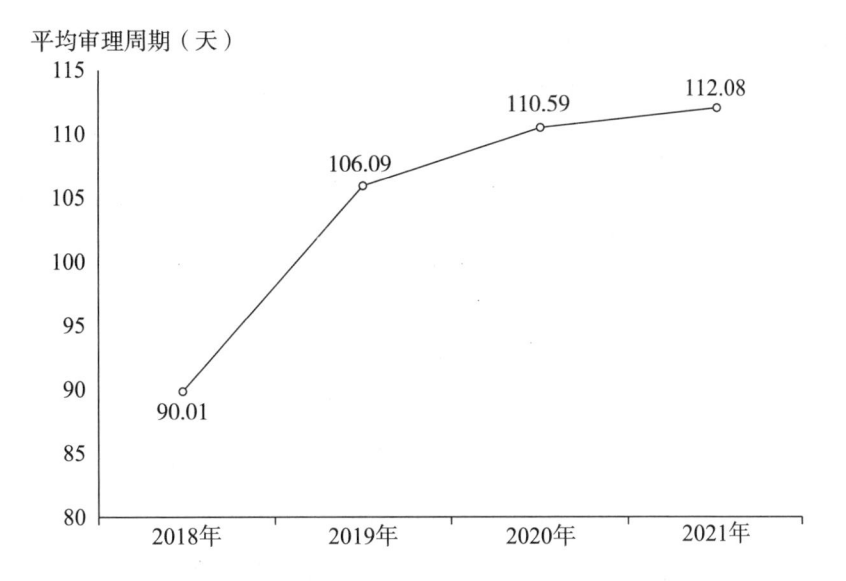

图 2-6-13　2018 年至 2021 年，黄河流域各级人民法院审结的环境资源案件审理周期年度变化趋势图

7. 从人民陪审员参审情况看，大多数环境资源案件没有人民陪审员参审

有人民陪审员，664件，2%

无人民陪审员，32 568件，98%

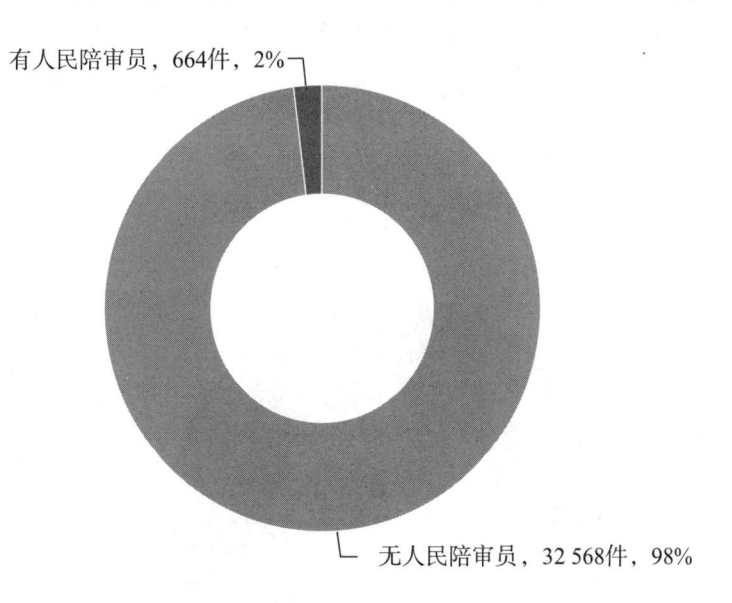

图 2-6-14　2018 年至 2021 年，黄河流域各级人民法院审结的环境资源案件人民陪审员陪审情况分布图

表 2-6-5　2018 年至 2021 年，黄河流域各级人民法院审结的环境资源案件人民陪审员陪审情况案件数量及年均变化情况表

	2018 年案件量（件）	2019 年案件量（件）	2020 年案件量（件）	2021 年案件量（件）	年均增长率（%）	总计（件）
有人民陪审员	121	123	253	167	11.34	664
无人民陪审员	8162	9863	7317	7226	-3.98	32 568

2018 年至 2021 年，黄河流域各级人民法院审结的环境资源案件中，无人民陪审员陪审案件共 32 568 件，占比 98%；有人民陪审员陪审案件共 664 件，占比 2%。在年均变化情况上，人民陪审员参与陪审案件年均增长率达到 11.34%（见图 2-6-14、表 2-6-5）。

尽管大部分环境资源案件仍然没有人民陪审员参与，但近年来黄河流域环境资源案件人民陪审员参与陪审案件明显呈增长趋势，这说明即使环境资源案件本身专业性强，对于非专业人士来说理解难度较大，但人民陪审员参与意愿在逐步提高，未来还将持续发挥作用。

8. 从鉴定情况看，大多数案件未经鉴定

使用鉴定报告，5807 件，17.47%

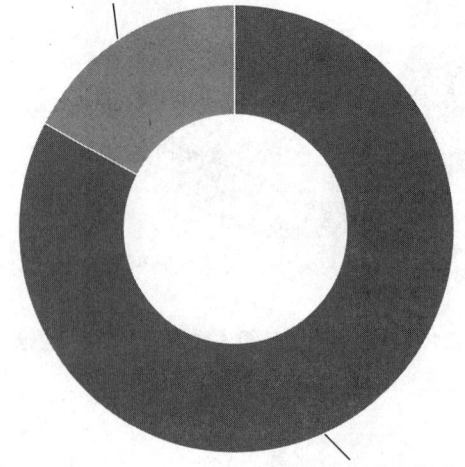

未使用鉴定报告，27 425 件，82.53%

图 2-6-15　2018 年至 2021 年，黄河流域各级人民法院审结的环境资源案件鉴定情况分布图

2018年至2021年，黄河流域各级人民法院审结的环境资源案件中，未使用鉴定报告的案件共计27 425件，占比82.53%；使用鉴定报告的案件共计5807件，占比17.47%（见图2-6-15）。

相比长江流域，黄河流域环境资源案件使用鉴定报告的案件占比更少，可能与黄河流域省市（自治区）相比长江流域来说拥有的专业性鉴定机构数量更少有关。长江流域，尤其是长江中下游地区经济发达，技术先进，相应的环境损害司法鉴定机构和登记评审专家库更加完善。但总体来说，两流域使用鉴定报告的案件数量占比都非常少。

为加强对环境损害司法鉴定机构和鉴定人的管理，规范生态环境损害鉴定评估活动，司法部和生态环境部根据相关法律法规和工作需要，细化《司法鉴定机构登记管理办法》在环境损害司法鉴定领域的适用，于2018年共同发布了《关于规范环境损害司法鉴定管理工作的通知》，并明确要求两部门要制定评审办法，对环境损害鉴定机构和鉴定人资质条件、评审专家、评审程序等做出规定。未来鉴定机构和专业鉴定人员数量将会持续增多，鉴定过程也将更加规范，鉴定在环境资源案件审判过程中也将发挥越来越重要的作用。

三、长江、黄河流域环境资源审判最新进展

长江、黄河流域环境资源审判是人民法院的重点工作。为全面指导全国法院准确实施《长江保护法》、贯彻习近平总书记关于黄河流域生态保护和高质量发展指示精神，最高人民法院于2021年7月和9月，分别召开了贯彻实施《长江保护法》工作推进会以及黄河暨大运河、南水北调工程流域生态保护和高质量发展工作推进会，围绕当前长江、黄河流域环境资源审判中存在的法律适用问题进行了深入交流探讨，形成会议纪要。

会后，最高人民法院在充分论证、反复修改的基础上，于2021年11月25日发布了《最高人民法院贯彻实施〈长江保护法〉工作推进会会议纪要》《最高人民法院服务保障黄河流域生态保护和高质量发展工作推进会会议纪要》，旨在总结流域审判经验、明确审判规则，指导各级人民法院统一法律适用，确保依法公正裁判。

截至2021年12月31日，长江、黄河流域各地法院分别设立环境资源审判庭、合

议庭、人民法庭等专门审判机构 1203 个、793 个,"基本实现专门化审判机构的全覆盖"。最高人民法院已发布首部长江流域环境资源审判白皮书,发布长江流域环境资源典型案例 5 批 50 个,黄河流域生态环境司法保护典型案例 2 批 20 个,以司法实践回应人民关切。长江、黄河流域环境资源保护工作任重道远,人民法院将进一步发挥好司法审判职能作用,确保母亲河长久安澜。

四、白洋淀流域案件特征与趋势

白洋淀流域是华北平原最大的内陆淡水湖泊湿地生态系统,仅在其 360 平方公里的淀区内,有 143 个淀泊和 3700 多条沟壕,古有"北地西湖"之称,今有"华北明珠"之誉,在华北环境生态系统中占据着"华北之肾"的重要地位,发挥着维护华北地区生态系统平衡、调节气候、补给地下水源、调蓄洪水及保护生物多样性等不可替代的作用。但是,多年以来,由于白洋淀流域上游城镇生活污水和工业污水排放、淀区百姓生活污水直排、淀区机械船只增多,加之生态流量减少等因素,白洋淀水质不断恶化,甚至在二十世纪八九十年代出现过淀区干涸等严重现象。

近几年,党中央擘画推进的重大历史性战略工程——建设河北雄安新区,使白洋淀流域再次成为社会热点和大众焦点。"建设雄安新区,一定要把白洋淀修复好、保护好",习近平总书记和党中央高度重视白洋淀及其流域生态环境治理,雄安新区设立伊始,白洋淀生态环境治理和保护攻坚战也同步打响。特别是 2021 年 4 月 1 日,雄安新区设立 4 周年之际,河北省《白洋淀生态环境治理和保护条例》正式施行,从规划管控、污染治理、防洪排涝、修复保护、法律保障等方面进行了全面规范。

为充分了解白洋淀流域保定市、廊坊市、沧州市、石家庄市、雄安新区五地环境资源司法审判现状,本小节的数据分析和定性描述,既严格遵循《环境资源案件类型与统计规范(试行)》要求,对白洋淀流域的环境资源案件进行专项统计和分析,同时也根据实地调研进行了查漏补缺、相互印证的具体分析,以期较为完整地展现出其社会情景和司法逻辑的始终。[①]

[①] 本节写作获得了雄安新区中级人民法院大力支持,特别感谢雄安新区中级人民法院法官助理肖忆雪博士提供的相关资料和情况访谈。

(一)白洋淀流域环境资源审判案件年度分布情况

伴随雄安新区横空出世,白洋淀流域生态治理成为社会焦点,除了坚持控源、截污、治河、补水并举,治污、修复、防洪、防涝协同等科学手段,河北、北京等地上下游联动、淀内外协作,其中河北省内的流域协同治理尤其重要,因为白洋淀地处"九河下梢",在白洋淀生态环境治理和保护攻坚战中,改善上游流域生态环境质量是治本攻坚之策。与此同时,白洋淀流域的环境资源审判司法活动也与之相应互动。

数据显示,自2018年以来,白洋淀流域审结案件量共计7127件,年结案数总体呈下降态势。其中,2018年至2021年,白洋淀流域各级人民法院审结的环境资源案件共计5953件。按结案时间来看,其中,2018年审结2135件;2019年审结1904件,同比下降10.82%;2020年审结1316件,同比下降30.88%;2021年审结1772件,同比上升34.65%(见图2-6-16)。

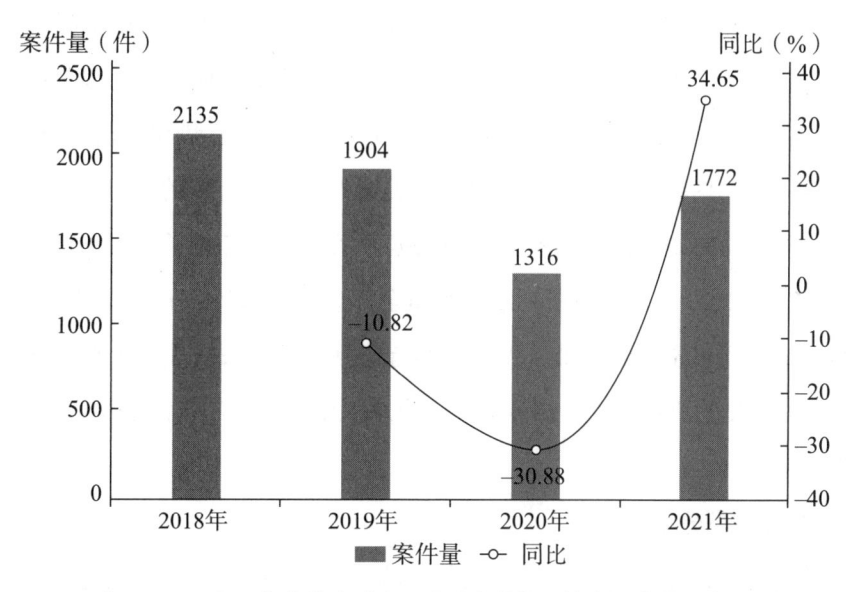

图2-6-16 2018年至2021年,白洋淀流域人民法院审结的环境资源案件结案时间年度变化趋势图

这一变化趋势与河北省加快增强提升白洋淀流域司法审判保护密切相关。2017年4月河北雄安新区设立之初,河北省高级人民法院就以省法院党组理论中心组会议形式贯彻中央和省委要求,河北法院将把雄安新区规划建设作为法院工作的重中之重,以问题为导向,在法律框架内以最快捷、最有效的方式,高标准、高定位地做好新区规划建设开局起步的司法服务和保障工作。其中,最主要的一项工作即是"推进新区环

境资源案件审理,坚决做好白洋淀生态环境保护、大气污染治理等审判工作"。[①]

在此动员之下,白洋淀流域开展了一系列司法专项审判工作,以刑事司法为例,重点打击向淀区和注入淀区的9条河流及南水北调工程沙河干渠排放、倾倒有放射性废物、含传染病病原体的废物、有毒物质或者其他有害物质的犯罪;重点打击跨区域向雄安新区运输倾倒工业废水、危险废物等有毒有害物质的犯罪;重点打击雄安新区有色金属回收、塑料加工、服装箱包加工、印染造纸等行业非法排放、超标排放含有重金属、有毒有害物质等污染环境的犯罪;重点打击非法占用农用地、非法采矿采砂等破坏雄安新区土地矿产资源的犯罪;重点打击乱砍滥伐林木、非法狩猎和非法猎捕、杀害珍贵、濒危野生动物和非法捕捞鱼类资源等破坏淀区生态环境的犯罪。[②] 通过这一系列公检法协同司法工作,相关数据体现为2018年、2019年白洋淀流域法院大量涌入环境资源类案件,并在此后呈现司法治理成效,2020年、2021年流域法院收审案件量缓慢下降,但其中2020年收审案数受新冠肺炎疫情防控影响导致急剧下降,2021年则持续保持着缓慢下降的收审趋势,预计在今后数年内流域法院会保持较为平稳的收案审结数量,使白洋淀流域环境资源审判攻坚持续保持着高压态势和严正立场。

与此佐证,在白洋淀流域环境资源审判类案件量稳中有降的态势下,白洋淀流域生态治理呈现蓬勃向好的持续现象,监测数据显示,2017年之前入淀河流水质基本以劣V类为主,到2020年,流域所有断面水质全部达到Ⅳ类及以上,国省考断面优良比例90%,入淀断面水质达到了Ⅲ~Ⅳ类,创有监测记录以来的最好水平。特别是2021年取得了更为明显的治理成绩,白洋淀4条有水入淀河流,3条水质达到Ⅲ类以上,实现持续改善。

(二)案件类型分布情况

按照《环境资源案件类型与统计规范(试行)》的统计口径,经过对白洋淀流域各级人民法院审结的环境资源案件类型进行严格统计,可知民事的案件量最大,占比高达76.43%。

[①] 参见《河北省法院将为雄安新区建设提供有力司法服务和保障》,载河北新闻网2017年4月12日,http://hebei.hebnews.cn/2017-04/12/content_6422401.htm。

[②] 参见肖俊林:《河北:专题研究雄安新区环境司法保护》,载《检察日报》2017年10月11日,第1版。

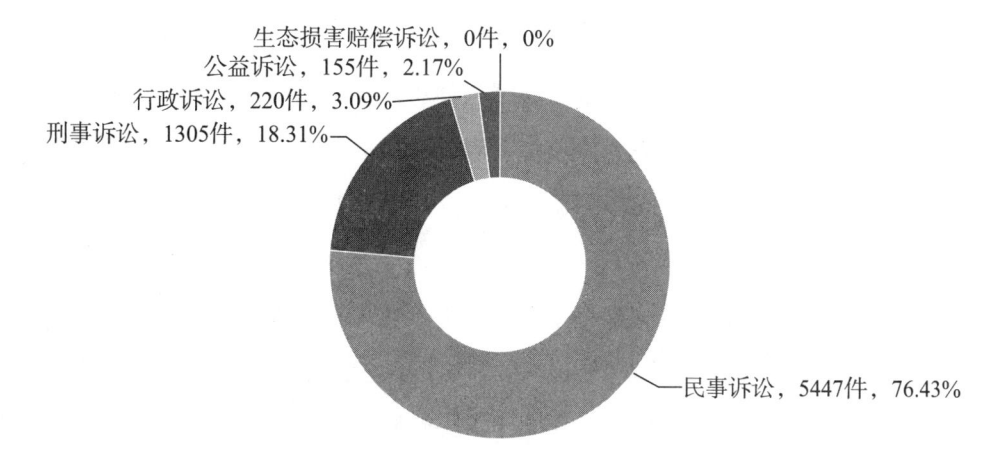

图 2-6-17　2018 年至 2021 年，白洋淀流域各级人民法院审结的环境资源案件类型分布图

其中，2018 年至 2021 年，白洋淀流域各级人民法院审结的环境资源案件中，从案件类型分布来看：民事案件 5447 件，占比 76.43%；刑事案件 1305 件，占比 18.31%；行政案件 220 件，占比 3.09%（见图 2-6-17）。这里首先需要指出一点，因为《环境资源案件类型与统计规范（试行）》在统计口径的判断上，将民事用水、用电、用气合同，以及土地买卖、确权民事案件等纠纷纳入环境资源民事案件统计范畴内，因此案例类型数量中民事案件量大幅增加，而这一情况与地方各级法院过去惯行统计口径有很大差别，要具体结合当地情况作实际分析。

从实地调研来看，环境资源案件的类型与当地社会自然环境特点及产业结构联系紧密。比如，廊坊市周边地区由于钢木家具、汽车配件等相关小型制造企业多，因此电镀喷漆造成的水、土污染案件较多；此外，建筑业带来的建筑垃圾（固体废物）堆积污染案件以及三河市非法挖沙案件较多。沧州市周边地区由于临近天津、山东等经济较为发达地区，经济发展程度较上述两地相对落后，因此固体废物异地掩埋带来的土地污染案件较多，本地小型制造企业带来的镀锌、电解铝、化肥污染案件也较多。同时，因沧州地理位置临海近海，其辖区内南大港湿地与白洋淀湿地有天然亲缘关系，而此地湿地水土污染、海水污染案件常发频见。

河北省主要城市经济中心省会石家庄市的白洋淀流域地区，由于其皮革企业集中，产业废物蓝皮丝的处理成本高昂，相应固体废物污染案件频发。此外，小型日化厂带来的有毒有害物质污染案件，违法挖沙带来的水土流失案件，异地排酸、异地掩埋带来的水土污染案件也较多。与周边经济较为发达地区不同，处于白洋淀流域中心地带的雄安新区由于系白洋淀淀区的主要分布地，淀区鱼类、候鸟品种丰富，因此非法捕捞与非法狩猎案件较多，而且过去雄安新区三县小规模养殖业、服装业、塑料制品业丰富，上述产业造成的水土污染案件较多。因此，根据数据分析与实地调研，可以初步归纳，案件量数据显示民事案件占据主要，这里面既有统计口径的因素，也有流域地区地方社会经济发展的影响。

此外，从结案时间年度变化趋势来看，案件量年均增长率最高的案件类型为行政（年均增长 −0.63%），年均增长率最低的为民事（年均增长 −29.57%）。这一数据变化的原因相对清晰，以流域地区其中一家中级人民法院环境资源审判庭为例，该庭根据最高人民法院关于加强专业化审判的精神，自2019年起先后参照最高人民法院关于环境资源案件范围征求意见稿和正式稿的规定对环境资源审判庭的受案范围进行了规范，但由于理解偏差的问题，地方法院认为关于行政案件案由的划分难以和其关于环境资源案件的划分标准相对应，在分案系统按照案由进行自动分案时，难以将环境资源行政案件划分到环境资源审判庭进行审理。因此，该中级人民法院环境资源审判庭在早期阶段几乎没有受理过环境资源行政案件，而后意识到此问题后，涉环境资源行政案件才相继由该院环境资源审判庭陆续分案审理，导致相关数据出现变动。

（三）地域分布情况

白洋淀流域属海河流域，位于大清河流域中上游地区，流经山西省（面积占12.3%）、河北省（面积占80.4%）和北京市（面积占7.3%），位居华北平原核心地带。白洋淀流域在河北省境内面积3.37万平方公里，包括保定市、雄安新区、定州市全域及石家庄市（新乐市、深泽县、无极县、行唐县、灵寿县、正定县、藁城区）、张家口市（蔚县、涿鹿县）、沧州市（任丘市、肃宁县、献县、河间市）、廊坊市（固安县、文安县、霸州市、大城县、永清县、安次区）、衡水市（安平县、饶阳县）部分地区，共47个区县。白洋淀淀区东接任丘、雄县，西邻清苑、徐水，南连高阳，北接容城，由白洋淀、藻笞淀、马棚淀等143个大小不等的淀泊组成，总面积366平方公里，其中85%的水域分布在雄安新区安新县境内。可以想见，尽管与长江、黄河流域相比，白洋淀流域的总体面积和复杂情况相对较小，但其依然是一个横跨众多差异地区、涵盖不同社会经济形态的"复杂体"，这势必在案件量地区分布上体现出来。

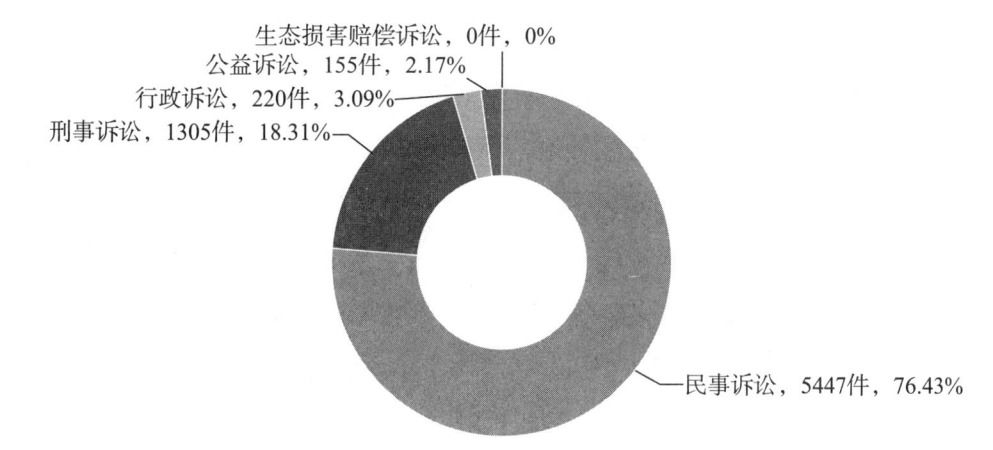

图 2-6-17　2018 年至 2021 年，白洋淀流域各级人民法院审结的环境资源案件类型分布图

其中，2018 年至 2021 年，白洋淀流域各级人民法院审结的环境资源案件中，从案件类型分布来看：民事案件 5447 件，占比 76.43%；刑事案件 1305 件，占比 18.31%；行政案件 220 件，占比 3.09%（见图 2-6-17）。这里首先需要指出一点，因为《环境资源案件类型与统计规范（试行）》在统计口径的判断上，将民事用水、用电、用气合同，以及土地买卖、确权民事案件等纠纷纳入环境资源民事案件统计范畴内，因此案例类型数量中民事案件量大幅增加，而这一情况与地方各级法院过去惯行统计口径有很大差别，要具体结合当地情况作实际分析。

从实地调研来看，环境资源案件的类型与当地社会自然环境特点及产业结构联系紧密。比如，廊坊市周边地区由于钢木家具、汽车配件等相关小型制造企业多，因此电镀喷漆造成的水、土污染案件较多；此外，建筑业带来的建筑垃圾（固体废物）堆积污染案件以及三河市非法挖沙案件较多。沧州市周边地区由于临近天津、山东等经济较为发达地区，经济发展程度较上述两地相对落后，因此固体废物异地掩埋带来的土地污染案件较多，本地小型制造企业带来的镀锌、电解铝、化肥污染案件也较多。同时，因沧州地理位置临海近海，其辖区内南大港湿地与白洋淀湿地有天然亲缘关系，而此地湿地水土污染、海水污染案件常发频见。

河北省主要城市经济中心省会石家庄市的白洋淀流域地区，由于其皮革企业集中，产业废物蓝皮丝的处理成本高昂，相应固体废物污染案件频发。此外，小型日化厂带来的有毒有害物质污染案件，违法挖沙带来的水土流失案件，异地排酸、异地掩埋带来的水土污染案件也较多。与周边经济较为发达地区不同，处于白洋淀流域中心地带的雄安新区由于系白洋淀淀区的主要分布地，淀区鱼类、候鸟品种丰富，因此非法捕捞与非法狩猎案件较多，而且过去雄安新区三县小规模养殖业、服装业、塑料制品业丰富，上述产业造成的水土污染案件较多。因此，根据数据分析与实地调研，可以初步归纳，案件量数据显示民事案件占据主要，这里面既有统计口径的因素，也有流域地区地方社会经济发展的影响。

此外，从结案时间年度变化趋势来看，案件量年均增长率最高的案件类型为行政（年均增长 –0.63%），年均增长率最低的为民事（年均增长 –29.57%）。这一数据变化的原因相对清晰，以流域地区其中一家中级人民法院环境资源审判庭为例，该庭根据最高人民法院关于加强专业化审判的精神，自2019年起先后参照最高人民法院关于环境资源案件范围征求意见稿和正式稿的规定对环境资源审判庭的受案范围进行了规范，但由于理解偏差的问题，地方法院认为关于行政案件案由的划分难以和其关于环境资源案件的划分标准相对应，在分案系统按照案由进行自动分案时，难以将环境资源行政案件划分到环境资源审判庭进行审理。因此，该中级人民法院环境资源审判庭在早期阶段几乎没有受理过环境资源行政案件，而后意识到此问题后，涉环境资源行政案件才相继由该院环境资源审判庭陆续分案审理，导致相关数据出现变动。

（三）地域分布情况

白洋淀流域属海河流域，位于大清河流域中上游地区，流经山西省（面积占12.3%）、河北省（面积占80.4%）和北京市（面积占7.3%），位居华北平原核心地带。白洋淀流域在河北省境内面积3.37万平方公里，包括保定市、雄安新区、定州市全域及石家庄市（新乐市、深泽县、无极县、行唐县、灵寿县、正定县、藁城区）、张家口市（蔚县、涿鹿县）、沧州市（任丘市、肃宁县、献县、河间市）、廊坊市（固安县、文安县、霸州市、大城县、永清县、安次区）、衡水市（安平县、饶阳县）部分地区，共47个区县。白洋淀淀区东接任丘、雄县，西邻清苑、徐水，南连高阳，北接容城，由白洋淀、藻苲淀、马棚淀等143个大小不等的淀泊组成，总面积366平方公里，其中85%的水域分布在雄安新区安新县境内。可以想见，尽管与长江、黄河流域相比，白洋淀流域的总体面积和复杂情况相对较小，但其依然是一个横跨众多差异地区、涵盖不同社会经济形态的"复杂体"，这势必在案件量地区分布上体现出来。

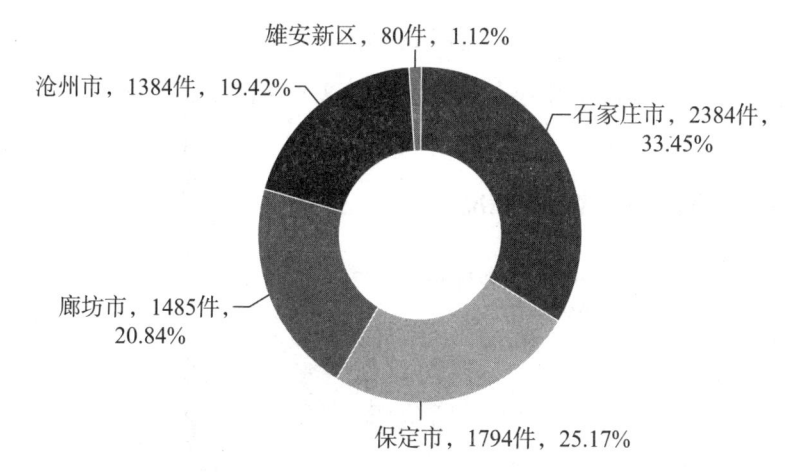

第二章 环境资源审判案件特征与趋势大数据分析

图 2-6-18　2018 年至 2021 年，白洋淀流域各地人民法院审结的环境资源案件地区分布图

2018 年至 2021 年，白洋淀流域各地人民法院审结的环境资源案件中，从地区分布来看，案件量较大的地区及其占比为：石家庄市 2384 件，占比 33.45%；保定市 1794 件，占比 25.17%；廊坊市 1485 件，占比 20.84%；沧州市 1384 件，占比 19.42%；其他 80 件，占比 1.12%（见图 2-6-18）。

此外，从结案时间年度变化趋势来看，案件量年均增长率最高的地区为保定市（年均增长 -9.79%）和沧州市（年均增长 -12.64%）；年均增长率最低的为石家庄市（年均增长 -36.07%）和廊坊市（年均增长 -28.37%）。

结合数据统计与实地调研，简要来说，上述白洋淀流域地区环境资源案件量分布的共同特点有：一是随着地区产业的变化，环境资源案件呈此消彼长的变化趋势，这里最为典型的是石家庄与廊坊的案件量占比与年均增长率情况，因为这两个地区属于白洋淀流域地理相对边缘、人口经济相对集中的地区，占比大、年均增长率低显示出其特殊的地理效应。例如，白洋淀流域涉民生环境资源案件近年来类型表现多样，如车站吸烟室空气污染案件、生活用水排污案件、生活垃圾倾倒污染案件、噪声污染案件、小作坊暗管排放污染等类型案件。这些案件明显与城市社会观念、城镇人口集中、产业发展阶段等变量因素密切相关，在调研访谈中发现，像石家庄、廊坊这样人口经济相对集中的城市，更偏好于逐渐加强此类案件打击力度，因此相关案件量占比呈上升趋势。二是各地在制止人为破坏环境生态系统性以及生物多样性保护上均加大了司法打击或保护力度，在此过程中引发的环境资源案件有上升趋势，这一点尤其体现在白洋淀流域核心地区的雄安新区和保定市等地。三是由于各地大型国有企业升级改造和监督到位，国企引发的环境污染案件几乎没有，主要污染企业为小型民企，特别是各种产业链末端和低端行业都存在类似问题，这又与河北省整体经济地理分布紧密相关。

（四）环境资源审判类型分布情况

生态环境治理与服务，122件，1.71%
气候变化应对，194件，2.71%
环境污染防治，506件，7.07%
生态保护，836件，11.69%
资源开发利用，5494件，76.82%

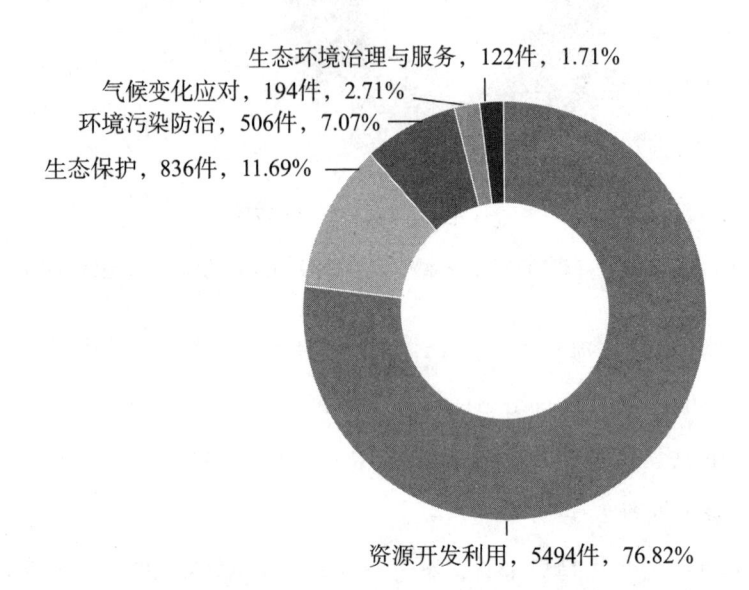

图 2-6-19　2018 年至 2021 年，白洋淀流域各级人民法院审结的环境资源案件类型分布图

从环境资源类型分布来看，2018 年至 2021 年，白洋淀流域各级人民法院审结的环境资源案件中，资源开发利用类案件共计 5494 件，占比 76.82%；生态保护类案件共 836 件，占比 11.69%；环境污染防治类案件共 506 件，占比 7.07%；气候变化应对类案件共 194 件，占比 2.71%；生态环境治理与服务类案件共 122 件，占比 1.71%（见图 2-6-19）。

数据显示，白洋淀流域环境资源审判类型中资源开发类案件占据绝大多数，如前所述，这些案件类型大多是民事用水、用电、用气合同，以及土地买卖、确权民事案件等纠纷，与一般社会观念所理解的环境案例类型，如环境污染防治类、生态保护类、生态环境治理和服务类案件等还存在认知差异。我们在实地调研中发现，这种认知差异容易造成流域地区各级法院对环境资源案件范围认识不统一以及环境资源案件新口径与传统案由之间衔接不畅的问题，容易造成了统计数据上的不平衡，可能会在实践中成为实现白洋淀流域环境资源案件"刑事、民事、行政三合一归口审理"目标的阻碍，即造成环境资源审判庭受理案件上的困难。而且，从党中央和地方党委、政府关于白洋淀流域生态环境治理的大政方针来说,其侧重点应该是环境污染防治类、生态保护类、生态环境治理和服务类案件等密切影响到白洋淀流域生态系统性和生物多样性的重点案件类型。

以生物多样性保护为例,白洋淀流域是华北平原的鸟类"天堂",约有200多个品种的鸟类栖息于此,在维系生物多样性、维护华北地区生态环境上具有不可替代的作用,其也是社会舆情主要关切点,[①] 白洋淀流域核心地区雄安新区中级人民法院密切关注此类型案件的司法审判和政法宣传,将此打造成为本地区白洋淀流域审判案例典型。[②] 由此可见,这一类审判类型可能在数量上"微乎其微",但在示范意义和生态价值上却是"重如泰山"。

(五)法院层级分布情况

数据与调研都证明,各类环境资源案件审判工作主要为基层人民法院来承担,四年来司法数据显示,白洋淀流域所有环境资源类案件都是由基层人民法院收案审结(见图2-6-20)。

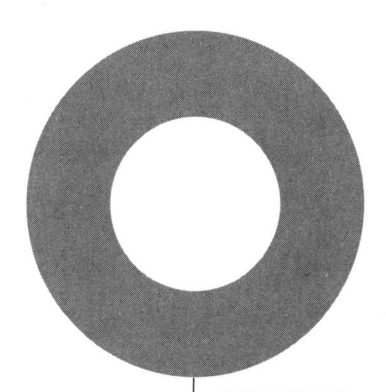

基层人民法院,7127件,100%

图2-6-20 2018年至2021年,白洋淀流域各级人民法院审结的环境资源案件法院层级分布图

在白洋淀流域各地中院中,保定市中级人民法院和石家庄市中级人民法院设置有专门环境资源审判庭,其余三地中院未设置,在各地基层人民法院中,仅雄安新区的安新县人民法院设置有专门环境资源法庭,其余四地基层人民法院均未设置。与此相

[①] 参见《白洋淀:多年的不见的鸟儿又回来了》,载腾讯网2021年10月16日,https://new.qq.com/rain/a/20211016A07HX400。

[②] 参见《白洋淀上法徽闪耀——走进安新县人民法院白洋淀巡回法庭》,载澎湃网2021年11月19日,https://m.thepaper.cn/baijiahao_15466272。

应，包括单独设置环资法庭的中院在内，各地各级法院所组建的审判团队都仅在3名至6名不等，审判团队在负责环资案件的同时，要同时肩负审理其他类型民事案件。以沧州市中级人民法院为例，其于2015年设立专门审判庭，共有6名员额法官，1名法官助理，5名书记员，审理包括环境资源民事案件、破产、知识产权、执行异议等在内的民商事案件，而环境资源刑事、行政案件分别由刑事审判庭、行政审判庭审理。目前，白洋淀流域基层人民法院中，在河北省法院的指导支持下，雄安新区安新县人民法院白洋淀环境资源法庭于2020年12月挂牌成立，集中管辖雄安新区辖区内应当由基层人民法院受理的涉环境资源一审刑事、行政、民事诉讼案件，成为河北省首家实行环境资源审判刑事、民事、行政三合一归口审理的专门化法庭。目前，白洋淀环境资源法庭配备了2名员额法官、2名法官助理、2名书记员。

通过以上简要整理相关法院的审判团队与人力资源，应当说，在严格遵循审级制度和案件分流规律的条件下，环境资源类案件与其他类型的案件并无明显不同，都是由基层人民法院作为主审法院承担了大量案件审理。

（六）审理法院分布

2018年至2021年，白洋淀流域各级人民法院审结的环境资源案件中，从审理法院分布来看，案件量较大的审理法院及其占比为：三河市人民法院346件，占比5.81%；涿州市人民法院281件，占比4.72%；平山县人民法院210件，占比3.53%；香河县人民法院200件，占比3.36%；其他4916件，占比82.58%（见图2-6-21）。

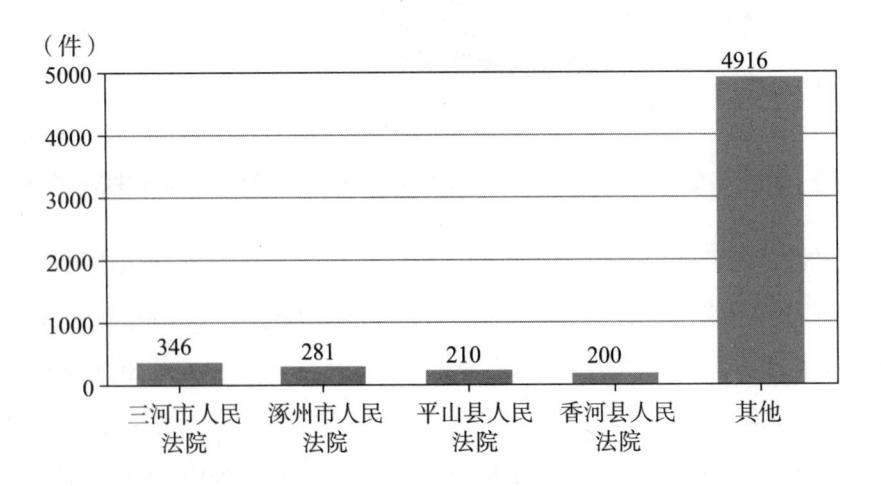

图2-6-21 2018年至2021年，白洋淀流域各级人民法院审结的环境资源案件审理法院分布图

通过实地调研发现，三河市人民法院环资案件量最大。这与前文所述的白洋淀流域环境资源加大司法保护密切相关，由于廊坊三河市地处白洋淀流域上游潮白河地段，长期以来三河市以沟河北务村、侯各庄、刘白塔、潮白河京哈铁路桥附近和与大厂交界处等地段，一直是每年春季河道非法采砂取土易发多发地，其中部分违法人员甚至涉及黑社会组织势力，近五年在扫黑除恶专项行动联动之下，三河市一直处于严厉打击非法采砂采矿的高压态势，使基层法院一直处于忙于审理大量非法采砂案件的高峰时段，由此环境资源类案件持续高位。

此外，从结案时间年度变化趋势来看，案件量年均增长率最高的审理法院为保定市莲池区人民法院（年均增长 24.16%）、东光县人民法院（年均增长 21.40%）和高碑店市人民法院（年均增长 19.90%）；年均增长率最低的为新乐市人民法院（年均增长 -76.75%）、石家庄市栾城区人民法院（年均增长 -75.75%）和石家庄市藁城区人民法院（年均增长 -61.15%）。

同样，保定市全域均属于白洋淀上游，白洋淀上游治理中保定市工作是重中之重，其中孝义河、府河是保定市两条主要入淀河流，据河北省相关媒体报道，仅 2020 年保定市各地持续开展河湖清理行动，累计清除各类河道垃圾 1099 万立方米，封堵非法入河排污口 1785 个，1424 个纳污坑塘和 9 条城市黑臭水体完成整治，随着入河污染负荷的持续削减，白洋淀上游入淀河流水质实现了跨越式改善。[①] 而伴随环境整治行政工作的力度持续加强，司法保护自然迅速联动，作为保定市主要城区莲池区基层人民法院环境资源案件审结数量立刻增多。因此，流域各地各级法院的案件量与其白洋淀流域地理位置有相应的互动影响。

（七）审理程序分析

数据显示，2018 年至 2021 年，白洋淀流域各级人民法院审结的环境资源案件中，从审理程序分布来看：普通程序 3886 件，占比 54.53%；简易程序 3233 件，占比 45.36%；速裁程序 8 件，占比 0.11%。其中审理程序为普通程序的案件量最大，占比过半（见图 2-6-22）。

同时，从结案时间年度变化趋势来看，案件量年均增长率最高的为简易程序（年

---

① 参见《保定确保不让一滴污水流入白洋淀》，载长城网 2021 年 8 月 31 日，https://www.sohu.com/a/486740538_120333600。

均增长 –19.60%）；年均增长率最低的为普通程序（年均增长 –26.01%）。

速裁程序，8件，0.11%
简易程序，3233件，45.36%
普通程序，3886件，54.53%

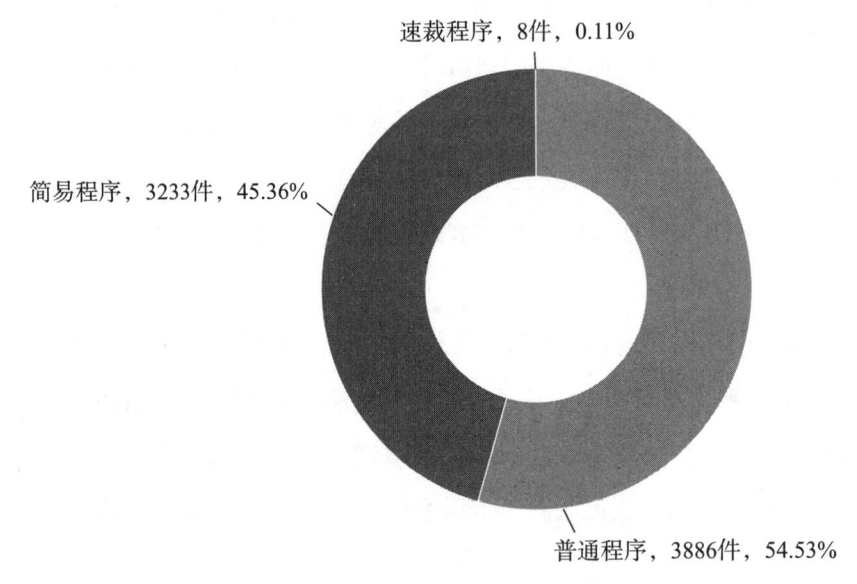

图 2-6-22　2018 年至 2021 年，白洋淀流域各级人民法院审结的环境资源案件审理程序分布图

与其他类型的案件相比，环境资源类案件具有非常明显的特点，存在跨地域案件受理分散、举证难度大、因果认定难、审判队伍不专业、裁判尺度不一等问题。就最突出的实务问题来说，主要是白洋淀流域普遍缺乏环境资源案件审判专门力量，即使在设置有环境资源案件审判庭的法院，也最多配置有一个合议庭，且审判人员主要力量为办理普通民事或行政案件的法官，普遍不具备环境资源教育背景，不熟悉环境资源案件机理。同时，由于各地也均未设立环境资源案件专家委员会，在案件审理需要专家支持时难以寻求外部专业性支撑，比如对大气、水、土壤污染案件中涉及的污染物鉴定问题，没有外部专家的支持，专业性不足的法官更显捉襟见肘。

因此，基层法院在面临大量环资类案件涌入法院之际，尤其是面对环境污染防治类和生态保护类案件等具有较大影响的案件，基层法官们都倾向于运用更具有程序理性的普通程序来审理这些棘手案件，而对于大量资源利用类案件，其认定案件事实和适用法律规范等裁判机制都较为成熟，一般还是遵循诉讼经济原则，利用较为便捷高效的简易程序和速裁程序。

数据显示，2018 年至 2021 年，白洋淀流域各级人民法院审结的环境资源案件中，从是否缺席审理情况来看：未缺席审理 6529 件，占比 91.61%；缺席审理 598 件，占比

8.39%。这意味着环境资源类案件中各方诉讼权利保障还是比较稳固,有利于法院进一步准确认定事实、依法裁判(见图2-6-23)。

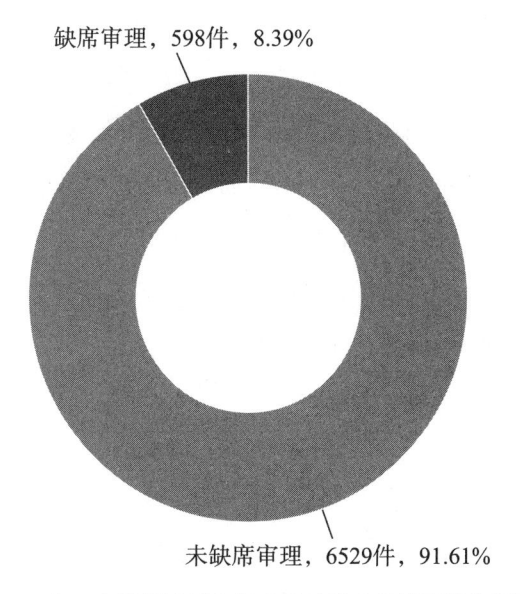

图 2-6-23 2018 年至 2021 年,白洋淀流域各级人民法院审结的环境资源案件是否缺席审理情况图

这一具有肯定性意义的司法裁判现象,同样可以从结案时间年度变化趋势来把握,数据同样显示,案件量年均增长率高的为未缺席审理(年均增长 -22.48%),年均增长率低的为缺席审理(年均增长 -31.78%),这也使普通程序和简易程序的广泛使用具有更加普遍的司法程序价值。

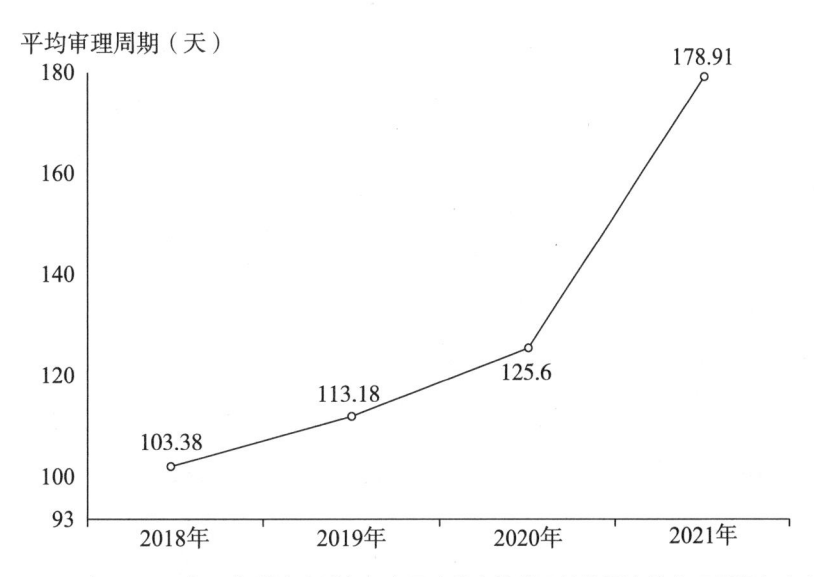

图 2-6-24 2018 年至 2021 年,白洋淀流域各级人民法院审结的环境资源案件审理周期年度变化趋势图

从平均审理周期分布来看，2018年至2021年，白洋淀流域各级人民法院审结的环境资源案件中，法院各年度平均审理周期分别为2018年103.38天、2019年113.18天、2020年125.6天、2021年178.91天（见图2-6-24）。可见，环境资源类案件的平均审理周期在逐年上升，一部分基层法院法官认为，在他们的直观感受中，至少有高达70%左右的相关案件可以控制到90天以内的案件审理周期，这对于存在大量复杂事实认定的环境资源类案件来说是一个不错的审限管理结果。但是，近年来由于持续保持的环境治理高压态势，民众和企业的环境保护和资源意识大幅提升，推动白洋淀流域环境治理和生态保护形势发生了深刻变化，复杂案件开始逐步增加，一些更难认定事实、更难举证、更难明晰裁判的疑难案件开始增多。

（八）法律法条引用分析

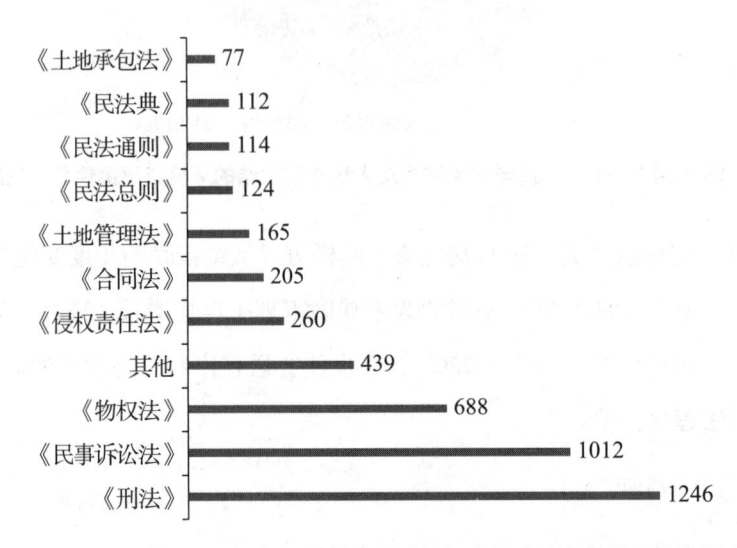

法律	被引用次数
《土地承包法》	77
《民法典》	112
《民法通则》	114
《民法总则》	124
《土地管理法》	165
《合同法》	205
《侵权责任法》	260
其他	439
《物权法》	688
《民事诉讼法》	1012
《刑法》	1246

图2-6-25 2018年至2021年，白洋淀流域各级人民法院审结的环境资源案件中法律被引用次数分布图

从法律被引用次数分布来看，2018年至2021年，白洋淀流域人民法院审结的环境资源案件中，《民事诉讼法》被引用1012次，占比22.78%；《刑法》被引用1246次，占比28.05%；《民法总则》被引用124次，《民法通则》被引用114次，《民法典》被引用112次，《物权法》被引用688次，民事法占比较大，近乎33%；《土地管理法》《土地承包法》分别被引用165次、77次，共占比5.44%；其他法律被引用439次，占比9.88%（见图2-6-25）。

需要注意的是，初看以上数据，法条引用与案件类型有矛盾，因为在民事案件占据白洋淀流域环境资源类案件大多数的情况下，可能更应该是民事类法律引用次数要远远多于刑事类法律才对。但是，如前所述，根据实地调研已经发现，由于大量民事类案件案由相对多元化，特别是资源开发类案件中存在很多与白洋淀生态保护不是直接相关、却又息息相连的各类客体资源案件，这使法律引用次数湮没于大量多元民事案由案件中，不一定能集中反映出来。因此，哪怕是在"其他法律被引用次数"中，民事类法律应该还是主要部分，如与《物权法》《侵权责任法》和《合同法》等民事法相加，依然占据被引用法律的首位。

（九）鉴定情况分析

从鉴定情况分布来看，2018年至2021年，白洋淀流域各级人民法院审结的环境资源案件中，未使用鉴定报告的案件6064件，占比85.05%；使用鉴定报告的案件1063件，占比14.92%。其中，从结案时间年度变化趋势来看，案件量年均增长率高的为使用鉴定报告的案件（年均增长11.00%）；年均增长率低的为未使用鉴定报告的案件（年均增长-8.45%）(见图2-6-26)。

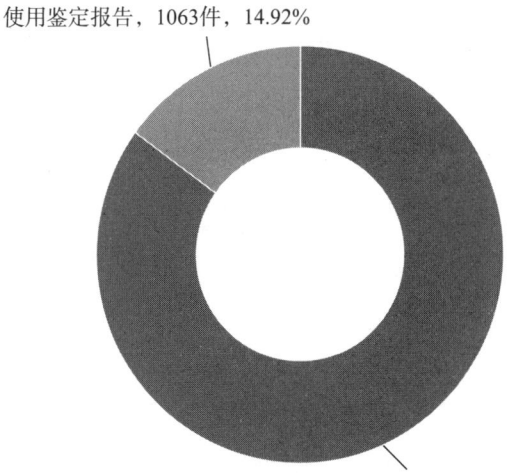

图2-6-26 2018年至2021年，白洋淀流域各级人民法院审结的环境资源案件鉴定情况分布图

这是一个意料之外、却又情理之中的现象，按照通常理解，在环境资源类案件中，特别是生态环境损害或侵权案件，因为致害原因行为复杂多样，又时常呈现出空间广泛、时间长久的状态，加之致害因素易产生叠加或者连锁反应，所以环境资源案件的审理对专业鉴定应该有着非常强烈的客观需求。

通过实地调研，有相当一部分法官表示，环境资源案件审判具有其独特性，这种独特性首当其冲即是事实与证据认定，然而目前欠缺针对环境资源案件审理的系统性法律法规，特别是在证据认定规则上尤其欠缺。比如，环境资源案件在证据问题上具有时限性强、确定举证主体难、确定举证责任幅度难等特殊性，然而目前沿用传统三大诉讼证据规则进行环境资源案件审判，与环境资源案件证据的特殊性存在某种程度的不相适应。

第七节
环境资源审判典型地区案件特征与趋势

一、福建省环境资源案件特征与趋势

（一）福建省环境资源审判案件年度分布情况

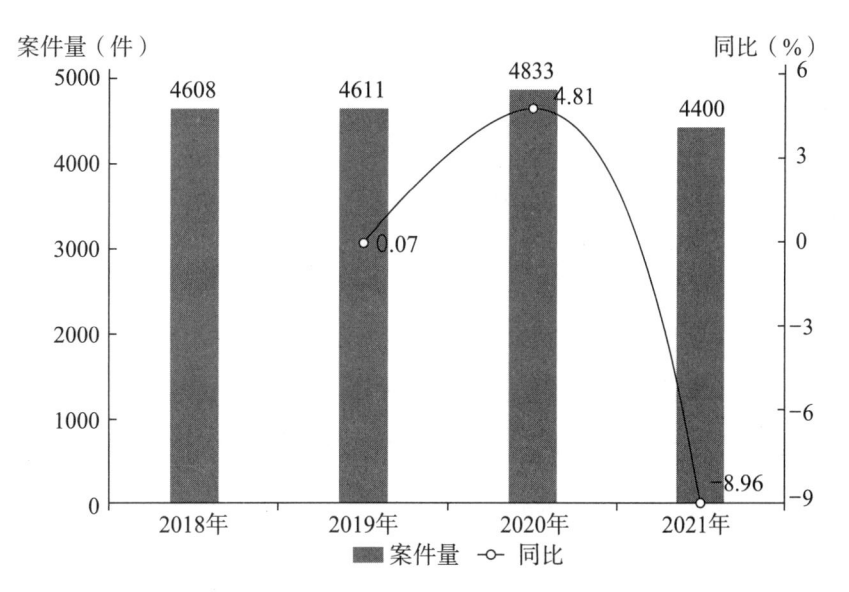

图 2-7-1　2018 年至 2021 年，福建省环境资源审判案件数量及年度变化趋势图

由于生态环境案件具有高度复合性、专业性、技术性，因此必须走专业化审判之路。福建法院因地制宜设置环境资源审判庭，通过专业法庭、集中管辖法院、巡回法庭相结合，建立专业的审判组织运行体系。目前，全省 95 个法院已设立环境审判机构

77个，环境法官和辅助人员350余人，环境审判机构数、环境法官人数、环境审判案件数量均居全国法院前列。2018年至2021年，福建省各级人民法院审结的一审环境资源案件共计18 452件。按结案时间来看，其中，2018年审结4608件；2019年审结4611件，同比上升0.07%；2020年审结4833件，同比上升4.81%；2021年审结4400件，同比下降8.96%（见图2-7-1）。总体来看，福建省近四年环境资源审判案件量较为稳定，根据年度不同略有浮动，但差距较小，且总体上呈现下降趋势。

（二）案件类型分布情况

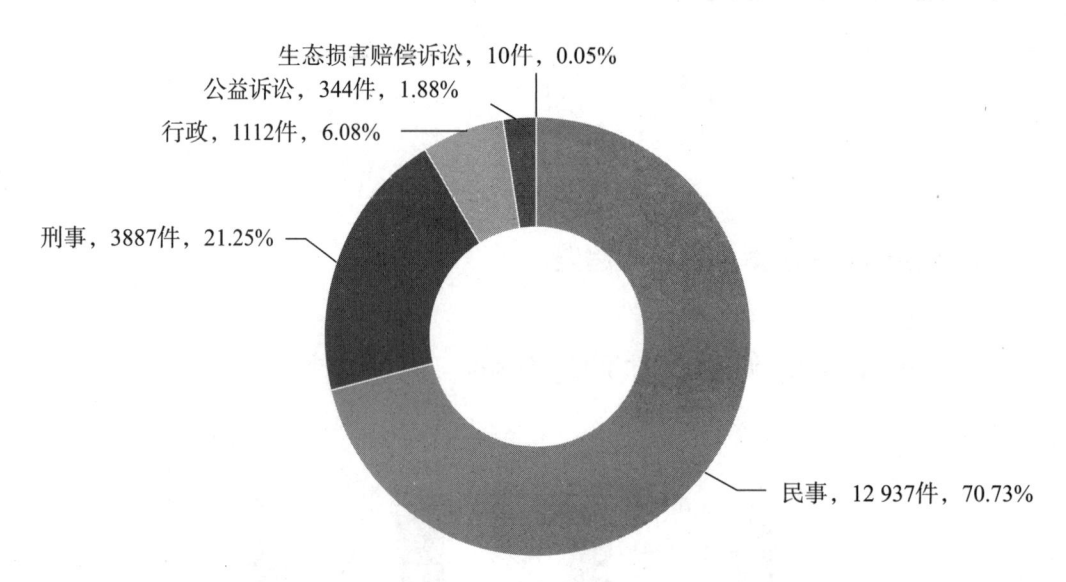

图2-7-2 2018年至2021年，福建省环境资源审判案件类型分布图

福建省是我国首个国家生态文明试验区，福建法院在推动环境资源审判专业化上取得的成果位居全国前列。近年来，福建法院大力建设环境资源审判庭等专业化审判机构，对涉及生态环境保护案件，实行集刑事、民事、行政和非诉行政执行案件于一体的"三加一"归口审理，最大限度发挥专业化审判机构的优势和作用。生态环境"三加一"审判机制，为福建的绿水青山厚植密织起司法"防护林"。

2018年至2021年，福建省人民法院审结的一审环境资源案件中，从案件类型分布来看：民事案件数量最多，共12 937件，占比70.73%；刑事案件数量次之，共3887件，占比21.25%；行政案件共1112件，占比6.08%；公益诉讼案件共344件，占比1.88%；生态损害赔偿诉讼数量最少，共10件，占比0.05%（见图2-7-2）。其中，从结案时间年度变化趋势来看，案件量年均增长率最高的为公益诉讼案件，年均增长

121.13%，增长率次之的为生态损害赔偿诉讼，年均增长 81.71%；年均增长率最低的为刑事案件，年均增长 –6.43%。

（三）地域分布情况

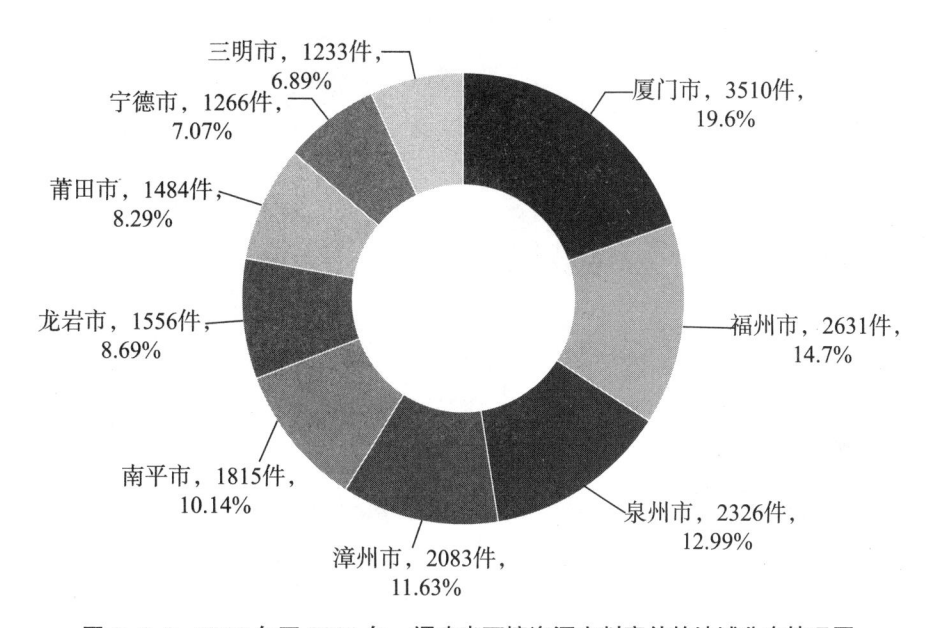

图 2-7-3　2018 年至 2021 年，福建省环境资源审判案件的地域分布情况图

2018 年至 2021 年，福建省人民法院审结的一审环境资源案件中，从地区分布来看，案件量较大的地区及其占比分别为：厦门市 3510 件，占比 19.6%；福州市 2631 件，占比 14.7%；泉州市 2326 件，占比 12.99%；漳州市 2083 件，占比 11.63%；南平市 1815 件，占比 10.14%；龙岩市 1556 件，占比 8.69%；莆田市 1484 件，占比 8.29%；宁德市 1266 件，占比 7.07%；三明市 1233 件，占比 6.89%（见图 2-7-3）。其中，从结案时间年度变化趋势来看，案件量年均增长率最高的地区为莆田市，年均增长 4.72%，年均增长率最低的为泉州市，年均增长 –15.81%。环境资源审判案件的地域分布与当地的经济状况密切相关，总体而言，越是经济发达地区，环境资源审判案件数量越多。究其原因在于经济发达地区的部分企业以牺牲生态环境换取经济效益的错误思路仍未转变，导致环境资源审判案件数量居高不下。此外，当地的环境资源状况、环保政策实施力度也对环境资源审判案件数量具有较大影响。

（四）环境资源审判类型分布情况

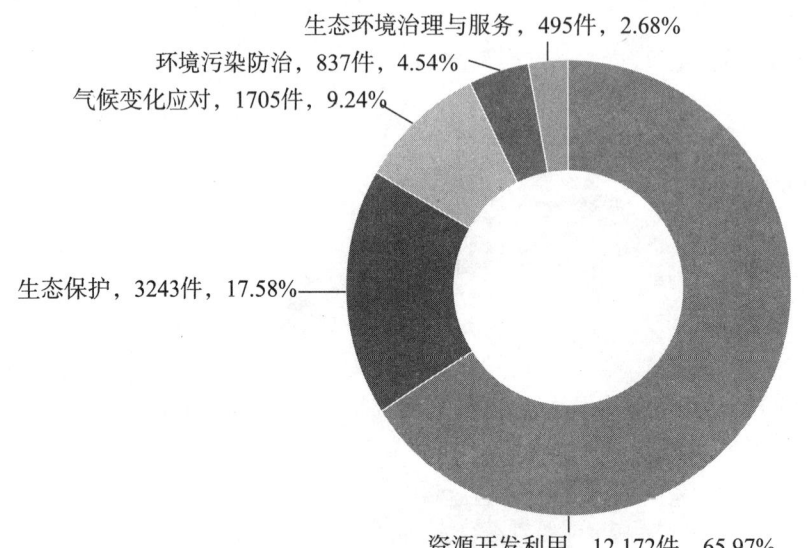

图 2-7-4　2018 年至 2021 年，福建省环境资源审判案件类型分布图

《环境资源案件类型与统计规范（试行）》改变了以往按照三大审判领域将环境资源案件区分为刑事、民事和行政案件的做法，将环境资源案件划分为环境污染防治案件、生态保护案件、资源开发利用案件、气候变化应对案件和生态环境治理与服务案件等五大类型。主要的考虑是，依据现有环境资源实体法和诉讼法规定，遵循"与环境资源保护有着密切关联"的原则，体现环境资源审判统筹运用刑事、民事、行政三种责任方式的司法理念，契合正在推进的环境资源"二合一"或"三合一"归口审理机制改革，同时满足环境资源审判实践发展和国际交流需要。按此分类后，每类案件中都可能包含有环境资源刑事、民事和行政案件。

2018 年至 2021 年，福建省人民法院审结的一审环境资源案件中，从案件类型分布来看：资源开发利用类案件共 12 172 件，占比 65.97%；生态保护类案件共 3243 件，占比 17.58%；气候变化应对类案件共 1705 件，占比 9.24%；环境污染防治类案件共 837 件，占比 4.54%；生态环境治理与服务类案件共 495 件，占比 2.68%（见图 2-7-4）。其中，从结案时间年度变化趋势来看，只有生态保护案件年均增长为正值，年均增长 10.79%，年均下降最多的为生态环境治理与服务，年均增长 –30.66%。

资源开发利用类案件，是指在土地、矿产等各类自然资源开发利用过程中产生的，与生态环境保护修复密切相关的刑事、民事、行政以及公益案件,包括自然资源开发利用案件,侵害通风、采光、眺望、景观等环境权益案件等案件。该类案件与人民群众日常的生产经营活动与生活活动关系最为密切,因此占比最大,超过了其他几类环境资源案件的总和。

(五)环境资源审判重点案由分布情况

表 2-7-1 2018 年至 2021 年,福建省环境资源审判案件重点案由分布情况表

重点案由	案件数量(件)	比例(%)
海洋开发利用纠纷	220	35.03
林业承包合同纠纷	172	27.39
渔业承包合同纠纷	158	25.16
环境污染责任纠纷	40	6.37
采矿权转让合同纠纷	25	3.98
噪声污染责任纠纷	5	0.8%
探矿权转让合同纠纷	4	0.64
养殖权纠纷	3	0.48
海上、通海水域养殖损害责任纠纷	1	0.16

2018 年至 2021 年,福建省人民法院审结的一审环境资源案件中,从重点案由分布来看:海洋开发利用纠纷共 220 件,占比 35.03%;林业承包合同纠纷共 172 件,占比 27.39%;渔业承包合同纠纷共 158 件,占比 25.16%;环境污染责任纠纷共 40 件,占比 6.37%;采矿权转让合同纠纷共 25 件,占比 3.98%,噪声污染责任纠纷 5 件,占比 0.8%;探矿权转让合同纠纷 4 件,占比 0.64%;养殖权纠纷 3 件,占比 0.48%;海上、通海水域养殖损害责任纠纷 1 件,占比 0.16%(见表 2-7-1)。其中,从结案时间年度变化趋势来看,年均增长率最高的为渔业承包合同纠纷,年均增长率为 56.73%。

(六)法院层级分布情况

2018 年至 2021 年,福建省各级人民法院审结的一审环境资源案件中,从法院层级分布来看:基层人民法院共审理 17 426 件,占比 95.33%;中级人民法院共审理 850 件,占比 4.65%;高级人民法院共审理 3 件,占比 0.02%(见图 2-7-5)。其中,从结案时间年度变化趋势来看,案件量年均增长率最高的为基层人民法院,年均增

高级人民法院，3件，0.02%
中级人民法院，850件，4.65%

基层人民法院，17 426件，95.33%

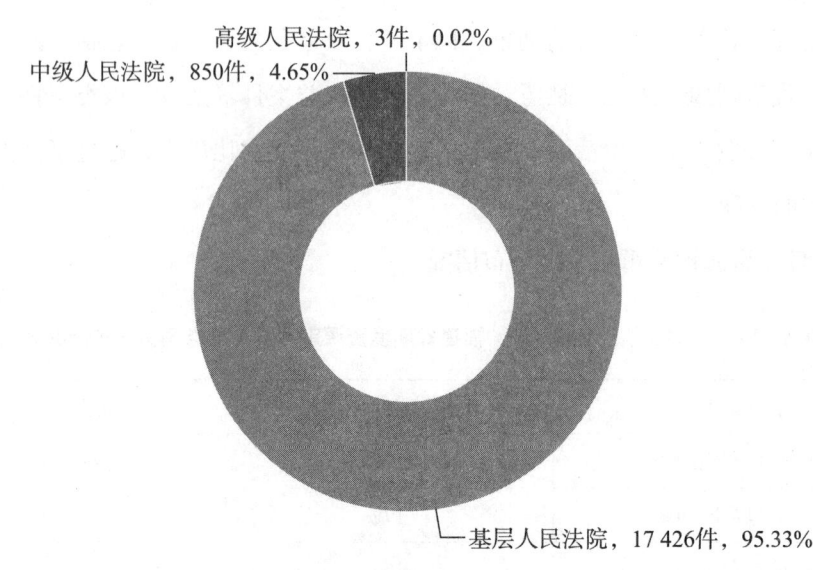

图 2-7-5　2018 年至 2021 年，福建省法院审结的一审环境资源案件法院层级分布图

长 –0.51%；年均增长率最低的为中级人民法院，年均增长 –23.33%。我国民事、刑事、行政三大诉讼法均规定，一般情况下，基层人民法院审理第一审案件。环境资源案件的管辖仍受三大诉讼法制约，且各地区归口审理的生态环境审判庭多设在基层人民法院。因此，基层人民法院审理的环境资源审判案件要远高于中院与高院。

（七）审理程序分析

1. 简易程序适用情况

2018 年至 2021 年，福建省人民法院审结的一审环境资源案件中，从审理程序分布来看：适用最多的是普通程序，共 9627 件，占比约为 52.17%；其次是简易程序，共 8607 件，占比约为 46.65%；最后是速裁程序，共 218 件，占比为 1.18%（见图 2-7-6）。环境资源案件一般情况下应适用普通程序，因此适用普通程序的案件量最多。但对案件事实清楚、证据充分的环境资源案件，在符合适用简易程序的法定条件时，可以适用简易程序。加之近年来，人民法院不断推广简易程序的适用，因此简易程序也在环境资源案件的审判中占据了较多份额。得益于人民法院推广简易程序时强调诉讼便捷、效率的策略，适用速裁程序的案件量有一定增长。

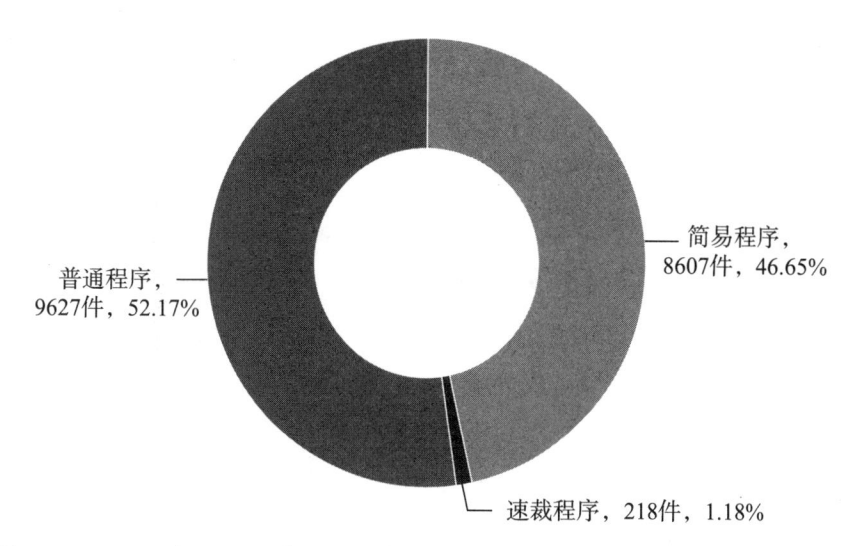

图 2-7-6 2018 年至 2021 年，福建省法院审结的一审环境资源案件审理程序分布图

2. 缺席审理适用情况

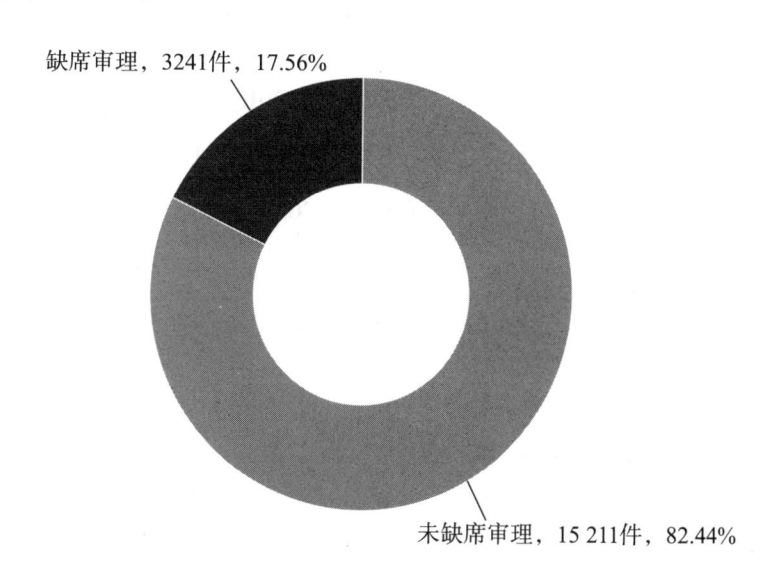

图 2-7-7 2018 年至 2021 年，福建省法院审结的一审环境资源案件是否缺席审理情况图

2018 年至 2021 年，福建省人民法院审结的一审环境资源案件中，从是否缺席审理情况来看：未缺席审理的案件 15 211 件，占比 82.44%；缺席审理的案件 3241 件，占比 17.56%（见图 2-7-7）。

3. 审理周期情况

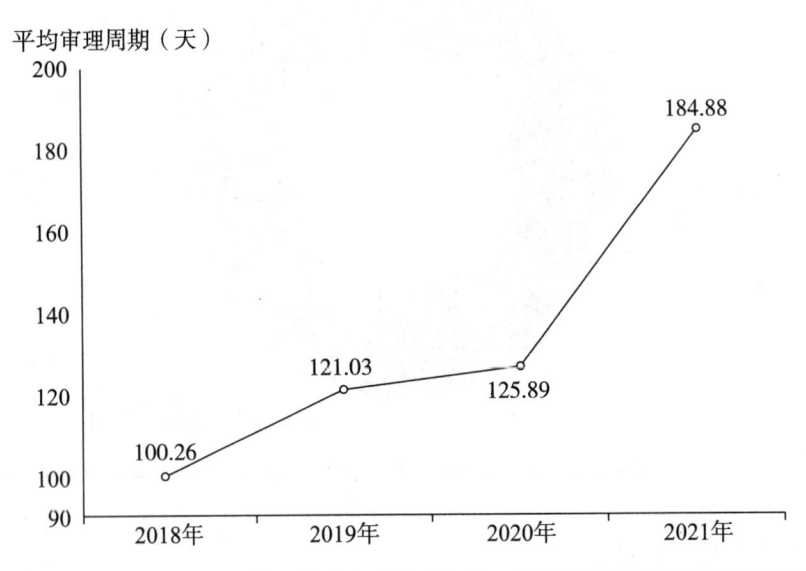

图 2-7-8　2018 年至 2021 年，福建省法院审结的一审环境资源案件审理周期情况图

福建省人民法院审结的一审环境资源案件中，2018 年平均审理周期为 100.26 天，2019 年平均审理周期为 121.03 天，2020 年平均审理周期为 125.89 天，2021 年平均审理周期为 184.88 天，可见，每年审理周期都在增长，2021 年增长率最高（见图 2-7-8）。

（八）法律法条引用分析

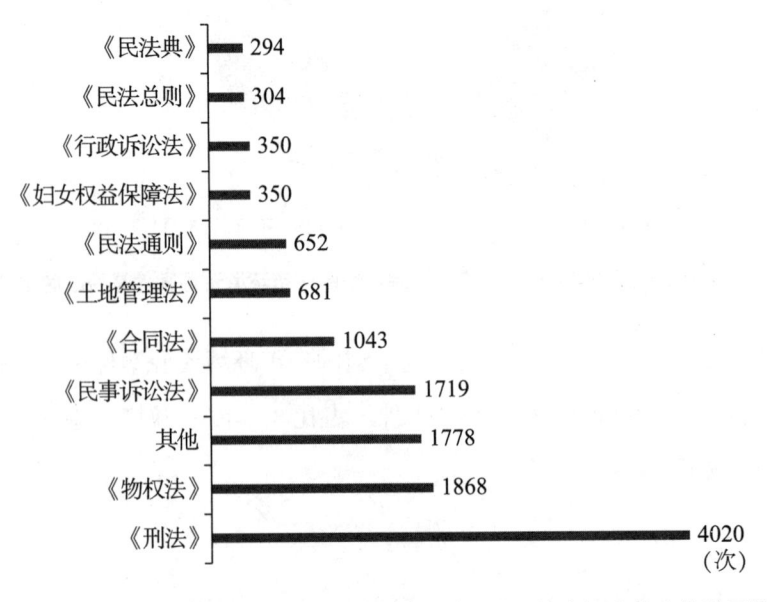

法律	引用次数
《民法典》	294
《民法总则》	304
《行政诉讼法》	350
《妇女权益保障法》	350
《民法通则》	652
《土地管理法》	681
《合同法》	1043
《民事诉讼法》	1719
其他	1778
《物权法》	1868
《刑法》	4020

图 2-7-9　2018 年至 2021 年，福建省法院审结的一审环境资源案件法律引用情况图

第二章 环境资源审判案件特征与趋势大数据分析

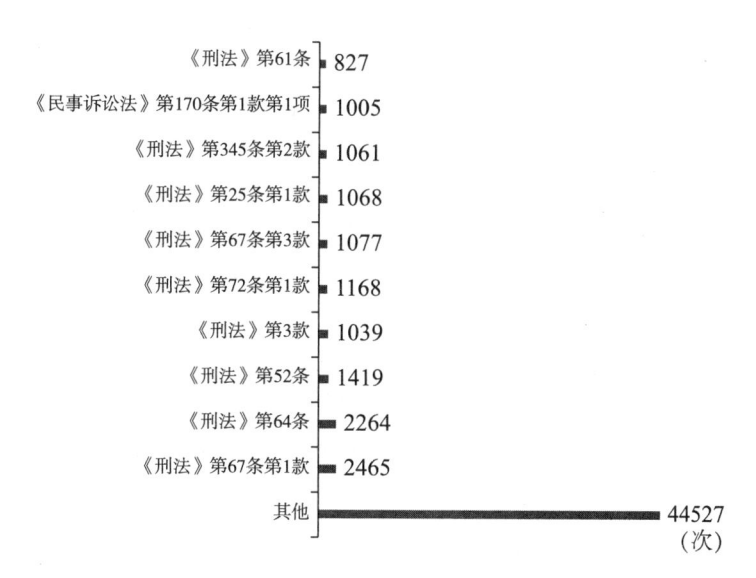

《刑法》第61条　827
《民事诉讼法》第170条第1款第1项　1005
《刑法》第345条第2款　1061
《刑法》第25条第1款　1068
《刑法》第67条第3款　1077
《刑法》第72条第1款　1168
《刑法》第3款　1039
《刑法》第52条　1419
《刑法》第64条　2264
《刑法》第67条第1款　2465
其他　44527
（次）

图 2-7-10　2018 年至 2021 年，福建省法院审结的一审环境资源案件法条引用情况图

2018 年至 2021 年，福建省人民法院审结的一审环境资源案件中，从法律引用情况来看：引用数量最多的为《刑法》，共计 4020 次；引用次之的为《物权法》，共计 1868 次（见图 2-7-9）。从法条引用情况来看，引用数量最多的法条前八位均为《刑法》，前三位分别为：《刑法》第 67 条第 1 款（自首），共计 2465 次；第 64 条（犯罪物品的处理），2264 次；第 52 条（罚金数额的裁量），1419 次（见图 2-7-10）。

（九）鉴定情况分析

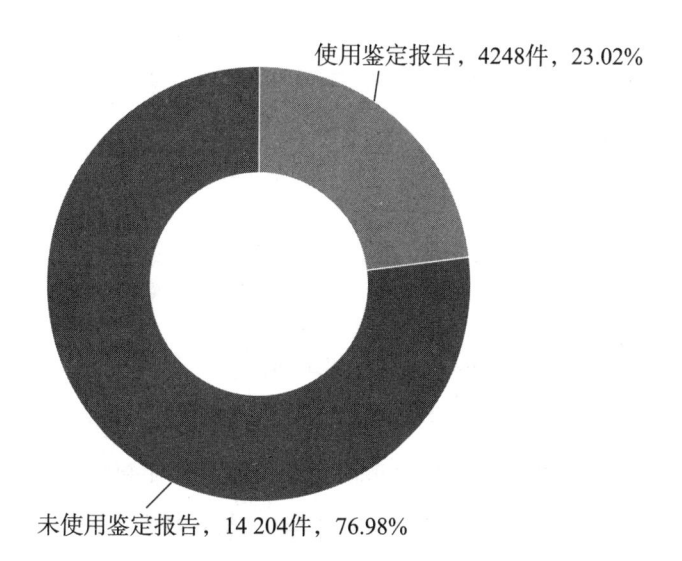

使用鉴定报告，4248 件，23.02%

未使用鉴定报告，14 204 件，76.98%

图 2-7-11　2018 年至 2021 年，福建省法院审结的一审环境资源案件鉴定情况图

环境损害司法鉴定是指在诉讼活动中鉴定人运用环境科学的技术或者专门知识，采用监测、检测、现场勘察、实验模拟或者综合分析等技术方法，对环境污染或者生态破坏诉讼涉及的专门性问题进行鉴别和判断并提供鉴定意见的活动。2018年至2021年，福建省人民法院审结的一审环境资源案件中，从鉴定情况分布来看：未鉴定的案件共有14 202件，占比76.98%；进行了鉴定的案件共有4248件，占比23.02%（见图2-7-11）。

总体来看，福建省法院认真贯彻习近平总书记提出的"山水林田湖草是生命共同体"的重要论断，坚持惩罚、调处、修复、预防一体推进，刑事制裁、民事赔偿与生态补偿有效衔接，恢复性审判执行与社会化综合治理有机结合。2018年至2021年，福建各级人民法院一审共审结涉生态环境各类案件18 290件。其中，民事案件12 937件，刑事案件3887件，行政案件1112件，公益诉讼案件344件，生态损害赔偿诉讼案件10件，实现了"山水林田湖草"的分类保护、源头保护、系统保护和整体保护。福建省法院持续推进闽东北、闽西南两大生态环境司法协作区建设，创新推动"林长制"全面实施，主动对接海洋环境治理与保护。开展区域专项行动，整治"重金属污染""畜禽污染""毁林种茶""盗挖河砂""非法买卖象牙""非法捕捞红珊瑚"等违法犯罪行为，严厉打击龟类、禽类、兽类等外来物种走私入境犯罪。作为全国第一批生态文明试验区之一，福建省紧扣"十四五"规划和2035年远景目标纲要确定的经济社会发展任务，聚焦生态省建设和国家生态文明试验区建设，立足职能定位，主动融入、紧密跟进、积极谋划、创新思路，不断探索司法服务保障新路径、新方法，着力推进福建生态环境治理工作。

二、浙江省环境资源案件特征与趋势

（一）浙江省环境资源审判案件年度分布情况

2018年至2021年，浙江省各级人民法院审结的一审环境资源案件共计17 131件。按结案时间来看，其中，2018年审结4365件；2019年审结4481件，同比上升2.66%；2020年审结4608件，同比上升2.83%；2021年审结3677件，同比下降20.2%（见图2-7-12）。

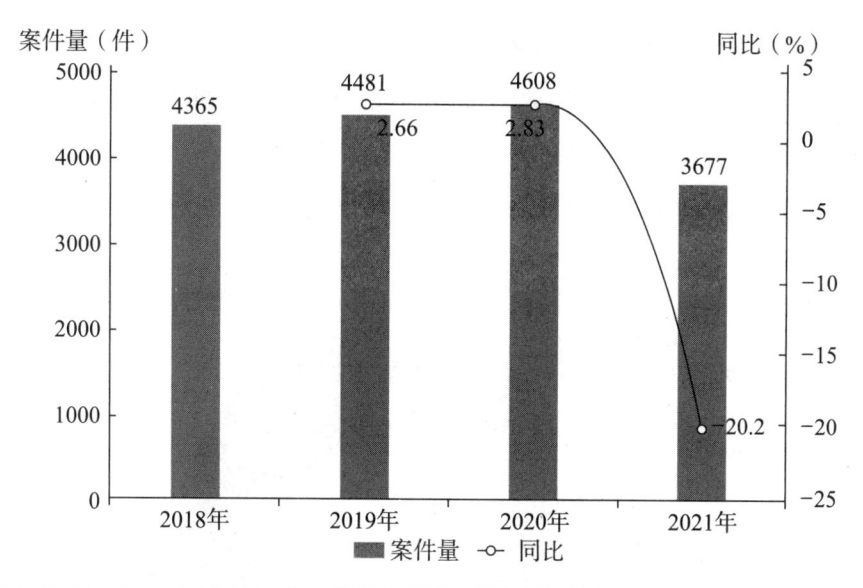

图 2-7-12 2018 年至 2021 年，浙江省法院环境资源审判案件数量及年度变化趋势图

（二）案件类型分布情况

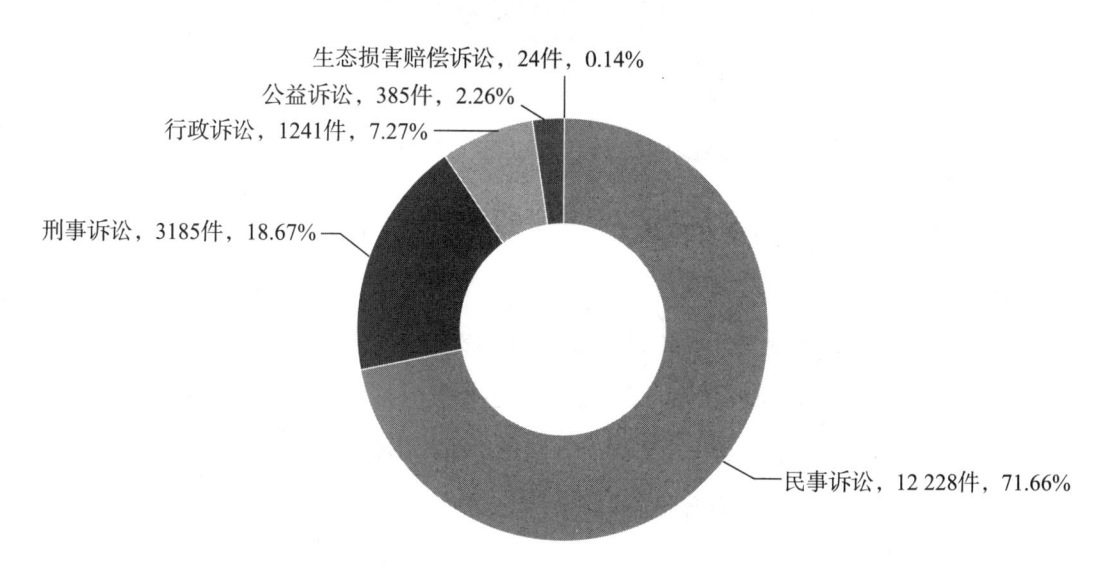

图 2-7-13 2018 年至 2021 年，浙江省环境资源案件类型分布图

2018 年至 2021 年，浙江省各级人民法院审结的一审环境资源案件中，从案件类型分布来看：民事案件共计 12 228 件，占比 71.66%；刑事案件共计 3185 件，占比 18.67%；行政案件共计 1241 件，占比 7.27%；公益诉讼案件共计 385 件，占比 2.26%；生态损害赔偿诉讼案件 24 件，占比 0.14%（见图 2-7-13）。其中，从结案时间年度变化趋势来看，案件量年均增长率最高的为生态损害赔偿诉讼案件量，年均增长

65.10%；年均增长率最低的为刑事案件量，年均增长 –9.57%。民事案件占比较多，反映了浙江省环境资源案件多为平等的民事主体之间所产生的纠纷。但生态损害赔偿诉讼案件的增长率较高，因为基数小。

（三）地域分布情况

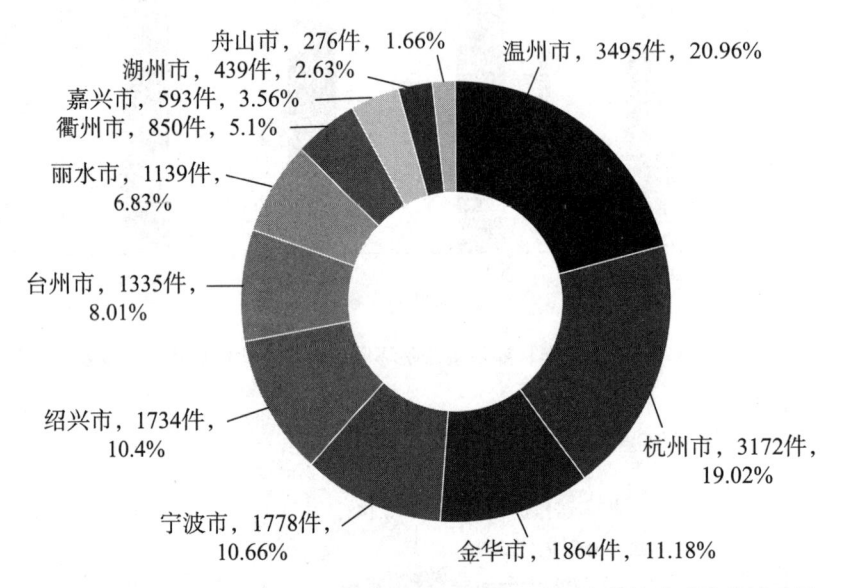

图 2-7-14　2018 年至 2021 年，浙江省环境资源审判案件的地域分布情况图

2018 年至 2021 年，浙江省各级人民法院审结的一审环境资源案件中，从地区分布来看，案件量较大的地区及其占比分别为：温州市 3495 件，占比 20.96%；杭州市 3172 件，占比 19.02%；金华市 1864 件，占比 11.18%；宁波市 1778 件，占比 10.66%；绍兴市 1734 件，占比 10.4%；台州市 1335 件，占比 8.01%（见图 2-7-14）。

其中，从结案时间年度变化趋势来看，案件量年均增长率仅有台州和丽水为正值，其余均为负值，最高的地区为台州，年均增长 8.77%；年均增长率最低的为湖州，年均增长 –19.18%。

（四）环境资源审判类型分布情况

2018 年至 2021 年，浙江省各级人民法院审结的一审环境资源案件中，从审判类型分布来看，最多的是资源开发利用类案件 11 287 件，占比 65.89%；其余依次为生态保护类案件 4070 件，占比 23.76%；环境污染防治类案件 1112 件，占比 6.49%；气候变化应对类案件 365 件，占比 2.13%；生态环境治理与服务类案件 297 件，占比 1.73%（见图 2-7-15）。从案件数量来看，资源开发利用类案件数量远超过其他类型的环境资源案件。从结案时间年度变化趋势来看，案件量年均增长率均为负值，最高的为资源开发利用类案件，年均增长 –1.07%；年均增长率最低的为气候变化应对案件，年均增长 –20.63%。

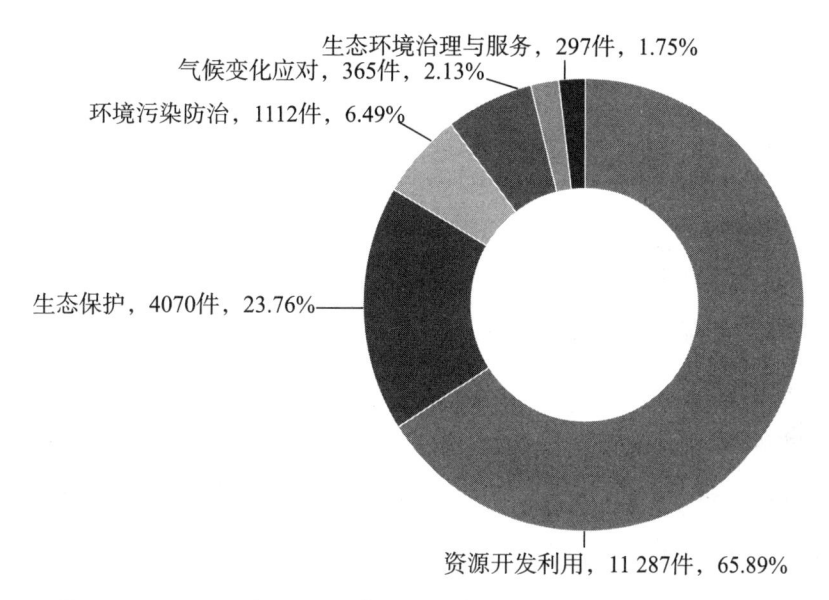

图 2-7-15　2018 年至 2021 年，浙江省环境资源案件审判类型分布图

资源开发利用类案件，是指在土地、矿产等各类自然资源开发利用过程中产生的，与生态环境保护修复密切相关的刑事、民事、行政以及公益案件，包括自然资源开发利用案件，侵害通风、采光、眺望、景观等环境权益案件等案件。该类案件与人民群众日常的生产经营活动与生活活动关系最为密切，因此占比最大，超过了其他几类环境资源案件的总和。

（五）环境资源审判重点案由分布情况

2018 年至 2021 年，浙江省各级人民法院审结的一审环境资源案件中，从重点案由分布来看：渔业承包合同纠纷共 154 件，占比 40.31%；环境污染责任纠纷共 119 件，占比 31.15%；林业承包合同纠纷共 55 件，占比 14.4%；噪声污染责任纠纷 33 件，占比 8.64%；采矿权转让合同纠纷共 11 件，占比 2.88%；探矿权转让合同纠纷 5 件，占比 1.31%；养殖权纠纷 2 件，占比 0.52%；海上、通海水域养殖损害责任纠纷 1 件，占比 0.26%；海上、通海水域污染损害责任纠纷 1 件，占比 0.26%；海洋开发利用纠纷共 1 件，占比 0.26%（见表 2-7-2）。其中，从结案时间年度变化趋势来看，年均增长率最高的为采矿权转让合同纠纷，年均增长率为 14.47%，年均增长率最低的为养殖权纠纷，年均增长为 –100%，养殖权纠纷 2018 年为 2 件，2019 年至 2021 年均为 0 件。

表 2-7-2　浙江省近四年环境资源审判案件重点案由分布表

重点案由	案件数量（件）	比例（%）
渔业承包合同纠纷	154	40.31
环境污染责任纠纷	119	31.15
林业承包合同纠纷	55	14.4
噪声污染责任纠纷	33	8.64
采矿权转让合同纠纷	11	2.88
探矿权转让合同纠纷	5	1.31
养殖权纠纷	2	0.52
海上、通海水域养殖损害责任纠纷	1	0.26
海上、通海水域污染损害责任纠纷	1	0.26
海洋开发利用纠纷	1	0.26

（六）法院层级分布情况

中级人民法院，432 件，2.54%

基层人民法院，16 607 件，97.46%

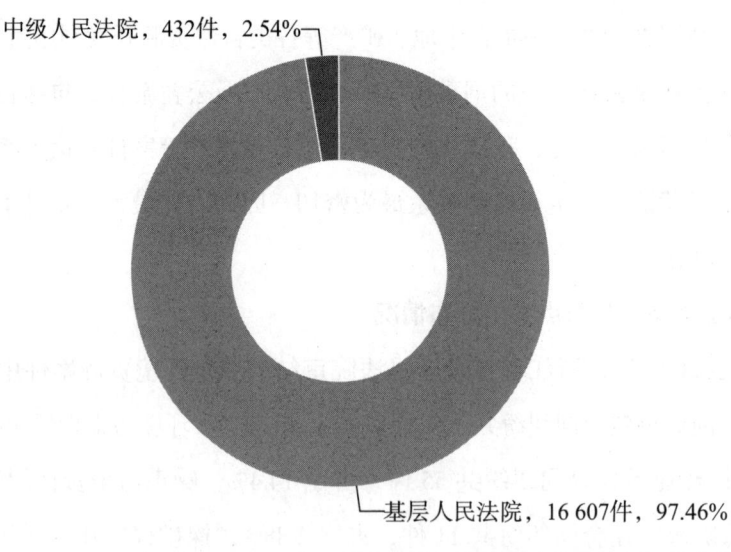

图 2-7-16　2018 年至 2021 年，浙江省审结的环境资源案件法院层级分布情况图

浙江已建成省市县三级全覆盖的环境资源审判体系，形成省高院环境资源审判庭"刑事、民事、行政三合一归口审理"、中院环境资源审判机构全覆盖、地市级生态环境主管部门所在地基层法院集中管辖为主和重点流域（生态功能区）基层法院环保

专业法庭集中管辖为辅的审判格局。[①]2018年至2021年,浙江省各级人民法院审结的一审环境资源案件中,从法院层级分布来看:基层人民法院16 607件,占比97.46%;中级人民法院432件,占比2.54%;高级人民法院0件(见图2-7-16)。其中,从结案时间年度变化趋势来看,案件量年均增长率均为负值,最高的为中级人民法院,年均增长-3.76%;年均增长率最低的为基层人民法院,年均增长-5.76%。

（七）审理程序分析

1. 简易程序适用情况

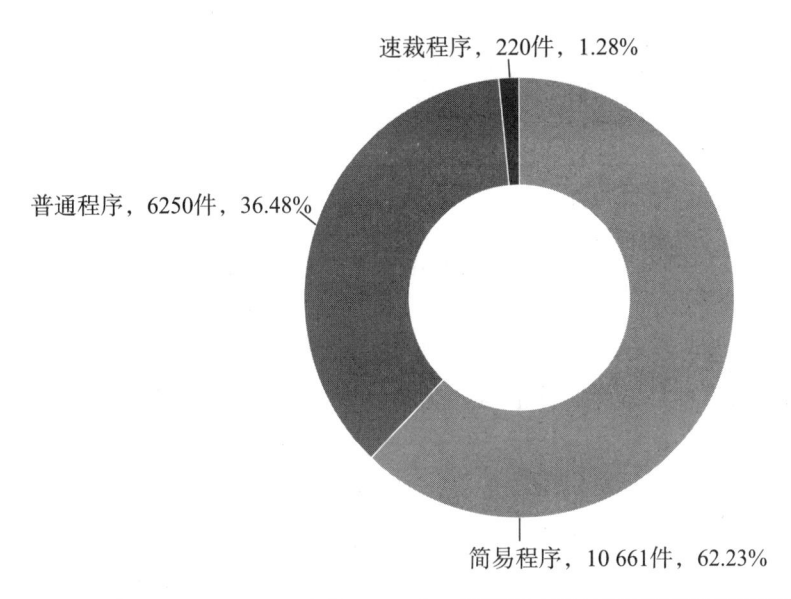

图2-7-17　2018年至2021年,浙江省审结的环境资源案件审理程序分布图

2018年至2021年,浙江省各级人民法院审结的一审环境资源案件中,从审理程序分布来看:适用简易程序审理的共计10 661件,占比62.23%;适用普通程序审理的共计6250件,占比36.48%;适用速裁程序审理的共计220件,占比1.28%(见图2-7-17)。浙江省环境资源案件适用简易程序的最多,占比高达60%以上,在本章所列省级行政区域中亦排名第一。这与浙江省大力推进诉讼程序繁简分流,积极落实推广简易程序适用的司法政策有着密切关系。

---

① 吕忠梅:《环境司法2020:推进中国环境司法体系不断成熟定型》,载"中国法律评论"微信公众号,2021年6月21日。

2. 缺席审理适用情况

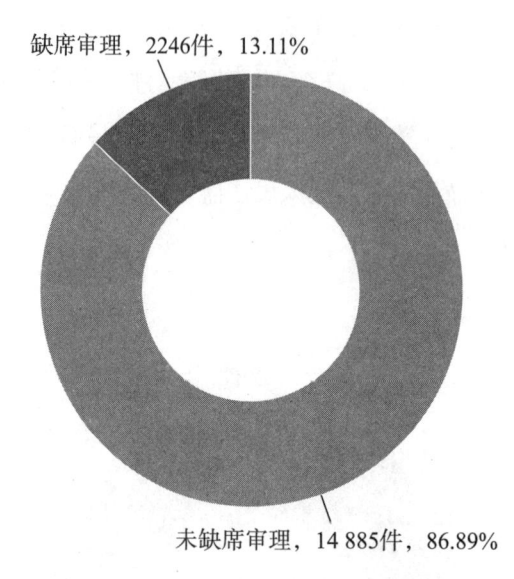

图 2-7-18 2018 年至 2021 年，浙江省审结的环境资源案件是否缺席审理情况图

2018 年至 2021 年，浙江省各级人民法院审结的一审环境资源案件中，从是否缺席审理情况来看：未缺席审理的案件共计 14 885 万件，占比 86.89%；缺席审理的案件共计 2246 件，占比 13.11%（见图 2-7-18）。

3. 审理周期情况

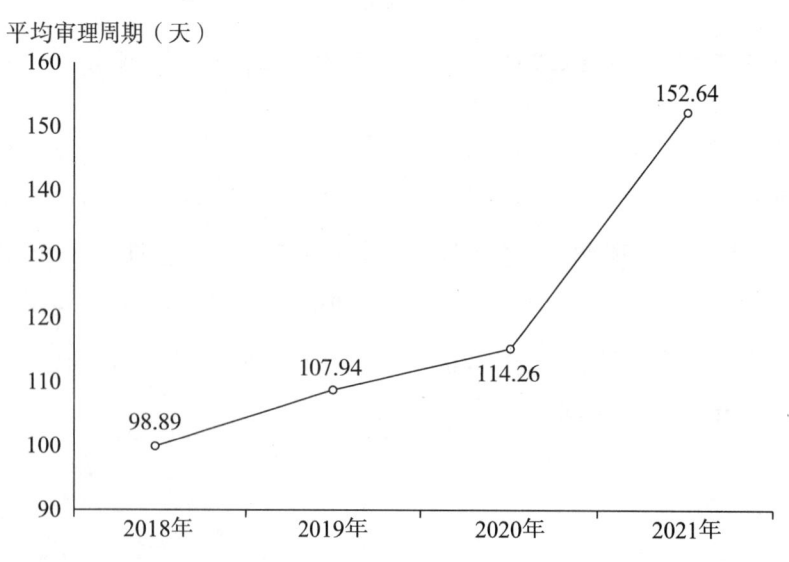

图 2-7-19 2018 年至 2021 年，浙江省环境资源案件审理周期情况图

浙江省各级人民法院审结的一审环境资源案件中，2018年平均审理周期为98.89天，2019年平均审理周期为107.94天，2020年平均审理周期为114.26天，2021年平均审理周期为152.64天。可见，每年审理周期都在增长，2021年增长率最高（见图2-7-19）。

（八）法律法条引用分析

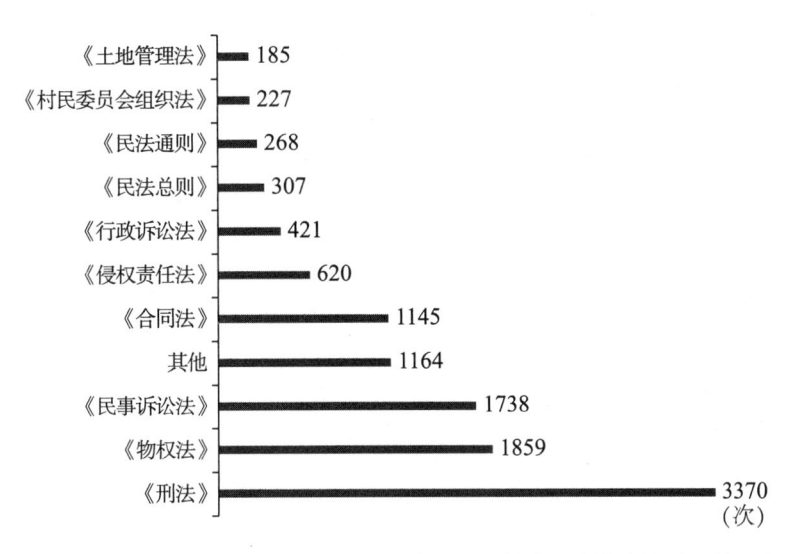

法律	引用次数
《土地管理法》	185
《村民委员会组织法》	227
《民法通则》	268
《民法总则》	307
《行政诉讼法》	421
《侵权责任法》	620
《合同法》	1145
其他	1164
《民事诉讼法》	1738
《物权法》	1859
《刑法》	3370

图2-7-20　2018年至2021年，浙江省审结环境资源案件法律引用情况图

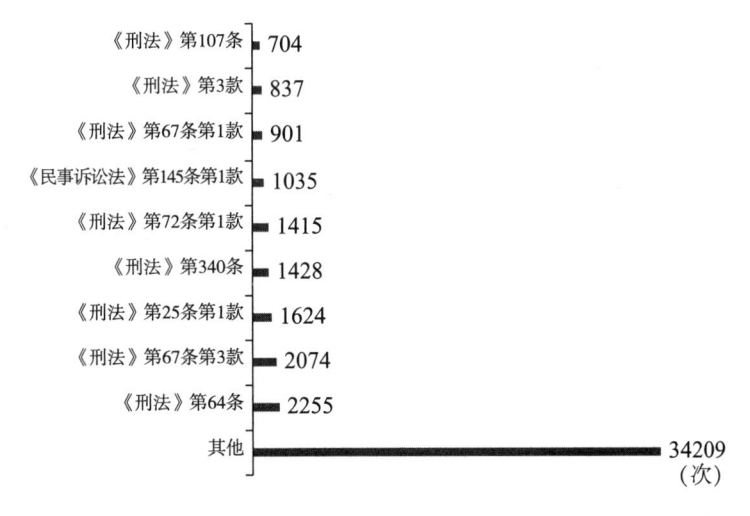

法条	引用次数
《刑法》第107条	704
《刑法》第3款	837
《刑法》第67条第1款	901
《民事诉讼法》第145条第1款	1035
《刑法》第72条第1款	1415
《刑法》第340条	1428
《刑法》第25条第1款	1624
《刑法》第67条第3款	2074
《刑法》第64条	2255
其他	34209

图2-7-21　2018年至2021年，浙江省审结环境资源案件法条引用情况图

2018年至2021年，浙江省人民法院审结的一审环境资源案件中，从法律引用情况来看：引用数量最多的为《刑法》，共计3370次；引用次之的为《物权法》，共计

1859 次；引用第三的为《民事诉讼法》，共计 1738 次（见图 2-7-20）。从法条引用情况来看，引用数量最多的法条前五位均为《刑法》，前三位分别为：《刑法》第 64 条（犯罪物品的处理），2255 次；第 67 条第 3 款（自首），共计 2074 次；第 25 条第 1 款（共同犯罪），1624 次（见图 2-7-21）。

（九）鉴定情况分析

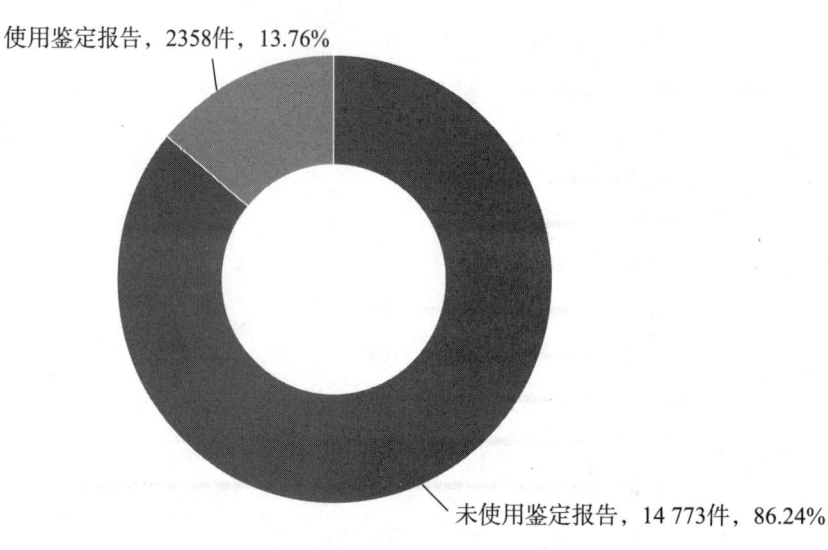

图 2-7-22　2018 年至 2021 年，浙江省审结的环境资源案件鉴定情况分布图

2018 年至 2021 年，浙江省各级人民法院审结的一审环境资源案件中，从鉴定情况分布来看：未鉴定的案件 14 773 件，占比 86.24%；进行鉴定的案件 2358 件，占比 13.76%（见图 2-7-22）。

浙江作为"两山"思想发源地，近年来不断加强环境资源审判体制机制建设，依法惩治污染环境、破坏资源等犯罪，监督、支持行政机关依法履行环境资源保护职责，加大环境权益保护力度。2018 年至 2021 年，全省法院共受理环境资源一审案件 17 063 件，其中民事案件 12 228 件，刑事案件 3185 件，行政案件 1241 件，公益诉讼案件 385 件，生态损害赔偿诉讼案件 24 件。

浙江法院坚持推进环境资源审判专门化建设，目前全省已形成以高院环资庭"三合一"归口审理，中院环境资源审判机构全覆盖，基层则以地市级生态环境主管部门所在地的基层法院集中管辖为主、重点流域（生态功能区）基层法院集中管辖为辅的省市县三级全覆盖的环境资源审判格局。

三、江苏省环境资源案件特征与趋势

（一）江苏省环境资源审判案件年度分布情况

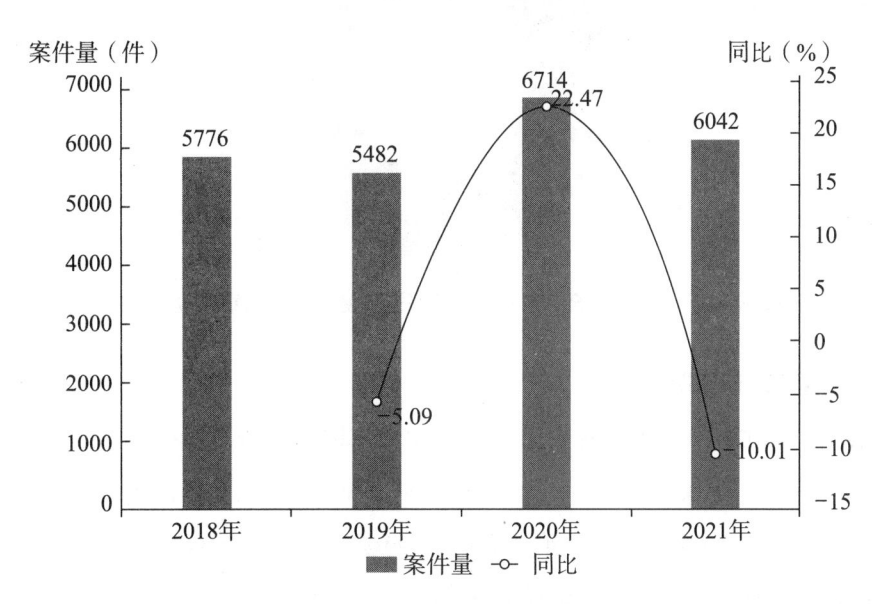

图 2-7-23　2018 年至 2021 年，江苏省环境资源审判案件数量及年度变化趋势图

2018 年至 2021 年，江苏省各级人民法院审结的一审环境资源案件共计 24 014 件。按结案时间来看，其中，2018 年审结 5776 件；2019 年审结 5482 件，同比下降 5.09%；2020 年审结 6714 件，同比上升 22.47%；2021 年审结 6042 件，同比下降 10.01%。总体来看，江苏省近四年环境资源审判案件量较为稳定，根据年度不同略有浮动，2020 年出现较大上升，2021 年又下降，总体上呈现上升趋势（见图 2-7-23）。

（二）案件类型分布情况

2018 年至 2021 年，江苏省人民法院审结的一审环境资源案件中，从案件类型分布来看：民事案件数量最多，共 18 290 件，占比 76.87%；刑事案件数量次之，共 3595 件，占比 15.11%；行政案件共 1505 件，占比 6.33%；公益诉讼案件共 371 件，占比 1.56%；生态损害赔偿诉讼数量最少，共 33 件，占比 0.14%（见图 2-7-24）。其中，从结案时间年度变化趋势来看，案件量年均增长率最高的为生态损害赔偿诉讼案件，年均增长 122.40%（基数小），增长率次之的为公益诉讼案件，年均增长 6.47%；年均增长率最低的为刑事案件，年均增长 -14.36%。

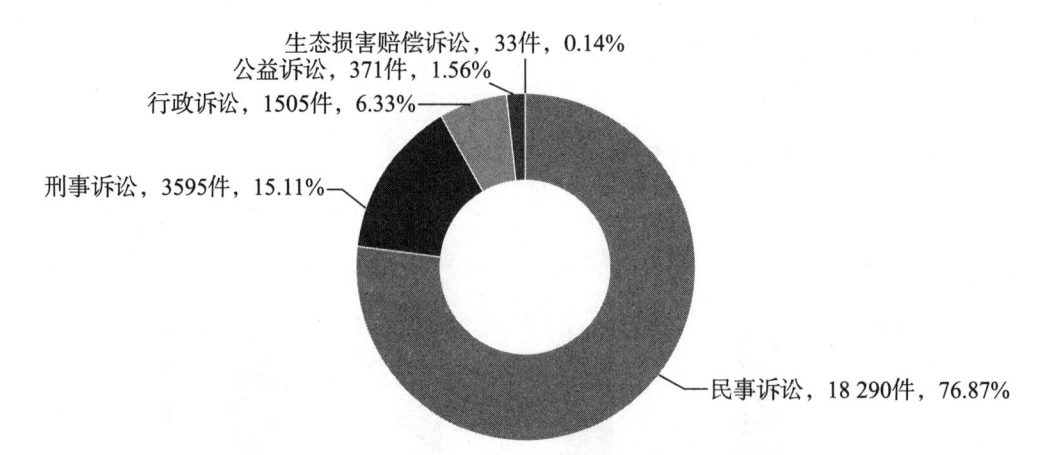

图 2-7-24　2018 年至 2021 年，江苏省环境资源审判案件类型分布图

（三）地域分布情况

2018 年至 2021 年，江苏省人民法院审结的一审环境资源案件中，从地区分布来看，案件量较大的地区及其占比分别为：徐州市 3211 件，占比 13.82%；苏州市 3008 件，占比 12.94%；南京市 2980 件，占比 12.82%；无锡市 2188 件，占比 9.41%；盐城市 2152 件，占比 9.26%；连云港市 1466 件，占比 6.31%；南通市 1412 件，占比 6.08%；常州市 1402 件，占比 6.03%；淮安市 1324 件，占比 5.7%（见图 2-7-25）。其中，从结案时间年度变化趋势来看，案件量年均增长率最高的地区为无锡市，年均增长 20.29%，年均增长率最低的为苏州市，年均增长 –17.45%。

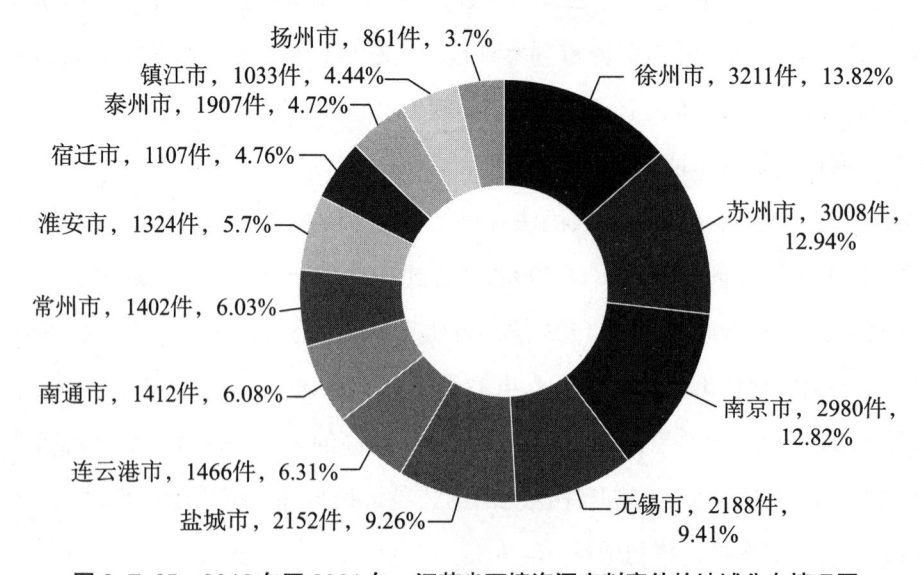

图 2-7-25　2018 年至 2021 年，江苏省环境资源审判案件的地域分布情况图

（四）环境资源审判类型分布情况

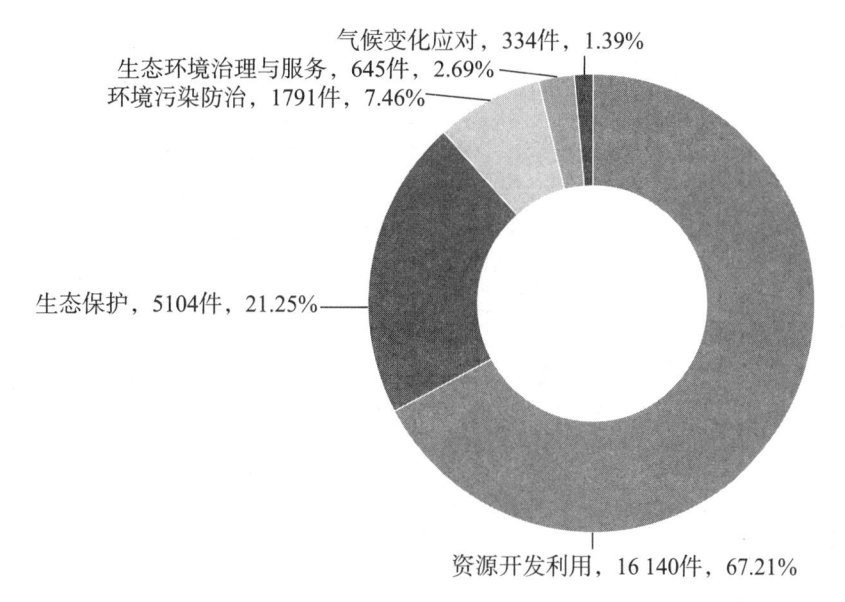

图 2-7-26　2018 年至 2021 年，江苏省环境资源案件类型分布图

2018 年至 2021 年，江苏省人民法院审结的一审环境资源案件中，从环境资源类型分布来看：资源开发利用类案件共 16 140 件，占比 67.21%；生态保护类案件共 5104 件，占比 21.25%；环境污染防治类案件共 1791 件，占比 7.46%；生态环境治理与服务类案件共 645 件，占比 2.69%；气候变化应对类案件共 334 件，占比 1.39%（见图 2-7-26）。其中，从结案时间年度变化趋势来看，只有生态环境治理与服务与资源开发利用案件年均增长为正值，年均增长率分别为 1.76%、4.21%，年均下降最多的为气候变化应对，年均增长率 -25.31%。

（五）环境资源审判重点案由分布情况

2018 年至 2021 年，江苏省人民法院审结的一审环境资源案件中，从重点案由分布来看：渔业承包合同纠纷共 1230 件，占比 78.54%；噪声污染责任纠纷共 181 件，占比 11.56%；环境污染责任纠纷共 131 件，占比 8.37%；林业承包合同纠纷共 9 件，占比 0.57%；采矿权转让合同纠纷共 7 件，占比 0.45%；海洋开发利用纠纷共 4 件，占比 0.26%；养殖权纠纷共 4 件，占比 0.26%（见图 2-7-27）。其中，从结案时间年度变化趋势来看，年均增长率最高的为噪声污染责任纠纷，年均增长率为 14.47%（养殖权纠纷和海洋开发利用纠纷基数太小不作参考），年均增长率最低的为环境污染责任纠纷，

年均增长率为 -9.82%（采矿权转让合同纠纷基数太小不做参考）。

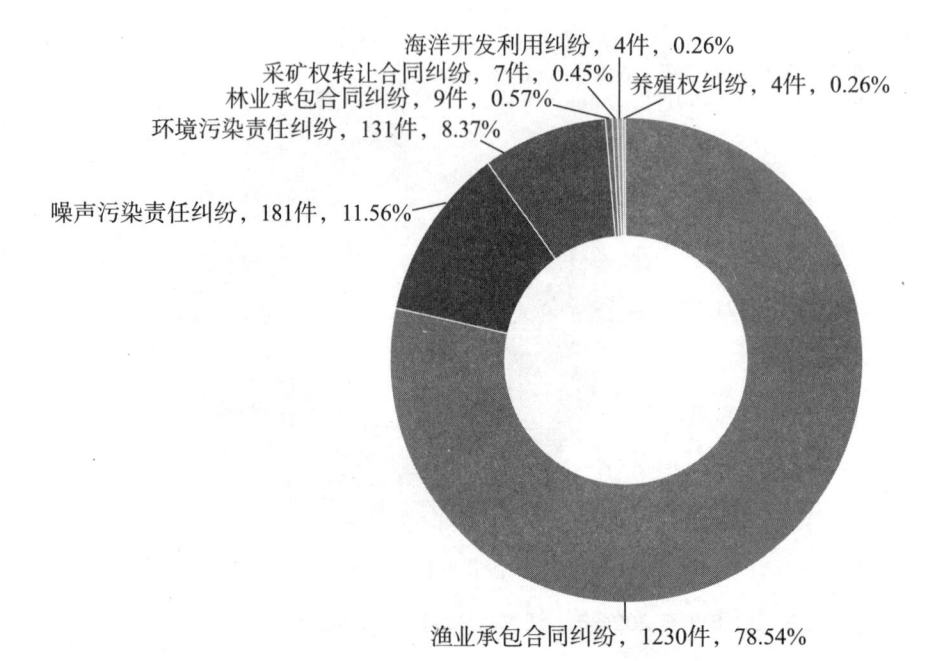

图 2-7-27　2018 年至 2021 年，江苏省环境资源案件重点案由分布图

（六）法院层级分布情况

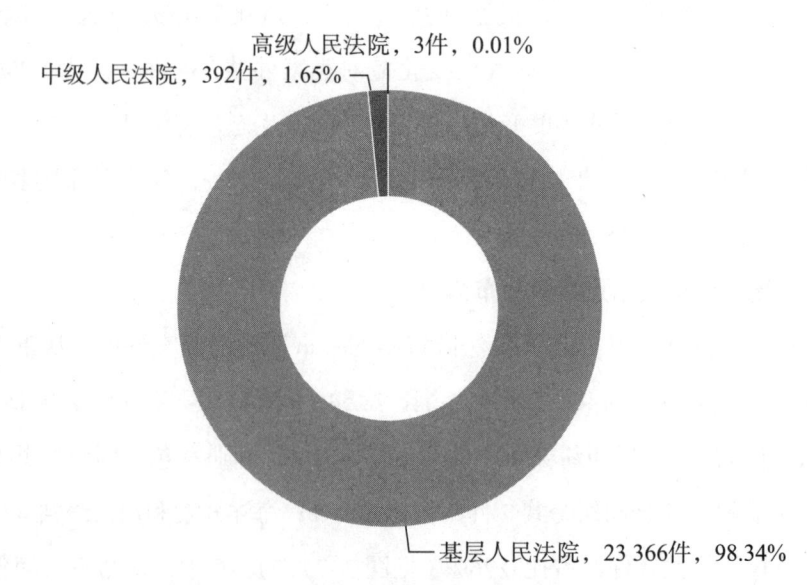

图 2-7-28　2018 年至 2021 年，江苏省审结的环境资源案件法院层级分布图

2018 年至 2021 年，江苏省各级人民法院审结的一审环境资源案件中，从法院层

级分布来看：基层法院共审理23 366件，占比98.34%；中级法院共审理392件，占比1.65%；高级法院共审理3件，占比0.01%（见图2-7-28）。其中，从结案时间年度变化趋势来看，案件量年均增长率最高的为基层法院，年均增长1.66%；年均增长率最低的为中级法院，年均增长-14.66%。

（七）审理程序分析

1. 简易程序适用情况

2018年至2021年，江苏省人民法院审结的一审环境资源案件中，从审理程序分布来看：适用最多的是简易程序，共12 080件，占比约为50.3%；其次是普通程序，共11 639件，占比约为48.47%；最后是速裁程序，共295件，占比为1.23%（见图2-7-29）。

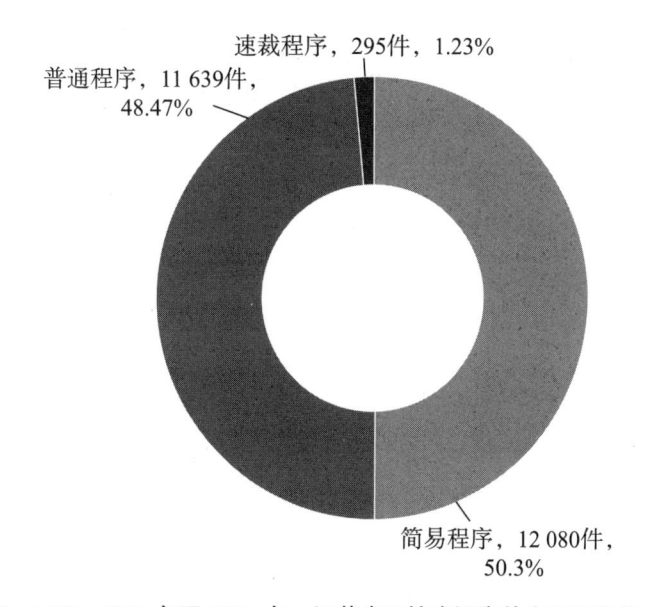

图2-7-29 2018年至2021年，江苏省环境资源案件审理程序分布图

2. 缺席审理适用情况

2018年至2021年，江苏省人民法院审结的一审环境资源案件中，从是否缺席审理情况来看：未缺席审理的案件21 466件，占比89.39%；缺席审理的案件2548件，占比10.61%（见图2-7-30）。

缺席审理，2548件，10.61%

未缺席审理，21 466件，89.39%

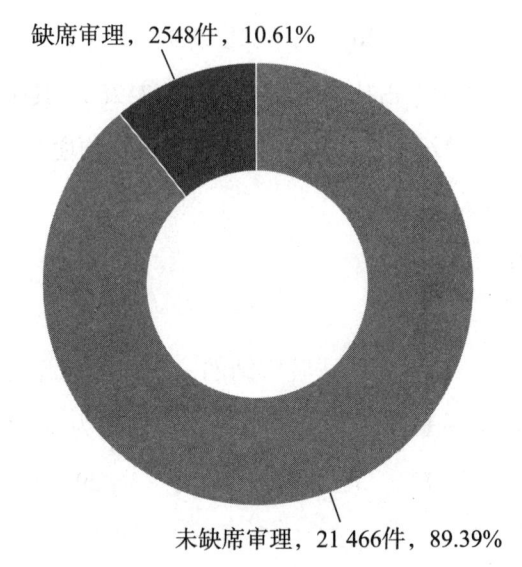

图2-7-30　2018年至2021年，江苏省环境资源案件是否缺席审理情况图

3. 审理周期情况

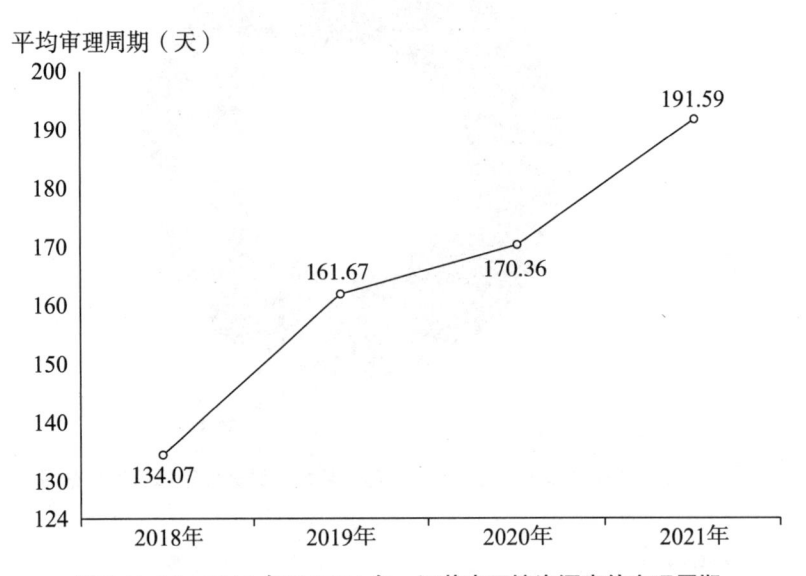

图2-7-31　2018年至2021年，江苏省环境资源案件审理周期

江苏省人民法院审结的一审环境资源案件中，2018年平均审理周期为134.07天，2019年平均审理周期为161.67天，2020年平均审理周期为170.36天，2021年平均审理周期为191.59天，可见，每年审理周期都在增长，2019年增长率最高（见图2-7-31）。

（八）法律法条引用分析

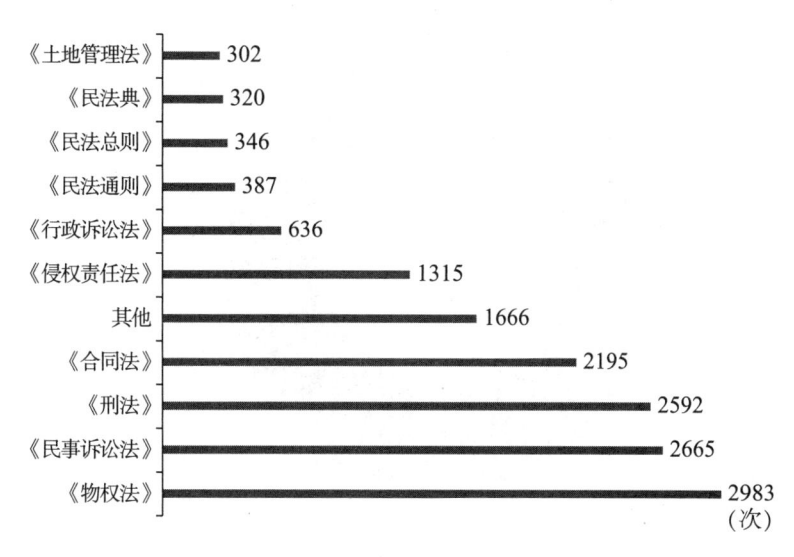

图 2-7-32　2018 年至 2021 年，江苏省环境资源案件引用法律情况图

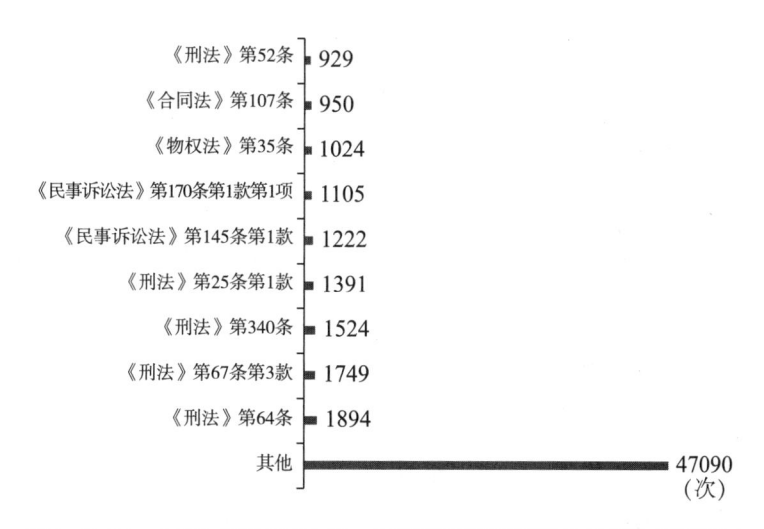

法律	次数
《土地管理法》	302
《民法典》	320
《民法总则》	346
《民法通则》	387
《行政诉讼法》	636
《侵权责任法》	1315
其他	1666
《合同法》	2195
《刑法》	2592
《民事诉讼法》	2665
《物权法》	2983

图 2-7-33　2018 年至 2021 年，江苏省环境资源案件引用法条情况图

法条	次数
《刑法》第52条	929
《合同法》第107条	950
《物权法》第35条	1024
《民事诉讼法》第170条第1款第1项	1105
《民事诉讼法》第145条第1款	1222
《刑法》第25条第1款	1391
《刑法》第340条	1524
《刑法》第67条第3款	1749
《刑法》第64条	1894
其他	47090

2018 年至 2021 年，江苏省人民法院审结的一审环境资源案件中，从法律引用情况来看：引用数量最多的为《物权法》，共计 2983 次；引用次之的为《民事诉讼法》，共计 2665 次；引用第三的为《刑法》，共计 2592 次（见图 2-7-32）。从法条引用情况来看，引用数量最多的法条前三位均为《刑法》，前三位分别为：《刑法》第 64 条（犯罪物品的处理），1894 次；第 67 条第 3 款（自首），共计 1749 次；第 340 条（非法捕捞水产品罪），1524 次（见图 2-7-33）。

（九）鉴定情况分析

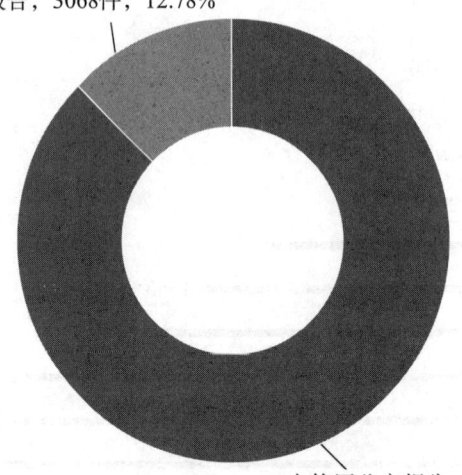

图 2-7-34　2018 年至 2021 年，江苏省环境资源案件鉴定情况图

使用鉴定报告，3068 件，12.78%
未使用鉴定报告，20 946 件，87.22%

环境损害司法鉴定是指在诉讼活动中鉴定人运用环境科学的技术或者专门知识，采用监测、检测、现场勘察、实验模拟或者综合分析等技术方法，对环境污染或者生态破坏诉讼涉及的专门性问题进行鉴别和判断并提供鉴定意见的活动。2018 年至 2021 年，江苏省人民法院审结的一审环境资源案件中，从鉴定情况分布来看：未鉴定的案件共有 20 946 件，占比 87.22%；进行了鉴定的案件共有 3068 件，占比 12.78%（见图 2-7-34）。

江苏是全国较早探索环境资源审判机制的省份之一。早在 2008 年就开始了环境资源审判专门化探索。党的十八大以来，江苏法院在全国法院率先推行环境资源审判集中管辖机制改革。2019 年 6 月 28 日，最高人民法院批准在南京市中级人民法院设立南京环境资源法庭，集中管辖 9 个基层法院环资法庭上诉案件和全省中级法院一审环境资源案件，形成江苏环境资源审判"9+1"格局。2019 年 7 月 1 日，江苏环境资源审判"9+1"机制正式启动运行。新机制实行生态功能区集中管辖，解决司法保护碎片化问题，促进生态环境系统保护与整体保护；实行跨行政区划集中管辖，解决诉讼"主客场"问题，营造良好绿色营商环境；实行刑事、民事、行政"三合一"审判方式，解决责任追究片面化问题，提升审判专业化水平。近年来，江苏法院发挥审判职能，依法妥善审理生态环境保护案件，审判质量进一步得到提升。同时，江苏法院积极创新司法理念，推进污染防治与经济建设协同发展。江苏法院将持续深化"9+1"改革，探索环境司法保护"江苏方案"。

四、河南省环境资源案件特征与趋势

（一）河南省环境资源审判案件年度分布情况

2018年至2021年，河南省各级人民法院审结的环境资源案件共计32 835件，是本章所选典型省份和地区中案件量最多的省份。按结案时间来看，其中，2018年审结7596件；2019年审结8359件，同比上升10.04%；2020年审结8006件，同比下降4.22%；2021年审结8874件，同比上升10.84%（见图2-7-35）。

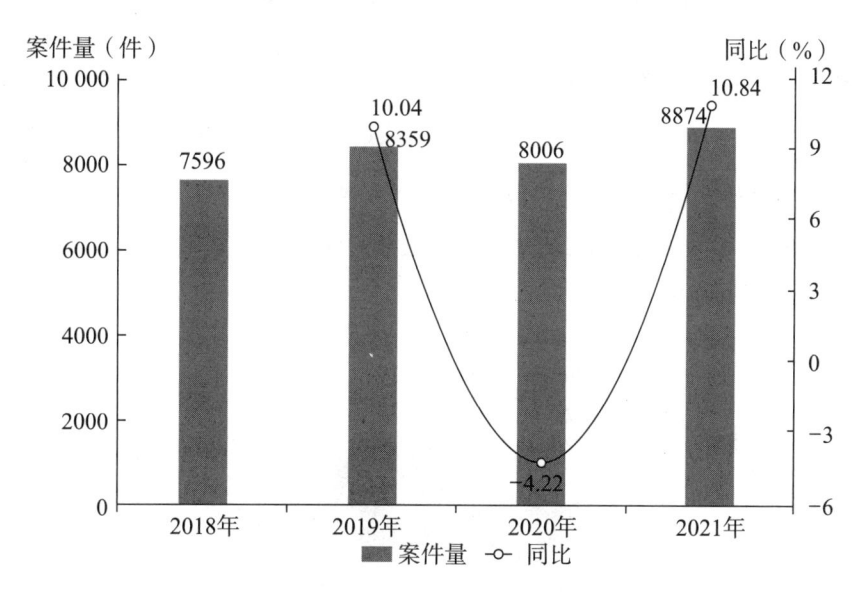

图2-7-35 2018年至2021年，河南省环境资源案件年度分布及年度变化趋势图

（二）案件类型分布情况

2018年至2021年，河南省各级人民法院审结的一审环境资源案件中，从案件类型分布来看：民事诉讼21 197件，占比64.83%；刑事诉讼8455件，占比25.86%；行政诉讼2656件，占比8.12%；公益诉讼379件，占比1.16%；生态损害赔偿诉讼9件，占比0.03%（见图2-7-36）。其中，从结案时间年度变化趋势来看，案件量年均增长率最高的为生态损害赔偿诉讼（基数小），公益诉讼年均增长率高，为45.91%；年均增长率最低的为民事（年均增长0.59%）。

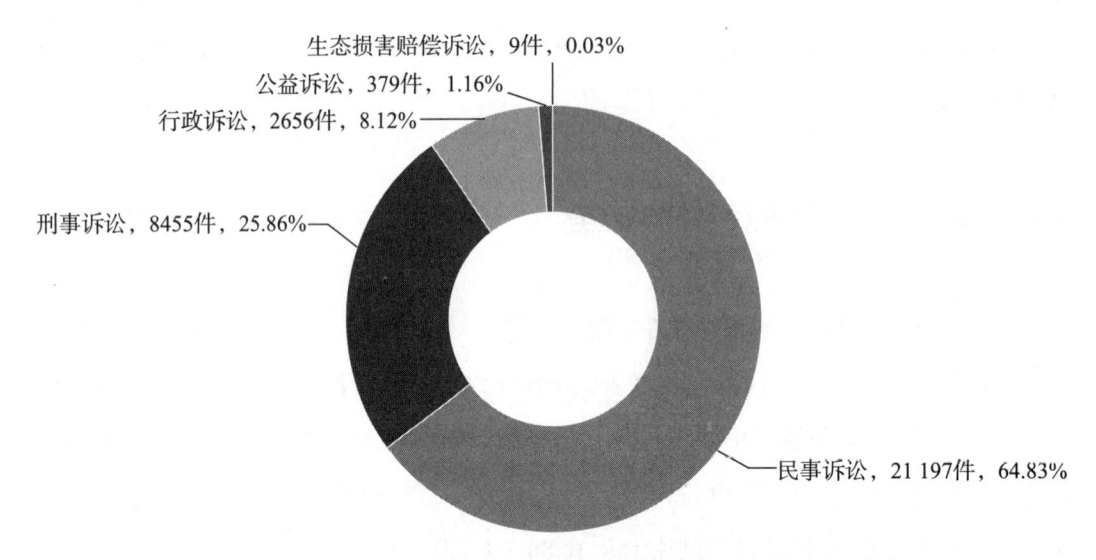

图 2-7-36　2018 年至 2021 年，河南省环境资源案件类型分布情况图

河南法院在审理环境资源案件时，秉持"妥善审理环境资源民事案件，着力解决环境资源纠纷""严厉打击环境资源犯罪，坚决遏制破坏环境资源行为""依法审理环境资源行政及非诉执行案件，注重行政争议的实质性化解"的理念，较好地发挥了人民法院化解纠纷、打击犯罪、推动社会公平正义实现的积极功能。

（三）地域分布情况

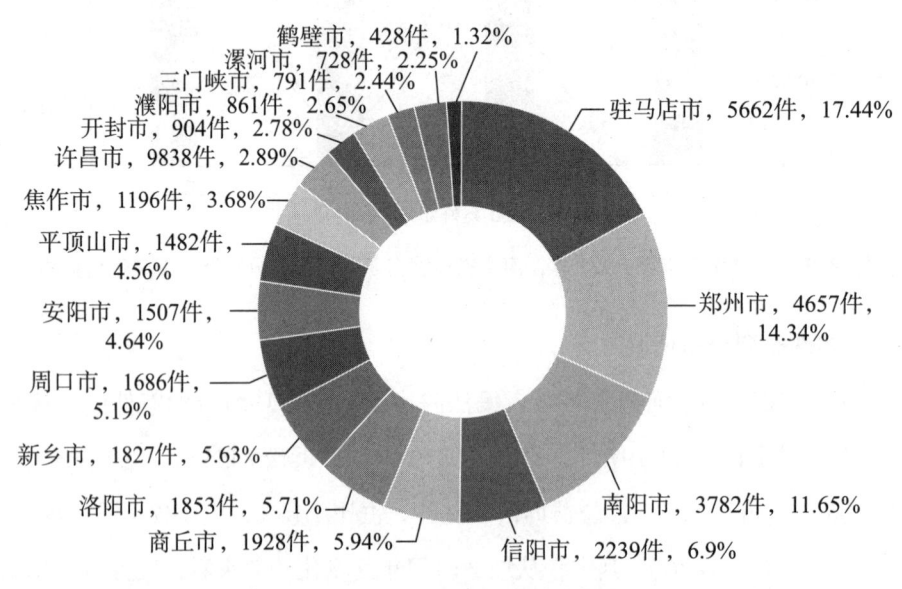

图 2-7-37　2018 年至 2021 年，河南省环境资源案件地域分布情况图

2018年至2021年，河南省各级人民法院审结的一审环境资源案件中，从地区分布来看，案件量较大的地区及其占比分别为：驻马店市5662件，占比17.44%；郑州市4657件，占比14.34%；南阳市3782件，占比11.65%；信阳市2239件，占比6.9%；商丘市1928件，占比5.94%；洛阳市1853件，占比5.71%；新乡市1827件，占比5.63%；周口市1686件，占比5.19%（见图2-7-37）。其中，从结案时间年度变化趋势来看，案件量年均增长率最高的地区为周口市（年均增长15.95%）、郑州市（年均增长15.48%）；年均增长率最低的为鹤壁市（年均增长-11.94%）和新乡市（年均增长-11.25%）。与其他省有所不同的是，河南省环境资源审判案件量最多的并非经济发达的郑州，而是驻马店。

（四）环境资源审判类型分布情况

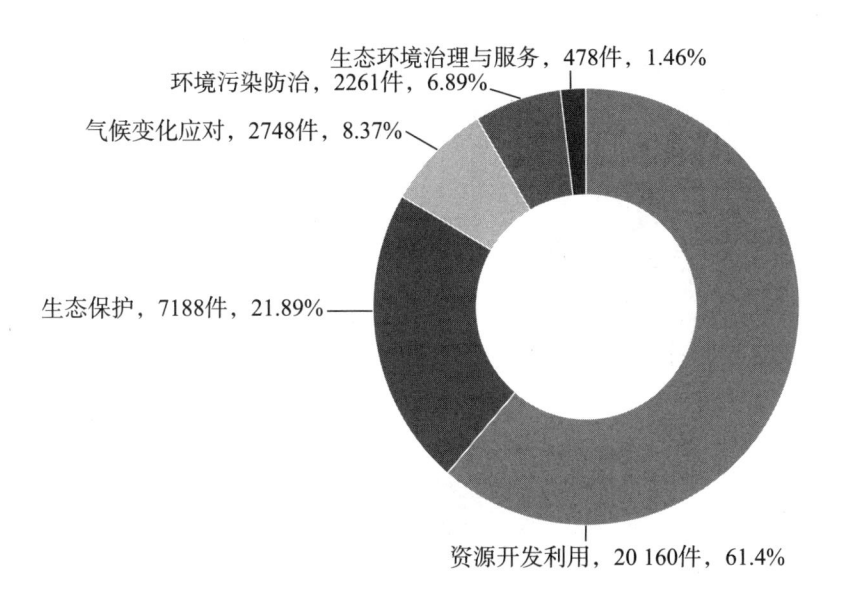

图2-7-38 2018年至2021年，河南省环境资源案件类型分布情况图

2018年至2021年，河南省各级人民法院审结的一审环境资源案件中，从环境资源类型分布来看：资源开发利用类案件共计20 160件，占比61.4%；生态保护类案件共7188件，占比21.89%；气候变化应对类案件共2748件，占比8.37%；环境污染防治类案件共2261件，占比6.89%；生态环境治理与服务类案件共478件，占比1.46%（见图2-7-38）。其中，从结案时间年度变化趋势来看，年均增长率最高的为生态保护案件，年均增长率为37.2%，年均增长率最低的为气候变化应对案件，年均增长率为-21.59%。同前述各省相同，资源开发利用类案件与人民群众日常的生产经营活动与生活活动关系最为密切也最为常见，仍然是数量最多的环境资源案件类型。

（五）环境资源审判重点案由分布情况

2018年至2021年，河南省各级人民法院审结的一审环境资源案件中，从重点案由分布来看：渔业承包合同纠纷共120件，占比36.36%；环境污染责任纠纷共68件，占比20.61%；采矿权转让合同纠纷共50件，占比15.15%；噪声污染责任纠纷共40件，占比12.12%；林业承包合同纠纷共29件，占比8.79%；探矿权转让合同纠纷19件，占比5.76%；养殖权纠纷共4件，占比1.21%（见图2-7-39）。其中，从结案时间年度变化趋势来看，年均增长率最高的为渔业承包合同纠纷，年均增长率为42.31%，年均增长率最低的为养殖权纠纷，年均增长率为-100%（基数小），其次为探矿权转让合同纠纷，年均增长率为-26.32%。

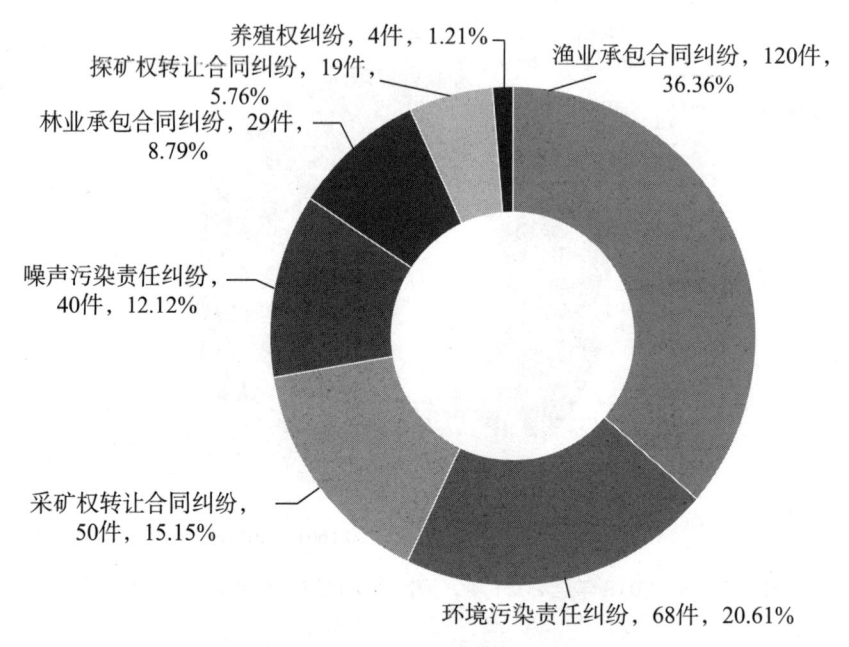

图2-7-39　2018年至2021年，河南省环境资源案件重点案由分布图

（六）法院层级分布情况

2018年至2021年，河南省各级人民法院审结的一审环境资源案件中，从法院层级分布来看：基层人民法院31 439件，占比96.18%；中级人民法院1242件，占比3.8%；高级人民法院6件，占比0.02%（见图2-7-40）。其中，从结案时间年度变化趋势来看，案件量年均增长率最高的为基层法院（年均增长6.07%）；年均增长率最低的为高级法院（年均增长-100.00%），主要因为高级法院案件基数小。

高级人民法院，6件，0.02%
中级人民法院，1242件，3.8%
基层人民法院，31 439件，96.18%

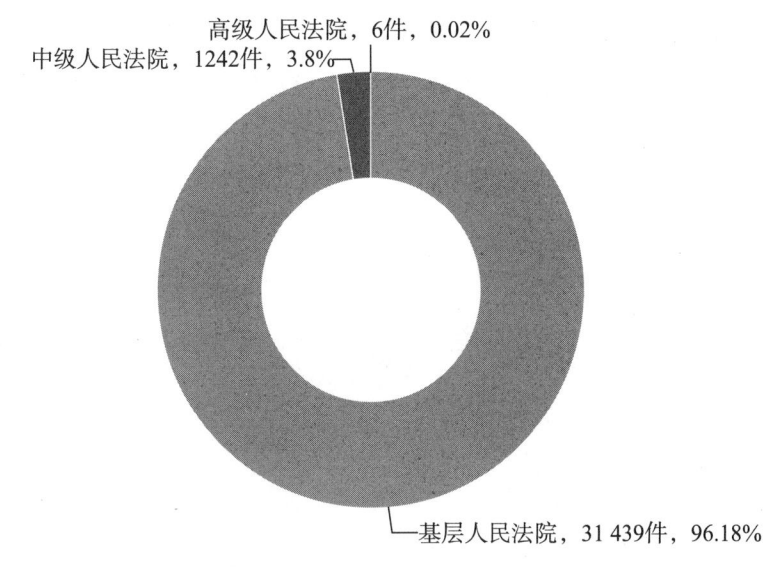

图 2-7-40　2018 年至 2021 年，河南省环境资源案件审理法院层级分布图

（七）审理程序分析

1. 程序适用情况

速裁程序，1156件，3.52%
简易程序，14 271件，43.46%
普通程序，17 408件，53.02%

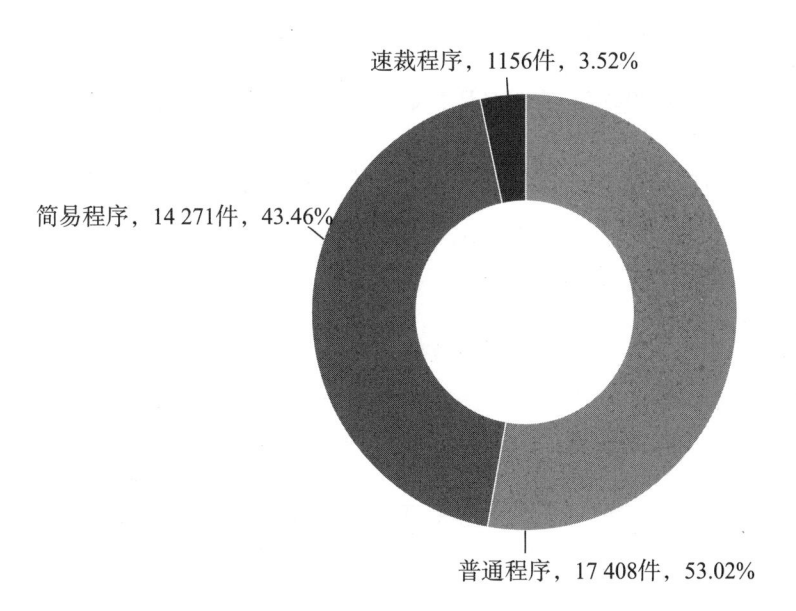

图 2-7-41　2018 年至 2021 年，河南省环境资源案件审理程序分布图

2018年至2021年，河南省各级人民法院审结的一审环境资源案件中，从审理程序分布来看：普通程序17 408件，占比53.02%；简易程序14 271件，占比43.46%；速裁程序1156件，占比3.52%（见图2-7-41）。

2.是否缺席审理

缺席审理，3384件，10.31%

未缺席审理，29 451件，89.69%

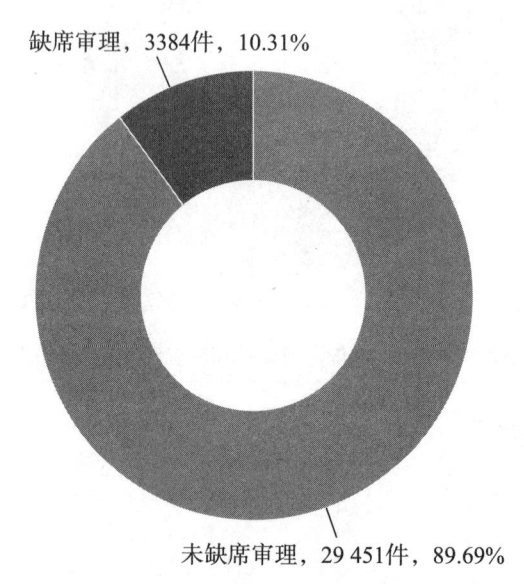

图2-7-42　2018年至2021年，河南省环境资源案件是否缺席审理情况图

2018年至2021年，河南省各级人民法院审结的一审环境资源案件中，从是否缺席审理情况来看：未缺席审理的案件共计29 451件，占比89.69%；缺席审理的案件共计3384件，占比10.31%（见图2-7-42）。

3.审理周期

河南省各级人民法院审结的一审环境资源案件中，2018年平均审理周期为83.87天，2019年平均审理周期为85.15天，2020年平均审理周期为86.77天，2021年平均审理周期为114.95天，可见，每年审理周期都在增长，2021年增长率最高（见图2-7-43）。

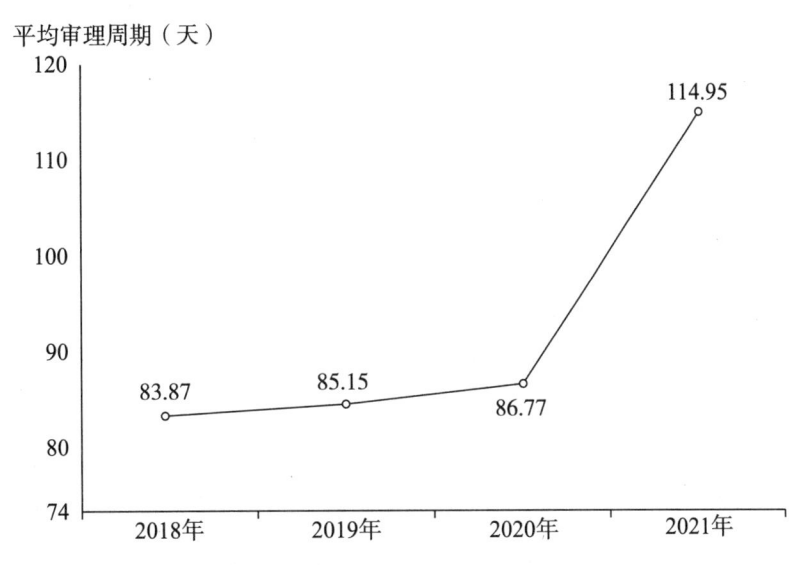

图 2-7-43　2018 年至 2021 年，河南省各级人民法院审结的环境资源案件审理周期年度变化趋势图

（八）法律法条引用分析

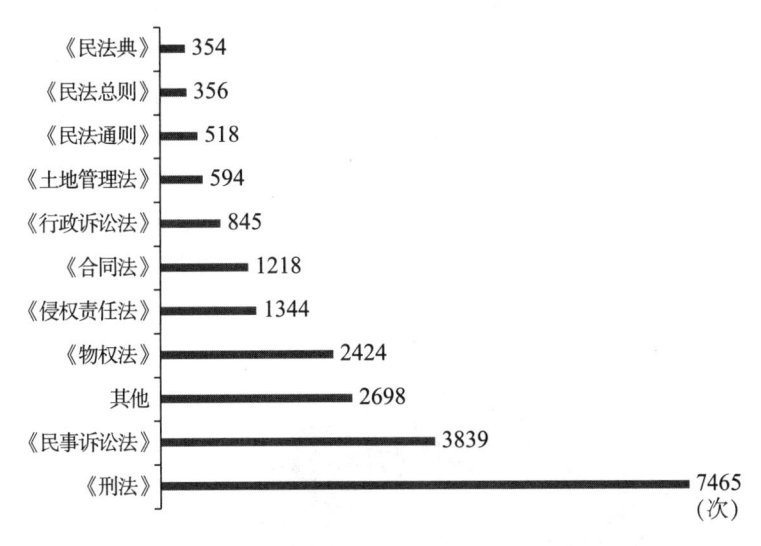

法律	引用次数
《民法典》	354
《民法总则》	356
《民法通则》	518
《土地管理法》	594
《行政诉讼法》	845
《合同法》	1218
《侵权责任法》	1344
《物权法》	2424
其他	2698
《民事诉讼法》	3839
《刑法》	7465

图 2-7-44　2018 年至 2021 年，河南省环境资源案件法律引用情况图

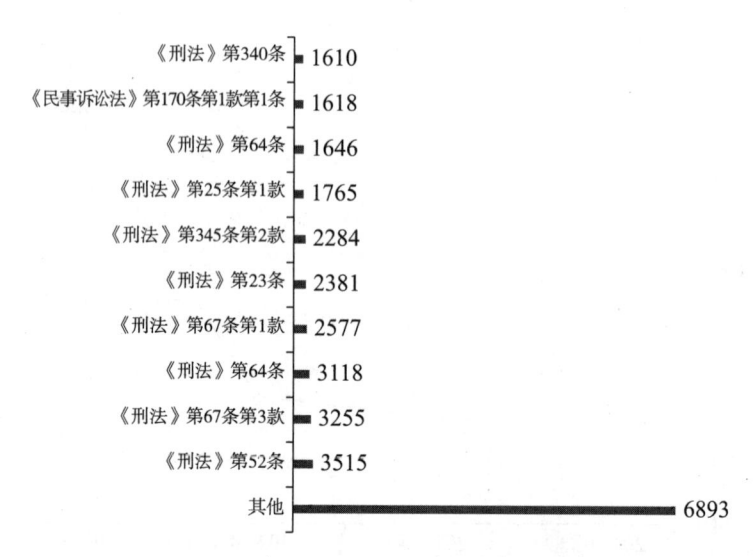

法条	引用次数
《刑法》第340条	1610
《民事诉讼法》第170条第1款第1条	1618
《刑法》第64条	1646
《刑法》第25条第1款	1765
《刑法》第345条第2款	2284
《刑法》第23条	2381
《刑法》第67条第1款	2577
《刑法》第64条	3118
《刑法》第67条第3款	3255
《刑法》第52条	3515
其他	6893

图 2-7-45　2018 年至 2021 年，河南省环境资源案件法条引用情况图

2018 年至 2021 年，河南省人民法院审结的一审环境资源案件中，从法律引用情况来看：引用数量最多的为《刑法》，共计 7465 次；引用次之的为《民事诉讼法》，共计 3839 次；引用第三的为《物权法》，共计 2424 次（见图 2-7-44）。从法条引用情况来看，引用数量最多的法条前八位均为《刑法》，前三位分别为：《刑法》第 52 条（罚金数额的裁量），3515 次；第 67 条第 3 款（自首），3255 次；第 64 条（犯罪物品的处理），3118 次（见图 2-7-45）。

（九）鉴定情况分析

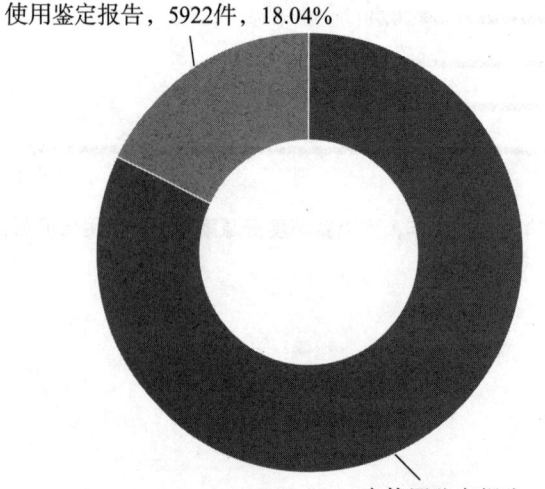

图 2-7-46　2018 年至 2021 年，河南省环境资源案件鉴定情况图

使用鉴定报告，5922件，18.04%

未使用鉴定报告，26 913件，81.96%

2018年至2021年，河南省各级人民法院审结的一审环境资源案件中，从鉴定情况分布来看：未鉴定的案件26 913件，占比81.96%；进行鉴定的案件5922件，占比18.04%（见图2-7-46）。

河南省环资案件数量特别多，是本章所选典型省份和地区中案件量最多的省份。关于环境保护，资源合理开采利用的纠纷最多。河南法院认真贯彻落实习近平生态文明思想，牢固树立新发展理念，坚持用最严格制度最严密法治保护黄河生态环境，严厉打击破坏黄河生态的"高排放"行为，依法引导黄河流域"高耗能"产业转型升级，创新黄河司法保护机制，为促进黄河流域生态保护和高质量发展提供有力的司法保障。

五、陕西省环境资源案件特征与趋势

（一）陕西省环境资源审判案件年度分布情况

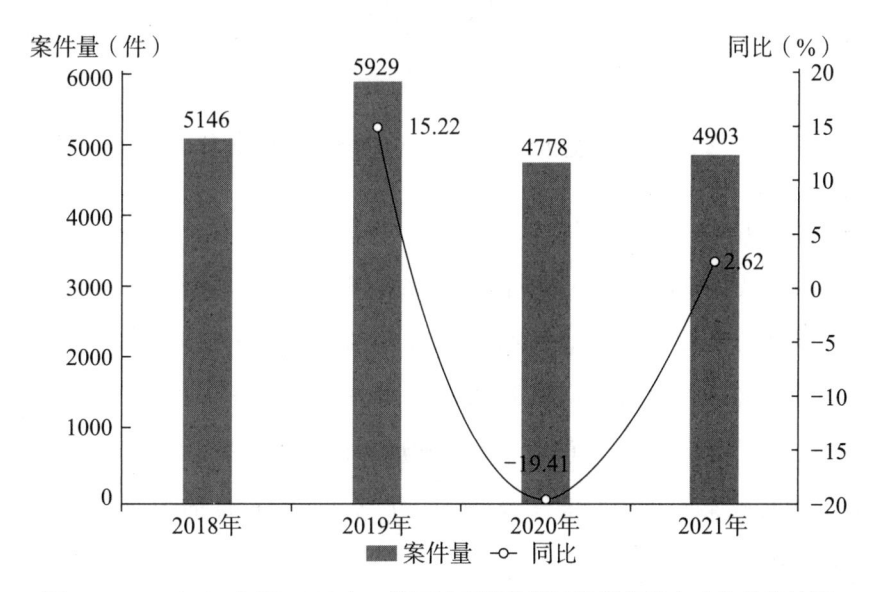

图2-7-47 2018年至2021年，陕西省环境资源案件数量及年度变化趋势图

2018年至2021年，陕西省各级人民法院审结的环境资源案件共计20 756件。按结案时间来看，其中，2018年审结5146件；2019年审结5929件，同比上升15.22%；2020年审结4778件，同比下降19.41%；2021年审结4903件，同比上升2.62%（见图2-7-47）。陕西省环境资源审判案件量呈现"先升后降"的特征，原因在于2019年陕西省全面贯彻"预防优先、修复为主"的环境资源审判理念，在加强环境保护的力度

上持续用力，狠抓环境资源案件，使2019年度环境资源审判案件量有较大增长。2020年，得益于前一年度环境资源审判的威慑和教育功能，相关案件量再度回落，有所减少。

（二）案件类型分布情况

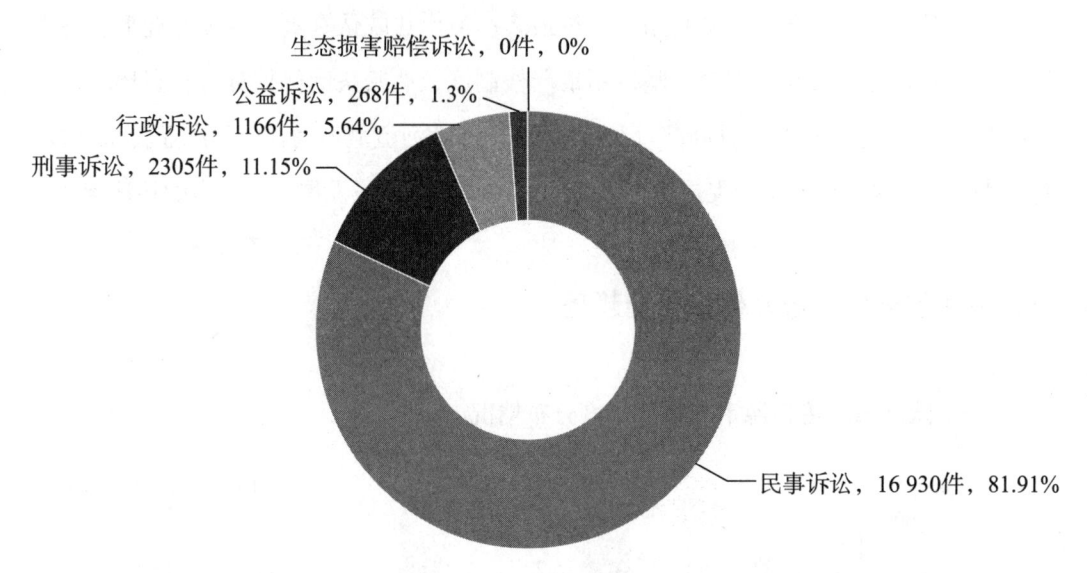

图2-7-48　2018年至2021年，陕西省环境资源审判案件类型分布图

2018年至2021年，陕西省各级人民法院审结的一审环境资源案件中，从案件类型分布来看：民事案件共计16 930件，占比81.91%；刑事案件共计2305件，占比11.15%；行政案件共计1166件，占比5.64%；公益诉讼案件共计268件，占比1.3%；生态损害赔偿诉讼案件0件（见图2-7-48）。其中，从结案时间年度变化趋势来看，行政诉讼和公益诉讼增长率为正值，民事和刑事诉讼增长率为负值，案件量年均增长率最高的为行政案件，年均增长38.08%；年均增长率最低的为刑事案件，年均增长 -8.64%。

（三）地域分布情况

2018年至2021年，陕西省各级人民法院审结的环境资源案件中，从地区分布来看，案件量较大的地区及其占比分别为：西安市8490件，占比41.81%；咸阳市4322件，占比21.28%；榆林市1605件，占比7.9%；渭南市1371件，占比6.75%；延安市1208件，占比5.95%（见图2-7-49）。其中，从结案时间年度变化趋势来看，案件量年均增长率最高的地区为宝鸡市，年均增长11.37%；其次为咸阳市，年均增长6.48%，再次为榆林市，年均增长 5.57%；年均增长率最低的为安康市，年均增长 -12.20%；又次为铜川市，年均增长 -11.96%；最后为渭南市，年均增长 -10.66%。

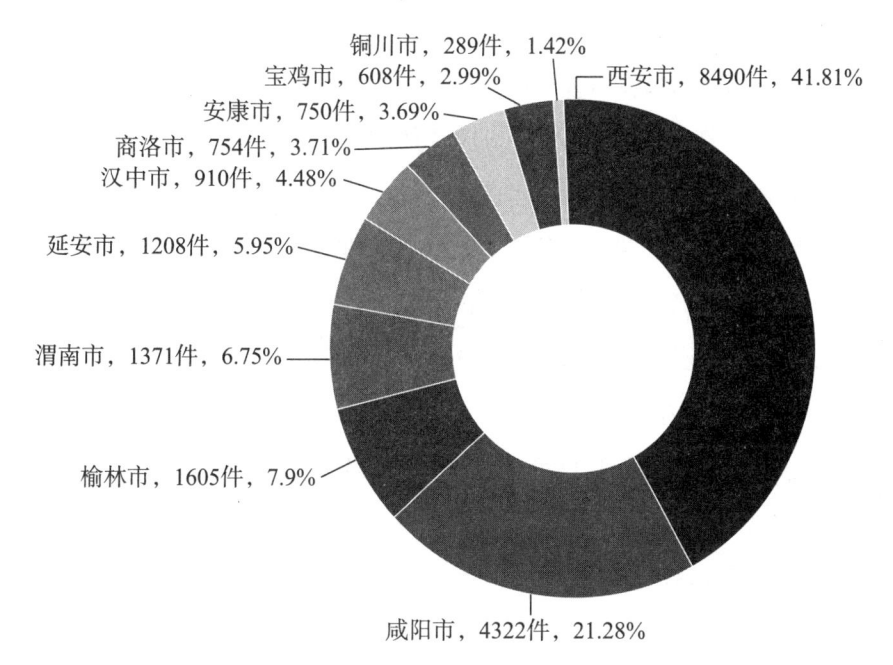

图 2-7-49　2018 年至 2021 年，陕西省近四年环境资源审判案件的地域分布情况图

（四）环境资源审判类型分布情况

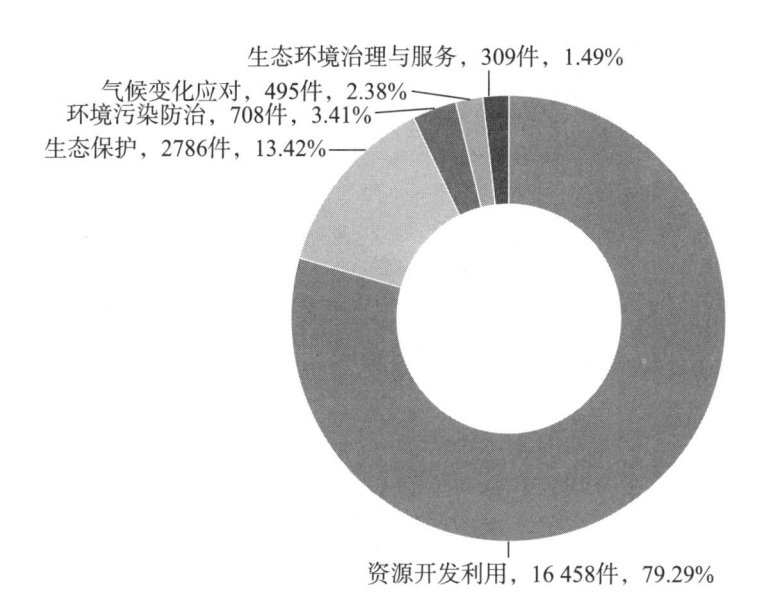

图 2-7-50　2018 年至 2021 年，陕西省环境资源案件审判类型分布图

2018年至2021年，陕西省各级人民法院审结的一审环境资源案件中，从审判类型分布来看，最多的是资源开发利用类案件，共计16 458件，占比79.29%。其余依次为：生态保护类案件，共计2786件，占比13.42%；环境污染防治类案件，共计708件，占比3.41%；气候变化应对类案件，共计495件，占比2.38%；生态环境治理与服务类案件，共计309件，占比1.49%（见图2-7-50）。

（五）环境资源审判重点案由分布情况

2018年至2021年，陕西省各级人民法院审结的一审环境资源案件中，从重点案由分布来看：环境污染责任纠纷共30件，占比28.57%；采矿权转让合同纠纷共24件，占比22.86%；渔业承包合同纠纷共19件，占比18.1%；噪声污染责任纠纷14件，占比13.33%；探矿权转让合同纠纷9件，占比8.57%；林业承包合同纠纷共9件，占比8.57%。其中，从结案时间年度变化趋势来看，年均增长率最高的为渔业承包合同纠纷，年均增长率为71.00%，年均增长率最低的为环境污染责任纠纷，年均增长率为–53.58%（见图2-7-51）。

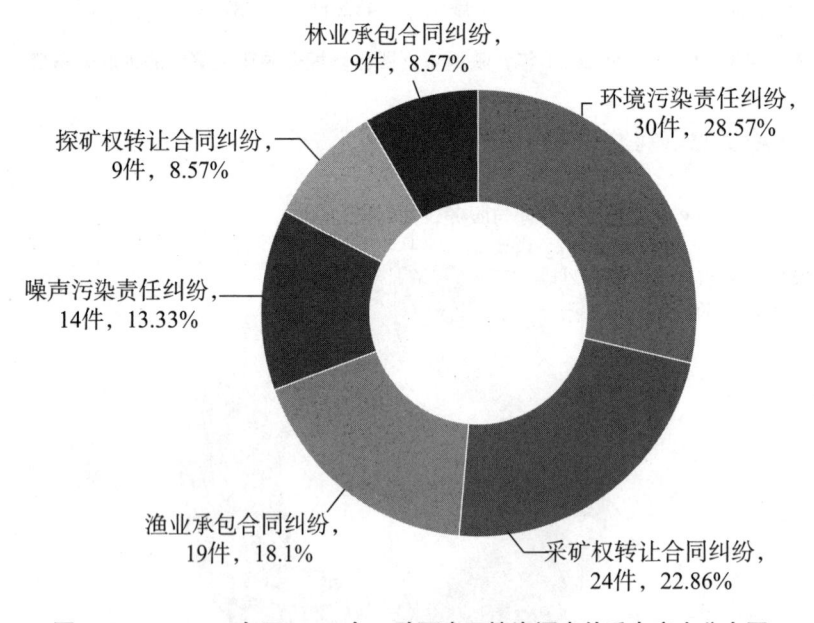

图2-7-51 2018年至2021年，陕西省环境资源案件重点案由分布图

（六）法院层级分布情况

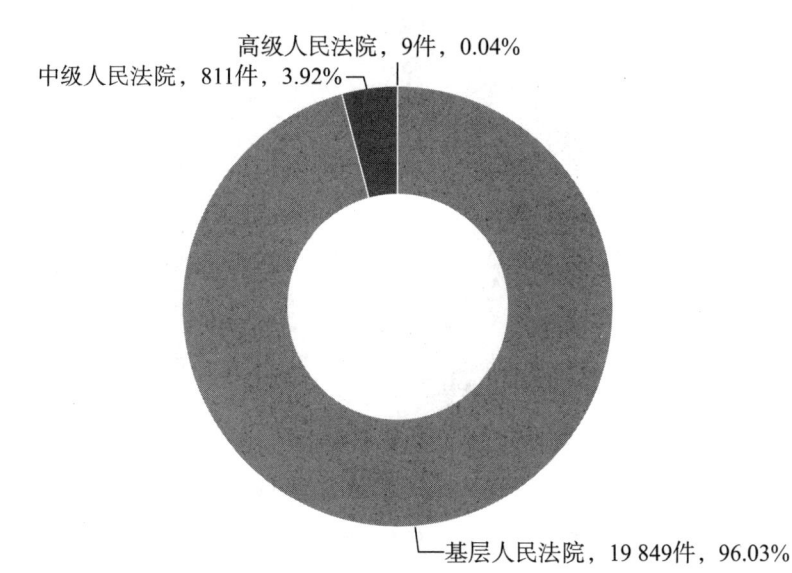

图 2-7-52　2018 年至 2021 年，陕西省环境资源案件审理法院层级分布图

2018 年至 2021 年，陕西省各级人民法院审结的一审环境资源案件中，从法院层级分布来看：基层人民法院共计 19 849 件，占比 96.03%；中级人民法院共计 811 件，占比 3.92%；高级人民法院共计 9 件，占比 0.04%（见图 2-7-52）。其中，从结案时间年度变化趋势来看，案件量年均增长率最高的为中级人民法院，年均增长 34.30%；年均增长率最低的为高级人民法院，年均增长 –100%。

（七）审理程序分析

1. 简易程序适用情况

2018 年至 2021 年，陕西省各级人民法院审结的一审环境资源案件中，从审理程序分布来看：适用简易程序审理的共计 11 431 件，占比 55.07%；适用普通程序审理的共计 9101 件，占比 43.85%；适用速裁程序审理的共计 224 件，占比 1.08%（见图 2-7-53）。适用简易程序的案件量最多，可见陕西省环境资源案件中有较多案件属于案件事实清楚、证据确实充分、争议较少的小规模案件。

速裁程序，224件，1.08%

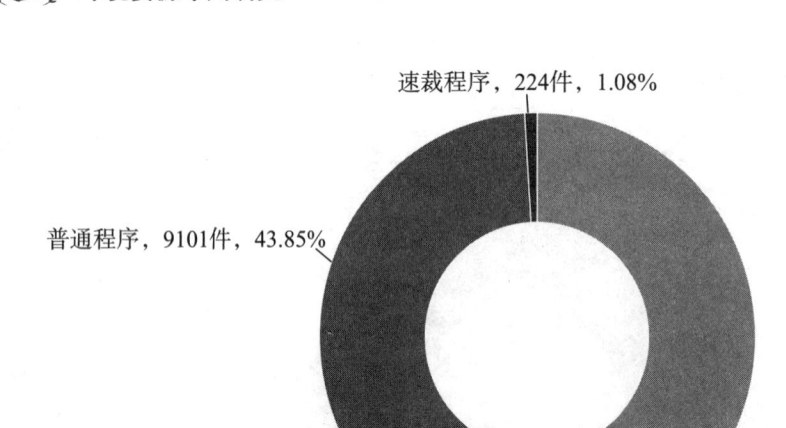

普通程序，9101件，43.85%

简易程序，11 431件，55.07%

图 2-7-53　2018 年至 2021 年，陕西省环境资源案件审理程序分布图

2. 缺席审理适用情况

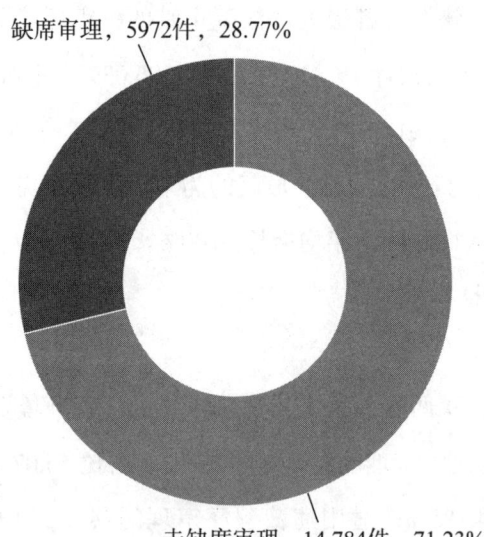

缺席审理，5972件，28.77%

未缺席审理，14 784件，71.23%

图 2-7-54　2018 年至 2021 年，陕西省环境资源案件是否缺席审理情况图

2018 年至 2021 年，陕西省各级人民法院审结的环境资源案件中，从是否缺席审理情况来看：未缺席审理的案件共计 14 784 件，占比 71.23%；缺席审理的案件共计 5972 件，占比 28.77%（见图 2-7-54）。

3. 审理周期情况

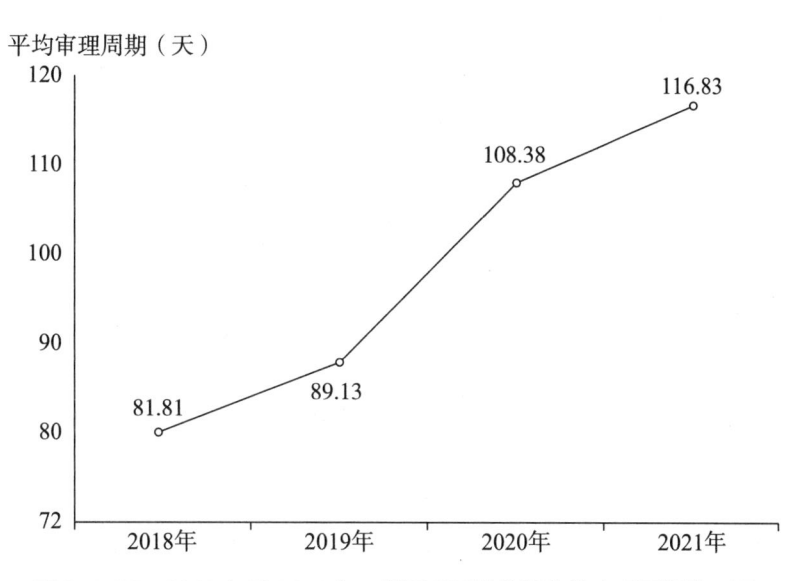

图 2-7-55　2018 年至 2021 年，陕西省环境资源案件审理周期情况图

陕西省各级人民法院审结的一审环境资源案件中，2018 年平均审理周期为 81.81 天，2019 年平均审理周期为 89.13 天，2020 年平均审理周期为 108.38 天，2021 年平均审理周期为 116.83 天。可见，每年审理周期都在增长，2020 年增长率最高（见图 2-7-55）。

（八）法律法条引用分析

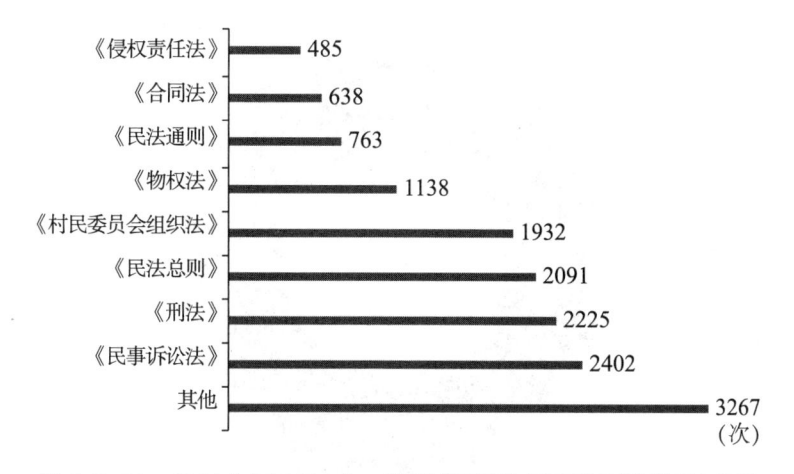

图 2-7-56　2018 年至 2021 年，陕西省环境资源案件法律引用情况图

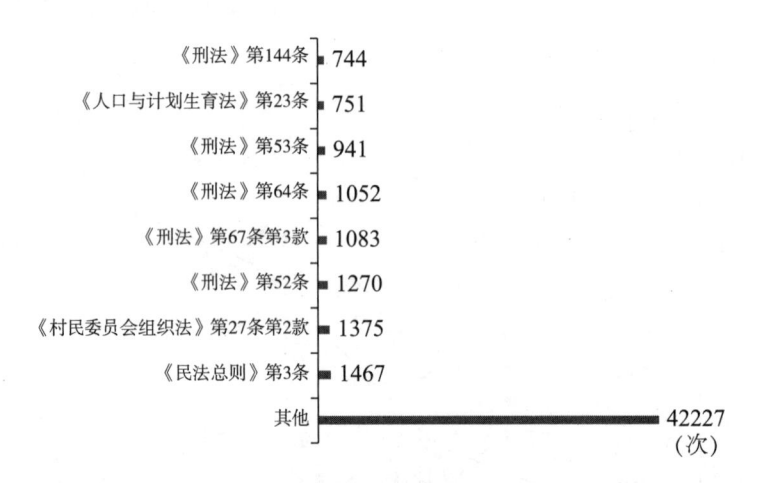

```
《刑法》第144条    744
《人口与计划生育法》第23条    751
《刑法》第53条    941
《刑法》第64条    1052
《刑法》第67条第3款    1083
《刑法》第52条    1270
《村民委员会组织法》第27条第2款    1375
《民法总则》第3条    1467
其他    42227
                (次)
```

图 2-7-57　2018 年至 2021 年，陕西省环境资源案件法条引用情况

2018 年至 2021 年，陕西省人民法院审结的一审环境资源案件中，从法律引用情况来看：引用数量最多的为《民事诉讼法》，共计 2402 次；引用次之的为《刑法》，共计 2225 次；引用第三的为《民法总则》，共计 2091 次（见图 2-7-56）。从法条引用情况来看，前三位分别为：《民法总则》第 3 条（民事主体的人身权利、财产权利），1467 次；《村民委员会组织法》第 27 条第 2 款（村民自治章程、村规民约以及村民会议或者村民代表会议的决定），1375 次；《刑法》第 52 条（罚金），1270 次（见图 2-7-57）。

（九）鉴定情况分析

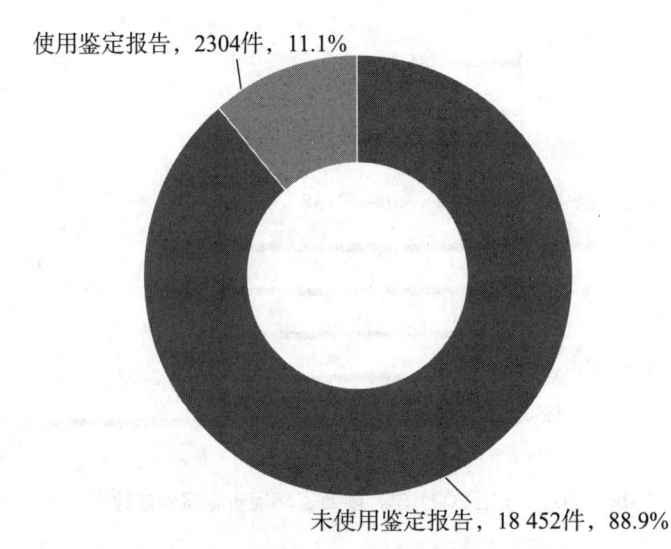

使用鉴定报告，2304件，11.1%

未使用鉴定报告，18 452件，88.9%

图 2-7-58　2018 年至 2021 年，陕西省环境资源案件鉴定情况

2018年至2021年，陕西省各级人民法院审结的一审环境资源案件中，从鉴定情况分布来看：未鉴定18 452件，占比88.9%；进行鉴定2304件，占比11.1%（见图2-7-58）。总体来看，陕西省环境资源案件的司法鉴定覆盖率较高，且一直处于提升状态。

近年来，陕西省各级法院深入贯彻落实党中央和习近平总书记关于加强生态文明建设与绿色发展的决策部署，以现代环境司法理念为引领，充分发挥环境资源审判职能作用，积极推进环境资源审判专业化建设，依法审理环境资源刑事、民事、行政案件，通过设立"秦岭""安康"生态环境司法保护基地、加强黄河、汉丹江等重点流域生态环境保护司法协作、落实生态损害赔偿制度、创新替代性修复机制等方式，落实最严格的源头保护、损害赔偿和责任追究制度，为保护生态环境、助力绿色发展与建设美丽陕西提供有力司法服务和保障。

六、云南省环境资源案件特征与趋势

（一）云南省环境资源审判案件年度分布情况

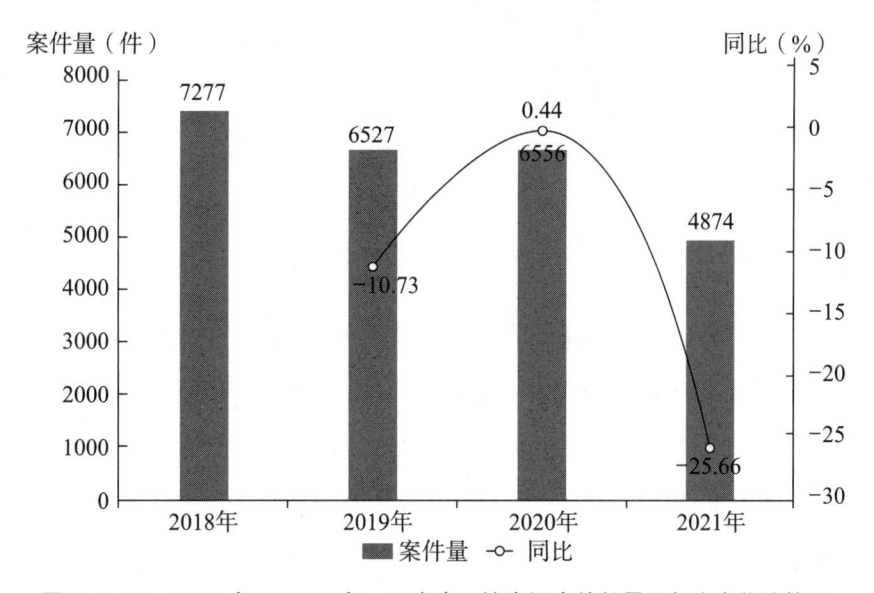

图2-7-59　2018年至2021年，云南省环境资源案件数量及年度变化趋势图

2018年至2021年，云南省各级人民法院审结的一审环境资源案件共计25 234件。按结案时间来看，其中，2018年审结7277件；2019年审结6527件，同比下

降10.73%；2020年审结6556件，同比上升0.44%；2021年审结4874件，同比下降25.66%。总体来看，云南法院近四年审理的环境资源案件呈下降态势（见图2-7-59）。

（二）云南省环境资源审判案件类型分布情况

2018年至2021年，云南省各级人民法院审结的一审环境资源案件中，从案件类型分布来看：民事案件共计16 230件，占比64.89%；刑事案件共计7500件，占比29.99%；行政案件共计812件，占比3.25%；公益诉讼案件共计470件，占比1.88%；生态损害赔偿诉讼案件共计0件（见图2-7-60）。其中，从结案时间年度变化趋势来看，案件量年均增长率最高的为公益诉讼案件，年均增长38.08%；年均增长率最低的为刑事案件，年均增长–13.81%。

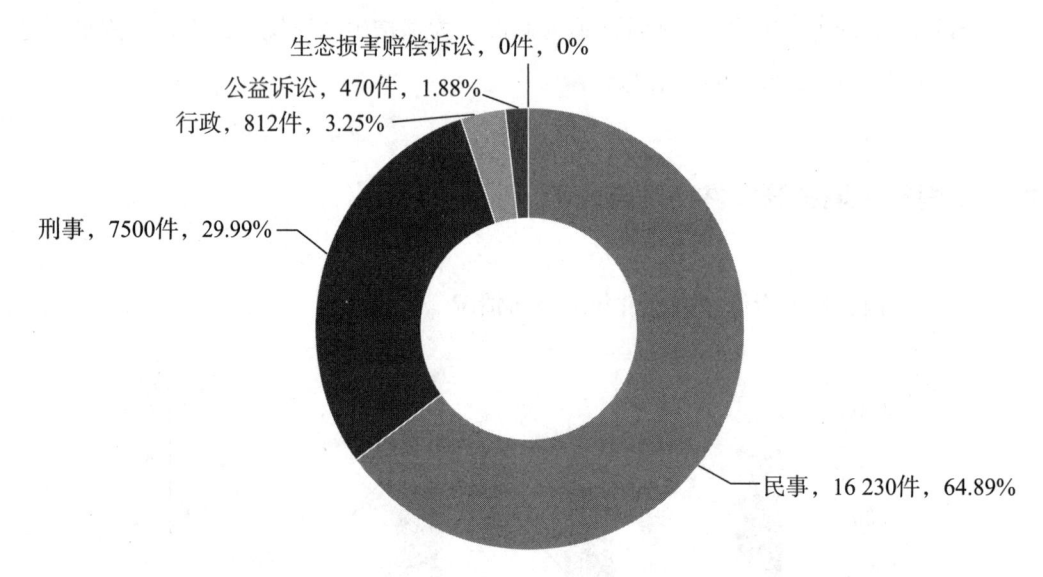

图2-7-60　2018年至2021年，云南省环境资源案件类型分布图

民事案件在云南省环境资源审判案件中占据绝对多数，主要包括大气、水、土壤等环境污染损害赔偿纠纷，采矿权等自然资源使用权权属、侵权纠纷，土地使用权出让、转让、租赁，农村土地承包合同纠纷，供水、电、气、热力合同等各类环境资源民事案件。在此类案件的审理中，云南省各级法院积极转变思路，逐步树立了以保护生态环境和自然资源为出发点的裁判理念，坚持损害担责、全面赔偿原则，充分发挥环境资源民事审判功能，促进了生态环境修复改善和自然资源合理开发利用。

（三）云南省环境资源审判地域分布情况

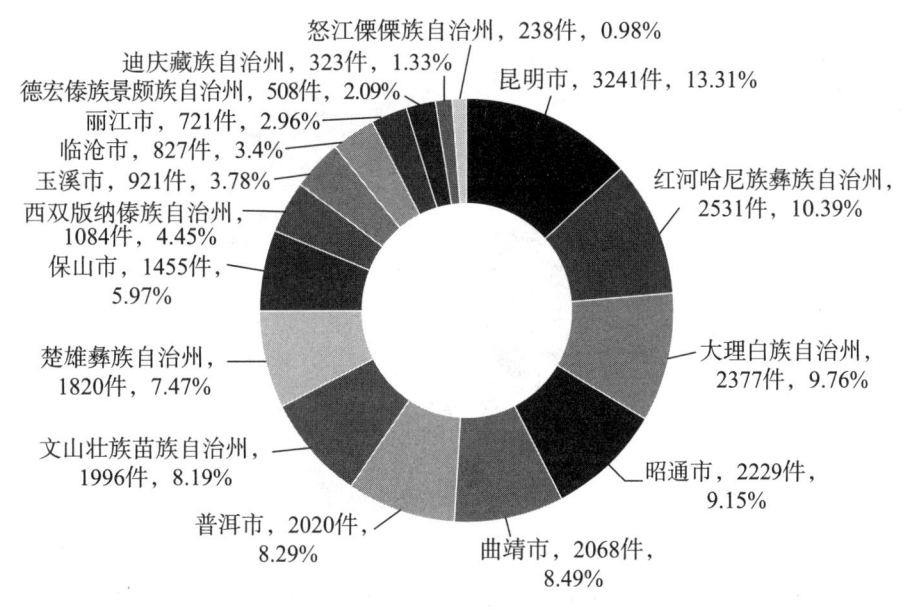

图 2-7-61　2018 年至 2021 年，云南省环境资源审判案件的地域分布情况图

2018 年至 2021 年，云南省各级人民法院审结的一审环境资源案件中，从地区分布来看，案件量较大的地区及其占比分别为：昆明 3241 件，占比 13.31%；红河 2531 件，占比 10.39%；大理 2377 件，占比 9.76%；昭通 2229 件，占比 9.15%；曲靖 2068 件，占比 8.49%；普洱 2020 件，占比 8.29%；文山 1996 件，占比 8.19%（见图 2-7-61）。其中，从结案时间年度变化趋势来看，案件量年均增长率均为负值，年均下降最慢的地区为红河，年均下降 3.86%。年均下降最快的为西双版纳，年均下降 29.87%。

2017 年，云南省高级人民法院扎实推进环境资源案件集中管辖制度落实，制定《环境民事公益诉讼案件跨行政区域集中管辖实施方案》，确定以昆明、玉溪、曲靖、红河、大理、迪庆六家中级人民法院为核心，分滇中、滇南、滇东南、滇东北、滇西、滇西北六个片区，跨行政区划集中管辖环境民事公益诉讼案件以及省级政府提起的生态环境损害赔偿案件和检察机关提起的民事公益诉讼案件。这是昆明、红河、大理三市审结环境资源案件数量位列前三的重要原因。

（四）云南省环境资源审判类型分布情况

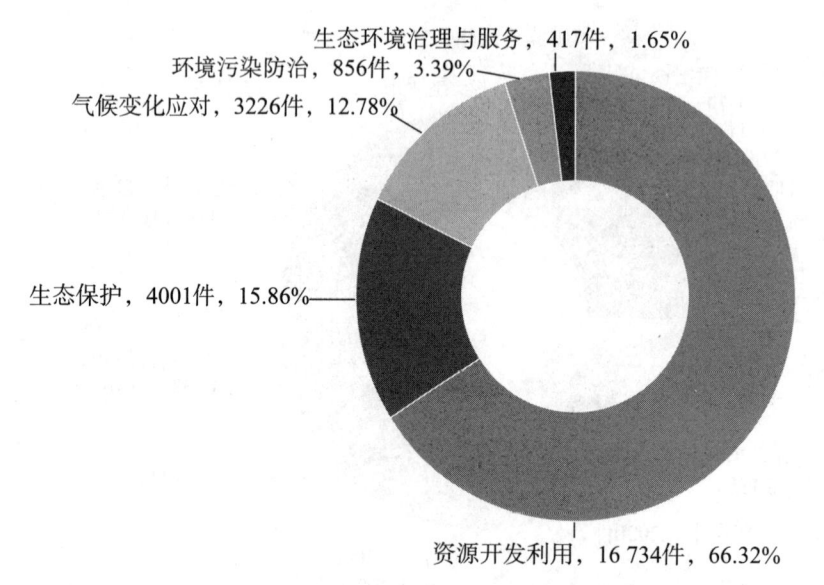

图 2-7-62　2018 年至 2021 年，云南省环境资源案件审判类型分布图

2018 年至 2021 年，云南省各级人民法院审结的一审环境资源案件中，从审判类型分布来看：最多的是资源开发利用类案件，共计 16 734 件，占 66.32%。其余依次为：生态保护类案件 4001 件，占比 15.86%；气候变化应对类案件 3226 件，占比 12.78%；环境污染防治类案件 856 件，占比 3.39%；生态环境治理与服务类案件 417 件，占比 1.65%（见图 2-7-62）。其中，从结案时间年度变化趋势来看，年均增长率均为负值，最高的为环境污染责任纠纷，年均增长率为 -0.88%，年均增长率最低的为气候变化应对纠纷，年均增长率为 -14.85%。

（五）云南省环境资源审判重点案由分布情况

2018 年至 2021 年，云南省各级人民法院审结的一审环境资源案件中，从重点案由分布来看：林业承包合同纠纷共 73 件，占比 27.55%；采矿权转让合同纠纷共 66 件，占比 24.91%；渔业承包合同纠纷共 46 件，占比 17.36%；环境污染责任纠纷共 39 件，占比 14.72%；探矿权转让合同纠纷 26 件，占比 9.81%；噪声污染责任纠纷 15 件，占比 5.66%（见图 2-7-63）。其中，从结案时间年度变化趋势来看，年均增长率仅有噪声污染责任纠纷为正值，其他均为负值，增长率最高的为噪声污染责任纠纷，年均增长率为 14.47%，年均增长率最低的为采矿权转让合同纠纷，年均增长率为 -44.07%。

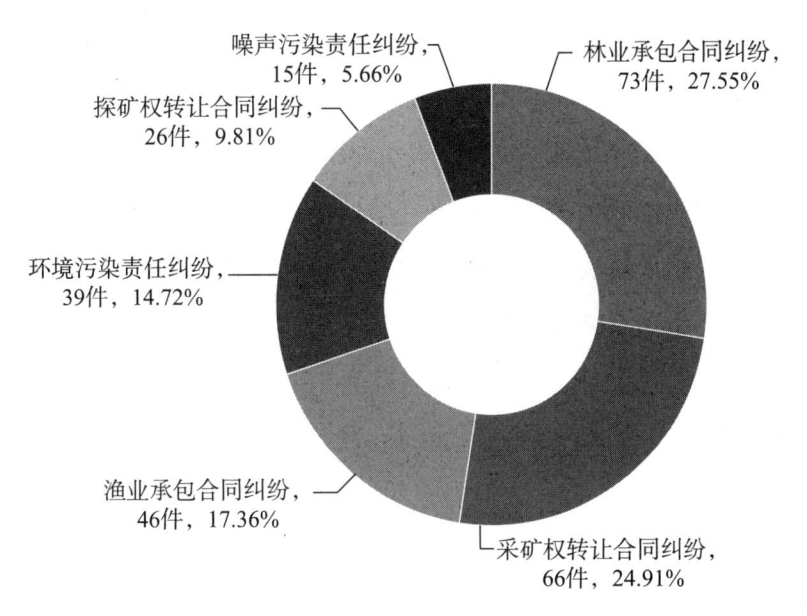

图 2-7-63 2018 年至 2021 年，云南省环境资源案件重点案由分布图

（六）云南省环境资源审判法院层级分布情况

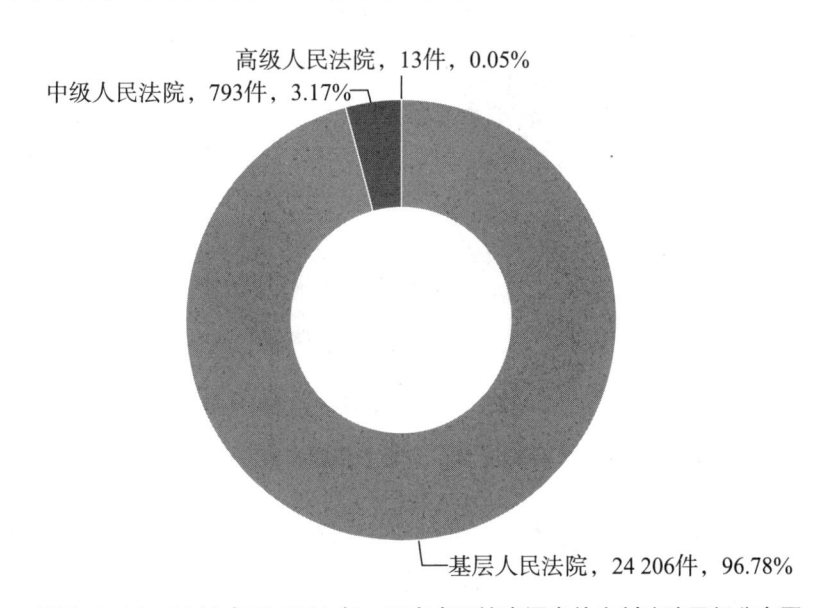

图 2-7-64 2018 年至 2021 年，云南省环境资源案件审判法院层级分布图

截至目前，云南全省共设立 18 个环境资源审判庭，其中省高院设 1 个，中级人民法院设 6 个，基层人民法院设 11 个。基层人民法院同时设立有 3 个环境资源审判合议庭，填补了云南省三级法院环资庭建设中省法院缺失的空白，弥补了环境司法专门化体系中重要的一环，实现云南三级法院环境资源审判工作有效衔接，建立了环境资源

刑事、民事、行政、环境民事公益诉讼执行案件归口管理的"四合一"审执模式，实行案件集中管辖制度。

2018年至2021年，云南省各级人民法院审结的一审环境资源案件中，从法院层级分布来看：基层人民法院共计审理24 206件，占比96.78%；中级人民法院共计审理793件，占比3.17%；高级人民法院共计审理13件，占比0.05%（见图2-7-64）。其中，从结案时间年度变化趋势来看，案件量年均增长率均为负值，增长率最高的为中级法院，年均增长 -5.01%；年均增长率最低的为高级法院，年均增长 -100%，主要因为高级法院案件基数小。

（七）审理程序分析

1. 简易程序适用情况

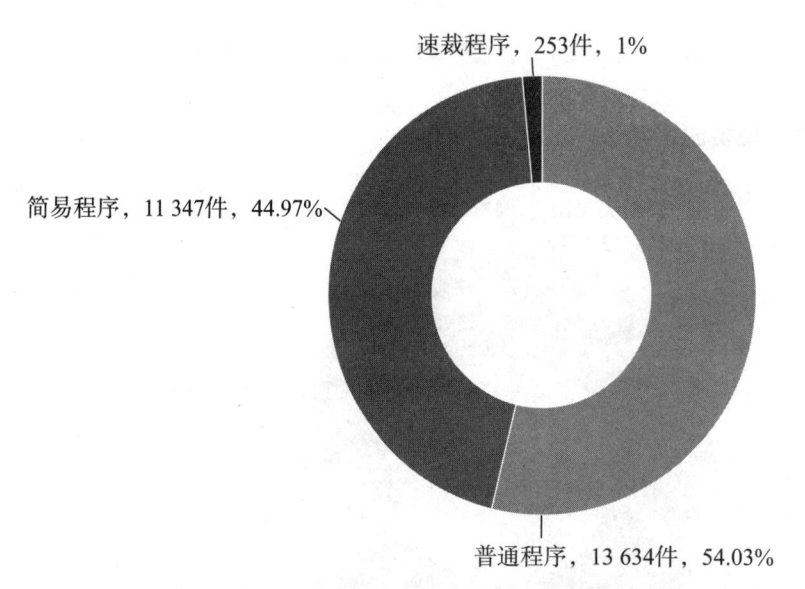

图2-7-65 2018年至2021年，云南省环境资源案件适用程序情况

2018年至2021年，云南省各级人民法院审结的一审环境资源案件中，从审理程序分布来看：适用普通程序的案件共计13 634件，占比54.03%；适用简易程序审理的案件11 347件，占比44.97%；适用速裁程序审理的案件253件，占比1%（见图2-7-65）。

2. 缺席审理适用情况

2018年至2021年，云南省各级人民法院审结的一审环境资源案件中，从是否缺席审理情况来看：未缺席审理的案件23 622件，占比93.61%；缺席审理的案件1612

件，占比 6.39%（见图 2-7-66）。

缺席审理，1612 件，6.39%

未缺席审理，23 622 件，93.61%

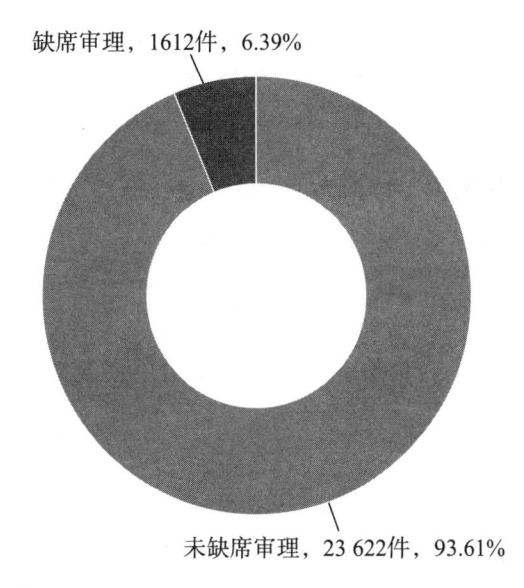

图 2-7-66　2018 年至 2021 年，云南省环境资源案件是否缺席审理情况图

3. 审理周期情况

云南省各级人民法院审结的一审环境资源案件中，2018 年平均审理周期为 60.68 天，2019 年平均审理周期为 63.13 天，2020 年平均审理周期为 80.36 天，2021 年平均审理周期为 94.67 天。可见，每年审理周期都在增长，2020 年增长率最高（见图 2-7-67）。

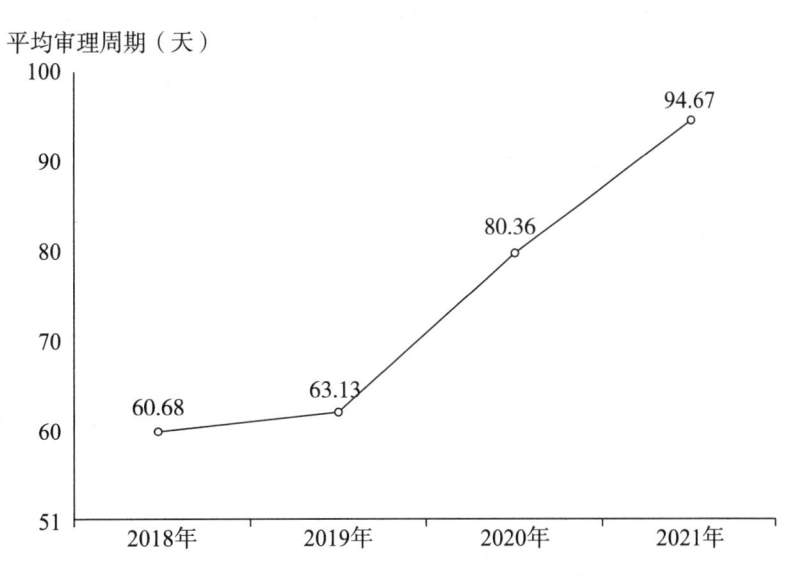

图 2-7-67　2018 年至 2021 年，云南省环境资源案件审理周期图

（八）法律法条引用分析

2018 年至 2021 年，云南省人民法院审结的一审环境资源案件中，从法律引用情况来看：引用数量最多的为《刑法》，共计 6778 次；引用次之的为《民事诉讼法》，共计 2627 次；引用第三的为《物权法》，共计 2543 次（见图 2-7-68）。从法条引用情况来看，引用数量最多的法条前十位均为《刑法》，前三位分别为：《刑法》第 67 条第 1 款（自首），3830 次；第 64 条（犯罪物品的处理），3124 次；第 52 条（罚金数额的裁量），3016 次（见图 2-7-69）。

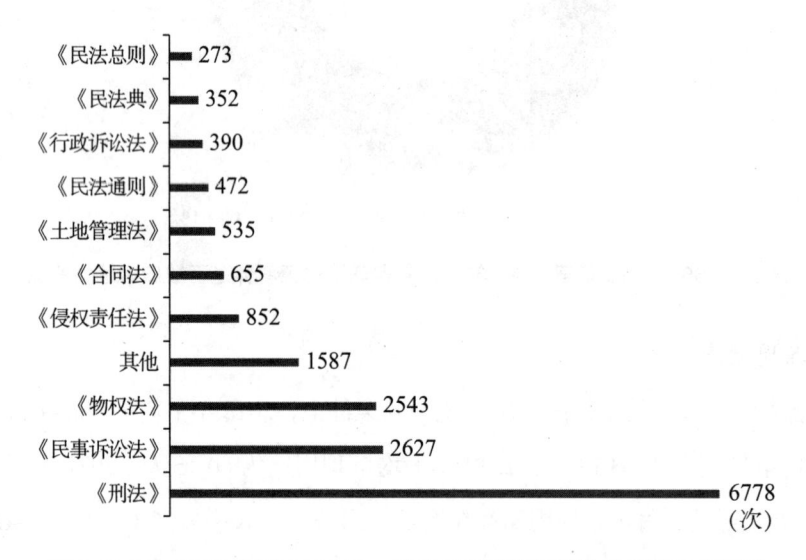

法律	引用次数
《民法总则》	273
《民法典》	352
《行政诉讼法》	390
《民法通则》	472
《土地管理法》	535
《合同法》	655
《侵权责任法》	852
其他	1587
《物权法》	2543
《民事诉讼法》	2627
《刑法》	6778

（次）

图 2-7-68　2018 年至 2021 年，云南省环境资源案件法律引用情况图

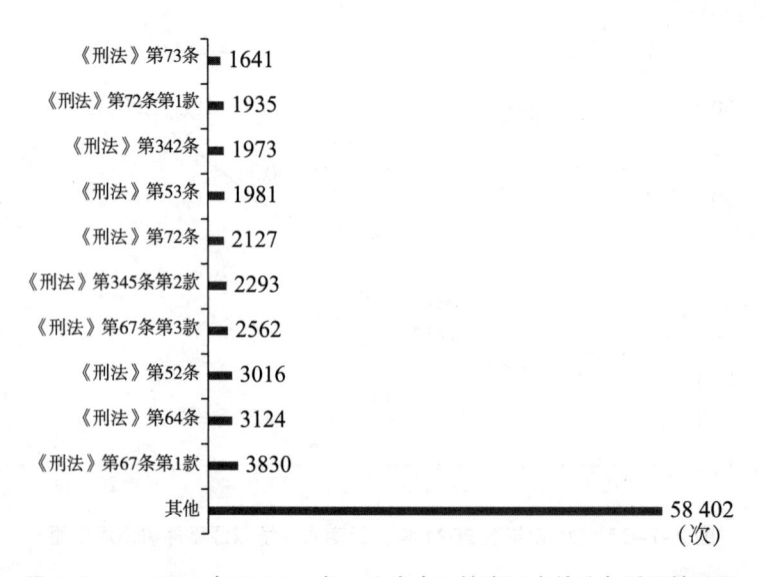

法条	引用次数
《刑法》第 73 条	1641
《刑法》第 72 条第 1 款	1935
《刑法》第 342 条	1973
《刑法》第 53 条	1981
《刑法》第 72 条	2127
《刑法》第 345 条第 2 款	2293
《刑法》第 67 条第 3 款	2562
《刑法》第 52 条	3016
《刑法》第 64 条	3124
《刑法》第 67 条第 1 款	3830
其他	58 402

（次）

图 2-7-69　2018 年至 2021 年，云南省环境资源案件法条引用情况图

（九）鉴定情况分析

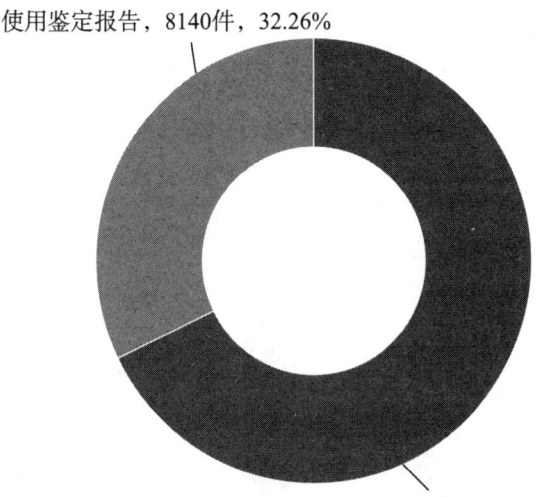

图 2-7-70　2018 年至 2021 年，云南省环境资源案件鉴定情况

使用鉴定报告，8140 件，32.26%
未使用鉴定报告，17 094 件，67.74%

2018 年至 2021 年，云南省各级人民法院审结的一审环境资源案件中，从鉴定情况分布来看：未鉴定的案件 17 094 件，占比 67.74%；进行鉴定的案件 8140 件，占比 32.26%（见图 2-7-70）。

目前，云南全省法院共成立了 18 个环境资源审判庭，实行环境资源民事、刑事、行政案件"三合一"审理模式。2018 年至 2021 年，全省法院共受理各类环境资源案件 2.5 万件。其中，检察机关提起环境公益诉讼案件占公益诉讼案件的绝大多数。总体上看，受理案件数量呈下降趋势，民事案件占比较大，以林业承包合同纠纷和矿权转让案件居多；刑事案件主要为破坏野生动植物资源犯罪案件和破坏矿产、林木、土地等自然资源犯罪案件；行政案件主要为林权纠纷、环湖治理和生态移民搬迁案件。环境公益诉讼发展较快，在所有案件类型中其年均增长率最高，呈现地域范围逐步扩展、起诉主体日趋多元、公众参与程度不断提升的良好趋势。

七、青藏地区案件特征与趋势

（一）青藏地区环境资源审判案件年度分布情况

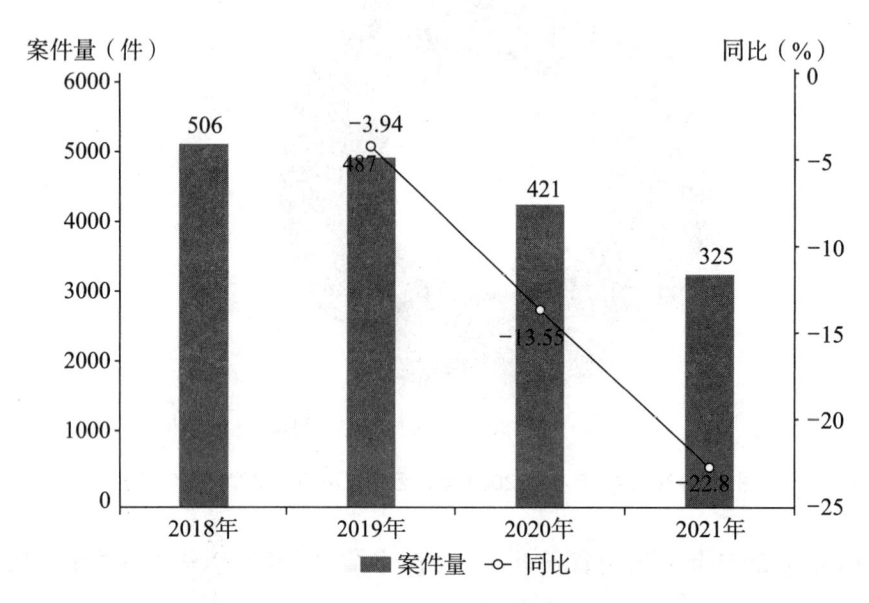

图 2-7-71　2018 年至 2021 年，青藏地区近四年环境资源案件结案时间年度变化趋势图

2018 年至 2021 年，青藏地区各级人民法院审结的一审环境资源案件共计 1739 件。按结案时间来看，2018 年至 2021 年，青海省和西藏自治区各级人民法院审结的环境资源案件数量总体呈下降趋势。其中，2018 年审结 506 件；2019 年审结 487 件，同比下降 3.94%；2020 年审结 421 件，同比下降 13.55%；2021 年审结 325 件，同比下降 22.8%（见图 2-7-71）。与其他地区相比，案件总数量偏少。

这一变化趋势与青海省积极推进环境资源司法审判专门化，加强巡回审判，探索生态修复路径多元化密切相关。2017 年三江源生态法庭设立。2020 年 6 月，青海省高级人民法院又设立青海湖生态法庭、祁连山生态法庭。这标志着青海省环境资源司法审判工作机制进一步完善，对打造环境资源审判的"青海模式"发挥了积极作用。目前青海省各市州均已确定一个基层法院集中管辖环境资源一审案件，未设立环境资源审判庭的法院由专门合议庭审理环境资源类案件，覆盖全省的环境资源案件审判机构网络基本建立。同时，三江源生态法庭自成立以来，先后在隆宝国家级自然保护区和东仲林场设立"环境资源保护服务站"，推行补种复绿、劳务代偿、替代性修复等方式和做法，弥补对环境的损害。接受环境资源案件线索举报、提供专业法律咨询、定期开展形式多样的法治宣传活动，为多元生态修复方式奠定了坚实基础。

通过这一系列公检法协同司法工作，青海省环境资源审判类案件量呈现稳中有降的态势，生态治理呈现出蓬勃向好的持续现象。数据显示，2020年全省草原综合植被盖度达到57.4%，比2015年提高3.82%，草原综合植被盖度保持稳定及趋于好转的草原面积达到87%。

（二）**案件类型分布情况**

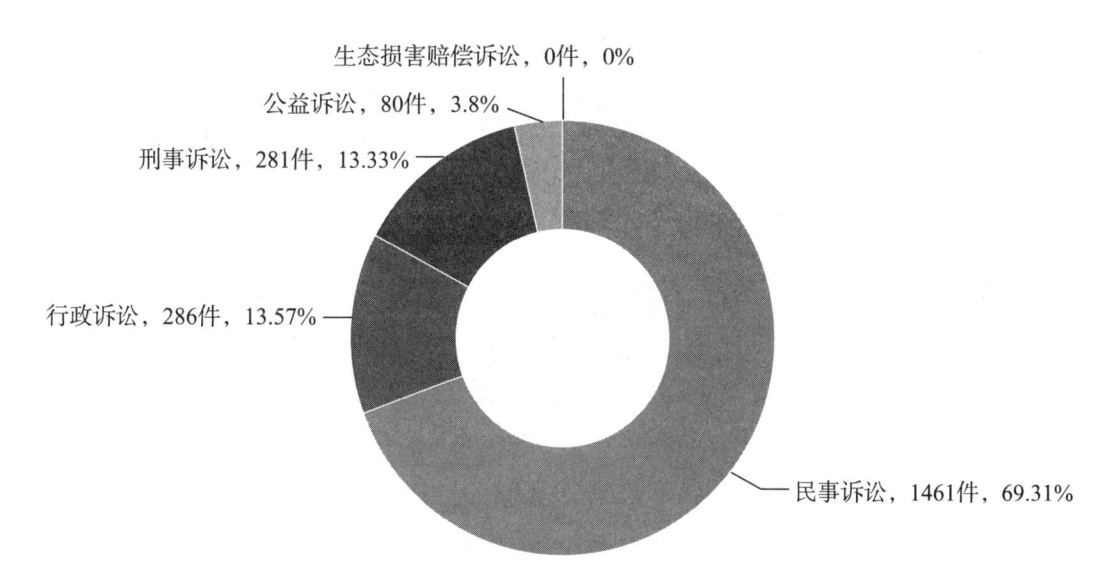

图 2-7-72　2018 年至 2021 年，青藏地区审结的环境资源案件的案件类型分布图

2018年至2021年，青藏地区各级人民法院审结的一审环境资源案件中，从案件类型分布来看：民事案件1461件，占比69.31%；刑事案件281件，占比13.33%；行政案件286件，占比13.57%；公益诉讼案件80件，占比3.8%；生态损害赔偿诉讼案件0件（见图2-7-72）。

其中，从结案时间年度变化趋势来看，案件量年均增长率均为负值，年均增长率最高的为民事（年均增长-9.27%），年均增长率最低的为行政（年均增长-36.41%）。

根据数据分析，青藏地区各级人民法院办理的一审环境资源民事案件数量较多，环境资源刑事案件占比同环境资源行政案件接近。其中根据青海省高级人民法院数据统计，刑事案件的发案明显具有地域特点。青海湖盛产湟鱼，政府虽明令禁止捕杀、捕捞和食用，但非法捕捞水产品罪的犯罪率仍高居不下。同时，由于青海地处地球第三极的青藏高原，是世界高海拔地区生物、物种、基因、遗传多样性最集中的地区，非法猎捕、杀害珍贵、濒危野生动物及非法收购及运输、出售珍贵濒危野生动物、珍贵濒危野生动物制品的犯罪行为频发。①

（三）地域分布情况

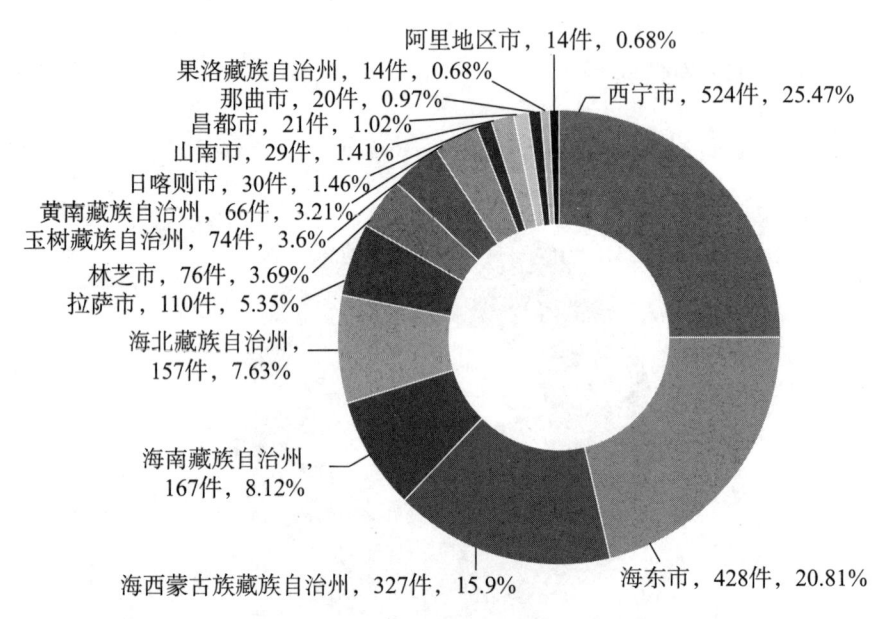

图 2-7-73　2018 年至 2021 年，青藏地区环境资源案件地区分布图

2018 年至 2021 年，青藏地区各级人民法院审结的一审环境资源案件中，从地区分布来看，案件量较大的地区及其占比分别为：西宁市 524 件，占比 25.47%；海东市 428 件，占比 20.81%；海西蒙古族藏族自治州 327 件，占比 15.9%；海南藏族自治州 167 件，占比 8.12%；海北藏族自治州 157 件，占比 7.63%；拉萨市 110 件，占比 5.35%（见图 2-7-73）。其中，从结案时间年度变化趋势来看，案件量年均增长率最高的地区为阿里地区（年均增长 58.74%）；年均增长率最低的为黄南（年均增长 -51.93%）。

---

① 余慧玲：《跨万里管辖的存疑：审理环境资源案件的反思——以青海法院环资案件集中管辖为视角》，载胡云腾主编：《司法体制综合配套改革与刑事审判问题研究——全国法院第 30 届学术讨论会获奖论文集（下）》，人民法院出版社 2019 年版，第 191~200 页。

（四）环境资源审判类型分布情况

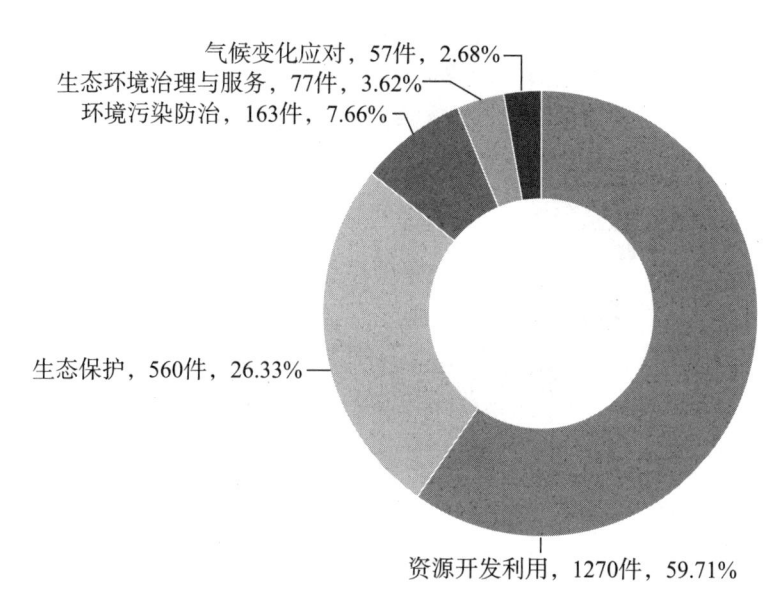

图 2-7-74　2018 年至 2021 年，青藏地区环境资源审判类型分布情况图

2018 年至 2021 年，青藏地区各级人民法院审结的一审环境资源案件中，从环境资源类型分布来看：资源开发利用类案件共 1270 件，占比 59.71%；生态保护类案件共 560 件，占比 26.33%；环境污染防治类案件共 163 件，占比 7.66%；生态环境治理与服务类案件共 77 件，占比 3.62%；气候变化应对类案件共 57 件，占比 2.68%（见图 2-7-74）。

从环境资源审判类型分布图中数据可知，青藏地区环境资源审判类型分布情况地域性明显。青海矿产资源丰富，按矿产种类的区域分，大致有"北部煤，南部有色金属，西部盐类和油气，中部有色金属、贵金属，东部非金属"的特点。省内所及土地幅员辽阔，农用土地面积排名全国前三位，土地资源丰富。基于此，青海省资源开发利用类案件占比大，非法占用农用地犯罪率高。西藏自治区资源开发利用类案件超半数，生态保护类案件次之。西藏自治区土地资源丰富，西藏天然草地面积超过新疆，位居全国第一，是中国主要的牧区之一。同时，还存在各类珍稀野生动物和奇花异草。正是其独特的地域特征，使得该地资源开发利用类案件以及生态保护类案件高发。

（五）环境资源审判重点案由分布情况

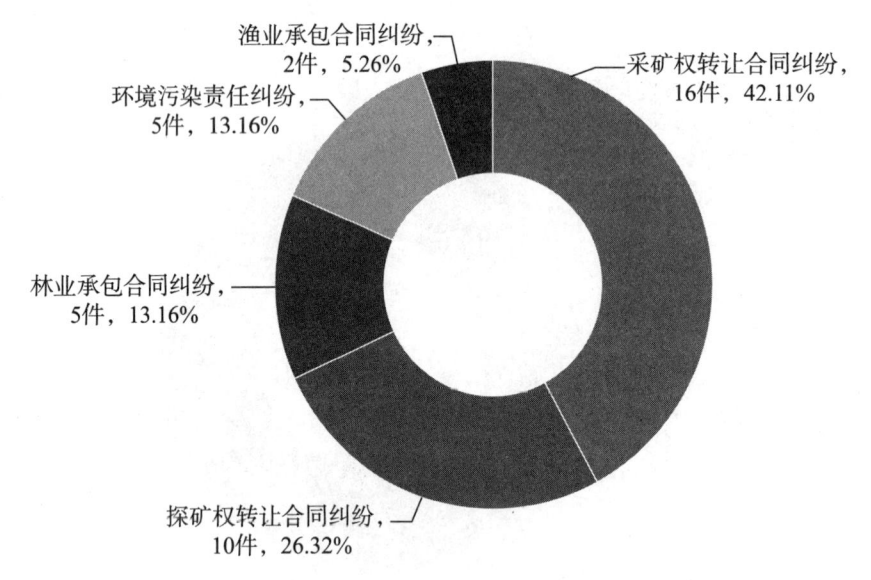

图 2-7-75 2018 年至 2021 年，青藏地区环境资源案件重点案由分布图

2018 年至 2021 年，青藏地区各级人民法院审结的一审环境资源案件中，从重点案由分布来看：采矿权转让合同纠纷共 16 件，占比 42.11%，探矿权转让合同纠纷 10 件，占比 26.32%，林业承包合同纠纷共 5 件，占比 13.16%，环境污染责任纠纷共 5 件，占比 13.16%；渔业承包合同纠纷共 2 件，占比 5.26%（见图 2-7-75）。

（六）法院层级分布情况

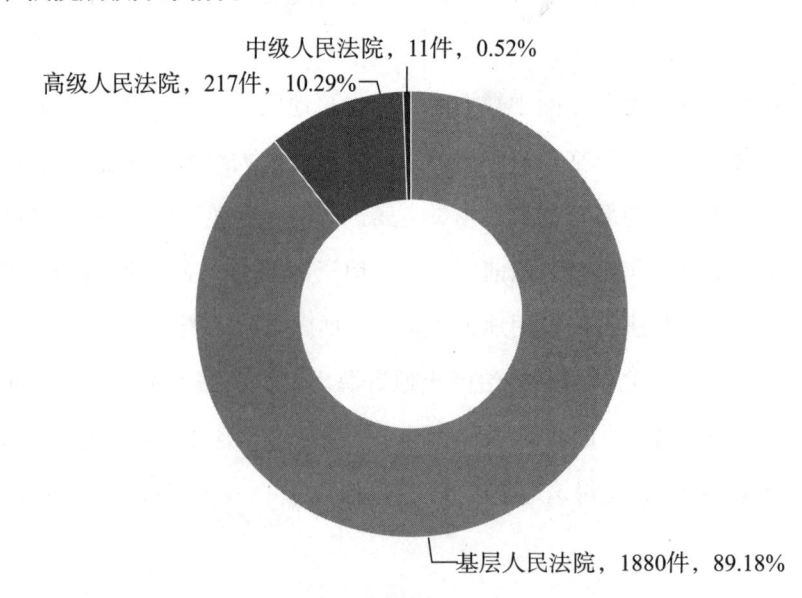

图 2-7-76 2018 年至 2021 年，青藏地区环境资源案件法院层级分布图

2018年至2021年，青藏地区各级人民法院审结的一审环境资源案件中，从法院层级分布来看：基层人民法院1880件，占比89.18%；高级人民法院217件，占比10.29%；中级人民法院11件，占比0.52%。基层人民法院承担了大部分的审判任务（见图2-7-76）。

其中，从结案时间年度变化趋势来看，案件量年均增长率均为负值，最高的为基层法院（年均增长-14.50%）；年均增长率最低的为中级法院（年均增长-44.97%）。

（七）审理程序分析

1. 简易程序适用

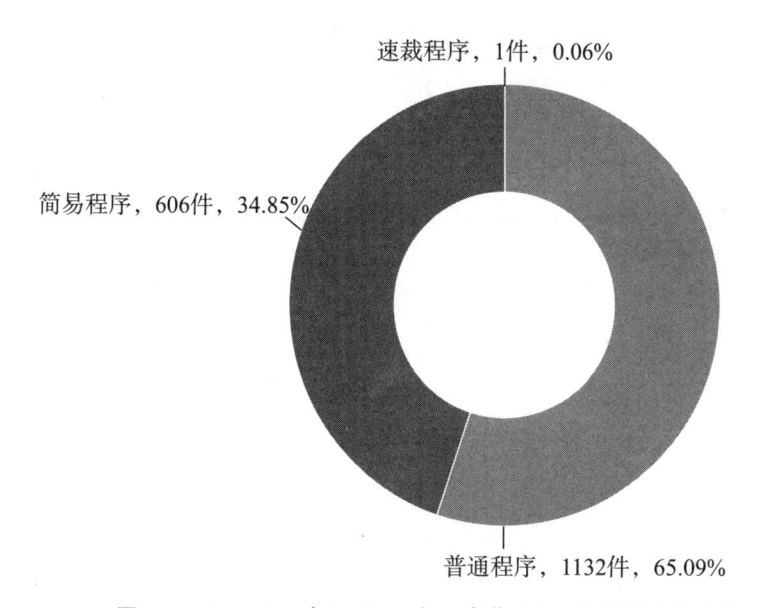

图2-7-77　2018年至2021年，青藏地区环境资源案件审理程序分布图

2018年至2021年，青藏地区各级人民法院审结的一审环境资源案件中，从审理程序分布来看：普通程序1132件，占比65.09%；简易程序606件，占比34.85%；速裁程序1件，占比0.06%（见图2-7-77）。

其中，采用普通程序审结的案件量最大。普通程序往往针对案情较为复杂的案件，环境资源类案件通常存在取证举证难度大、因果关系认定难、审判专业性强等问题，故采用普通程序进行审理更加贴合实际需求。

2. 缺席审理情况

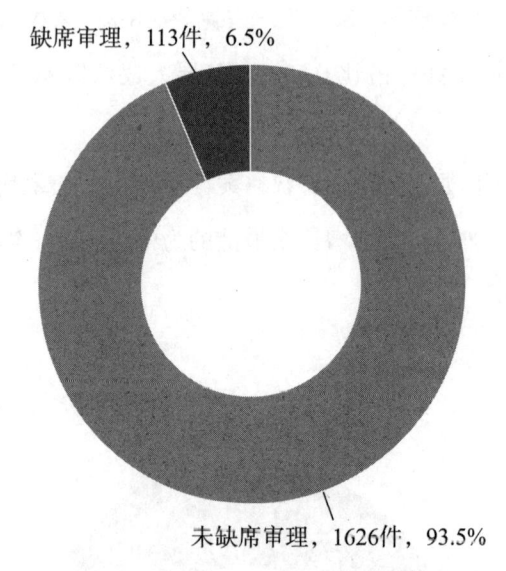

图 2-7-78　2018 年至 2021 年，青藏地区环境资源案件是否缺席审理情况图

2018 年至 2021 年，青藏地区各级人民法院审结的一审环境资源案件中，从是否缺席审理情况来看：未缺席审理 1626 件，占比 93.5%；缺席审理 113 件，占比 6.5%（见图 2-7-78）。

3. 审理周期情况

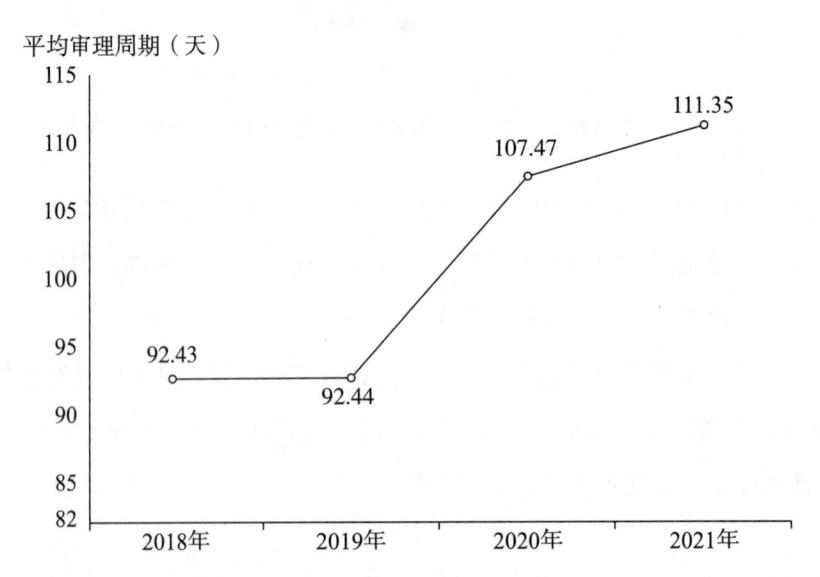

图 2-7-79　2018 年至 2021 年，青藏地区环境资源案件审理周期年度变化趋势图

青藏地区各级人民法院审结的一审环境资源案件中，2018年平均审理周期为92.43天，2019年平均审理周期为92.44天，2020年平均审理周期为107.47天，2021年平均审理周期为111.35天，可见，每年审理周期都在增长，2020年增长率最高（见图2-7-79）。

（八）法律法条引用分析

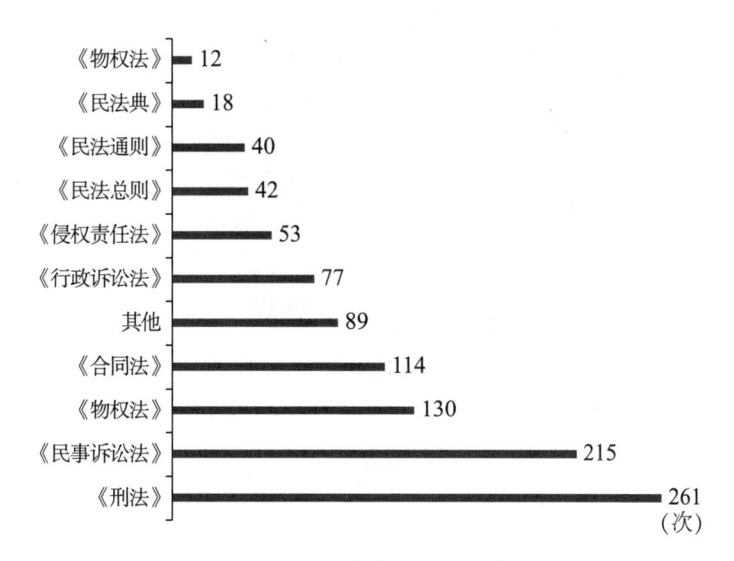

法律	引用次数
《物权法》	12
《民法典》	18
《民法通则》	40
《民法总则》	42
《侵权责任法》	53
《行政诉讼法》	77
其他	89
《合同法》	114
《物权法》	130
《民事诉讼法》	215
《刑法》	261

图2-7-80　2018年至2021年，青藏地区环境资源案件法律引用情况图

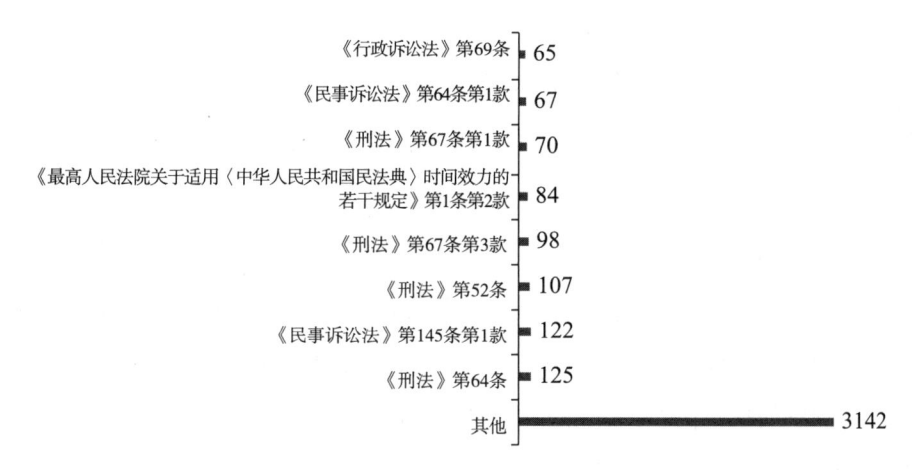

法条	引用次数
《行政诉讼法》第69条	65
《民事诉讼法》第64条第1款	67
《刑法》第67条第1款	70
《最高人民法院关于适用〈中华人民共和国民法典〉时间效力的若干规定》第1条第2款	84
《刑法》第67条第3款	98
《刑法》第52条	107
《民事诉讼法》第145条第1款	122
《刑法》第64条	125
其他	3142

图2-7-81　2018年至2021年，青藏地区环境资源案件法条引用情况图

2018年至2021年，青藏地区人民法院审结的一审环境资源案件中，从法律引用情况来看：引用数量最多的为《刑法》，共计261次；引用次之的为《民事诉讼法》，共计215次；引用第三的为《物权法》，共计130次（见图2-7-80）。从法条引用情况来看，引用数

量最多的法条前三位分别为：《刑法》第 64 条（犯罪物品的处理），125 次；《民事诉讼法》第 145 条第 1 款，122 次；《刑法》第 52 条（罚金数额的裁量），107 次（见图 2-7-81）。

（九）鉴定情况分析

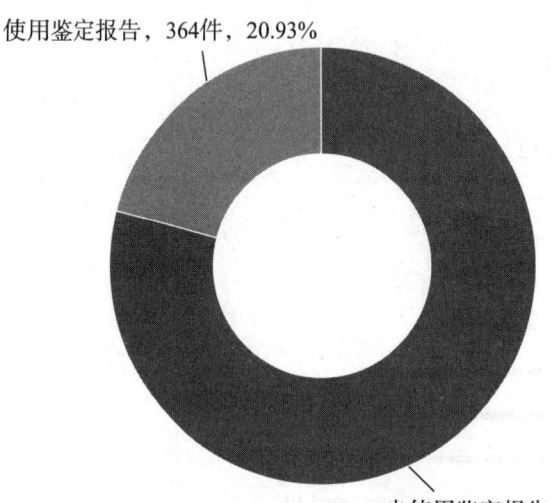

图 2-7-82　2018 年至 2021 年，青藏地区环境资源案件鉴定情况分布图

2018 年至 2021 年，青藏地区各级人民法院审结的一审环境资源案件中，从鉴定情况分布来看：未鉴定 1375 件，占比 79.07%；进行鉴定 364 件，占比 20.93%（见图 2-7-82）。

总体来说，青海省多数案件案情简单，法律关系单一，当事人服诉率较高。西宁地区相比其他地区而言，因为城市发展建设的需要，而在环境资源开采利用方面产生较多纠纷。资源利用及生态保护方面案件数量高。在 2017 年设立三江源生态法庭后，2020 年 6 月，青海省高级人民法院再次设立青海湖生态法庭、祁连山生态法庭，标志着该省环境资源司法审判工作机制的进一步完善，对打造环境资源审判的"青海模式"发挥了积极作用。目前各市州均已确定一个基层法院集中管辖环资一审案件，未设立环境资源审判庭的法院由专门合议庭审理环境资源类案件，覆盖全省的环境资源案件审判机构网络基本建立。及时调整环境资源专门化审判机制，为全面实现刑事、民事、行政案件"三合一"归口审理奠定基础。

八、内蒙古自治区环境资源案件特征与趋势

（一）内蒙古自治区环境资源审判案件年度分布情况

2018年至2021年，内蒙古自治区各级人民法院审结的一审环境资源案件共计19 971件。按结案时间来看，其中，2018年审结6144件；2019年审结5315件，同比下降13.49%；2020年审结4366件，同比下降17.86%；2021年审结4146件，同比下降5.04%。数据显示，内蒙古自治区近四年环境资源审判案件量呈逐年下降趋势（见图2-7-83）。

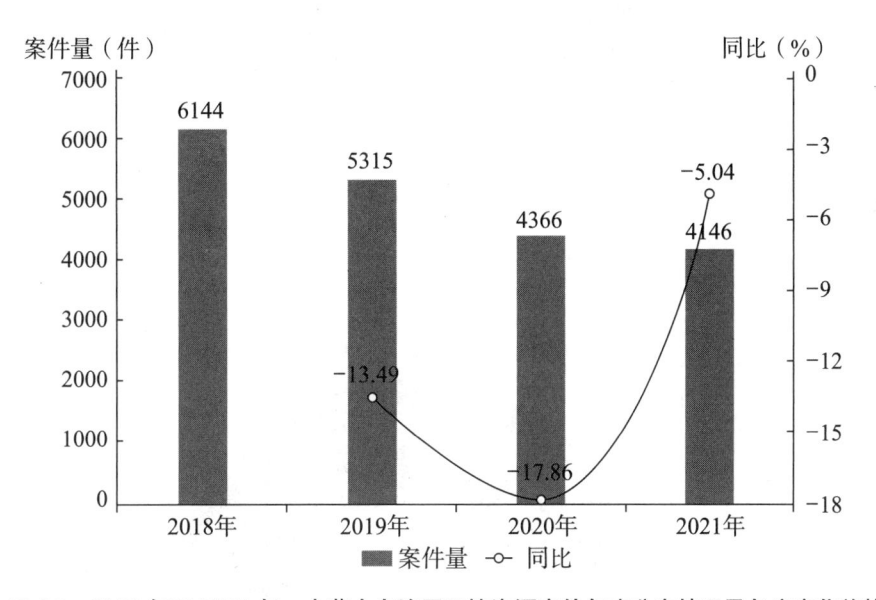

图2-7-83 2018年至2021年，内蒙古自治区环境资源案件年度分布情况及年度变化趋势图

（二）案件类型分布情况

2018年至2021年，内蒙古自治区各级人民法院审结的一审环境资源案件中，从案件类型分布来看：民事诉讼12 129件，占比61.17%；刑事诉讼6722件，占比33.9%；行政诉讼651件，占比3.28%；公益诉讼319件，占比1.61%；生态损害赔偿诉讼7件，占比0.04%（见图2-7-84）。民事的案件量最大。

其中，从结案时间年度变化趋势来看，案件量年均增长率最高的为公益诉讼案件（年均增长32.64%）；年均增长率最低的为生态损害赔偿诉讼案件（年均增长-30.66%）。

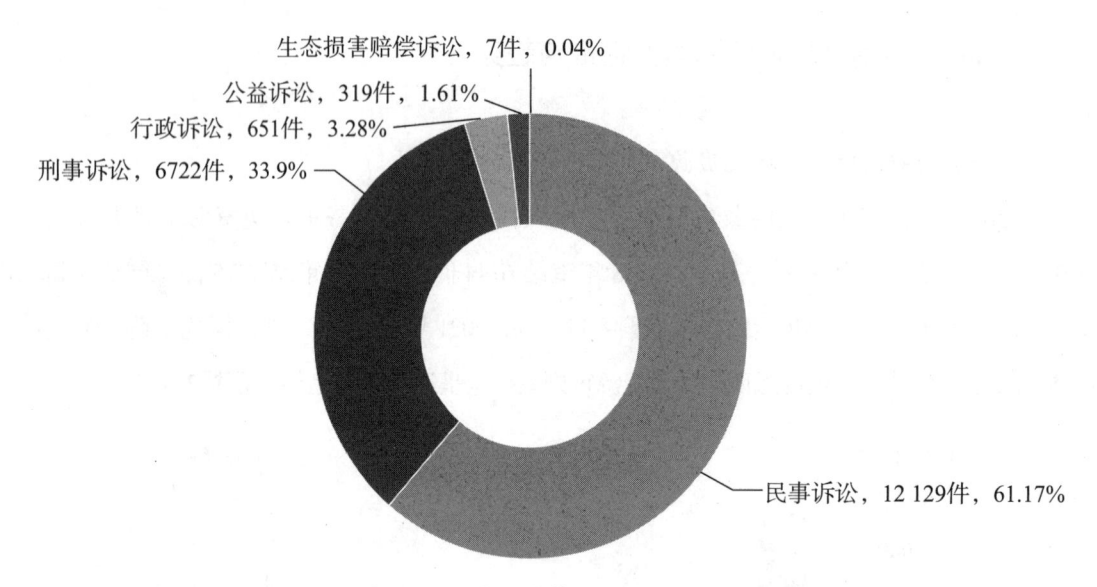

图 2-7-84 2018 年至 2021 年，内蒙古自治区环境资源案件类型分布图

（三）地域分布情况

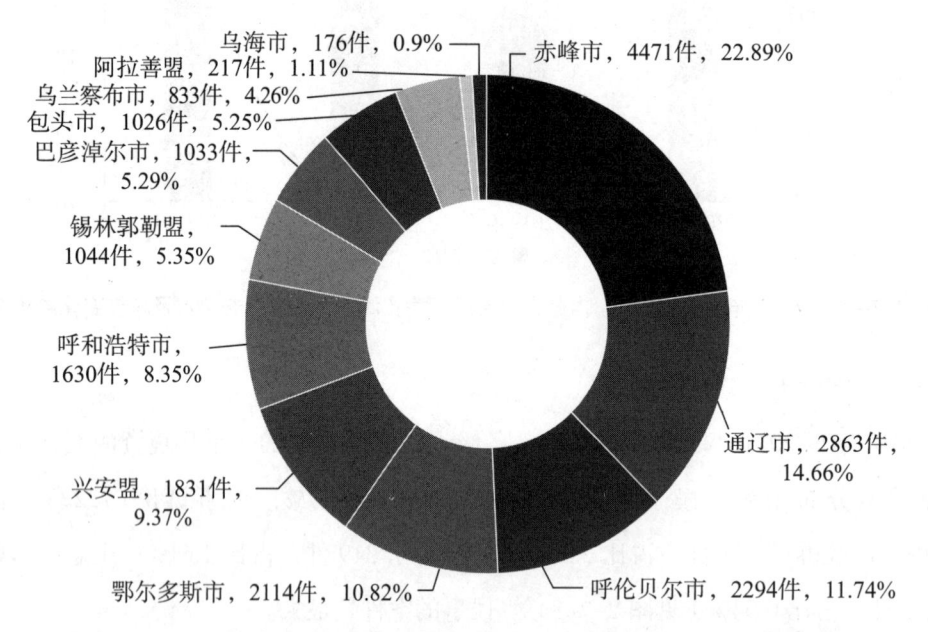

图 2-7-85 2018 年至 2021 年，内蒙古自治区环境资源案件地域分布情况图

2018 年至 2021 年，内蒙古自治区各级人民法院审结的一审环境资源案件中，从地区分布来看，案件量较大的地区及其占比分别为：赤峰市 4471 件，占比 22.89%；通辽市 2863 件，占比 14.66%；呼伦贝尔市 2294 件，占比 11.74%；鄂尔多斯市 2114 件，占比 10.82%（见图 2-7-85）。赤峰市的案件量最大。

根据上图以及内蒙古自治区高级人民法院发布的数据来看，内蒙古地区环境资源案件案发区域分布不均衡，案件类型特性各异。呼和浩特市、包头市、通辽市、赤峰市等中心城市民事案件居多，且多涉及供用水、电、热力合同及噪声污染纠纷；呼伦贝尔市、兴安盟、鄂尔多斯市等草原、森林自然特征明显地区刑事案件居多，且多涉及非法占用农用地、滥伐林木、盗伐林木、非法狩猎、非法采矿等犯罪。中东部地区占全区环境资源案件总数的85%以上，西部地区主要是鄂尔多斯市采矿权、探矿权案件居多，其他盟市案件较少。

其中，从结案时间年度变化趋势来看，案件量年均增长率为正值的仅有阿拉善盟和呼伦贝尔市，分别为4.63%和0.71%。年均增长率最低的为通辽，年均增长 −28.17%。

（四）环境资源审判类型分布情况

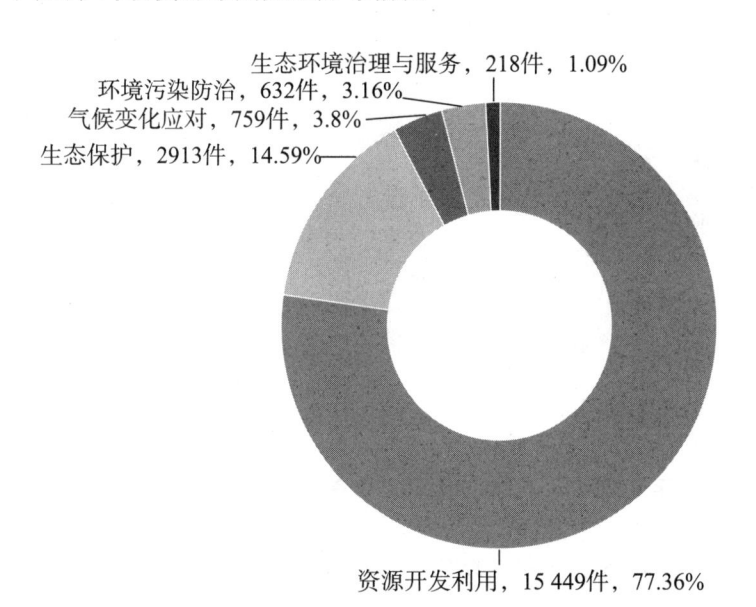

图 2-7-86　2018 年至 2021 年，内蒙古自治区环境资源案件类型分布图

2018年至2021年，内蒙古自治区各级人民法院审结的一审环境资源案件中，从环境资源类型分布来看：资源开发利用类案件共计 15 449 件，占比 77.36%；生态保护类案件共 2913 件，占比 14.59%；气候变化应对类案件共 759 件，占比 3.8%；环境污染防治类案件共 632 件，占比 3.16%；生态环境治理与服务类案件共 218 件，占比 1.09%（见图 2-7-86）。

数据显示，资源开发利用类案件是内蒙古地区环境资源案件最大组成部分，占比接近 80%。这与内蒙古地区的地域特性息息相关，其境内流域面积宽广，更有中国第二大河黄河穿过。森林面积居全国第一位，矿产资源丰富，遍及各类珍稀动植物。近年来，随着经济的发展，生态环境也持续恶化，环境承载能力日渐不足，环保问题严峻，非法占用农用地、非法排污、非法捕捞、狩猎、重大环境污染事故等违法犯罪行为数量高居不下。

从结案时间年度变化趋势来看，案件量年均增长率最高的为环境污染防治，年均增长率为 33.6%，年均增长率最低的为气候变化应对，年均增长 –32.92%。

（五）环境资源审判重点案由分布情况

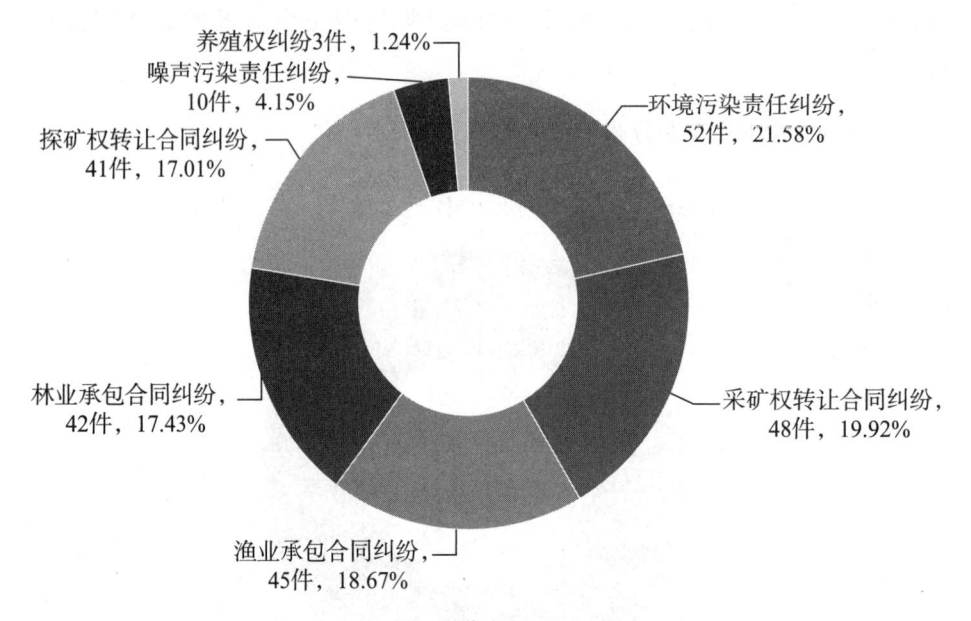

图 2-7-87　2018 年至 2021 年，内蒙古自治区环境资源案件重点案由分布图

2018 年至 2021 年，内蒙古各级人民法院审结的一审环境资源案件中，从重点案由分布来看，环境污染责任纠纷共 52 件，占比 21.58%；采矿权转让合同纠纷共 48 件，占比 19.92%；渔业承包合同纠纷共 45 件，占比 18.67%；林业承包合同纠纷共 42 件，占比 17.43%；探矿权转让合同纠纷 41 件，占比 17.01%；噪声污染责任纠纷 10 件，占比 4.15%；养殖权纠纷 3 件，占比 1.24%（见图 2-7-87）。其中，从结案时间年度变化趋势来看，年均增长率最高的为探矿权转让合同纠纷，年均增长率为 37.51%（噪声污染责任纠纷基数小，故无法作参考），年均增长率最低的为采矿权转让合同纠纷，年均增长率为 –28.31%。

（六）法院层级分布情况

2018年至2021年，内蒙古自治区各级人民法院审结的一审环境资源案件中，从法院层级分布来看：基层人民法院19 264件，占比97.19%；中级人民法院545件，占比2.75%；高级人民法院12件，占比0.06%（见图2-7-88）。

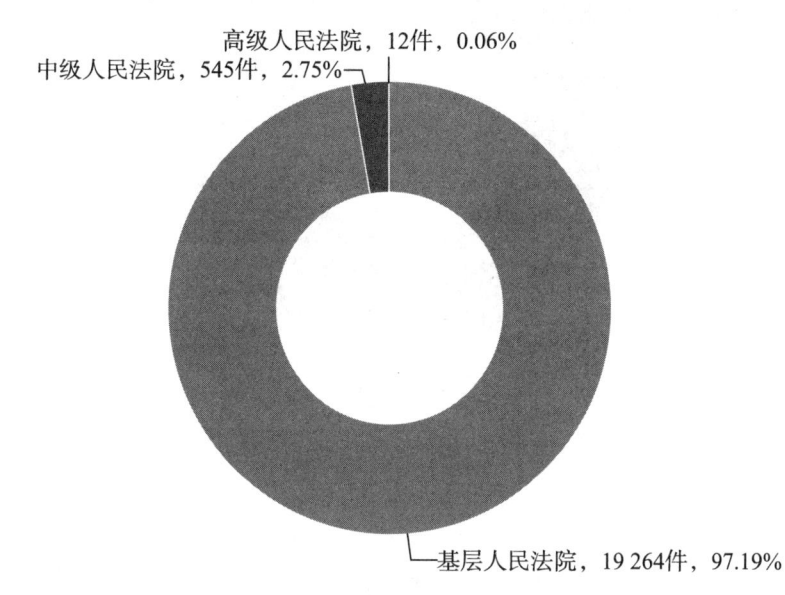

图2-7-88　2018年至2021年，内蒙古自治区环境资源案件审理法院层级分布图

其中，从结案时间年度变化趋势来看，案件量年均增长率最高的为中级法院（年均增长-0.82%）；年均增长率最低的为高级法院（年均增长-26.32%）。

（七）审理程序分析

1.简易程序适用情况

2018年至2021年，内蒙古自治区各级人民法院审结的一审环境资源案件中，从审理程序分布来看：普通程序10 886件，占比54.51%；简易程序8978件，占比44.96%；速裁程序107件，占比0.54%（见图2-7-89）。

通过以上数据，可以发现内蒙古自治区各级人民法院对受理的环境资源案件适用普通程序进行审理与适用简易程序进行审理的占比差距不大。一般案件若采用普通程序进行审理，往往是由于案件较为复杂，需要一定的时间用于厘清事实与阐释法律适用。环境资源类案件的审理存在取证举证难度大、因果关系认定难、鉴定难、审判专业性强等问题，故而通常采用普通程序更贴合实际需求。但对于某些认定案件事实和适用法律法规较为简单的案件积极采用简易程序可以节省时间、提高审判效率。

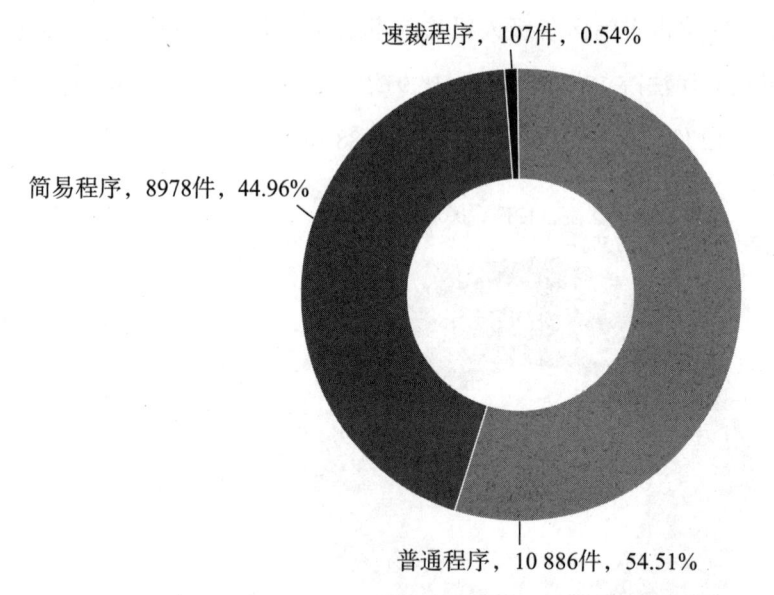

图 2-7-89　2018 年至 2021 年，内蒙古自治区环境资源案件审理程序分布图

2. 缺席审理适用情况

2018 年至 2021 年，内蒙古自治区各级人民法院审结的一审环境资源案件中，从是否缺席审理情况来看：未缺席审理 18 169 件，占比 90.98%；缺席审理 1802 件，占比 9.02%（见图 2-7-90）。

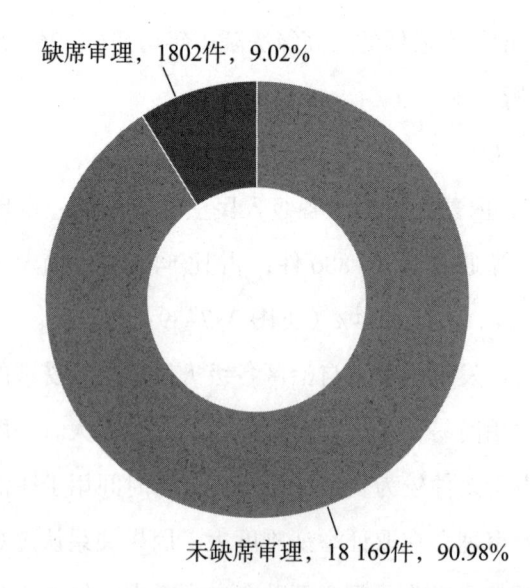

图 2-7-90　2018 年至 2021 年，内蒙古自治区环境资源案件是否缺席审理情况图

缺席审理的情况占比极低，表明环境资源案件各方当事人积极应诉，积极配合法院审理查明事实。在原被告双方均配合出庭进行审理的情况下，有利于对诉讼双方的诉权进行充分保障，同时有利于案件事实的查明与争议焦点的明晰，充分发挥司法程序的作用。

3. 审理周期情况

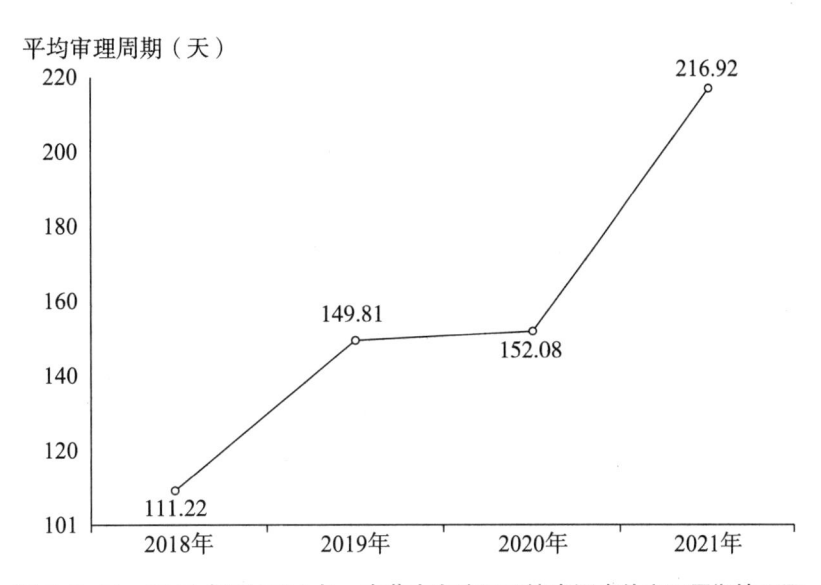

图 2-7-91　2018 年至 2021 年，内蒙古自治区环境资源案件审理周期情况图

内蒙古自治区各级人民法院审结的一审环境资源案件中，2018 年平均审理周期为 111.22 天，2019 年平均审理周期为 149.81 天，2020 年平均审理周期为 152.08 天，2021 年平均审理周期为 216.92 天，可见，每年审理周期都在增长，2020 年增长率最高（见图 2-7-91）。

（八）法律法条引用分析

2018 年至 2021 年，内蒙古自治区人民法院审结的一审环境资源案件中，从法律引用情况来看：引用数量最多的为《刑法》，共计 5938 次；引用次之的为《民事诉讼法》，共计 1613 次；引用第三的为《合同法》，共计 961 次（见图 2-7-92）。从法条引用情况来看，引用数量最多的法条前十几位均为《刑法》，前三位分别为：《刑法》第 342 条（非法占用农用地罪），4271 次；第 67 条第 3 款（自首），2773 次；第 52 条（罚金数额的裁量），2485 次（见图 2-7-93）。

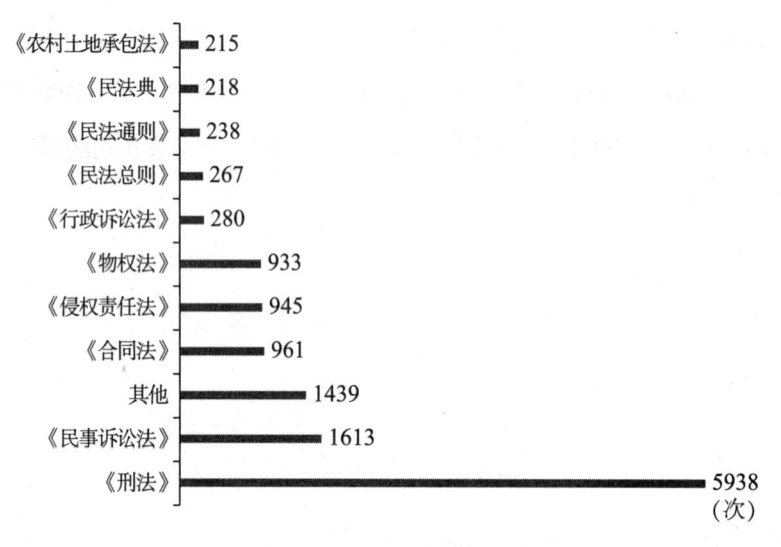

法律	引用次数
《农村土地承包法》	215
《民法典》	218
《民法通则》	238
《民法总则》	267
《行政诉讼法》	280
《物权法》	933
《侵权责任法》	945
《合同法》	961
其他	1439
《民事诉讼法》	1613
《刑法》	5938

(次)

图 2-7-92 2018 年至 2021 年，内蒙古自治区环境资源案件法律引用情况图

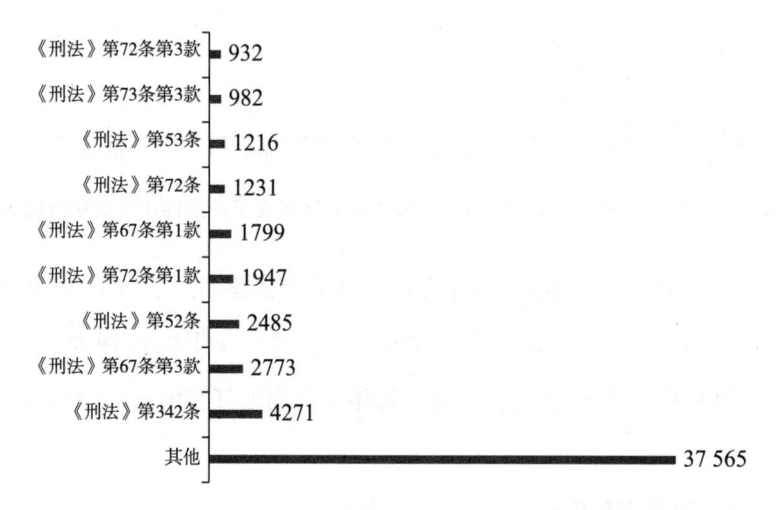

法条	引用次数
《刑法》第72条第3款	932
《刑法》第73条第3款	982
《刑法》第53条	1216
《刑法》第72条	1231
《刑法》第67条第1款	1799
《刑法》第72条第1款	1947
《刑法》第52条	2485
《刑法》第67条第3款	2773
《刑法》第342条	4271
其他	37 565

图 2-7-93 2018 年至 2021 年，内蒙古自治区环境资源案件法条引用情况图

（九）鉴定情况分析

2018 年至 2021 年，内蒙古自治区各级人民法院审结的一审环境资源案件中，从鉴定情况分布来看：未鉴定案件 14 831 件，占比 74.26%；进行鉴定案件 5140 件，占比 25.74%（见图 2-7-94）。

使用鉴定报告，5140件，25.74%

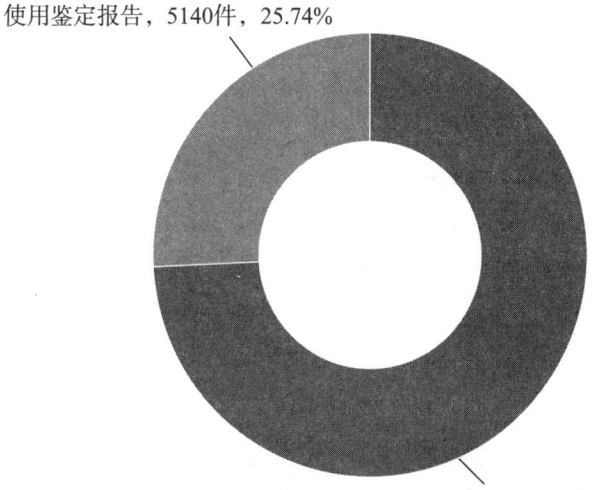

未使用鉴定报告，14 831件，74.26%

图 2-7-94　2018 年至 2021 年，内蒙古自治区环境资源案件鉴定情况图

环境资源案件审理中最关键的问题是事实认定、因果关系认定及以及损害程度和损失金额的认定，故环境资源案件的审理对专业鉴定有非常强烈的客观需求。但是从实际的数据统计来看，未鉴定的案件反而占绝大多数，此种现象的出现可能源于如下原因：一是从鉴定的必要性分析，针对那些事实认定简单、致害损失情形明确的案件，本身即不存在鉴定需求；或者对于某些证据遗失、难以留存的案件，鉴定无法进行或意义不大。二是从鉴定开展的难度分析，专业的鉴定机构少且因技术性专业性强的原因而收费昂贵，而原告一般是个人或企业，因所能提供的资金不足，需承担的诉讼成本风险过高而放弃鉴定。

2018 年至 2021 年，内蒙古自治区法院共审结各类一审环境资源案件约 2 万件，为生态文明建设与绿色发展贡献司法智慧和力量。一改以往"庭多案少，等米下锅"的现象，说明依法推进环境资源专门审判机构建设，加强环境资源审判工作，坚定贯彻落实党中央加强生态文明建设这项重大决策取得了显著成效。要继续发扬和不断改进，要加强环境公益诉讼审判工作，引导社会公众有序参与生态环境保护，构建生态环境损害赔偿诉讼与环境公益诉讼的衔接机制，提升对国家利益和社会公共利益的司法保障水平。要贯彻绿色发展理念，服务自治区高质量发展新路子，积极助力污染防治攻坚战。维护食品安全和生活环境安全，保障人民群众宁静生活权益和优美生活环境。重点推进"一湖两海"、黄河流域重点流域区域治理。要不断完善环境资源审判体制机制建设，实行环境资源刑事、民事、行政案件"三合一"审判归口审理，提高环境资源案件审判质效。

九、吉林省环境资源案件特征与趋势

（一）吉林省环境资源审判案件年度分布情况

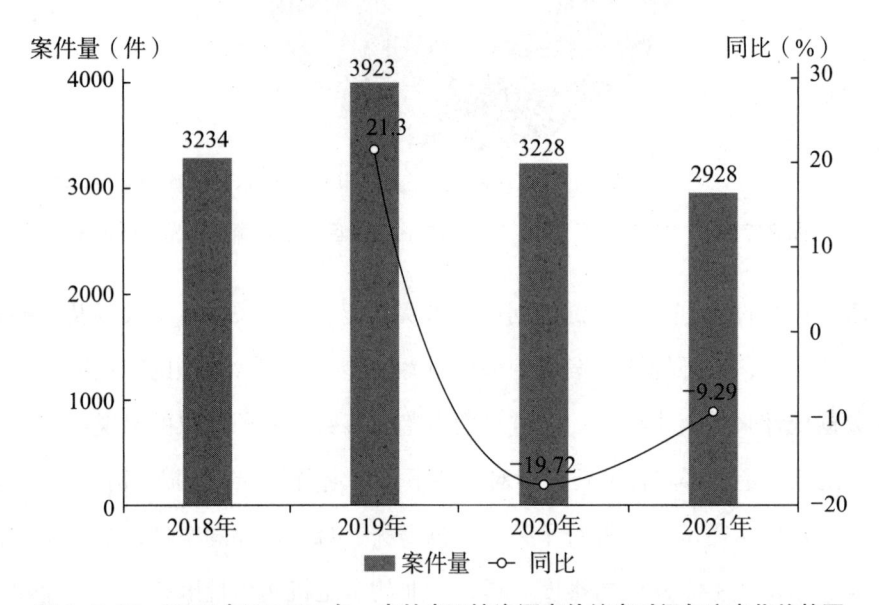

图 2-7-95　2018 年至 2021 年，吉林省环境资源案件结案时间年度变化趋势图

吉林省各级人民法院审结的一审环境资源案件共计 13 313 件。按结案时间来看，其中，2018 年审结 3234 件；2019 年审结 3923 件，同比上升 21.3%；2020 年审结 3228 件，同比下降 17.72%；2021 年审结 2928 件，同比下降 9.29%。自 2018 年至 2021 年，先是在 2018 年到 2019 年间出现轻微上升，而后则呈现稳定下降趋势（见图 2-7-95）。

（二）案件类型分布情况

2018 年至 2021 年，吉林省各级人民法院审结的一审环境资源案件中，从案件类型分布来看：民事案件 7769 件，占比 58.78%；刑事案件 4663 件，占比 35.28%；行政案件 453 件，占比 3.43%；公益诉讼案件 332 件，占比 2.51%；生态损害赔偿诉讼案件 0 件（见图 2-7-96）。

第二章 环境资源审判案件特征与趋势大数据分析

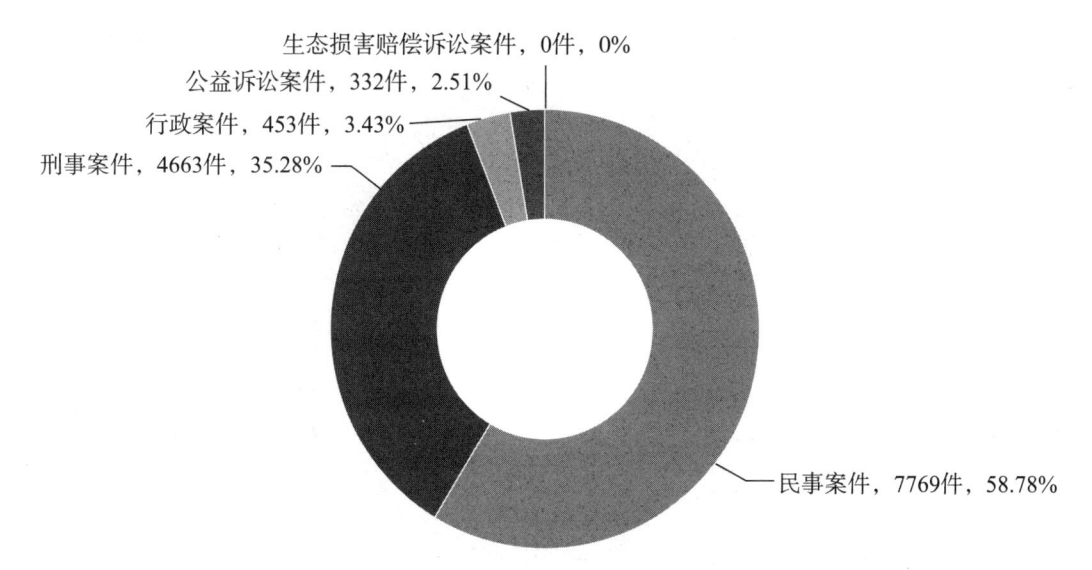

图 2-7-96 2018 年至 2021 年，吉林省环境资源案件的案件类型分布图

数据显示，环境资源民事案件数量在吉林省各级人民法院办理的相关案件数量中占据首位，同时参考吉林省高级人民法院数据可知，其中多数是涉土地纠纷民事案件和环境污染责任纠纷案件。刑事案件数量次之，其中又以非法占用农用地罪、盗伐林木罪、非法狩猎罪以及非法采伐、毁坏国家重点保护植物罪居多。这与吉林省以山地、平原地形为主，动植物资源丰富的地域特性息息相关。

其中，从结案时间年度变化趋势来看，案件量年均增长率最高的为行政（年均增长 14.65%）；年均增长率最低的为刑事（年均增长 -10.19%）。

（三）地域分布情况

吉林省近四年环境资源审判案件的地域分布情况详情如下：

2018 年至 2021 年，吉林省各级人民法院审结的一审环境资源案件中，从地区分布来看，案件量较大的地区及其占比分别为：延边朝鲜族自治州 2678 件，占比 20.28%；长春市 2499 件，占比 18.93%；吉林市 1908 件，占比 14.45%；白城市 1450 件，占比 10.98%；松原市 1400 件，占比 10.6%；四平市 1186 件，占比 8.98%；通化市 1100 件，占比 8.33%；白山市 710 件，占比 5.38%；辽通市 271 件，占比 2.05%（见图 2-7-97）。

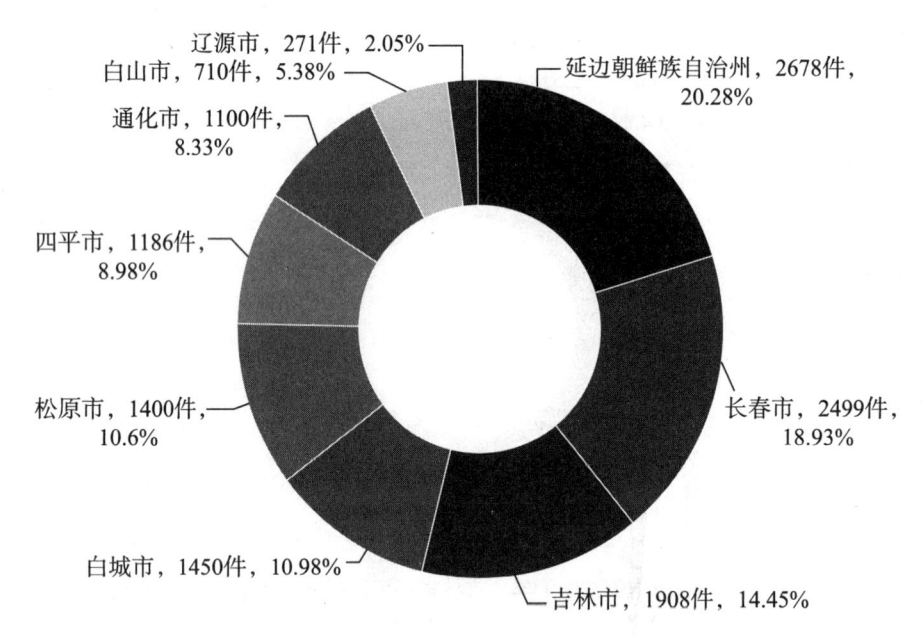

图 2-7-97　2018 年至 2021 年，吉林省环境资源案件地区分布图

其中，从结案时间年度变化趋势来看，案件量年均增长率最高的地区为白城市（年均增长 15.63%），其次为长春市（年均增长 10.62%）；年均增长率最低的为吉林市（年均增长 -17.96%）、其次为四平市（年均增长 -10.06%）。

（四）环境资源审判类型分布情况

2018 年至 2021 年，吉林省各级人民法院审结的一审环境资源案件中，从环境资源类型分布来看：资源开发利用类案件共计 8464 件，占比 63.58%；生态保护类案件共 2662 件，占比 20%；气候变化应对类案件共 1435 件，占比 10.78%；环境污染防治类案件共 666 件，占比 5%；生态环境治理与服务类案件共 86 件，占比 0.65%（见图 2-7-98）。

吉林省环境资源案件多为资源开发利用类案件，其中又以涉土地纠纷和犯罪、涉林木、植物纠纷和犯罪为主。其中，从结案时间年度变化趋势来看，案件量年均增长率最高的为生态环境治理与服务（年均增长 15.31%），其次为环境污染防治（年均增长 15.21%）；年均增长率最低的为气候变化应对（年均增长 -17.82%）。

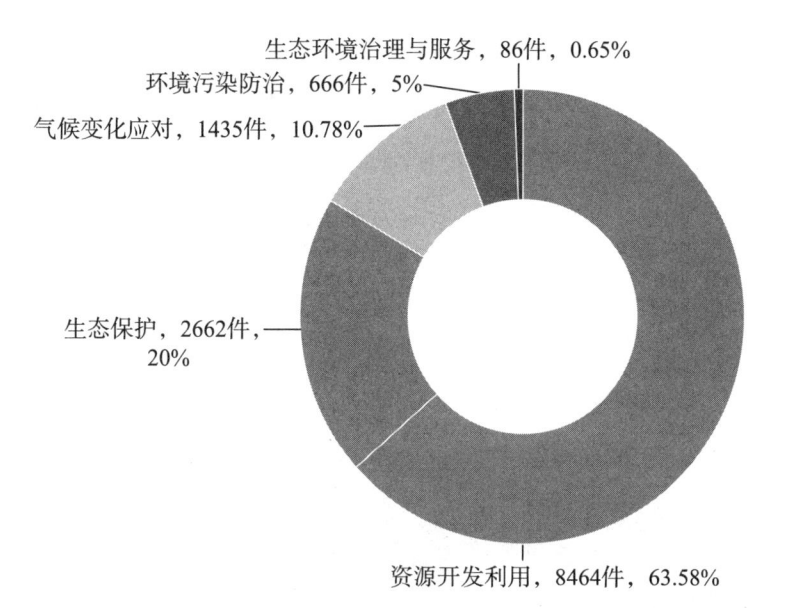

图 2-7-98 2018年至2021年，吉林省环境资源案件类型分布图

（五）环境资源审判重点案由分布情况

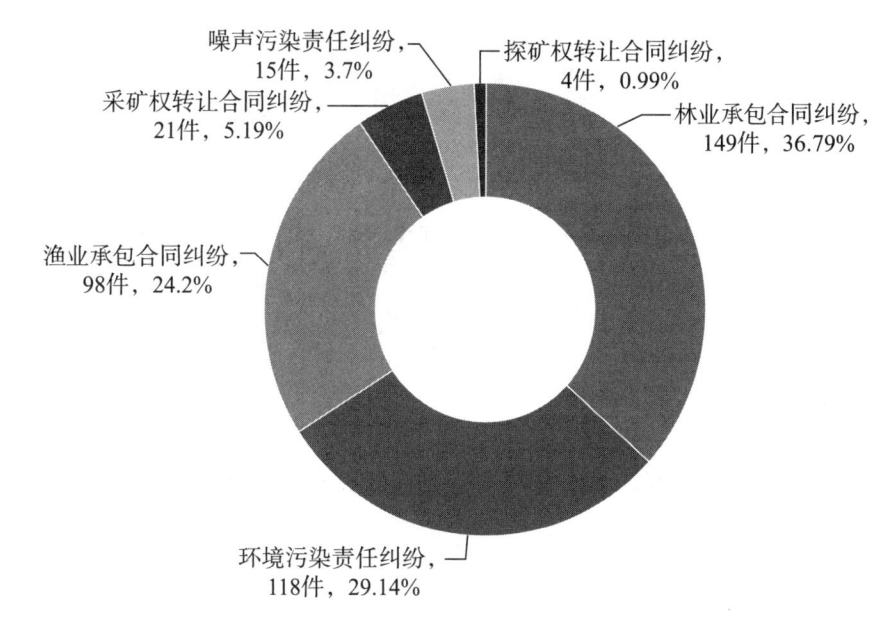

图 2-7-99 2018年至2021年，吉林省环境资源案件重点案由分布图

2018年至2021年，吉林省各级人民法院审结的一审环境资源案件中，从重点案由分布来看：林业承包合同纠纷共149件，占比36.79%；环境污染责任纠纷共118件，占比29.14%；渔业承包合同纠纷共98件，占比24.2%；采矿权转让合同纠纷共

311

21件，占比5.19%；噪声污染责任纠纷15件，占比3.7%；探矿权转让合同纠纷4件，占比0.99%（见图2-7-99）。其中，从结案时间年度变化趋势来看，年均增长率最高的为采矿权转让合同纠纷，年均增长率为44.22%（噪声污染责任纠纷和探矿权转让合同纠纷基数太小不计入考量）。年均增长率最低的为环境污染责任纠纷，年均增长率为 −20.63%。

（六）法院层级分布情况

高级人民法院，3件，0.02%
中级人民法院，372件，2.81%
基层人民法院，12 842件，97.16%

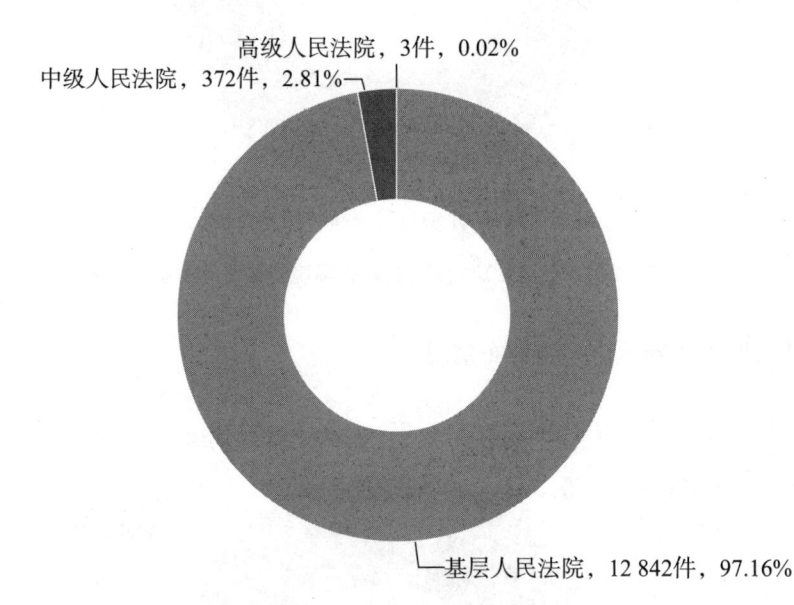

图2-7-100　2018年至2021年，吉林省环境资源案件法院层级分布图

2018年至2021年，吉林省各级人民法院审结的一审环境资源案件中，从法院层级分布来看：基层人民法院12 842件，占比97.16%；中级人民法院372件，占比2.81%；高级人民法院3件，占比0.02%（见图2-7-100）。

其中，从结案时间年度变化趋势来看，案件量年均增长率最高的为中级法院（年均增长18.17%）；年均增长率最低的为高级法院（年均增长 −100%，基数小）。

（七）审理程序分析

1. 简易程序适用情况

2018年至2021年，吉林省各级人民法院审结的环境资源案件中，从审理程序分布来看：简易程序6481件，占比48.68%；普通程序6134件，占比46.08%；速裁程序698件，占比5.24%（见图2-7-101）。

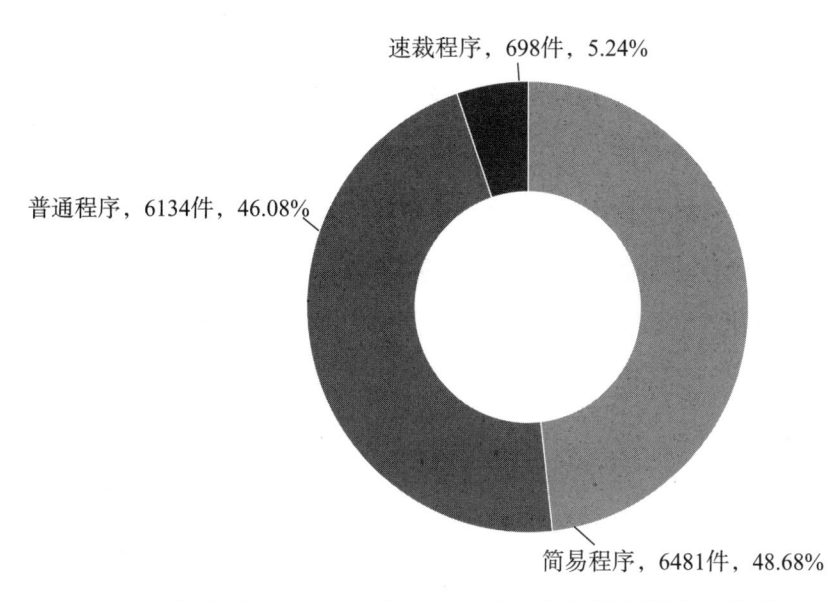

图 2-7-101　2018 年至 2021 年，吉林省环境资源案件审理程序分布图

吉林省各级人民法院适用简易程序或适用普通程序审理环境资源案件的数量占比相近，普通程序和简易程序各有特点，具有针对性，前者适合于事实认定复杂、法律适用困难的案情，后者则适用于简单案件，可以大幅节省时间、提高审判效率。实践中，各级法院应有的放矢，针对不同情况灵活应用。

2. 缺席审理适用情况

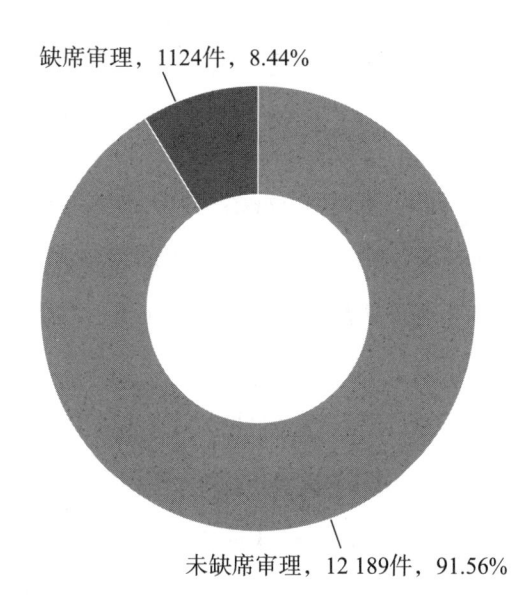

图 2-7-102　2018 年至 2021 年，吉林省环境资源案件是否缺席审理情况图

2018年至2021年，吉林省各级人民法院审结的一审环境资源案件中，从是否缺席审理情况来看：未缺席审理12 189件，占比91.56%；缺席审理1124件，占比8.44%（见图2-7-102）。

缺席审理的情况占比极低，这意味着环境资源案件各方主体积极应诉配合法院审理查明事实。在原、被告双方均配合出庭进行审理的情况下，有利于对诉讼双方的诉权进行充分保障，同时有利于案件事实的查明与争议焦点的明晰，充分发挥司法程序的作用。

3. 审理周期情况

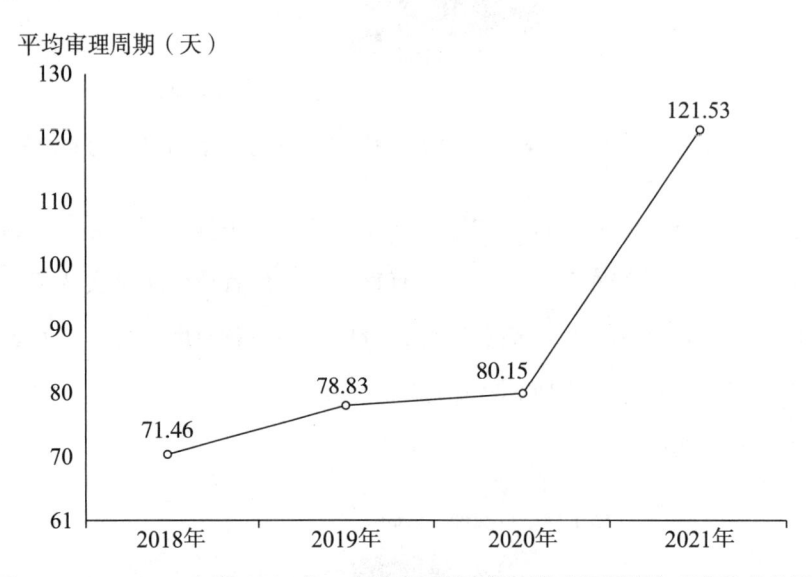

图2-7-103 2018年至2021年，吉林省环境资源案件审理周期年度变化趋势图

吉林省各级人民法院审结的一审环境资源案件中，2018年平均审理周期为71.46天，2019年平均审理周期为78.83天，2020年平均审理周期为80.15天，2021年平均审理周期为121.53天，可见，每年审理周期都在增长，2020年增长率最高（见图2-7-103）。

（八）法律法条引用分析

吉林省人民法院审结的一审环境资源案件中，从法律引用情况来看：引用数量最多的为《刑法》，共计3789次；引用次之的为《民事诉讼法》，共计1328次；引用第三的为《物权法》，共计762次（见图2-7-104）。从法条引用情况来看，引用数量最多的法条前几位均为《刑法》，前三位分别为：《刑法》第52条（罚金数额的裁量），2487次；第53条（罚金的缴纳、减免），2411次；第64条（犯罪物品的处理），1594

次（见图2-7-105）。

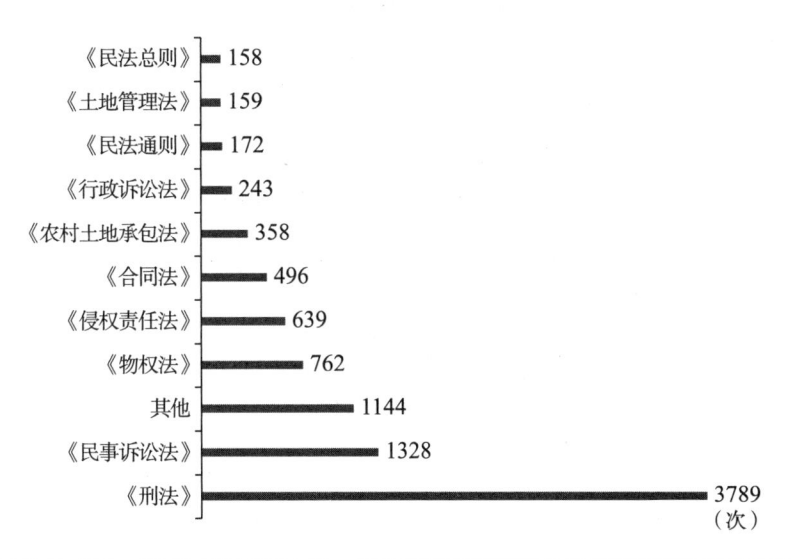

```
《民法总则》      158
《土地管理法》    159
《民法通则》      172
《行政诉讼法》    243
《农村土地承包法》 358
《合同法》        496
《侵权责任法》    639
《物权法》        762
其他             1144
《民事诉讼法》    1328
《刑法》          3789
                          （次）
```

图2-7-104 2018年至2021年，吉林省环境资源案件法律被引用次数分布图

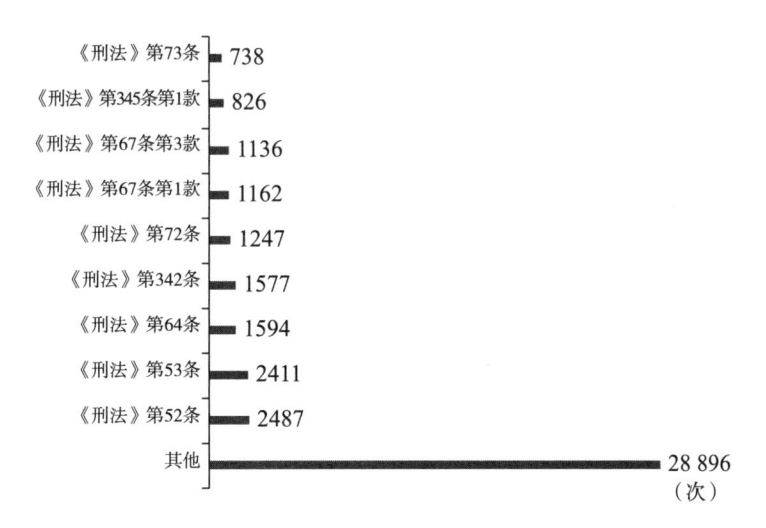

```
《刑法》第73条      738
《刑法》第345条第1款 826
《刑法》第67条第3款 1136
《刑法》第67条第1款 1162
《刑法》第72条     1247
《刑法》第342条    1577
《刑法》第64条     1594
《刑法》第53条     2411
《刑法》第52条     2487
其他              28896
                          （次）
```

图2-7-105 2018年至2021年，吉林省环境资源案件法条被引用次数分布图

（九）鉴定情况分析

吉林省各级人民法院审结的一审环境资源案件中，从鉴定情况分布来看：未鉴定9245件，占比69.44%；进行鉴定4068件，占比30.56%（见图2-7-106）。

使用鉴定报告，4068件，30.56%

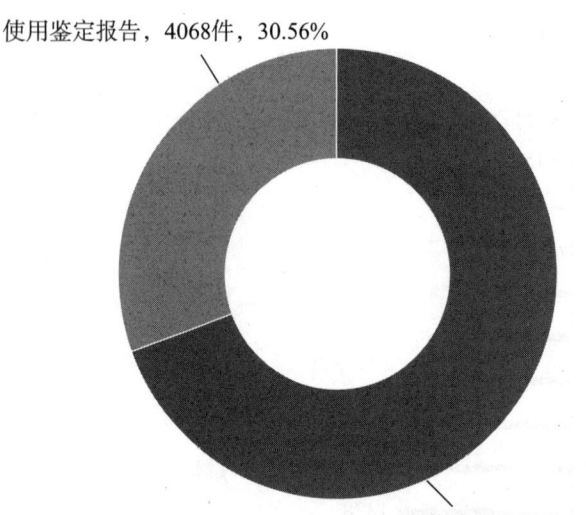

未使用鉴定报告，9245件，69.44%

图 2-7-106　2018 年至 2021 年，吉林省环境资源案件鉴定情况分布图

"生态文明建设是关系中华民族永续发展的根本大计"，吉林法院环境资源审判专门化发展的时间虽然仅短短数年，但已形成以吉林省高级人民法院环境资源审判庭为主导的、以中院环境资源审判庭为特色的吉林环境资源专业化审判模式；实行以吉林高院环境资源审判庭民事审判为纽带，与环境资源刑事审判、行政审判相互呼应、协调沟通的环境资源审判"三合一"审判机制。

根据吉林省近四年环境资源审判案件类型数据以及吉林省高级人民法院相关数据可看出，环境资源刑事犯罪案件占据吉林省环资案件的半壁江山，对此应提高关注度。应对环境资源刑事案件，各级法院应充分发挥审判职能，运用法律的武器严密有力地保护生态环境。对待污染环境、破坏生态的犯罪行为不应姑息，而要加大惩治力度。环境资源民事案件方面，土地类型纠纷频发，是环境资源民事案件的大头。全省各级人民法院应坚持损害担责、全面赔偿原则，妥善办理环境污染民事案件，促进土地资源的有效利用，保护已是珍贵而稀少的土地资源。

第三章

环境资源审判制度运行实证研究——问题与思考

第一节 环境资源审判机构建设

一、环境资源审判机构建设与改革历程[①]

与固有的对环境资源审判起步晚的印象不同,事实上,人民法院的环境资源审判专门化起步较早,并与经济社会在不同时期的发展阶段与发展需要息息相关,深深刻上时代发展的烙印,同时体现出不同发展阶段人与生态平衡与时俱进的特点。

(一)改革开放后的初步探索

中华人民共和国成立以来,特别是改革开放以后,围绕资源开发利用及环境保护的需要,人民法院陆续在一些地区设立了森林法院、油田法院、矿区法院、海事法院等专门法院,在部分地方法院内部设立了林业审判庭等专门审判机构,集中审理涉及森林资源、矿产资源、海洋环境污染等单一类型的环境或者资源案件,开始了环境资源审判专门化的地方实践。1980年,林业部等部门联合下发《关于在重点林区建立与健全林业公安、检察、法院组织机构的通知》,要求建立健全林业法院、检察院、公安局等机构。甘肃、黑龙江、吉林、福建、湖南、四川等省陆续设立了森林法院或者林业审判庭。截至1988年,福建省三级法院共成立林业审判庭54个,集中审理涉及林业、野生动植物资源保护的刑事、民事和行政案件。此外,山东、辽宁、青海等地在

[①] 本部分的梳理重点参考了最高人民法院编:《中国环境资源审判白皮书》(2017)(2018)(2019)(2020)的相关内容及数据。

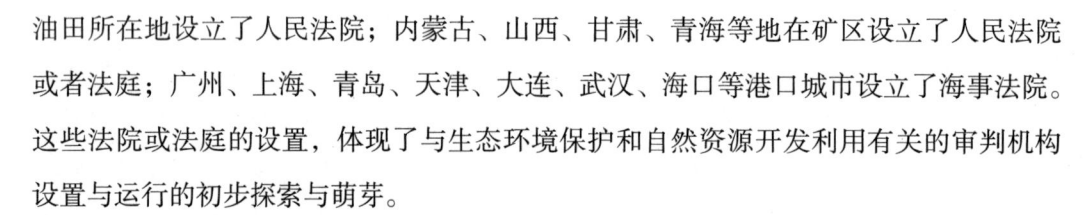

油田所在地设立了人民法院；内蒙古、山西、甘肃、青海等地在矿区设立了人民法院或者法庭；广州、上海、青岛、天津、大连、武汉、海口等港口城市设立了海事法院。这些法院或法庭的设置，体现了与生态环境保护和自然资源开发利用有关的审判机构设置与运行的初步探索与萌芽。

（二）专门审判机构建设的推进

2007年以来，各级人民法院从服务和保障生态文明建设大局出发，积极探索构建符合时代发展需求的环境资源审判专门机构，规范意义上的环境资源审判专业化由此开始。2007年，贵州省贵阳市中级人民法院及其辖区内的清镇市人民法院设立环境保护法庭，探索跨区划管辖、"三合一"归口审理的环境资源审判模式。2008年，福建省高级人民法院出台《关于2008年司法改革任务工作分工方案》，明确提出"探索建立生态资源审判庭，加强林业审判指导工作，积极审理以森林资源为主的涉及生态资源保护的刑事、民事和行政等各类案件"。云南昆明、玉溪以及江苏无锡、山东东营等地法院陆续设立环境资源审判机构。2010年，最高人民法院发布《关于为加快经济发展方式转变提供司法保障和服务的若干意见》，提出"在环境保护纠纷案件数量较多的法院可以设立环保法庭，实行环境保护案件专业化审判，提高环境保护司法水平"，对于各地在法律框架内，积极探索设立专门环境资源审判机构、提高环境资源审判质效，起到了推动作用。

（三）专业化改革的集中加速

2014年6月，最高人民法院设立环境资源审判庭，集中推进专门审判机构建设，系统的环境资源审判专门化改革由此开始。同年7月下发《关于全面加强环境资源审判工作 为推进生态文明建设提供有力司法保障的意见》，强调要"合理设立环境资源专门审判机构。本着确有需要、因地制宜、分步推进的原则，建立环境资源专门审判机构，为加强环境资源审判工作提供组织保障。高级人民法院要按照审判专业化的思路，理顺机构职能，合理分配审判资源，设立环境资源专门审判机构。中级人民法院应当在高级人民法院的统筹指导下，根据环境资源审判业务量，合理设立环境资源审判机构，案件数量不足的地方，可以设立环境资源合议庭。个别案件较多的基层人民法院经高级人民法院批准，也可以考虑设立环境资源审判机构"。2015年11月，第一次全国法院环境资源审判工作会议在福建古田召开。会议明确提出，"要牢牢扭住审判专门化这一牛鼻子，因地制宜推进环境资源审判机构建设，构建环境资源审判专门化体系"。

各级人民法院按照最高人民法院的统一要求和部署，持续推进环境资源审判专门机构建设，推动环境资源案件集中管辖和归口审理，构建多元共治机制，不断提升环境资源审判专门化水平。截至 2020 年底，全国共有环境资源专门审判机构 1993 个，其中环境资源审判庭 617 个，合议庭 1167 个，人民法庭、巡回法庭 209 个，基本形成专门化的环境资源审判组织体系。[①] 积极构建以生态系统或者生态功能区为单位的跨行政区划集中管辖机制，促进集中管辖法院和非集中管辖法院协同配合，携手保护。环境资源专门审判机构的设立和运行，促进环境资源审判职能作用的有效发挥。

二、环境资源案件的集中管辖

改革完善环境资源案件管辖制度是环境资源司法改革和工作机制专门化的重要内容。党的十八届四中全会通过的《中共中央关于全面推进依法治国若干重大问题的决定》提出，"探索设立跨行政区划的人民法院和人民检察院，办理跨地区案件"。《最高人民法院关于全面深化人民法院改革的意见——人民法院第四个五年改革纲要（2014—2018）》确定，改革环境资源案件管辖制度。

2014 年 7 月的《关于全面加强环境资源审判工作 为推进生态文明建设提供有力司法保障的意见》，要求各级人民法院积极探索建立与行政区划适当分离的环境资源案件管辖制度，逐步改变目前以行政区划确定管辖以致分割自然形成的流域等生态系统的模式，着眼于从水、空气等环境因素的自然属性出发，结合各地的环境资源案件量，探索设立以流域等生态系统或者以生态功能区为单位的跨行政区划环境资源专门审判机构，实行对环境资源案件的集中管辖，有效审理跨行政区划污染等案件。

（一）探索环境资源案件跨区划集中管辖制度

在最高人民法院的指导下，各级人民法院根据本辖区生态环境保护需要，积极探索环境资源案件管辖制度改革。对于污染环境或者破坏生态、损害后果跨行政区划以及其他类型的环境资源民事案件，由高级人民法院根据本辖区生态环境保护需要，探索实行由部分中、基层人民法院跨行政区划集中管辖。上海市高级人民法院将属于辖区中级人民法院管辖的一审涉环境资源保护案件调整由第三中级人民法院集中管辖，

[①] 参见最高人民法院《中国环境司法发展报告（2020）》。

将属于基层人民法院管辖的一审涉环境资源保护民商事案件由铁路运输法院集中管辖。河南省高级人民法院根据全省地貌及水域现状，对沿黄河流域向东区域发生的重大污染案件指定郑州市中级人民法院集中管辖，对豫西、豫北山区发生的重大污染案件指定洛阳市中级人民法院集中管辖，对豫南及大别山脉、桐柏山脉、环河流域和南水北调水源地发生的重大污染案件指定信阳市中级人民法院集中管辖。甘肃矿区人民法院作为环境资源专门法院，对全省环境资源案件实行集中管辖。海南省高级人民法院以河流入海口所属行政区划为标准，在五大河流域流经市县试行环境资源案件由海南省第一中级人民法院、海南省第二中级人民法院、海口市中级人民法院、三亚市中级人民法院、陵水黎族自治县人民法院等5家法院跨行政区划集中管辖；在鹦哥岭、霸王岭两大国家级自然保护区试点环境资源案件由海南省第二中级人民法院专门管辖。广东省高级人民法院探索按照生态区划指定广州、潮州、茂名、清远中级人民法院下辖的1个基层法院，分别对珠三角、粤东、粤西、粤北地区环境公益诉讼案件、跨区域环境民事诉讼案件实行集中管辖。江苏省高级人民法院指定全省31个基层人民法院跨行政区划集中管辖环境资源案件。云南省高级人民法院指定昆明、玉溪、曲靖、红河、大理、迪庆六家中级人民法院跨行政区划集中管辖环境民事公益诉讼案件。贵州省高级人民法院根据省内主要河流的流域范围将全省划分为4个生态司法保护板块，由4个中级人民法院、5个基层人民法院集中管辖环境保护案件。湖北、广东、河北、青海等高级人民法院及新疆维吾尔自治区高级人民法院生产建设兵团分院按照《最高人民法院关于审理环境民事公益诉讼案件适用法律若干问题的解释》的要求，报请最高人民法院批准，确定辖区内部分中级人民法院就环境民事公益诉讼案件实行跨行政区划集中管辖。江西省高级人民法院指定九江市武宁县人民法院对修河流域的环境资源案件进行跨行政区划集中管辖。福建省永泰县人民法院在县水利局挂牌成立了全省首个"水资源保护巡回审判点"，创新设立"河长制"案件管辖，由生态法官定期驻点办案，集中审理全县涉河长制治理所引发的各类纠纷。

（二）推进重点区域环境资源案件管辖机制改革

1. 长江流域

2016年3月，最高人民法院发布《关于为长江经济带发展提供司法服务和保障的意见》，要求充分利用海事法院跨行政区划管辖的优势，妥善审理长江流域环境污染、生态破坏案件，探索建立长江流域水资源环境公益诉讼集中管辖制度。2021年2月，最高人民法院发布《关于贯彻〈中华人民共和国长江保护法〉的实施意见》，要求加大流域审判机制建设，提供优质高效司法服务。完善环境资源刑事、民事、行政案件"三合一"归口审理，统筹适用多种责任承担方式，全面保障人民群众环境权益。深化流域法院集中管辖、司法协作等机制建设，充分利用信息化手段，加强流域法院之间在立案、审判、执行等诉讼流程的衔接，提升跨域环境诉讼服务能力。加强环境资源巡回审判，就地开庭、调解和宣判，增强环境司法便民利民成效。[1]为全面指导全国法院准确实施《长江保护法》，2021年11月24日，最高人民法院发布《贯彻实施〈长江保护法〉工作推进会会议纪要》，明确长江流域环境资源审判应当树立的正确审判理念，聚焦非法采砂和非法捕捞、资源开发利用、环境污染防治、绿色低碳发展等长江流域司法审判中的重点法律适用问题。[2]

2. 黄河流域

2020年6月，最高人民法院发布《关于为黄河流域生态保护和高质量发展提供司法服务与保障的意见》，要求完善黄河流域案件集中管辖。总结环境资源审判跨区划集中管辖的实践经验，坚持改革创新，构建契合黄河流域生态保护和高质量发展需要的案件集中管辖机制。加强流域内集中管辖法院内部以及集中管辖和非集中管辖法院之间的协同审判机制。探索构建流域、湿地等生态功能区和国家公园等自然保护地涉生态保护案件的跨省域集中管辖机制。[3]拓展流域司法协作。立足流域内生态环境治理需要，构建沿黄河九省区人民法院环境资源司法协作机制。为深入贯彻习近平总书记关于黄河流域生态保护和高质量发展指示精神，最高人民法院于2021年9月，召开了黄河暨大运河、南水北调工程流域生态保护和高质量发展工作推进会，围绕当前黄河流域环境资源审判中存在的法律适用问题进行了深入交流探讨，形成会议纪要。会后，最高人民法院在充分论证、反复修改的基础上，最高人民法院制定出台了《服务保障黄河流域生态保护和高质量发展工作推进会会议纪要》，旨在总结流域审判经验、明确

---

[1] 参见《最高人民法院关于贯彻〈中华人民共和国长江保护法〉的实施意见》(法发〔2021〕8号)。

[2] 参见《最高法发布长江、黄河流域生态环境司法保护会议纪要暨黄河流域典型案例》，载中国法院网2021年11月25日，https://www.chinacourt.org/article/detail/2021/11/id/6397451.shtml。

[3] 参见《最高人民法院关于为黄河流域生态保护和高质量发展提供司法服务与保障的意见》(法发〔2020〕19号)。

审判规则,指导各级法院统一法律适用,确保依法公正裁判。①

3. 京津冀地区

2016年5月,最高人民法院院长周强在京津冀法院联席会议领导小组第一次会议上要求,积极探索环境资源案件的集中管辖或者专门管辖机制,探索在京津冀地区建立跨区划环境资源案件集中在河北管辖的制度,促进司法裁判的统一,破解地区经济社会发展壁垒,服务和保障京津冀绿色发展。根据环境资源案件特点,特别是适应京津冀、三江源、长江经济带等重点区域的环境资源保护需要,积极推进环境资源案件的集中管辖、专门管辖或者提级管辖机制,有效解决跨行政区划污染以及环境资源审判领域的主客场问题,促进重点区域环境质量持续改善,成为人民法院环境资源案件管辖机制改革的重要任务。2016年9月,北京市、天津市、河北省高级人民法院签订《环境资源审判协作框架协议》,成立协作工作领导小组,共同探索完善环境资源案件管辖机制,研究推进京津冀地区环境资源案件集中管辖、指定管辖、专门管辖以及提级管辖的机制和路径。2021年3月,周强院长出席京津冀司法协作座谈会时强调,人民法院要深入践行"两山"理念,以高水平司法服务京津冀构建新发展格局。②

三、环境资源案件的受案范围

2016年6月,最高人民法院发布《关于充分发挥审判职能作用为推进生态文明建设与绿色发展提供司法服务和保障的意见》。该意见根据环境资源权益以及环境要素,明确人民法院在保护生态环境、保障自然资源合理开发利用中的职责范围和受理案件类型,为界定环境资源审判机构职责,统筹协调发挥环境资源刑事、民事、行政审判功能奠定了基础。

2021年1月,为深入贯彻习近平法治思想、习近平生态文明思想,准确统计研判环境资源审判态势,科学构建环境资源审判体系,依法审理各类环境资源案件,不断提升环境资源审判工作水平,最高人民法院发布《环境资源案件类型与统计规范(试

---

① 参见《最高法发布长江、黄河流域生态环境司法保护会议纪要暨黄河流域典型案例》,载中国法院网2021年11月25日,https://www.chinacourt.org/article/detail/2021/11/id/6397451.shtml。

② 《周强出席京津冀司法协作座谈会强调 充分发挥审判职能作用 服务推进京津冀协同发展》,载中国法院网2021年3月26日,https://www.chinacourt.org/article/detail/2021/03/id/5913654.shtml。

行）》[以下简称《环资案件类型与统计规范（试行）》]。《环资案件类型与统计规范（试行）》要求已纳入的案件，无论是由哪个业务部门审理，还是由环境资源集中管辖法院审理抑或由非集中管辖法院审理，均应贯彻绿色原则，体现生态环境保护优先和资源可持续利用的价值追求，遵循预防为主、损害担责、注重修复等环境资源司法理念，确保裁判尺度统一。①

《环资案件类型与统计规范（试行）》以保护环境资源为宗旨，将与生态环境保护和自然资源可持续利用有密切关联作为案件类型划分的主要依据，同时兼顾与环境资源行政管理职能的对接。强调对于同一起环境污染、生态破坏以及资源不合理利用事件，应统筹适用刑事、行政和民事责任，注重协同发挥刑事审判的惩治教育、行政审判的监督预防、民事审判的救济修复等功能。以实现类型划分为基础，将环境资源案件划分为环境污染防治、生态保护、资源开发利用、气候变化应对、生态环境治理与服务等五大类型；在一个案件同时关涉生态环境、自然资源等多重秩序、多种权益的情况下，根据其所要保护、实现的主要秩序、权益进行归类。

各级人民法院要按照《环资案件类型与统计规范（试行）》的指引，加快推进智慧法院建设，实现环境资源案件在信息化办案系统中的自动识别，完善环境资源案件立案、审判、执行等相关信息的获取和分析系统，构建大数据统计分析基础平台；要进一步做好各类环境资源案件的统计分析，科学配置案件资源和审判力量，探索完善审判体制和工作机制，推动环境资源审判职能的有效发挥；要在科学研判环境资源审判形势的基础上，加强各类案件法律适用的调研指导，注重类案剖析，分类实践总结，不断完善各类环境资源案件的裁判规则和审判执行方式。

目前，环境资源刑事案件主要包括：（1）《刑法》第六章第六节规定的破坏环境资源保护罪，即涉及非法排放、倾倒或者处置污染物致大气、水、土壤环境严重污染的犯罪行为；涉及非法占用耕地、林地等农用地，非法采矿、破坏性采矿，盗伐、滥伐林木，非法捕捞水产品，非法狩猎，非法猎捕、杀害珍贵、濒危野生动物，非法采伐、毁坏国家重点保护植物等犯罪行为。（2）《刑法》其他章节规定的放火、失火烧毁森林，走私废物，走私珍贵动植物及其制品等与生态环境资源保护相关的犯罪行为。（3）生态环境和自然资源保护领域的渎职犯罪行为。

---

① 参见最高人民法院《环境资源案件类型与统计规范（试行）》（法〔2021〕9号）。

环境资源民事案件主要包括：（1）涉及大气、水、土壤等自然环境污染、生态破坏引发的损害赔偿纠纷案件。（2）涉及土地、矿产、林业以及草原、河流、湖泊、湿地、滩涂、海洋、海岛等资源和水、电、气、热力等与环境资源保护、开发、利用相关的权属、侵权和合同纠纷案件。（3）涉及碳排放、能源节约、绿色金融、生物多样性保护等与气候变化应对相关的纠纷案件。（4）检察机关和符合法定条件的社会组织对于污染环境、破坏生态，损害社会公共利益的行为提起的环境民事公益诉讼案件。（5）省级政府提起的生态环境损害赔偿诉讼案件。

环境资源行政案件主要包括：（1）涉及大气、水、土壤等生态环境保护领域和环境污染防治类，以及涉及土地、矿产、林业、草原、河流、湖泊、湿地、滩涂、海洋、海岛等自然资源保护领域的行政处罚、行政许可、行政强制、行政确认、行政登记、政府信息公开、行政不作为和非诉行政执行审查及国家赔偿等资源开发利用类行政案件。（2）检察机关对于生态环境和自然资源保护领域负有监管职责的行政机关或者法律、法规、规章授权的组织，因违法行使职权或者不履行法定职责、造成国家和社会公共利益受到侵害而提起的环境行政公益诉讼案件。

四、环境资源案件归口审理

（一）"环境资源审判刑事、民事、行政三合一归口审理机制"工作模式的发展

环境资源审判的多元司法功能以及环境资源案件的高度专业技术性和公法私法融合、公益私益交织的复合性特征，要求环境资源审判工作实行刑事、民事、行政案件由一个审判庭集中审理的工作模式，以此来统一司法尺度与裁判标准。各级人民法院积极探索将涉及环境资源的民事、行政案件，乃至刑事案件统一归口一个审判庭审理的"二合一"或者"三合一"工作模式。

环境资源案件的归口审理模式已由森林法院、油田法院、矿区法院、海事法院等专门法院以及部分地方法院内部设立的林业审判庭等专门审判机构，在各自业务范围内进行了多年的实践。福建省20世纪80年代成立的林业审判机构，均采取集中审理涉及林业、野生动植物资源保护的刑事、民事和行政案件的"三合一"工作模式。

2014年7月，《最高人民法院关于全面加强环境资源审判工作　为推进生态文明建设提供有力司法保障的意见》，要求各级人民法院结合各自实际，积极探索环境资源刑事、民事、行政案件由环境资源专门审判机构归口审理，优化审判资源，实现环境资源案件的专业化审判。2016年2月，最高人民法院发布《关于海事法院受理案件范围的规定》《关于海事诉讼管辖问题的规定》，明确由海事法院审理涉及海洋及通海可航水域开发利用与环境保护相关纠纷案件和第一审海事行政案件，完善了海事法院审理环境资源案件的"二合一"工作模式。

2014年7月，最高人民法院设立环境资源审判庭，归口审理环境和资源两大类民事案件，职责为：审判第一、二审涉及大气、水、土壤等自然环境污染侵权纠纷民事案件，涉及地质矿产资源保护、开发有关权属争议纠纷民事案件，涉及森林、草原、内河、湖泊、滩涂、湿地等自然资源环境保护、开发、利用等环境资源民事纠纷案件；对不服下级人民法院生效裁判的涉及环境资源民事案件进行审查，依法提审或者裁定指令下级法院再审；对下级人民法院环境资源民事案件审判工作进行指导；研究起草有关司法解释等。2016年4月，最高人民法院决定将以环境保护主管部门为被告的第二审、申请再审的行政案件及其业务监督指导工作，调整由环境资源审判庭负责，开始实施审理环境资源案件民事、行政"二合一"工作模式。

最高人民法院在实现环境资源民事、行政案件"二合一"归口审理的基础上，于2017年起在第三巡回法庭实行环境资源刑事、民事、行政案件由一个审判团队统一审理的"三合一"归口审理模式。

在最高人民法院指导下，各地人民法院根据本地实际，积极探索归口审理模式，积累了很好的经验。贵州等地在全省三级法院全面实行环境资源民事、行政案件"二合一"归口审理模式；福建、江苏、河南、重庆等地在三级法院全面实行环境资源民事、行政、刑事案件"三合一"归口审理模式；贵州清镇、重庆万州、山东兰陵等地法院实行包括执行职能在内的环境资源民事、行政、刑事案件加执行案件的"三加一"模式。环境资源案件归口审理有利于各地人民法院在审理因同一污染环境、破坏生态行为引发的不同类型的诉讼案件时，既考虑到污染环境、破坏生态行为对人身、财产和生态环境影响，同时也综合考量行为人在其他案件中已经承担的责任内容和履行义务情况，准确把握各类诉讼案件的审判情况和彼此联系。截至2020年底，共有22家高院及新疆生产建设兵团分院实现了环境资源刑事、民事、行政、执行案件"三合一"

或"四合一"归口审理。① 实践证明,实行环境资源案件归口审理模式对于统一裁判尺度、优化审判资源、培养专家法官,提升环境资源司法保障能力和水平发挥了积极的作用。

环境资源审判面对环境和资源两类案件,跨越刑事、民事、行政三大诉讼门类,点多面广,类型多元,数量众多。由环境资源专门审判机构归口审理的主要是与生态环境保护关系最为密切的部分案件,相当数量的涉自然资源开发利用、涉气候变化应对的纠纷仍由其他审判庭审理。各级人民法院在完善归口审理机制的同时,不断健全立案、刑事、民事、行政、执行等协调配合的环境资源司法保护体系。2016 年 6 月,最高人民法院发布的《关于充分发挥审判职能作用为推进生态文明建设与绿色发展提供司法服务和保障的意见》明确要求,各级人民法院要根据环境资源保护利用的现实需要和当地的案件特点,积极探索构建刑事、民事、行政审判和立案、执行等业务部门既分工负责又紧密配合的协同审判工作机制;科学界定各审判业务部门审理环境资源案件的职责分工,妥当确定环境资源专门审判机构的职责范围,充分发挥其专门化研究、协调和指导作用,大力强化环境资源立案、审判和执行机构之间,刑事、民事和行政三大审判之间的相互配合,形成环境资源审判的整体合力。

(二)地方经验

1. 贵州先行先试、率先探索

2007 年,贵州设立全国首家环境保护法庭,在全国率先开始环境资源审判探索,先后建成环境资源审判"145""1919"跨区域集中管辖模式,实现 9 个中级人民法院环资审判机构全覆盖,19 个基层人民法院实行跨县级行政区划集中管辖为主、跨地级行政区划管辖为辅的管辖制度。2020 年,贵州省委编办批复将基层人民法院的 33 个人民法庭设立为专业化规范化标准化的环境保护法庭,全省法院依托贵州自然地理与产业布局情况,在多元化、立体式、全方位保护生态环境基础上,将全省的绿水青山、非物质文化遗产保护、传统村落保护等全部纳入司法管辖,把全省重点流域、重点区域、重点产业生态系统纳入人民法庭司法保护范畴,进一步打造贵州环保法庭优化设置升级版。

---

① 浙江省湖州市中级人民法院、四川成都铁路运输第二法院探索涵盖生态修复执行的"四合一"归口模式。

2. 上海推进审判专业化建设

上海法院为加强环境资源司法保护案件的审理，推进审判专业化建设，先后于2016年9月、2017年5月和2020年1月三次调整刑事、民事和行政环资案件管辖范围。目前，上海在全市范围内形成以集中管辖为基础，民事、行政、刑事"三合一"的审判模式。

2016年9月，上海法院开始推进环境资源审判专业化建设，现已形成了上海铁路运输法院、崇明法院、金山法院、青浦法院四家基层法院，上海海事法院、上海市第三中级人民法院和市高级人民法院三级联动、审级监督、各有侧重的民事、行政、刑事"三合一"审判模式。即上海铁路运输法院重点保障东海海域湿地区以及黄浦江生态廊道、吴淞江生态廊道；崇明法院重点保障世界级生态岛、东滩重点生态区域以及长江口战略协同区；青浦法院重点保障环淀山湖水乡古镇生态区以及长三角生态绿色一体化发展示范区、环淀山湖战略协同区、青浦西部湖泊群和黄浦江上游生态保护区；金山法院重点保障杭州湾北岸生态湾区以及杭州湾北岸战略协同区；上海海事法院重点保障滨海生态保护带以及东部沿海战略协同区。市三中院统筹全域并依法进行审级监督。市高院负责本市区域特别重大环境资源案件的审理，对内调整环境资源案件管辖范围，指导全市法院环境资源审判工作，对外协调与长三角地区环境资源司法协作。①

3. 江西地域（流域）管辖相结合②

江西自然资源丰富，水系尤为发达，"五河一江一湖"流域覆盖全省总面积97%以上，还有一些重点风景名胜区、生态功能区等重点区域。2019年12月，江西省高级人民法院印发《关于推进地域管辖和流域（区域）管辖相结合构建环境资源审判"江西模式"的指导意见》，就构建覆盖全面、管辖科学、职责明确、特色鲜明的地域管辖和流域（区域）管辖相结合的环境资源审判体系进行了规范。要求切实贯彻"保护优先、修复为主、绿色发展"的司法理念，统一裁判标准，为江西自然资源和生态环境保护奠定坚实的审判组织基础。

该意见提出，构建地域管辖和流域（区域）管辖相结合的环境资源审判"江西模式"。一是建立地域管辖审判体系，全省三级法院环境资源审判机构体系已基本建成。

---

① 参见沈丹：《"三合一"模式提供司法保障》，载《检察风云》2020年第10期。
② 参见《江西高院出台指导意见构建环资审判模式》，载人民网2020年1月7日，http://legal.people.com.cn/n1/2020/0107/c42510-31537547.html。

在内设机构改革中，105个基层法院有87个设立了环境资源审判庭（合署办公），其他18个也成立了专门的合议庭；12个中级法院均设立了环境资源审判庭（合议庭）。二是建立流域（区域）管辖审判体系，部署在"五河一江一湖"流域和部分重点区域设立11个环境资源法庭，对涉流域、区域生态环境案件集中管辖，实现司法保护一体化。推进"五河一江一湖"流域环境资源法庭建设。在永修设立"鄱阳湖环境资源法庭"、瑞昌设立"长江干流江西段环境资源法庭"、武宁设立"修河流域环境资源法庭"、峡江设立"赣江流域环境资源法庭"、南城设立"抚河流域环境资源法庭"、鄱阳设立"饶河流域环境资源法庭"、弋阳设立"信江流域环境资源法庭"，对流域两岸发生的环境资源案件实行跨行政区划集中管辖。

同时，根据流域（区域）面积和所在地法院的地理位置、审判力量等情况，依托现有人民法庭机构，合理规划法庭布局，科学划定管辖区域。推进重点区域环境资源法庭建设。加强区域内生态环境一体保护，在庐山设立"庐山环境资源法庭"、安远设立"东江源环境资源法庭"、渝水设立"仙女湖环境资源法庭"、贵溪设立"龙虎山环境资源法庭"，对所涉区域的环境资源案件实现集中管辖。

确定受案范围。上述流域（区域）环境资源法庭集中审理与流域（区域）保护密切相关的一审环境资源刑事、民事、行政案件。上诉案件由法庭所在地的中级人民法院环境资源审判庭（合议庭）负责审理。

流域环境资源法庭要立足流域水生态保护核心，依法审理水污染防治案件、水资源开发利用案件、水权交易纠纷案件、涉航道河道案件、涉江河湖水域岸线保护案件、涉江河湖泊治理案件、涉湿地生态系统保护案件。区域环境资源法庭要立足本区域的自然资源和生态环境特点，集中审理辖区内的环境污染、生态破坏及自然资源开发利用等环境资源案件。除上述案件外，各中级人民法院可以根据实际需要规范本辖区环境资源法庭的受案范围。各流域（区域）环境资源法庭跨区划管辖由省法院确定或向省法院报备。

各环境资源法庭受理的具体案件，在所在地中级人民法院辖区范围内的指定管辖由各中级人民法院依照三大诉讼法关于指定管辖的相关规定决定，中级人民法院辖区范围外的指定管辖由省法院依照三大诉讼法关于指定管辖的规定决定。

做好工作协调配合。流域（区域）环境资源法庭所在地的中级人民法院要加强与同级公安、检察机关及生态环境、自然资源等部门的工作衔接，必要时通过联合发文、会议纪要等方式，制定相关工作机制。涉及跨设区市范围的案件协调工作，案件所在地法院要主动报告，省法院环境资源审判庭要主动协调。同时，流域（区域）范围内非集中管辖法院的环境资源审判部门或相关部门要积极支持、配合流域（区域）环境资源法庭开展审判工作，在调查取证、送达、提供巡回办案场所等方面给予协调和帮助。

完善便民举措。要探索立案、审判、执行等环节的便民举措，完善配套措施，拓宽跨行政区划的案件立案和资料收转渠道，建立网上立案、移送立案、远程资料电子化交换机制，通过开展远程审判、巡回审判，解决因集中管辖可能给当事人带来的诉讼不便，提高办案效率。

（三）"三合一"审判模式存在的问题

"环境资源审判刑事、民事、行政三合一归口审理机制"是我国法院系统在探索适合现阶段环境资源案件审理需求的司法实践中产生的一个新事物，它在统一环境资源案件司法尺度与裁判标准，提高环境资源案件审判效率，维护当事人的合法权益等方面有着积极作用，能较好地推动环境司法专门化和环境法治发展。但从目前的实践来看，环境司法"环境资源审判刑事、民事、行政三合一归口审理机制"仍存在一些问题。

1. 诉讼程序的实质化合并审理程度有待提升

目前在环境资源审判领域"环境资源审判刑事、民事、行政三合一归口审理机制"的司法实践中，环保法庭、环境资源审判庭在多数情况下只是将涉环境类案件进行简单合并，并没有达到环境问题的学科交叉性特点所要求的诉讼程序实质整合。因此三大诉讼程序合一更多是形式层面的合一。从 2013 年开始试点环境司法的"环境资源审判刑事、民事、行政三合一归口审理机制"，不少地方法院也非常重视，陆续出台有关"环境资源审判刑事、民事、行政三合一归口审理机制"的规范性文件或指导意见，但这些规范性文件偏重强调"环境资源审判刑事、民事、行政三合一归口审理机制"的概念、原则、管辖、受案范围、指导性要求等，其内容多属"环境资源审判刑事、民事、行政三合一归口审理机制"的外部制度建设，尚未涉及如何合一的内部程序构建。

此外，在审判程序构建上，地方人民法院依旧按照传统的民事、行政、刑事程序分别进行审理，并未形成一套独立的、系统的、符合环境保护需要的诉讼程序。如前所述，环境司法"环境资源审判刑事、民事、行政三合一归口审理机制"的最大目的和意义在于统一环境资源案件的司法尺度、实现公平正义，而要统一司法尺度，就必须构建独立的诉讼程序。因此，有学者指出，诉讼程序整合才是环境司法的核心与内涵所在，专门审判组织仅是这种内涵的外化和载体。[①] 如果只是笼统地将环境资源案件交由独立的环保法庭进行简单汇总，而不是对诉讼程序进行实质整合，仍没能突破传统环境司法模式的局限性。并且由于没有统一的原则和标准，当前的环境司法"环境资源审判刑事、民事、行政三合一归口审理机制"试点改革采取了包括专门的法庭以及临时组建"环境资源审判刑事、民事、行政三合一归口审理机制"合议庭的多种模式。实践证明，专门的法庭能够更好地实现专业案件集中审理，一定程度上解决了三审程序衔接中出现的诸多问题，却面临设置和运行成本较高的问题，不利于专业领域中小案件的审理。而临时组建"环境资源审判刑事、民事、行政三合一归口审理机制"合议庭，虽然在审判的专业化程度上较低，但在成本和便利性上具有一定优势。[②] 相关审判机构的构建以及三大诉讼程序的有机衔接，仍然是制约"环境资源审判刑事、民事、行政三合一归口审理机制"模式健康发展的一大难题。

2. 案件审理的专业性有待提高

制度创新都有双刃剑效应。环境司法"环境资源审判刑事、民事、行政三合一归口审理机制"面临的质疑之一是能否保证环境资源案件审判的合法性与正当性。[③] 目前，我国有关环境司法"环境资源审判刑事、民事、行政三合一归口审理机制"的规范性文件多由地方人民法院出台，并无法律、法规明确"环境资源审判刑事、民事、行政三合一归口审理机制"的合法性，这就使在全国范围内推广环境司法"刑事、民事、行政三合一归口审理机制"缺乏权威的法律依据。环境司法"刑事、民事、行政三合一归口审理机制"需要以适当的方式获得国家层面法律规范的认可，以保障其公正性和严肃性。另外，现阶段运用"环境资源审判刑事、民事、行政三合一归口审理机制"模式审理环境资源案件的环保法庭，其主要人员仍然是从事传统的民事、行政、刑事

[①] 参见张宝：《环境司法专门化的建构路径》，载《郑州大学学报（哲学社会科学版）》2014年第6期。

[②] 参见王立新、杜家明：《环境司法"三审合一"的运行考察与完善进路》，载《河北法学》2019年第11期。

[③] 陈海嵩：《环境司法"三审合一"的检视与完善》，载《中州学刊》2016年第4期。

审判的法官，他们大多数缺乏相应环境法知识储备，对于涉及三大诉讼交叉类案件的事实认定，可能基于自身的诉讼经验"先入为主"。

目前，环资案件"环境资源审判刑事、民事、行政三合一归口审理机制"处于发展阶段，法官对生态环境专业问题的认识和阐释不可避免地具有一定的局限性，这会影响环境资源案件审判质效。

3. 判决执行面临困难

环境资源案件在运用"环境资源审判刑事、民事、行政三合一归口审理机制"模式审理后，如何确保判决得到适当履行是此类案件在执行中所面临的一大难题。从环资类案件当事人的角度考虑，判决是否公正、能否得到适当履行是其最关心的事情。"环境资源审判刑事、民事、行政三合一归口审理机制"要突破传统环境资源审判模式的桎梏，需要在责任分配和判决履行方式上进行创新。

例如，江苏省高级人民法院运用"环境资源审判刑事、民事、行政三合一归口审理机制"模式审理的"江苏省泰州市'天价'环境公益诉讼案"。被告企业违反国家环境保护法律和有关危险废物管理的规定，将生产过程中产生的废盐酸、废硫酸偷排入河流，导致水体受到严重污染，造成重大环境损害事件。2014年12月30日，江苏省高级人民法院对广受关注的泰州1.6亿元"天价"环保公益诉讼案件作出二审判决，认定一审事实清楚，适用法律基本正确，纠正一审确定的履行方式与履行期限。该案确认被告企业应当赔付高达1.6亿余元的环境修复资金，并对具体的赔付方式作了精心设计：如果当事人提出申请，且能够在该判决生效之日起30日内提供有效担保的，上述款项的40%可以延期至该判决生效之日起一年内支付；该判决生效之日起一年内，如常隆等6家公司能够通过技术改造对副产酸进行循环利用，明显降低环境风险，且一年内没有因环境违法行为受到处罚的，可对其已支付的技术改造费用凭有关部门提供以上相关证明向泰州市中级人民法院申请在延期支付的40%额度内抵扣。[①]该案判决在赔付责任履行方式上的设计颇有新意，综合考虑了政治效果、法律效果、社会效果和生态效果。

但是，如何运用"环境资源审判刑事、民事、行政三合一归口审理机制"的审判

---

① 参见《泰州1.6亿元天价环境公益诉讼案》，载中国法院网，https://www.chinacourt.org/article/detail/2015/01/id/1529292.shtml。

模式，实现环境资源案件政治效果、法律效果、社会效果、生态效果的有机统一，现阶段仍处于探索阶段，需要深入研究。即使是前述获得广泛关注与好评的泰州"天价"环境公益诉讼案，其判决在实际履行过程中，也存在不少争议。2015年5月，该案被告之一的锦汇公司不服已经生效的二审判决，向最高人民法院申请再审；尔后被告施美康公司、常隆公司相继提出再审；2016年1月，最高人民法院对该案进行公开审理。在庭审中，再审申请人认为判决书要求其承担生态环境修复责任缺乏足够依据，同时，40%抵扣金额的判决会侵害其自主经营权。[1]尽管最高人民法院当庭驳回了再审申请，但该案的一波三折影射出环境资源审判必须重视环境司法理论和实践经验的积累，对判决可能引发的社会效果和环境效果进行全面、深入的考量，方能实现几大效果的有机统一。

（四）"三审合一"审判模式的完善建议

1. 积极探索提升"三审合一"审判模式的效能

实现环境资源案件高效、专业化审理的前提和基础是，"环境资源审判刑事、民事、行政三合一归口审理机制"程序的有效衔接与构建。这种合并不是将两种或三种诉讼程序加以简单汇总，而是要分门别类、具体情况具体对待。比如，对于同时涉及民事法律关系和行政法律关系的环境资源案件，环保法庭在审理时要根据案件的起因进行分类对待：如果是民事法律关系引发行政法律关系的案件，应采取"先民后行"的裁判程序，如果是行政法律关系引发民事法律关系的案件，应采取"先行后民"的裁判程序，即对民事诉讼程序予以暂时中止。又如，对于同时涉及民事法律关系和刑事法律关系的环境资源案件，环保法庭要根据审理的实际需要进行分类对待：如果环境犯罪行为污染或破坏了生态环境并对周围居民的健康权和财产权造成侵害，这是最为常见的"民刑交叉"案件，此种情况下需要借鉴刑事附带民事诉讼机制，采取"先刑后民"的裁判程序。如果是某民事违法行为涉嫌构成环境犯罪的案件，需要采取"先民后刑"的裁判程序；即先明确该行为的民事法律属性，以民事部分的判决作为认定刑事部分的证据或者前提，进而判断该行为的刑事法律属性。再如，在"行政+刑事"环境资源案件的审理中，环保法庭应当分析哪一种诉讼是裁断案件的前提和关键，同时考虑环境资源案件的公益性，在不宜由当事人选择裁判程序的情况下，由合议庭

---

[1] 参见陈海嵩：《环境司法"三审合一"的检视与完善》，载《中州学刊》2016年第4期。

予以裁断。[①]

2. 提升法官的专业技能和知识储备

环境资源案件的复杂性，需要法官提高知识储备和审理技能。环境资源案件，无论刑事、民事和行政案件均不同于普通类型案件。法官需要具备深厚的法律功底、丰富的环境专业知识和创新灵活处理问题的能力，能够透过复杂问题的表面，在法律上找到基础和依据，以解决环境保护实际问题。目前阶段"三合一"审判模式下的法官，仍需针对环境资源案件特点，进一步丰富环境专业知识、扎实审判技能，提升处理环境法律问题的能力。此外，基于环境资源案件的重要性，需要在个案中找准环境保护与经济发展的平衡点。环境资源关系民生，既要预防环境污染损害后果的发生扩大，又要促进生态环境及时保护和修复。因此，在个案审理中，需要不断坚持并强化兼顾系统保护思维和恢复性司法理念，找准环境保护与经济发展的平衡点，在审判实践中不断地创新保全措施、裁判方式和修复方式，方能实现环境保护与经济发展多赢效果，促进环境保护和经济绿色健康发展的有机统一。这对法官综合能力与素养的培养也是挑战。

3. 加强队伍建设与思想政治能力建设

环境资源审判专业性强，从事审判工作的人员既要懂环境资源审判的政策、法律知识，又要懂生态环境资源保护方面的科学知识。要配齐配强审判力量，加强业务学习，定期组织开展专业培训，不断提高环境资源司法能力。同时，要通过建立环境资源专家库和选任专家陪审员等途径，为审判工作提供智力支撑。根据环境资源案件涉及利益重大、主体多元、矛盾尖锐的特点，建立健全各项规章制度，督促环境资源审判人员持续改进司法作风，时刻保持高度警惕，严守廉政底线。

[①] 参见陈海嵩：《环境司法"三审合一"的检视与完善》，载《中州学刊》2016年第4期。

第二节
环境资源民事案件

一、环境资源民事审判概况

（一）审理环境资源民事案件的规范依据

环境资源民事案件主要包括：涉及大气、水、土壤等自然环境污染、生态破坏引发的损害赔偿纠纷案件；涉及土地、矿产、林业以及草原、河流、湖泊、湿地、滩涂、海洋、海岛等资源和水、电、气、热力等与环境资源保护、开发、利用相关的权属、侵权和合同纠纷案件；涉及碳排放、能源节约、绿色金融、生物多样性保护等与气候变化应对相关的纠纷案件；检察机关和符合法定条件的社会组织对于污染环境、破坏生态，损害社会公共利益的行为提起的环境民事公益诉讼案件；省级政府提起的生态环境损害赔偿诉讼案件。各级法院审理环境资源民事案件，根据《民法典》《环境保护法》《民事诉讼法》等法律以及《最高人民法院关于审理环境侵权责任纠纷案件适用法律若干问题的解释》等规定进行。最高人民法院出台《新时代加强和创新环境资源审判工作为建设人与自然和谐共生的现代化提供司法服务和保障的意见》，明确新发展阶段司法服务保障生态文明建设任务要求。出台《关于贯彻〈中华人民共和国长江保护法〉的实施意见》《关于为黄河流域生态保护和高质量发展提供司法服务与保障的意见》，为国家重大发展战略提供司法保障。配合《民法典》实施，修正环境侵权责任纠纷、环境民事公益诉讼等司法解释，发布20多个环境资源审判指导性案例，出台长江、黄河生态环境保护会议纪要等司法规范文件，为各级法院提供裁判指引。

1. 环境污染责任纠纷案件[①]

环境污染责任属于特殊侵权责任，《民法典》对于环境污染侵权责任适用无过错责任原则，只要因污染环境、破坏生态造成他人损害，不论侵权人有无过错，侵权人应当承担侵权责任。而造成损害的污染者主张免责的，应当就法律规定的不承担责任或者减轻责任的情形及其行为与损害结果之间不存在因果关系承担举证责任。大气污染责任纠纷、水污染责任纠纷、土壤污染责任纠纷、电子废物污染责任纠纷、固体废物污染责任纠纷、噪声污染责任纠纷、放射性污染责任纠纷等，是根据《大气污染防治法》《水污染防治法》《土壤污染防治法》《固体废物污染环境防治法》《环境噪声污染防治法》《放射性污染防治法》等法律和审判实践中环境污染责任纠纷案件的类型和特点而设定的第四级案由。

（1）大气污染责任纠纷。大气污染责任纠纷，是指因工业活动或是其他人为的原因，引起某些物质进入大气中，呈现足够的浓度，达到足够的时间，造成大气或者车船、住宅、经营场所等全封闭、半封闭空间空气环境质量下降，引起污染，使他人人身财产损害，或者公共财产遭受损害，或者有造成损害的危险时，责任人依法应当承担侵权责任所引发的纠纷。

（2）水污染责任纠纷。水污染，是指水体因某种物质的介入，而导致其化学、物理、生物或者放射性等方面特性的改变，从而影响水的有效利用，危害人体健康或者破坏生态环境，造成水质恶化的现象。[②] 水污染责任纠纷，是指由于人类排放的各种外源性物质，进入水体后，超出了水体本身自净作用所能承受的范围，造成江河、湖泊、运河、渠道、水库等地表水、地下水污染，使他人人身财产损害，或者公共财产遭受损害，或者有造成损害的危险时，责任人依法应当承担侵权责任所引发的纠纷。

（3）土壤污染责任纠纷。土壤污染，是指因人为因素导致某种物质进入陆地表层土壤，引起土壤化学、物理、生物等方面特性的改变，影响土壤功能和有效利用，危害公众健康或者破坏生态环境的现象。[③] 土壤污染责任纠纷，是指由于人类活动产生的污染物进入土壤并积累到一定程度，引起土壤质量恶化，并进而造成农作物中某些指标超过国家标准，使他人人身财产受到损害，或者其他公共环境、公共财产遭受损害，

---

① 《最高人民法院关于印发修改后的〈民事案件案由规定〉的通知》（法〔2020〕347号）。
② 《水污染防治法》第102条。
③ 《土壤污染防治法》第2条。

或者有造成损害的危险时，责任人依法应当承担侵权责任所引发的纠纷。

（4）电子废物污染责任纠纷。电子废物污染责任纠纷，是指电子废物由于人类活动排入环境所引起的环境质量下降而造成他人人身财产受到损害，或者其他公共环境、公共财产遭受损害，或者有造成损害的危险时，责任人依法应当承担侵权责任所引发的纠纷。

（5）固体废物污染责任纠纷。固体废物，是指在生产、生活和其他活动中产生的丧失原有利用价值或者虽未丧失利用价值但被抛弃或者放弃的固态、半固态和置于容器中的气态的物品、物质以及法律、行政法规规定纳入固体废物管理的物品、物质。经无害化加工处理，并且符合强制性国家产品质量标准，不会危害公众健康和生态安全，或者根据固体废物鉴别标准和鉴别程序认定为不属于固体废物的除外。[①] 固体废物污染责任纠纷，是指固体废物由于人类活动排入环境所引起的环境质量下降而造成他人人身财产受到损害，或者其他公共环境、公共财产遭受损害，或者有造成损害的危险时，责任人依法应当承担侵权责任所引发的纠纷。

（6）噪声污染责任纠纷。环境噪声，是指在工业生产、建筑施工、交通运输和社会生活中所产生的干扰周围生活环境的声音。[②] 噪声污染责任纠纷，是指责任人因工业活动或其他人为的原因，排放噪声造成污染，使他人人身财产受到损害，或者其他公共环境、公共财产遭受损害，或者有造成损害的危险时，依法应当承担侵权责任所引发的纠纷。

（7）光污染责任纠纷。光污染责任纠纷，是指责任人因工业活动或其他人为的原因，把过量的光辐射侵入环境，使他人人身财产受到损害，或者其他公共环境、公共财产遭受损害，或者有造成损害的危险时，责任人依法应当承担侵权责任所引发的纠纷。

（8）放射性污染责任纠纷。放射性污染，是指由于人类活动造成物料、人体、场所、环境介质表面或者内部出现超过国家标准的放射性物质或者射线。[③] 放射性污染责任纠纷，是指由于人类活动造成物料、人体、场所、环境介质表面或者内部出现超过国家标准的放射性物质或者射线造成污染，使他人人身财产受到损害，或者其他公共

---

① 《固体废物污染环境防治法》第124条。
② 《环境噪声污染防治法》第2条。
③ 《放射性污染防治法》第62条。

环境、公共财产遭受损害，或者有造成损害的危险时，责任人依法应当承担侵权责任所引发的纠纷。

环境污染责任纠纷案件的管辖，适用《民事诉讼法》（2021年修正）第29条的规定，即由侵权行为地或者被告住所地人民法院管辖。根据《最高人民法院关于适用〈中华人民共和国民事诉讼法〉的解释》第24条的规定，《民事诉讼法》第29条规定的侵权行为地，包括侵权行为实施地、侵权结果发生地。

2. 生态破坏责任纠纷案件[①]

生态破坏，是指由于人类不合理地开发利用资源损坏了自然生态环境，从而使人类、动物、植物、微生物等的生存条件发生恶化的现象，如水土流失、土壤沙漠化、动植物资源和渔业资源枯竭、气候变化异常、生物多样性减少等。这些不合理地开发利用资源损害自然生态环境的行为，即为破坏生态行为。

（1）破坏生物多样性侵权责任，是指破坏生物（动物、植物、微生物）以及它们所拥有的基因和生存环境等产生的侵权责任，可以细分为破坏遗传（基因）多样性、破坏物种多样性和破坏生态系统多样性等三类侵权责任。破坏遗传（基因）多样性侵权责任，是指破坏生物遗传资源和相关传统知识的获取、开发、利用及其惠益分享、转基因生物和产品安全所产生的侵权责任。破坏物种多样性侵权责任，是指破坏外来物种入侵防控与动植物、微生物物种及其栖息地保护所产生的侵权责任。破坏生态系统多样性侵权责任，是指破坏森林、草原、湿地、荒漠、冻原、海洋、河流湖泊、农田、城市和乡村等生态系统所产生的侵权责任。

（2）破坏景观多样性侵权责任，是指破坏一定时空范围内的景观类型和景物品类数量的丰富性和美观度所产生的侵权责任，包括破坏自然遗迹、破坏人文遗迹等类型的侵权责任。破坏自然遗迹侵权责任，是指破坏具有重要科学文化价值的地质构造、著名溶洞、化石分布区、冰川、火山、温泉等自然遗迹所产生的侵权责任。破坏人文遗迹侵权责任，是指破坏古迹、建筑群、遗址等人文遗迹所产生的侵权责任。

（3）破坏区域生态侵权责任，包括破坏国家公园、自然保护区、自然公园等各类自然保护地所产生的侵权责任，以及破坏湖泊、河道、海洋等岸线区域所产生的侵权

[①] 最高人民法院民法典贯彻实施工作领导小组主编：《中华人民共和国民法典侵权责任编理解与适用》，人民法院出版社2020年版，第504~505页。

责任。

（4）其他破坏生态侵权责任，是指因外来物种引入、地下水超采、植被破坏、乱捕滥杀、矿产开采、工程建设等行为导致生物要素的不利改变或者生态系统功能退化的其他生态破坏，可能给他人人身、财产造成损害，所产生的侵权责任。

（二）环境资源民事案件的司法适用

2019年1月至2021年11月，全国法院受理环境资源民事案件526 184件。

1. 稳步推进环境资源案件专业化审判

如在"柳某某、李某某放射性污染责任纠纷案"中，法院认为，本案侵权行为是因中国铁路沈阳局集团有限公司鞍山车务段货站内盛放射性的铅罐子打开，放射源失落引起的侵权纠纷，不属于铁路运输过程中引起的环境污染的侵权。依照《关于铁路运输法院案件管辖范围的若干规定》第3条"下列涉及铁路运输、铁路安全、铁路财产的民事诉讼，由铁路运输法院管辖：……（十）因铁路建设及铁路运输引起的环境污染侵权纠纷"的规定，本案不属于铁路运输法院案件管辖范围。依据上诉人提起民事诉讼所论述的事实与理由，本案是放射性污染责任纠纷案件。[①]

2. 切实保障人民群众环境资源民事权益

在"中铁九局集团第七工程有限公司、丹东市元宝区纯华养殖场环境污染责任纠纷案"中，纯华养殖场系个体工商户，其经营范围包括淡水鱼养殖，经营场所为案涉场地，有正规有效的营业执照并每年按时上报年检，因此，纯华养殖场具有合法经营权。纯华养殖场内的养殖物及相关设备均为其合法财产，对于第七公司的施工行为间接造成案涉养殖场养殖物等的损失，纯华养殖场作为财产权利人在利益受到侵害时有权向法院提起侵权之诉，纯华养殖场承包合同期限问题并不影响其侵权请求权的行使。因此，对第七公司关于纯华养殖场不具备诉讼主体资格的上诉请求，法院不予支持。[②]在"宽甸三旺矿业有限公司与卫某某、鞠某某水污染责任纠纷案"中，法院认为，本案纠纷发生于2008年9月，上诉人曾于2009年以诉讼方式主张过权利。宽甸满族自治县人民法院分别以（2009）宽民二初字第02128号、（2009）宽民二初字第03169-1号民事裁定，驳回了被上诉人的起诉。被上诉人又于2010年至2013年，以上访的方

[①] 辽宁省鞍山市中级人民法院（2019）辽03民辖终154号二审民事裁定书。
[②] 沈阳铁路运输中级法院（2020）辽71民终7号二审民事判决书。

式多次主张权利。此节有宽甸满族自治县人民政府信访局出具的情况说明为证。上诉人于一审期间对该证据提出异议,称其不符合单位出具书证的形式要件,没有经办人签字或盖章。为此,被上诉人于二审期间再次提供签署负责人姓名的情况说明,补充增强了该证据的证明效力。鉴于上诉人对该证据的真实性和合法性未提出异议,法院对该证据予以采信,并据此认定被上诉人的诉讼请求没有超过法律规定的诉讼时效期间。[①] 在"金苹果(宁波)汽车部件有限公司、浙江青山钢铁有限公司放射性污染责任纠纷案"中,法院认为,根据《民法通则》有关诉讼时效的规定,本案金苹果公司应在知道或应当知道权利被侵害起2年内向人民法院请求保护其民事权利,即金苹果公司应在2012年3月7日起2年内起诉,本案金苹果公司自2012年9月5日起(寄送函件的时间节点)每隔2年向青山公司邮寄函件要求赔偿,诉讼时效中断。金苹果公司最后一次向青山公司寄送函件的时间为2018年1月23日,青山公司签收时间为2018年1月24日,此时《民法总则》已施行,根据《民法总则》有关诉讼时效的规定,诉讼时效期间为3年,故金苹果公司起诉未超过诉讼时效期间。[②]

3. 加强环境资源类案件举证责任

(1)被侵权人举证责任。《民法典》第1230条规定,因污染环境、破坏生态发生纠纷,行为人应当就法律规定的不承担责任或者减轻责任的情形及其行为与损害之间不存在因果关系承担举证责任。这并不意味着环境侵权案件的被侵权人不用承担举证责任。《最高人民法院关于审理环境侵权责任纠纷案件适用法律若干问题的解释》(2020年修正)第6条规定:"被侵权人根据民法典第七编第七章的规定请求赔偿的,应当提供证明以下事实的证据材料:(一)侵权人排放了污染物或者破坏了生态;(二)被侵权人的损害;(三)侵权人排放的污染物或者其次生污染物、破坏生态行为与损害之间具有关联性。"在"龚某某与乐昌市中建材水泥有限公司大气污染责任纠纷案"中,原告要求被告赔偿柑果遭受污染损失120万元,既未对柑果损失提供相应的证据,也没有证据证明被告排放的污染物或者其次生污染物与其柑果减产之间具有关联性,故原告的诉讼请求证据不足,法院不予支持,应予驳回。[③] 在"张某某与国家电网公司东北分部、辽宁省送变电工程公司放射性污染责任纠纷案"中,张某某一审时主张新

---

① 辽宁省丹东市中级人民法院(2017)辽06民终386号二审民事判决书。
② 浙江省宁波市中级人民法院(2021)浙02民终259号二审民事判决书。
③ 广东省乐昌市人民法院(2017)粤0281民初1426号民事判决书。

民市环保局和沈阳市环保局曾对他家周围的电磁辐射予以检测,结论是电磁辐射超标,但其未能提供任何证据证明该主张,且其亦未能提供证据证明其本人因电磁辐射遭受身体损害的相关证据,故张某某未能完成其作为被侵权人的举证责任,一审法院判决驳回其诉讼请求并无不当,法院予以维持。①在"郭某某、国药控股国大药房河南连锁有限公司九十四分店噪声污染责任纠纷案"中,法院认为,郭某某提供的上述证据尚不足以证明国大药房九十四分店播放的声音达成了噪声的标准,排放了污染物。综上,郭某某主张国大药房九十四分店制造噪声污染侵害其健康权的证据不足,法院不予支持。②在"杨某、大连高新区爱舞流行舞蹈俱乐部噪声污染责任纠纷案"中,法院认为,本案上诉人杨某未提供证据证明被上诉人大连高新区爱舞流行舞蹈俱乐部所产生的环境噪声超过国家规定的环境噪声排放标准。故上诉人杨某请求被上诉人大连高新区爱舞流行舞蹈俱乐部承担噪声污染侵权责任,没有事实依据。一审法院不予支持并无不当。③

（2）侵权人举证责任。《最高人民法院关于审理环境侵权责任纠纷案件适用法律若干问题的解释》第 7 条规定:"侵权人举证证明下列情形之一的,人民法院应当认定其污染环境、破坏生态行为与损害之间不存在因果关系:（一）排放污染物、破坏生态的行为没有造成该损害可能的;（二）排放的可造成该损害的污染物未到达该损害发生地的;（三）该损害于排放污染物、破坏生态行为实施之前已发生的;（四）其他可以认定污染环境、破坏生态行为与损害之间不存在因果关系的情形。"在"张某某、海南铁路有限公司环境污染责任纠纷案"中,张某某起诉时提供的证据能够证明其房屋处于《铁路安全管理条例》规定的 15 米铁路线路安全保护区范围内;提供高铁运行所产生的噪音和电磁辐射记录（光盘）、高铁运行时刻表及涉案房屋产生的裂缝,能够初步证明其受到能量污染。因此,张某某已经完成初步证明责任。海南铁路公司应当按照《最高人民法院关于审理环境侵权责任纠纷案件适用法律若干问题的解释》第 7 条的规定承担相应证明责任。因此,一审、二审法院关于张某某承担举证不能责任的认定,存在错误,法院予以纠正。④

---

① 辽宁省沈阳市中级人民法院（2017）辽 01 民终 8645 号二审民事判决书。
② 河南省平顶山市中级人民法院（2019）豫 04 民终 2442 号二审民事判决书。
③ 辽宁省大连市中级人民法院（2021）辽 02 民终 2252 号二审民事判决书。
④ 最高人民法院（2020）最高法民再 160 号民事判决书。

（3）因果关系的举证责任。关于因果关系"关联性"的证明责任，或者说初步证明责任的判断标准，相关法律和司法解释未予以明确。在"杨某某与江苏华通工程检测有限公司、泰州市财富建设有限公司水污染责任纠纷案"中，原告杨某某鱼塘鱼虾死亡发生在被告财富建设公司施工期间，被告财富建设公司施工中排放了污染物至桥梁下方河道水流，而发黑浑浊的水又是经过取水口被注入到原告承包经营的鱼塘，导致鱼塘水质在此期间变色浑浊、鱼虾大量死亡，根据污染物的排放时间、排放路径以及鱼虾死亡情况，结合日常生活经验，能够认定被告财富建设公司排放污染物与原告鱼塘内鱼虾死亡之间具有关联性。两被告和第三人辩称，原告鱼虾死亡与被告财富建设公司施工行为没有关联性，但其未提供证据证明，其另辩称桥梁维修期间同时有其他单位在高速公路上使用吹风机进行扬尘作业，法院认为，即使该项主张成立也不足以证明其污染行为与原告鱼虾死亡之间不存在因果关系，故法院对两被告和第三人的该项意见不予采信。[①] 在"中铁九局集团第七工程有限公司、丹东市元宝区纯华养殖场环境污染责任纠纷案"中，法院认为，《报告》及专家评审意见本身并不能证明第七公司的施工行为与纯华养殖场的损失无因果关系。因此，对于专家评审意见，法院不予采信。[②]

4. 进一步统一规范环境资源案件的鉴定问题

鉴定意见在很多案件中发挥了预期的作用，但也遇到了不少争议和困难：（1）鉴定的适用范围不明确。现行环境侵权规则的设计以环境侵权的复杂性为前提，未充分考虑简单因果关系等情形，导致规则的适用没有区分度。在实践中鉴定适用的不确定不利于当事人举证责任的完成，可能破坏各方对案件结果的预期，并损害了案件处理标准的统一性。（2）鉴定的运用不符合举证责任倒置规则。环境侵权诉讼证明责任倒置的规定在司法实践中遭遇消极抵制。多数案件由受害人基本完成对因果关系的举证，而其中需要鉴定的案件都具有复杂性，污染行为人即使通过鉴定也无法完成"不存在因果关系"的证明责任，举证责任倒置毫无意义。（3）鉴定意见无法达到证明标准的要求。实践中，只要是存在复杂因果关系的环境侵权案件，被告几乎无法完成证明责任。这实质上是关于环境侵权的复杂性预设与侵权规则的证明标准之间的矛盾，即复

[①] 江苏省灌南县人民法院（2019）苏0724民初3743号一审民事判决书。
[②] 沈阳铁路运输中级法院（2020）辽71民终7号二审民事判决书。

杂因果关系基本上就意味着无法证明"不存在因果关系",借助于专业的鉴定也无法达到环境侵权规则所要求的证明标准。(4) 举证责任分配割裂因果关系鉴定与损害鉴定。环境侵权的举证责任规则将因果关系和损害的证明责任分配给不同的主体在很多案件中违背了事物发展的现实逻辑,大多数案件由受害人提出鉴定就是基于损害证明与因果关系证明的不可分性,环境侵权规则的设计显然不足。(5) 环境侵权案件中鉴定的局限性。鉴定中的专业技术判断仍然受限于人的认识能力,未必能对环境侵权的因果关系作出完全确定的结论;即使有相对明确的结论,在多种原因致损害发生的情形,责任的认定仍然面临难题。《最高人民法院关于审理环境侵权责任纠纷案件适用法律若干问题的解释》第8条规定,对查明环境污染案件事实的专门性问题,可以委托具备相关资格的司法鉴定机构出具鉴定意见或者由国务院环境保护主管部门推荐的机构出具检验报告、检测报告、评估报告或者监测数据。第10条规定,负有环境保护监督管理职责的部门或者其委托的机构出具的环境污染事件调查报告、检验报告、检测报告、评估报告或者监测数据等,经当事人质证,可以作为认定案件事实的根据。在"汕头市德惠华服饰有限公司、汕头市永倩服饰有限公司环境污染责任纠纷案"中,法院认为,华南环科所是我国环境保护部推荐的第一批环境损害鉴定评估推荐机构名录中的机构,该所接受潮阳区环保局委托后,指派高级工程师罗某为主要鉴定评估人,高级工程师黄某建负责鉴定评估报告审核。华南环科所具备相应的环境损害鉴定评估资质,参与评估鉴定的人员具备相关领域高级技术职称和专业知识,评估鉴定程序未违反法律规定,所出具的《评估报告》经一审法院组织双方当事人进行庭审质证并由具备专业知识的高级工程师、报告审核人黄某建出庭就《评估报告》的相关内容接受询问,该《评估报告》可作为认定德惠华公司环境污染事件和造成生态环境损害数额的认定依据,一审法院予以采信。因委托鉴定评估产生的评估鉴定费25万元,有潮阳区环保局与华南环科所签订的合同及费用支付的发票为据,可予认定。德惠华公司申请重新鉴定,但未能提供足以推翻该鉴定意见的充分理由和依据,一审法院不予支持。[①] 在"哈大铁路客运专线有限责任公司、李某某环境污染责任纠纷案"中,法院认为,河北农业司法鉴定中心系原审法院在有资格的鉴定人中确定,河北农业司法鉴定中心以及鉴定人均具有鉴定资质,故原审法院准许当事人鉴定申请及指定鉴定机构的程序均合法。

---

① 广东省高级人民法院(2019)粤民终2420号二审民事判决书。

原审法院依照法律规定的程序通知了各方当事人，各方当事人对于鉴定人身份、鉴定过程、送鉴材料等与鉴定内容及鉴定意见相关的事项均未提出异议。故河北农业司法鉴定中心作出的《司法鉴定意见书》鉴定意见合法有效。[①]

5. 坚持损害担责、全面赔偿原则，依法追究污染、破坏环境当事人的民事责任

《最高人民法院关于审理环境侵权责任纠纷案件适用法律若干问题的解释》第13条规定，人民法院应当根据被侵权人的诉讼请求以及具体案情，合理判定污染者承担停止侵害、排除妨碍、消除危险、恢复原状、赔礼道歉、赔偿损失等民事责任。在"胡某与沅江市煜香园食品有限公司环境污染责任纠纷案"中，一审法院认为，胡某在明知取水水源流经水域，受到居民生活污水和周围农田生产用水污染影响，可能使其生产用水遭受污染进而造成损失的情况下，仍忽视基本的水质监测工作，致使损失扩大，对此应承担相应的责任。综合评判其对损失产生的影响，酌定减轻煜香园公司20%的鱼苗损失赔偿责任。胡某要求煜香园公司赔偿损失鉴定项目支出的诉讼请求，具有事实和法律依据，予以支持。故判决：由煜香园公司赔偿胡某鱼苗死亡损失365 055.2元，赔偿鉴定相关费用支出64 036元，两项合计429 091.2元。二审法院认为，因本案事发于2018年，此后双方未及时对案涉孵化基地的鱼苗损失后续情况进行固定，现本案诉讼中要计算出其后续损失的具体明细已经客观不能。胡某作为具有多年从业经验的鱼苗孵化人员，在第一次发现鱼苗死亡后，继续在孵化池进行鱼苗孵化，没有采取有效措施防止损失扩大，应当自行承担一定责任。参考胡某2018年正常生产条件下全年的鱼苗产值456 319元，综合考虑本案实际情况，本案酌定煜香园公司向胡某赔偿鱼苗死亡损失228 159.5元，并承担一半的鉴定费用支出较为适当。[②]《最高人民法院关于审理环境侵权责任纠纷案件适用法律若干问题的解释》第14条规定，被侵权人请求修复生态环境的，人民法院可以依法裁判侵权人承担环境修复责任，并同时确定其不履行环境修复义务时应当承担的环境修复费用。侵权人在生效裁判确定的期限内未履行环境修复义务的，人民法院可以委托其他人进行环境修复，所需费用由侵权人承担。在"重庆市长寿区珍心鲜农业开发有限公司与中盐重庆长寿盐化有限公司、四川盐业地质钻井大队环境污染责任纠纷案"中，法院认为，根据"谁污染，谁治理"

---

① 辽宁省高级人民法院（2019）辽民终1232号二审民事判决书。
② 湖南省益阳市中级人民法院（2020）湘09民终1837号民事判决书。

原则,二被告在污染行为发生后,应采取措施治理、修复被污染土壤至污染发生前的功能与水平,现司法鉴定意见对本案污染修复方案与费用进行分析说明,推荐原位淋洗法作为本案被污染土壤的修复方法并确定该修复方法的费用,因此二被告应按照司法鉴定意见推荐的方法修复原告被污染的土壤……二被告未在法院指定期限内履行修复义务时,则该期限届满后原告可自行修复或委托相关机构进行修复,修复费用由二被告负担;由于司法鉴定意见载明按照原位淋洗法修复费用为9.848万元,因此在原告自行履行修复义务时,二被告应支付原告修复费用9.848万元。①

二、生态环境损害赔偿诉讼案件

(一)生态环境损害赔偿诉讼案件的规范依据

1. 国家政策和司法解释

生态环境损害赔偿诉讼是我国生态环境损害赔偿制度改革的重要组成部分,2015年11月,中共中央办公厅、国务院办公厅印发了《生态环境损害赔偿制度改革试点方案》[该方案被《中共中央办公厅、国务院办公厅印发〈生态环境损害赔偿制度改革方案〉的通知》(2017年12月17日发布;2018年1月1日实施)废止],在吉林、山东、江苏、湖南、重庆、贵州、云南7个省(市)部署开展生态环境损害赔偿制度改革试点工作,取得了明显的成效。

为进一步在全国范围内加快构建生态环境损害赔偿制度,在总结各地区改革试点实践经验的基础上,中共中央办公厅、国务院办公厅于2017年12月17日印发了《生态环境损害赔偿制度改革方案》,要求自2018年1月1日起,在全国试行生态环境损害赔偿制度。根据改革方案规定,国务院授权省级、市地级政府(包括直辖市所辖的区县级政府)作为本行政区域内的生态环境损害赔偿权利人。生态环境损害发生后,赔偿权利人应当组织开展生态环境损害调查、鉴定评估、修复方案编制等工作,主动与赔偿义务人磋商。如果磋商未达成一致,赔偿权利人可依法提起生态环境损害赔偿诉讼。

2017年11月20日《最高人民法院关于审理海洋自然资源与生态环境损害赔偿纠

---

① 重庆市渝北区人民法院(2016)渝0112民初3377号民事判决书。

纷案件若干问题的规定》（法释〔2017〕23号），由最高人民法院审判委员会第1727次会议通过，自2018年1月15日起施行，明确海洋自然资源与生态环境损害而提起的诉讼，适用该规定。2019年6月5日《最高人民法院关于审理生态环境损害赔偿案件的若干规定（试行）》施行，明确了生态环境损害赔偿诉讼案件的受理条件及其与环境民事公益诉讼的衔接等规则。2019年12月26日，最高人民法院发布吕某某等79人诉山海关船舶重工有限责任公司海上污染损害责任纠纷案等13个案例（指导案例127—139号），作为第24批指导性案例发布，供在审判类似案件时参照（法〔2019〕297号）。2020年3月11日，最高人民法院、财政部、自然资源部、生态环境部、住房城乡建设部、水利部、农业农村部、林草局、最高人民检察院联合印发《生态环境损害赔偿资金管理办法（试行）》（财资环〔2020〕6号）。2020年8月，生态环境部、司法部、财政部、自然资源部、住房城乡建设部、水利部、农业农村部、卫生健康委、林草局、最高人民法院、最高人民检察院印发《关于推进生态环境损害赔偿制度改革若干具体问题的意见》（环法规〔2020〕44号）。2021年12月1日，最高人民法院发布秦某某滥伐林木刑事附带民事公益诉讼案等7个案例（指导案例172—178号），作为第31批指导性案例，供在审判类似案件时参照（法〔2021〕286号）。

2. 地方职能部门和地方法院的规定

2018年7月，江苏省高级人民法院出台《关于生态环境损害赔偿诉讼案件的审理指南（一）》（苏高法电〔2018〕518号）。2019年，天津市高级人民法院出台《关于审理生态环境损害赔偿案件若干问题的审判委员会纪要》（津高法〔2019〕152号）。2019年12月，福建省财政厅、福建省高级人民法院、福建省自然资源厅、福建省人民检察院发布《福建省生态环境损害赔偿资金管理办法（试行）》（闽财资环〔2019〕1号）。2020年1月，海南省财政厅、海南省生态环境厅、海南省高级人民法院、海南省人民检察院印发《海南省生态环境损害赔偿资金管理办法》（琼财资环规〔2020〕1号）。山东省高级人民法院先后制定并下发《关于加强生态环境司法保护服务保障"四减四增"工作的意见》《关于办理生态环境损害赔偿协议司法确认案件的若干意见（试行）》（鲁高法〔2019〕26号）、《关于深化环境资源案件"三合一"集中审理工作的通知》，山东省高级人民法院、山东黄河河务局发布《关于建立黄河流域生态保护与高质量发展服务保障机制的意见》等，对环资审判受案范围、审判理念和审判规则、环资类案件执行以及生态环境损害赔偿诉讼等进行规范，统一了裁判规则。辽宁省高级人民法院与省生态环境厅、省检察院、省司法厅等8家单位联合发布《辽宁省生态环境损害赔偿磋商办法（试行）》《辽宁省生态环境损害鉴定评估管理办法（试行）》《辽宁省生态环境损害修复管理办法（试行）》《辽宁省生态环境损害赔偿信息公开和公众参与办法（试行）》等4个生态环境损害赔偿制度改革配套文件，规范态环境损害赔偿磋商、鉴定评估、修复、信息公开和公众参与的具体办法，为生态环境损害赔偿制度改革落地提供支撑，为以后续定相关规范性文件提供了实践经验。吉林省高级人民法院会同省财政厅等4家单位制定了《吉林省生态环境损害赔偿资金管理暂行办法》，吉林省环境保护厅、司法厅发布《吉林省生态环境损害赔偿磋商管理办法（试行）》，吉林省环境保护厅印发《吉林省生态环境损害鉴定评估管理办法（试行）》，吉林省高级人民法院、省检察院、省生态环境厅等10余个单位共同制定了《关于建立生态环境损害赔偿制度与检察公益诉讼制度衔接机制的若干规定》《吉林省生态环境损害赔偿资金管理办法实施细则》等协作机制。黑龙江生态环境厅、黑龙江省高级人民法院等11单位制定《黑龙江省关于推进生态环境损害赔偿制度改革若干具体问题的实施意见》，黑龙江省高级人民法院与省财政厅等4单位联合制定发布《黑龙江省生态环境损害赔偿资金管理办法（试行）》等，对生态环境损害赔偿索赔主体、案件线索、索赔启动条件、调查评估、磋商和诉讼规则、修复评估等内容做了进一步的细化。安徽省高级人民法院制定《关于生态环境损害赔偿协议的司法确认规程》，明确生态环境损害赔偿协议的审查组织和方式、审查重点、裁定书制作等，为及时赋予生态环境损害赔偿司法小利做好准备。2021年6月，安徽省生态环境损害赔偿制度改革工作领导小组办公室印发《安徽省生态环境损害赔偿实施办法（试行）》和《安徽省生态环境损害赔偿资金管理办法（试行）》（皖环偿领办〔2021〕9号），推动生态环境损害赔偿制定改革。2022年8月，陕西省生态环境厅、陕西省高级人民法院、陕西省人民检察院等11个单位发布《陕西省生态环境损害赔偿磋商办法》《陕西省生态环境损害鉴定评估办法》。截至2021年12月，全省提起涉及水、土壤、空气、生态等环境要素生态环境损害赔偿案件102件，赔偿金额8378.72万元。

（二）生态环境损害赔偿诉讼案件的司法适用

生态环境损害赔偿诉讼，是指省级、市地级人民政府及其指定的相关部门、机构，或者受国务院委托行使全民所有自然资源资产所有权的部门，因与造成生态环境损害的自然人、法人或者其他组织经磋商未达成一致或者无法进行磋商的，可以作为原告提起的生态环境损害赔偿诉讼。根据《最高人民法院关于审理生态环境损害赔偿案件的若干规定（试行）》（2020年修正）的规定，生态环境损害赔偿诉讼案件由人民法院环境资源审判庭或者指定的专门法庭审理。第一审生态环境损害赔偿诉讼案件由生态环境损害行为实施地、损害结果发生地或者被告住所地的中级以上人民法院管辖。经最高人民法院批准，高级人民法院可以在辖区内确定部分中级人民法院集中管辖第一审生态环境损害赔偿诉讼案件。中级人民法院认为确有必要的，可以在报请高级人民法院批准后，裁定将本院管辖的第一审生态环境损害赔偿诉讼案件交由具备审理条件的基层人民法院审理。[①] 2019年1月至2021年11月，受理生态环境损害赔偿诉讼案件329件，审结206件。

1. 稳步推进环境资源案件集中管辖

在"咸宁市咸安区双溪桥镇李容村第二十三村民小组与被告咸宁市成功矿业有限公司、湖北咸宁恒大矿业有限公司、第三人湖北省地质局第四地质大队环境污染责任纠纷案"中，法院认为，《最高人民法院关于审理生态环境损害赔偿案件的若干规定（试行）》（2019年）第1条明确规定了生态环境损害赔偿诉讼的原告范围为：省级、市地级人民政府及其指定的相关部门、机构，或者受国务院委托行使全民所有自然资源资产所有权的部门；第2条第1项规定："下列情形不适用本规定：（一）因污染环境、破坏生态造成人身损害、个人和集体财产损失要求赔偿的，适用侵权责任法等法律规定。"咸宁市咸安区双溪桥镇李容村村民委员会第二十三村民小组主张二被告破坏生态造成个人和集体财产损失要求赔偿，故本案系环境侵权责任诉讼，非生态环境损害赔偿诉讼。《民事诉讼法》第28条规定："因侵权行为提起的诉讼，由侵权行为地或者被告住所地法院管辖。"故本案应由侵权行为地或者被告住所地的湖北省咸宁市咸安区人民法院管辖。[②] 在"上诉人聊城德丰化工有限公司（以下简称德丰公司）因与被上诉人濮阳市人民政府环境污染责任纠纷案"中，法院认为，本案系濮阳市人民政府作为原告提起生态环境损害赔偿诉讼，濮阳市人民政府诉称德丰公司对其生产过程中产生的危险废物采用补贴销售的方式非法处置，致使当地回木沟生态环境遭受严重损害，请求法院依法判令德丰公司赔偿环境损害赔偿费用、应急处置费用、评估费用、律师

---

① 人民法院出版社编著：《最高人民法院民事案件案由适用要点与请求权规范指引》（第2版）（下册），人民法院出版社2020年版，第1018~1019页。

② 湖北省咸宁市中级人民法院（2020）鄂12民初58号民事判决书。

费用、专家费用等共计5 776 394元。根据《最高人民法院关于审理生态环境损害赔偿案件的若干规定（试行）》第3条第1款规定，第一审生态环境损害赔偿诉讼案件由生态环境损害行为实施地、损害结果发生地或者被告住所地的中级人民法院管辖。本案所涉生态环境损害行为实施地、损害结果发生地均属濮阳市中级人民法院管辖地域。德丰公司称因濮阳市中级人民法院与濮阳市人民政府存在利害关系并申请该院回避的理由不符合《民事诉讼法》有关回避的法律规定，法院不予支持。综上，濮阳市中级人民法院对本案具有管辖权，德丰公司的上诉理由不能成立。[①]

2. 依法审理人民检察院、政府机关和社会组织提起的生态环境损害赔偿诉讼

（1）在"原告青岛市李沧区人民政府诉被告刘某某生态环境损害赔偿纠纷案"中，法院认为，《最高人民法院关于审理生态环境损害赔偿案件的若干规定（试行）》第1条规定："具有下列情形之一，省级、市地级人民政府及其指定的相关部门、机构，或者受国务院委托行使全民所有自然资源资产所有权的部门，因与造成生态环境损害的自然人、法人或者其他组织经磋商未达成一致或者无法进行磋商的，可以作为原告提起生态环境损害赔偿诉讼：……"中共中央办公厅、国务院办公厅《生态环境损害赔偿制度改革方案》、中共山东省委办公厅、山东省人民政府办公厅《山东省生态环境损害赔偿制度改革实施方案》和中共青岛市委办公厅、青岛市人民政府办公厅《青岛市生态环境损害赔偿制度改革实施方案》亦规定，省级、市地级政府及其指定的部门或机构均有权提起生态环境损害赔偿诉讼；青岛市人民政府《关于统一指定各区（市）政府负责生态环境损害赔偿有关事宜的批复》，统一指定青岛市各区（市）政府、青岛高新区管委负责各自辖区内的生态环境损害赔偿具体工作。因此，原告青岛市李沧区人民政府在与被告刘某某就本案生态环境损害赔偿事宜经磋商未达成一致的情况下，有权提起生态环境损害赔偿诉讼。关于支持起诉人参与诉讼资格问题。《民事诉讼法》第15条规定，"机关、社会团体、企业事业单位对损害国家、集体或者个人民事权益的行为，可以支持受损害的单位或者个人向人民法院起诉"，第55条第2款规定，"人民检察院在履行职责中发现破坏生态环境和资源保护、食品药品安全领域侵害众多消费者合法权益等损害社会公共利益的行为，在没有前款规定的机关和组织，或者前款规定的机关和组织不提起诉讼的情况下，可以向人民法院提起诉讼。前款规定的机关

---

① 河南省高级人民法院（2020）豫民辖终35号民事判决书。

或者组织提起诉讼的,人民检察院可以支持起诉",根据上述法律规定,青岛市人民检察院在原告对本案生态环境损害提起诉讼时,有权支持原告的起诉。①

（2）在"原告九江市人民政府诉被告江西正鹏环保科技有限公司、杭州连新建材有限公司、张某某、李某、舒某某、黄某、夏某某、陈某某、马某某生态环境损害赔偿责任纠纷案"中,法院认为,中共中央办公厅、国务院办公厅《生态环境损害赔偿制度改革方案》明确了生态环境损害赔偿权利人:国务院授权省级、市地级政府（包括直辖市所辖的区县级政府）作为本行政区域内生态环境损害赔偿权利人。省域内跨市地的生态环境损害,由省级政府管辖;其他工作范围划分由省级政府根据本地区实际情况确定。省级、市地级政府可指定相关部门或机构负责生态环境损害赔偿具体工作。省级、市地级政府及其指定的部门或机构均有权提起诉讼。《最高人民法院关于审理生态环境损害赔偿案件的若干规定（试行）》第1条亦规定,发生其他严重影响生态环境后果的,省级、市地级人民政府可以作为原告提起生态环境损害赔偿诉讼。因此,九江市人民政府作为原告提起本案生态环境损害赔偿诉讼,主体适格。②在"五莲县人民政府与被告吴某某、李某某、张某某生态环境损害赔偿诉讼案"中,关于五莲县人民政府是否为本案适格主体问题。根据《最高人民法院关于审理生态环境损害赔偿案件的若干规定（试行）》第1条、第2条的规定,发生严重影响生态环境后果的,省级、市地级人民政府及其指定的相关部门、机构,或者受国务院委托行使全民所有自然资源资产所有权的部门,因与造成生态环境损害的自然人、法人或者其他组织经磋商未达成一致或者无法进行磋商的,可以作为原告提起生态环境损害赔偿诉讼。因污染环境、破坏生态造成人身损害、个人和集体财产损失要求赔偿的,适用侵权责任法等法律规定。中至村委会因张某某、吴某某非法炼铅遭受财产损失,依照《民事诉讼法》第119条规定提起民事诉讼,属于私益诉讼,并不影响五莲县人民政府依法提起生态环境损害赔偿诉讼,两者保护的法益不同,可以并存。五莲县人民政府为本案适格主体,张某某对五莲县人民政府诉讼主体资格的异议不成立,法院不予支持。③

（3）在"玉溪市江川区大街街道三街社区居民委员会与被告李某、黄某某、秦某某环境污染责任纠纷案"中,法院认为,依照《最高人民法院关于适用〈中华人民共

---

① 山东省青岛市中级人民法院（2019）鲁02民初1579号民事判决书。
② 江西省九江市中级人民法院（2019）赣04民初201号民事判决书。
③ 山东省日照市中级人民法院（2020）鲁11民初428号民事判决书。

和国民事诉讼法〉的解释》第68条规定,村民委员会或者村民小组与他人发生民事纠纷的,村民委员会或者有独立财产的村民小组为当事人。《最高人民法院关于审理生态环境损害赔偿案件的若干规定(试行)》第2条规定,因污染环境、破坏生态造成人身损害、个人和集体财产损失要求赔偿的,适用侵权责任法等法律规定。《民法总则》第101条规定:"居民委员会、村民委员会具有基层群众性自治组织法人资格,可以从事为履行职能所需要的民事活动。"原告作为居民委员会及受污染土地的所有人,在环境被污染的情况下为维护自身权益提起损害赔偿诉讼属于从事履行职能所需要的民事活动,可以作为本案的当事人(原告)。被告黄某某的主张无法律依据,不予支持。[①]

3. 依法审理生态环境损害赔偿诉讼

在"原告烟台市生态环境局与被告张某某、曹某某、曲某某生态环境损害赔偿纠纷案"中,被告主张具有法律规定的不承担责任或者减轻责任情形的,应当承担举证责任,张某某、曹某某、曲某某应承担举证不能的不利后果,法院对烟台市生态环境局主张的环境污染治理费639 424元及审计费3000元予以支持。[②] 在"原告天津市蓟州区生态环境局(以下简称蓟州区生态局)与被告李某、郑某某生态环境损害赔偿纠纷案"中,就蓟州区生态局请求的赔偿金额,蓟州区生态局提交了《生态环境损害鉴定评估报告》,作出该报告的机构系天津市环境保护技术开发中心,该中心是国家环保部推荐的评估机构,根据《最高人民法院关于审理生态环境损害赔偿案件的若干规定(试行)》第10条的规定,国务院环境资源保护监督管理相关主管部门推荐的机构出具的监测报告、评估报告可以作为认定案件事实的依据。上述评估报告符合相关规定,故法院对鉴定评估意见依法予以采信。蓟州区生态局主张的污染清除费用及损害恢复费用、事务性费用,均是修复因李某、郑某某等非法行为造成土壤与浅层地下水环境损害结果所需费用,故应由该二被告共同承担。[③] 在"原告天津市东丽区生态环境局(以下简称东丽区生态局)与被告张某某环境污染责任纠纷案"中,关于东丽区生态局主张张某某赔偿各项费用的事实依据、法律依据以及计算方式的问题,就东丽区生态局请求的赔偿金额,东丽区生态局提交了《生态环境损害鉴定评估报告》,作出该报告

---

① 云南省玉溪市江川区人民法院(原云南省江川县人民法院)(2019)云0421民初654号民事判决书。
② 山东省烟台市中级人民法院(2020)鲁06民初225号民事判决书。
③ 天津市第一中级人民法院(2019)津01民初601号民事判决书。

的机构系天津市环境保护技术开发中心,该中心是国家环保部推荐的评估机构,根据《最高人民法院关于审理生态环境损害赔偿案件的若干规定(试行)》第10条的规定,国务院环境资源保护监督管理相关主管部门推荐的机构出具的监测报告、评估报告可以作为认定案件事实的依据。上述评估报告符合相关规定,故法院对鉴定评估意见依法予以采信。东丽区生态局主张的生态环境损害恢复费用、事务性费用(生态环境损害鉴定评估费用和修复效果评估费用),均是修复因张某某非法行为造成土壤与浅层地下水环境损害结果所需费用,故应由张某某承担。东丽区生态局主张的律师费,属于为本次诉讼支出的合理费用,亦应由张某某承担。[①] 在"上诉人于某某、于某因与被上诉人天津市宁河区生态环境局(以下简称宁河生态局)环境污染责任纠纷(生态环境损害赔偿诉讼)案"中,关于宁河生态局提交的鉴定评估报告是否可以作为认定案件事实依据的问题,法院认为,《最高人民法院关于审理生态环境损害赔偿案件的若干规定(试行)》第10条规定,当事人在诉前委托具备环境司法鉴定资质的鉴定机构出具的鉴定意见,以及委托国务院环境资源保护监督管理相关主管部门推荐的机构出具的检验报告、检测报告、评估报告、监测数据等,经当事人质证并符合证据标准的,可以作为认定案件事实的根据。诉前磋商作为生态环境损害赔偿诉讼的前置程序,通常需要委托具备环境司法鉴定资质的鉴定机构出具鉴定评估意见,其目的是增强行政机关积极履行环境资源保护监督管理职责的积极性,推动赔偿义务人尽快修复受损生态环境,对于诉前当事人单方委托鉴定,法律并无禁止性规定,宁河生态局诉前单方委托鉴定未违反相关法律程序,于某某、于某关于宁河生态局诉前单方委托鉴定违法的主张,依据不足,不能成立。本案中,作出该报告的机构系天津市环境保护技术开发中心,天津市环境污染损害鉴定评估中心挂靠在天津市环境保护技术开发中心,列入了环境保护部印发的《环境损害鉴定评估推荐机构名录(第一批)》,具备合法的鉴定评估资质,上述鉴定评估报告符合相关规定,一审法院亦组织双方当事人进行了质证,故法院对该鉴定评估意见的合法性予以确认。于某某、于某主张污染场所发生环境变化影响了鉴定评估报告结果,但未提供证据加以证明,根据《最高人民法院关于适用〈中华人民共和国民事诉讼法〉的解释》第90条的规定,应承担举证不能的不利后果,

---

① 天津市第三中级人民法院(2019)津03民初217号民事判决书。

于某某、于某的上述主张依据不足,不能成立。①

4. 创新生态修复方式

《最高人民法院关于审理生态环境损害赔偿案件的若干规定(试行)》第12条规定,受损生态环境能够修复的,人民法院应当依法判决被告承担修复责任,并同时确定被告不履行修复义务时应承担的生态环境修复费用。生态环境修复费用包括制定、实施修复方案的费用,修复期间的监测、监管费用,以及修复完成后的验收费用、修复效果后评估费用等。原告请求被告赔偿生态环境受到损害至修复完成期间服务功能损失的,人民法院根据具体案情予以判决。在"公益诉讼起诉人吉林省人民检察院长春林区分院与被告李某某生态环境保护民事公益诉讼案"中,李某某因生活困难表示无能力赔偿经济损失,但愿意通过看护巡护的方式修复被破坏的生态环境,省检长林分院对该做法亦表示认可,湾沟林业局也同意安排具体看护巡护工作事项。看护巡护工作应从判决生效后由湾沟林业局立即进行工作安排,李某某须按时履行。若李某某不能完全履行上述看护巡护工作义务,则应继续履行经济赔偿责任。②在"上海市奉贤区生态环境局与童某某等生态环境损害赔偿诉讼案"中,法院认为,因被告童某某和张某某在监狱服刑、被告王某某在逃,三被告均无法履行及时修复受损环境的责任,且三被告排放的含镍废液严重污染河水和土壤,威胁附近村民的生存环境,环境损害治理和修复刻不容缓,加之修复难度大,技术和资金要求高,故奉城镇政府根据实际情况直接委托他人进行应急处置,并开展环境损害评估、生态修复等工作,显属必要。对于原告直接委托他人进行修复并要求三被告承担修复费用的诉请,虽然《最高人民法院关于审理生态环境损害赔偿案件的若干规定(试行)》未有明确规定,但根据《最高人民法院关于适用〈中华人民共和国民法典〉时间效力的若干规定》第3条规定的空白溯及原则,本案可以适用《民法典》第1234条。根据该条规定,原告委托他人修复产生的费用由侵权人即三被告承担的诉请,于法有据。原告对修复环境支出的各项具体费用,按《最高人民法院关于审理生态环境损害赔偿案件的若干规定(试行)》第6条规定承担了举证责任,前述一系列合同以及各类付款凭证、发票等证据,能证明奉城镇政府委托他人进行应急处置、损害评估、招标代理、生态修复、环境监理、效果

---

① 天津市高级人民法院(2020)津民终411号民事判决书。
② 吉林省长春林区中级法院(2021)吉76民初6号民事判决书。

评估等支出费用有事实依据。

5. 支持原告为诉讼支出的合理费用

（1）在"原告重庆市大足区生态环境局（以下简称大足区生态环境局）诉被告孟某某生态环境损害赔偿案"中，《最高人民法院关于审理生态环境损害赔偿案件的若干规定（试行）》第14条规定，原告请求被告承担应急处置费用及为生态环境损害赔偿磋商和诉讼支出的鉴定、评估费用的，由人民法院根据具体案情予以判决。大足区生态环境局在本次污染事件发生后，及时组织开展应急处置工作，清理了污染物并对排入水渠的污染物采取措施拦截吸附，对清理的污染物作了无害化处置。上述行为是为修复受损生态环境，并防止损害扩大而采取的合理的措施，因此产生的相关费用应纳入被告的赔偿范围。经重庆市生态环境工程评估中心进行鉴定评估，该项费用为630 417.16元，法院对此予以确认。同时因此次鉴定评估，还产生了调查评估费90 000元，该费用亦应由被告承担。

（2）在"上诉人于某某、于某因与被上诉人天津市宁河区生态环境局（以下简称宁河生态局）环境污染责任纠纷（生态环境损害赔偿诉讼）案"中，关于鉴定评估费用是否应由于某某、于某负担的问题。《最高人民法院关于审理生态环境损害赔偿案件的若干规定（试行）》第14条规定："原告请求被告承担下列费用的，人民法院根据具体案情予以判决：（一）实施应急方案以及为防止生态环境损害的发生和扩大采取合理预防、处置措施发生的应急处置费用；（二）为生态环境损害赔偿磋商和诉讼支出的调查、检验、鉴定、评估等费用；（三）合理的律师费以及其他为诉讼支出的合理费用。"天津市环境保护技术开发中心作出的鉴定评估报告，鉴定意见翔实具体，依据充分，是认定本案具体损失的主要依据，由此产生的鉴定评估费用应当纳入赔偿范围。虽然于某某、于某主张鉴定评估费用过高，但经一审法院审查，鉴定评估报告中列明的具体收费项目与《天津市生态环境损害赔偿制度改革实施方案》中对鉴定评估项目的具体要求相对应，收费标准也是依据"环境保护部环境规划院环境风险与损害鉴定评估研究中心会议纪要"的内容进行确定，且《情况说明》中亦显示于某某曾表示对鉴定评估无异议，愿意承担相应费用。同时，鉴定评估费用收费标准与鉴定评估费用、生态修复费用是否存在数额差异之间并无法律上的必然联系。综合以上分析，一审认定鉴定评估费应由于某某、于某负担并无不当。①

（3）在"五莲县人民政府与被告吴某某、李某某、张某某生态环境损害赔偿诉讼案"中，关于五莲县人民政府支出的律师代理费问题。根据《最高人民法院关于审理生态环境损害赔偿案件的若干规定（试行）》第14条规定，原告请求被告承担合理的律师费以及其他为诉讼支出的合理费用，人民法院根据具体案情予以判决。五莲县人民政府委托山东阳尔律师事务所进行诉讼，支出代理费为87 000元。该代理费数额合理且必要，应当由吴某某、张某某、李某某负担。②

6. 构建生态环境损害赔偿与环境公益诉讼的衔接机制

在"攀枝花市生态环境局、攀钢集团攀枝花钢钒有限公司司法确认生态环境损害赔偿协议司法确认案"中，钢钒公司2017—2019年因各类环境违法行为被攀枝花市生态环境行政主管部门行政处罚16次，这16次环境行政处罚中，涉及大气超标排放的行政处罚共13条，超标排放污染物主要为SO_2、颗粒物及NO_x，对大气环境造成一定程度的损害。攀枝花市生态环境局作为赔偿权利人四川省攀枝花市人民政府指定的部门与申请人攀钢集团攀枝花钢钒有限公司于2021年2月3日经磋商达成的《生态环境损害赔偿协议》，钢钒公司履行生态环境损害赔偿责任具体要求：以方式赔偿金上缴市级国库，并于2021年3月31日前，一次性付清。这是发挥生态环境损害赔偿诉讼中诉前磋商、司法确认等制度优势，构建生态环境损害赔偿与环境公益诉讼的衔接机制，完善责任承担方式的重要尝试。

三、实地调研的资料

（一）践行修复性司法理念

浙江法院践行修复性司法理念，统筹山水林田湖草一体化保护和修复，深入探索"补植复绿""增殖放流""限期修复"等环境修复责任承担方式，推动形成"破坏—惩罚—修复—监督"的生态修复闭环，建立健全"恢复性司法实践+社会化综合治理"审判结果执行机制。充分发挥司法助力碳达峰、碳中和的积极作用，努力打造公益生

---

① 天津市高级人民法院（2020）津民终411号民事判决书。
② 山东省日照市中级人民法院（2020）鲁11民初428号民事判决书。

态林等生态修复基地群,目前已设立基地40余个并补植面积990余亩;积极探索符合水生态环境特点的生态修复方式,放养鱼苗200余万尾。江西省高级人民法院把长江流域生态环境保护和修复摆在压倒性位置。积极适用"补种复绿""增殖放流""护林护鸟""清理填埋"等修复性判决方式;通过责令当事人恢复原状、赔偿损失、缴纳生态修复费用用于实地修复或异地修复。湖南省高级人民法院大力开展生态修复基地建设。指导岳阳两级法院建立东洞庭湖国家级自然保护区生物多样性司法保护基地、湘江流域退耕还林还湿司法保护基地等;指导张家界市法院在大鲵自然保护区设立水资源及生物多样性司法保护基地,充分发挥基地司法宣传示范作用。严格落实生态环境损害修复责任,如湘西法院审理的秦某某擅自在国家级自然保护区核心区内滥伐林木一案,针对当时无直接可适用的民事实体法困难,依据林木管护期、水土涵养期等因素,确定了林木修复方案,有效时间"伐木要许可、毁林须复植"的生态修复理念,取得的良好法律效果和社会效果。

(二)积极推进生态环境损害赔偿审判工作

天津法院准确把握生态环境赔偿诉讼的性质,积极探索生态环境损害赔偿诉讼规则,发挥诉前磋商、司法确认等制度优势,构建生态环境损害赔偿诉讼与环境公益诉讼的衔接机制,完善责任承担方式。2019年,天津市高级人民法院出台《关于审理生态环境损害赔偿案件若干问题的审判委员会纪要》。天津市第三中级人民法院审理的经济技术开发区环保局与某冶金公司生态环境损害赔偿协议司法确认一案,相关法律法规和司法解释对于该类案件是否收取诉讼费用并无明确规定,上述问题的处理结果对于今后统一此类案件适用规则具有指导意义,经中、高两级法院审委会讨论研究,形成专项意见请示最高人民法院,获得最高人民法院书面回复,形成具有全国指导意义的诉讼规则。湖南法院积极参与制定完善相关制度,制定了《关于办理省政府提起生态环境损害赔偿民事案件的若干意见》,对生态环境损害赔偿制度改革工作所涉及的司法确认、诉前禁令、诉前保全等机制进行规范确定。努力破解生态环境损害赔偿诉讼"无米下锅"问题。专门向省委省政府发出关于落实生态损害赔偿制度的司法建议,积极联络省政协委员连续两年提出完善生态环境损害赔偿案件办理机制的政协提案,有力推动湖南生态环境损害赔偿诉讼工作,永州、浏阳等法院办理数起生态环境损害赔偿诉讼工作。

(三)积极探索生态环境损害修复资金管理

2015年2月,在漳州市中级人民法院的主导推动下,漳州市人民政府制定出台《漳州市生态环境损害修复资金管理办法(试行)》,在全省率先设立生态环境损害修复资金专户,并成立生态环境损害修复资金管理工作领导小组,下设办公室依托漳州中院生态资源审判庭开展日常工作。此后两年,漳州市的11个县(市、区)相继设立生态环境损害修复资金管理制度,目前已实现市县二级全覆盖。2019年10月,濮阳市中级人民法院向濮阳市人民政府提出建立生态环境修复基金账户的建议,已得到有关领导和部门的积极响应,目前正牵头与市发改委、市财政局、市生态环境局等部门就基金设立的相关机制进行研究,积极推进,但由于涉及国家财政管理正常,还未制定相关成熟的文件,亟须顶层设计进一步完善。2020年1月,邢台市中级人民法院与邢台市财政局等10部门联合制定了《邢台市生态环境损害赔偿资金管理办法》,明确了生态环境损害赔偿资金的定义和来源、适用范围、规定了生态环境损害赔偿资金的收缴和使用程序,并明确了相关职能部门的责任分工,在全省首设生态环境损害赔偿专用账户,将全市法院判决的生态损害赔偿统一纳入邢台市财政局管理,目前,已经执行到位1312万余元,为生态环境修复奠定了基础。目前已经适用专用资金600万元用于全省法院首建生态环境修复司法保护基地。2021年年初,江西省高级人民法院批准九江市中级人民法院在全省先行试点,积极探索创新环资审判生态环境修复资金管理模式,即通过委托第三方公益性社会组织江西思华生态环境保护基金会监管方式,管理和使用好生态环境修复资金,力争打造出在全省可复制、可推广的生态环境修复资金管理模式。目前,该项试点工作进展顺利,九江两级法院已陆续签订26份委托合同,缴纳生态修复资金200余万元,已组织开展生态修复活动3次,正在筹备启动3个较大的生态修复项目。跨域委托基金会基础上进一步探索长江生态环境修复资金的操作细则。可由江西牵头在长江中部地区试点委托第三方公益基金会管理和监督使用生态修复资金新模式,包括委托模式的选择、资金的来源、资金的管理、资金的监管、修复项目的选择等事项,进一步推动长江生态环境修复落到实处。

(四)不断探索和创新生态环境修复履行执行方式

上海法院深化生态修复执行成效,将生态修复理念作为生物多样性司法保障的行动指南,通过与检察机关、渔业执法机关等开展增殖放流等活动,最大限度修复生物多样性。如上海铁路运输法院组织共放流2000斤花白鲢、134 336尾细鳞鲴,崇明、青浦、金山法院分别组织放流 2.168 万余尾、6 万余尾、7.16 万余尾鲫鱼、鲢鱼、鳙鱼鱼苗。天津法院坚持恢复性司法理念，凡是可能采取措施恢复原状的，在判令环境污染者、资源破坏者承担责任的同时，还责令其恢复原状。对于具备自然恢复条件、生态环境不能或者不易进行人工修复或者人工修复可能导致二次损害的，优先采用自然恢复的保护方式。在履行方式上，积极探索限期履行、劳务代偿、第三方治理等生态环境修复责任承担方式，通过补植令、放养令等落实恢复性司法理念。目前正在审理的绿发会诉某汽车公司大气污染公益诉讼中，双方已经统一采用环境公益信托的方式调解解决，按照京津冀环境资源审判框架协议，目前正在制定信托方案。天津法院目前正在滨海新区探索建设中心生态司法修复和教育示范基地，该基地将以法治公园为基础进行提升改造，采用核心区加扩展区的"1+N"的模式，核心区公园在规划建设中全面凸显生态法治元素，设置法宣剧场、法治文化长廊、宣誓广场、法治展览馆等功能单元，充分体现生态法治主体公园的特色和创意。2021 年 6 月 1 日起，九江两级法院环境资源类案件生效法律文书项下涉生态环境修复的案件，或环资案件审理过程中当事人自愿承担并主动缴纳生态修复费用时，环资庭承办法官可移送立案执行，由九江两级法院立案庭统一立"环执"号，此类案件统一归口环资庭办理。为使法院的环资审判执行工作与基金会的监管生态环境修复资金工作有效衔接，江西省高级人民法院下发了《关于涉生态环境修复案件审判执行规范指引（试行）》，以规范环资案件执行工作，实现生态环境修复资金真正用于生态修复的目的。河南法院环资案件在执行内容方面与普通案件相比，除金钱执行义务外，还时常包括行为执行义务，比如对生态环境进行修复、禁止进入某一特定区域。在"河南省濮阳市人民政府诉聊城德丰化工有限公司生态环境损害赔偿诉讼案"[1]中，该案以判决方式结案，被告提起上诉。判决为服务企业复工复产，营造良好营商环境，鼓励德丰公司积极采取措施，主动履行污染防治责任，结合环资审判实际，创新了裁判方式判令其参与生态环境治理、技术改造、购买环境责任保险的费用在一定额度内折抵赔偿费用的裁判方式，充分体现生态环境损害赔偿诉讼以修复为主的审判理念，彰显人民法院助力企业复工复产的积极作为。本案的审理对同类化工行业规范危险副产品无害化处置具有重要的教育示范意义，对潜在违法者具有重大的警示效果，能够引领社会公众自觉参与到生态环境保护

---

[1] 河南省高级人民法院（2020）豫民终 1217 号。

中来，在全社会形成保护环境、爱护生态的良好氛围。

（五）完善联动工作机制

上海市高级人民法院与上海市农业农村委员会等相关单位联合签署《关于建立完善生态环境多元共治协同保护机制的意见》，在信息共享、资源共享、证据一体化、大要案协同、磋商协议司法确认等方面加强协作联动。金山、青浦、崇明、上海铁路运输等法院与所在区的检察、公安及农委等部门，探索禁渔、采砂案件快审机制、联动机制、共研机制、专业技术征询机制等，形成了体现区位特点、丰富多样的跨协作机制。贵州法院与行政机关构建了联席会议、信息共享、案件移送、紧急案件诉前查处等机制，共同推动生态环境损害赔偿制度改革工作。如清镇市人民法院受理的贵州省人民政府、息烽诚诚劳务有限公司、贵阳开磷化肥有限公司生态环境损害赔偿协议司法确认案。该案由第三方组织磋商，对磋商协议司法确认的程序、规则等进行了积极探索，有关做法被《生态环境损害赔偿制度改革方案》和司法解释所认可和采纳。天津市高级人民法院与市生态环境局等14个部门会签了《天津市生态环境损害鉴定评估管理办法（试行）》等4个生态环境损害赔偿制度改革实施方案配套文件，明确了鉴定评估、诉前磋商、资金管理、信息公开等工作规则。2020年，天津市高级人民法院与市检察院、市生态环境局会签了《关于加强生态环境损害赔偿制度改革和检察公益诉讼工作联动的意见》，就组织联席会议、信息交流共享、案件沟通协调、相关文件制定等达成共识，强化了执法司法衔接和协调配合，实现了资源共享与优势互补。湖北高院会同省财政厅等部门出台《湖北省生态环境损害赔偿资金管理办法（试行）》，规范生态环境损害赔偿资金和环境公益诉讼资金的管理；联合长江流域管理机构和省直相关部门印发《关于贯彻实施〈中华人民共和国长江保护法〉构建长江流域（湖北段）生态环境保护行政执法与司法协调联动机制的实施意见》，建立信息共享、案件通报、执行写作、宣传配合、沟通保障五项工作机制，确保长江流域生态环境保护各项任务落到实处。

（六）加强跨区域协作

上海法院在一体化示范区生态环境检查执法互认机制创新探索中，与一体化示范区执委会以及苏浙沪三地的司法和执法机关，共同研究机制规划和机制构建，并形成《长三角一体化示范区生态环境检查执法互认机制对接推进会会议纪要》，支持组建示范区生态环境保护综合执法队，在示范区范围内按照生态环境系统完整性实施统一环境执法监管，进一步强化跨区域跨流域联合执法、交叉执法，严厉打击跨界环境违法犯罪活动。浙江法院积极顺应生态系统的完整性、环境介质的流动性特征，切实加强跨区域之间司法协作机制建设，积极构建"横向+纵向"网格式、全覆盖的环资审判司法协作区，"生态环境保护司法协作"做法入选省委"法治浙江'重要窗口'"实践事例。以钱塘江、瓯江、大运河流域司法协作的有益经验为基础，形成《钱塘江流域生态环境保护司法协作机制问题与对策建议》。积极落实与长江沿岸11省市高院签订《长江经济带11+1（青海）省市环境资源审判协作框架协议》《关于全面加强长江三角洲地区人民法院司法协助交流工作的协议》，深化长江经济带、长三角"三省一市"环境资源审判工作协作交流以及司法协作区建设。强化海陆协作，2021年以来，宁波海事法院同浙江省东海沿岸七家中院建立"1+7"环东海生态环境司法协作机制，沪苏浙闽四地海事法院共同签订保护东海海洋资源与生态环境框架协议，共同护航海洋生态文明建设。安徽法院加强长江流域生态环境协同共治，安庆、池州中院与赣湘鄂三省四地法院联合签订《长江中下游环资司法协作机制合作协议》。甘肃法院拓展流域法院司法协作广度和深度。建立案件协商协作机制，对于跨区域的重大敏感或疑难复杂案件，及时进行双边或多边协商，相互配合，建立专项活动协同行动机制。建立信息通报、共享制度，畅通涉长江流域案件咨询建议通道，探索建立区域内生态赔偿资金统筹使用制度。统一流域法院裁判标准尺度，推动建立相对统一的水资源保护、损害赔偿、责任追究、环境修复标准和裁判尺度，推进区域内环境资源民事案件裁判规则统一和完善。强化流域法院研讨调研交流力度，紧密结合长江流域生态环境现状、特点和司法保护需求，加强对环境资源司法保护新问题的法律适用和诉讼制度研讨交流，相互学习、积极借鉴流域环境资源司法保护和生态文明建设与绿色发展的有益经验。增强流域法院司法宣传亮度。加强跨域同步宣传，形成跨省区法院同频共振保护长江的宣传态势，提升生态环境司法保护的社会公众参与度，促进形成长江流域生态环境司法保护的共识与合力。湖北省高级人民法院开展长江流域区域性司法协作。针对长江流域生态环境保护的跨区域流动性，不可分割性以及系统一体化等特点，积极推进司法保护跨省级互联互通、跨区域协作协同、先后与湖南省高级人民法院、河南省高级人民法院、陕西省高级人民法院、江西省高级人民法院签署了环洞庭湖、环牡丹江水库、长江中游城市群环境资源审判工作协作机制的系列框架协议；组织省内汉江沿线法院签订《关于构建汉江流域环境资源审判协作机制的框架协议》，强化区域司法保护协同联动,共护"一库净水北送""一江清水东流"。

四、当前主要问题及建议

(一)环境资源案件集中管辖法律依据不足

根据《中共中央关于全面推进依法治国若干重大问题的决定》,最高人民法院"四五改革纲要""五五改革纲要"等文件精神,全国多地开展环境资源案件集中管辖试点,如四川建立起大熊猫国家公园的环境资源案件集中管辖机制,并取得一定成效。但由于改革依据仅仅停留在政策层面,法律依据不足,相关部门配合积极性不高甚至拒绝配合。建议加强顶层设计,由最高人民法院推动立法,为环境资源案件集中管辖提供有力的法律支撑。

(二)环境资源审判受案范围缺乏实操性

《环境资源案件类型与统计规范(试行)》将与生态环境保护和自然资源可持续利用有密切关联作为案件类型划分的主要依据,同时兼顾与环境资源行政职能的对接,将环境资源案件划分为环境污染防治、生态保护、资源开发利用、气候变化应对、生态环境治理与服务等五大类型,但是类型化的划分方法较为宏观,每一类型均包括了民事、刑事、行政、公益诉讼与生态环境损害赔偿诉讼,且五大类型之间本身存在交叉与重叠,与当前案由并非完全直接对应关系,导致目前的系统无法按照五大类型对案件进行识别。建议最高人民法院能出台更具体、可操作的案由范围细则。

(三)环境资源司法鉴定机构不足,司法鉴定标准缺乏

根据司法部、生态环境部印发的《环境损害司法鉴定执业分类规定》相关司法鉴定尚未出台相应的执业分类了规定,导致该类司法鉴定机关相对缺乏。另外,在司法鉴定中,鉴定标准必须做到统一、科学、规范,才能提升鉴定质量、增加鉴定公信力,司法部先后6批颁布118条司法鉴定技术规范,其中涉及环境损害司法鉴定的技术规范仅3条。环境资源审判属于"技术型诉讼",司法鉴定无疑成为认定这些专业问题重要依据。建议协调中央部门推动构建完善的生态环境资源鉴定机构体系,即进一步统一规范环境资源的鉴定机构、鉴定资质、鉴定规则,同时建立一定区域内共享专家库和运行办法,方便法律的统一适用。

（四）生态环境修复的执行机制不健全

法院裁判后的执行阶段面对的不是传统执行案件中的金钱给付，而是一个非常复杂的环境生态技术工程建设。实践中常涉及损害程度和恢复原状标准如何确定；原状恢复与损害程度之间关系；修复方式以及成本计算；恢复原状成本过高或难以恢复时的替代方式以及成本计算；恢复原状成本过高或难以恢复时的替代方式；受到损害至恢复原状期间服务功能的损失如何认定等诸多专业技术问题。建议研究设立具有专业技术能力，推动构建能够专门执行生态环境系统工程修复的机构，对造成的生态环境损害予以全面修复、综合治理。

（五）跨省域环境司法协作机制尚未落实

为加强长江流域生态环境司法保护，重庆市高级人民法院与长江经济带其他高院、长江上游三省高级人民法院、四川省高级人民法院分别签署环境司法协作协议。贵州法院虽然与重庆、四川、云南、广西等地法院建立了环境资源审判协作机制，但环境司法协作中的其他各项协作任务尚未有效地贯彻落实到具体工作中，工作还停留在书面协议上。继续深化流域一体化司法保护机制建设，深化长三角、钱塘江、大运河、环东海等区域、流域司法协作。建议最高人民法院构建环境资源审判信息共享平台、共同打造生态司法修复基地。

（六）相关区域协作共治机制尚未建立

流域保护就地域来讲，不是法院一个部门能够单打独斗实现的，需要多个部门共同参与、相互配合、相互支持，形成协同保护的整体合力。但实践中存在多个部门之间衔接不畅的问题，部分案件反映出各行政执法部门之间条块分割职责不清，难以形成合力。建议构建重点生态区域的协作共治机制，在长江口中华鲟湿地自然保护区、九段沙湿地国家级自然保护区等重点生态区域，建立渔业生态修复基地，完善多元共治机制、联合宣传机制，努力形成协同保护、相互促进的良好局面。在碳中和、碳达峰背景下，需要与金融机构、海洋保护部门、林业部门、税务部门之间建立更为广泛的工作联系机制。

第三节

环境资源刑事案件

绿色发展成为国家的基本发展战略，环境资源犯罪成为刑法学界无法回避的话题。我国正处于经济转型的重要阶段，发展是硬道理。习近平总书记指出："发展必须是科学发展，必须坚定不移贯彻创新、协调、绿色、开放、共享的发展理念。"[①] 如何从司法角度保障绿色发展理念，加强环境资源司法保障是最直接最有效的路径，而严格依法惩治环境资源犯罪则必不可缺。

一、环境资源刑事审判立法及司法概况

（一）立法概况

惩治环境资源犯罪的法律依据主要体现在刑法中。1979年《刑法》第一次涉及了环境犯罪相关规定；1997年《刑法》在第六章第六节增加"破坏环境资源保护罪"，并增加7条和修改2项内容；2011年《刑法修正案（八）》将重大环境污染事故罪修改为污染环境罪。最高人民法院、最高人民检察院于2013年和2016年相继出台和修改《关于办理环境污染刑事案件适用法律若干问题的解释》，并形成2019年《关于办理环

[①] 中共中央宣传部：《习近平新时代中国特色社会主义思想学习问答》，学习出版社、人民出版社2021年版，第229页。

境污染刑事案件有关问题座谈会纪要》。①2020年,《刑法修正案(十一)》进一步修改,以更好保护相应法益。

1. 司法解释

2016年开始实施的《最高人民法院、最高人民检察院关于办理环境污染刑事案件适用法律若干问题的解释》共18条,主要是明确和细化了污染环境罪构成要件中的严重污染等情形。

污染环境罪是环境污染犯罪的基本罪名,主要入罪要件为"严重污染环境"。2013年最高人民法院、最高人民检察院发布《关于办理环境污染刑事案件适用法律若干问题的解释》规定了认定"严重污染环境"的14项具体情形。2016年司法解释对此予以吸收,并根据司法实践情况作出完善。比如,在重金属污染环境入罪标准方面,司法解释明确"排放、倾倒、处置含铅、汞、镉、铬、砷、铊、锑的污染物,超过国家或者地方污染物排放标准三倍以上""排放、倾倒、处置含镍、铜、锌、银、钒、锰、钴的污染物,超过国家或者地方污染物排放标准十倍以上的"应当认定为"严重污染环境"。在惩治自动监测数据造假行为方面,司法解释规定,重点排污单位篡改、伪造自动监测数据或者干扰自动监测设施,排放化学需氧量、氨氮、二氧化硫、氮氧化物等污染物的,应当认定为"严重污染环境"。此外,司法解释将"违法减少防治污染设施运行支出一百万元以上""违法所得三十万元以上"增加规定为"严重污染环境"的情形。司法解释还将生态环境损害因素纳入考量范围,将"造成生态环境严重损害"规定为"严重污染环境"的情形之一。

司法解释还对污染环境罪的结果加重情节"后果特别严重"的认定标准作了相应完善。根据司法解释,实施《刑法》第338条、第339条规定的行为,具有"非法排放、倾倒、处置危险废物一百吨以上""致使一百人以上中毒的""致使一人以上死亡或者重度残疾的"等13种情形之一的,应当认定为"后果特别严重",处三年以上七年以下有期徒刑,并处罚金。

司法解释同时规定,实施环境污染犯罪,具有"在重污染天气预警期间、突发环

---

① 还有涉及其他专门领域的环境资源犯罪的司法解释或规范性文件,如《最高人民法院关于审理破坏野生动物资源刑事案件具体应用法律若干问题的解释》(2000年);《最高人民法院、最高人民检察院关于办理非法采矿、破坏性采矿刑事案件适用法律若干问题的解释》(2016年);《最高人民法院、最高人民检察院、公安部、司法部关于依法惩治非法野生动物交易犯罪的指导意见》(2020年)。

境事件处置期间或者被责令限期整改期间,违反国家规定排放、倾倒、处置有放射性的废物、含传染病病原体的废物、有毒物质或者其他有害物质的"等 4 种情形的,应当从重处罚。

实践中,一些单位和个人非法排放、倾倒、处置危险废物,以降低生产成本、牟取不法利益,甚至形成了"一条龙"作业。为此,司法解释规定,明知他人无危险废物经营许可证,向其提供或者委托其收集、贮存、利用、处置危险废物,严重污染环境的,以共同犯罪论处。

此外,司法解释第 10 条规定,针对环境质量监测系统实施修改参数或者监测数据、干扰采样,致使监测数据严重失真等行为的,以破坏计算机信息系统罪论处。在司法适用中存在争议。

2. 办理环境刑事案件座谈会纪要

2019 年 2 月 20 日,最高人民法院、最高人民检察院、公安部、司法部、生态环境部联合印发《关于办理环境污染刑事案件有关问题座谈会纪要》。[①] 据悉,这是"两高三部"首次就办理环境污染刑事案件有关问题联合出台的专门文件。纪要分为三部分,共 15 条,旨在解决办理环境污染刑事案件遇到的新情况新问题,统一法律适用,指导司法办案,推进行政执法与刑事司法有效衔接,回答了环境污染单位犯罪认定等 15 方面的问题。

在单位犯罪的认定方面,纪要明确了环境污染单位犯罪的具体情形,区分"直接负责的主管人员"和"其他直接责任人员"。重点打击出资者、经营者和主要获利者。

在犯罪未遂的认定方面,纪要明确,对于行为人已经着手实施非法排放、倾倒、处置有毒有害污染物的行为,由于有关部门查处或者其他意志以外的原因未得逞的情形,可以污染环境罪(未遂)追究刑事责任。

在主观过错的认定方面,纪要明确,应当依据犯罪嫌疑人、被告人的任职情况、职业经历、专业背景、培训经历以及污染物种类、污染方式、资金流向等证据,进行综合分析判断。

在生态环境损害标准的认定方面,纪要明确,在生态环境损害赔偿制度试行阶段,

---

① 纪要发布时召开了专门的新闻发布会,并公布了 5 个污染环境罪的典型案例,对主观过错认定、非法排放、倾倒、处置行为的认定等方面进行了具体解读。

全国各省（自治区、直辖市）可以结合本地实际情况，根据案件具体情况准确认定生态环境损害标准。

在非法经营罪的适用方面，纪要要求坚持实质判断原则和综合判断原则，全链条、全环节、全流程对非法排放、倾倒、处置、经营危险废物的产业链进行刑事打击，查清犯罪网络，深挖犯罪源头，斩断利益链条。

在投放危险物质罪的适用方面，纪要明确，对于行为人明知其排放、倾倒、处置的污染物含有危险物质，仍实施环境污染行为放任其危害公共安全，造成严重后果，以污染环境罪论处明显不足以罚当其罪的，可以按投放危险物质罪定罪量刑。

在涉大气污染环境行为的处理方面，纪要明确，对重污染天气预警期间，违反国家规定，超标排放二氧化硫、氮氧化物，受过行政处罚后又实施上述行为或者具有其他严重情节的，依法追究刑事责任。

在非法排放、倾倒、处置行为的认定方面，纪要明确，应当根据法律和司法解释的有关规定精神，从其行为方式是否违反国家规定或者行业操作规范、污染物是否与外环境接触、是否造成环境污染的危险或者危害等方面进行综合分析判断。

在有害物质的认定方面，纪要明确，应当坚持主客观相一致原则，从行为人的主观恶性、污染行为恶劣程度、有害物质危险性毒害性等方面进行综合分析判断，准确认定非法排放、倾倒、处置其他有害物质行为的社会危害性。

在从重处罚情形的认定方面，纪要规定，长江经济带十一省（直辖市）环境污染犯罪可以从重处罚的具体情形。

此外，纪要还明确了适用不起诉、缓刑、免予刑事处罚的除外情形，跨区域环境污染案件的管辖问题，危险废物的认定问题，办理环境污染刑事案件中的司法鉴定有关问题以及监测数据的证据资格问题。

3.《刑法修正案（十一）》对环境资源犯罪的修改

《刑法修正案（十一）》[①]是继《刑法修正案（八）》之后对此类犯罪重大修改后的

---

① 2020年12月26日，第十三届全国人民代表大会常务委员会第二十四次会议通过了《刑法修正案（十一）》。全文共48条，增设了16个新罪名，修改、合并了8个罪名。

立法形式上延续采用了修正案的立法模式，在立法内容方面主要涉及安全生产、食品药品安全、金融安全、企业产权保护、公共卫生安全、知识产权保护、未成年人保护等八个方面。

贯彻了党中央的决策部署和以人民为中心的要求，也适应了国内国际形势变化和当前面临的新情况、新斗争需要；既回应了社会上关注的热点问题，也反映了信息时代的社会特质。

又一次历史突破，对环境刑法理论发展还是对司法实践具体适用都有着重要影响。概括而言，涉及4个方面，其中1个条文修改原有罪名，3个条文增添新的罪名。具体如下。

第一，明确列举污染环境罪法定刑升格条件，提高刑罚档次，并新增竞合条款。修改后的污染环境罪规定在《刑法》第338条，该条规定："违反国家规定，排放、倾倒或者处置有放射性的废物、含传染病病原体的废物、有毒物质或者其他有害物质，严重污染环境[①]的，处三年以下有期徒刑或者拘役，并处或者单处罚金；情节严重的，处三年以上七年以下有期徒刑，并处罚金；有下列情形之一的，处七年以上有期徒刑，并处罚金：（一）在饮用水水源保护区、自然保护地核心保护区等依法确定的重点保护区域排放、倾倒、处置有放射性的废物、含传染病病原体的废物、有毒物质，情节特别严重的；（二）向国家确定的重要江河、湖泊水域排放、倾倒、处置有放射性的废物、含传染病病原体的废物、有毒物质，情节特别严重的；（三）致使大量永久基本农田基本功能丧失或者遭受永久性破坏的；（四）致使多人重伤、严重疾病，或者致人严重残疾、死亡的。有前款行为，同时构成其他犯罪的，依照处罚较重的规定定罪处罚。"

司法实践中适用需要注意鉴定问题、行刑衔接以及危害公共安全罪的适用。

第二，增加非法猎捕、收购、运输、出售其他陆生野生动物罪，对破坏野生动物资源犯罪主观目的做限制规定。即《刑法》第341条第3款规定："违反野生动物保护管理法规，以食用为目的非法猎捕、收购、运输、出售第一款规定以外的在野外环境自然生长繁殖的陆生野生动物，情节严重的，依照前款的规定处罚。"

该罪与2020年2月全国人大常委会《关于全面禁止非法野生动物交易、革除滥食野生动物陋习、切实保障人民群众生命健康安全的决定》相衔接和呼应。适用中要注意，"以食用为目的""第一款规定以外的在野外环境自然生长繁殖的陆生野生动物"，构成犯罪要达到情节严重的条件，还要关注《国家畜禽遗传资源品种目录》。总之，要准确把握本罪的犯罪对象，避免不当扩大处罚犯罪。

第三，首次将破坏国家公园、国家级自然保护区的行为纳入刑法规制范畴。即《刑法》第342条之一规定："违反自然保护地管理法规，在国家公园、国家级自然保

[①] 严重污染环境的具体把握参照《最高人民法院、最高人民检察院关于办理环境污染刑事案件适用法律若干问题的解释》。

护区进行开垦、开发活动或者修建建筑物，造成严重后果或者有其他恶劣情节的，处五年以下有期徒刑或者拘役，并处或者单处罚金。有前款行为，同时构成其他犯罪的，依照处罚较重的规定定罪处罚。"

第四，新增非法处置外来入侵物种犯罪。从生物安全角度来理解此罪。《刑法》第344条之一规定："违反国家规定，非法引进、释放或者丢弃外来入侵物种，情节严重的，处三年以下有期徒刑或者拘役，并处或者单处罚金。"

另外还需关注与环境保护相关的罪名修改。如提供虚假证明文件罪，将承担环境影响评价、环境监测职责的中介组织的人员明确为本罪的犯罪主体，将环境影响评价造假、伪造环境监测数据的行为明确规定为犯罪。同时对涉及公共安全的重大工程、项目中提供虚假的环境影响评价等证明文件的行为，适用更重的刑罚，法定最高刑提升至十年有期徒刑，加大了对环保领域提供虚假证明文件行为的处罚力度。

《刑法修正案（十一）》通过后，为更好地贯彻实施，最高人民法院出台或者拟出台相关司法解释，如2022年4月开始实施的《最高人民法院、最高人民检察院关于办理破坏野生动物资源刑事案件适用法律若干问题的解释》。2000年出台的《最高人民法院关于审理破坏野生动物资源刑事案件具体应用法律若干问题的解释》同时废止。该解释调整破坏野生动物资源犯罪的定罪量刑标准，不再唯数量论，而改以价值作为基本定罪量刑标准，以更好体现罪责刑相适应原则的要求；全链条惩治破坏野生动物资源犯罪，明确收购、贩卖非法捕捞的水产品或者非法狩猎的野生动物的，以掩饰、隐瞒犯罪所得罪定罪处罚，还明确了《刑法修正案（十一）》新增的以食用为目的非法猎捕、收购、运输、出售陆生野生动物犯罪的定罪量刑标准；明确了人工繁育野生动物案件的处理规则，涉案动物系人工繁育，列入人工繁育国家重点保护野生动物名录的或人工繁育技术成熟、已成规模，作为宠物买卖、运输的，对所涉案件一般不作为犯罪处理，需要追究刑事责任的，应当依法从宽处理。今后，还将对污染环境犯罪行为、破坏林地行为以及新增的非法处置外来入侵物种犯罪等作出进一步的法律适用意见，更好地规范实践活动。

4.关于生态环境犯罪的主要类型①

生态环境犯罪的表现形式复杂、隐蔽、多样，一般体现在其保护对象多、行为方式、后果等诸多方面。我国现行《刑法》第六章规定了"破坏环境资源保护罪"，共15个罪名，其他章节也有部分与生态法益保护相关罪名。② 从其犯罪行为、犯罪对象、对生态环境影响来分析，我国现行刑法中的生态环境犯罪主要分为三种类型：（1）污染型生态犯罪，包括污染环境罪、非法处置进口的固体废物罪、擅自进口固体废物罪；（2）破坏自然资源型生态犯罪，主要是针对农用地资源、矿产资源和森林资源的犯罪，包括非法占用农用地罪，非法采矿罪，破坏性采矿罪，盗伐林木罪，滥伐林木罪，非法收购、运输盗伐、滥伐的林木罪；（3）危害生态平衡型生态犯罪，包括非法猎捕、杀害国家重点保护的珍贵、濒危野生动物罪或者非法收购、出售珍贵、濒危野生动物、珍贵、濒危野生动物制品罪及非法狩猎罪，非法采伐、毁灭国家重点保护植物罪，非法收购、运输、加工、出售国家重点保护植物、国家重点保护植物制品罪。③

（二）司法概况（审判视角）④

1.案件总量

根据第二章大数据，2018年至2021年，全国各级人民法院审结的环境资源一审

---

① 本章第一节指出，环境资源刑事案件主要包括：（1）《刑法》第六章第六节规定的破坏环境资源保护罪，即涉及非法排放、倾倒或者处置污染物致大气、水、土壤环境严重污染的犯罪行为；涉及非法占用耕地、林地等农用地，非法采矿、破坏性采矿，盗伐、滥伐林木，非法捕捞水产品，非法狩猎，非法猎捕、杀害珍贵、濒危野生动物，非法采伐、毁坏国家重点保护植物等犯罪行为。（2）《刑法》其他章节规定的放火、失火烧毁森林，走私废物，走私珍贵动植物及其制品等与生态环境资源保护相关的犯罪行为。（3）生态环境和自然资源保护领域的渎职犯罪行为。在此主要研究1类，适当兼顾2类。

② 《日本刑法典》对生态环境犯罪的规定主要分为以下四类：（1）污染环境犯罪，如大气污染罪、噪声污染罪、水污染罪等；（2）破坏自然资源犯罪，如森林失火罪、盗伐林木罪等；（3）侵害动物类群犯罪，如非法捕捞罪；（4）妨害环境管理犯罪，如未按规定申报或虚假申报罪。

《德国刑法典》中的生态环境犯罪主要分为四类：（1）污染环境类，如污染水体罪、污染土地罪、污染大气罪、噪声污染罪、非法处理垃圾罪等；（2）破坏自然资源犯罪，如侵害特殊保护区罪；（3）侵害动物类群犯罪，侵害渔业权罪；（4）其他危害环境的犯罪，如损害公共财物罪。

③ 2021年3月1日施行的《刑法修正案（十一）》以及《最高人民法院、最高人民检察院关于执行〈中华人民共和国刑法〉确定罪名的补充规定（七）》，已将《刑法》第341条规定罪名修改为危害珍贵、濒危野生动物罪，行为人实施非法猎捕、杀害、收购、运输、出售等行为，均构成本罪。此类犯罪虽属广义上的自然资源，但这些资源具有特殊性，在生物链中必不可少，对维护生态平衡的具有重要意义，因此，将该类型自然资源纳入刑法保障范围是推动生态文明建设的一项重大举措。

④ 本部分参考了第二章部分数据，旨在全面展示司法适用情况。

案件共计49.02万件,从案件类型分布来看,刑事案件约占1/5,一审环境资源刑事案件共计9.57万件。

2. 地域分布特点

根据2021年12月召开的第三次全国法院环境资源审判工作会议材料,环资刑事案件比较多的有河南、内蒙古、广西、云南、湖南和广东。西藏、北京、宁夏、甘肃、青海、天津、上海、新疆等地较少。

3. 罪名分布

根据第二章大数据可知,破坏自然资源类案件占据大部分。近年来,非法猎捕、杀害珍贵、濒危野生动物、非法采矿、非法捕捞水产品的案件增长较快,而传统占比较高的滥伐、盗伐林木、非法占有农用地案件全国呈下降趋势。

各省的具体罪名分布是存在地区差异的,比如,根据第三次全国法院环境资源审判工作会议材料可知上海严厉打击"洋垃圾"走私案件,有力维护国家生态安全。在实践中,院庭长带头处理,将洋垃圾是否退运作为重要的量刑情节,让行为人以最快速度退运,提升治理成效。又如,实地调研得知,河南濮阳法院审理涉环境资源犯罪案件情况看,主要涉及污染环境罪、滥伐林木罪、非法狩猎罪,三者占据较大比例,2020年后呈下降趋势。详言之,近年来,濮阳市两级法院坚持以执法办案为中心,依法惩处污染环境、破坏资源的犯罪行为,依法审理了一批破坏环境资源案件。在充分发挥环境资源刑事审判职能,依法保障自然资源和生态环境安全的同时,树立新时代环境资源司法理念,积极探索和提升生态环境资源保护的司法服务和保障水平。2016年以来至今,全市法院共审理破坏环境资源刑事案件170余件,其中:污染环境罪77件、占比45.3%,滥伐林木罪32件、占比18.8%,非法狩猎罪39件、占比22.9%,非法收购、运输、出售珍贵濒危野生动物罪7件、占比4.1%等。具体审理案件情况如下:

2016年审理40件,主要涉及污染环境罪15件、滥伐林木罪9件、非法狩猎罪13件、环境监管失职罪2件等。2017年审理25件,主要涉及污染环境罪14件、滥伐林木罪7件、非法狩猎罪3件等。2018年审理33件,主要涉及污染环境罪11件、滥伐林木罪10件、非法狩猎罪10件、非法收购、运输、出售珍贵濒危野生动物罪2件等。2019年审理43件,主要涉及污染环境罪27件、滥伐林木罪5件、非法狩猎罪6件、非法收购、运输、出售珍贵濒危野生动物罪4件等。2020年审理28件,主要涉及污染环境罪 10 件、滥伐林木罪 1 件、非法狩猎罪 7 件、非法收购、运输、出售珍贵濒危野生动物罪 1 件等。

从濮阳法院审理涉环境资源犯罪案件情况看，主要涉及污染环境罪、滥伐林木罪、非法狩猎罪，三者占据较大比例；从 2017—2019 年来看，涉环境资源犯罪案件存在逐年增加态势，但从 2020 年审理案件看，此类案件已呈下降状态。上述统计数据反映出以下问题：一是涉环境资源犯罪案件中，污染环境罪仍是依法惩治重点，也是主要的问题根源；二是非法狩猎、滥伐林木违法犯罪行为多发生于农村地区或黄河湿地保护区，反映出农村地区环境法律意识淡薄，需要加大针对性的普法宣传；三是随着中央环境污染整治力度不断加大，惩治此类犯罪的震慑效应不断显现，社会环保意识不断提高，2020 年此类案件出现下降。

鹤壁法院 2018 年以来共受理环境刑事案件 72 件，审结 65 件，集中在污染环境、盗伐滥伐林木、非法占用农用地三个（四个）罪名，占到 70.1%。案件类型呈现多元化，且新类型案件不断涌现。

调研表明，延安近几年环境资源刑事案件 174 件，上诉率很低，罪名集中在污染环境、非法占用农用地、盗伐林木、滥伐林木、非法狩猎。其中是非法狩猎是最多，这几年主要的手段是电网，个别的有用硼砂毒药或者针对小型动物用猎狗去狩猎。近几年的案件里面会涉及红腹锦鸡等二级珍贵珍稀动物。对于非法占用农用地，近年来主要表现为群众为了生产生活如经营而非法占用。对于污染环境罪，延安特殊就是因为有油矿，集中表现为倾倒污染物到黄河等，造成污染。

4. 量刑情况

根据第二章大数据，刑事案件的量刑近 70% 集中在有期徒刑，且接近一半集中在一年以下；1/3 的案件被判处缓刑，其中超过一半的案件缓刑考验期集中在 1—3 年；罚金的判处集中在 1 万元以下，占 43.95%。可见，整体上刑罚轻型化，缓刑的适用比较谨慎。

在年度分析中，以 2019 年为例，有研究报告[①]指出，环境刑事案件数量在 2019 年趋于稳定，结案量和受案量相对持平；环境污染犯罪的发案态势与生成机理逐渐清晰。犯罪类型和数量呈现明显的区域性差异，这种差异受到四种因素的影响：经济体量与

---

① 吕忠梅等：《中国环境司法发展报告（2019 年）》，法律出版社 2020 年版，第 3 页。

经济社会发展水平、经济结构与产业结构、污染型企业的密集程度、环境执法与司法力度。

以上宏观的数据与我们重点调研以及个案研究的判断基本一致。

二、环境资源刑事审判司法适用——以典型案例和地方经验为视角

（一）坚持罪刑法定，贯彻宽严相济刑事政策，加大对污染环境、破坏生态资源犯罪行为惩治力度

随着刑事立法的完善，全国各省自 2017 年以来，加大环资犯罪惩治力度，涵盖污染环境、破坏生态、破坏自然资源等各个类型。如对于隐蔽排污、多次排污、伪造检测数据排污等犯罪行为，依法从重处罚。对涉野生动物保护、走私洋垃圾等犯罪行为，不仅惩治直接贩卖、走私者，更要打源头、追幕后，依法追究提供者、购买者的刑事责任，取缔非法交易链条。严厉惩治污染环境、破坏生态、盗掘古墓葬等犯罪行为，依法处以实刑，慎用缓刑。

最高人民法院自 2019 年开始，每年发布年度环境资源典型案例，这些案例同样揭示了这一宏观态势。2021 年第三次全国法院环境资源审判工作会议上，多地高级人民法院的汇报均体现了这一基本立场。

案例 1（2019 年度典型案例）被告人田某某、罗某等 18 人走私废物案

【基本案情】

自 2016 年始，被告人田某某夫妇在缅甸小勐拉设立站点收购废塑料、废金属等物品，联系、安排被告人罗某等人驾驶空货车出入境，装运其经简单清洗加工后的废物拉至指定地点，然后联系、安排边民通过边境小道将废物走私运输至境内，再驳装到罗某等人货车上，最后由罗某等人将上述废物送给国内买家进行销售牟利。经查证，田某某、罗某等人走私、运输、倒运、购买废塑料 913.40 吨、废金属 122.70 吨、废电瓶 2.47 吨。

【裁判结果】

云南省西双版纳州中级人民法院一审认为，被告人田某某、罗某等人违反海关法规，逃避海关监管，将境外 1038.57 吨固体废物运输进境，从事倒运、购买等行为，情节特别严重，构成走私废物罪。判处被告人田某某、罗某等人有期徒刑九年至一年不

等，并处罚金 60 万元至 2 万元不等。

【典型意义】

本案系跨越国边境走私废物案件。2018 年 1 月起，中国全面禁止"洋垃圾"入境，大力推进固体废物进口管理制度改革，成效显著。但仍有部分企业、个人为谋取非法利益不惜铤而走险，"洋垃圾"非法入境问题时有发生。本案犯罪地点位于西双版纳国边境区域，被告人采取更为隐蔽的家庭小作坊式站点，通过边境小道违法走私固体废物入境后倒运、贩卖，增加了监管难度。人民法院充分利用刑罚手段，严厉打击走私、运输、倒卖"洋垃圾"等犯罪行为，彰显了将"洋垃圾"拒于国门之外的决心和力度，有利于强化国家固体废物进口管理制度，防治固体废物污染，促进国内固体废物无害化、资源化利用，有效维护国家生态环境安全和人民群众生命健康安全。

案例 2（2019 年度案例）被告人罗某某、邱某某、周某某非法捕捞水产品案

【基本案情】

2017 年 6 月，被告人罗某某、邱某某，因犯非法捕捞水产品罪，被判处拘役五个月，缓刑六个月。2019 年 9 月，被告人罗某某、邱某某为主，被告人周某某协助，两次在湖南西洞庭湖国家级自然保护区坡头轮渡附近水域，采取电捕鱼方式捕鱼共 800 公斤。

【裁判结果】

湖南省汉寿县人民法院一审认为，被告人罗某某、邱某某、周某某违反保护水产资源法规，在禁渔区使用禁用的方法捕捞水产品，情节严重，其行为构成非法捕捞水产品罪。以非法捕捞水产品罪分别判处罗某某有期徒刑七个月、邱某某有期徒刑六个月、周某某拘役一个月。湖南省常德市中级人民法院二审维持原判。

【典型意义】

本案系非法捕捞水产品刑事案件。湖南西洞庭湖国家级自然保护区，是国际重要湿地、东亚候鸟重要越冬地和长江生物多样性保护的重要节点。近年来，虽渔民上岸政策全面实施，但仍有少数人为利益驱使，在禁渔区以禁止方式非法捕捞水产品。本案被告人罗某某、邱某某作为主犯，系在非法捕捞水产品罪缓刑考验期限期满后，再次非法捕捞水产品，无悔罪表现。人民法院严格贯彻宽严相济、罚当其罪原则，判处被告人实刑，对引导沿岸渔民的捕捞行为，维护湿地生态系统平衡具有重要意义。

案例 3（2021 年长江流域生态环境司法保护典型案例）被告人赵某 1 等 6 人非法采矿案

【基本案情】

2013 年春节后，被告人赵某 1 与被告人赵某 2 共谋，由赵某 1 负责在长江镇江段采砂，赵某 1 以小船每船 1500 元、大船每船 2400 元的价格予以收购。2013 年 3 月至 2014 年 1 月，赵某 1 在未办理河道采砂许可证的情况下，雇佣被告人李某 1、李某 2 在长江镇江段 119 号黑浮下游锚地附近水域使用吸砂船将江砂直接吸到赵某 1 货船。赵某 1 雇佣被告人赵某某、徐某某等将江砂运输至其事先联系好的砂库予以销售。经鉴定，赵某 1、赵某 2、李某 1、李某 2 非法采砂 38 万余吨，造成国家矿产资源破坏价值 152 万余元。赵某某参与非法采砂 22 万余吨，价值 90 万余元；徐某某参与非法采砂 15 万余吨，价值 62 万余元。

【裁判结果】

江苏省镇江市京口区人民法院一审认为，被告人赵某 1、赵某 2 等 6 人违反《矿产资源法》的规定，未取得采矿许可证非法采矿，情节特别严重，均已构成非法采矿罪，分别判处赵某 1、赵某 2 有期徒刑三年六个月，并处罚金 20 万元；李某 1、李某 2 有期徒刑六个月，缓刑一年，罚金 2 万元；赵某某罚金 1.8 万元、徐某某罚金 1.6 万元；追缴被告人违法所得，并没收吸砂船。江苏省镇江市中级人民法院二审维持一审判决。

【典型意义】

本案系在长江河道非法采砂引发的刑事案件。长江河道砂石资源具有维持河道潜流、稳定河道形态、提供生物栖息地、过滤河流水质等重要功能，非法采砂行为不仅导致国家矿产资源的流失，还严重影响长江航道和防洪堤坝安全，危害社会公共利益。本案中，人民法院加大对非法采砂犯罪行为的惩处力度，对六名被告人依法予以严惩，斩断"盗采、运输、销售"一条龙犯罪产业链条，有力震慑了非法采砂行为，彰显了人民法院用最严格制度最严密法治保护长江流域生态环境、维护沿岸人民群众的生命财产安全的坚强决心。

（二）坚持环境资源刑事审判案件保护对象多元，体现整体该类审判的案件特点

就案件类型而言，涵盖涉大气、水、土壤、海洋环境污染案件，侵害珍贵濒危动植物及其栖息地的破坏生态案件以及涉土地、矿产、林木等资源开发利用的常见类型，还包括侵害传统村落等新类型。从环境要素看，涵盖大气、水、土壤、野生动物和人文遗迹等环境资源要素，以及海洋、森林、湿地、国家公园、自然保护区等生态系统要素。

案例1（2020年度案例）被告单位德清明禾保温材料有限公司、被告人祁某某污染环境案

【基本案情】

被告单位德清明禾保温材料有限公司（以下简称明禾公司）成立于2017年3月8日，主要从事聚氨酯硬泡组合聚醚保温材料的生产，以及聚氨酯保温材料、化工原料（除危险化学品及易制毒化学品）、塑料材料、建筑材料批发零售，法定代表人为被告人祁某某。2017年8月至2019年6月，被告人祁某某在明知三氯一氟甲烷系受控消耗臭氧层物质，且被明令禁止用于生产使用的情况下，仍向他人购买，并用于被告单位明禾公司生产聚氨酯硬泡组合聚醚保温材料。其间，被告单位明禾公司共计购买三氯一氟甲烷849.50吨。经核算，被告单位明禾公司在使用三氯一氟甲烷生产过程中，造成三氯一氟甲烷废气排放为3049.70千克。

【裁判结果】

浙江省德清县人民法院一审认为，被告单位明禾公司违反国家规定，使用三氯一氟甲烷用于生产保温材料并出售，严重污染环境，其行为已构成污染环境罪。被告人祁某某作为被告单位法定代表人，明知三氯一氟甲烷禁止用于生产，主动购入用于公司生产保温材料并销售，造成环境严重污染，亦应当以污染环境罪追究刑事责任。一审法院以污染环境罪，判处被告单位明禾公司罚金70万元，判处被告人祁某某有期徒刑十个月，并处罚金5万元。该案一审判决已发生法律效力。

【典型意义】

本案系全国首例因违法使用受控消耗臭氧层物质（ODS）被判处实刑的污染环境刑事案件。三氯一氟甲烷（俗称氟利昂）为受控消耗臭氧层物质，属于对大气污染的有害物质。我国是《保护臭氧层维也纳公约》和《关于消耗臭氧层物质的蒙特利尔议定书》的缔约国之一，一贯高度重视国际环境公约履约工作，于2010年9月27日即发布《中国受控消耗臭氧层物质清单》，其中三氯一氟甲烷作为第一类全氯氟烃，被全面禁止使用。本案的正确审理和判决，明确表明人民法院严厉打击ODS违法行为的"零容忍"态度，对聚氨酯泡沫等相关行业和社会公众具有良好的惩戒、警示和教育作用，体现了司法机关坚定维护全球臭氧层保护成果，推动构建人类命运共同体的责任担当。

案例2（2020年度案例）被告人张某某等11人盗掘古墓葬案

【基本案情】

2013年11月至2016年6月，张某某等11人形成盗掘古墓葬团伙，先后多次在山西省临汾市襄汾县陶寺乡陶寺村北等地盗掘古墓葬十四座，所出土文物包括青铜鼎、青铜簋、青铜编钟、青铜鬲、青铜匜、青铜鱼片、青铜方盘等，上述文物倒卖后共获利834余万元。经鉴定，上述被盗墓葬系东周时期墓葬，均属具有历史、艺术、科学价值的古墓葬。

【裁判结果】

山西省临汾市中级人民法院一审认为，被告人张某某等11人违反国家文物保护法规，盗掘具有历史、艺术、科学价值的古墓葬，其行为均已构成盗掘古墓葬罪。其中，被告人张某某在盗墓活动中，策划预谋、安排分工、发挥组织、领导作用，依法应系主犯；被告人段某某、张某1既组织预谋又积极参与，在共同犯罪中起主要作用，依法应系主犯；被告人闫某某、郭某某探墓、盗墓并监督"出货"，系作用较小的主犯；被告人张某2等6人系从犯。一审法院以盗掘古墓葬罪判决被告人张某某等11人有期徒刑十五年至一年六个月不等，并处罚金15万元至1万元不等。山西省高级人民法院二审维持原判。

【典型意义】

本案系黄河流域陶寺遗址发生的盗掘古墓葬刑事案件。黄河是中华民族的母亲河，黄河文化是中华文明的重要组成部分，是中华民族的根和魂。陶寺遗址位于山西省襄汾县陶寺村南，是黄河中游地区以龙山文化陶寺类型为主的遗址，是华夏文明的源头之一。案涉襄汾县陶寺北古墓葬群被确定为全国重点文物保护单位，具有巨大的历史、艺术、科学价值。人民法院结合案涉盗掘行为造成的客观危害后果，在法定刑幅度内，依法予以从重处罚，体现了严惩重处，推进黄河文化遗产系统保护的坚定决心，对保护、传承、弘扬黄河文化，延续历史文脉，坚定文化自信具有重要意义。

以上案例都是相应领域对环境资源保护范围的拓展，体现了环资审判的鲜明特色。

（三）充分体现恢复性司法理念，发挥环境刑事审判的预防性功能

全国各地法院贯彻恢复性司法理念，注重裁判方式方法的创新，积极探索各种环境修复新方式，如补植复绿、增殖放流、限期修复、劳务代偿、巡河值守、公益服务等，作为悔罪情节，并在量刑裁量上予以考虑。探索建立刑事制裁、民事赔偿与生态补偿有机衔接的环境修复责任制度，做到惩治违法犯罪、修复生态环境、赔偿经济损失统一，统筹适用刑事、行政和民事责任。

如 2019 年度发布的典型案例中，人民法院将被告人履行生态修复义务以及赔偿生态环境损害的情况，作为依法予以从轻处罚的量刑情节；还有首次运用禁止令，充分发挥刑事预防犯罪，化解风险的作用。

案例 1（2019 年度案例）被告单位福州市源顺石材有限公司、被告人黄某某非法占用农用地案

【基本案情】

2012 年、2013 年及 2017 年四五月间，被告单位福州市源顺石材有限公司（以下简称源顺公司）、被告人黄某某未经林业主管部门审批，擅自在闽侯县鸿尾乡大模村"际岭"山场占用林地 138.51 亩，用作超范围采矿、石料加工区等。案发后，源顺公司根据司法机关的要求向闽侯县南屿镇政府缴交生态修复款 62.33 万元，聘请专家编制了矿区及周边生态环境恢复治理方案，并依方案开展相应生态修复工作。同时，黄某某自愿承诺在位于闽江湿地公园的闽江水资源生态保护司法示范点暨生态司法保护宣传长廊进行异地特色苗木公益修复，与专业园林公司签订合同，种植指定树木 150 棵，承诺管护一年，确保成活。被害方闽侯县鸿尾乡大模村村民委员会及鸿尾农场出具谅解书。

【裁判结果】

福建省闽侯县人民法院一审认为，被告单位源顺公司、被告人黄某某违反国家林业管理法规，未经审批占用农用地 138.51 亩，其行为已构成非法占用农用地罪。鉴于被告单位、被告人黄某某有自首情节，积极进行生态修复，依法从轻处罚。以非法占用农用地罪判处被告单位源顺公司罚金 40 万元，判处被告人黄某某有期徒刑二年九个月，缓刑四年，并处罚金 20 万元；责令被告人黄某某在闽江湿地公园的闽江水资源生态保护司法示范点进行异地公益修复种植指定规格的特色苗木 150 棵。

【典型意义】

本案系非法占用农用地的刑事案件。林地、耕地等农用地是重要的土地资源。本案中，源顺公司及其法定代表人黄某某未经审批擅自占用林地堆放矿石渣土，对农用地用途及其周边生态环境造成破坏。人民法院在审理中，注重惩治犯罪和生态环境治理修复的有机结合,将生态环境修复义务的履行纳入量刑情节,有效融合了生态司法的警示教育、环境治理和法治宣传等诸多功能,取得了良好的法律效果和社会效果。

案例2(2019年度案例)被告人田某某、阮某某、吴某某污染环境案

【基本案情】

2017年9月,原贵州双元铝业公司环保科科长被告人田某某,在明知被告人阮某某无处置危险废物资质的情况下,让其帮忙处置一批废阴极块。2017年10月,被告人阮某某雇佣车辆将上述固体废物1298.28吨运至贵阳市花溪区董家堰村,卖给回收废旧物资的被告人吴某某。后发生退货事宜,应阮某某要求,吴某某将该批固体废物中的1000余吨运至贵阳市修文县龙场镇军民村,并于次日雇人将剩余固体废物倾倒。据检测、评估,花溪区董家堰村固体废物堆放地地表水洼水体内氟化物严重超标,被遗留、倾倒危险废物处置、场地生态环境修复、送检化验、后期跟踪检测费用为379.60万元。

【裁判结果】

贵州省清镇市人民法院一审认为,被告人田某某、阮某某、吴某某任意处置含有危险废物的工业废物1000余吨,造成生态环境损害达379.60万元,后果特别严重。鉴于各被告人均系初犯,归案后自愿认罪认罚,并积极支付生态环境损害费用以减轻犯罪后果,依法从轻处罚。以污染环境罪判处被告人田某某、阮某某、吴某某有期徒刑三年至二年不等,并适用缓刑,并处罚金5万元至2万元不等。禁止被告人田某某在缓刑考验期内从事与环境保护相关的活动;禁止被告人阮某某在缓刑考验期内从事废旧物资回收的经营活动。

【典型意义】

本案系对污染环境犯罪被告人适用环境保护禁止令的刑事案件。任何单位和个人均应按照国家的规定排放、倾倒或者处置危险废物等有毒有害物质,维护生态环境安全。本案被告人田某某、阮某某系在从事环境保护、废旧物资回收经营的活动中实施严重污染环境的犯罪行为,有违法律规定和行业规范。人民法院充分利用刑事禁止令等法律强制措施,禁止二被告人在缓刑考验期内再从事环境保护、废旧物资回收经营的相关活动,对于防范化解风险,防止被告人在缓刑期内再次污染环境、破坏生态,具有重要的实践意义。

案例 3（2021 年长江流域生态环境司法保护典型案例）被告人李某某非法捕捞水产品刑事附带民事公益诉讼案（增值放流的修复方式）

【基本案情】

2018 年 1 月至 2019 年 4 月，被告人李某某在明知扬州市江都区长江夹江流域属于禁渔期、电鱼为禁止使用的捕捞方法情况下，驾驶快艇，利用电磁波高频逆变器、带导线的抄网等工具组成电捕工具采用电鱼方法在夹江水域非法捕捞水产品 60 余次，捕获鲢鱼、鳊鱼等野生鱼类 900 余斤并出售，获利 9000 元。经扬州市江都区渔政监督大队认定，李某某使用的电捕工具属于《渔业法》规定禁止使用的捕捞方法。原中华人民共和国农业部通告〔2017〕6 号《关于公布率先全面禁捕长江流域水生生物保护区名录的通告》及《国家级水产种质资源保护区资料汇编》，明确长江扬州段四大家鱼国家级水产种质资源保护区施行全面禁捕，扬州市江都区长江夹江流域属于上述禁渔区。江苏省扬州市江都区人民检察院依法提起刑事附带民事公益诉讼。

【裁判结果】

审理中，江苏省扬州市江都区人民检察院与李某某就生态环境修复达成和解协议：（1）李某某自签订协议之日起十日内在省级媒体上公开赔礼道歉；（2）李某某自签订本协议之日起十日内增殖放流价值 25 000 元的鱼苗（已履行）；（3）李某某自签订本协议之日起二年内再行增殖放流价值 22 500 元的鱼苗。江苏省如皋市人民法院一审认为，李某某违反保护水产资源法规，在禁渔区内使用禁用的方法捕捞水产品，情节严重，已构成非法捕捞水产品罪。鉴于李某某案发后自动投案，如实供述自己的罪行，构成自首；已退缴违法所得，且采取增殖放流修复生态环境，可从轻处罚。一审法院判决李某某犯非法捕捞水产品罪，判处有期徒刑一年，没收违法所得 9000 元。

【典型意义】

本案系非法捕捞水产品引发的刑事附带民事公益诉讼案件。长江十年禁捕是贯彻习近平总书记关于"共抓大保护、不搞大开发"的重要指示精神，保护长江母亲河和加强生态文明建设的重要举措，是为全局计、为子孙谋，功在当代、利在千秋的重要决策。本案中，案发地位于四大家鱼种质资源区的长江流域扬州段，是鱼类的重要洄游通道，也是鱼类育肥产卵和越冬的最佳场所。李某某电鱼的行为对自然水域的水生生物产生极大杀伤力，严重威胁生态资源和水环境，故人民法院依法以非法捕捞罪判处其有期徒刑并没收违法所得。同时，李某某仍需承担增殖放流的生态修复责任，确保长江流域生态环境得到及时有效修复。2020年12月，最高人民法院、最高人民检察院、公安部、农业农村部联合制定了《依法惩治长江流域非法捕捞等违法犯罪的意见》，明确对长江流域非法捕捞等危害水生生物资源的各类违法犯罪进行严厉打击，确保长江流域禁捕工作顺利实施。

又如实地调研发现，河南濮阳加强生态环境损害赔偿案件审判，探索建立生态环境资源司法修复机制。对于环境资源犯罪起诉时未有受害人提起附带民事赔偿诉讼的案件，刑事判决生效后，检察机关或利益攸关单位可以单独提起环境公益民事诉讼。法检协商扩大刑事附带民事公益诉讼案件适用范围，其中主要涉及破坏环境资源犯罪案件，希望通过庭审积极引导被告人缴纳修复费用，并将环境资源损害修复程度作为量刑参考因素。

此外，上海将"洋垃圾"退运作为酌定量刑因素，江西探索量刑考量因素都值得互相借鉴。

（四）坚持体系思维，加强协作、强化责任衔接；创新探索集中管辖、技术调查官等审理机制

建设美丽中国，保护生态环境需要构建司法和行政的联动合作机制，包括司法内部的各个专门机关的联动协作。系统解决环境问题，刑事、民事和行政责任应当合理衔接。司法实践中不乏这类典型案例。

还需要指出的是，在环境资源刑事案件审理方面，有两个制度特别有实践探索精神，呈现鲜明的创新特色：一是集中管辖制度；[①] 二是技术调查官制度。前者在基层法院比较普遍采用，基本做法是将某中院辖区的环资案件集中到一个基层法院管辖；还有一种探索是根据流域集中管辖，比如江西，具体为以流域设立单独的环资法庭，采取"一案一指定"的方式将某类案件制定给某一法院集中管辖。而技术调查官的探索则开始于福建。全省法院共聘请咨询专家120人，专家陪审员198人，特邀调解员131人，建立技术调查官、技术鉴定、技术咨询、专家证人四位一体事实查明机制，有效解决生态环境技术事实查明难题。其中技术调查官打破专家停留在咨询层面，通过一案一聘，享有法官助理法律身份，赋予其现场勘验权、调查询问权、文书署名权等，

---

① 有关详细内容参见本章第一节。此外，四川还开展重大环境资源刑事案件提级管辖的做法，对重大污染环境罪、危害珍贵、濒危野生动物罪、危害国家重点保护植物罪等9类案件，在必要的时候提级管辖，加强打击力度。2019—2021年，共有18件案件提级管辖。

全流程参与审判各个环节,重点针对环境损害程度、生态修复方案和修复费用等核心要素给予技术支持,技术意见被采纳后写入裁判文书。还出台了关于技术调查官的规范文件。[①]

案例1(2019年度典型案例)被告单位浙江晋巨化工有限公司、被告人吴某某等8人污染环境案

【基本案情】

2017年12月,被告单位浙江晋巨化工有限公司(以下简称晋巨公司)将其硫酸厂产生的污泥渣拌入矿渣去湿,产生混合固体废物。被告人潘某某,系晋巨公司分管安全环保工作部副总经理,经环保部门约谈后,未采取整改措施。被告人吴某某,系该公司安全环保部主管,将上述固体废物交由无资质的被告人黄某某等人处置。2018年1月,被告人黄某某、刘某某将2327.48吨混合固体废物运至浙江省江山市露天堆放。2018年2月至3月,刘某某等人将相关固体废物共计1924.48吨从浙江省衢州市运往福建省浦城县堆放、倾倒、填埋。后经应急处置,挖掘清运受污染泥土混合物共计4819.36吨,上述行为造成应急处置、监测、评估等各项费用损失共计307余万元。上述行为系2018年3月9日案发,环保部门经调查取证后,于2018年3月20日移送公安机关。

【裁判结果】

福建省浦城县人民法院一审认为,被告单位晋巨公司将固体废物交由无资质人处置;被告人黄某某、刘某某将固体废物露天堆放,渗滤液铜和镉含量超出国家污染物排放标准十倍以上,严重污染环境;被告人刘某某等人跨省运输、处置固体废物,导致公私财产损失100万元以上,后果特别严重,均已构成污染环境罪。被告人吴某某系晋巨公司单位犯罪的直接责任人员,依法应承担相应的刑事责任。一审法院以污染环境罪判处晋巨公司罚金55万元;判处吴某某等8人有期徒刑三年六个月以下不等,并处罚金;以国有公司人员失职罪判处潘某某有期徒刑一年八个月,缓刑二年。

【典型意义】

本案系跨省非法运输、倾倒固体废物的污染环境刑事案件。近年来,逃避本地监管查处,跨省转移危险废物犯罪高发频发,甚至形成犯罪利益链条。本案的审理,是

---

① 2020年11月漳州市中级人民法院审理了首例技术调查官参与的环境污染刑事案件。

行政执法与刑事司法相互衔接的有效实践。人民法院在本案中，依法加强与人民检察院、公安机关、环境保护主管部门之间的协调联动，形成打击生态环境违法犯罪的合力。同时，注重运用财产刑，加大对环境污染犯罪的经济制裁力度，提高跨界转移污染的违法成本。本案开庭审理时，邀请了省、市、县检察院、公安机关和生态环境局等40余人旁听，取得良好的社会效果。

案例2（2020年度案例）湖南省益阳市人民检察院诉夏某某等15人非法采矿民事公益诉讼案

【基本案情】

2016年6月至8月，夏某某等15人为牟取非法利益，分别驾驶九江采158号、沅江采1168号采砂船、江苏籍999号采砂船至洞庭湖下塞湖区域非规划采区非法采砂。夏某某等15人分工负责，共同实施非法采砂行为，获利总额为2243.33万元。经鉴定：夏某某等15人的非法采砂行为对采砂区域的生态环境造成的影响分为水环境质量受损、河床结构受损、水源涵养受损和水生生物资源受损，其中水生生物资源损失为2.65万元，修复水生生物资源受损和河床结构与水源涵养受损所需的费用，分别为7.97万元和865.61万元，合计873.58万元。夏某某等人非法采矿罪已经另案刑事生效判决予以认定。2019年7月，湖南省益阳市人民检察院提起民事公益诉讼，请求夏某某等15人对其非法采砂行为所造成的生态环境损害承担连带赔偿责任，并赔礼道歉。

【裁判结果】

湖南省益阳市中级人民法院一审认为，夏某某等15人未依法取得采矿许可证，私自开采国家矿产资源，构成非法采砂，因此对采砂区域的生态环境造成损害，应予赔偿。一审判决夏某某对因非法采砂造成的采砂水域生态环境修复费用873.58万元承担赔偿责任，夏某1等14人依据其具体侵权行为分别在824万元至3.80万元不等范围内承担连带责任，并在国家级媒体上公开赔礼道歉。湖南省高级人民法院二审维持原判。

【典型意义】

本案系在洞庭湖域非法采砂犯罪行为引发的环境民事公益诉讼。洞庭湖是长江流域重要的调蓄湖泊，具有丰富的水域岸线资源。本案所涉下塞湖，地处洞庭湖腹地，又是洞庭湖湿地的重要组成部分，区域内矿产资源丰富。夏某某等人非法采砂行为，严重威胁洞庭湖河床的稳定性及防洪安全，破坏长江水生生物资源繁衍生存环境和洞庭湖生态环境。人民法院在另案追究非法采砂违法犯罪行为刑事责任的同时，发挥民事公益诉讼的审判功能，判令非法采砂人承担民事责任，赔偿生态环境损害并赔礼道歉，体现了惩治和修复并重，统筹适用刑事、民事法律责任的现代环境司法理念，对切实营造守护一江碧水的社会氛围起到了重要的指引作用。

三、环境刑事案件审理中的难点

（一）定性方面

主要存在行政处罚和刑事打击的界限不明、一些罪名的入罪标准有待明确等问题。

第一，在司法实践中，如何确定行政处罚与刑事司法的打击边界，涉案渔船、采砂船应如何妥善处置等问题，在案件审理时仍不时存有争议，需要加强适法研究。

第二，刑事处罚与行政处罚"倒挂"问题有待解决。《长江保护法》对在长江流域水生生物保护区内从事生产性捕捞，或者在长江干流和重要支流、大型通江湖泊、长江河口规定区域等重点水域禁捕期间从事天然渔业资源的生产性捕捞的，规定了1万元以上5万元以下罚款，对采取电、毒、炸等方式捕捞或者存在其他严重情节的，规定了5万元以上50万元以下罚款。行政处罚尚且如此严厉，从"举轻以明重"的角度，一般认为比违法更加严重的犯罪行为应当受到刑法更为严厉的制裁。但是，司法实践中不可避免地出现了罚金与罚款数额"倒挂"的现象，部分法院近年来对非法捕捞犯罪判处的罚金数额通常仅为几千元，《长江保护法》规定的行政处罚的经济制裁力度明显强于刑事制裁力度，对非法捕捞犯罪的打击效果产生不利影响。

第三，对新型非法采砂行为的入罪标准缺乏明确法律规定。河道采砂事关河势稳定、行洪安全、通航安全和生态安全，《长江保护法》对长江流域河道采砂的规划、许可作出严格规定，并且规定了严格的处罚措施。当前，长江流域非法采砂活动呈现新形式、新特点，对于行为人在取得采砂许可证后，变更船舶开采、超量开采，许可证到期后延期续办等情况是否符合《最高人民法院关于审理非法采矿、破坏性采矿刑事案件具体应用法律若干问题的解释》规定的"无证开采"情形，非法开采鹅卵石是否按非法采矿罪定罪等问题，法院与行政执法机关、公安机关、检察机关争议较大。在立法层面，2002年1月1日起施行的《长江河道采砂管理条例》仅对长江干流河道内采砂活动作出规范，目前并无针对长江支流（如嘉陵江）河道内采砂的专门性规定，能否使用前述条例对长江支流采砂行为予以规范，亦缺少上位法依据。《最高人民法院关于审理非法采矿、破坏性采矿刑事案件具体应用法律若干问题的解释》规定范围较为狭窄，仅对超越矿区范围等几种特定类型作出规定，无法解决新近出现的法律适用难题。在国家立法空白未能弥补的情况下，地方立法亦因缺乏必要共识而无法推动出台具有针对性的配套规定，难以满足法律适用冲突解决的需要。

第四，非法捕捞案件入罪标准亟待明确。《长江保护法》实施后，非法捕捞案件出现大幅度下降，一个重要原因在于2020年底"两高两部"《依法惩治长江流域非法捕捞等违法犯罪的意见》（以下简称《惩治非法捕捞意见》）的出台。《惩治非法捕捞意见》明确规定有下列情形的按非法捕捞罪定罪量刑，"（1）非法捕捞水产品五百公斤以上或者一万元以上的；（2）非法捕捞具有重要经济价值的水生动物苗种、怀卵亲体或者在水产种质资源保护区内捕捞水产品五十公斤以上或者一千元以上的；（3）在禁捕区域使用电鱼、毒鱼、炸鱼等严重破坏渔业资源的禁用方法捕捞的；（4）在禁捕区域使用农业农村部规定的禁用工具捕捞的；（5）其他情节严重的情形"。这一规定与2008年最高人民检察院和公安部出台的刑事案件立案追诉标准相比，入罪门槛更高。现在的入罪标准较2008年在经济价值上翻了一番，最重要的区别是，在禁用工具方面，以前根据《渔业法》的规定，禁用工具由国务院渔业行政主管部门或者省级人民政府渔业行政主管部门规定。地方政府渔业行政主管部门规定了很多禁用渔具。而农业农村部只是在2017年规定了长江干流14种禁用渔具，而且地方的命名方式与农业农村部的规定也存在差异，导致目前公安机关不再对原来违反地方规定使用禁用渔具进行非法捕捞或者不在长江干流进行非法捕捞的行为进行刑事打击。此外，非法收购、运输、出售在长江流域重点水域非法猎捕、杀害珍贵、濒危水生野生动物的，《惩治非法捕捞意见》规定入罪标准是价值2万元以上不满20万元的，但此前只要是涉及非法猎捕、杀害珍贵、濒危水生野生动物，不需要考虑价值，一律入罪。我们认为，当前的《惩治非法捕捞意见》的出台，提高了入罪门槛，对打击长江非法捕捞犯罪产生重要影响。

（二）量刑方面

1. 司法实践中对于如何将生态修复情况作为酌定量刑情节存在疑惑

涉生态环境修复的刑事案件中把生态修复情况作为量刑酌定情节是近几年出现的新情况。因此我们在调研中发现，如何具体适用存在疑惑，理论上也有必要进一步探讨。

量刑裁量如何更加科学的问题。有法院指出，环境资源刑事案件多数罪名没有适用量刑规范化，裁判规则和尺度需要进一步统一。在实践中，由于检察机关没有集中管辖，与法院的管辖法院不对应，面临不同检察院起诉的量刑建议差异大的统一类型案件，因此需要统一。

2. 缓刑适用存在疑惑

根据大数据统计，环境犯罪案件的刑罚较轻。因此在具体案件中缓刑等适用就非常重要，在实践中存在一些困惑。有法官直接指出，破坏环境资源犯罪，轻刑化问题严重。刑法本身规定的起点刑和最高刑相对较低，大部分罪名最高刑都在七年以下，有些最高只有五年甚至三年。对破坏环境资源犯罪判处的刑罚力度过轻，难以发挥刑罚打击预防环境资源犯罪的作用。刑事处罚手段有限，主要为自由刑和财产刑，对再次参与实施与环境资源相关的活动的资格并未进行限制。从对破坏环境资源犯罪判处刑罚结果来看，一审判处缓刑刑罚的有占判刑总人数的81.2%，一审判处三年以上有期徒刑的仅占判刑总人数的4.55%。罚金额度不高，罚金刑远不如责令停产停业、吊销许可证等行政处罚手段对行为人的震慑力大。

3. 一些各罪的刑罚适用存在疑惑

比如，如何加强濒危涉野生动物案件审理，切实做到罪刑相适应，一些案件的处理结果与公众认知差异较大，容易引起舆情。以云南为例，截至目前，各级法院依法办理非法猎捕、杀害珍贵、濒危野生动物，非法狩猎及非法交易野生动植物制品等犯罪案件共700余件，案件数量增幅较大。在该类案件审理中遇到的困难主要有刑罚适用不均衡、人工驯养野生动物与纯野生未予区分、量刑差异化明显等问题。关于危害野生动物资源案件，《最高人民法院关于审理破坏野生动物资源刑事案件具体应用法律若干问题的解释》对危害珍贵、濒危野生动物资源各罪名的"情节严重""情节特别严重"的数量标准以附表的形式进行了列明，但是随着人工繁育技术的不断成熟，部分珍贵野生动物种群数量也不断增大，以原有数量标准认定"情节严重"或者"情节特别严重"与人民群众的普遍认知相悖，容易引发舆情且不能达到罪责刑相适应。例如，该附表中对鹦鹉科所有种，达到情节严重的数量标准都为6只、情节特别严重为10只，但是列入国家重点保护野生动物名录及《濒危野生动植物国际贸易公约》附录1、附录2的鹦鹉种类繁多，各种鹦鹉的种群数量、濒危程度不尽相同，以单一的数量标准认定情节严重或者情节特别严重，不完全符合罪责刑相适应原则。此外，《国家重点保护野生动物名录》在全部保留原名录所有物种的基础上，新增517种（类）野生动物、部分野生动物的保护级别也有所变化，例如，长江江豚等 65 种由国家二级保护野生动物升为一级，相关量刑数量标准也应作出调整。《刑法修正案（十一）》新增了非法猎捕、收购、运输、出售陆生野生动物罪，对新增罪名的入罪及量刑标准目前没有具体规定，给司法判断带来一定难度。

（三）事实认定难

环境资源案件常常会涉及生物、化学、物理等自然科学的分析认定，在审理案件过程中仅靠法律专业知识难以完全正确判断相关证据材料。同时，诉讼中还存在取证难、认证难、鉴定难以及因果关系认定难等问题，环境侵权行为与损害结果之间的因果关系判断比较复杂；损害赔偿范围难以认定，且鉴定费用高、周期长。

（四）专家陪审员选任难、大合议制审理机制推行难

环境资源案件的专业性问题往往需要专家陪审，但是各省资源不均衡。此外，符合法律规定的案件需要组成 7 人合议庭（4 名人民陪审员，3 名法官），实践中推行难度大。

四、完善环境资源刑事审判的相关思考与对策

（一）以习近平新时代中国特色社会主义思想为指引

新时代环境资源刑事审判必须以习近平新时代中国特色社会主义思想为指引，明确把握加强环境资源刑事审判的时代背景，着重把握习近平生态文明思想和法治思想，完善刑事手段保障生态文明的机制。

1. 构建生态文明法治理论强化环境资源刑事审判

生态文明建设中，法治手段是基本途径。习近平总书记反复强调，"保护生态环境，必须依靠制度、依靠法治"，明确指出"用最严格制度最严密法治保护生态环境"。吕忠梅教授提出生态文明法治理论是习近平生态文明思想和习近平法治思想的重要组成部分，以"生命共同体"为核心，创新生态文明法治建设价值论；以"整体观"为要旨，创新生态文明建设法治方法论；以"协同推进"为目标，创新生态文明建设法学理论。而这个理论的实现则需要完善的生态文明法律规范体系、生态文明法治实施体系、严密生态文明法治监督体系和健全生态文明法治保障体系。以法律规范体系为例，法律是治国之重器，良法是善治之前提。自改革开放以来，中国的生态环境立

法一直走在"快车道"上,已初步形成了以宪法为依据,以环境保护法为龙头、污染防治与生态保护单行法为骨干的专门环境立法体系,以及民法典绿色化、刑法生态化、诉讼法协同化的生态文明建设法律规范体系。① 刑事司法保护有其特定的功能和地位,环资刑事审判不可或缺,同样需要在生态文明法治理论下加强各类型案件的审理。

总之,围绕坚持人与自然和谐共生,全面提升生态环境司法保护水平,自然包含刑事司法保护。人民法院应当深入践行绿水青山就是金山银山的理念,加强和创新环境资源审判工作,坚持用最严格制度最严密法治保护生态环境,积极服务经济社会发展全面绿色转型,助推建设人与自然和谐共生的现代化。因此要严惩污染环境、破坏生态犯罪,助力打好污染防治攻坚战,切实维护人民群众人身财产权益和环境权益。

2. 加强生态文明刑法保障机制

惩治环境犯罪,预防环境风险,是刑法在生态文明时代的重要使命。刑法面对变动社会中的新兴价值的保护功能在增强,在生态文明建设中,在坚持刑法总体谦抑下,打击环境犯罪,实行宽严相济的刑事政策;要加强生态文明保障的立法机制,增强立法的科学性,也要提升生态文明建设的司法水平,精细化司法,让人民群众在每一个生态环境刑事案件中感受到公平正义。②

(二)以生态学的人本主义法益观为指引

从前述立法变化结合理论研究成果,环资犯罪的法益理解应当生态法益。只有从这个角度把握立法和处理具体案件,才能不偏离主旨。

在学界,对于环境犯罪的法益一直存在人类中心主义、生态中心主义和折中主义之争。"对于污染环境罪,既不能仅采取纯粹生态学的法益论,也不能仅采取纯粹人类中心的法益论,而应采取生态学的人类中心的法益论(折中说)。"③ 当然也有不同观点。如有观点认为,人类中心主义并不符合当下对于环境犯罪预防的要求,生态中心主义颠覆了人本主义法益观,而折中主义则采取法益二元论的立场,使具有整体性的集体法益绝对独立于个人法益,动摇了人本主义法益观,进而提出缓和的法益一元论立场,

---

① 吕忠梅:《习近平法治思想的生态文明法治理论》,载《中国法学》2021年第1期。
② 焦艳鹏:《生态文明保障的刑法机制》,载《中国社会科学》2017年第11期。
③ 张明楷:《污染环境罪的争议问题》,载《法学评论》2018年第2期。

将集体法益看作个人法益的集合体，以个人法益限定刑法保护生态法益的边界。①与之不同的是，有学者立足于民法绿色原则对环境刑法发展的影响，提出对于环境犯罪的保护法益，应根据法秩序的统一性原理，跳出人类中心主义、生态中心主义和折中主义之间争论的刑法单线思维，实现刑民一体化的新思维转向。进一步认为环境侵权责任到刑事责任应从民法的无过错责任到刑法的过错责任层递衔接，而不是将严格责任引入《刑法》。同时应推动环境犯罪刑事附带民事公益诉讼机制，借助刑事案件取证的强制性与便捷性，使受损的公共利益得到赔偿。②

这些观点有助于我们更好地把握环境资源犯罪的侵犯法益。我们认为，该类犯罪法益的把握要从生命共同体出发，围绕生态法益展开。在具体案件中，严格贯彻罪刑法定原则，把握具体犯罪构成。

（三）完善刑事实体规则

1. 严格区分罪与非罪、此罪与彼罪

实践中从行政处罚、民事责任到刑事责任，存在刑法的限度问题。而如果符合刑法惩罚的范畴，则需要严格适用具体的罪名。

从宏观的方法论上而言，前者秉持的是法益的实质侵害以及三个责任的衔接；后者则依据罪刑法定，按照犯罪构成要件进行判断即可。当然，在具体适用中，难免存在一些疑惑，比如，污染环境罪客观行为的判断、因果关系的把握；《刑法修正案（十一）》新增设罪名以及前述的新型采砂行为、非法捕捞行为的入罪标准及适用等。这些问题的解决在法律不足时，要推动法律完善；在有裁判依据时需要严格按照法律和司法解释的具体规定进行适用，发挥司法智慧；同时，发挥典型案例的法律适用统一和规则具象化的作用。

2. 科学规范量刑，充分考虑生态修复情况，促进环境资源刑事案件量刑规范化

司法实践中，有将生态修复情况作为量刑酌定因素的做法。但是，我们调研中也发现，如何理解《最高人民法院、最高人民检察院关于办理环境污染刑事案件适用法律若干问题的解释》中规定的修复生态环境可作为量刑情节以及如何正确适用还存在疑问。

---

① 李琳：《立法"绿色化"背景下生态法益独立性的批判性考察》，载《中国刑事法杂志》2020年第12期。

② 刘艳红：《民法典绿色原则对刑法环境犯罪认定的影响》，载《中国刑事法杂志》2020年第12期。

我们认为，相对于一般量刑情节，生态修复作为恢复性司法理念在环境刑事领域的载体和呈现形式，虽然不是刑法意义上的责任承担方式，却在某种程度上具有"法益恢复"的功能，这是一般量刑情节所不具有的。因此要赋予其特殊的适用地位。在具体案件中如何适用，则需要因案而异，具体分析。

从长远看，有必要在综合考虑和衡量各种量刑情节，总结此类案件量刑经验，最终形成规范化的指引。如何裁量刑罚，也是实践中法官审理此类案件的困惑和难题之一。换言之，进一步推进量刑规范化，在集中管辖改革中，协调检察院、法院法机制同步，逐步通过实践个案的积累再推动全国层面的量刑规范化。其间，可以发挥统一区域类案的参考作用。

在长江流域保护探讨中，江苏法院就如何把握《长江保护法》"生态优先 绿色发展"原则和规定的更高保护标准，处理好生态环境保护与经济社会发展之间的关系，把控好长江流域环境资源案件裁判尺度[①]提出了自己的做法，值得借鉴。即一是通过制定长江流域重点水域相关刑事案件审理指南，明确非法捕捞水产品罪多种典型情形的起点刑、基准刑，体现对使用严重破坏生态环境的方法或工具、非法捕捞高价值水产品、捕捞行为高度组织化等犯罪行为从重惩处并严格控制缓刑和单处罚金适用的量刑导向。二是确立全链条追责裁判规则、损失整体性认定规则，提高违法成本。对非法捕捞、非法狩猎等存在多个环节犯罪的行为，依法追究各环节犯罪行为人的刑事责任和生态修复责任。在非法采砂刑事案件中，改变以往主要以盗采砂石市场价值衡量犯罪后果的做法，综合考量盗采砂石吨位对水底生物栖息环境危害程度、堤防安全和航运安全等要素的破坏力，同时在相关公益诉讼中不仅判令侵权人承担所造成自然资源的直接损失，还要求其承担生态环境各方面损害赔偿责任。

此外，前述对濒危涉野生动物案件的审理中提到的量刑问题，需要及时调整量刑标准，法官裁量中充分发挥主观能动性，克服机械司法，做好释法说理，达到三个效果的统一。我们在实地调研中发现，法官已经充分意识到这个问题并加以解决。

（四）完善相关刑事程序和证据规则

首要是完善技术事实查明机制。借鉴前文谈到的福建经验，我们认为在诉讼层面，查明环境资源犯罪案件的事实尤其是技术性事实，需要发挥专家、专业陪审员等多方

---

① 从刑事角度看，裁判尺度的把握主要是如何科学量刑。

优势，充分运用法律规定的专家证人出庭、鉴定制度，创新探索技术调查官制度。当然，相应的专家库、信息平台建设等保障机制也不可或缺。

此外，在现有实践探索的基础上，完善管辖制度和大陪审制等诉讼机制，以便更好地服务案件审理，凸显环境资源审判特点。

第四节
环境行政案件

一、环境资源行政审判工作概述

环境问题被认为是"阳光下的新事物",[①]相对于人类社会长期以来处理的其他事务而言具有极大的特殊性,环境管理过程为了应对环境问题必须作出适应性改变。环境保护是一个宽泛的概念,通常包括了污染防治、资源保护和节约利用、生态保护等多个方面,[②]多个行政管理领域都与环境保护有关,环境行政由此具有区别于一般行政的特征。相比于一般行政领域,环境行政和环境行政行为具有更加复杂和多样态的特点。就环境行政的主体而言,在环境危机日益深化的当下,环境管理渐渐成为环境保护最重要的手段,政府成为"环境"这一公共物品最主要的提供者。随着政府在环境保护方面的投入日益加大,环境管理制度更加完善、力度也空前加大。随着环境保护督查的全面开展,我国的环境执法日益严格。但目前不少地方的环境质量状况还不尽如人意,环境行政管理过程和手段也存在一些争议,这些都成为潜在环境行政诉讼来源。

从案例端和诉讼端的视角来观察,各级人民法院充分认识行政审判对于合理开发

[①] [美]J. R. 麦克尼尔:《阳光下的新事物:20世纪世界环境史》,韩莉、韩晓雯译,商务印书馆2013年版,第1页。转引自刘长兴:《环境行政案件类型化的法理与方法》,载《法治社会》2021年第2期。

[②] 参见宋豫秦、陈昱昊:《近20年国际环境保护研究热点变化与趋势分析》,载《科技管理研究》2017年第19期。

利用自然资源、预防环境污染和生态破坏方面的重要作用，坚持监督和支持并重，注重通过审理建设项目环境影响评价审批等相关行政案件，督促行政机关依法及时履行行政监管职责，加强对行政机关普法宣传和依法行政意识的培养，支持行政机关依法查处建设项目未评先批、未批先建等违法行为，防止存在重大生态环境风险的项目开工建设。如陕西安康铁路运输法院、定期组织辖区内公安、渔政、农业市场监管等行政机关领导及具体负责人座谈，建立起有效的执法协作和沟通机制，消除分歧，形成共识，统一执法和裁判标准，着力实质化解争议，规范行政部门的行政行为。苏州市中级人民法院与苏州市自然资源局等6部门，就涉及古运河保护行政执法和行政审判，开展业务研讨和送法进机关活动，对审判中发现的行政执法问题向有关部门反馈，及时发送司法建议。

通过审理信息公开相关行政案件，保障人民群众的知情权和监督权，提高人民群众参与环境资源保护的积极性，使公众参与原则落到实处。在坚持自愿、合法原则的前提下，审慎适用协调手段结案，避免以罚款等形式取代应履行的环境保护职责，最大限度保护人民群众的环境权益。2014—2019年，全国法院环境行政一审收案同比增长33.57%、14.81%、7.35%、19.30%，结案同比增长41.15%、21.69%、3.00%、22.78%。[1] 环境行政案件保持增长势头，环境行政行为的司法审查也独具特色，其主要体现在以下几个方面。

（一）依法审理涉环境污染行政案件

妥善审理大气污染防治相关行政案件，督促、保障行政主管部门充分履行源头治理和全程治理职责，有效防治工业污染、机动车船污染、扬尘污染、农业污染及其他污染。妥善审理因造纸、印染、化工等严重污染水体企业的关闭或者搬迁改造，以及因污水处理费、排污费、水资源费等费用征收引发的行政案件，推动污染企业的达标治理或者依法退出，落实环境税费政策。妥善审理因拆除有色金属冶炼、石油加工、焦化、制革等污染设施，以及因处置工业废物、回收储运废弃农膜等引发的行政案件，保障土壤污染的源头预防。妥善审理涉及海洋动植物物种引进、海岛资源开发、海水养殖场建设、海洋海岸工程建设审批引发的行政案件。妥善审理涉及环境影响评价、污染物排放许可、禁牧轮休和封禁保护沙化土地的行政案件，推动排污许可"一证式"

---

[1] 吕忠梅等：《中国环境司法发展报告（2019年）》，法律出版社2020年版，第25页。

管理改革，落实环境保护目标责任制。

如佛山市三英精细材料有限公司诉佛山市顺德区人民政府环保行政处罚案，[①]被告佛山市三英精细材料有限公司（以下简称三英公司）在生产过程中排放废气的臭气浓度超标，顺德区环境保护监测站受区环境运输和城市管理局（以下简称区环运局）委托，于同年4月、6月对该公司进行臭气排放监测，两次监测报告均显示臭气浓度未达标。区环运局遂于2012年8月29日组织验收组现场检查并对法定代表人进行调查询问，告知该公司验收结果：即存在未提交限期治理方案、废气处理技术不能确保无组织废气达标排放、排放废气的臭气浓度超标、使用的燃油不符合环保要求等四个方面的问题，未通过限期治理验收。2013年1月，顺德区人民政府作出《行政处罚告知书》，同年3月经听证后作出《行政处罚决定书》，决定三英公司自收到行政处罚决定书之日起停业、关闭。三英公司不服提起行政诉讼，请求法院撤销上述《行政处罚决定书》。

佛山市中级人民法院一审认为，被告作出处罚决定的职权依据及行政程序并无问题。监测的采样点、频次等基本符合法定要求，臭气监测均采用了4次×3点的监测频次并取其中最大测定值，但频次间隔不足2小时，存在一定瑕疵，但不足以推翻监测报告结论的正确性。原告在限期治理期限届满后，经两次监测臭气排放浓度仍未达到《恶臭污染物排放标准》的要求，且存在其他相关环保问题，经区环运局报请顺德区人民政府依照《广东省珠江三角洲大气污染防治办法》有关规定对原告作出停业、关闭的行政处罚决定，认定事实清楚，证据充分，适用法律正确，遂判决驳回原告诉讼请求。原告上诉后，广东省高级人民法院二审判决驳回上诉，维持原判。

本案典型意义在于，当前环境污染成为群众严重关切的社会问题。治理污染要从源头抓起，本案中行政机关对排污不达标企业提出限期治理要求，仍未达标的，依法作出责令停产、关闭的处罚，于法有据。人民法院在审理此类行政案件中，一方面，要依法审查行政机关的执法职权、执法依据和执法程序；另一方面，对于废气污染物监测报告等专业性判断和专家证据，也要从证据审查角度给予充分尊重，对合法形成的证据予以采信。人民法院对环境保护管理机关严格处罚污染物排放不达标企业的合法行政行为，依法予以坚决支持。

---

① 该案入选环境保护行政案件十大案例，最高人民法院2014年12月19日发布。

（二）依法审理涉自然资源行政案件

妥善审理推进工业化、城镇化过程中产生的土地确权行政案件，依法落实主体功能区规划，合理控制国土开发空间和强度，推动以人为本、绿色低碳的新型城镇建设。妥善审理涉及矿业权审批、颁证等行政案件，保障矿产资源集约利用和有序开发。妥善审理因林权登记颁证、林地开垦、林地用途改变等引发的行政案件，保障林权改革顺利进行。妥善审理涉及水利、森林、草原资源开发利用审批引发的行政案件，保障自然资源合理开发利用。数据显示，以2019年为例，2019年新收环境行政案件中，以自然资源部门为被告的达30 506件、以城市建设部门为被告的16 321件，占2019年度环境行政案件的92.93%。[①]

如安徽省宣城市中级人民法院审理的"恒泰公司诉宣州区政府案"，恒泰公司位于宣城市宣州区黄渡乡杨林村，属扬子鳄国家级自然保护区范围内。区政府基于中央环保督察及"绿盾2018"专项督察反馈问题整改的工作要求，向恒泰公司发出限期拆除违法建筑公告，责令恒泰公司于2018年10月10日前将其在扬子鳄国家级自然保护区内的建筑物自行拆除并恢复土地原状，并向恒泰公司出具《承诺书》，就拆迁原则、存疑评估处理以及付款方式进行了承诺。恒泰公司自行拆除了建筑物后，黄渡乡政府向其支付补偿款400万元。因双方对剩余补偿款数额有异议，宣州区政府一直未支付剩余补偿款，恒泰公司提起行政诉讼。宣城中院依法支持区政府责令恒泰公司退出扬子鳄国家级自然保护区的行政行为，同时判令区政府在依法作出正式评估报告后对恒泰公司实际损失予以合理补偿，既有利于保持完好的天然生态系统，切实维护长江流域生态环境平衡，又有利于促进行政机关依法行政，实现生态环境保护与企业合法权益保护的平衡。

（三）发布环境资源行政典型案例

最高人民法院先后发布多批环境资源保护行政典型案例，体现了人民法院充分发挥行政审判职能，既依法监督、及时纠正行政机关的不作为和违法作为，督促环境保护行政主管部门依法履行职责，加强信息公开，也通过对合法行政行为的确认和支持，引导行政相对人遵守环境保护法律法规，依法承担相应责任。

例如，吴某诉江苏省环境保护厅不履行法定职责案，原告投诉要求被告履行对高

---

① 吕忠梅等：《中国环境司法发展报告（2019年）》，法律出版社2020年版，第24页。

速公路噪声的管理和监督义务，被告转交江阴市环保局办理，后者回复案件已经起诉，信访事项不予受理。原告起诉要求被告履行义务。法院判令被告于判决生效之日起30日内针对原告的投诉履行相应法定职责。人民法院通过调查，认定涉案高速公路环保验收工作系省环保厅所为，其对群众投诉的噪声污染问题负有不可推卸的监管职责，法院裁判有利于避免行政机关之间相互推诿，有利于督促责任主体尽快履责，有利于减少公众投诉无门或乱投诉现象，彰显了司法保障民生的正当性。

再如，海南省儋州市人民法院审理的海南桑德水务有限公司诉海南省儋州市生态环境保护局环保行政处罚案中，儋州环保局根据海南省环境监测中心站出具的《监测报告》，对桑德水务公司作出行政处罚决定，处以应缴纳排污费二倍的罚款17万余元。儋州市人民政府经复议对处罚决定予以维持。法院经审理认为，根据《环境行政处罚办法》第34条规定，采样是监测的必经程序。儋州环保局未能提供采样记录或采样过程等相关证据，无法证明其采样程序合法，进而无法证明送检样品的真实性，直接影响监测结果的真实性。因此，儋州环保局在没有收集确凿证据证实样品来源真实可靠的情况下，仅以海南省环境监测中心站出具的《监测报告》认定桑德水务公司超标排放废水，主要证据不足，判决撤销儋州环保局的处罚决定。该案明确了行政主体应当提供证据证明其执法程序合法性的规则，有利于督促环境保护主管部门摒弃传统环境行政执法中"重结果、轻程序"的思想，体现了人民法院对环保行政执法行为的监督，对于推动环境保护行政主管部门规范行使行政处罚职权、促进依法行政具有积极作用。

二、实地调研经验——以濮阳市环境资源类行政案件情况为例

（一）濮阳法院环境资源案件整体情况

根据《河南省高级人民法院关于实行省内黄河流域环境资源案件集中管辖的规定》中明确的环资类行政案由，经统计，2016年至2020年11月，濮阳两级法院共受理各类环资案件581件，一审案件518件，二审案件63件。自然资源领域一审案件503件，生态环境领域13件，林业2件（起诉林权证案件）。濮阳没有渔业、矿业、水利、能源、电力、黄河河务等领域的环资行政案件。重点介绍自然资源领域和生态保护领域的案件情况。

(二)自然资源领域案件情况

习近平总书记多次强调,耕地是我国最宝贵的资源,要实行最严格的耕地保护制度。近年来,濮阳两级法院依法审理、执行各类涉农村违法占用耕地建房行政案件,依法支持行政机关惩处违法占地行为,坚决不让违法占地合法化,守住耕地保护红线,展现出新时期行政审判的责任和担当。

自然资源领域(主要是违法占地处罚)行政案件在环资案件占比一审环资类行政案件的97%,案由包括行政强制、行政确权、行政征收、不履行法定职责、行政协议、行政处罚等,被告主要是市、县(区)、乡(镇、办)三级政府,个别案件当事人为自然资源部门。具体情况如下。

1.行政强制违法及赔偿案件231件,主要是起诉确认强制清除地上附着物违法及赔偿

发案原因:一是土地征收中重实体、轻程序。土地批准征收后的征地实施阶段,行政机关将补偿款支付至村委会账户或支付至被征地农民的粮食补贴账户内,被征地人拒不交出土地,行政机关为推进项目进程,不进行责令交付土地程序,直接实施清表行为,因行政机关不具有强制拆除的职权,强制行为一般被确认违法,并形成后续赔偿案件。二是地上附着物评估程序不规范。有的不委托法定评估机构评估,有的单方评估,有的政府工作人员根据当地补偿文件计算地上附着物价值,导致地上附着物价值的程序合法性、合理性受到质疑,被不满评估结果引发诉讼。三是先补偿后征收的情况还经常出现。在报批土地前,政府采用先支付征地补偿款,或临时租用土地的方式取得土地使用权,被征地人以土地未依法征收提起违法占地及赔偿诉讼。例如,郭某诉某县政府占地违法及赔偿案件,在土地征收尚未批准的情况下,郭某种植的3亩1000多棵桃树被强制清除,强制清除前,政府工作人员按照每亩25棵的标准自行计算补偿数额,补偿5万元,郭某要求评估,政府不予评估,后郭某根据政府的附着物清点登记表,自行委托评估公司评估,评估价值20余万元,政府不同意支付,郭某起诉至法院。法院在政府无法证明郭某被损毁附着物价值,且政府不申请评估的情况下,判决确认强制行为违法并酌情参照郭某的评估价值确定赔偿数额。

2.土地行政确权相关案件138件,主要是起诉撤销土地权属争议确权决定、撤销宅基地使用证、撤销承包经营权证等

发案原因:一是政策供给不足。国家对农村宅基地划分缺少统一政策,农村未统

一划分宅基地的情况较为普遍，村民为了满足生活需要，在村头荒地、自留地、祖上遗留宅基地上建房，或在院宅基地上翻建房屋导致宅基地权属及边界争议，政府根据争议当事人申请产生宅基地使用权争议，作出土地权属处理决定，一方不服提起诉讼。二是宅基地登记和管理不规范。在20世纪90年代，为规范宅基地管理，当地政府采用由乡镇土地所发放宅基地使用证的情况，有的是将加盖印章的空白宅基地使用证交由村委会填写发放，宅基地使用证发放混乱，没有及时形成登记颁证档案，后续宅基地争议时政府确权引发争议。三是承包经营权登记程序仍不规范。新一流承包地确权发证过程中，农村农业管理部门将登记颁证工作委托第三方实施，第三方在登记颁证过程中不够深入细致，农业农村部门对登记颁证监管不到位，导致新办理的农村土地承包经营权证引发争议。四是行政机关相关职责未实际履行。《农村土地承包法》第55条规定，因土地承包经营发生纠纷的，当事人可以向农村土地承包仲裁机构申请仲裁，也可以直接向法院起诉，实践中，农业农村部门并未开展仲裁工作，案件均进入诉讼程序。

3. 土地征收117件，主要是起诉征收行为违法、征地公告、征收安置补偿方案、信息公开等

发案原因：一是城中村改造和土地征收合并进行，群众对城中村改造安置补偿方案有意见，对相关土地征收行为均提起诉讼，如起诉征地公告、征地安置补偿方案批复、信息公开行为、概括的起诉征地行为违法等。二是各地对土地征收中的土地补偿方式不一。土地补偿款依法应当属于村集体所有，实践中，有的农村将土地补偿款项目全部发放至被征收人，有的则是对补偿款由村级地经济组织全体成员平均分配，农村基层组织掌握标准不一，群众产生对比心理，引发相关诉讼。三是征地安置政策存在不合理之处。有的对村民的唯一宅基地进行征收，后续无法解决宅基地划分问题；有的城中村改造政策，不能贯彻男女平等的原则，对出嫁女、独生女、双女户的待遇与男孩的安置待遇差距较大等。

4. 不履行法定职责36件，主要是起诉不履行政府信息公开、不履行补偿职责、不履行查处违法占地职责等

发案原因：一是土地部门信息公开能力不高。不予答复、不会答复、答复不完整的情况较为普遍。二是基层征地实施部门征地补偿职责履行不到位。有的被征收人存在征地后强栽抢种行为，但征地部门不能及时固定证据，无法另被征地人信服；有的

征收城市规划区内的建设用地上房屋,按照建筑物重置价补偿,未考虑到群众居住权保障问题。三是土地管理部门对政府公共事业违法占地或政府支持的项目占地查处不积极。例如,修建公路、工业项目占地等采用租地方式,不进行法定的征收程序,农民担心长久失去土地或担心时过境迁租地款无法落实,申请土地部门履行查处违法占地职责,但土地部门优势存在拖延立案处罚,不能做到使违法占地恢复耕种,引发行政诉讼案件。

(三)生态环境领域案件情况

2012年以来,审理涉及生态环境领域案件13件,其中,12件为环保行政处罚、1件为不履行环保查处职责案件。

行政处罚案发原因:(1)违反《环境保护法》规定被处罚4件,包括因环境保护设施未经验收投入生产和未申报排污的违法情形;(2)违反《大气污染防治法》被处罚6件,包括超标排放污染物、未采取污染防治措施直接将气体排入大气、防尘措施不到位、除尘器管道脱落、超标排放气体的违法情形;(3)违反《水污染防治法》被处罚2件,包括超标排放污水和向城镇污水集中处理设施排放水污染物违法情形;(4)不履行环保查处职责,举报后未书面答复办理结果。

濮阳市中级人民法院在行政审判中注重扩大审判辐射效应,审理的王某、三诚公司诉华龙区环境保护局行政处罚两案,合并审理,邀请人大代表、市环保局、市自然资源局等5个市直机关现场旁听,5个单位组织本系统1100余名工作人员通过网络旁听庭审直播。两案当庭宣判,环保部门胜诉,旁听代表给予了高度评价。

(四)环资类非诉执行案件情况

2016年至2020年11月,全市基层法院共受理环资类非诉执行案件246件,生态保护领域102件,自然资源领域144件。经合法性审查,裁定准予执行222件,因当事人主动履行行政机关撤回申请24件。环资类非诉执行案件均是行政处罚案件。

三、环境行政案件审理中的难点及建议

(一)行为义务类行政处罚等案件(自然资源和环保领域)非诉执行难

非诉行政执行案件的审查和执行在基层法院,是困扰基层法院和部分行政机关的"老大难"问题。最高人民法院司法解释明确规定了国有土地上房屋征收补偿决定的

"裁执分离"工作机制，除此之外，还有诸多行政执法领域的行为义务类行政处罚在实践中得不到执行，如自然资源管理领域的限期拆除在非法占地上新建的建筑物、恢复土地原状等处罚，环保领域的责令停产停业、关闭等处罚，市场监管部门作出的取缔、停产、停业等处罚等。这些行政行为长期处于法院无力执行、行政机关无权执行的局面，一定程度上影响行政机关的执法效果，也会损害司法的公信与权威，行政机关很有意见。

建议：最高人民法院出台关于重点执法领域，特别是环境资源领域非诉行政执行"裁执分离"的司法解释，确定行为义务类行政行为的"裁执分离"的审查审查、执行标准，理顺行政执法与非诉执行的关系，促进行政机关依法行政，以更好地审理和执行好涉环资类案件。

（二）行政强制（土地征拆领域、环境治理等领域）行为导致的赔偿案件审理裁判难

首先，土地征收实施环节法治化程度还不高，行政机关评估程序不规范、补偿标准不具体，强制行为导致的赔偿范围和赔偿标准难以确定。其次，集体土地征收中，对已经纳入城市规划区的房屋赔偿问题，缺少具体的操作标准。《最高人民法院关于审理涉及农村集体土地行政案件若干问题的规定》第12条第2款规定："征收农村集体土地时未就被征收土地上的房屋及其他不动产进行安置补偿，补偿安置时房屋所在地已纳入城市规划区，土地权利人请求参照执行国有土地上房屋征收补偿标准的，人民法院一般应予支持，但应当扣除已经取得的土地补偿费。"该司法解释规定较为笼统，参照国有土地上房屋征收补偿标准，应当如何参照？扣除已经取得的土地补偿费，如何扣除？参照国有土地上补偿标准及周边房屋市场价格进行赔偿，是否扣除土地出让金？按照什么标准扣除？在实践中，缺少统一标准。实践中，不少地方法院虽然通过学习和参考最高人民法院相关裁判案例能够对部分案件作出处理，但因缺少统一标准，法官裁量权使用相对较多，裁判压力较大，部分案件的审理难度仍然较大。最后，上级环保督导检查过程中发现的涉嫌污染企业，当地政府不进行任何程序一概关闭拆除，导致企业后续赔偿难以救济，是否立案、是否赔偿、如何赔偿，法院裁判相当困难。

建议：最高人民法院修改关于行政赔偿的司法解释，具体明确各类违法行为导致赔偿案件的具体赔偿项目、标准和计算方法，以适应新形势行政赔偿工作的需求。特别是进一步明确涉环保取缔、关闭企业的行为立案和裁判标准。

（三）环境行政诉讼案由的准确认定

案由是诉讼案件性质与内容的概括提要，是依照法律在事实基础上对案件的定性。在司法实务中，案由贯穿司法审判的始终，并发挥着重要作用。在立案阶段，审判机关依照案由确定案件应移送的审判业务庭；在审判阶段，当事人通过案由了解案件类型以及可能的裁判结果，审判人员借助案由确定法律的适用；审判结束后，审判机关以案由为类型化标准开展案宗归档、数据分析等工作。[①] 一个环境案件是否能够被划定为环境资源案件，是否依照环境领域的实体法和程序法进行审理，能否最终归档于环境资源类案件，案由是其中的关键性因素。2004年《最高人民法院关于规范行政案件案由的通知》对行政案由分为作为类、不作为类和赔偿类，该通知仅对行政案由如何归纳起到了一定的指导作用，无法满足新时代行政管理领域、行政行为类型多样化的要求。实践中行政案由归纳得较为混乱，不利于对案件的准确定性，不利于司法统计和类案检索。同时环保领域也存在案由不规范的问题，如取缔、关闭属于什么性质，是行政强制、行政处罚、行政命令等没有明确法律依据，早已不能适应当下环境资源行政审判的发展要求。

2020年12月，最高人民法院印发《关于行政案件案由的暂行规定》就行政案件案由的确定作出了新的规定。该规定作为最高人民法院经过广泛的意见征询和调研，并结合司法实践所取得的成果，对于解决当前环境行政案件案由适用失范的问题有所帮助，但是依旧难以满足案件妥当裁判的需求。因为新的行政案件案由规定可能导致环境行政案件容易混淆在一般行政案件中，难以明确界分。虽然按照被告可以区分出环境管理部门实施行政行为导致的纠纷案件，但事实上存在环境管理部门实施的非环境管理行为，以及各级人民政府及其他行政管理部门实施的环境管理行为，在认定为是行政案件还是环境行政案件时，容易模糊。

建议：如果在单纯依赖最高人民法院发布的行政案件案由难以进行辨别的情况下，可以对环境行政案件的区分和类型划分回到环境行政的基本法理并结合环境行政案件的审判实践展开。首先，要准确辨识环境行政案件的独特性。因为环境问题的特殊性，环境保护的行政管理具有显著的风险管理、技术管理特征，是典型的风险行政。[②] 把握

---

① 罗东川、黄建中：《民事案件案由规定的理解与适用》，载《人民司法》2008年第5期。
② 参见赵鹏：《风险社会的行政法回应：以健康、环境风险规制为中心》，中国政法大学出版社2018年版，第72页。

好环境行政的风险行政和环境保护专业技术性特征，是将环境行政案件从一般行政案件区分出来的关键。其次，要总结环境行政案件审判的实践经验，从已有环境行政案件中发现不同的审判关注点、案件特征和裁判规律，从而作为识别环境行政案件类型的重要指征。

（四）滥诉现象仍一定程度存在

以濮阳法院为例，2016年以来，一审行政案件以判决方式结案占比44%，裁定驳回起诉方式结案占全部结案的25%以上。行政案件诉讼费过低，部分群众可能囿于自身法律意识较为薄弱、个人认知等原因，提起不解决实质问题的诉讼，却因此导致付出了高额的代理费，带来了更多的经济支出，也在一定程度上浪费了司法资源。

建议：最高人民法院商司法部，共同推进修改诉讼费缴纳办法，调整行政案件的收费标准，避免出现行政诉讼滥诉案件，节约本就紧张的司法资源。

第五节
环境公益诉讼

一、环境民事公益诉讼

（一）环境民事公益诉讼的制度背景

1. 社会组织提起的环境民事公益诉讼

《民事诉讼法》（2021年修正）第58条规定，对污染环境、侵害众多消费者合法权益等损害社会公共利益的行为，法律规定的机关和有关组织可以向人民法院提起诉讼。从而在立法上确立了社会组织提起环境民事公益诉讼制度。《环境保护法》（2014年修订）第58条规定，对污染环境、破坏生态，损害社会公共利益的行为，符合下列条件的社会组织可以向人民法院提起诉讼：（1）依法在设区的市级以上人民政府民政部门登记；（2）专门从事环境保护公益活动连续五年以上且无违法记录。进一步完善了社会组织提起环境公益诉讼的制度。2014年6月，最高人民法院设立环境资源审判庭，开始集中推进专门审判机构建设，系统的环境资源审判专门化改革由此开始。《最高人民法院关于审理环境民事公益诉讼案件适用法律若干问题的解释》（2020年修正），进一步明确了社会组织提起环境民事公益诉讼的主体资格、环境公益诉讼的适用范围以及人民法院审理环境民事公益诉讼案件的相关程序等。

2. 检察机关提起的环境民事公益诉讼

2015年7月1日，第十二届全国人大常委会授权最高人民检察院，在生态环境和资源保护、国有资产保护、国有土地使用权出让、食品药品安全等领域，在北京、吉林、江苏、广东、内蒙古等13地开展为期两年的检察机关提起公益诉讼试点工作。2015年12月24日,《人民检察院提起公益诉讼试点工作实施办法》(高检发释字〔2015〕6号)被《最高人民检察院关于废止部分司法解释和司法解释性质文件的决定》(2020年12月26日发布、2020年12月26日实施)废止。2017年6月27日,《全国人民代表大会常务委员会关于修改〈中华人民共和国民事诉讼法〉和〈中华人民共和国行政诉讼法〉的决定》,《民事诉讼法》第55条增加一款,作为第2款:"人民检察院在履行职责中发现破坏生态环境和资源保护、食品药品安全领域侵害众多消费者合法权益等损害社会公共利益的行为,在没有前款规定的机关和组织或者前款规定的机关和组织不提起诉讼的情况下,可以向人民法院提起诉讼。前款规定的机关或者组织提起诉讼的,人民检察院可以支持起诉。"《行政诉讼法》第25条增加一款,作为第4款:"人民检察院在履行职责中发现生态环境和资源保护、食品药品安全、国有财产保护、国有土地使用权出让等领域负有监督管理职责的行政机关违法行使职权或者不作为,致使国家利益或者社会公共利益受到侵害的,应当向行政机关提出检察建议,督促其依法履行职责。行政机关不依法履行职责的,人民检察院依法向人民法院提起诉讼。"这标志着我国检察机关提起公益诉讼制度的正式确立,对于破坏生态环境和资源保护领域的损害社会公共利益的行为,检察机关可以提起环境公益诉讼。2019年6月5日,《最高人民法院关于审理生态环境损害赔偿案件的若干规定(试行)》施行,明确了生态环境损害赔偿诉讼案件的受理条件及其与环境民事公益诉讼的衔接等规则。2019年12月6日,《最高人民法院、最高人民检察院关于人民检察院提起刑事附带民事公益诉讼应否履行诉前公告程序问题的批复》(法释〔2019〕18号),明确人民检察院提起刑事附带民事公益诉讼,应履行诉前公告程序。为了规范人民检察院履行公益诉讼检察职责,加强对国家利益和社会公共利益的保护,2021年7月1日《人民检察院公益诉讼办案规则》正式施行。

3. 各地出台地方性法规,以更好实施环境民事公益诉讼

2016年6月,深圳市第六届人大常委会第八次会议通过《深圳经济特区绿化条例》,对检察机关、法律规定的社会组织提起公益诉讼作出规定。运用经济特区立法权,开展生态环境公益诉讼立法。自2020年10月1日起施行的《深圳经济特区生态环境公益诉讼规定》(经深圳市第六届人民代表大会常务委员会第四十四次会议于2020年8月26日通过),对生态环境公益诉讼的概念、原则和范围,诉讼主体的权利保

障,诉讼及执行过程的信息公开和公众参与,生态环境公益基金的设立、使用和管理等方面作出规定。作为国内第一部关于生态环境公益诉讼的地方法规,制度创新规定主要有以下几点:一是明确起诉主体及职责分工。该规定第8条对行政机关、社会组织、人民检察院三类主体的起诉分工进行了明确,规定有关行政机关提起与其职责范围相关的生态环境民事公益诉讼;有关社会组织提起与其宗旨和主要业务范围相关的生态环境民事公益诉讼;人民检察院在履行职责中发现破坏生态环境与资源保护等损害社会公共利益行为的,在没有有关国家机关和社会组织提起诉讼的情况下,可以向人民法院提起生态环境民事公益诉讼;人民检察院可以对跨部门、跨领域、跨区域的重大生态环境民事公益诉讼案件以及生态环境刑事附带民事公益诉讼案件直接提起诉讼;人民检察院在履行职责中发现有关国家机关违法行使职权或者不作为的,人民检察院可以向其提出诉前检察建议,或者向人民法院提起生态环境行政公益诉讼。二是规定起诉事由及范围。其中第2条规定,生态环境民事公益诉讼,是指人民检察院、有关行政机关和社会组织为了保护社会公共利益,对污染环境、破坏生态造成实际损害或存在重大损害风险的行为,向人民法院提起的民事诉讼。第6条规定:"有下列污染环境、破坏生态行为之一的,人民检察院、有关行政机关和社会组织可以提起生态环境公益诉讼:(一)非法排放污染物导致污染大气环境的;(二)非法排放污染物导致污染地表水体和地下水体等水环境的;(三)直接向土壤排放有毒有害物质、非法处置危险废物、违法开发利用土地等行为引起土壤化学、物理、生物等方面特性的改变,损害土壤功能和有效利用的;(四)非法储存、利用和处置生活垃圾、建筑垃圾及其他固体废物污染环境的;(五)非法捕猎、杀害珍稀或者濒危野生动物,非法食用法律、法规禁止食用的野生动物及其制品,破坏野生动物主要生息繁衍场所,盗伐、滥伐林木,非法采伐、毁坏珍贵树木或者国家重点保护的其他植物,非法引入威胁生态平衡动植物品种等破坏动植物生存环境的;(六)非法向海洋排放各类污染物,破坏红树林、滩涂、珊瑚礁,非法捕捞海产品,非法开采海底矿产资源,非法围填海,非法用海等破坏海洋生态环境的;(七)其他污染环境、破坏生态的行为。"三是支持和保障社会组织提起诉讼。四是规定行政机关享有起诉资格。五是规定环保禁令。六是设立生态环境公益基金等。

(二)环境公益诉讼的司法适用

2019年1月至2021年11月,全国法院受理环境公益诉讼案件13 024件,审结

9706件。各地法院加强对生态环境、野生动植物、自然人文以及司法保护，如在"上饶市人民检察院诉张某某、毛某某、张某生态破坏民事公益诉讼案"[①]中，张某某等三人在"巨蟒峰"上攀登时钻孔打岩钉的行为，对世界自然遗产、世界地质公园、三清山风景名胜区的核心景点"巨蟒峰"造成严重损毁，被依法追究刑事责任。上饶市人民检察院提起民事公益诉讼，要求三人承担赔偿损失、赔礼道歉责任。法院认为，巨蟒峰是国家重点保护的三清山风景名胜区核心景点，具有珍稀性、唯一性、易损性等特征，其内涵的科研价值、美学价值、观赏价值、游憩价值为人类共有，三人的行为侵害了社会公众享有的对世界自然遗产的环境权益，且在全国范围内造成了较大的影响，故其在刑事责任之外还需承担赔偿损失、赔礼道歉的民事责任，从而引导社会公众树立正确的生态文明观，珍惜和善待人类赖以生存和发展的生态环境。安徽法院审理通过暗管向长江违法排放有毒物质污染环境案，让违法者既承担刑事责任，又履行生态环境修复义务。在江苏南京、甘肃兰州新设环境资源法庭，集中管辖相应省域内环境资源案件，护航生态优先、绿色发展。长江、黄河等流域相关法院加强司法协作，推进大江大河生态保护和系统治理。2020年，江苏法院审理向长江非法排污案，让排污者支付5.2亿元环境修复费用和罚金。河南法院审理废酸污染黄河支流案，改变"企业排污、群众受害、政府买单"现象。福建法院加强古厝、廊桥等文化与自然遗产司法保护。广西法院加强巡回审判保护野生动物。贵州法院积极保护传统村落留住乡土文明。西藏法院依法守护雪域高原生态安全屏障。陕西法院用恢复性司法助力修复秦岭生态。青海法院倾力守护中华水塔生态安全。上海、湖北、湖南、四川等法院依法审理涉长江禁渔案件，山西、内蒙古、山东、甘肃、宁夏等黄河流域9省区法院加强环境资源审判协作，保护中华民族母亲河。

1. 逐步推行由跨行政区划集中管辖地人民法院管辖

如在"益阳市环境与资源保护志愿者协会与湖南林源纸业有限公司管辖案"[②]中，法院认为，依据《最高人民法院关于审理环境民事公益诉讼案件适用法律若干问题的解释》第6条规定，该案本应由其管辖，但考虑到安化县人民法院是该市唯一成立了环境资源审判庭的法院，具有环境污染方面的专门审判力量和审判经验，拟将本案指

---

① 参见江西省高级人民法院（2020）赣民终317号民事判决书。
② 参见湖南省高级人民法院（2017）湘民辖60号民事判决书。

定由安化县人民法院审理，报请高院审批。湖南省高级人民法院认为，2016年12月12日，湖南省高级人民法院批复君山区人民法院设置洞庭湖环境资源法庭，该法庭为环境资源审判专门化法庭，负责审理省高级人民法院和岳阳市中级人民法院指定的君山区所辖区域外涉洞庭湖水资源的一审环境保护案件。本案被告湖南林源纸业有限公司违法排污污染的水域属于洞庭湖流域。为进一步推进环境资源审判专门化，探索环境公益诉讼以及跨行政区划的环境污染、生态破坏等案件跨行政区划集中管辖，结合本案具体情况，本案交由君山区人民法院管辖更有利于案件的审理。在"安徽江淮汽车集团股份有限公司与金华市绿色生态文化服务中心等环境污染责任纠纷案"[1]中，法院认为，根据《最高人民法院关于审理环境民事公益诉讼案件适用法律若干问题的解释》第6条第1款规定，第一审环境民事公益诉讼案件由污染环境、破坏生态行为发生地、损害结果地或者被告住所地的中级以上人民法院管辖。江淮汽车公司被北京市生态环境局作出行政处罚，认定其属于机动车生产企业冒充排放检测合格产品出厂销售的行为。绿色生态文化中心、环友科学技术中心以此作为依据，主张江淮汽车公司的违法行为造成了环境公益的损害以及损害风险，提起本案诉讼。因此，北京属于绿色生态文化中心、环友科学技术中心所主张侵权行为的损害结果发生地，本案应由北京市有管辖权的中级人民法院管辖。根据《北京市高级人民法院关于北京市第四中级人民法院案件管辖的规定》，北京市第四中级人民法院管辖跨地区的重大环境资源保护第一审案件、重大食品药品安全第一审案件，故一审法院对本案有管辖权。在"中国生物多样性保护与绿色发展基金会管辖异议案"[2]中，法院认为，依照《民事诉讼法》第22条第4项规定，对被监禁的人提起的诉讼，应由原告住所地人民法院管辖，又根据《最高人民法院关于审理环境民事公益诉讼案件适用法律若干问题的解释》第6条第1款及《北京市高级人民法院关于北京市第四中级人民法院案件管辖的规定》第1条第5项的规定，本案应由北京市第四中级人民法院管辖，据此作出（2020）粤01民初763号民事裁定，将本案移送北京市第四中级人民法院审理。北京市四中级人民法院认为，广州市中级人民法院作为破坏生态行为的发生地或者损害结果地法院对本案具有管辖权，遂报请北京市高级人民法院来函本院协商管辖。广东省高级人民法院认

---

[1] 参见北京市高级人民法院（2020）京民辖终74号。
[2] 参见广东省高级人民法院（2021）粤民辖监2号。

为,本案属于环境民事公益诉讼。《最高人民法院关于审理环境民事公益诉讼案件适用法律若干问题的解释》第6条规定,第一审环境民事公益诉讼案件由污染环境、破坏生态行为发生地、损害结果地或者被告住所地的中级以上人民法院管辖。本案中,被告肖某某保管、非法收购、对外转售穿山甲等行为均发生在广州市,故广州市中级人民法院对本案具有管辖权,其将本案移送北京市第四中级人民法院不当,应予纠正。在"北京市朝阳区自然之友环境研究所与中国水电顾问集团新平开发有限公司、中国电建集团昆明勘测设计研究院有限公司环境民事公益诉讼案"[1]中,法院认为,因该院没有成立环境资源审判庭,环境公益诉讼审判经验缺乏,不利于案件的审理、沟通和协调。根据案件的实际,根据《民事诉讼法》第37条第1款的规定,报请云南省高级人民法院将本案指定其他中级人民法院管辖。云南省高级人民法院认为,根据《最高人民法院关于审理环境民事公益诉讼案件适用法律若干问题的解释》第7条的规定及云南省环境资源审判工作实际,对环境民事公益诉讼进行集中管辖有利于人民法院发挥审判职能,促进云南省生态文明建设。根据本案情况及全省法院审判工作实际,云南省楚雄彝族自治州中级人民法院提请云南省高级人民法院指定管辖理由成立。据此,本案由云南省昆明市中级人民法院审理。

2. 依法审理人民检察院、社会组织和行政机关提起的环境民事公益诉讼

一是依法审理人民检察院提起的民事公益诉讼。如在"郑某某、公益诉讼人环境污染责任纠纷案"[2]中,法院认为,根据《全国人民代表大会常务委员会关于授权最高人民检察院在部分地区开展公益诉讼试点工作的决定》《人民法院审理人民检察院提起公益诉讼案件试点工作实施办法》《人民检察院提起公益诉讼试点工作实施办法》的相关规定,在本案环境污染事故发生后,广东省韶关市人民检察院作为授权的试点检察院在没有其他适格主体提起诉讼或者其他适格主体不提起诉讼的情况下,其作为公益诉讼人向一审法院提起本案环境民事公益诉讼,符合上述规定,故广东省韶关市人民检察院具有本案诉讼主体资格。上诉人郑某某认为广东省韶关市人民检察院不具有本案诉讼主体资格的上诉理由不能成立,法院不予采纳。二是依法审理社会组织提起的民事公益诉讼。在"中华环保联合会与德州晶华集团振华有限公司环境污染责任纠纷

---

[1] 参见云南省高级人民法院(2017)云民辖23号。
[2] 参见广东省高级人民法院(2017)粤民终3092号。

案"①中，法院认为，原告中华环保联合会系 2005 年 4 月 22 日在民政部登记成立的社会组织，自登记之日至本案起诉之日成立满五年，从事环境保护公益活动满五年，并无违法记录。庭审中，被告振华公司对原告中华环保联合会作为环保公益组织提起本案诉讼亦无异议。因此，原告中华环保联合会是本案的适格主体。在"东莞市环境科学学会与何某某、陈某某水污染责任纠纷"②中，法院认为，东莞市环境科学学会提交其在东莞市民政局登记的《社会团体法人登记证书》、其 2013 年度工作报告书和 2014年度至 2017 年度检查报告书、其出具的成立五年以上没有违法记录的《未受处罚声明书》及《东莞市环境科学学会章程》，用以证明东莞市环境科学学会提起本案环境公益诉讼符合法律规定的资格。《东莞市环境科学学会章程》第 7 条载明的业务范围包括普及环境保护知识，提供及开展环境保护技术及各类环保知识的培训，开展环境保护公益活动，兴办社会公益事业等；上述年度工作报告书和年度检查报告书显示东莞市环境科学学会每年均组织涉及环境保护的公益活动。上述证据能够证明东莞市环境科学学会依法在设区的市级以上人民政府民政部门登记，专门从事环境保护公益活动连续五年以上且无违法记录的事实，法院予以认定。在"中国生物多样性保护与绿色发展基金会、秦皇岛方圆包装玻璃有限公司环境污染责任纠纷案"③中，法院认为，中国绿发会是在中华人民共和国民政部注册的基金会法人，其章程确定的宗旨包括"广泛动员全社会关心和支持生物多样性保护与绿色发展事业，维护公众环境权益和社会公共利益，促进生态文明建设和人与自然和谐"等，应认定中国绿发会为专门从事环境保护公益活动的社会组织，其提起本案诉讼是为维护污染事故发生地公众的环境权益，与其宗旨和业务范围具有关联性。中国绿发会提交了起诉前 2010—2014 年连续 5 年的年度工作报告书，证明其连续 5 年从事生物多样性保护等生态环境保护公益活动，其亦依照规定提交了社会组织登记证书，由其法定代表人签章的 5 年内无违法记录的声明等证据。上述证据能够证明中国绿发会符合环境污染公益诉讼原告的主体资格，对中国绿发会环境公益诉讼主体资格，一审法院予以确认。三是依法审理行政机关提起的民事公益诉讼。在"安徽海德化工科技有限公司与江苏省人民政府环境污染责任纠

---

① 参见山东省德州市中级人民法院（2015）德中环公民初字第 1 号。
② 参见广东省广州市中级人民法院（2018）粤 01 民初 707 号。
③ 参见河北省高级人民法院（2018）冀民终 758 号。

纷案"①中，法院认为，江苏省人民政府具备提起生态环境损害赔偿诉讼的原告资格。《改革试点方案》明确规定，试点地方省级政府经国务院授权后，作为本行政区域内生态环境损害赔偿权利人。江苏省系试点省份，国务院已经授权江苏省人民政府作为江苏省内生态环境损害赔偿权利人。经授权后，江苏省人民政府有权就江苏省行政区域内的污染环境、破坏生态所造成的损害提起诉讼。虽然《改革试点方案》规定，赔偿权利人可以就赔偿所涉及的具体问题与赔偿义务人磋商，但该方案明确规定，赔偿权利人也可以直接提起诉讼。可见，在试点期间磋商并非提起诉讼的前置程序，江苏省人民政府未经磋商就提起诉讼并不违反上述规定。

3. 鉴定问题仍然困扰环境公益诉讼

如在"东莞市环境科学学会与何某某、陈某某水污染责任纠纷案"②中，广东高院经审查，《最高人民法院关于审理环境民事公益诉讼案件适用法律若干问题的解释》第14条第2款规定："对于应当由原告承担举证责任且为维护社会公共利益所必要的专门性问题，人民法院可以委托具备资格的鉴定人进行鉴定。"该条款并无排斥原告自行委托具备资格的鉴定人进行鉴定的情形；《最高人民法院关于审理环境侵权责任纠纷案件适用法律若干问题的解释》第8条规定："对查明环境污染案件事实的专门性问题，可以委托具备相关资格的司法鉴定机构出具鉴定意见或者由国务院环境保护主管部门推荐的机构出具检验报告、检测报告、评估报告或者监测数据。"该条款并无将委托人限制在行政机关或者司法机关范围内。故东莞市环境科学学会作为环境保护社会组织，为维护社会公共利益及履行举证责任而委托具备资格的鉴定机构对环境损害专门性问题进行鉴定，并无不当，不存在委托人主体违法的情形。受托人广某环境科学研究院系国家环境保护部推荐的环境损害鉴定评估机构，其就何某某、陈某某、袁某某对该评估报告的委托程序、鉴定程序、编制形式、编制依据、评估方法、数据采纳、收费标准等提出的异议作出的上述答复，理据充分，合法合理，并无不当。此外，该评估报告附有与鉴定评估相关的文件资料。因此，法院对该评估报告的事实予以认定。但在另一些环境公益诉讼中，当事人往往因为证据不足而败诉。如"上诉人永安市星星化学有限公司（以下简称星星化学公司）与被上诉人福建省绿家园环境友好中心（以

---

① 参见江苏省高级人民法院（2018）苏民终1316号。
② 参见广东省广州市中级人民法院（2018）粤01民初707号。

下简称绿家园环境中心）民事公益诉讼（水污染责任纠纷）案"①中，法院认为，绿家园环境中心在一审、二审时均陈述主张的是星星化学公司2012年至2014年超额排放污染物。一审诉讼过程中，绿家园环境中心明确表示通过咨询专家意见确定本案环境损害数额，不申请司法鉴定。一审认定绿家园环境中心提供给专家辅助人员评估本案环境损害数额的污染物总量依据不足，故对专家辅助人员依据提供的污染物总量而计算得出的环境损害数额，不予采纳，法院亦认为此认定正确。因此，本案中绿家园环境中心作为原告的主张请求没有证据证明。

4. 依法支持原告为诉讼支出的其他合理费用

在"中国生物多样性保护与绿色发展基金会（以下简称中国绿发会）、秦皇岛方圆包装玻璃有限公司（以下简称方圆公司）环境污染责任纠纷案"②中，二审法院认为，依据《最高人民法院关于审理环境民事公益诉讼案件适用法律若干问题的解释》第22条规定："原告请求被告承担检验、鉴定费用、合理的律师费以及为诉讼支出的其他合理费用的，人民法院可以依法予以支持。"本案中，鉴定费和诉讼费一审已判决由方圆公司承担，中国绿发会上诉主要是针对律师代理费及其因诉讼产生的其他合理支出。对于这两笔费用的支付，一审中中国绿发会仅提供了委托代理合同，未提供实际支付代理费的相关凭证，提供的其他票据如加油费、餐费、停车费等，亦无法证明与本案具有关联性。一审法院酌情裁量支持中国绿发会代理费及其他合理支出费用3万元，并无不妥。二审期间，经与中国绿发会释明后，其依然未能提供支付代理费的相关凭证。故对于中国绿发会在本案诉讼中主张代理费及其他合理支出的费用，一审法院酌定3万元，二审法院予以维持。

5. 贯彻"保护优先，预防为主"的立法原则

在"中国生物多样性保护与绿色发展基金会、秦皇岛方圆包装玻璃有限公司环境污染责任纠纷案"③中，《最高人民法院关于审理环境民事公益诉讼案件适用法律若干问题的解释》第23条规定，生态环境修复费用难以确定的，人民法院可以结合污染环境、破坏生态的范围和程度、防治污染设备的运行成本、污染企业因侵权行为所得的利益以及过错程度等因素予以合理确定。本案中，方圆公司于2015年2月与无锡市格

---

① 福建省三明市中级人民法院（2021）闽04民终150号。
② 河北省高级人民法院（2018）冀民终758号。
③ 河北省高级人民法院（2018）冀民终758号。

瑞环保科技有限公司签订《玻璃窑炉脱硝脱硫除尘总承包合同》，对其四座窑炉配备的环保设施进行升级改造，体现了企业防污整改的守法意识。方圆公司在环保设施升级改造过程中出现超标排污行为，虽然行为具有违法性，但在超标排污受到行政处罚后，方圆公司积极缴纳行政罚款共计1280余万元，其超标排污行为受到行政制裁。在提起本案公益诉讼后，方圆公司加快了环保设施的升级改造，并在环保设施验收合格后，再次投资1965万元建造一套备用排污设备，是秦皇岛地区首家实现大气污染治理环保设备开二备一的企业。本案诉讼过程中，方圆公司加快环保设施的整改进度，积极承担行政责任，并在其安装的环保设施验收合格后，出资近2000万元再行配备一套环保设施，以确保生产过程中环保设施的稳定运行，大大降低了再次造成环境污染的风险与可能性。方圆公司自愿投入巨资进行污染防治，是在中国绿发会一审提出"环境损害赔偿与环境修复费用"的诉讼请求之外实施的维护公益行为，实现了《环境保护法》第5条规定的"保护优先，预防为主"的立法意图，以及环境民事公益诉讼风险预防功能，具有良好的社会导向作用。法院综合考虑方圆公司在企业生产过程中超标排污行为的违法性、过错程度、治理污染的运行成本以及防污采取的积极措施等因素，对于方圆公司在一审鉴定环境损害时间段之前的超标排污造成的损害予以折抵，维持一审法院依据鉴定意见判决环境损害赔偿及修复费用的数额。

6. 依法支持社会组织提起诉讼

因为原告的经济状况和案件的审理情况，通常对原告的诉讼费予以减免。如在"马鞍山市玉江机械化工有限责任公司与中国生物多样性保护与绿色发展基金会环境污染责任纠纷案"[①]中，中国绿发会申请缓交诉讼费，一审法院依据《最高人民法院关于审理环境民事公益诉讼案件适用法律若干问题的解释》第33条规定予以准许，并无不当。玉江化工公司关于中国绿发会在未缴诉讼费的状态下胜诉，一审判决公正性失衡的主张，没有事实和法律依据，法院不予支持。在"丰台区源头爱好者环境研究所与石柱县园区管理委员会石柱县鸿盛公司等环境污染责任纠纷案"[②]中，法院认为，鉴于原告向法院提交了免交诉讼费用的申请，根据《最高人民法院关于审理环境民事公益诉讼案件适用法律若干问题的解释》第33条第2款"败诉或者部分败诉的原告申请减

---

① 安徽省高级人民法院（2017）皖民终679号。
② 重庆市第四中级人民法院（2018）渝04民初523号。

交或者免交诉讼费用的，人民法院应当依照《诉讼费用交纳办法》的规定，视原告的经济状况和案件的审理情况决定是否准许"之规定，考虑到原告的经济状况以及本案的审理情况，法院决定对原告应承担的诉讼费 57 260 元予以免交。

（三）实地调研的资料

1. 探索预防性公益诉讼

云南法院公益诉讼案件涵盖了生态环境和资源保护、国有资产保护、国有土地使用权出让和食品安全等领域，保护范围涉及水体、大气、土壤以及生物多样性等众多环境要素。"绿孔雀案"、先锋化工公司大气污染纠纷案、曲靖铬渣土壤污染纠纷案、芜仙湖水污染纠纷案等一批环境影响重大、社会广泛关注的民事公益诉讼案件得到妥善审理，在预防性公益诉讼方面率先探索。

2. 践行恢复性司法理念

河南省法院环资庭审理的中国生物多样性保护与绿色发展基金会诉河南豫能新能源有限公司等环境侵权民事公益诉讼纠纷案中，立足恢复性司法，组织各方达成调解协议，由桐柏豫能凤凰风电有限公司在桐柏风电项目建设完成后对占用林地生态进行修复或者替代性修复，对于超范围占用的林地面积，同意按专家评估结果赔偿林木生态服务功能期间损失 184 449.3 元。云南法院积极探索"补种复绿""增值放流"等责任承担方式，在全国建立首个"环境公益诉讼救济专项资金账户"，建成首个"环境公益诉讼林"，首创"禁止令"制度等。不断优化跨部门、跨区域司法协作机制，促进府院联动，推动设立珠江源生态教育示范基地、香格里拉补植复绿示范基地、黑颈鹤保护工作站等修复基地，和周边省市法院签订"长江经济带 11+1""赤水河流域""南北盘江流域"等框架协议。

3. 依法保障检察机关、社会组织等的环境公益诉权

天津法院妥善处理好社会组织提起民事公益诉讼，检察机关依法支持起诉、检察公益诉讼、生态环境损害赔偿的衔接和协调。如天津市第二中级人民法院审理二分检诉某污水公司环境污染公益诉讼案，该案审理中法院在坚持依法独立行使审判权的基础上，与检察机关、环保行政机关多次沟通协调污染处置问题，积极促成对污染场地的及时有效处置，通过案件审理促使治理环境污染形成行政执法和司法审判合力。贵州法院鼓励社会组织提起民事公益诉讼，促进民事公益诉讼发展，在审理社会组织提起的民事公益诉讼案件中，诉讼费可以缓交或者免交；鉴定费、评估费、专家费由相

关基金支付。同时，判决支持原告合理的差旅费、律师费等。通过这些做法，提高社会组织提起公益诉讼的积极性，推动民事公益诉讼的发展。

4. 积极探索环境资源审判技术支持工作机制

江苏法院建立科学"外脑"帮助机制，不断提升审判专业化水平，聘请76位包括两院院士和国内著名学者在内的涵盖环境资源自然科学、环境资源法学等方面的专家组成专家库，为案件审理提供科学意见。探索专家陪审员制度，选取具有环境专业技术知识的陪审员直接参与环境资源案件的审理，提升司法裁判公信力。探索技术调查官制度，聘请专业人士为技术调查官，探索调查取证、组织调解、参与制订修复方案，检查验收修复结果等行管措施，帮助法庭理清案件事实，探索法庭技术顾问和专家辅助人制度，就环境资源专业问题向法庭提供专业意见，协助法庭对科学技术问题作出判断。天津高院联合生态环境局、司法局，经全市范围遴选审查，建立了环境资源审判专家库，在重大复杂案件中选取专家为审判人员提供技术咨询意见，在庭审中引入专家辅助人指导，以及委托鉴定加专家辅助人的组合模式等多种方式，有效破解专业事实查明的技术藩篱，为进一步客观公正审理环境资源案件提供了坚实的智力支持。

5. 坚持创新为要，延伸司法服务保障职能

河南法院采取先予执行、行为保全措施，推行环保禁止令，加大破坏生态行为的事前预防和事中制止力度。河南省企业社会责任促进中心诉某公司环境污染公益诉讼案件中，洛阳中院依法申请裁定准予先予执行，及时将非法倾倒的危险废物安全转移。郑州、濮阳、许昌等地积极推行环保禁止令，裁定实施环保禁止令120件。完善"恢复性司法＋社会化综合治理"审判结果执行机制。在省内黄河流域设立16个司法保护和宣传教育、生态修复等功能于一体，实现生态环境综合治理。探索多元化生态修复方式，充分利用社会力量恢复受损生态环境。加强联动，形成服务保障合理。建立黄河流域环境资源审判联席会议制度，密切集中管辖法院与流域法院之间的协同配合。与河南黄河河务段协作意见，加强与黄河河务部门的协作。建立司法与行政衔接机制和跨省司法联动机制，与河南省生态环境厅等八家单位联合权属协作意见，建立实施环境资源司法执法联动工作机制。濮阳中院与河北邯郸、山东聊城、菏泽中院签署"三省四市"环资审判协作框架协议。强化对环境公益诉讼和生态环境损害赔偿诉讼案件的审理，坚决让破坏黄河生态、污染环境的企业和个人买单，及时修复生态环境。聊城某化工公司非法处置废酸液350余吨，污染黄河支流，濮阳市政府提起生态

环境损害赔偿诉讼,河南省濮阳中院院长担任审判长公开开庭审理,濮阳市市长出庭,依法判决该公司赔偿应急处置费 138.9 万元、环境损害赔偿费 400 余万元。湖南法院连续三年部署"湖南环保审判三湘行""湖南环境资源审判专项行动巩固年""推进长江洞庭湖保护开展环境资源审判利剑专项行动",开展以公益诉讼为重点内容的环境资源审判工作,环境公益诉讼案件诉讼主体范围不断扩大,案件类型日趋多元,呈现良好的发展态势,湖南省人大常委会专门听取湖南高院关于办理公益诉讼案件情况的报告,并给予充分肯定。充分发挥环境公益诉讼在保护长江洞庭湖等环境公共权益的突出作用。为环境公益诉讼案件,创新性以赔偿、搬迁、治理、监管同时并进的处理原则调解结案,开创了"一调四赢"。

6. 创新环境公益诉讼案件执行方式,促进生态环境修复落到实处

河南省鹤壁市中级人民法院在执行过程中建立了以下工作机制:一是为确保环资案件得到有效执行,一方面,摸清案件执行情况底数,对执行不到位的依法采取相应措施;另一方面,从执行角度总结裁判文书的瑕疵与不足,进而提高裁判文书质量。二是在日常工作中,通过多部门联动、适时监督等方式,主动督促义务人履行生效法律文书确定的义务,对拒不履行的,对其采取列失信、限制高消费等联合惩戒措施,同时,较强沟通协调,健全长效机制,协同法院审判、宣传等部门共同推进工作落实,不断增强环境资源执行的实效性,为生态文明建设贡献力量。江西省高级人民法院协调推动,民主党派成员捐资、依法设立专门从事生态环境保护的公益性组织——江西思华生态环境保护基金会。江西省高级人民法院与该基金会签订了《战略合作框架协议》,以公益信托的形式委托该基金会管理和监督使用全省法院环资案件涉生态环境修复的资金。此项改革举措为全国独创,目前已有 65 个案件 3000 余万元资金委托该基金会负责生态环境修复,且大部分案件已完成修复事项。2021 年 9 月 26 日,由该基金会组织实施的"浮梁跨省倾倒垃圾案"修复工程开工;"三清山巨蟒峰损毁案"民事赔偿案的执行已进入以劳务和环保宣传部分替代履行赔偿义务阶段。天津市高级人民法院目前正在审理的绿发会诉某汽车公司大气污染公益诉讼中,双方已经同意采用环境公益信托的方式调解解决,按照京津冀环境资源审判框架协议,目前正在制定信托方案。江苏法院以探索建立生态环境修复费用管理使用长效机制为突破口,进一步提升环境司法在治理体系中的融入度。探索实践建立在以下两个认识基础上:第一,环境公益诉讼案的修复费用与生态功能损失费用的执行过程分为资金执行到位与资金使用

到位两个阶段；第二，资金的使用应当以深度融入环境治理体系为方向，遵循"恢复性司法实践+社会化综合治理"要求，实现符合环境资源审判规律的统筹协调、系统治理目标。为此，江苏省高级人民法院主动与省农业农村厅协调，探索将长江沿线各市非法捕捞案执行到位的生态修复年度资金，纳入省财政年度长江流域增殖放流资金预算体系，着力实现三个目标：一是实现非法捕捞案修复生态的裁判目的，终结非法捕捞案执行程序；二是借助行政主管部门的专业能力，确保修复费用使用项目的科学性；三是将资金使用置入流域治理全局之中，切实融入环境治理体系。同时，在相关公益诉讼中不仅判令侵权人承担所造成自然资源的直接损失，还要求其承担生态环境各方面损害赔偿责任。

7. 不断拓展环境资源审判区域合作机制

为贯彻落实京津冀协同发展战略，在最高人民法院的推动和指导下，经京津冀三省（市）高院协商，共同签订《京津冀环境资源审判协作框架协议》，建立了京津冀法院环境资源审判协作机制。天津法院与北京法院就环境公益信托基金项目的运行进行座谈，积极探索区域内统一适用的生态环境资金管理机制。2021年，天津海事法院、大连海事法院、青岛海事法院就海洋生态环境公益诉讼和私益诉讼的衔接问题、民法典绿色原则在海事审判中应用、司法与行政执法的衔接问题达成共识，并签署了《渤海生态环境保护司法协作机制框架协议》。2020年河北省人大常委会制定《白洋淀生态环境治理和保护条例》后，河北省安新县人民法院成立全省首家环境资源案件"三合一"专门化法庭——白洋淀环境资源法庭，对有效解决环境资源案件区域管理难题，加强环境资源审判的专业化建设，为雄安新区环境治理和白洋淀生态修复提供更加有力的司法保障。

（四）当前主要问题及建议

1. 环境资源鉴定、取证、修复方案的确定和执行仍未得到完全解决

建议协调中央部门推动构建完善的生态环境鉴定机构体系，对环境资源的鉴定机构、鉴定资质、鉴定规则进一步统一规范。

2. 环境资源专业化审判有待提升

环境资源审判具有很强的专业性和科学性，对审判团队的综合素质、专业素养要求很高，现有审判团队配置和队伍审判能力，知识结构不能完全适应现实的需要，专家辅助人、人民陪审员、特邀调解员等参与环境资源案件审理，在一定程度上解决了

专业技术难题，但参与度仍然很低，经费保障等相关配套措施不完善。建议引入法庭技术顾问和专家辅助人制度，为客观公正审理环境资源案件提供智力支持。

3. 环境资源公益诉讼执行机制有待完善

生态环境和资源修复是一项专业性很强的工程，由法院组织实施修复存在很大困难，需要由法院作出执行裁定后，交由具有专业监管能力的行政执法机关组织实施，建议实行"裁执分离"的执行机制。目前，没有建立统一的环境资源公益诉讼资金专户，环境公益诉讼修复赔偿金管理、适用和监督制度不完善。建议协调中央部门推动建立专项资金账户或公益诉讼基金，制定相关细则，构建环资案件赔偿、修复费用适用监管机制，明确法院、检察院、财政监管机构及相关行政监管、赔偿义务人等各方的职责、权利义务，以确保赔偿金能够及时地、最大限度地用于修复受损的生态环境。同时，明确社会公益组织等提起的环境民事公益诉讼中，经审批符合条件的，案件的保全、鉴定等费用亦可以由该专项基金预支。

4. 环境司法新类型问题研究能力有待加强

最高人民法院出台一系列司法解释等业务指导文件，对推进环资审判工作发挥了重要作用。建议最高人民法院进一步完善环境资源案件审理规则及配套制度，通过发布指导性案例、典型案例等形式明确公益诉讼的性质与定位、《民法典》绿色原则和惩罚性赔偿制度等法律适用疑难问题，对司法实践中的一些具体问题加以规范、引导，尤其是在与最高人民检察院加强沟通达成共识的基础上，进一步细化公益诉讼裁判规则。

5. 智能化建设及应用有待完善

在互联网、人工智能、区块链等信息时代综合科技手段日新月异的当下，环境资源审判工作要抓住信息化、数字化变革的新机遇。建议借鉴浙江建设生态环境司法保护一体化平台"绿源智治"的有益经验，在全国建立统一高效的智能化平台，实现行政机关、司法机关在线信息共享与协调，生态环境治理从前端的线索发现到后期的修复实现，从部门协同到第三方之间的资源整合，探索生态环境保护共建共治共享的治理新格局。

6. 环境资源审判队伍能力有待进一步提高

坚持以习近平新时代中国特色社会主义思想为指导，全面贯彻落实党的二十大精神，深入贯彻习近平生态文明思想和习近平法治思想，认真落实习近平主席致世界环境司法大会贺信的重要指示,加强政治能力和业务能力培训,建议结合审判执行工作中出现的疑难前沿问题,深入研究环境资源审判规律,更新环境资源司法理念,规范环境资源审判程序,统一裁判尺度,有针对性进行培训,进一步提高环境资源审判执行工作质量。

二、环境刑事附带民事公益诉讼

(一)刑事附带民事公益诉讼制度背景

1. 概述

2012年《民事诉讼法》、2014年《行政诉讼法》修订后,确立了民事和行政公益诉讼制度。相关实体法对公益诉讼制度作出了规定,司法解释也进行了进一步的明确。目前,公益诉讼制度主要集中在环境公益诉讼、消费民事公益诉讼和英雄烈士名誉权公益诉讼方面。

刑事附带民事公益诉讼是在追究破坏生态环境等犯罪的同时,由检察机关一并提起的一类诉讼。目前关注的焦点也集中在环境保护方面。理解刑事附带民事公益诉讼,我们认为需要注意以下四点:

第一,该类诉讼启动的主体是检察机关,具体而言是提起公诉的检察机关。

第二,该类诉讼程序方面附属于刑事案件的追究,由刑事案件的法院管辖,同一审判组织审理。

第三,该类诉讼本质上可以归为民事公益诉讼,但是引发的行为是犯罪行为。侵犯的是公共利益,因此,首先依据刑事法律来裁定,在刑事法律没有规定的情况下,遵照民事法律裁量。

第四,随着公益诉讼范围的扩充以及检察机关提起公益诉讼案件的增加,附民公益诉讼的案件范围呈现开放状态,目前主要集中在环境资源保护和消费者保护领域,又以前者为主要内容。

因此,刑事附带民事公益诉讼本质上属于民事公益诉讼,但是有其自身的特点。在司法实践中,在数量上占据了相当的比例,在我国许多地域呈增长趋势。

刑事附带民事公益诉讼在公益诉讼体系中有重要地位,加强刑事附带民事公益诉讼的研究有重要的理论和实践意义。从理论上而言,研究刑事附带民事公益诉讼和民事公益诉讼的区别和联系、共性和个性，刑事责任和附带民事公益责任的关系，程序处理和证据规则都是非常有开创性的跨学科课题。同时，从实践层面出发，基于数量不多的法律规范，如何建立健全中国特色的刑事附带民事公益诉讼制度，实现司法公正，值得每一位法律工作者和司法实务人员努力探索。

公益诉讼的直接法律依据来自《民事诉讼法》和《行政诉讼法》。《民事诉讼法》第58条规定："对污染环境、侵害众多消费者合法权益等损害社会公共利益的行为，法律规定的机关和有关组织可以向人民法院提起诉讼。人民检察院在履行职责中发现破坏生态环境和资源保护、食品药品安全领域侵害众多消费者合法权益等损害社会公共利益的行为，在没有前款规定的机关和组织或者前款规定的机关和组织不提起诉讼的情况下，可以向人民法院提起诉讼。前款规定的机关或者组织提起诉讼的，人民检察院可以支持起诉。"

2018年2月制定，2020年修正的《最高人民法院、最高人民检察院关于检察公益诉讼案件适用法律若干问题的解释》第20条可以作为附民公益诉讼的直接法律依据，即"人民检察院对破坏生态环境和资源保护、食品药品安全领域侵害众多消费者合法权益，侵害英雄烈士等的姓名、肖像、名誉、荣誉等损害社会公共利益的犯罪行为提起刑事公诉时，可以向人民法院一并提起附带民事公益诉讼，由人民法院同一审判组织审理。人民检察院提起的刑事附带民事公益诉讼案件由审理刑事案件的人民法院管辖"。该条所处位置为该解释民事公益诉讼部分，但是刑事附带民事公益诉讼不同于纯粹的民事公益诉讼，对其规定比较笼统。

2. 司法运行基本情况及经验亮点

根据本书第二章大数据，2018年1月1日至2021年12月31日，全国各级人民法院审结的环境资源刑事附带民事公益诉讼一审案件共计8026件且呈上升趋势，该类案件主要集中在非法捕捞水产品、非法狩猎、非法占用农用地、滥伐林木和非法采矿等犯罪行为。

根据调研，我国刑事附民公益诉讼基本情况如下：

第一，案件数量。我国刑事附带民事公益诉讼制度起始于2018年"两高"的《关于检察公益诉讼案件适用法律若干问题的解释》，随着检察公益诉讼[①]的发展而逐步发展。其中检察机关提起的环境刑事附带民事公益诉讼案件比例攀升速度很快。

省级层面上，根据第三次全国法院环境资源审判工作会议材料，如：2019—2020年度北京审结刑事附带民事公益诉讼4件；2019年1月—2021年7月河北省此类案件结案234件；2019年1月—2021年6月吉林省114件。安徽省共受理654件，福建省236件。2014年至2019年6月，陕西省各级人民法院共受理公益诉讼案件252件，其中环境公益诉讼153件（行政81件，刑事附带民事68件，民事4件）。地级市如濮阳法院2016—2020年审结环资类公益诉讼案件20件，其中检察机关提起的刑事附带民事诉讼案件18件，民事公益诉讼2件。调研情况表明，延安2017年至2020年，两级法院受理民事环境污染纠纷案件11起，刑事破坏环境资源犯罪174件，行政公益诉讼14件。

总之，检察机关提起公益诉讼是中国特色社会主义公益诉讼制度的重要方面，依法推进检察公益诉讼，是及时推进生态环境治理体系现代化的重要内容，也是深化司法体制改革的重要方面，其中包括刑事附带民事诉讼、民事公益诉讼和行政公益诉讼。检察机关提起的刑事附带民事公益诉讼占了公益诉讼总数的绝大部分。在今后的几年，刑事附带民事公益诉讼可能仍然会是公益诉讼审理中的重点。环境公益诉讼案件是公益诉讼案件的主体。2018年以后，刑事附带民事公益诉讼案件呈集中上升趋势并占据数量优势。

第二，关于审判组织情况。公益诉讼案件的审判组织呈现三种情况，由"三合一"的环资庭审理、刑庭民庭行政庭各自审理、专门组织审理。其中刑事附带民事公益诉讼的案件多在刑庭审理。

从公益诉讼审判组织看，与环资专业审判组织建设紧密相关。比如，陕西法院系统大力完善组织机构建设，设立专门的环境资源审判庭。2016年1月，陕西省高级

[①] 2017年《民事诉讼法》《行政诉讼法》修改时，确定检察机关可以提起公益诉讼的有4个领域，包括生态环境和资源保护、食品药品安全、国有财产保护、国有土地使用权出让；2018年以来，全国人大常委会修改、制定相关法律时，又进一步增加了8个新领域，包括英烈权益保护、未成年人保护、军人荣誉名誉权益保障、安全生产、个人信息保护、反垄断、反电信网络诈骗、农产品质量安全等。据统计，检察机关提起公益诉讼制度实施五年来，共办理公益诉讼案件71万多件，平均每年14万多件。参见《党的二十大新闻中心举行第三场记者招待会 介绍建设更高水平的法治中国有关情况》，载新华网2022年10月20日，http://www.xinhuanet.com/mrdx/2022-10/20/c_1310670528.htm。

人民法院在西安铁路运输两级法院设立专门的环资庭,指定其集中管辖西安市和安康市辖区内的行政案件和涉及环境资源的刑事、民事、行政案件及环境公益诉讼案件。2017年7月修改后的《民事诉讼法》和《行政诉讼法》明确规定了民事和行政公益诉讼,2018年9月和11月,商洛中院经前期考察和准备,在中院和洛南、商州两个基层行政案件集中管辖法院成立环境资源审判庭(挂靠在行政庭),制定相关规定明确管辖以及做好与检察机关的对接。

而四川法院系统的专门组织建设也值得探究。四川省高级人民法院于2016年6月6日正式挂牌成立环境资源审判庭,通过前期的大量工作,截至目前,全省21个市州中级法院均设立环境资源审判部门,重点生态保护区、生态功能区、旅游区的基层法院设立59个环境资源审判庭和40个环境保护旅游派出法庭,全省环境资源审判法官共252名。

第三,特色和亮点。各省勇于探索,创立各具特色的环境公益诉讼及附带民事公益诉讼机制。各地法院结合各自的实际情况,突出环资审判工作的特色与亮点。

一是加强制度建设,规范环境公益诉讼案件审理。普遍加强统一领导和组织,建立各种联络沟通指导机制。如陕西法院系统建立信息联络反馈机制、完善监督指导机制、总结经验机制等,做到案件公平公正审理,统一案件审理规则,有序推进该类案件的审理。比如,及时召开条线会议,沟通交流,统一思想;全程跟踪各级法院重点难点案件,积极指导协调。

在刑事附带民的审理制度中,四川法院系统的提级管辖制度值得关注,是全国首创。经过在宜宾、乐山、雅安两年试点,四川省法院会同四川省检察院试行的重大环境资源犯罪案件提级管辖取得良好效果。在总结经验充分论证完善的基础上,2019年10月,四川省高级人民法院、四川省人民检察院联合签发《关于对部分破坏环境资源保护重大刑事案件提级管辖的工作意见(试行)》,目前已在全省推广,达到进一步统一执法尺度,加大对破坏环境犯罪的打击力度的效果。通过对重大环境资源犯罪案件的提级管辖,完善刑事附带民事公益诉讼,规范审判组织、审理程序、证据规则、裁判标准,有助于严格该类公益诉讼,强化环境保护。

此外,以某河流流域开展集中管辖制度值得关注和推广。以河南为例,2020年8月河南高级人民法院发布《关于实行省内黄河流域环境资源案件集中管辖的规定》,对于涉黄河流域的环境资源案件集中在铁路运输法院集中管辖,包括刑事、民事、行政、环境公益诉讼和生态环境损害赔偿。

二是更新司法理念，以恢复性司法理念为指引，不断拓展多元化的修复责任担责方式。在司法实践中，陕西法院创新裁判形式，完善环境资源审判刑事、民事、行政"三合一"归口审理机制的专业化队伍建设，通过裁判探索恢复性司法理念；而且根据具体案件创新不同的担责方式，如"增值放流"（针对禁渔期使用禁用工具非法捕捞水产品的被告人）、给付生态修复费、在媒体公开道歉、限期履行、劳务代偿、义务护林员、义务河道管理员等。特别需要指出的是，在修复机制的探索方面，西安铁路运输两级法院建立秦岭、安康生态环境司法保护基地。[①] 如四川充分利用替代性补偿措施，补种复绿、增殖放流、巡河值守等已经是较普遍采取的形式，在部分刑事案件中修复生态环境效果已经作为案件的量刑情节考虑，有效维护生态环境。目前全省已建立补植复绿基地30余个，增殖放流点若干。加强对代履行、第三方监督、执行回访等制度的探索。

三是以生态资源为视角，探索跨区协作机制。比如，四川省推动签订《沱江流域七市中级法院环境资源审判协作框架协议》，该协议于2019年12月，由沱江流域内的德阳、成都、资阳、内江、自贡、眉山、泸州市中级人民法院签订，是四川省内签订的第一个成熟的跨区域协作协议，为其他地区探索跨区划协作和集中管辖提供实践经验，对环境资源案件集中管辖的铺垫和探索。这既是《长江经济带11+1省市高级法院环境资源审判协作框架协议》在四川省具体落实的举措，也是《四川省沱江流域水环境保护条例》的贯彻落实。[②]

四是重视互联互动，注重公众参与，形成生态保护合力，扩大环境公益诉讼影响。比如，陕西省法院加强与检察机关和行政机关的沟通、联动，加强对社会组织的指引，出台《关于加强检察公益诉讼工作若干问题的会议纪要》等文件。同时，法院在坚持

[①] 该基地成立于2019年6月5日，是陕西省首个建立的基地，针对无法在原地修复以及资源不可再生的公益诉讼案件，将被告赔偿的生态环境修复费用在基地内进行"补植复绿"，替代修复的生态环境，实现"异地补植、恢复生态、总体平衡"的效果。其他省份也有类似的修复基地做法。

[②] 在最高人民法院组织下，长江经济带涉及的12个省、市高级人民法院共同签订了《长江经济带11+1省市高级法院环境资源审判协作框架协议》，该框架协议积极推动构建长江经济带区域协同互动的司法保障新机制，整合力量为长江经济带的生态环境保护提供更加高效优质的司法服务和保障。沱江是长江的重要支流，流域经济发展与环境承载力之间的不平衡严重影响了流域水生态安全，对长江经济流域生态安全也具有重要影响。2019年9月1日施行的《四川省沱江流域水环境保护条例》是加强沱江水环境保护的重要地方立法。

专业审判的同时，充分关注司法的民主性，加强宣传，发挥环境公益诉讼的示范效应。河南省濮阳市中级人民法院通过座谈会形式联合濮阳黄河河务局、市检察院、市司法局等机构就检察公益诉讼、生态环境专项治理等进行深入交流，就强化黄河流域濮阳段相关职能部门沟通协作、实现信息共享和优势互补达成共识，初步形成了环境资源保护行政执法与司法的联动机制。这有助于包括刑事附带民事公益诉讼在内的环资审判的推进和审判效果的提升。

调研发现，延安2018年就和榆林、甘肃的庆阳联合召开会议，并且出台了跨区域石油污染防治及公益诉讼工作协作实施办法。2019年又召开了陕甘宁三省八市保护母亲河服务"一带一路"的联席会议，制定出台了跨区域保护母亲河，服务"一带一路"公益诉讼工作协作实施办法。延川县等还与山西省的乡宁、永和，宁夏回族自治区永宁这些县人民法院联合保护黄河流域生态环境，建立了跨区域协作机制。

3. 审判实践中的若干典型案例

案例1　江苏省南京市鼓楼区人民检察院诉南京胜科水务有限公司、ZHENG（郑某某）等12人污染环境刑事附带民事公益诉讼案。

【基本案情】

被告单位南京胜科水务有限公司（以下简称胜科公司）于2003年5月成立，经营范围为向南京化学工业园排污企业提供污水处理服务，系危险废物国家重点监控企业。被告人ZHENG（郑某某），系胜科公司总经理。2014年10月至2017年4月，胜科公司多次采用修建暗管、篡改监测数据、无危险废物处理资质却接收其他单位化工染料类危险废物等方式，向长江违法排放高浓度废水共计284 583.04立方，污泥约4362.53吨，危险废物54.06吨。经鉴定，胜科公司的前述违法行为造成生态环境损害数额合计约4.70亿元。江苏省南京市鼓楼区人民检察院于2018年1月提起公诉，指控被告单位胜科公司、被告人ZHENG（郑某某）等12人犯污染环境罪。并作为公益诉讼起诉人于2018年9月提起刑事附带民事公益诉讼，请求判令被告胜科公司承担生态环境修复费用。

【裁判结果】

江苏省南京市玄武区人民法院一审认为，被告单位胜科公司违反国家规定，排放、处置有毒物质和其他有害物质，严重污染环境，后果特别严重，其行为构成污染环境罪。被告人ZHENG（郑某某）系直接负责的主管人员，应以污染环境罪定罪处罚。以污染环境罪判处被告单位胜科公司罚金5000万元；判处被告人ZHENG（郑某某）等人有期徒刑六年至一年不等，并处罚金200万元至5万元不等。江苏省南京市中级人民法院二审维持原判。附带民事公益诉讼案件，经江苏省南京市玄武区人民法院调解，江苏省南京市鼓楼区人民检察院与胜科公司、第三人胜科（中国）投资有限公司（以下简称胜科投资公司，系胜科公司控股股东）签署调解协议，确认胜科公司赔偿生态环境修复费用现金部分2.37亿元；胜科投资公司对前述款项承担连带责任，并完成替代性修复项目资金投入不少于2.33亿元。

【典型意义】

本案系污染环境刑事附带民事公益诉讼案件，亦系最高人民检察院、公安部、原环境保护部联合督办案件。本案中，人民法院依法严惩重罚污染环境犯罪，不仅对被告单位，而且对直接责任人员、分管负责人员以及篡改监测数据的共同犯罪人员，一并追究刑事责任。同时，高度重视对环境公共利益的有效保护，及时引导检察机关补充固定证据，建议公益诉讼起诉人根据新的事实增加诉讼请求，多次组织专家学者、环保行政部门人员论证调解方案，最终确认胜科公司赔偿生态环境修复费用现金部分2.37亿元，胜科投资公司对前述款项承担连带责任，并完成替代性修复项目资金投入不少于2.33亿元，用于环境治理、节能减排生态环保项目的新建、升级和提标改造。本案中，胜科投资公司系基于股东社会责任等考虑，主动加入附带民事公益诉讼案件的调解中并承担环境修复费用，为调解方案的执行提供了有力保障。本案的判决，充分展示了依法从严惩治向长江等重点流域区域违法排污犯罪行为的司法政策和损害担责、全面赔偿的救济原则，在惩治、震慑环境污染犯罪，确保长江生态环境及时、有效恢复，促进企业进行绿色升级改造以及引导股东积极承担生态环境保护社会责任等方面均具有重要的示范意义。

案例2 四川省长宁县人民检察院诉被告人彭某某附带民事公益诉讼案

【基本案情】

四川省长宁县人民检察院指控被告人彭某某犯滥伐林木罪、原审附带民事公益诉讼人四川省长宁县人民检察院提起附带民事公益诉讼一案，四川省长宁县人民法院（2019）川1524刑初24号刑事附带民事判决被告人彭某某犯滥伐林木罪，判处有期徒刑一年，并处罚金3000元，原审被告人彭某某不服，提起上诉。

原审被告人彭某某滥伐林木的犯罪行为，破坏了森林资源和生态环境，损害了社会公共利益,在承担刑事责任的同时,还应承担森林资源和生态环境恢复的民事责任,附带民事公益诉讼起诉人提出附带民事诉讼,请求原审被告人进行生态修复,原审被告人彭某某承认附带民事公益诉讼请求,并已着手履行补种义务。一审法院对此予以确认,并在量刑时酌情考虑。辩护人李某某提出,原审被告人彭某某在归案后如实供述了犯罪事实,砍伐林木是为了栽种竹子,其种植的竹子对破坏的森林已经部分恢复等辩护意见,与法院查明事实一致,二审法院四川省宜宾市中级人民法院在量刑时予以了考虑。

【裁判结果】

四川省宜宾市中级人民法院综合考虑上诉人彭某某滥伐林木数量、认罪悔罪表现、积极履行生态修复行为、身体健康状况、年龄和公诉机关意见,以及适用缓刑对其所居住社区没有重大不良影响等因素,法院对上诉人彭某某请求改判缓刑的请求予以支持。

【典型意义】

该案二审法院综合考虑各种量刑因素,对原审被告人改判缓刑。司法实践中由于承担附带民事公益诉讼的赔偿责任,对缓刑的判处会产生影响。

案例3　申某某、王某某非法猎捕、出售、收购珍贵、濒危野生动物刑事附带民事公益诉讼案[①]

【基本案情】

2018年11月底,被告人通过QQ认识王某某,得知王某某养殖场经常有飞鸟来吃鸡后,便携带猎捕工具到其养殖场架设并传授王某某方法。王某某先后捕猎到3只鹰,飞走1只,其余售卖给申某某。申某某在网络发布出售消息时被公安机关侦控后被抓捕。经鉴定,被告人所捕获的野生动物为苍鹰,属于列入《国家重点野生动物保护名录》二级,核定2只苍鹰价值为5万元。

2020年4月,淇县检察院提起公诉及附带民事公益诉讼,淇县法院运用普通程序组成7人合议制审理此案。

【裁判结果】

判处被告人申某某构成非法猎捕、出售、收购珍贵、濒危野生动物罪,有期徒刑

---

① 本案系调研案例,为河南省鹤壁市首例涉野生动物刑事附带民事公益诉讼案件。

一年缓刑一年，并处罚金5000元；判处被告人王某某构成非法猎捕、出售、收购珍贵、濒危野生动物罪，有期徒刑十个月缓刑一年，并处罚金5000元；被告人申某某、王某某沟通赔偿生态资源环境修复费用人民币1万元，并自判决生效之日起十日内在新闻媒体上公开赔礼道歉。

【典型意义】

本案为河南省鹤壁市首例涉野生动物刑事附带民事公益诉讼案件，根据《人民陪审员法》的规定组成由人民陪审员4人和法官3人的7人合议庭进行审理。4名人民陪审员来自社会不同行业领域，有广泛的代表性，以一般公众视角参与事实表决，发表法律适用意见，起到了很好的社会宣传作用。

司法实践中对是否采用7人合议制审理刑事附带民事公益诉讼案件还存在争议，且做法不一，本案进行了非常好的地方尝试，值得肯定。

案例4　刘某某非法狩猎刑事附带民事公益诉讼案[①]

【基本案情】

2019年6月至12月，中国交建一局在阳新高速濮阳县标段修路施工期间，被告人在濮阳县五星乡石佛营村南小树林中，在禁猎期间使用夜间强光照射行猎的方式捕猎斑鸠27只，经鉴定，系珠颈斑鸠（国家保护的有益的或者有重要经济、科学研究价值的陆生野生动物）。濮阳县检察机关提起刑事附带民事诉讼，要求判处赔偿损失8100元并公开赔礼道歉。

【裁判结果】

被告人刘某某犯非法狩猎罪，判处拘役四个月；赔偿国家损失人民币8100元；责令在新闻媒体上公开赔礼道歉。

【典型意义】

本案的审理系在新冠肺炎疫情期间，濮阳县人民法院审理时利用网络平台开庭审理此案并邀请人大代表观摩庭审，起到很好的宣传作用。此外，考虑刘某某自愿担任野生动物法律宣传志愿者、积极赔偿损失等情节，判决从轻处罚，因而创新了生态修复方式，将刑事制裁、民事赔偿和生态补偿统筹考虑，实现了惩罚犯罪、修复生态环境和赔偿损失的综合效果。

---

① 本案系调研案例，为河南省濮阳县人民法院审理的刑事附带民事公益诉讼案件。

司法实践中，在环境审判领域，如何衔接刑事责任、民事责任、行政责任和生态修复，如何在刑事附带民事公益诉讼中协调刑事责任和生态修复责任都值得进一步探索，总结经验。

（二）我国刑事附带民事公益诉讼在司法适用中存在的疑难问题

根据前期调研，存在的突出问题如下，既有共性问题也有个性问题。

1. 共性问题

第一，评估鉴定难。环境资源案件具有很强的专业性和技术性，依法应当通过鉴定予以解决。许多省份缺乏专业化的、具有公信力的环境资源损害鉴定机构，更缺乏具备司法鉴定资质的鉴定机构；也缺乏专门的鉴定人员，虽然有部分中院建立了专家库，出具专家意见予以弥补，但人数也偏少，不能满足实践需要。鉴定还存在周期长、费用高的问题。环境刑事附带民事公益诉讼案件具有环境污染及生态破坏多发的特点，存在举证难、鉴定难、事实认定难的情况，无论是环境污染案件，还是资源破坏案件，损失数额的确定一直是难点。因环资类案件进行类型化审理时间不长，在审判实践中缺乏专业化和具有公信力的第三方司法鉴定机构，客观上制约了环境资源类诉讼的高效开展。此类诉讼大多需要专业鉴定机构或专家鉴定损害后果和修复费用，而无论是法院还是检察院，目前均没有这方面的技术能力和条件保障，也缺乏与相关鉴定机构和专家的评估鉴定共享机制。

第二，社会组织提起环境公益诉讼不够积极。无论是全国的大数据还是地方调研均表明，社会组织提起环境公益诉讼的案件较少。社会组织提起公益诉讼存在组织机构各省不足不均、自身诉讼能力不足以及受制于企业等问题。

第三，修复基金效能发挥不充分。基于"环境有价，损害担责"的环境保护原则，法院多数判决污染者赔偿高额的生态环境修复费用，但是这些费用如何管理以及运用到修复环境上，还缺乏有效的机制。

第四，公益诉讼与生态损害赔偿的协调。根据最高人民法院2019年6月5日发布的《关于审理生态环境损害赔偿案件的若干规定（试行）》第17条的规定，生态环境损害赔偿要先于公益诉讼，但在实践中，检察机关主导的检察公益诉讼与政府主导的生态环境损害赔偿诉讼经常发生起诉的重复性和覆盖性，需要协调。

第五，公益诉讼审判队伍建设亟须加强。生态环境公益诉讼专业化程度高，需要法官不仅具备专业的法律知识还要懂得生态环境科学知识，队伍的审判能力需要加强。

法官虽然对环资审判相关知识加强了学习，但所具有的环境资源类特别是办理环资相关刑事案件的专业知识和审判经验仍显不足，这就使环境公益诉讼案件的办案难度增大。同时，司法体制改革背景下，很多地区的环资审判法官自身还肩负着繁重的普通民事、行政案件审判工作和考核压力，要在审理原有承办案件的基础上再分配精力来进行"刑事、民事、行政三合一归口审理机制"的环境资源类案件的审判、调研工作，程序和实体处理上需要掌握的新知识较多，环境资源审判队伍专业化建设任重而道远。一些地方的环资庭虽然成立，但是仍没有单独建制，挂靠行政庭，现有审判人员还缺乏系统的公益诉讼尤其是刑事审判业务的专业培训。

2. 个性问题

由于刑事附带民事公益诉讼的复合性，在实践中存在以下个性化问题：

第一，提起的范围不规范不明确，刑事附带民事和刑事附带民事公益诉讼难以有效区分，实践中存在检察机关选择性提起刑附民公益诉讼。由于立法对附带民事公益诉讼案件范围的规定很原则，没有明确区分附带民事诉讼和附带民事公益诉讼的范围，实践中检察机关的裁量权比较大。此外，由于鉴定评估不够准确，司法实践中，大部分法院只能依据损害实体的经济价值来判决损害赔偿的额度，判决只体现出对私益的救济，无法体现修复环境目的，从而导致刑事附带民事和刑事附带民事公益诉讼难以有效区分。

第二，裁判标准上，刑事判决部分罚金和没收财产刑罚与生态修复费用的判处之间的关系存在不同认识，存在刑事责任承担与民事赔偿的关系到底如何把握，是否可以判处缓刑等疑问。

第三，程序操作上存在一系列问题。如刑事附带民事公益诉讼提起主体的困惑，实践层面上仅检察机关提起附民公益诉讼，其他社会组织没有提起；一些地方检察机关认为诉前公告程序缺乏必要性，且客观上公告程序有效性也存在问题；实践中检察机关提起刑附民公益诉讼后，由于没有统一规范，庭审和文书不统一；检察机关提起公诉后有关程序的衔接存在问题；初审法院以及审判组织等问题也存在不同程度的困惑，刑事附带民事公益诉讼由中级法院还是基层法院初审，是否组成7人合议制等；还涉及被告人范围、上诉等其他程序问题。

第四，环境刑附民公益诉讼证据认定存在困难。环境刑事附带民事公益诉讼案件普遍存在刑事从属性、复杂性、犯罪行为间接性、危害结果潜伏性等特点，因此，对这类犯罪在因果关系的认定和证据的收集上会存在较大难度,由于行政执法与刑事司法活动对取证工作的要求、理念存在较大差异,相当部分移送案件中的证据难以满足刑事证明的要求,按照行政处罚要求所收集的证据,未必完全符合刑事处罚的证据规则,如何强化部门之间的协调配合工作亟须加强。

第五,刑事附带民事诉讼审理的法律依据存在分歧意见,如适用替代性修复缺乏法律依据,赔礼道歉的替代方式执行的正当性依据存在争议和困惑等。实践中,如何适用刑事和民事法律存在不同意见。此外,如果检察机关没有提起公益诉讼,法院存在的建议被告人缴纳一定的修复费用在修复基地异地补植后对被告人酌轻处理的实践做法也需要法律支持。

(三)基本思考和对策

检察民事公益诉讼针对的是破坏生态环境和资源保护、食品药品安全领域侵害众多消费者合法权益保护等领域的违法行为。实践中,一些不法者在从事违法活动时不但触犯了刑事法律规定,构成犯罪,还造成了社会公共利益的损害。当发生这类情况时,人民检察院需要作为公诉人提起刑事公诉,同时也可以作为公益诉讼起诉人提起民事公益诉讼,从而形成两个案件。鉴于刑事诉讼和民事公益诉讼的诉讼主体一致,基本事实相同,为节约诉讼资源,提高诉讼效率,妥善确定犯罪嫌疑人的刑事责任和民事责任,《最高人民法院、最高人民检察院关于检察公益诉讼案件适用法律若干问题的解释》在第20条规定了刑事附带民事公益诉讼。[①]

附带民事公益诉讼不仅需要解决共性问题,还要解决个性问题。

1. 树立科学的公益诉讼理念,加强审判队伍建设

理念是行动的先导,公益诉讼案件能否公正科学审理,与科学的公益诉讼理念的树立直接相关。公益诉讼不同于传统诉讼,一般的刑事诉讼、民事诉讼和行政诉讼的判决内容的实际执行只对当事人产生影响,而公益诉讼还会及于与公共利益相关的任何人。公益诉讼的特点决定了其应当具有不同于传统诉讼的理念,比如维护公众权益、注重预防、推行恢复性司法等。因此,公益的准确理解和把握是关键。公益的概念包括国家利益和社会公共利益,督促适格主体依法行使公益诉权。侵犯的是不特定人的

---

① 江必新:《认真贯彻落实民事诉讼法、行政诉讼法规定,全面推进检察公益诉讼审判工作——〈最高人民法院、最高人民检察院关于检察公益诉讼案件适用法律若干问题的解释〉的理解与适用》,载《人民法院报》2018年3月5日,第1版。

利益。具体到刑事附带民事公益诉讼，需要注意区分犯罪行为是违反社会秩序的行为，还是侵犯国家和社会利益的行为；由于特定领域如环境污染、食品药品安全，其引发的民事赔偿也具有公益属性，针对不是某个个体的具体权利。但这两种公益的侵犯对象不同，分属于刑事责任和民事赔偿责任。

同时，要用科学理念引导审判队伍建设，加强专业审判能力。建议在积极鼓励两级法院环境资源审判庭的法官进行相关业务知识的学习的基础上，以法院为单位开展相关岗前培训，分别邀请民事、刑事、行政审判经验丰富的资深法官开办知识讲座和环境资源审判业务培训会，提升办理环境刑事附带民事、民事、行政等各类公益诉讼案件的能力和水平。同时，建立环境资源审判咨询专家库，吸收环境资源领域方面的专家以人民陪审员、专门知识人员、证人等身份参与案件审判，促进环境资源审判专业化。

在此，专门谈谈恢复性司法理念，完善恢复性司法在环境刑事附带民事司法中的适用。目前，环境刑事附带民事公益诉讼司法实践中对于恢复性司法理念的适用主要在于犯罪行为对环境资源造成污染破坏后，人民法院判决责任人承担生态修复责任或者缴纳生态修复费用，但这仅仅只是一种事后性的补救措施，而且，生态修复责任人是否有能力承担生态修复责任，这是决定最终能否实施生态修复的关键因素，如果当人民法院在作出判决时，责任人没有能力履行生态修复义务和缴纳生态环境修复费，那么这一责任承担方式也就没有实际意义了。生态修复的责任承担方式其实还可以通过引入生态修复保证金和生态修复责任保险等制度予以完善。对于因自然资源的开发使用通常会造成生态环境的污染或破坏的法律主体，为了恢复生态系统之生态服务功能，法律在赋予其自然资源开发使用权的同时亦可对其课以生态修复义务，要求其缴纳生态修复保证金；对于在法律关系设立之初依法并无生态修复之义务和责任，但是却存在造成环境污染或生态系统破坏之风险的法律主体，可视情况而定投保强制性生态修复责任保险或自愿性强制生态修复责任保险。

2. 宏观上厘清各种环境公益诉讼制度之间的衔接问题

根据调研，三大环境公益诉讼之间如何衔接，公益诉讼与生态环境损害赔偿的协调，以及检察机关检察建议、检察行政公益诉讼与生态环境损害赔偿诉讼等都存在协调问题。如何协调这些诉讼的关系，按照何种方式予以衔接，存在理论模糊、法律缺位、实践缺乏的困境。我们认为，从实体角度看公益诉讼包括民事和行政两大类公益诉讼，但是由于犯罪行为引发的附带民事公益诉讼是相对独立的公益诉讼，是程序上附属于刑事诉讼，而本质上解决的是附带民事公益赔偿的问题。基于这个定位去解决制度的衔接问题。

3. 完善公益诉讼共性的制度和机制

根据前面梳理的问题主要是要确立相关制度解决鉴定和修复基金使用两大突出问题。前者可以由最高人民法院统筹全国环资机构鉴定力量，推动建立全国环境资源专家库，确保鉴定及专家意见的权威性。后者需要明确生态公益基金或者财政专户建立、使用等一系列制度，充分发挥环资审判的修复功能，需要全国层面上与财政部门达成共识。此外，有关专门机关在工作上要完善系列联动机制，以更好地推进公益诉讼。

4. 改革完善刑事附带民事公益诉讼的具体建议

如前所述，刑事附带民事公益诉讼有着自身的功能定位和理论基础，是一种特殊的公益诉讼。由于立法规定的原则性和概况性，在司法实践中存在审理范围、启动主体、审理程序、证据以及裁判标准等争议和问题，亟须在厘清基本问题的基础上加以研究。本部分则针对实践问题进行对策研究，以期对实务提供参考。首先需要指出的是，附带民事公益诉讼首先按照刑事诉讼法的规定处理，刑事法律没有规定的情况下，按照民事法律处理。目前刑事诉讼法是缺失的，规范的主要依据是《最高人民法院、最高人民检察院关于检察公益诉讼案件适用法律若干问题的解释》和相关民事法律。

审判实践中应当注意以下几点：

第一，妥善解决刑罚和附带民事责任承担。从大数据和调研发现，将附带民事公益诉讼审理结果作为影响量刑的情节（酌定情节），是较为普遍的做法。被告人希望通过配合，获得更大的从宽利益，这也是附带民事公益诉讼的优势。对此，建议进一步完善量刑情节的相关规定。明确被告人或者其家属签订并履行生态修复协议的，且被告人悔罪态度较好的，可以作为量刑情节。

第二，明确附带民事公益诉讼的范围，规范其提起条件，有效规范检察机关选择性起诉问题。刑事附带民事公益诉讼案件要按照《民事诉讼法》第58条第2款和《最高人民法院、最高人民检察院关于检察公益诉讼案件适用法律若干问题的解释》的相关规定，针对破坏生态环境和资源保护、食品药品安全等领域损害社会公共利益的行为提起。如果已经有法律规定的机关和社会组织提起民事公益诉讼的，则不再受理刑事附带民事公益诉讼。同时，抓住公共利益这个关键点，可以区分附带民事诉讼和附带民事公益诉讼。

民事公益诉讼与刑事诉讼是不同案件类型，既可以附带于刑事诉讼提起，也可以根据案件实际情况单独提起。由不同的审判组织分别审理的，要注意协调好两个案件的事实认定和责任承担。我们认为，无论是附带提起，还是单独提起，只要是犯罪行为引起的民事公益诉讼，都需要遵循同样的责任承担方式。

我们认为，附带民事公益诉讼的提起需要满足三个方面：（1）适格主体，即提起公诉的人民检察院。（2）符合案件范围，如前所述。（3）有明确的诉讼请求和对象。

第三，管辖法院和审判组织。要注意《最高人民法院、最高人民检察院关于检察公益诉讼案件适用法律若干问题的解释》关于管辖法院和审判组织的特殊规定。刑事附带民事公益诉讼案件由审理刑事案件的人民法院管辖，并且由审理刑事案件的同一个审判组织审理。需要特别说明的是，《最高人民法院、最高人民检察院关于检察公益诉讼案件适用法律若干问题的解释》第5条规定了检察民事公益诉讼案件由中级人民法院管辖的一般情形。在刑事附带民事公益诉讼的特殊情况下，当审理刑事案件的人民法院是基层人民法院时，则附带民事公益诉讼也应由该基层人民法院管辖。由此可见，适用附带民事公益诉讼和单独民事公益诉讼存在管辖法院的不一致。关于有关地方进行重大环资附带民事公益诉讼提级管辖的做法，值得总结和适当推广。

第四，完善程序规则，规范案件审理。关于检察机关启动刑事附带民事公益诉讼，是否需要公告的问题。《最高人民法院、最高人民检察院关于人民检察院提起刑事附带民事公益诉讼应否履行诉前公告程序问题的批复》（2019年）明确指出，人民检察院提起刑事附带民事公益诉讼，应履行诉前公告程序。对于未履行诉前公告程序的，人民法院应当进行释明，告知人民检察院公告后再行提起诉讼。因人民检察院履行诉前公告程序，可能影响相关刑事案件审理期限的，人民检察院可以另行提起民事公益诉讼。

此外，程序运作中还存在被告人的确定问题。主要讨论尚未被追究刑事责任的被告人是否能被列为附带民事公益诉讼的被告？答案是肯定的。

第五，明确证据规则，加强事实认定，完善行政执法证据与刑事证明的衔接。在事实认定方面，由于刑事标准高于民事标准，在刑事责任确定的情况下，单独提起的民事公益诉讼可以直接依赖刑事案件确定的事实。详言之，由于刑事诉讼认定事实和证据的标准要高于民事诉讼，故刑事案件已经依法认定的事实和证据一般可以作为附带民事公益诉讼案件的免证事实和证据。而对于刑事案件未予认定的事实和证据，如经审理认为达到民事诉讼规定的证据标准的，亦应依法予以确认。

目前环境刑事附带民事公益诉讼案件的审理还有赖于相关行政部门的协作配合，因此要加强与检察机关和环保、林业、国土等行政执法部门的沟通，努力建立健全信息共享、办案协作等制度，有效整合有利于环境刑事附带民事公益诉讼案件审理的线索、证据等诉讼资源，共享行政执法和刑事司法信息，进一步提升办案效率。

三、环境行政公益诉讼

（一）环境行政公益诉讼的制度背景

1. 制度沿革

自然环境是人类赖以生存的基础，在国家加大环境保护力度的背景下，我国开始着手建立环境行政公益诉讼制度。2014 年，《环境保护法》正式确立了环境公益诉讼制度。2015 年，我国选择了 13 个省市开展较为广泛的公益诉讼试点工作，作为环境保护领域的重要制度创新，环境行政公益诉讼制度成为试点工作中的重要组成部分。2017 年 6 月，第十二届全国人民代表大会常务委员会第二十八次会议通过了关于修改《行政诉讼法》的决定，对《行政诉讼法》作出如下修改，即对原法第 25 条增加一款，作为第 4 款："人民检察院在履行职责中发现生态环境和资源保护、食品药品安全、国有财产保护、国有土地使用权出让等领域负有监督管理职责的行政机关违法行使职权或者不作为，致使国家利益或者社会公共利益受到侵害的，应当向行政机关提出检察建议，督促其依法履行职责。行政机关不依法履行职责的，人民检察院依法向人民法院提起诉讼。"该修正自 2017 年 7 月 1 日起施行。虽然此次修改的内容不多，但其意义却非凡。这表明我国行政公益诉讼已从试点区域扩大到全国范围。[1] 行政公益诉讼是一个复合概念，它既属于公益诉讼的一个子类，也包含在行政诉讼的范畴，目前新《行政诉讼法》列举了"生态环境和资源保护、食品药品安全、国有财产保护、国有土地使用权出让等"几种主要情形适用于行政公益诉讼。

数据显示，当前，我国行政公益诉讼多以环境行政公益诉讼为主。据统计，2019 年 1 月至 11 月，全国检察机关立案公益诉讼案件 113 848 件，其中 57.51% 的案件集中

---

[1] 参见黄学贤：《行政公益诉讼回顾与展望》，载《苏州大学学报》2018 年第 2 期。

在环境资源领域。[①] 环境公益诉讼通过强有力的司法手段保护了社会公共利益，契合了习近平总书记提出的"绿水青山就是金山银山""落实生态环境保护责任制"的生态文明思想。随着依法治国，建设社会主义法治国家进程的不断推进，对环境行政机关加强监督是落实生态资源和环境保护的重要举措，也是助力环境行政公益诉讼制度得以践行的主要动能。在全面依法治国的理念下，出于推动环境法治建设的考量，将环境问题纳入司法保护范畴，是我国在保护环境方面作出的正确决定，更是贯彻新发展理念、追求高质量发展的必然要求。

2. 环境行政公益诉讼第一案

2014年10月20日，贵州省毕节市金沙县检察院以"环保局怠于处罚逾期不缴纳排污费的企业"为由将金沙县环保局诉至集中管辖赤水河流域环境案件的遵义仁怀市法院。法院受理该案后，被告金沙县环保局对违法企业进行了处罚，检察机关认为通过诉讼促使行政机关履行职责的目的已经实现，便向法院申请撤诉并得到了允许。该案作为我国首例环境行政公益诉讼案，[②] 确认检察机关环境行政公益诉讼的原告资格，开启了由检察机关提起、专门环保法庭审理的公益诉讼新模式。在理论和实践方面都有着重要突破，并对我国环境行政公益诉讼乃至我国法治建设的进程都产生了较为积极的影响。

（二）当前环境行政公益诉讼中的问题

我国环境行政公益诉讼制度已具雏形，取得了实质性进展，这是我国治理能力和治理体系现代化水平提高的重要体现。但不可忽略的是，目前我国环境行政公益诉讼具体的制度实践仍在建构与探索中，还存在一些不足，具体而言，主要体现在以下几方面。

1. 案件总体数量偏少

一直以来，环境行政诉讼受到社会广泛关注，被预期在矫正行政违法行为或者不作为、改进环境行政效果层面发挥了重要作用。但总体而言，当前环境行政公益诉讼案件数量偏少。《环境行政公益诉讼的绩效检视与规则剖析——以2018年140份环境

[①] 夏云娇、尚将：《环境行政公益诉讼判决方式的检视及其完善》，载《南京工业大学学报（社会科学版）》2021年第3期。

[②] 参见秦天宝、段帷帷：《论我国环境行政公益诉讼制度的发展——以全国首例检察机关提起环境行政公益诉讼案为例》，载《环境保护》2015年第1期。

行政公益诉讼判决书为研究样本》一文检索到了2018年140件环境行政公益诉讼案件，虽然这140件案件是不完全数据，但已是通过多种公开渠道所能获取到的数据样本，客观上表明案件总体数量偏少。而当前环境行政公益诉讼案件数量整体偏少的原因，主要有以下两个方面：

一是大量的环境行政公益诉讼案件已通过诉前程序机制解决。由于诉前程序是环境行政公益诉讼的核心程序，大多数案件均在此阶段得到解决。数据显示，在两年试点期间，我国各试点地区检察机关共办理公益诉讼案件9053件，其中诉前程序案件7903件、提起诉讼案件1150件。诉前程序案件中，行政机关主动纠正违法5162件，相关社会组织提起诉讼35件。[1] 从上述统计数据可知，试点期间，通过诉前程序解决的公益诉讼案件占比为87.3%。另有实证研究表明，试点中75.4%的行政公益诉讼案件，行政机关经过诉前程序后已予以纠正。[2] 简言之，就一般规律而言，一个审结的环境行政公益诉讼案件背后，有3~5件通过诉前程序解决的环境行政公益诉讼案件。而上文提到的140件环境行政公益诉讼案件系法院已判决结案，其背后有3~5倍数量的案件为通过诉前程序解决的环境行政公益诉讼案件，但即便如此，当前环境行政公益诉讼案件总体数量仍然偏少。

二是在检察机关提起的公益诉讼中，检察权的启动与行使具有复杂的程序性限制，因此，也在一定程度上限制了检察机关提起环境行政公益诉讼。《中国环境资源审判（2019年）》白皮书发布的数据显示，2019年，全国法院受理检察机关提起的环境公益诉讼2309件、审结1895件；其中，环境行政公益诉讼案件355件、审结277件，[3] 实践中呈现的数据依然较少。

2. 案件线索来源单一

《行政诉讼法》第25条第4款规定："人民检察院在履行职责中发现生态环境和资源保护、食品药品安全、国有财产保护、国有土地使用权出让等领域负有监督管理职责的行政机关违法行使职权或者不作为，致使国家利益或者社会公共利益受到侵害的，

---

[1] 刘超：《环境行政公益诉讼的绩效检视与规则剖释——以2018年140份环境行政公益诉讼判决书为研究样本》，载《甘肃政法学院学报》2019年第6期。

[2] 沈开举、邢昕：《检察机关提起行政公益诉讼诉前程序实证研究》，载《行政法学研究》2017年第5期。

[3] 数据来源参见中华人民共和国最高人民法院编：《中国环境资源审判（2019）》，人民法院出版社2020年版，第2页。

应当向行政机关提出检察建议，督促其依法履行职责。行政机关不依法履行职责的，人民检察院依法向人民法院提起诉讼。"根据此规定，"履行职责"是检察机关案件线索发现的重要方式。在2021年7月1日起施行的《人民检察院公益诉讼办案规则》第67条规定："人民检察院经过对行政公益诉讼案件线索进行评估，认为同时存在以下情形的，应当立案：（一）国家利益或者社会公共利益受到侵害；（二）生态环境和资源保护、食品药品安全、国有财产保护、国有土地使用权出让、未成年人保护等领域对保护国家利益或者社会公共利益负有监督管理职责的行政机关可能违法行使职权或者不作为。"从上述两种规定可以看出，案件线索来源仍较为单一，立案门槛较高。当前，我国环境污染问题虽得到有效治理，但形势仍不容乐观，不能松懈；行政机关不作为、慢作为、乱作为的形象时有发生。案源线索单一，不利于及时发现违法问题，会导致一些违法行为得不到纠正、环境问题得不到解决。另外，有悖于相关立法精神与法律规定。"申诉、控告或检举"是中国公民的宪法性权利，同时，2014年修订的《环境保护法》新增了"信息公开和公众参与"以保障公众参与的权利。而实践中，涉及生态环境和资源保护类行政公益诉讼关于"履行职责"的相关规定，在一定程度上削减了公民发现提供线索的渠道，与此制度涉及的初衷并不相符，进而影响其环境保护功能的充分发挥。

3. 证据获取难度大

环境行政公益诉讼本质是一种诉讼行为，是一种以解决利益争端为目的的活动。而在争端解决的过程中，需要提供相应证据证明某一事实是否存在，人民法院基于这些证据进而作出相应判决，化解纠纷。证据的重要性在环境行政公益诉讼中也不例外。例如，环境监测和环境鉴定等科学证据在环境公益诉讼中具有举足轻重的地位，环境诉讼的科学证据都是由专业鉴定机构出具的监测或鉴定意见，而鉴定机构的收费往往较高。根据原环保部2016年发布的《环境损害鉴定评估工作收费标准》，最低的鉴定收费也有近10万元，至于一些严重的损害，鉴定收费可达数百万元。由于鉴定费用较高，检察机关在大多数的环境行政公益诉讼中往往难以提供科学证据。为解决这一问题，2019年，司法部办公厅印发《关于进一步做好环境损害司法鉴定管理有关工作的通知》，其中规定检察环境公益诉讼可先鉴定后收费。虽然通过程序设置的调整，能在一定程度上缓解问题，但并没有从实质上解决，费用高问题依然存在，检察机关败诉后仍要承担鉴定费，而这些费用大多是从办公或办案经费中列支。

此外，受资金、技术等条件的制约，基层检察院立案时主要依据照片、现场调查记录及视频资料等。若行政机关认可这些证据，则可以顺利立案；若行政机关不认可，在检察机关无法提供其他证据进行反驳的情况下，可能导致无法立案。

4. 履职期限不合理

诉前程序是检察机关向法院提起公益诉讼前必须履行的前置性程序。《行政诉讼法》第25条规定了行政公益诉讼前置程序应为：向行政机关提出检察建议，督促其依法履行职责。这一规定既体现了对行政机关的积极监督，又坚持了司法谦抑原则的价值立场。有学者基于2019年公开途径获取的127份环境行政公益诉讼典型裁判文书，经分析后认为，从试点的情况来看，绝大多数案件经诉前程序就得到了妥善解决，但由于目前相关法律法规及司法解释对诉前程序的具体规则还不够完善，导致司法实践中出现了许多争议。[1]在环境行政公益诉讼中，其诉前程序的争议突出表现为行政机关的履职期限。

《最高人民法院、最高人民检察院关于检察公益诉讼案件适用法律若干问题的解释》规定，在收到检察院发出的检察建议后，行政机关必须在2个月内履行职责并书面回复，紧急情况下在15日内书面回复。而目前规定的2个月的固定履职期限并不周延，忽视了因客观不能以及需要延长履职期限的特殊情况，尤其在诉前违法行政行为审查标准适用失宜、片面强调结果审查标准时，这种不周延的现象更为明显。

特别是在生态环境领域，因客观而非主观因素导致不能及时履职的情况相较于其他领域更为常见。诸如土地复垦、植树造林、恢复河道原状、实现废物无害化处理、黑臭水体治理等生态环境治理和修复的任务非常艰巨，对技术条件要求较高、资金审批手续复杂、治理周期长，加之气候、季节等因素的影响，很多情况下2个月是远远不够的。以"盖州市人民检察院诉盖州市自然资源局"一案为例，盖州市人民检察院责令盖州市自然资源局履行督促滥伐树木责任人陈某补种56 945棵树木，但由于补种林木受到季节限制，当年春季植树季节已过，判令陈某补种林木无法立即履行，需要等到来年春季方可实施。[2]

---

[1] 付颖琦、杨朝霞：《我国环境行政公益诉讼的问题和对策——基于2019年127份典型裁判文书的分析》，载《环境保护》2020年第14期。

[2] 参见辽宁省盖州市人民法院（2019）辽0881行初100号行政判决书。

5. "确认违法＋履行职责"判决存在适用分歧

实务中，大多数法院并没有对确认违法与履行职责能否同时适用予以深究，而是简单地对公益诉讼起诉人的诉讼请求予以支持，但也有部分法院认为其不能同时适用，甚至据此对一审判决予以改判。数据统计，在 2019 年共计 155 份环境行政公益诉讼一审判决中，有 23.9% 属于"确认违法＋履行职责"。在这种情形下，公益诉讼起诉人对被告之前的不作为请求确认违法，同时为了达到法律实施的目的，其一并请求法院判令被告履职或继续履职。①

实务中，绝大多数法院都依照诉讼请求作出了"确认违法＋履行职责"判决，但也存在部分法院仅作出履行职责判决，对确认违法请求予以驳回。以临泉县人民检察院诉临泉县住房和城乡建设局不履行环保职责一案为例，检察院请求依法确认被告不作为违法并判令被告住房和城乡建设局依法履行监管职责，并对附近管道进行建设、改造，对黑臭水体进行治理，但人民法院认为在行政不作为案件中，履行判决能够更彻底地实现公共利益的保护，且履行本身就包含了对行政机关不作为违法性的评价。②确认违法通常是针对作为类行政行为，不作为案件中只要在责令履职没有实际意义或实际条件不能成就的情况下，才适用确认违法判决。在山丹县人民检察院诉山丹县水务局不履行法定职责一案中，二审人民法院认为作为法律明确规定的两种判决类型，履行判决和确认违法判决各自存在特定的适用情形，必须根据特定的案件情形择一适用，而不能同时适用。③因此，在二审程序中撤销了一审中的"确认违法"，仅判令履行职责。

（三）相关思考与对策

1. 增设必须提起环境行政公益诉讼条款

在相关立法或司法解释中增设检察机关必须提起环境行政公益诉讼条款，明确规定和列举检察机关必须提起环境行政公益诉讼的具体情形。增设该规定，目的在于提升环境行政公益诉讼案件数量，填补实践中部分地方检察机关客观上呈现的"选择性诉讼"的倾向；同时也可以预期矫正当前的环境公益诉讼的受案范围主要是行政不作为案件的结构性缺陷。同时，作为检察机关本身，应重视对行政违法行为提起环境行

---

① 刘艺：《构建行政公益诉讼的客观诉讼机制》，载《法学研究》2018 年第 3 期。
② 参见安徽省临泉县人民法院（2019）皖 1221 行初 90 号行政判决书。
③ 参见甘肃矿区人民法院（2019）甘 95 行终 1 号行政判决书。

政公益诉讼。检察机关需高度关注当前环境执法过程中的突出问题与争议领域，对环境行政违法行为的类型与形式进行研究归纳，适度矫正"选择性诉讼"的倾向，不以胜诉率为追求和标准，不能仅针对环境行政不作为提起诉讼，而应当以行政机关的违法行为是否影响环境公益保护为判断依据，尽量对多种类型的环境行政行为提起相应的环境行政公益诉讼，在诉讼过程中筛选和确立环境行政违法行为的类型和内容，推动我国环境行政公益诉讼制度健康有序发展。

2. 拓宽案件来源渠道

案件线索的发现，是提起诉讼的基础性条件，缺少线索与来源，公益诉讼也将变成无源之水、无本之木。全面发现违法问题，更好维护环境公共利益，不能过于限制环境公益诉讼线索来源渠道，而应该尽可能拓宽。因此，应建构以检察机关"履行职责"发现为主、其他主体共同参与为辅的多元化线索来源渠道。具体可以从以下方面着手：

首先，肯定《行政诉讼法》及相关法律、法规中对"履职发现"的定位。检察机关作为诉讼的主导，不仅要在主动履行批准或者决定逮捕等专门职责时发现线索，还需要增加检察机关其他主动发现线索的方式，如利用信息化时代方便性，通过微信、微博等媒介的公开曝光去主动获取案件线索。

其次，确立对其他主体提供案件线索的接收机制。设置专门接收其他主体案件线索移送、举报或反映的部门或机构，专门接收国家权力机关、国家监察机关等在履行自身职责中发现线索的移送以及公民、法人或其社会组织的举报、控告、反映。如此，综合考虑了"主动发现"及"被动接受"两方面，可以破解"案件线索来源单一"的问题，更好地发现违法问题，最大限度地维护公共利益。

3. 加强检察院取证能力建设

"公益诉讼公诉人"地位加重了检察院的举证责任，需要加强检察院的取证能力建设。

第一，应设立专门"公益诉讼基金"保障公益诉讼有足够的诉讼资金。各地方政府应建立公益诉讼专项资金制度，由地方财政部门统一设立公益诉讼专门资金，用于支付检察机关提起环境公益诉讼需要支付的监测、鉴定及评估费用等。若检察机关胜诉或行政机关接受了检察建议，则相关检测、鉴定及评估费用由该行政机关负担，反之，由公益诉讼专项基金负担。虽然从最终结果来看，该支出都是由地方财政支付，但也能起到对违法或不作为行政机关的警示和惩罚作用。

第二,应建立"科学咨询专家库"为公益诉讼提供技术支持。检察官大多毕业于法学院,熟悉法律知识,却往往缺乏科学技术方面的专业知识。为了弥补这一短板,除了加强对检察官的科学知识培训外,还应增强其对科学证据的理解和掌握。如部分地区检察院聘任专业人士担任"特约检察官"助理,为检察官办理公益诉讼案件提供专业技术支持。上海市浦东新区人民检察院在全国率先聘请了8名专家担任"特约检察官"。没有聘请"特约检察官"的基层检察院,在遇到专业问题时,办案人员往往通过咨询相关行政机关业务骨干等方式来解决。这就导致行政公益诉讼一方面,以行政机关为监督对象;另一方面,提供专业意见的专家也来自被监督对象,存在悖论。虽然在维护公益方面,行政机关和检察机关的目标是一致的,但沟通协调办案,并不能代替常态化、规范化的办案工作,还需要从制度设计层面解决问题。由于基层检察院能力有限,应该由省(区、市)级检察院建立统一的"科学咨询专家库",且专家库的专家来源应具有多样性,不仅应有全省"区、市"行政机关的专家,还应有全省(区、市)范围内各高等院校、科研院所及企事业单位的专家学者等。[①]

此外,还应特别限制行政机关的专家人数,不应超过专家总数的30%,以保障办案检察官在挑选专家时有更大的选择范围,避免只局限于行政机关的专家,满足法律规定的回避制度要求。司法改革后,检察院的经费是由省(区、市)财政单独列支,因此,专家库中的专家应由省(区、市)院来统一签约、统一结算咨询费用,提升证据获取能力,真正助力公益诉讼,有效地弥补检察官在专业学科知识方面的短板。

4. 延长履职期限

实践中,为了实现保护公益的目的,诉前程序的两个月履职期限时常被延长。在诉前程序阶段,行政机关需要审慎考量公益修复的必要性和可行性,并需采取行动对公益损害进行实质性修复。以东北国有林地保护类案件为例,检察机关若在每年的5月后任何一个月发现案件线索,正常履行了诉前程序就已经进入当年的8月,而东北三省最佳的植树期是每年的5月至7月。因此,这些案件中若需要行政机关在诉前程序阶段补种林木,就必须等到第二年5月才能施行,案件诉前程序至少需要延长9个月以上。若从树苗培育期来看,还需要三年养护期才能保证树苗存活。在这种情况下,

---

[①] 刘恩嫒:《论环境行政公益诉讼制度的反思与重构》,载《环境保护》2020年第16期。

应设置足够长的履职期限，保证人民法院在进行全面审查时也可要求检察机关或行政机关充分说明延期的理由。①

具体而言，在坚持通常情况下的 2 个月履职期限为原则的前提下，还需考虑制约行政机关及时履行职责的诸多客观因素，如季节、气候等自然条件，履职需要多部门配合，资金、设备、技术人员的缺乏，调查取证时间较长等。此时不妨规定，因客观原因在 2 个月内确实无法履行职责的，行政机关可以提出申请并充分说明延期的理由，经检察机关同意，其履职期限可以适当延长 2 个月；情况特殊的，经上一级行政机关批准及其同级检察机关同意，可以再延长 2 个月。

5."确认违法 + 履行职责"判决中应仅判决履行

从《行政诉讼法》的法律体系来看，行政案件的判决类型是针对单个行政行为而设计的，其中第 72 条与第 74 条规定的确认判决应单独适用。从文义解释的角度出发，《行政诉讼法》第 74 条第 2 款规定了只有判决履行没有意义时才做出确认违法判决。且《最高人民法院、最高人民检察院关于检察公益诉讼案件适用法律若干问题的解释》（2020 年修正）第 24 条②也明确了确认判决的前提之一是检察院的诉讼请求得到实现，即履行职责是确认判决的前提，侧面佐证了二者不能同时作出。

对于行政机关的违法不作为，责令履行相应的职责更能彻底地实现对公共利益的保护，因此在该类案件中，检察机关仅诉请依法履行即可，履行职责已经包含了对于行政机关不作为违法性的评价，不宜再次请求确认违法，法院应作出履行职责判决，同时驳回关于确认违法的诉讼请求。

---

① 刘艺：《检察行政公益诉讼起诉期限适用规则研判——评湖北省钟祥市人民检察院诉钟祥市人民防空办公室不全面履行职责案》，载《中国法律评论》2020 年第 5 期。
② 《最高人民法院、最高人民检察院关于检察公益诉讼案件适用法律若干问题的解释》第 24 条规定："在行政公益诉讼案件审理过程中，被告纠正违法行为或者依法履行职责而使人民检察院的诉讼请求全部实现，人民检察院撤回起诉的，人民法院应当裁定准许；人民检察院变更诉讼请求，请求确认原行政行为违法的，人民法院应当判决确认违法。"

第六节
环境资源审判与区域性合作以及新问题前瞻

环境资源问题在 21 世纪的中国日渐突出，业已成为我国经济和社会发展需要迎接的重大挑战。2017 年 10 月 18 日，习近平总书记在党的十九大报告中指出，坚持人与自然和谐共生。建设生态文明是中华民族永续发展的千年大计。必须树立和践行绿水青山就是金山银山的理念，坚持节约资源和保护环境的基本国策，像对待生命一样对待生态环境，统筹山水林田湖草系统治理，实行最严格的生态环境保护制度，形成绿色发展方式和生活方式，坚定走生产发展、生活富裕、生态良好的文明发展道路，建设美丽中国，为人民创造良好生产生活环境，为全球生态安全作出贡献。改革开放以来，特别是党的十八大以来，我国高度重视环境资源保护与环境立法、司法、执法的一体推进，取得的法治贡献也是有目共睹。从 2014 年 4 月 24 日修订通过、自 2015 年 1 月 1 日起施行的《环境保护法》到 2016 年之后我国相继修订、通过的《大气污染防治法》《水污染防治法》《野生动物保护法》等环境资源保护相关法律，再到 2017 年《民事诉讼法》及《行政诉讼法》的修改和通过，使检察机关提起公益诉讼制度得以正式确立。我国环境资源法治体系的建立一直在为解决当下中国所面临的环境资源问题作出自己的努力。

环境资源相关的法律体系已经初步形成，当前更重要的是如何运用好环境资源的相关法律，这就要求我们开始重视环境资源审判的相关实践问题。2021 年 5 月 26 日—27 日，世界环境司法大会在云南昆明成功召开，国家主席习近平向大会致贺信强调，中国坚持创新、协调、绿色、开放、共享的新发展理念，全面加强生态环境保护工作，积极参与全球生态文明建设合作。中国持续深化环境司法改革创新，积累了生态环境司法保护的有益经验。① 习近平主席的贺信是对人民法院工作的巨大鼓舞，为我国环境司法指明了前进方向。与此同时，最高人民法院作为起草单位，参考环境领域国际公约写法，制定了《世界环境司法大会昆明宣言》，并于 27 日在大会上通过。《昆明宣言》将成为国际环境司法领域的重要文件，为建设美丽世界、推动构建人类命运共同体发挥积极作用。②

2021 年 6 月 4 日，最高人民法院召开《中国环境资源审判（2020）》暨年度典型案例和《中国环境司法发展报告（2020）》新闻发布会，对我国环境资源审判工作提出了新的要求，发展报告和环境资源审判白皮书的共同发布，体现了环境司法实践与理论研究的相互融合、相互促进。本小节的写作将以粤港澳大湾区和长三角地区为例，总结环境资源纠纷的共性与特性，以全面贯彻新发展理念，树立环境资源审判服务保障新时代党和国家工作大局为前提，寻找环境资源审判与区域经济发展的契合点，以求环境资源审判服务经济社会高质量发展。同时通过呈现区域性环境资源审判调研中的成果与开展的实践探索，从中肯定我国近几年区域性环境资源审判的有益作为和成果，同时也希冀发现环境资源审判与区域经济协同发展中存在的问题，并针对新问题提出新对策，谋求环境资源审判与时俱进，区域性合作高质量发展。最后，聚焦目前环境资源审判领域的新问题，前瞻碳达峰、碳中和工作的动态，以期对司法推动碳达峰、碳中和工作形成一定的思考和见解。

一、环境资源纠纷的共性与特性：以粤港澳大湾区、长三角地区为例

在挖掘粤港澳大湾区与长三角地区环境资源纠纷的共性与特性之前，我们先熟悉了解当地经济发展与生态环境保护的基本情况。

粤港澳大湾区包括香港特别行政区、澳门特别行政区和广东省广州市、深圳市、珠海市、佛山市、惠州市、东莞市、中山市、江门市以及肇庆市。2020 年，粤港澳大

---

① 《习近平向世界环境司法大会致贺信》，载新华网 2021 年 5 月 26 日，http://www.xinhuanet.com/2021-05/26/c_1127494868.htm。
② 孙航：《最高法相关负责人就〈昆明宣言〉接受记者专访》，载《人民法院报》2021 年 5 月 29 日，第 2 版。

湾区经济总量 11 万亿元，相当于以不到全国 0.6% 的面积，创造了全国 12% 的 GDP。粤港澳大湾区地处我国南部沿海、珠江流域中下游，是我国重要的经济中心和泛珠江流域发展龙头，也是中国参与国际合作的重要门户和前沿地带。推动粤港澳大湾区发展，是党中央、国务院主动适应把握引领经济发展新常态而作出的重大决策部署。但是，随着粤港澳大湾区经济的快速发展，生态环境问题也更加突出，许多尖锐、繁杂的环境纠纷也亟待解决。[①] 粤港澳大湾区对标"美丽湾区"发展愿景和世界级城市群战略定位，大湾区区域发展与环境保护的深层次矛盾依然较为突出，生态环境保护总体形势仍然严峻。

潮起江海，勇立潮头，宏伟蓝图谱新篇。长三角这片古老又年轻的土地，在新时代迸发出新的活力。长三角地区包括上海市、江苏省、浙江省和安徽省，区域面积约 21.07 万平方公里。三省一市山水相连、人缘相亲、文化相近、要素流动、人员往来频繁，其以 4% 的国土面积创造了约 1/4 的国内经济总量。长三角一体化发展是习近平总书记亲自谋划、亲自部署、亲自推动的重大国家战略，对引领全国经济社会高质量发展、完善我国改革开放空间布局，具有重大现实意义和深远历史意义。长三角既是经济发达和人口密集地区，也是生态退化和环境污染严重地区。该地区人口和产业高度集聚、能源消耗集中、废弃物排放强度大，城市相互接壤，环境质量彼此影响，各类环境问题突出，跨界污染和污染纠纷频繁发生。因此，以这两个地域为代表性的观测点，对于观察、梳理和发现区域性环境资源保护与审判中的问题，有较强的地区性和代表性。

（一）粤港澳大湾区与长三角地区环境资源纠纷的共性

1. 人口的集中和城市的聚集

目前粤港澳大湾区的两个特别行政区和九市人口已超过 7000 万人，长三角范围内的常住人口约 2.25 亿人。并且两地的人口增长率一直处于正值，人口基数在不断增长。过度的人口数量以及人口的集中必然会产生人地矛盾，生态空间被严重挤占，生态系统面临结构破碎化、功能退化、价值下降等问题。粤港湾大湾区和长三角地区在我国城市群中的聚集度也是最高的，紧凑的城市空间布局必然会对生活环境和自然环境产

[①] 颜运秋、胡宁轩：《粤港澳大湾区环境司法协同机制初探》，载《济宁学院学报》2020 年第 3 期。

生极大的影响，尾气和工业废气排放招致大气污染，基础设施过密又易引发城市内涝，环境资源无法得到涵养。

2. 纠纷行为主体以生产经营者为主

粤港澳大湾区和长三角地区的产业结构基本相似，均以第三产业为主，第三产业比重均超过50%，而在第三产业中又尤以服务业和制造业为主。无论是服务业还是制造业，抑或对环境资源产生影响，抑或需借助环境资源来满足其发展。许多企业为降低生产成本，忽视环保配套设施的建设和维护。同时，部分企业的环境保护意识不强，环保配套设施没有与企业经营业务同步发展，社会责任意识有待提升。

3. 环境污染案件占比大

环境资源案件分为环境污染案件和生态破坏案件。近几年，粤港澳大湾区和长三角地区法院受理的环境资源案件均以环境污染案件为主，远高于生态破坏案件。环境污染案件主要涉及企业违反环保"三同时"制度、畜禽养殖、废塑料再加工、修船作业、育苗基质携带病菌等，涵盖大气污染、水污染、粉尘污染、土壤污染等多种类型。以上类型符合粤港澳大湾区和长三角地区以工业、制造业和服务业为主的产业特色，也符合大城市及城市群的"通病"。生态破坏案件主要涉及损害渔业资源、野生动物资源等，以上资源两大地区均存在，但不是经济发展的主要支柱，故相关资源纠纷并不突出。

4. 区域内生态环境形势严峻

粤港澳大湾区和长三角地区生态环境的严峻形势反映出环境资源纠纷的客体庞杂且客体的存在样态不容乐观。

首先，湿地退化较为严重，海岸带生态安全面临威胁。大湾区天然红树林面临面积急剧减少、外来物种入侵严重等问题，严重破坏了浮游生物、鱼虾蟹类的生存环境，使生物多样性急剧下降。海草床、珊瑚礁等南海典型生态系统也受到明显破坏，珠江口和大亚湾长期处于亚健康状态。长三角地区的长江及近岸海域污染严重，赤潮发生频繁。

其次，河湖生态系统破碎化，流域生态系统功能受损。近30年来，大湾区生态系统格局发生了巨大变化，大湾区景观多样性和均匀度、团块结合度和聚集度不断下降，空间连通性下降，生态系统破碎化程度加剧，一些城镇化区域生态安全形势严峻。观察长三角地区，水体景观同样遭到严重破碎。河流破碎化破坏了原有的水生态环境平衡，流域的生态系统结构和功能遭到严重破坏，有明显的退化趋势。

最后，水污染、大气污染较为严重，黑臭水体问题较为突出。粤港澳大湾区大量的工业及生活用水需求导致水资源过度开发，也带来了水环境污染问题，跨界型和复合型水污染问题凸显。2018年，广东省的71个国考断面中，断面水质优良率（Ⅰ~Ⅲ类）为78.9%，Ⅳ类7%，Ⅴ类1.4%，劣Ⅴ类为12.7%，主要污染物为氨氮、总磷和耗氧有机物。[1] 长三角地区水环境氮、磷有机物复合污染严峻，水质性缺水普遍，地下水过量开采，地质环境问题普遍。

5. 跨区域管辖与治理

粤港澳大湾区和长三角地区均拥有超大规模的城市群，并且城市群内的经济互动和联系也非常紧密，因此区域内的环境资源问题更需要共同解决。如长三角地区的太湖，被江苏和浙江所环抱，是上海、江苏和浙江等省重要的水源地。自20世纪末，三地就开始陆续下发对太湖流域水污染的治理任务。面对如今环境资源审判的现实，三地法院也结合太湖流域内的环境资源审判实际，对太湖地区的环境资源案件开展集中管辖和共同治理。因此，现在的跨区域工作不仅涉及政府合作，保障司法，更积极开拓跨区域司法协作，促进区域内各地区协同发展。

（二）粤港澳大湾区与长三角地区环境资源纠纷的特性

1. 法律制度的差异

长三角地区自古就有悠久的历史联系，一直用"江浙""苏杭"等名词来冠以该地区经济富庶的美誉。在法律制度方面，长三角地区解决环境资源纠纷的法律依据皆为中国内地的法律体系。但是，在粤港澳地区，受历史条件等因素的影响，广东、香港特别行政区和澳门特别行政区存在不同的法律制度。在"一国两制"大背景下，粤港澳三地在法律体系、法律适用等方面都有差异，这也为粤港澳三地环境资源审判工作的开展和合作带来了挑战。

2. 环境司法救济制度的差异

司法救济制度与法律制度是一脉相承的，这也体现了立法与司法的衔接性。不论是长三角地区还是粤港澳大湾区的广东九市，都适用内地的环境司法制度。在各地基

---

[1] 参见许乃中、奚蓉、石海佳、张玉环：《粤港澳大湾区生态环境保护现状、压力与对策》，载《环境保护》2019年第23期。

层法院、中级法院、高级法院设立环境法庭,专门审理环境纠纷案件。法律层面正式确立了生态环境公益诉讼制度,在2019年《民事诉讼法》修改中,也明确了检察机关提起生态环境行政公益诉讼和生态环境民事公益诉讼的资格。但是粤港澳大湾区中,香港特别行政区的环境司法救济制度与内地不同。香港特别行政区环境公益诉讼制度的发展较为完善,提起环境诉讼的主体资格门槛较低、要求宽松。香港特别行政区的环境公益诉讼包括环保署提起的环境刑事诉讼、受害者对侵权者的环境民事诉讼和市民对政府机关的环境司法复核。可见,香港特别行政区已然构建起从起诉到上诉的多方位环境司法救济机制。

而大湾区中,澳门特别行政区的环境司法救济制度,主要是直接向法院提起诉讼。澳门特别行政区环境诉讼有传统环境诉讼和环境公益诉讼,环境诉讼主体在民事环境诉讼和行政环境诉讼两种情况下略有不同。行政环境诉讼的诉讼主体包括公民、利益相关法人、民政总署三类;相较于环境行政诉讼的诉讼主体,环境民事诉讼除了公民、利益相关法人、民政总署外,还包括检察院。

总之,相较于香港特别行政区的环境救济机制和澳门特别行政区的环境公益诉讼制度,内地生态环境诉讼受案范围仍然相对较窄,抽象行政行为并未纳入其中,对于具体行政行为提起相关环境诉讼的权利,也由检察机关等公权力掌握,在环境司法救济中,公众的参与度有待提高。

3. 环境资源的保护理念与司法协作的协同性

近年来,以习近平同志为核心的党中央高度重视生态文明,反复强调要做到经济发展与环境资源保护相协调。但在现实层面,经济发展仍具有一定的优先性,行政机关仍存在环境法治意识淡薄,盲目追求经济增长的情况。就环境资源的保护理念而言,在中国内地的部分地区,经济发展观与生态文明观仍存在一定程度的紧张关系。而香港、澳门特别行政区,公民对生态环境的保护较为重视,民间环保组织众多,且对生态环境治理的公众参与程度较高。因此,这导致粤港澳大湾区的环境保护理念相较于长三角地区,存在地区之间发展不平衡的问题,仍需相关地区的政府、社会性组织及公民提高环保意识,加强环境资源治理。

在司法协作方面,长三角地区的一体化发展也加快了司法协作的一体化进程。针对不同的流域和自然环境保护区,已经设置了专门的环境资源审判庭,并且赋予了铁路运输法院和海事法院等审判机关就环境资源案件有一定的专属管辖权。司法局、国土资源局、农业农村局等政府部门也加强宣传与治理,促进长三角地区环境资源信息共享、共治。[1]而有学者经研究指出,粤港澳三地的环境协作主要以协议的形式展开,如政府间签订的《粤港澳区域大气污染联防联治合作协议书》《粤港清洁生产合作协议》等政策性协议。这些协议具有"软法"的特点,不具备强制性的约束力。因此是否落实和履行协议内容取决于各方的自觉性,这种协议的无约束力正是粤港澳环境资源纠纷无法加深司法协作的根本原因。[2]此外,在司法实践中,粤港澳三地的环境资源纠纷案件跨区域司法协作还面临调查取证难、判决执行难等一系列问题。总之,如何打破环境资源司法协作的壁垒,如何形成专门的跨区域环境协调机制,是目前粤港澳大湾区环境资源司法协作亟待解决的问题。

二、环境资源审判与区域经济发展的契合

环境资源审判的目的是解决环境资源纠纷,促进生态环境保护,最终目标是达到政治效果、法律效果、生态效果和社会效果的有机统一。党的十八大以来,以习近平同志为核心的党中央高度重视我国的生态文明建设,并提出了一系列推进和加强我国生态文明建设的新理念新思想新战略。其中,"保护生态环境就是保护生产力,改善生态环境就是发展生产力"的新理念成为新时代中国特色生态文明思想、习近平生态文明思想的重要内容。这一新理念也深刻揭示了环境资源审判与区域经济发展之间存在契合点,启示我们要深刻总结和把握环境资源审判与区域经济发展之间的辩证统一关系。环境资源审判与区域经济发展的契合点可从以下三个维度展开。

(一)目的共识与持续发展之间的关系

目的共识与持续发展之间的关系实质上就是理论与实际之间的关系。一方面,环境资源审判和区域经济发展的目的是统一的,都是为了满足人民的美好生活需要;两者的内容也是统一的,环境资源审判与区域经济发展相辅相成,是可以相互转化的,"绿水青山就是金山银山"的理念很好地说明了这一点。高质量的区域经济发展须是绿色、可持续的发展,从短期看,推进环境资源审判工作会促进对环境资源的保护,这

---

[1] 张健、张舒:《长三角区域环境联合执法机制完善研究》,载《中国环境管理》2021年第2期。

[2] 参见谈萧、董斯颖:《粤港澳大湾区环境司法协作研究》,载《法治论坛》2020年第4期。

可能给一些区域的经济发展带来一定的压力，但这种压力并非源于加大了环境保护的力度，而是源于这些区域的产业结构不合理、企业绿色发展的技术储备不足、推动环境资源保护的体制机制不完善等，是尚未建立起较为完善的绿色发展的体制机制的问题，是很多企业乃至产业的发展方式有待转变的问题，归根结底，是没有认识好、处理好区域经济发展与环境资源保护关系的问题。[1]因此，在理论上，环境资源审判和区域经济发展必须达成这一目的共识。

另一方面，结合当前各区域经济发展情况，持续性发展是未来社会经济发展的主要趋势。应该以资源可持续应用和良好的生态环境为根本，全力维持生态系统的稳定发展。对于水污染、大气污染等生态环境污染问题，应高度重视，推进环境司法改革，注重生态保护，吸引更多的机关、组织、企业和人员参与到生态环境的保护活动中，完成保护生态环境的目标，实现对我国生态环境污染问题的治理，提高区域环境水平，缓解生态自然恶化等问题。因而，在实际行动上，要着力推进环境法治建设，深入推进环境司法改革创新，全面提升生态环境司法保护水平，实现生态环境司法保护的新发展新跨越，实施环境资源审判工作的人民法院责无旁贷。

（二）当前利益与长远利益之间的关系

习近平深刻指出，纵观人类发展文明史，生态兴则文明兴，生态衰则文明败。[2]生态文明建设是关系中华民族永续发展的千年大计，功在当代，利在千秋。环境资源审判工作是一项常态化的工作，推进环境资源审判体系和审判能力现代化也不是一蹴而就的，要保持历史耐心和战略定力。要依据各区域主体功能区的规划，坚决维护各类功能区的不同功能定位，综合考虑合理利用环境容量的现实需求、生产经营行为的性质及社会整体利益等因素，推进绿色低碳发展，促进形成绿色生产方式，引导人民群众形成简约适度、绿色低碳的生活方式，营造绿色低碳生活新风尚。同时，区域经济发展对生态环境的影响不仅仅是负面的，也伴随正面的影响，可持续的、绿色的区域经济发展可以带来先进的技术，而先进的技术又能反哺环境资源保护的力度，这是实现人与自然和谐共生的重要途径。

---

[1] 张丹：《生态环境保护与经济发展的关系探析》，载《资源节约与环保》2021年第6期。
[2] 《习近平出席二〇一九年中国北京世界园艺博览会开幕式并发表重要讲话》，载《人民日报》2019年4月29日，第1版。

(三)国内环境法治与涉外法治之间的关系

习近平总书记指出,要坚持统筹推进国内法治和涉外法治。[①]粤港澳大湾区和长三角地区不仅是中国经济发展的翘楚,更是我国对外开放的窗口,区域内生态环境法治的发展也要紧跟经济腾飞的速度。新时期,环境审判工作应立足新发展格局,统筹运用国内环境法治和涉外法治,依法平等保护产权,激励和保护创新,引导各类市场主体展开有序良性竞争,营造区域内法治化营商环境。还要发挥涉外民商事审判职能作用,促进粤港澳大湾区、长三角地区高质量发展和"一带一路"建设有机衔接,服务更高水平的对外开放新格局。要积极落实《世界环境司法大会昆明宣言》,加强环境司法国际交流合作,推动共建绿色"一带一路",为构建人与自然生命共同体、共建地球生命共同体贡献司法力量。

总之,环境资源审判与区域经济发展是密切相关的,它是区域经济发展的关键要素。一方面,推进环境资源审判工作可以营造良好的生态环境,而良好的生态环境又是经济运行和生产力发展的前提。不同地区的资源总量和生态系统承载能力决定了生产力的发展极限、规模和速度等。另一方面,生态环境作为经济发展的一个重要组成部分,加强和注重环境生态保护也是在推动区域经济高质量发展。粤港澳大湾区和长三角地区作为我国经济的增长极、对外的窗口,可以积累大量的先进技术和经验,这都为推动行业环境质量检测,乃至提升全国的环境生态保护水平作出一定的贡献。[②]由此,在环境资源审判与区域经济发展之间形成一个闭合环,螺旋上升式发展。

由以上三个契合点可以看出,环境资源审判和区域经济发展不是矛盾对立的关系,而是辩证统一的关系。推进环境资源审判工作就是在保障区域经济高质量发展。实施环境资源审判工作要牢固树立"绿水青山就是金山银山"的理念,坚定不移走生态优先、绿色发展之路,在发展中保护,在保护中发展,实现区域经济发展与人口、资源、环境相协调,促进区域经济高质量发展。要依法审理因经济结构和能源政策调整、产能过剩引发的企业改制、破产等案件,支持节能环保、清洁生产、清洁能源等产业发展,促进区域经济发展全面绿色转型,助力实现碳达峰、碳中和。妥善审理涉绿色金

[①] 《坚定不移走中国特色社会主义法治道路 更好推进中国特色社会主义法治体系建设》,载《人民日报》2021年12月8日,第1版。

[②] 穆艳杰、胡建东:《生产力与生态环境保护关系新理念探析》,载《长春师范大学学报》2021年第7期。

融、碳排放权交易、环境服务与治理合同等新类型案件,为区域经济高质量发展培育新功能。

三、区域性环境资源审判的实践探索

长江、黄河,是中华民族的发源地,是中华民族的摇篮。长三角地区和粤港澳大湾区又分别位于长江和珠江的入海口流域,是中国经济的对外窗口,具有得天独厚的地缘优势。党的十八大以来,习近平总书记站在历史和全局的高度,从中华民族长远利益出发,亲自谋划、亲自部署、亲自推动长江三角洲区域一体化发展、黄河流域生态保护和高质量发展以及粤港澳大湾区建设等国家重大战略。2021年10月22日,习近平总书记在山东省济南市主持召开深入推动黄河流域生态保护和高质量发展座谈会并发表重要讲话强调,"继长江经济带发展战略之后,我们提出黄河流域生态保护和高质量发展战略,国家的'江河战略'就确立起来了"。[①] 2020年8月,习近平总书记在合肥主持召开"扎实推进长三角一体化发展座谈会"并发表重要讲话强调,紧扣一体化和高质量两个关键词抓好重点工作,真抓实干、埋头苦干,推动长三角一体化发展不断取得成效。2019年9月,习近平总书记主持召开"黄河流域生态保护和高质量发展座谈会"并发表重要讲话强调,治理黄河,重在保护,要在治理。要坚持山水林田湖草综合治理、系统治理、源头治理,统筹推进各项工作,加强协同配合,推动黄河流域高质量发展。2019年2月,中共中央、国务院联合印发实施《粤港澳大湾区发展规划纲要》。习近平总书记指出,粤港澳大湾区要坚持绿色发展,保护生态的基本原则,强调大力推进生态文明建设,树立绿色发展理念,促进大湾区可持续发展。

2022年,是"十四五"规划和2035年远景目标实施的开局之年,在对加强区域环境资源保护的生态治理方面也提出了新的要求,区域性环境资源审判工作也应全面加强区域生态环境司法保护,服务保障国家重大战略的实施。区域性环境资源审判工作要坚持以习近平新时代中国特色社会主义思想为指导,深入贯彻习近平生态文明思想和习近平法治思想,充分发挥审判职能作用,全面加强区域生态环境司法保护,为

[①]《大河奔涌,奏响新时代澎湃乐章——习近平总书记考察黄河入海口并主持召开深入推动黄河流域生态保护和高质量发展座谈会纪实》,载《人民日报》2021年10月24日,第1版。

扎实推进长江三角洲区域一体化发展、黄河流域生态保护和高质量发展以及粤港澳大湾区建设等国家重大战略实施提供更加有力的司法服务和保障。

各区域人民法院结合区域生态环境资源的现状，不断探索适合本地区的区域性环境资源审判路径，这体现了推动长江三角洲区域一体化发展、黄河流域生态保护和高质量发展以及粤港澳大湾区建设等国家重大战略实施的司法担当。结合调查研究与实地考察，以下选取各区域部分法院在环境资源审判领域的探索与实践，展现生态环境司法保护的意识、担当与责任。

（一）黄河流域环境资源审判的实践探索——以濮阳法院为例

相比长江、珠江、淮河等流域的生态保护，黄河流域生态司法保护在顶层制度设计和机制创新方面略显不足。在黄河流域生态司法保护方面，仅能依靠地方各级法院，审判机构和管辖制度均按行政区划设置，未按照流域自然规律设置，缺少流域跨区划联动机制，限制了司法保护功能的发挥，不利于黄河流域生态司法保护向更深、更广的层面推进。

近年来，濮阳两级法院立足长远，创新环境资源审判工作体制机制，在黄河流域生态司法保护方面进行积极探索，积累了一定的审判经验。

首先，打造专业化队伍，提高司法审判水平。为提高专业化审判能力，濮阳两级法院均成立了环境资源审判庭或组成了环境资源审判合议庭。濮阳市中级人民法院出台《关于环境资源案件集中管辖的规定（试行）》，由市城乡一体化示范区综合审判庭审理由市中级人民法院管辖的案件，由濮阳县人民法院集中审理由基层法院管辖的一审环境资源刑事、民事、行政案件，实现了人员和案件的双集中。

其次，创新裁判方式，突出环境公益诉讼。对环境公益诉讼案件，濮阳两级法院树立保护优先、修复为主的司法理念，让生态环境破坏者既受到严厉刑罚，又承担严格的修复、赔偿责任，履行了社会责任。

再次，延伸司法审判功能，培育全民生态保护理念。濮阳两级法院推行环保禁止令，设立环境资源司法保护基地。自 2018 年 10 月《濮阳市中级人民法院环境保护禁止令实施办法》出台后，濮阳两级法院共计发出环保禁止令 7 份，让司法先行保护碧水蓝天。在五县一区同步设立了 6 个环境资源司法保护基地，长期宣传环境资源保护法律知识，并在省高级人民法院的指导下，联合人民网、《人民法院报》及省级 20 余家媒体，录制《环资法官的一天之守护碧水蓝天》宣传片，在《人民法院报》、豫法阳光等媒体宣传环境资源审判工作，培育全民保护生态理念。

最后，开展理论研究和实践探索，促进司法保护协作。2019年4月7日，濮阳市中级人民法院联合最高人民法院《水资源和水生态环境司法保护机制》课题组，在郑州召开了黄河流域司法保护机制研讨会，共同研讨如何加强黄河流域的司法保护。同年，濮阳市中级人民法院还申报了省高级人民法院重点调研课题，就黄河中下游流域生态保护司法机制问题进行调研，并积极探索与邻省地市的环境资源审判协作机制。

河南省高级人民法院建立联席会议制度，密切集中管辖法院与流域法院之间的协同配合，与黄河南黄河河务局签署协作意见，加强与黄河河务部门的协助，与河南省生态环境厅等多家单位联合签署关于建立实施环境资源司法执法联动工作机制的意见等协作文件。河南阜阳中院与河北邯郸，山东聊城、菏泽中院签署三省四市关键词审判协作框架协议，郑州、濮阳、焦作等中院以及一些基层法院联合当地行政机关，黄河河务部门设立环境资源司法保护基地实施。

（二）长三角地区环境资源审判的实践探索——以浙江法院为例

2021年3月1日，我国第一部全流域的专门法——《长江保护法》正式实施。在该法正式实施之前的2月25日，为正确适用我国首部流域专门立法，最高人民法院发布《关于贯彻〈中华人民共和国长江保护法〉的实施意见》和长江流域生态环境保护典型案例，将坚持生态优先、绿色发展，坚持统筹协调、系统治理，坚持依法严惩、全面担责确立为长江司法保护的理念。沪苏浙皖四地紧扣"一体化"和"高质量"，充分发挥沪苏浙皖三省一市审判职能作用，强化长三角司法协作，形成长江生态环境联动共保的格局，更好助力长江大保护和长三角区域一体化高质量发展。

近年来，浙江法院牢牢把握习近平生态文明思想重要萌发地以及"绿水青山就是金山银山"理念发源地和率先实践地的独特政治优势，在最高人民法院的有力指导和浙江省委的坚强领导下，认真贯彻《长江保护法》精神，正确树立"生态优先、绿色发展""统筹协调、系统治理""依法严惩、全面担责"的保护与发展理念，着力打造审判机构专门化、司法理念制度化、裁判标准统一化、司法保护一体化、审判工作智能化的环境资源审判"五个一"工程，积极探索适合经济先发地区、生态文明率先示范区的环境资源审判特色之路，积极推进生态环境的系统治理、源头治理、智能治理，为高质量发展建设共同富裕示范区、创建美丽中国先行示范区作出了有力司法贡献。

第一，坚持最严法治，不断加大生态环境司法保护和修复力度。浙江法院强化严格保护，准确把握生态保护和经济发展的辩证关系，强化法治思维、底线思维，通过专业化审判落实最严格的司法保护。2019年以来，全省法院共审结污染环境、非法捕捞、非法采矿等环境资源刑事案件2977件，充分发挥刑事司法的惩治威慑作用。此外，浙江法院还践行修复性司法理念，统筹山水林田湖草一体化保护和修复，深入探索"补植复绿""增殖放流""限期修复"等环境修复责任承担方式，推动形成"破坏—惩罚—修复—监督"的生态修复闭环，建立健全"恢复性司法实践＋社会化综合治理"审判结果执行机制。

第二，坚持系统治理，积极延伸生态环境司法职能作用。浙江法院主动加强跨区域协作，积极顺应生态系统的完整性、环境介质的流动性特征，切实加强跨区域之间司法协作机制建设，积极构建"横向＋纵向"网格式、全覆盖的环资审判司法协作区。为保障浙江省委省政府在推进水生态保护方面"五水共治"及全面剿灭劣Ⅴ类水等工作，浙江法院积极延伸审判职能，在助力碳中和、碳达峰目标实现、实质化解环境纠纷等方面，出台了相关文件和意见并积极采取生态环境司法协同治理的行动。

第三，坚持专业保护，努力提升生态环境司法能力水平。浙江法院完善专门体系建设，在归口审理、集中管辖等方面作出重要举措。目前，浙江省高级人民法院环资庭已实行环境资源刑事、民事、行政案件"三合一"归口审理，相关中院、基层法院亦参照省高院的做法视情推进环境资源审判"三合一"，文成县人民法院出台《涉环境资源案件"三审合一"工作规程（试行）》，有力提升了专业化审判水平。

第四，坚持数字赋能，持续打造生态环境司法信息高地。在生态环境治理领域，浙江省高级人民法院以省政府加快打造"整体智治"现代政府为契机，在省级层面上线全国首个生态环境司法一体化保护平台——"绿源智治"系统，推行环境资源案件线上线索移送、磋商、调解、联席会议等工作，实现环境资源执法与司法业务全流程、跨场景在线办理，得到最高人民法院的充分肯定，并在世界环境司法大会上作介绍，助推省域环境资源审判体系和审判能力现代化。

（三）粤港澳大湾区环境资源审判的实践探索——以广东法院为例

《粤港澳大湾区发展规划纲要》第七章"推进生态文明建设"中指出，以建设美丽湾区为引领，着力提升生态环境质量，形成节约资源和保护环境的空间格局、产业结构、生产方式、生活方式，实现绿色低碳循环发展，使大湾区天更蓝、山更绿、水更清、环境更优美。可见，生态环境保护已成为粤港澳大湾区建设的重要一环。但是，目前针对粤港澳大湾区生态环境保护的专门意见还没有出台，缺乏有关大湾区生态环境保护的顶层设计。因此，在"一国两制"的背景下，建立粤港澳环境司法保护机制，共同保护、治理粤港澳大湾区的生态环境势在必行。

广东省内既有长江流域部分，又有涉及粤港澳大湾区的珠江流域部分，在流域生态环境治理方面成效显著。广东法院认真学习和正确适用《长江保护法》，充分发挥审判职能作用，促进长江流域和珠江流域生态环境保护和修复。

第一，增强保护生态环境的责任感和使命感。作为在长江、珠江这两江流域的省份，广东各级法院切实增强做好生态环境司法保护和绿色发展工作的责任感和使命感。近年来，广东省高级人民法院制定《关于全面加强环境资源审判、服务保障生态文明和绿色发展的意见》等文件，明确全省环境资源审判工作的具体目标要求和工作方向。

第二，坚持用最严格制度保护生态环境。广东法院不仅加大惩罚力度，对污染环境、破坏生态的犯罪行为，严格适用缓刑和免予刑事处罚，还从宽把握公益诉讼案件的受理条件和责任承担主体的范围，让环境资源案件违法者无处遁形。2019年以来，广东法院共受理环境资源案件7.06万件，其中刑事3890件，民事60 633件，行政6044件；受理环境公益诉讼一审案件440件，受理生态环境损害赔偿案件10件。此外，广东各级法院还对污染者充分运用无过错责任、因果关系举证责任倒置、证据妨碍等归责原则和证据规则。近四年，广东法院审结的52宗环境民事公益诉讼一审案件中，法院依法判处侵权人承担各类环境损失及费用2.54亿元，赔偿数额年均增长104%。

第三，大力提升环境司法专业化水平。广东法院深入推进集中管辖与归口审理模式，目前已经形成由广州等6个中院和广州海事法院组成的"6+1"模式的环境民事公益诉讼集中管辖布局，广州、深圳、汕头等地法院先后探索实行环资案件刑事、民事和行政"三合一"归口审理模式，并且对审判队伍进行全员培训，聘任专家建立广东法院环资审判咨询专家库，为提升环境资源审判专业水平和环资审判专业化建设作出重要贡献。

第四，积极参与生态环境治理。广东法院认真参与环境资源立法和制度完善，2019以来对涉环境资源立法提供意见上百次。深圳中院作为成员单位参与起草《深圳经济特区生态环境公益为所欲为规定》，成为全国首个生态环境公益诉讼地方立法。广州白云法院联合区检察院、区农业农村局等单位，制定《广州市白云区在毁林案件中开展补种复绿工作及建立公益林的实施办法》规范性文件，受到广泛好评。此外，广东法院还加强司法协作，推进建立多元共治环境治理体系，加强与省内各地检察院、司法局合作，探索构建全流域协调联动、区域互动合作的司法机制。

四、环境资源审判与区域经济协同发展中存在的问题与解决方案

各区域法院在环境资源审判工作方面积极探索，尤其在优化审判资源配置、完善审判规则体系、促进矛盾纠纷化解、精准对接国家重大战略实施方面都取得了新进展和新成果，这有利于全方位提升促进长三角地区生态环境保护和绿色发展、推进黄河流域生态高水平保护和经济高质量发展以及推动粤港澳大湾区生态环境保护和新常态发展的司法能力和水平。但是，在实践探索中，仍然发现了众多阻碍环境资源审判与区域经济发展契合的问题点，这可能会潜在地成为环境资源审判与区域经济协同发展的痛点、难点、堵点，需要对这些问题进行总结并提供一定视角的解决方案。

（一）部分区域生态司法保护在顶层制度设计和机制创新方面明显不足

1. 缺乏顶层设计和相关立法

黄河流域在法律制度方面缺乏统一性的生态环境保护适用的规范，相关的配套法律设施也存在明显不足。同样的问题，粤港澳大湾区也存在，虽然珠江流域于2007年就构建了跨省（区）水资源保护与水污染防治协作机制，但是在粤港澳大湾区生态环境保护的统筹治理上，仍然缺乏顶层设计，没有就生态环境保护制定专门的规划和意见。

2. 加快相关立法进程

2022年10月30日，中华人民共和国第十三届全国人民代表大会常务委员会第三十七次会议通过《黄河保护法》，自2023年4月1日起施行。《黄河保护法》对于加强黄河流域生态环境保护，推动高质量发展有着重要意义。同时，《黄河保护法》的有效落地实施需要相应的配套制度。完善黄河流域生态环境司法保护的相关实体及程序法律，为《黄河保护法》提供有力的司法服务与保障。

就粤港澳大湾区而言，要加快编制《粤港澳大湾区生态环境保护规划》，从国家生态文明战略层面规划粤港澳大湾区的环境保护与生态建设，确立生态功能保障基线、环境质量安全底线、自然资源利用上线"三大红线"，制定湾区中长期生态环境保护战

略路线图。建议由中央相关部门牵头协调，粤港澳三地共同协商，建立健全粤港澳大湾区生态环境规划实施机制，共同推进湾区生态环境保护，保障经济社会和资源环境协调发展。

3. 探索设立生态法院

可以考虑在黄河流域、长三角地区以及粤港澳大湾区探索设立生态法院。综合考虑各区域的功能定位，以及区域内各地市的人口、流域面积、环资案件量等因素，探索设立相应的生态法院。如黄河上游设立基层黄河生态法院2个，下游设立黄河生态法院3至5个，分别管辖黄河上下游流经地市的一审环境资源案件。同时，设立对应中级法院级别的黄河生态法院1至2个，受理相应上诉案件及应当由中级法院管辖的一审案件。待相应配套机制成熟后，还可以探索设立相应级别的区域生态检察院和公安机关，构建更为完整的司法保护机制。

（二）环境资源司法审判服务区域污染治理的成果巩固

1. 科学依法治污的难题

各区域内的污染既有工厂点源污染和农业面源污染共存叠加的特点，又有区域内部分流域水体流动性造成污染容易扩散等特点。因此，如何进行精准科学依法治污成为各区域污染防治的难题。同时，在司法实践中如何统筹协调推动区域内要素一体化保护，如何为政府对重点行业进行整治提供切实有效的司法保障工作，值得进一步研究。

2. 正确把握整体推进和重点突破的关系

做到生态环境保护工作"两不误"。一方面，人民法院要提升长江、黄河、珠江等流域生态系统质量和稳定性，坚持系统观念，从生态系统整体性出发，统筹上中下游、江河湖库、干支流、左右岸，推进山水林田湖草沙一体化保护和修复，更加注重综合治理、系统治理、源头治理。另一方面，要聚焦生态环境保护重点领域，大力服务减污降碳重点工作。对严重污染环境和破坏生态案件加强指导，对恶意、严重破坏生态环境的侵权行为严惩重罚，加大环境资源违法成本。推动重点污染区域生态环境治理成果的巩固，助力新增劣Ⅴ类水体治理。强化农业领域污染、固体废物污染追责力度。围绕改善生态环境质量和城乡人居环境，重视对黑臭水体、"垃圾围城"等污染案件审理，全面探索生态修复措施。加大对涉大气污染环境违法犯罪的打击力度，依法对无证排放或超标排放等严重污染大气行为适用惩罚性赔偿。指导下级法院审理好碳排放权、碳汇权交易等新类型案件。出台司法保障文件，助力碳达峰、碳中和目标顺利实现。

（三）惩罚性赔偿和环境保护禁止令制度适用问题以及有关生态环境修复事项移送实施机制问题

1. 惩罚性赔偿与环保禁止令中的问题

惩罚性赔偿是《民法典》有关环境侵权造成生态损害赔偿作出的新规定新制度，但对惩罚性赔偿适用范围、条件、项目和幅度等并未作出明确规定，为方便司法实践操作，应尽快明确上述问题。此外，某些区域的部分中院虽已探索运用环保禁止令制度，但如果适用不当，会直接影响企业的生产经营。因法律和司法解释对于何种情形下可以采取环境保护禁止令没有明确具体的规定，故需要细化适用禁止令的具体情形和程序。

按照国家最新规定，法院生效裁判确定需要修复生态环境的，应当移送政府部门组织实施。实践中，法院向哪个部门移送，移送的程序如何规范，需要进一步细化。同时，生态环境修复资金的管理使用缺乏统一规定。虽然《生态环境损害赔偿资金管理办法》对生态环境损害赔偿资金的收缴进行了规定，但具体如何缴纳、管理和监督，缺乏细化规定。

2. 加强《民法典》的贯彻实施与案例指导

人民法院在审判工作上要加强环境司法重要法律问题研究和突破，不断提升环资审判专业化水平。以贯彻实施《民法典》为契机，落实《民法典》的绿色原则和惩罚性赔偿制度。各区域内高级法院要加强对下级法院包含惩罚性赔偿诉讼请求的生态环境案件指导，发布有关惩罚性赔偿的典型案例。明确禁止令的具体适用情形和适用程序，全面实施环境保护禁止令制度。落实法院生效裁判有关修复事项的移送实施机制，推动修复机制的顺畅运行。各区域应加快制定并实施《生态环境损害修复移送组织实施工作办法》，使移送机制能到进一步规范和细化。

（四）部分区域环境法治不协同，阻碍了区域内生态一体化治理及环境纠纷问题的妥善解决

1. 区域司法协同方便存在障碍

部分区域由于各省市适用的环境污染赔偿标准不统一，各省市检察机关量刑建议存在较大差异以及部分环境资源刑事案件尚未出台量刑规范化指导意见，就基准刑、

量刑情节调节比例等未作明确规定，这使量刑尺度存在不统一的问题。另外，对于粤港澳大湾区而言，还存在"一国两制"背景下的环境法治差异、粤港澳三地环境司法救济制度存在差异以及调查取证难、执行不认可等一系列粤港澳跨区域案件在司法实践中的现实问题。这些问题都表明各区域在环境资源案件跨域司法协作方面仍然存在现实障碍。

2. 加强法院系统内外的协作与协同

各区域人民法院应拓展与公安机关、检察机关、生态环境保护综合行政执法机关的协调联动，健全案件线索移送制度，推动建立沟通协调、信息共享、协作共治机制，形成区域大保护的整体合力。各级法院要深度推进跨省域生态环境司法协作，深化信息互通，发挥大数据在区域治理中的重要作用。

针对粤港澳大湾区司法协同的现实问题，粤港澳三地可构建粤港澳大湾区环境法治协同机制，参考国内已有的"顶层设计＋基层合作"的双层司法协作模式，搭建顶层设计，确立大湾区生态环保的共同目标，协调三地的环境利益。然后，再通过协商对接三地不同的环境制度和标准，联合政府、高校、环保组织等多主体协作交流，宣传先进的环保理念，建立多元的环境纠纷解决机制，消除非协同性，达到粤港澳大湾区环境法治的协同治理。待模式成熟后，可建立完善的环境司法联络机制。

五、环境司法保护中新问题前瞻：司法服务和保障碳达峰、碳中和目标实现的思考

2020年9月22日，习近平主席在第七十五届联合国大会上郑重宣布，中国将提高国家自主贡献度，二氧化碳排放力争于2030年前达到峰值，争取2060年前实现碳中和。[1]2022年2月1日，生态环境部颁布实施《碳排放权交易管理办法（试行）》，在全国七省市试点十年的碳交易制度即将全面铺开。虽然原定于6月底启动上线交易的全国碳市场推迟开市，但CCER（国家核证自愿减排量）等配套市场因全国碳交易预期，已经明显升温。可以预测，这项保障碳排放碳中和目标实现的市场化机制将逐步

---

[1] 《世界变局中的中国担当——习近平主席在第七十五届联合国大会一般性辩论上的重要讲话系列解读之一》，载新华网2022年9月23日，http://www.xinhuanet.com/world/2020-09/23/c_1126532614.htm。

可能成为人民法院需要应对的法律问题。

目前，我国的碳排放交易市场还处于起步阶段，全国统一的碳排放交易市场还没有真正建立起来，碳交易法律体系还有许多问题需要解决。在这种情况下，环境司法可以在推进国内碳排放交易、积极解决相关纠纷和打击违法犯罪等方面发挥更大的作用。但由于碳交易案件审判，尚属于新兴领域，诸多问题需要探索研究。以下就司法如何服务保障双碳目标实现，完善碳交易案件审理机制，提出相关的思考和建议。

（一）碳交易可能面临的法律问题

1. 以碳排放权设定担保的权利性质

从各试点省市颁布的相关规定看，既有规定可以设定抵押权，也有规定为质押权，相关部委的指导性意见也混用两个概念。因此，目前在尚无法律和行政法规对此作出明确规定的情况下，以碳排放权设定担保的权力性质只能是抵押权。权利性质关系到担保物权设定方式、生效时点与对抗效力等一系列问题。从担保物权法理上看，未来明确为权利质押更加妥当。

2. 碳排放担保物权的实现时间

控排单位所取得的碳配额因国家对碳排放总量控制而分配，其本身具有控排义务。为此，控排单位基于政府分配而取得的碳配额在履约期届满时需要履约的，亦即要在规定的截止日期前向主管部门提交等同于其上一年度实际碳排放量的配额以抵销上一年度碳排放的行为。若实际产生的碳排放量少于控排企业所获分配份额，那么本年度未使用配额可留存至后续年份使用的行为。因此，担保物权人若要实现权利，应当在履约期届满前完成。以 CCER 作为担保物权的，权利实现是否应当在履约期之前，取决于项目业主本身是否有控排义务。

3. 碳排放权初始配额分配的行政法属性

根据目前试点省市的实践以及《碳排放权交易管理办法（试行）》规定，在碳排放权的配额总量确定基础上，采用标杆法、历史强度法与历史法相结合的方法，以免费为主发放配额，其行政法属性应为行政许可。那么在初始配额发放的法定程序与行政权力行使合理性上，乃至配额清缴核查的程序与法律后果上，都可能存在排放单位通过行政诉讼途径维护权利的可能性。

（二）碳达峰、碳中和工作下的司法应对

1. 完善环资审判体制机制

第一，改革环资案件的管辖体制。若按照条线管辖进行划分，对于碳配额、核证减排量的现货交易以及由有关主体生态环境部门监管的，则应由环资条线审理；对于受银行保险监管机构监管的，则应由金融审判条线审理。若按照地域管辖进行划分，针对涉及碳交易的民事案件，凡依托上海的"全国碳排放权交易市场"交易而发生的民事纠纷，建议均由上海法院管辖，针对涉及碳交易的行政案件和刑事案件，则以当前的一般案件管辖原则确定。

若按照级别管辖进行划分，一种思路是由基层法院集中审理相关碳交易的民事、行政、刑事案件。另一种思路是区分碳交易的民事、行政、刑事案件，根据案件类型不同，采用不同的级别管辖。

第二，建立跨业务审理机制。首先，要建立跨部门、跨条线合议审理机制。由于环资审判条线无法完全覆盖所有的气候应对案件，对于由民事、商事、金融、知产等条线审理的相关案件，可以由其环资审判条线的法官参与组成合议庭，促进该类案件在审判理念、处理规则等方面的统一。

其次，建立跨法院的专业法官会议机制。碳交易案件可能会散落于金融法院、知识产权法院以及其他法院，由于这些法院是专门法院，无法跨法院组成合议庭，可考虑建立跨法院的专业法官会议，可以弥补相关欠缺，确保案件处理符合碳达峰、碳中和的战略目标。

最后，建立专业人员陪审机制。人民法院可以专门建立碳交易相关专业领域的专家库，成立相应的陪审员名册，在某些特定的案件中，可以从中选取参与陪审。

2. 明确碳交易案件的诉讼构造

第一，明确碳交易案件的受理范围。对于所涉标的为碳配额、核证减排量的纠纷案件，包括配额、核证减排量的交易纠纷，碳配额质押、融资引发的纠纷，以及碳配额采取保全、拍卖引发的纠纷，可纳入碳交易民事案件的范畴。对于因配额分配和核证减排量认定引发的纠纷以及涉及违反清缴义务和信息披露义务引发的处罚纠纷，可纳入碳交易行政案件的范畴。对于因系统管理引发的失窃、重复利用等侵财类案件以及在碳交易管理过程中公务人员滥用职权、玩忽职守、徇私舞弊或利用职务便利谋取不正当利益产生的渎职案件，可纳入碳交易刑事案件的范畴。

第二，探索碳交易行政诉讼的程序规则。一方面，依照当前的制度，如果利益相关第三人对某项配额发放存有疑义，则无法提起行政诉讼。但若不许其提起行政诉讼，将导致一级市场存在初始分配不公平的问题，会影响相关企业遵循碳排放政策的积极性，并可能会对碳交易市场公平性产生质疑，如果诸多企业产生普遍性的公平质疑，则严重影响碳配额政策的制度目的、碳交易市场的繁荣发展。因此，应当允许利益相关第三人就分配规则实施不公提起相应的行政诉讼。另一方面，相对人可能会在碳配额诉讼中提出碳配额总量设置不够科学合理，导致总量设置过小，继而致使其分配所得的配额偏少，从而对总量设置提出异议，在诉讼中要求对配额总量一并要求司法审查。因此，对碳配额总量存有异议是否可以提起行政诉讼需要进一步探讨和明确。

3. 建设碳交易案件专业化审判队伍

第一，结构多样化。从诉讼类型上看，碳交易案件可能涉及民事、行政、刑事三大门类的诉讼；从涉及专业知识方面看，碳交易案件不仅涉及法律问题，还可能涉及碳交易市场发展、碳交易金融资本、碳交易引发的技术革新等各个方面。因此，在队伍结合的选配上，需要注重队伍结构的多样化，避免因结构单一导致的审判不够专业、裁判效果难以保障的问题。

第二，人才复合化。应对气候变化和碳排放交易立法在我国法律界都属于新兴领域，目前全国具有此类专业知识背景的法官数量很少，相关培训也比较缺乏。但碳交易相关案件的审理要求法官不仅在行政、刑事、民事诉讼领域要拥有丰富的审判经验和丰富的理论知识，而且要具备应对气候变化、碳排放管理等方面的专业知识。毫无疑问，碳交易案件审判需要复合型高端人才，我国亟需大力推动碳交易案件审判队伍建设。

第三，发展专业化。立足碳交易案件的特点以及现实的司法需求，重视加强环境资源审判机制专门化探索，推动建立更加科学完善的专业化机制和审判模式，进一步研究解决碳交易案件证据制度、责任方式等问题，建立起一整套符合碳交易案件审判特点和规律的专门化诉讼规则。

本章附录：最高人民法院指导性案例目录

最高人民法院第 15 批指导性案例（指导案例 70—77 号）

指导案例 75 号

中国生物多样性保护与绿色发展基金会诉宁夏瑞泰科技股份有限公司环境污染公

益诉讼案

最高人民法院第 24 批指导性案例（指导案例 127—139 号）

1. 指导案例 127 号

吕某某等 79 人诉山海关船舶重工有限责任公司海上污染损害责任纠纷案

2. 指导案例 128 号

李某诉华润置地（重庆）有限公司环境污染责任纠纷案

3. 指导案例 129 号

江苏省人民政府诉安徽海德化工科技有限公司生态环境损害赔偿案

4. 指导案例 130 号

重庆市人民政府、重庆两江志愿服务发展中心诉重庆藏金阁物业管理有限公司、重庆首旭环保科技有限公司生态环境损害赔偿、环境民事公益诉讼案

5. 指导案例 131 号

中华环保联合会诉德州晶华集团振华有限公司大气污染责任民事公益诉讼案

6. 指导案例 132 号

中国生物多样性保护与绿色发展基金会诉秦皇岛方圆包装玻璃有限公司大气污染责任民事公益诉讼案

7. 指导案例 133 号

山东省烟台市人民检察院诉王某某、马某某环境民事公益诉讼案

8. 指导案例 134 号

重庆市绿色志愿者联合会诉恩施自治州建始磺厂坪矿业有限责任公司水污染责任民事公益诉讼案

9. 指导案例 135 号

江苏省徐州市人民检察院诉苏州其安工艺品有限公司等环境民事公益诉讼案

10. 指导案例 136 号

吉林省白山市人民检察院诉白山市江源区卫生和计划生育局、白山市江源区中医院环境公益诉讼案

11. 指导案例 137 号

云南省剑川县人民检察院诉剑川县森林公安局怠于履行法定职责环境行政公益诉讼案

12. 指导案例 138 号

陈某某诉成都市成华区环境保护局环境行政处罚案

13. 指导案例 139 号

上海鑫晶山建材开发有限公司诉上海市金山区环境保护局环境行政处罚案

最高人民法院第 31 批指导性案例（指导案例 172—178 号）

1. 指导案例 172 号

秦某某滥伐林木刑事附带民事公益诉讼案

2. 指导案例 173 号

北京市朝阳区自然之友环境研究所诉中国水电顾问集团新平开发有限公司、中国电建集团昆明勘测设计研究院有限公司生态环境保护民事公益诉讼案

3. 指导案例 174 号

中国生物多样性保护与绿色发展基金会诉雅砻江流域水电开发有限公司生态环境保护民事公益诉讼案

4. 指导案例 175 号

江苏省泰州市人民检察院诉王某某等 59 人生态破坏民事公益诉讼案

5. 指导案例 176 号

湖南省益阳市人民检察院诉夏某某等 15 人生态破坏民事公益诉讼案

6. 指导案例 177 号

海南临高盈海船务有限公司诉三沙市渔政支队行政处罚案

7. 指导案例 178 号

北海市乃志海洋科技有限公司诉北海市海洋与渔业局行政处罚案

第四章

以习近平生态文明思想指导人民法院环境资源审判工作

第一节
生态文明建设的时代背景和现实逻辑

一、生态文明建设的历史变迁

中华人民共和国成立以来，我国历届领导集体推动建设生态文明的理论和实践，为新时代生态文明奠定了重要基础。主要可以分为四个阶段：1978年之前的初步探索阶段，主旨是绿化祖国，厉行节约；1978年到1993年的改革发展阶段，奠定了环保法律和制度基础；1993年到2012年的深入推进阶段，主张可持续发展的科学发展观；2012年也就是党的十八大以来至今的全面深化阶段，系统推进生态文明建设，具体包括实施主体功能区战略，建立健全一系列法律制度，优化国土空间开发保护布局，加大生态系统保护和修复力度，着力打赢污染防治攻坚战，全面禁止进口"洋垃圾"。开展中央生态环境保护督察，解决突出环境问题。积极参与全球环境与气候治理，提出碳达峰、碳中和目标。

第一，社会主义革命和建设时期，我国生态环境保护事业孕育起步。20世纪50年代，毛泽东同志发出"绿化祖国""要使祖国到处都很美丽"的号召。1956年，国务院批准建立鼎湖山自然保护区，这是我国第一个自然保护区。我国环境保护事业开始孕育萌芽。

第二，改革开放和社会主义现代化建设新时期，我国生态环境保护事业发展壮大。改革开放后，党和国家将保护环境确立为基本国策，纳入国民经济和社会发展计划，提出"预防为主、谁污染谁治理和强化环境管理"三大原则。1979年，颁布中华人民共和国成立以来第一部环境保护专门法律——《环境保护法（试行）》。

第三，进入 21 世纪，我国环境保护融入经济社会发展大局党中央提出建设资源节约型、环境友好型社会等新思想新举措，2008 年组建环境保护部，生态环境保护事业在科学发展中不断创新。

第四，中国特色社会主义进入新时代，我国生态环境保护发生历史性变革。党的十八大以来，党中央以前所未有的力度抓生态文明建设，全党全国推动绿色发展的自觉性和主动显著增强，我国生态文明保护发生历史性、转折性、全局性变化，新时代生态文明建设机遇与挑战并存。党的十九届六中全会通过了《中共中央关于党的百年奋斗重大成就和历史经验的决议》，全会公报指出，党从思想、法律、体制、组织、作风上全面发力，全方位、全地域、全过程加强生态环境保护。推动划定生态保护红线、环境质量红线、资源利用上限，开展一系列根本性、开创性、长远性工作。

在当前和今后的一个时期，我国发展仍然处于重要战略机遇期。根据库兹涅茨曲线，环境拐点不会随经济发展自动出现，而是与国家环境保护的意愿、能力、投入等密切相关。我们不能躺在曲线上等拐点，需要不断加大环境治理力度，力争早日实现环境质量的拐点，迎来环境质量的彻底改善。

二、生态文明建设面临的挑战

（一）粮食危机：巨大的人口压力

粮食作为农产品，具有较长的生产周期，天然形成分散化的生产模式。另外，粮食是一种被持续消耗的动态变化物品。马斯洛需求理论分成四个层级，其中最重要的是第一层次的生理需求，只有生理上的吃穿住行得到了保障，才能有安全感，进而化解危机。因此，粮食危机意味着人的最基本生理需求无法满足，这是最大的危机。

人口的增长是农业文明发展到一定阶段所带来的人口数量的变化。随着人口不断增长，但自然资源有限，农业的粮食产量、土地的赡养能力达到瓶颈，人口数量就会在瓶颈徘徊。不能持续增长。对资源的争夺容易引发社会动荡，不断增长的人口最终会酝酿人类生存危机。

随着全球人口增长到达瓶颈，虽然全球粮食库存总体略有上升，但全球粮食人均库存呈下降趋势。长期来看，人的生存基础将受到威胁。目前越来越多的国家开始控制甚至禁止农产品的出口,小麦的全球库存近期已降至全球十大需求的低水平上。同时,我国耕地资源紧缺,优质耕地数量不足,部分区域耕地资源存在系统性水土流失、沙化问题、工业污染以及农产品重金属污染等问题,耕地生态环境变化,粮食安全和生态安全都面临严重挑战。

(二)能源危机:资源能源短缺问题突出

对于现代农业而言,能源等于粮食,粮食等于能源。能源等于粮食,例如,农业化肥需要通过化学反应才能生产,而化学反应要在高温高压的条件下发生,如果没有能源的支撑,就无法生产化肥,因此农业化肥的背后是石油、化工、能源。粮食也等于能源,例如,生物汽油、生物柴油和粮食之间的转化。20世纪70年代能源危机爆发时,仅仅是石油危机,是局部的能源危机,而未来可能出现的能源危机是包括石油、煤炭、天然气在内的更大的能源危机,全面的能源危机。而能源危机会带来粮食危机,因此能源危机的爆发同样意味着人类的生存危机。

(三)气候危机:气候治理动力不足

历史上多次人口减员都与大的气候灾害相关。基于全球的人口上升,国际上各种文明或者价值观的冲突,以及极端气候事件的发生,需要我们在这个大背景下,认真思考能源危机、粮食危机以及我们的未来。

三、生态文明建设的新阶段、新理念、新格局

(一)生态文明建设进入新发展阶段

生态文明建设是关系中华民族永续发展的根本大计。党的十八大以来,习近平总书记站在新时代坚持和发展中国特色社会主义的战略高度,围绕生态文明建设提出一系列新理念新思想新战略,形成了习近平生态文明思想,加强党对生态文明建设的全面领导,把生态文明建设摆在全局工作的突出位置,作出一系列重大战略部署。

2018年5月,习近平总书记在全国生态环境保护大会上指出,我国生态文明建设正处于压力叠加、负重前行的关键期,已进入提供更多优质生态产品以满足人民日益增长的优美生态环境需要的攻坚期,也到了有条件有能力解决生态环境突出问题的窗口期。

"十四五"时期,我国生态文明建设进入了以降碳为重点战略方向、推动减污降

碳协同增效、促进经济社会发展全面绿色转型、实现生态环境质量改善由量变到质变的关键时期。党的二十大报告指出，推动经济社会发展绿色化、低碳化是实现高质量发展的关键环节。明确提出"加快推动产业结构、能源结构、交通运输结构等调整优化""实施全面节约战略""完善支持绿色发展的财税、金融、投资、价格政策和标准体系""健全资源环境要素市场化配置体系""加快节能降碳先进技术研发和推广应用"等一系列具体部署，为生态文明建设的新发展阶段指明了方向。

（二）生态文明建设贯彻新发展理念

习近平总书记指出，"绿色发展是生态文明建设的必然要求"，要"以对人民群众、对子孙后代高度负责的态度和责任，真正下决心把环境污染治理好、把生态环境建设好，努力走向社会主义生态文明新时代"。[1] 党的十八大以来，我们党鲜明提出了创新、协调、绿色、开放、共享的新发展理念，实现了生态文明建设与经济建设、政治建设、文化建设、社会建设高度融合。在推进生态文明建设、实现绿色发展进程中，必须深刻认识绿色发展在新发展理念中的重要地位，掌握绿色发展同创新、协调、开放、共享发展的相互关系。[2] 我们要从三个方面理解新发展理念，并将其贯穿生态文明建设的始终：[3]

第一，从根本宗旨把握新发展理念。为人民谋幸福、为民族谋复兴，这既是我们党领导现代化建设的出发点和落脚点，也是新发展理念的"根"和"魂"。只有坚持以人民为中心的发展思想，坚持发展为了人民、发展依靠人民、发展成果由人民共享，才会有正确的发展观、现代化观。

第二，从问题导向把握新发展理念。我国发展已经站在新的历史起点上，要根据新发展阶段的新要求，坚持问题导向，更加精准地贯彻新发展理念，切实解决好发展不平衡不充分的问题，推动高质量发展。比如，加快推动经济社会发展全面绿色转型已经达成高度共识，而我国能源体系高度依赖煤炭等化石能源，生产和生活体系向绿

---

[1] 《习近平在中共中央政治局第六次集体学习时强调 坚持节约资源和保护环境基本国策 努力走向社会主义生态文明新时代》，载中国共产党新闻网，http://cpc.people.com.cn/n/2013/0524/c64094-21608764.html。

[2] 张定鑫：《深刻认识绿色发展在新发展理念中的重要地位》，载《光明日报》2019年12月12日，第6版。

[3] 参见习近平：《把握新发展阶段，贯彻新发展理念，构建新发展格局》，载《求是》2021年第9期。

色低碳转型的压力都很大，实现2030年前碳排放达峰、2060年前碳中和的目标任务极其艰巨。进入新发展阶段，对新发展理念的理解要不断深化，举措要更加精准务实，真正实现高质量发展。

第三，从忧患意识把握新发展理念。随着我国社会主要矛盾变化和国际力量对比深刻调整，我国发展面临的内外部风险空前上升，《中共中央关于制定国民经济和社会发展第十四个五年规划和二〇三五年远景目标的建议》把安全问题摆在非常突出的位置，强调要把安全发展贯穿国家发展各领域和全过程。必须增强忧患意识、坚持底线思维，随时准备应对更加复杂困难的局面，同时强调要确保生态环境安全。

此外，在公众参与生态文明建设的过程中也应当贯彻新发展理念，不仅要将生态文明的宣传教育落实到位，还应推动信息公开与公正参与，完善多元化的环境监督体制。"知行合一"是古代先哲智慧的结晶，也是中国人历来推崇的行为准则，习近平生态文明思想蕴含的全社会共同建设美丽中国的全民行动观，就是强调加快建立健全以生态价值观念为准则的生态文化体系，进一步增强全社会推进生态文明建设的自觉性和主动性。只有形成包括政府、企业、公众、社会组织在内的主体多元化合作和监管，才能真正增强全民节约意识、环保意识、生态意识，形成合理消费的社会风尚，营造爱护生态环境的良好风气，才能真正推动生态文明建设惠及民生。

综上所述，生态环境保护和经济发展是辩证统一、相辅相成的，建设生态文明、推动绿色低碳循环发展，不仅可以满足人民日益增长的优美生态环境需要，而且可以推动实现更高质量、更可持续、更为安全的发展，走出一条生产发展、生活富裕、生态良好的文明发展道路。

（三）生态文明建设构建新发展格局

2021年4月30日，习近平总书记在十九届中央政治局第二十九次集体学习的讲话中强调，要完整、准确、全面贯彻新发展理念，保持战略定力要站在人与自然和谐共生的高度来谋划经济社会发展，坚持节约资源和保护环境的基本国策，坚持节约优先、保护优先、自然恢复为主的方针，形成节约资源和保护环境的空间格局、产业结构、生产方式、生活方式，统筹污染治理、生态保护、应对气候变化，促进生态环境持续改善，努力建设人与自然和谐共生的现代化。[1]

---

[1] 参见习近平：《努力建设人与自然和谐共生的现代化》，载《求是》2022年第11期。

第一，坚持不懈推动绿色低碳发展。建立健全绿色低碳循环发展经济体系、促进经济社会发展全面绿色转型是解决我国生态环境问题的基础之策。大国经济的共同特征是内需为主导，国内可循环，以国内大循环为主体，国内国际双循环相互促进，其中就包括绿色发展循环。首先要从你我做起，实现绿色消费，如在农业上使用可降解薄膜、经常回收薄膜。如果所有人都践行绿色消费，可能会带来全面绿色转型，提升环境质量。环境质量提升之后，自然资本会增值。因此，绿色循环低碳发展，是当今时代科技革命和产业变革的方向，是最具前景的发展领域。

第二，积极推动全球可持续发展。生态文明是最大的公约数，不同宗教、不同文明、不同意识形态都呼唤着生态文明，因为我们每个人都是这个体系的一部分。我们要秉持人类命运共同体理念，积极参与全球环境治理，加强国际合作，为全球提供更多公共产品，展现我国负责任大国形象。

第三，人类命运共同体对生态系统的需求。世界各国正着力提升生态系统的质量和稳定性，这既是增加优质生态产品供给的必然要求，也是减缓和适应气候变化带来不利影响的重要手段。过去，农业文明注重生活共同体，人们同处于一个部落、一个村落，自然要守望相助，互相照应；而工业文明注重利益共同体，自然要开展社会分工协作。现在，生态文明更加注重命运共同体，甚至某一动物或植物的命运势必会影响整个生态链条。个人虽然可能看不到生态链断裂之后带来的后果，但是我们绝不能为了一己私利，去牺牲生态系统的稳定性。

第二节
新时代生态文明建设的主要内涵

一、新时代关于生态文明建设的决策部署

（一）关于生态文明建设的重要事件

2012年，党的十八大把生态文明建设纳入中国特色社会主义事业"五位一体"总体布局，首次把"美丽中国"作为生态文明建设的宏伟目标，同时，审议通过《中国共产党章程（修正案）》，将"中国共产党领导人民建设社会主义生态文明"写入党章，作为行动纲领。党的十八届三中全会提出加快建立系统完整的生态文明制度体系；党的十八届四中全会要求用严格的法律制度保护生态环境；党的十八届五中全会将绿色发展纳入新发展理念。

2017年，党的十九大报告提出，必须树立和践行绿水青山就是金山银山的理念，坚持节约资源和保护环境的基本国策。党的十九大通过的《中国共产党章程（修正案）》，再次强调"增强绿水青山就是金山银山的意识"。党的十九届四中全会通过的《中共中央关于坚持和完善中国特色社会主义制度 推进国家治理体系和治理能力现代化若干重大问题的决定》全面贯彻了党的十八大以来党中央关于生态文明建设的决策部署，进一步明确了坚持和完善生态文明制度体系的总体要求。

2018年3月，第十三届全国人民代表大会第一次会议表决通过《宪法修正案》，生态文明正式被写入国家根本法，实现了党的主张、国家意志、人民意愿的高度统一。"生态兴则文明兴，生态衰则文明衰。""建设生态文明是中华民族永续发展的千年

大计。"一次次新理念新战略的提出,彰显出中国共产党对人类文明发展规律的高瞻远瞩。

党的十八大以来至今是系统推进生态文明建设的全面深化阶段。具体而言,实施主体功能区战略,建立健全一系列法律制度,优化国土空间开发保护布局,加大生态系统保护和修复力度,着力打赢污染防治攻坚战,全面禁止进口"洋垃圾"。开展中央生态环境保护督察,解决突出环境问题,积极参与全球环境与气候治理,提出碳达峰、碳中和目标。

党的十九届五中全会提出,推动绿色发展,促进人与自然和谐共生。生态文明建设包括两方面内容,即目标体系和重大战略。目标体系是:"坚持绿水青山就是金山银山理念,坚持尊重自然、顺应自然、保护自然,坚持节约优先、保护优先、自然恢复为主,守住自然生态安全边界。深入实施可持续发展战略,完善生态文明领域统筹协调机制,构建生态文明体系,促进经济社会发展全面绿色转型,建设人与自然和谐共生的现代化。"重大战略包括:"加快推动绿色低碳发展,持续改善环境质量,提升生态系统质量和稳定性,全面提高资源利用效率。"

其中,目标体系包含两个深刻认识:一是深刻认识我国社会主要矛盾变化带来的新特征、新要求;二是深刻认识错综复杂的国际环境带来的新矛盾新挑战。人与自然和谐共生的现代化,要抓住机遇、迎接挑战,增强机遇意识和风险意识,立足社会主义初级阶段基本国情,保持战略定力,办好自己的事。要认识和把握发展规律,发扬斗争精神,树立底线思维,准确识变,科学应变,主动求变。要善于在危机中孕育先机,于变局中开新局,抓住机遇,应对挑战,趋利避害,奋勇前进。

党的二十大报告指出,我们坚持绿水青山就是金山银山的理念,坚持山水林田湖草沙一体化保护和系统治理,全方位、全地域、全过程加强生态环境保护,生态文明制度体系更加健全,污染防治攻坚向纵深推进,绿色、循环、低碳发展迈出坚实步伐,生态环境保护发生历史性、转折性、全局性变化,我们的祖国天更蓝、山更绿、水更清。由此可见,新时代十年,我国生态文明建设创造了举世瞩目的生态和绿色发展成效。在接下来的新征程上,怎样走好新时代生态优先、绿色发展之路?如何迈向人与自然和谐共生的中国式现代化?党的二十大报告为我们指明了方向,再次强调了"必须牢固树立和践行绿水青山就是金山银山的理念",明确提出了"加快发展方式绿色转型""深入推进环境污染防治""提升生态系统多样性、稳定性、持续性""积极稳妥推进碳达峰碳中和"四方面战略部署。

（二）"十四五"时期生态文明建设的基本内容

党的十八大以来，生态文明建设的广度和深度不断拓展，在规划中的分量不断加大。"十三五"规划纲要中以"加快改善生态环境"为题，从主体功能区、资源节约集约利用、环境综合治理、生态保护修复、应对气候变化、绿色环保产业等六个方面进行了部署。根据《中共中央关于制定国民经济和社会发展第十四个五年规划和二〇三五年远景目标的建议》，生态文明建设将进一步重视和加强。

"十四五"的目标是国土空间开发保护格局得到优化，生产生活方式绿色转型成效显著，能源资源配置更加合理，利用效率大幅提升，主要污染物排放总量持续减少。生态环境持续改善，生态安全屏障更加牢固，城乡人居环境明显改善，推动绿色发展，促进人与自然和谐共生。2035年的目标是广泛形成绿色生产方式，碳排放达峰后稳中有降，生态环境根本好转，美丽中国建设目标基本实现。国家的美丽，需要国家的每一个地区都美丽，如果国家的每个地区、每个单位、每个小区都美丽，那美丽中国目标自然就实现了。

（三）习近平生态文明思想的核心要义

习近平生态文明思想是习近平新时代中国特色社会主义思想的重要组成部分，内涵丰富博大精深，深刻阐明了人与自然的关系、发展与保护的关系、环境与民生的关系、自然生态各要素之间的关系等，其核心要义体现为"八个坚持"，也就是"八个观"，系统回答了"为什么建设生态文明，建设什么样的生态文明，怎样建设生态文明"等重大理论和实践问题，开创了党对生态文明建设理论和实践探索的新境界，为我国生态文明建设和生态环境保护工作提供了方向指引和根本遵循。[1]

第一，系统回答了"为什么建设生态文明"。主要包括坚持生态兴则文明兴、生态衰则文明衰，坚持良好的生态环境是最普惠的民生福祉。

第二，系统回答了"建设什么样的生态文明"。主要包括坚持人与自然和谐共生、坚持绿水青山就是金山银山。

第三，系统回答了"怎样建设生态文明"。主要包括坚持山水林湖草沙是一个生

---

[1] 参见黄润秋：《学习贯彻生态文明思想 深入打好污染防治攻坚战》，载《中共中央党校报告选》2022年第2期。

命共同体、坚持用最严格制度最严密法治保护生态环境、坚持建设美丽中国全民行动、坚持共谋全球生态文明建设。

习近平生态文明思想是中国共产党在生态文明建设方面奋斗成就和历史经验的集中体现，是社会主义生态文明建设理论创新成果和实践创新成果的集大成。习近平生态文明思想在生态文明建设的根本保证、历史依据、基本原则、核心理念、宗旨要求、战略路径、系统观念、制度保障、社会力量以及全球倡议等方面进行系统阐述，从认识论与方法论的高度对人与自然关系、经济发展与生态环境保护关系以及中国与世界关系等方面进行理论创新，是新时代我们进行生态文明建设的根本遵循和行动指南。习近平生态文明思想理论创新的重大贡献主要表现在三个方面：一是将中国共产党人对人与自然关系认识提升至新高度；二是丰富拓展了中国特色社会主义现代化的理论内涵；三是提升中华民族伟大复兴的国际话语影响力。[①]

我们要将学习宣传贯彻习近平生态文明思想作为长期重要的政治任务，做到学思用贯通、知信行统一。特别是要把习近平生态文明思想作为做好"十四五"生态文明建设和生态环境保护工作的总方针、总依据和总要求，坚持一切思路以此来谋划、一切布局以此来展开、一切举措以此来制定、一切成效以此来检验，不断提高认识问题、分析问题、解决问题的政治能力、战略眼光和专业水平。

二、党的十八大以来生态文明体制改革取得的成果

党的十八大以来，以习近平同志为核心的党中央把生态文明建设作为关系中华民族永续发展的根本大计，从思想、法律、体制、组织、作风上全面发力，全方位、全地域、全过程加强生态环境保护，开展一系列根本性、开创性、长远性工作，我国生态环境保护思想认识程度之深前所未有、污染治理力度之大前所未有、制度出台频度之密前所未有、监管执法尺度之严前所未有、环境改善速度之快前所未有。主要取得了五个方面的成效。[②]

[①] 参见赵建军、薄海：《习近平生态文明思想理论创新的重大贡献》，载《中共中央党校报告选》2022年第2期。

[②] 参见黄润秋：《学习贯彻生态文明思想 深入打好污染防治攻坚战》，载《中共中央党校报告选》2022年第2期。

（一）战略谋划部署不断加强

党中央不断加强对生态文明建设和生态环境保护的领导，作出一系列重大战略部署。在"五位一体"总体布局中，生态文明建设是其中一位；在新时代坚持和发展中国特色社会主义基本方略中，坚持人与自然和谐共生是其中一条；在新发展理念中，绿色发展是其中一项；在三大攻坚战中，污染防治是其中一战；在到21世纪中叶建成社会主义现代化强国目标中，美丽是其中一个。党的十九大修改通过的《中国共产党章程》中增加"增强绿水青山就是金山银山的意识"等内容，2018年3月通过的《宪法修正案》将生态文明写入宪法，生态文明建设和生态环境保护逐步纳入经济社会发展各方面和全过程，实现了党的主张、国家意志、人民意愿的高度统一。

（二）绿色发展成效不断显现

坚决贯彻新发展理念。大力推动产业结构、能源结构、交通运输结构、用地结构调整，建立"三线一单"（生态保护红线、环境质量底线、资源利用上限、生态环境准入清单）。2020年，我国煤炭消费比重降低到56.8%，清洁能源占能源消费比重24.3%，光伏、风能装机容量、发电量居世界首位。新能源汽车销售量占全球新能源汽车约42%，是世界上保有量最多的国家。资源能源利用效率大幅提升，碳排放强度持续下降。截至2020年底，我国单位GDP二氧化碳排放较2005年降低约48.4%，超额完成下降40%~45%的目标。2020年底前如期实现固体废物零进口目标。

（三）生态环境质量持续改善

坚决向污染宣战，实施山水林田湖草沙一体化保护修复。在经济保持高速增长的同时，生态环境质量持续向好。森林覆盖率和森林蓄积量连续30年保持"双增长"，自然保护地面积占陆域国土面积的18%，初步划定的生态保护红线面积约占陆域国土面积的25%以上。人民群众身边的蓝天白云、清水绿岸明显增多，生态环境获得感、幸福感、安全感显著增强。

（四）生态文明制度体系不断完善

加快生态文明体制改革，出台数十项生态文明建设相关具体改革方案，生态文明四梁八柱性质的制度体系基本形成。制定、修订近30部生态环境与资源保护相关法律，生态环境法律体系日趋完善，党的十八大以来，中央生态环境保护督察工作深入推进，已成为推动落实生态环境保护责任的硬招实招。

（五）全球环境治理贡献日益凸显

作为全球生态文明建设的重要参与者、贡献者、引领者，引领全球气候变化谈判进程，推动《巴黎协定》达成、签署、生效和实施。宣布二氧化碳排放力争于2030年前达到峰值，努力争取2060年前实现碳中和，展现负责任大国担当。成功申请举办《生物多样性公约》第十五次缔约方大会。我国生态文明建设成就得到国际社会高度认可。深入开展绿色"一带一路"倡议，倡导建立"一带一路"绿色发展国际联盟和绿色"一带一路"大数据平台。

三、完善和发展生态文明制度体系的主要任务

党的十九届四中全会从实行最严格的生态环境保护制度、全面建立资源高效利用制度、健全生态保护和修复制度、严明生态环境保护责任制度四个方面，提出了坚持和完善生态文明制度体系的努力方向和重点任务。在这四方面的整体框架下，聚焦生态文明建设实践中的热点话题及难点问题，笔者仅作简略概述。

（一）实行最严格的生态环境保护制度

1. 推进污染防治关口前移

党的二十大报告指出，坚持精准治污、科学治污、依法治污。提升环境基础设施建设水平，推进城乡人居环境整治。全面实行排污许可制，健全现代环境治理体系。严密防控环境风险。

从过程严管到源头严防，完善预防性法律制度。例如，浙江德清与中科院生态环境研究中心合作，共同成立了"两山价值转化"研究中心，联合开发了首个数字两山决策支撑平台，评估十年间德清县生态系统资产与生态价值（GEP），通过GEP核算促进生态文明建设。

2. 实现碳达峰、碳中和

党的二十大报告指出，积极稳妥推进碳达峰碳中和。实现碳达峰碳中和是一场广泛而深刻的经济社会系统性变革。立足我国能源资源禀赋，坚持先立后破，有计划分步骤实施碳达峰行动。碳达峰的内涵外延包含碳排放路径和目标体系。碳达峰主要指二氧化碳排放，是绝对量控排的一种特殊形式。达峰目标不仅包括达峰的时间点、达峰时的排放量，还涵盖了达峰时点前、中、后的排放路径和目标体系，隐含着达峰之

后碳排放的下降趋势。碳中和的实质是二氧化碳的零流出或者负流出。近年来，有人提出碳汇的概念，也叫作碳币，这套机制规定了每个人享有的碳权，每个人可以处置自己的碳权。还有人提出，碳权也可以实行"三权分置"，即设立所有权、资格权以及使用权，这是一条值得探索的路径。未来，我们要逐步减少常规能源的使用，而逐步增加太阳能等绿色能源的使用，但同时要尊重国情，不能搞碳冲锋，不能机械地"一刀切"。以银行业绿色金融信贷为视角来看，现在银行内部对绿色低碳产业的信贷称为绿色金融、对高碳产业的信贷称为棕色金融，而目前整个中国的信贷总规模在280万亿元，其中只有10万亿元左右才是绿色金融，可见占比非常低。因此，一些金融机构如骤然对煤电等传统高碳项目抽贷断贷，则与碳达峰碳中和工作的初衷和要求背道而驰，必须予以监管防范。

2020年9月22日，国家主席习近平在第75届联合国大会一般性辩论上宣布，中国将提高国家自主贡献力度，采取更加有力的政策和措施，二氧化碳排放力争于2030年前达到峰值，努力争取2060年前实现碳中和。总体来看，碳达峰碳中和"1+N"政策体系已基本建立，各领域重点工作有序推进，碳达峰碳中和工作取得良好开局。所谓"1+N"政策体系，"1"是指2021年5月发布的《中共中央、国务院关于完整准确全面贯彻新发展理念做好碳达峰碳中和工作的意见》，是管总管长远的，发挥统领作用；"N"则包括能源、工业、交通运输、城乡建设等分领域分行业碳达峰实施方案，以及科技支撑、能源保障、碳汇能力、财政金融价格政策、标准计量体系、督察考核等保障方案。

以科技领域为例，按照科技部碳达峰碳中和科技工作的统一部署，《中国碳中和技术发展路线图》编制工作正有序推进。其中就显示了以下技术类别：零碳非电能源、原料燃料与工业替代、碳汇、二氧化碳化学转化、矿化利用、生物利用、工业过程利用、地质利用。路线图主要强调的是配置与整合、提升与优化，包括能源系统集成融合、跨行业技术集成融合、成本降低优化、协同治理与生态平衡、供需平衡优化、基因改良与优化、全产业链技术集成融合、效率提升优化、综合优化等。再以2022年的北京冬奥会为例，这是迄今为止第一个"碳中和"的冬奥会。冬奥会全部场馆达到绿色建筑标准、常规能源100%使用绿电。冬奥会节能与清洁能源车辆占全部赛时保障车辆的84.9%，为历届冬奥会最高。"北京蓝"也成为冬奥会靓丽底色，冬奥会保障期间，北京空气质量每日优良，PM2.5浓度较同期分别下降57%；开、闭幕式当天北京

PM2.5 浓度分别为 5 微克/立方米和 9 微克/立方米。

二氧化碳排放达峰时间越早，峰值排放量越低，越有利于实现碳中和目标，否则实现碳中和目标的难度和代价则更大。国家气候变化专家委员会副主任何建坤建议，峰值平台期要在 2025 年前后实现，2030 年后要结束平台期，呈快速下降态势，2035 年排放要比峰值有显著下降。要实现 2060 年前碳中和目标，就要尽量接近全球温升控制在 1.5 摄氏度目标导向下的二氧化碳减排路径，2030 年至 2050 年二氧化碳排放年均下降率要达 8%~10%，到 2050 年能源消费的二氧化碳的排放应该争取实现净零排放。目前，我们认为有以下实现碳达峰碳中和的主要对策：

一是完善风险防控体系。在实现双碳过程中，存在着各类复杂风险，包括政治风险、自然风险、经济风险、社会风险等。多种风险错综复杂、相互交织，因此我们要构建全面完备的防控体系：政治风险防控体系是为了增进全球全社会的政治认同；自然风险防控体系主要是为了最大限度减轻自然灾害风险和损失；经济风险防控体系是为了减少经济失衡给社会造成的代价；社会风险防控体系是为了促进公平公正和社会秩序的和谐稳定。

二是坚持科技创新导向。中国要实现长期深度脱碳路径，需要发展方式根本性转变和科技创新的支撑。首先，建立绿色低碳循环发展产业体系和社会消费方式，以数字化和深度电气化推进脱碳化。其次，建立清洁低碳高效安全的能源生产和消费体系，形成以新能源和可再生能源为主体的零碳排放能源体系。最后，推进支撑深度脱碳技术研发和产业化发展。例如，氢能、储能、智能电网、零碳炼钢、零碳化工、CCS 和 BECCS、CDR 等。[1] 再如，有的生物基尼龙企业，聚酰胺 (PA) 就是通过生物质原料转化而来，而常规化工制品需要在高温高压以及特定的催化剂环境下进行，其中的化工原材料也主要来自石油。如果未来可以扩展可再生资源的应用范围，利用生物技术替代石油制造其他生产生活物品，这对减少碳排放、实现碳达峰将会是极大的贡献。

三是推进体制机制改革。我们要在既有经验的基础上，进一步探索实现双碳目标的体制机制建设，要完善构建碳价机制及碳市场，为长期低碳化转型营造良好制度环境。要以长期的碳中和目标为导向，避免加大高碳基础设施投资和产能扩张，引导低

---

[1] 何建坤：《长期低碳发展战略推动实现"绿色复苏"》，载《中国科学报》2020 年 10 月 30 日。

碳技术发展和基础设施投资，打造新的经济增长领域和新增就业机会。要建立碳排放总量控制和责任分担机制，改革和完善现有考核制度。

四是构建绿色零碳循环发展经济体系。一方面，坚持绿色低碳循环发展，全面推行节约能源政策。依靠技术进步加快推进节能工作。节能依然是第一能源，是二氧化碳第一减排途径。将回收后的工业废物作为替代原料燃料进行循环利用能大幅减少生产过程能耗，是国际社会推动高耗能行业减耗降碳的重要手段。另一方面，全面强化物料循环回收利用体系建设。推动废钢资源回收利用，提高炼钢废钢比；推动废铝回收处理，提高废铝资源保级利用水平，大幅提高再生铝占比；综合利用固体废物开展水泥原料燃料替代，利用生活垃圾等替代水泥窑燃料，利用粉煤灰等替代石灰质原料。

五是加快形成绿色低碳消费模式和方式。首先，要增强生态文明意识，倡导简约适度、绿色低碳生活。其次，要通过消费引导绿色低碳生产。最后，要建立自愿性个人碳收支信用体系。

六是加快推进碳达峰碳中和立法。建议考虑设立《碳中和促进法》：构建碳达峰碳中和制度体系，落实政府、企业和公众的相关责任以及保障相关权益；统筹处理好应对气候变化与生态环境保护之间的关系，协调碳达峰碳中和与污染防治、生态保护的关系；明确应对气候变化国际合作立场、领域与措施等，加强在碳达峰碳中和方面的国际合作。

（二）全面建立资源高效利用制度

1. 健全自然资源产权制度

要健全自然资源产权制度，积极推出生态产品。生态文明建设离不开数字技术，要把数字文明的逻辑植入到生态文明的逻辑中去。例如，对于农地灌溉问题，可以结合土壤水分蒸发规律，探索不同时间段的用水需求，细化灌溉时段，探索最佳灌溉时间，这也是数字乡村理念的体现。

2. 合理开发利用自然资源

2021年中央财经委员会第九次会议强调：要提升生态碳汇能力，强化国土空间规划与用途管控，有效发挥森林、草原、湿地、海洋、土壤、冻土的固碳作用，提升生态系统碳汇增量。土地有基本的自然属性，土地的价值由用途决定，而规划决定用途，例如，可以根据肥沃程度分为10个等级来确定土地价值。要强化绿色发展的法律和政策保障，推动能源清洁低碳安全高效利用。要发展绿色建筑，开展绿色生活创建活动，降低碳排放强度，为碳达峰、碳中和奠定基础。资源利用上限不仅要考虑人类和当代的需要，也要考虑大自然和后代的需要。要把握好自然资源开发利用的度，不能突破自然资源承载能力。

以我国电力系统的绿色发展为例。如果要实现电力系统绿色发展，特别能源绿色发展，那就意味着化石能源的比例逐步下降，可再生能源的比例逐步提升。这里主要包括三方面努力：首先，电力系统要坚持绿色发展，大力发展可再生能源，如风电、光伏、核电和水电。其次，要加大电网的消纳能力。这几种绿色能源有一个显著特点，就是必须都通过电网来消纳，无论是水电和核电还是光伏和风电，电网是各种新能源或者可再生能源消纳的重要平台和关键载体，是不可或缺的枢纽。最后，要构建以新能源为主体的电力系统。这是电力系统现在努力的重中之重。20年前，北欧地区就提出了以新能源为主体的电力系统。因为欧洲的规模比较小，所以开始没有引起我国的足够重视，但2008年国家电网公司就专门组织了一个团去丹麦考察学习风电和光伏的利用，当时丹麦的风电装机数量已经过万个。从现在全国电力系统来看，坚持清洁低碳是方向，能源保供是基础，能源创新是重点，节能提效是助力。

3. 践行节约资源基本国策

2022年9月6日，习近平总书记主持召开中央全面深化改革委员会第二十七次会议。会议指出，节约资源是我国的基本国策，是维护国家资源安全、推进生态文明建设、推动高质量发展的一项重大任务。党的二十大报告指出，实施全面节约战略，推进各类资源节约集约利用，加快构建废弃物循环利用体系。

党的十八大以来，我们部署实施全面节约战略，大幅降低能源、水、土地利用强度，大力发展循环经济，在全社会倡导厉行节约、反对浪费，推动资源节约集约高效利用，取得积极成效。要突出抓好能源、工业、建筑、交通等重点领域资源节约，发挥科技创新支撑作用，促进生产领域节能降碳。要增强全民节约意识，推行简约适度、绿色低碳的生活方式，反对奢侈浪费和过度消费，努力形成全民崇尚节约的浓厚氛围。要综合运用好市场化、法治化手段，加快建立体现资源稀缺程度、生态损害成本、环境污染代价的资源价格形成机制，不断完善和逐步提高重点产业、重点产品的能耗、水耗、物耗标准，促进资源科学配置和节约高效利用。要处理好利用和节约、开发和保护、整体和局部、短期和长期的关系，既要坚持底线思维，从严监督管理，防范化解重大资源风险，也要考虑经济社会发展现实需要。

4. 建立健全生态产品价值实现机制

建立健全生态产品价值实现机制，是贯彻落实习近平生态文明思想的重要举措，是践行"绿水青山就是金山银山"理念的关键路径。2021年4月，中共中央办公厅、国务院办公厅印发了《关于建立健全生态产品价值实现机制的意见》，在政策的指引下，浙江省、江西省、贵州省、福建省等多地都开展了相关试点探索。

生态文明建设是时代趋势，我们的生产生活逻辑也应由此发生相应变化。因此，我们要建立健全生态产品价值实现机制，把生态优势转化为发展优势。例如，古田县有最大的食用菌生产线，被誉为中国食用菌之都。近年来，古田积极推进食品生产产业开发利用，将菇头、菇棒二次利用或用作有机肥、生物燃料等。目前，正在探索将其作为特种用纸原材料，确保综合效益最大化，实现生态农业与有机农业良性循环。

（三）健全生态保护和修复制度

1. 加强大江大河流域治理

治理长江流域，要共抓大保护，不搞大开发；实现黄河流域的高水平保护和高质量发展，还要考虑保护、传承、弘扬黄河文化。实际上，生态环境保护、江河长治久安、水资源节约利用和经济社会高质量发展是一个整体。此外，黄河文化、长江文化都有着中华传统文化的特征，如何更好传承发扬，这是一个值得思考研究的议题。我们认为，在生态文明建设过程中，要把传统文化的元素植入进去，让中华优秀传统文化接续传承、生生不息。

2. 提升生态系统多样性、稳定性、持续性

党的二十大报告指出，提升生态系统多样性、稳定性、持续性。以国家重点生态功能区、生态保护红线、自然保护地等为重点，加快实施重要生态系统保护和修复重大工程。推进以国家公园为主体的自然保护地体系建设。实施生物多样性保护重大工程。科学开展大规模国土绿化行动。深化集体林权制度改革。推行草原森林河流湖泊湿地休养生息，实施好长江十年禁渔，健全耕地休耕轮作制度。建立生态产品价值实现机制，完善生态保护补偿制度。加强生物安全管理，防治外来物种侵害。

例如，实行休耕轮作制度，就要求各地不能一味地追求播种面积，而不考虑播种质量。要推动农业供给侧结构性改革，首先要看清农业问题的主要方面在供给侧，并且主要是结构性、体制性问题。我们认为，要尊重土地规律，考虑土地的生产能力，如果播种的土地质量不高、生产效率低，可以进行土地涵养、恢复地力。

3. 打好防治污染攻坚战

党的二十大报告指出，深入推进环境污染防治。坚持精准治污、科学治污、依法治污，持续深入打好蓝天、碧水、净土保卫战。加强污染物协同控制，基本消除重污染天气。统筹水资源、水环境、水生态治理，推动重要江河湖库生态保护治理，基本消除城市黑臭水体。加强土壤污染源头防控，开展新污染物治理。

要打好防治污染攻坚战，重点是打好"三大保卫战"，包括蓝天保卫战、碧水保卫战和净土保卫战。大气污染、水污染、土壤污染这三大污染是影响人民群众身心健康的重要因素，也是实现健康中国目标的"拦路虎""绊脚石"。空气、水和土壤是维持人类生存的基本要素，有问题该治都得治，不能等治好一个再治另一个。事实上，三大污染相互关联、彼此影响，亟须统筹规划、同步治理。例如，如果只治理水污染而不管大气和土壤，那么大气和土壤中的污染物会通过大自然循环系统重回河流湖泊，最终导致水污染治理成效微弱，反之亦然。

4. 加强国际环境治理合作

我们要进一步加强生态文明领域的国际合作，做好生态文明的国际传播，让国际社会了解一个真实、立体、全面的中国。譬如，我们积极参与和引领应对气候变化等生态环保国际合作。习近平总书记在2020年12月12日气候雄心峰会上指出，在气候变化的挑战面前，人类命运与共，单边主义没有出路；我们只有坚持多边主义，讲团结、促合作，才能共利共赢，福泽各国人民。气候变化不是伪命题，是全人类共同面临的共同挑战。

2019年11月，来自世界各地的11 000多名科学家共同宣布，地球正面临气候紧急状态。中国是气候变化较为严重的国家之一，极端热量增加，冰川面积萎缩，沿海海平面上升，南涝北旱、西北暖湿化趋势、极端降雨频率和强度增加。例如，在新疆维吾尔自治区，有些地方发生了雪线上移的现象。因此，应对气候变化正成为全球的共同行动。全球已经有超过130个国家和地区提出了碳中和的目标，其中大部分国家提出在2050年实现碳中和。2021年联合国气候大会发布共同承诺，到2030年终止和逆转森林砍伐和土地退化的趋势。发展中国家也采取了共同行动，成立"超越石油和天然气联盟"，签署了《关于零排放汽车和面包车的格拉斯哥宣言》。此外，世界上1049个城市在第二十六届缔约方会议上承诺到2030年将排放量减半，到2050年实现净零排放。

（四）严明生态环境保护责任制度

2015年7月,《关于开展领导干部自然资源资产离任审计的试点方案》《党政领导干部生态环境损害责任追究办法（试行）》被中央深化改革领导小组审议通过，领导离任审计、责任追究，第一次进入生态领域；2016年12月,《生态文明建设目标评价考核办法》正式公布，生态责任成为政绩考核的必考题。放眼全球，保护生态环境已成为全球共识，但把生态文明建设作为一个政党特别是执政党的行动纲领，中国共产党是第一个。[①] 我们通过建章立制和落实责任，守住红线、管好红线，实现一条红线管控重要生态空间，确保生态功能不降低、性质不改变、面积不减少。换言之，生态环境质量只能更好、不能变坏，这是底线，否则就要对生态破坏、环境恶化区域的相关主体严肃问责。

除生态责任外，我们落实节约优先战略，全面实行资源利用总量控制、供需双向调节、差别化管理。同时，进一步完善中央生态环境保护督察制度。在行政执法领域，督查举措往往能够挖掘一些问题和弊端，如许多重大刑事案件的线索就是通过督查发现的。

[①] 参见《守住绿水青山 守住美丽幸福——党的十八大以来生态文明建设成果述评》，载《光明日报》2018年10月8日，第1版。

第三节
生态文明建设的法治化进程[①]

一、深入理解和把握习近平生态文明思想和习近平法治思想

（一）习近平生态文明思想的精髓要义

我们要深刻理解和把握习近平生态文明思想的科学体系。一方面，习近平生态文明思想的鲜明主题是努力实现人与自然和谐共生。人与自然是生命共同体，生态兴衰关系文明兴衰，如何实现人与自然和谐共生是人类文明发展的基本问题。另一方面，习近平生态文明思想的形成发展具有深厚的理论依据、实践基础、文化底蕴。这一思想继承和创新马克思主义自然观、生态观，运用和深化马克思主义关于人与自然、生产和生态的辩证统一关系的认识，是对西方以资本为中心、物质主义膨胀、先污染后治理的现代化发展道路的批判与超越，实现了马克思主义关于人与自然关系思想的与时俱进。[②]

习近平生态文明思想的精髓可以概括为"123456"[③]："1"指一个目标，即建设美丽中国；"2"指两项重要制度，即《关于加快推进生态文明建设的意见》《生态文明体

[①] 本节部分观点和内容受中共中央党校王伟教授的授课启发，要特别感谢王伟教授的意见和建议。文中的论点仍由作者自己负责。

[②] 习近平生态文明思想研究中心：《深入学习贯彻习近平生态文明思想》，载《人民日报》2022年8月18日，第10版。

[③] 参见习近平：《推动我国生态文明建设迈上新台阶》，载《求是》2019年第3期。

制改革总体方案》;"3"指三个重大问题,即"为什么建设生态文明""建设什么样的生态文明""怎样建设生态文明";"4"指四点重要认识,即"生态文明建设是关系中华民族永续发展的根本大计""生态兴则文明兴,生态衰则文明衰""坚决打好污染防治攻坚战""加强党对生态文明建设的领导";"5"指五大体系,生态文化体系、生态经济体系、目标责任体系、生态文明制度体系、生态安全体系;"6"指六项原则,即坚持人与自然和谐共生、绿水青山就是金山银山、良好生态环境是最普惠的民生福祉、山水林田湖草是生命共同体、用最严格制度最严密法治保护生态环境、共谋全球生态文明建设。

(二)习近平法治思想的生态文明法治理论

以法治化推动生态文明建设,不仅要全面贯彻落实习近平生态文明思想,还要深入学习贯彻习近平法治思想,在完整准确全面理解新发展理念的基础上,为生态文明建设筑牢"法治之墙"。生态文明法治理论蕴含创新理念,是国家借助法治手段调节人们之间的生态利益、生态关系,以及人与生态环境之间关系的法治过程,极具时代色彩。

在生态文明法治建设方面,习近平总书记反复强调"保护生态环境,必须依靠制度、依靠法治",明确指出"用最严格制度最严密法治保护生态环境"。这些重要论述紧紧抓住运用法治思维和法治方式解决生态文明建设问题的"牛鼻子",蕴含"生态兴则文明兴,生态衰则文明衰"的绿色发展观,彰显"法治兴则国家兴,法治衰则国家乱"的法治理念,既是加强生态文明建设的重要原则,也是习近平法治思想在生态环境保护中的实践深化和科学运用,揭示了社会主义生态文明法治建设的本质规律,展示了生态文明法治建设的实践伟力。[①]

(三)生态文明建设的"十个坚持"

习近平生态文明思想内涵丰富、博大精深,蕴含丰富的马克思主义立场、观点和方法,包含着一系列具有原创性、时代性、指导性的重大思想观点。我们必须坚持以习近平生态文明思想为指导,深刻把握最严法治观的基本法理,切实增强运用法治思维和法治方法推动生态文明建设的思想自觉、理论自觉和行动自觉,践行生态文明建

[①] 吕忠梅:《习近平法治思想的生态文明法治理论》,载《中国法学》2021年第1期。

设实践中总结形成的"十个坚持"。①

1. 坚持党对生态文明建设的全面领导

这是我国生态文明建设的根本保证。习近平总书记指出:"生态环境是关系党的使命宗旨的重大政治问题。"②生态文明建设是统筹推进"五位一体"总体布局和协调推进"四个全面"战略布局的重要内容,党的全面领导具有"把舵定向"的重大作用。

把坚持和加强党的全面领导贯穿生态文明建设全过程,涵盖了制定生态文明建设责任清单、健全中央生态环境保护督察机制、强化绿色考核、严格生态环境损害责任追究、试点生态环境损害赔偿制度、开展自然资源资产离任审计等多领域多层次的生态文明建设具体工作。领导干部必须不断提高政治判断力、政治领悟力、政治执行力,心怀"国之大者",当好生态卫士,坚持正确政绩观,严格实行党政同责、一岗双责,压实各相关部门责任,确保党中央关于生态文明建设的各项决策部署落地见效。各相关部门要坚持理论创新和强化思想引领,完善生态文明建设的制度保障,推进生态文明建设的战略部署。这里包括四个方面:一是各相关部门要履行好生态环境保护职责,按照"一岗双责"要求抓好生态环境保护;二是中央和国家机关相关部门要制定生态环境保护责任清单,形成明确清晰、环环相扣的"责任链";三是各级纪委、组织部门要加强领导干部日常监督,各级人大及其常委会要将生态环境保护作为立法和监督的重点领域;四是各相关部门要做到守土有责、守土尽责,分工协调、共同发力。

2. 坚持生态兴则文明兴

这是我国生态文明建设的历史依据。历史地看,生态兴则文明兴,生态衰则文明衰。古代埃及、古代巴比伦、古代印度、古代中国四大文明古国均发源于森林茂密、水量丰沛、田野肥沃的地区。奔腾不息的长江、黄河是中华民族的摇篮,哺育了灿烂的中华文明。而生态环境衰退特别是严重的土地荒漠化则导致古代埃及、古代巴比伦衰落。③

习近平总书记强调:"生态环境是人类生存和发展的根基,生态环境变化直接影响

---

① 参见习近平生态文明思想研究中心:《深入学习贯彻习近平生态文明思想》,载《人民日报》2022年8月18日,第10版。
② 习近平:《推动我国生态文明建设迈上新台阶》,载《求是》2019年第3期。
③ 中共中央宣传部、中华人民共和国生态环境部编著:《习近平生态文明思想学习纲要》,人民出版社2022年版,第11页。

文明兴衰演替。"① 古今中外有许多深刻教训表明，只有尊重自然规律，才能有效防止在开发利用自然上走弯路。必须深刻认识生态环境是人类生存最为基础的条件，把人类活动限制在生态环境能够承受的限度内，给自然生态留下休养生息的时间和空间。以对人民群众、对子孙后代高度负责的态度和责任，加强生态文明建设，筑牢中华民族永续发展的生态根基。

3. 坚持人与自然和谐共生

这是我国生态文明建设的基本原则。党的十九大报告提出，我们要建设的现代化是人与自然和谐共生的现代化，既要创造更多物质财富和精神财富以满足人民日益增长的美好生活需要，也要提供更多优质生态产品以满足人民日益增长的优美生态环境需要。我们坚持人与自然和谐共生，坚持节约优先、保护优先、自然恢复为主的方针，就要像保护眼睛一样保护生态环境，像对待生命一样对待生态环境，让自然生态美景永驻人间，还自然以宁静、和谐、美丽。

工业文明的逻辑体现在工业生产的规模化，只有低成本的批量生产才能实现持续性发展。与此不同的是，生态文明的逻辑是差异化、个性化、系统化。如从经济学的视角理解，实现生态文明也要考虑低成本，也就是说在经济生产生活中要考量实现一项事物发展或一项数据增长所付出的环境资源代价，例如，每单位 GDP 的增长，要计算消耗了多少无差别的能源数量。我们认为，经济效益和生态系统之间要实现均衡状态。第一产业是一切生产的基础，如果没有第一产业，第二产业就无从谈起。人口的增长与更替，劳动力的生产与再生，都需要农产品作为支撑。实际上，第一产业也是生态系统中的一部分，农业生产从生态系统中的成果攫取以生态修复为对价，因此农业生产要有序进行，不能对生态系统竭泽而渔。由此可见，生态系统服务的边际收益是一条倾斜向下的曲线，在曲线某一点处当边际收益等于边际成本时，生态系统的产出收益实现最大化。这意味着人与自然的稳定和谐存在一个均衡点，需要我们共同维持，如果打破了这个均衡，后果很严重。

4. 坚持绿水青山就是金山银山

这是我国生态文明建设的核心理念。2013 年 9 月 7 日，习近平总书记在哈萨克斯坦纳扎尔巴耶夫大学回答学生的问题时指出："我们既要绿水青山，也要金山银山。宁

---

① 习近平：《推动我国生态文明建设迈上新台阶》，载《求是》2019 年第 3 期。

要绿水青山，不要金山银山，而且绿水青山就是金山银山。"2014年3月7日，习近平总书记在参加贵州代表团审议时指出："绿水青山和金山银山绝不是对立的，关键在人，关键在思路。保护生态环境就是保护生产力，改善生态环境就是发展生产力。"党的二十大报告指出，大自然是人类赖以生存发展的基本条件。尊重自然、顺应自然、保护自然，是全面建设社会主义现代化国家的内在要求。必须牢固树立和践行绿水青山就是金山银山的理念，站在人与自然和谐共生的高度谋划发展。

环境就是民生，青山就是美丽，蓝天也是幸福，绿水青山就是金山银山；保护环境就是保护生产力，改善环境就是发展生产力。"两山论"是对发展和保护环境关系的全新认识，最早由习近平总书记在浙江省湖州市安吉县天荒坪镇余村考察时提出。《之江新语》一书中有很多习近平总书记在浙江工作期间的深刻思考，有许多篇目与"两山论"有关，其中收录了《从"两座山"看生态环境》一文，提出了"两座山"之间的关系：这"两座山"之间是有矛盾的，但又可以辩证统一。在实践中，对这"两座山"之间关系的认识经历了三个阶段：第一个阶段是用绿水青山去换金山银山，很少考虑环境的承载能力，一味地索取资源。第二个阶段是既要金山银山，但也要保住绿水青山。由于经济发展和资源匮乏、环境恶化之间的矛盾开始凸显，人们能够意识到环境是生存和发展的根本，只有留得青山在，才能有柴烧。第三个阶段是认识到绿水青山可以源源不断地带来金山银山。绿水青山本身就是金山银山，常青树就是摇钱树，让生态优势变成经济优势，形成一种浑然一体、和谐统一的关系。这一阶段是一种更高的境界，体现了科学发展观的要求，体现了发展循环经济、建设资源节约型和环境友好型社会的理念。以上这三个阶段是经济增长方式转变的过程，是发展观念不断进步的过程，也是人和自然关系不断调整、趋向和谐的过程。

举例来说，北京在建设城市副中心城市绿心森林公园时，积极落实习近平生态文明思想，突出绿色低碳发展理念，坚持用生态的方法解决生态问题。在建设过程中：一是尊重自然、重视生物多样性，对场地内6000余株原状大树全部保留，栽植13万余株乔木并打造多类型动物栖息空间；二是生态修复工业污染地，将场地内110万方建筑垃圾处理后循环再利用，做到园林绿化废弃物不出园；三是绿色低碳能源全覆盖，区域内可再生能源利用率超40%，每年减少碳排放11 556吨。经过大规模绿化建设，城市绿心森林公园近万亩景观林已蔚然成林、生机萌发，成为北京城市副中心的一张靓丽名片。

5. 坚持良好生态环境是最普惠的民生福祉

这是我国生态文明建设的宗旨要求。2013年4月8日，习近平总书记在海南考察时提出，良好生态环境是最公平的公共产品，是最普惠的民生福祉。2018年5月18日，习近平总书记在全国生态环境保护大会上指出，要坚持生态惠民、生态利民、生态为民，重点解决损害群众健康的突出环境问题，加快改善生态环境质量，提供更多优质的生态产品，努力实现社会公平正义，不断满足人民日益增长的优美生态环境需要，把建设美丽中国化为人民自觉行动。

《中共中央、国务院关于全面加强生态环境保护 坚决打好污染防治攻坚战的意见》中指出，美丽中国是人民群众共同参与、共同建设、共同享有的事业，必须加强生态文明宣传教育，强化公民环境意识，推动形成简约适度、绿色低碳、文明健康的生活方式和消费方式，促使人们从意识向意愿转变，从抱怨向行动转变，以实际行动促进认识提升、知行合一，把建设美丽中国转化为全民自觉行动，形成共建、共治、共享的绿色的行动合力，形成党委领导、政府主导、企业主体、公众和其他社会组织参与合作治理模式，由过去的单一治理向合作治理迈进。

首先，要全面加强党对生态文明建设的领导。生态文明建设与生态环境保护是我们党在新时代的一项重要任务，要与价值引领、利益协调、资源整合、监督问责协同发力，找准政府指导的关键点，优化生产力布局、引导绿色生活、优化产业绿色化改造，积极发挥企业主体作用，严守环保底线、承担社会责任、实现绿色生产，推动科技创新，引领绿色消费。其次，要树立社会共治的理念。在生态文明建设中要分步骤、分类分级地引导公众参与，让参与者能在生态文明建设中享受到生态文明建设的成果，让生态文明建设和生态有机体系能相向而行，形成良性循环。以阿里集团的蚂蚁森林项目为例，就是把数字经济融入生态文明建设当中，为生态文明赋能增效提供有效路径。最后，要出台支持绿色发展的相关政策，形成多元参与的关键在于形成利益整合闭环，从主体到表达到监督到执行到整合，构建一整套激励、相容的体制机制。

6. 坚持绿色发展是发展观的深刻革命

这是我国生态文明建设的战略路径。绿色发展，就其要义来讲，是要解决好人与自然和谐共生问题。绿色是生命的象征、大自然的底色，更是美好生活的基础、人民群众的期盼。绿色发展与创新发展、协调发展、开放发展、共享发展相辅相成、相互作用，是全方位变革，是构建高质量现代化经济体系的必然要求，目的是改变传统的

"大量生产、大量消耗、大量排放"的生产模式和消费模式，使资源、生产、消费等要素相匹配相适应，实现经济社会发展和生态环境保护协调统一、人与自然和谐共处。[①]

习近平总书记强调："绿色发展是生态文明建设的必然要求。"[②]坚持绿色发展是对生产方式、生活方式、思维方式和价值观念的全方位、革命性变革，是对自然规律和经济社会可持续发展一般规律的深刻把握。必须把实现减污降碳协同增效作为促进经济社会发展全面绿色转型的总抓手，加快建立健全绿色低碳循环发展经济体系，加快形成绿色发展方式和生活方式，坚定不移走生产发展、生活富裕、生态良好的文明发展道路。

7. 坚持山水林田湖草沙系统治理

这是我国生态文明建设的系统观念。2013年，习近平总书记在党的十八届三中全会上作关于《中共中央关于全面深化改革若干重大问题的决定》的说明时指出："我们要认识到，山水林田湖是一个生命共同体，人的命脉在田，田的命脉在水，水的命脉在山，山的命脉在土，土的命脉在树。"2017年7月，习近平总书记在中央全面深化改革领导小组第37次会议上谈及建立国家公园体制时强调"坚持山水林田湖草是一个生命共同体"。只增加了一个"草"字，把我国最大的陆地生态系统纳入生命共同体中，体现了深刻的大生态观。党的二十大报告指出，我们要推进美丽中国建设，坚持山水林田湖草沙一体化保护和系统治理。

新时代推动生态文明建设，必须坚持山水林田湖草是生命共同体的原则，统筹兼顾、整体施策、多措并举，全方位、全地域、全过程开展生态文明建设。首先，必须坚持系统观念要素相互融合，着力提升系统平衡性。要考虑时间、空间重启，首先要突出问题导向，实现动态平衡。针对不同阶段的环境问题，精准甄别，找准绿色发展的痛点、堵点和增长点。其次，要增强政策的针对性和有效性，满足人民日益增长的生态环境需求。根据不同地区的资源禀赋、本质特征、发展阶段，鼓励地方因地制宜地出台绿色发展的制度和政策，尤其要加快完善横向加纵向的生态补偿制度。最后，在层级上要实现府际间关系协调，加大中央政府在环境治理重大事务中的财政支出范围，形成环境管理事权和支出责任更加匹配的格局，进一步理顺中央与地方收入划分，

[①] 中共中央宣传部、中华人民共和国生态环境部编著：《习近平生态文明思想学习纲要》，人民出版社2022年版，第52页。

[②] 习近平：《为建设世界科技强国而奋斗》，人民出版社2016年版，第12页。

进一步完善转移支付制度改革中统筹地方环境治理的财政要求。

8.坚持用最严格制度最严密法治保护生态环境

这是我国生态文明建设的制度保障。习近平总书记指出："我国生态环境保护中存在的突出问题大多同体制不健全、制度不严格、法治不严密、执行不到位、惩处不得力有关。要加快制度创新，增加制度供给，完善制度配套，强化制度执行，让制度成为刚性的约束和不可触碰的高压线。"[1] 只有实行最严格的制度、最严密的法治，才能为生态文明建设提供可靠保障。

最重要的是要完善经济社会发展考核评价体系，把资源消耗、环境损害、生态效益等体现生态文明建设状况的指标纳入经济社会发展评价体系之中，使之成为推进生态文明建设的重要导向和有力约束。要建立责任追究制度，对那些不顾生态环境盲目决策、造成严重后果的人，必须追究其责任。很多学者在思考环境税的问题，其实我们完全可以通过非市场的方式助力实现生态环境的保护。在实践中，各类举措方式包括但不限于：非市场方式有财政补贴、公共管制、法律措施等；市场方式有产权界定保护、可交易许可证一体化等；完善的配套政策体系涵盖财政、产业、金融、技术、能源、对外开放等方面；实施手段有财政补贴、政府采购、环境税税收减免等；产业政策有产业规划、产业结构调整等；金融政策有融资政策、信贷优惠政策等；技术政策有专项资金、科研计划、示范项目、产品推广等。

此外，国家对于技术政策有专门的技术资金支持，对于能源政策有清洁人员计划、能效标准、建筑节能标准，对于对外开放政策有外资项目评估、环境规划、绿色"一带一路"等。未来，我们还将建立和完善生态文明的标准体系，抓紧完善生态价值的度量标准，建立健全生态补偿标准，建立反映市场供求和资源配置稀缺程度、体现生态价值和代际补偿的资源有偿使用制度和生态修复制度。

9.坚持把建设美丽中国转化为全体人民自觉行动

这是我国生态文明建设的社会力量。习近平总书记指出："生态文明是人民群众共同参与共同建设共同享有的事业。"[2] 每个人都是生态环境的保护者、建设者、受益者，没有哪个人是旁观者、局外人、批评家，谁也不能只说不做、置身事外。必须建立健

---

[1] 习近平：《推动我国生态文明建设迈上新台阶》，载《求是》2019年第3期。
[2] 习近平：《推动我国生态文明建设迈上新台阶》，载《求是》2019年第3期。

全以生态价值观念为准则的生态文化体系,牢固树立社会主义生态文明观,倡导简约适度、绿色低碳的生活方式,坚决制止餐桌上的浪费,实行垃圾分类。加强生态文明宣传教育,把建设美丽中国转化为每一个人的自觉行动。

10. 坚持共谋全球生态文明建设之路

这是我国生态文明建设的全球倡议。2013年10月,习近平主席在亚太经合组织工商领导人峰会上演讲时强调:"我们不再简单以国内生产总值增长率论英雄,而是强调以提高经济增长质量和效益为立足点。事实证明,这一政策是负责任的,既是对中国自身负责,也是对世界负责。"2015年12月,气候变化巴黎大会召开,《联合国气候变化框架公约》196个缔约方通过《巴黎协定》这一历史性文件,为2020年后全球应对气候变化作出安排。中国不仅是达成协定的重要推动力量,也是坚定的履约国。

这一系列的承诺凝聚着中国人民的艰辛努力和坚定信心,这既是中国主动承担起的大国责任,也是对推动构建人类命运共同体作出的重要贡献。中国正以负责任的态度和坚定行动,成为全球生态文明建设的重要参与者、贡献者、引领者。

二、政府环境责任法治化建设

加强生态文明的法治保障,政府环境责任的法治化是非常重要的一环。回顾我们国家环境法治建设的历史,我们曾经走了一条以企业为约束中心的法治道路,并且通过相应的环境保护机构来强化企业的环境责任。然而,以企业作为约束中心的法治路径,已经不能够适应时代发展的需要。我们应当将政府的环境责任放在一个更加突出、更加重要的位置,即把政府环境责任作为环境法治的首要问题。

1972年6月,联合国人类环境会议在瑞典斯德哥尔摩举行,世界上133个国家的1300多名代表出席了这次会议。这是世界各国政府共同探讨当代环境问题,探讨保护全球环境战略的第一次国际会议。会议通过了《联合国人类环境宣言》和《行动计划》,呼吁各国政府维护和改善人类环境,引导和鼓励全世界人民保护和改善人类环境,开创了人类社会环境保护事业的新纪元。

(一) 政府的角色定位

《联合国人类环境宣言》提出,"为实现这一环境目标,将要求公民和团体以及企业和各级机关承担责任,大家平等地从事共同的努力"。人人都需要对环境保护尽责,其中各级政府应当承担最大的责任,换言之,要突出政府在环境保护中的义务和责任。在中国特色社会主义制度的大背景下,各级政府更要承担最大的责任,这主要是由公有制下政府的角色及其职能决定的。

首先,政府是环境治理的规划者,需要发挥监管职能。具体而言,政府要通过国土的空间规划、行政审批等一系列的非市场措施参与到环境保护的过程当中。其次,政府是公共责任的托管者,也是良好生态的捍卫者,需要发挥政治职能。这个身份决定了政府是作为社会公共利益的整体代表来维护最大多数人的利益,即政府应以维护社会公共利益为依归,不能片面追求盈利,要通过立法、执法、司法对环境进行全方位保护。最后,政府是良好环境、良好生态的参与者,需要发挥经济职能。政府同时也是环境资源所有者的代表,这个身份决定了政府应代表民众来行使所有权,而这项权利归根到底是一项经济职能。政府作为财产所有者代表必须尊重市场规律,不断地促进自然资源资产的保值增值。基于政府的这三重角色,政府在环境保护中应当承担更大的责任。

(二)政府的环境责任

国际环境立法往往突出政府的环境保护责任。比如,《日本环境保护法》第1条规定,本法的目的就是要明确国家、地方公共团体、企事业者以及国民的责任和义务;《加拿大环境保护法》第2条就明确规定了政府义务,并进行了系统化的界定;1969年《美国国家环境政策法》中也对政府在环境保护方面的义务和责任进行了非常系统全面的规定。从我国地方立法的情况来看,一些地方立法对于政府的环境责任也提出了相应要求。比如,《深圳经济特区生态环境保护条例》第二章,用15条的篇幅对政府的环境责任进行了规定。

综观世界各国立法例,当前政府的环境责任不仅是政治责任,也是一种法律责任。世界各国包括我们国家的法律制度中都对政府的环境责任作出了比较明确的规定。政府的环境责任总体上可分为两个方面:

一是积极责任。2014年修订的《环境保护法》第6条规定,地方各级人民政府应当对本行政区域的环境质量负责。根据法律规定,政府应当承担的环境保护职能,包括积极地保护环境质量、有效地执行法律遵守法律、促进公众参与到环境保护当中等。借鉴外国立法例,我们建议将"不得恶化"这一项原则引入成为环境保护法中的基本原则。该原则基本含义是指任何人必须最大限度地合理利用环境,不得使其弱化或者对环境和安全造成危害。实际上，我们国家的相关政策中也明确提出了环境"只能更好、不能变坏"的刚性要求。我们要时刻牢记"三线"，即资源利用有上限，保护环境有底线，法律规定有红线。[①]

二是消极责任。《环境保护法》第68条对违法许可、包庇违法行为、不作为、数据作假、依法公开信息、违法使用排污费等事项都作出了明确细致的列举规定。这些行为都属于消极的政府失责行为。除此之外，还需要进一步加强法治创新，将一些其他重要情形也纳入问责事项当中。比如，政府因未尽到相应环境保护责任，导致重大环境污染事故发生；政府未履行相应环境保护义务，导致非常严重的群体性事件发生等。

（三）环境治理的权能整合问题

一般认为，权力的分散旨在实现权力之间相互制衡、相互监督，职能的分开旨在促进分工、提升专业化。但是，在环境治理中更加注重整体治理的理念，从而维持环境的整体功能，并实现权能的整体配置和妥当行使。当前，我国环境治理中还存在权力和职能分散等碎片化问题，亟待推进解决。要实现政府的环境责任，就必须坚持以人民为中心理念，将问题导向贯彻到每一项具体工作中。要关心群众关心什么，聚焦老百姓在乎什么。这就需要地方各级政府从"各自为政"向"协同发力"转变，集中精力解决环境治理中的碎片化问题。

首先，要强化环境的整体治理，解决权力碎片化的问题。环境是基于整体的功能来服务于人类社会的发展需要，山水林田湖草是一个生命共同体。因此，我们应当对环境进行整体保护，从而维持好环境的整体服务功能。对环境进行整体保护，也需要对权力进行有效的配置和行使，注重以行政权力为基础的事前规制。

其次，要将过去地方分治的制度转变为合作共治。当前的环保工作是按照区域进行，这与环保事业具有的整体性、系统性不一致。过去，地方各级政府实行分治管理，但谁都不可能筑起万里长城把污染堵在自己的地界之外，因此必须要改变过去地方单

[①] 随着经济社会的发展，人们对生态环境的需求在提升，政府对生态环境的认知在深化，相应的政府环境责任也在迭代升级。以洞庭湖湿地的欧美黑杨为例，20世纪70年代，湖南某地引进欧美黑杨作为护堤的防护林，由于欧美黑杨成林迅速、林木蓄积量大，地方政府积极推荐农民种植。近年来，随着我国全面加强生态环境保护，当地政府经调研发现，该类杨树在成长过程中大量吸水，破坏湿地生态环境，危害洞庭湖生物多样性。为了保护洞庭湖生态环境，当地政府决定清除全部的欧美黑杨。

打独斗的做法,从地方分治走向合作共治。合作共治包括中央政府和地方政府的合作共治、上级政府和下级政府的合作共治、不同地方的政府和政府之间的合作共治、政府和社会组织及社会公众之间的合作共治。《环境保护法》第20条明确规定了重点区域的联防联控机制,这就需要有超越地方的立法,需要有超越地方的管理机构,这样才能公平对待利益受损方,给予他们公正的生态补偿。

三、自然资源管理法治化

(一)私有产权和公共产权的效率问题

产权在经济社会运行当中是至关重要的。产权可以分为私有产权和公共产权,私有产权和公共产权的效率问题是理论界长期争论的问题。有的经济学家提出,资源足够自由,它的效率就会足够大,换言之,资源足够活,它的价值就足够大。但我们认为,公共产权和私有产权不同,尤其是自然资源类,并非资源越活,资源价值越大。因为公共产权尤其自然资源,它的属性更多是公共性,需要履行公共属性。在自然资源服务社会发展的整个体系中,自然资源应当发挥它的应有效能。

按照经济学传统理论,私有产权有效率,公共产权没有效率。然而在自然资源的产权问题上,对公和私的产权效率问题却有着比较一致的认识。我们认为,自然资源的私有产权并非当然有效。有学者曾举例,在19世纪的英国,由于森林都归私人所有,所以私人几乎砍完了英国土地上的森林,一度导致英国的森林覆盖率只有3%。此后,英国成立了专门的林业委员会,从私人手里购买森林资源,重新种植树木,才使英国的森林覆盖率再次提升。[①]因此,公有产权也并非是当然无效的,在自然资源和环境保护领域,公有产权可以发挥规模经济的优势作用。由于环境保护具有整体性,所以公有资源更加有利于对环境资源的整体利用。同时,公有产权也更加关注社会效益,而并非经济利益,因此它可以有效地维护好社会公共利益。

从世界各国的情况来看,自然资源的产权普遍实行国有化,特别是对于土地、能源、矿产、海洋、水、森林等,国有占比非常高。即使在美国这样一个崇尚私有制的

[①] 参见李鸿美:《崛起的代价:16~18世纪英国森林的变迁》,载《历史教学(下半月刊)》2017年第4期。

国家,各级政府所占有的土地资源也达到了全国土地面积的40%以上。国家和自然资源的利用者还通过税收、收益金等方式进行收益的分配和共享。同时,政府也保留着对自然资源的综合性管理权力:宏观层面上包括制定资源的开发利用战略、规制土地空间的用途;微观层面上包括强化市场秩序、公共服务以及对资产的管理等。

(二)我国在自然资源管理方面存在的突出问题

1. 产权界定不明晰

根据科斯定律,鉴于交易费用和制度费用的存在,产权的明确界定是资源发挥最大化价值的前提。长期以来,我国在自然资源管理方面存在众多突出的问题,尤其是自然资源的所有权存在虚置或弱化等问题。这些问题折射到权力的配置和使用层面,导致政府作为资源代表者所行使的环境治理权力缺乏法律保障,产生协同不够、行使错位等问题。

2. 民事权利与行政权能混同

基层政府及基层干部作为自然资源产权的一线管理者和代表者,有时将行政管理上的权能和民事法律上的权利混为一谈。特别是在司法领域,对于有些纠纷到底是行政案件还是民事案件,到底是行政权争议还是财产权争议,很多基层法院的法官缺乏明晰规则的指引,导致他们无所适从。

3. 自然资源的监管职能分散

自然资源的监管职能分散在国土、农业、林业、海洋各个部门,而各部门之间又存在监管职能交叉重叠的问题。以外来物种入侵为例,由于职责分工不明,有些领域各个部门都可以管理,而有些领域各个部门则都不管理,这是产生物种入侵问题的原因之一。因此,我们认为,监管是一个系统化的整体工作,未来可以探索开展混合型的大监管。

4. 使用权人的约束机制有待完善

实践中,对资源使用权人缺乏有效的监管和约束,以致出现使用者滥用权利、损害所有者利益的问题。比如,土地承包者只考虑眼前利益,过度耕种土地而不涵养,导致土地地力难以恢复。

(三)《生态文明体制改革总体方案》

针对自然资源资产管理方面存在的问题,中央进行了相应的顶层设计。2022年3月,中共中央、国务院印发了《生态文明体制改革总体方案》,其中突出强调了自然资源资产产权制度的四个方面,即政资分开、整体政府、统一行使、分级代表,从而实现自然资源资产管理的法治化。自然资源资产产权的法治化主要体现在以下四方面:

首先,建立统一的确权登记系统,推进确权登记法治化。其次,处理好所有权与使用权的关系,适度扩大使用权的出让、转让、出租、抵押、担保、入股等权能。再次,按照所有者和监管者分开和一件事情由一个部门负责的原则,整合分散的全民所有自然资源资产所有者职责。最后,探索建立分级行使所有权的体制。对全民所有的自然资源资产,按照不同资源种类和在生态、经济、国防等方面的重要程度,研究实行中央和地方政府分级代理行使所有权职责的体制。

四、生态环境保护督察机制

早在十八届中央纪委二次全会上,习近平总书记就提出,要善于运用法治思维和法治方式反对腐败,加强反腐败国家立法,加强反腐倡廉党内法规制度建设,让法律制度刚性运行。在加强权力监督制约、把权力关进笼子的问题上,国家层面已构建了党委、人大、政府、纪检监察等完善的监督机制。党的二十大报告指出,深入推进中央生态环境保护督察。由此,在环境保护的过程中,应当加强对权力的监督力度,解决正当履职的问题,这也是环境法治的重要内容。

(一)生态环境保护督察的重要内容

2014年之前,我国的环境立法侧重于将企业作为环境约束的主要对象。2014年修订的《环境保护法》第67条规定:上级人民政府及其环境保护主管部门应当加强对下级人民政府及其有关部门环境保护工作的监督。2016年中央环保督察机制建立后,我国环保监管机制由"督企""查事"为中心向既"督企"也"督政"的工作方式转变。从现在中央环保督察回头看的情况来看,生态环保督察工作已取得了显著的成效。

首先,要加强生态环保督察的法治化。生态环保督察的有效实施,也为解决环境问题提供了重要的抓手和机制。当前,我国的生态环保督察工作已纳入法治轨道。我们认为,生态环保督察要有法律依据,既要考虑约束督察对象,也要考虑约束督察者本身。因此,在未来制定的生态环保督察条例中,要为中央以及地方的生态环保督察提供相应的法律依据和制度支撑,同时进一步完善相应的法律程序,从而保障实体正义和程序正义。从《中央生态环境保护督察工作规定》的发布来看,我们已经走出了可喜的一步，但在实施过程中还要继续完善。

其次，要建立科学问责制。一旦出现环境问题，如果问责方式简单粗暴，欠缺精准度、科学性、公信力，不仅会挫伤干部的积极性，也使"问责一个、警醒一片"的效果大打折扣。问责不只是一个处理结果，更重要的是主动聚焦问题本身，不能只将环境污染结果作为问责依据，要综合权衡各种因素，抓好后续跟踪督办，明确尽职免责的问责理念，做到有融有别，有度有序。

最后，要加强监督检查。监督检查在相关机关在监督法律的实施方面发挥着重要作用。我们不仅要实现对权力的有效监督，还要加强对上级政府的监督。根据《国家公务员法》第60条规定，公务员执行公务时，认为上级的决定或者命令有错误的，可以向上级提出改正或者撤销该决定或者命令的意见；上级不改变该决定或者命令，或者要求立即执行的，公务员应当执行该决定或者命令，执行的后果由上级负责，公务员不承担责任；但是，公务员执行明显违法的决定或者命令的，应当依法承担相应的责任。

（二）生态环境保护督察的属性

生态环保督察是环境监管系统工程中以政府为主导的子系统，是其不可或缺的重要组成部分。在监管理论上，按种类可划分为经济性监管和社会性监管，换言之，采取经济手段或非经济手段进行监管。前者强调对竞争性市场的监管，更加注重经济效益；后者强调的是社会公共利益，主要集中在安全、健康、环保三个方面。由此可见，生态环保督察的属性为社会性监管，这就意味着需要统筹施行多种非经济手段，并对各类监管工具进行有效配置和应用，只有这样才能实现有效的环境监管。

1. 有效配置环境监管工具

传统意义上的环境保护偏向于高强度的监管工具，如行政许可、监督检查、行政处罚等。随着环保法律制度及配套机制的建立健全，法律能为监管提供更多的选择，包括命令强制性、协商督导类、市场机制类、社会参与类等多元化工具等。这些强度不同的工具，需要对其进行有效的配置和利用，从而构建环境信用机制，促进环境监管。

《环境保护法》第54条规定，企业事业单位和其他生产经营者的环境违法信息应当记入社会诚信档案，违法者名单应当及时向社会公布。未来，人民法院可同中央文明办、国家发改委等其他单位合作，通过整合社会、环境数据，共同推进社会诚信体系建设。通过司法大数据与环境执法部门的互联互通互享，更好地发挥协同法治的作用，及时向社会公布违法者的名单，并且旗帜鲜明地向社会昭示鼓励与反对的方向。另外，环境保护部也制定了相应的环境信用评价办法,以此对企业遵守环境法律的状况进行评价。根据这一评价机制,面对那些屡屡违反环境法律的不诚实守信的企业,就应当加强对他们的信用约束,并对其违法失信行为进行有效的惩戒,例如增加贷款难度、提高融资成本、取消政府采购资格等,从不同方面对其形成约束。

2. 强化相关主体的权利保护

现代法治国家,环境执法应当遵循比例原则。质言之,目的和手段之间要有适当性,对于违法行为的严重性和执法手段的严厉性应该相匹配。在当前的环境执法中,《环境保护法》《大气污染防治法》和《湿地保护法》中对超标排放、限期治理、未完成治理任务、排污设施未能正常启用、违反"三同时"制度等违法行为的处罚进行了明确规定。如果情节严重,环保部门可以责令关停。除此责令关闭之外还有政策性关闭,政策性关闭不属于行政处罚,例如,基于产业结构调整的需要,工业和信息化部公布淘汰产业的目录,有些企业因此被关闭,就属于此种情形。

在环境执法中,关闭企业需要依法审慎而为,要加强政策部门之间的调控,避免产生产业链风险。尤其需注意的是,地方政府基于环境保护或产业结构调整等公共利益的需要,政策性关闭企业,应当符合法治的逻辑和要求。我们认为,在政策性关闭之前应当发挥行政主体的作用,加强评估听证程序,避免出现"一刀切"政策,对社会主体和经济发展造成不可挽回的损害。[①]

从人民法院近年裁判的相关案件来看,[②] 实行政策性关闭应满足三个条件:第一,实体上应当符合社会公共利益标准。第二,在程序上要保护相对人的权利,特别是要强化相关的程序机制,充分保障好权利人的程序权。第三,在经济上要对政策性关闭的权利主体给予相应补偿。

[①] 以湖南省汨罗市循环经济整治为例。2017年以前,汨罗市循环经济一直处于比较粗放的状态。2017年,汨罗市委提出建设更高品质生态文化活力汨罗,扎实开展生态汨罗建设和循环经济整治。2018年4月20日,汨罗市遵循相关法律程序和行政程序,有序关停了以前比较粗放的废品交易市场,把它规范到循环经济产业园进行统一交易,同时妥善关停了全市大概1100多家加工户,将其整合为四个高分子行业平台公司。在产业转型升级的过程中,当地政府部门负责同志和人民群众的认识逐步提升、转变,汨罗市的生态环境发生了很大变化,环境治理成本也大幅度降低。

[②] 例如,最高人民法院行政裁定书(2020)最高法行申7018号,明确表明"实践中仍应遵守正当程序与法治秩序的基本要求""因公共利益而关闭退出,因此所受的直接损失有权主张合理公平的补偿"。

第四节
人民法院为生态文明建设提供有力司法服务和保障

一、生态文明建设的法治改革

当前,我国的生态文明建设对环境法治提出了崭新的要求。改革开放四十多年来,我们取得了举世瞩目的成就,然而当我们经济社会各方面都快速发展的时候,环境形势却更加严峻。在这样的背景下,我们打造了旗帜鲜明的生态文明话语体系。

(一)法治"护航"生态文明建设

习近平总书记在2018年全国生态环境保护大会上指出:"用最严格制度最严密法治保护生态环境,加快制度创新,强化制度执行,让制度成为刚性的约束和不可触碰的高压线。"习近平总书记用"最严格制度最严密法治"来表达生态文明建设的重要法治意蕴,显示出习近平总书记对生态文明建设法治化的殷切期望。在此基础上,党中央、国务院出台了《关于加快推进生态文明建设的意见》《生态文明体制改革总体方案》《关于全面推行河长制的意见》等一系列生态环保制度,形成系统完备、科学规范、运行有效的制度体系,各方面的制度更加成熟更加定型。

党的十九大以来,中央办公厅、国务院办公厅印发了《关于统筹推进自然资源资产产权制度改革的指导意见》,中共中央、国务院印发了《关于建立国土空间规划体系并监督实施的若干意见》等文件。党的十九届四中全会提出,要实行最严格的生态环境保护制度,全面建立资源高效利用制度,健全生态保护和修复制度,严明生态环境保护责任制度。生态文明制度体系日臻完善,领导干部生态文明建设责任制逐步落实。

生态文明建设归根到底要靠法治，法治也必将在生态文明建设中发挥重要作用。这就要求我们的法律制度必须体现生态文明建设的系列要求，包括生态伦理学的价值观念、道德原则和行为规范。生态文明法治建设要坚持问题导向，着力解决当前存在的突出问题，包括生态法治观淡薄、环境立法偏虚、环境法律实施偏软、政府环境责任偏弱、环境司法救济乏力以及社会共治较弱等问题。在新时代背景下，环境法治需要着眼于立法、执法、司法、守法各方面和全过程。

（二）生态文明法治化的立法发展

我国现行有效的环境法律都是改革开放后制定的，并且多数经历了多次修改，包括即将生效的法律在内，35部环境法律共计进行了72次修正、修订（包括以正式立法替代试行法、重新制定同领域的法律），特别是20世纪制定的19部法律多数经过了3次以上修改。而且，大部分环境法律出台后一直生效延续至今。这一方面说明了环境法律的相对稳定性，另一方面至少从形式上说明环境立法的范围仍处于扩展过程中，环境法律的内容仍在不断丰富的过程中。[1]

2019年，全国人大环资委、常委会法工委和国务院有关部门、司法机关等共同成立立法工作领导小组，积极建立健全最严格最严密的生态环境保护法律制度。近年来，多个立法项目达成目标，环境立法取得了丰硕成果。比如，2019年8月26日，正式通过《资源税法》，形成绿色税制建设的重要组成部分；2020年4月29日，全面修订《固体废物污染环境防治法》，顺应打好污染防治攻坚战的迫切需要，强化公共卫生法治保障；2020年12月26日，正式通过《长江保护法》，作为我国第一部流域法律，对保护长江流域生态环境意义重大。

2021年，以环境单行法为主的环境立法继续保持比较活跃的状态。在国家立法层面，全国人大常委会制定或修正的《湿地保护法》《噪声污染防治法》《草原法》以及国务院制定的《地下水管理条例》和《排污许可管理条例》相继出台。在地方立法层面，2021年出台的地方性生态环境保护法规数量仍然较多，延续了近年来特别是地级市获得地方立法权以来的地方环境立法热潮，而且立法领域基本覆盖了污染防治、生态和自然资源保护等环境保护基本领域，以及如乡村人居环境等新的生态环境保护领

---

[1] 参见刘长兴：《中国环境立法年度观察报告（2021）》，载《南京工业大学学报（社会科学版）》2022年第2期。

域,从内容上也呈现了一些新的特色。[①]

(三)生态文明法治化的司法进程

2022年9月20日,最高人民法院召开新闻发布会,介绍环境资源审判护航美丽中国建设有关情况。十年来,人民法院坚持用最严格制度最严密法治保护生态环境,强化生态环境法治保障,人民法院共审结各类环境资源案件196.5万件,其中审结刑事案件24.4万件,判处罪犯30.3万余人,严惩破坏生态环境犯罪、有力维护国家生态环境安全。

此外,环境资源裁判规则体系日益完善。最高人民法院先后出台新时代加强和创新环境资源审判工作意见等司法政策文件15部。制定环境污染犯罪、环境侵权、环境公益诉讼等司法解释21部。发布环境侵权禁止令、惩罚性赔偿等司法解释,以预防性、惩罚性司法措施及时有力保护生态环境。各地法院贯彻恢复性司法理念,遵循自然规律、探索创新补植复绿、增殖放流、劳务代偿、技改抵扣、认购碳汇等多种环境资源审判独有的裁判执行方式,建设系列生态司法修复基地,为不同类型的自然环境、生态系统提供全方位修复选项。

二、环境资源立法的现实路径

(一)环境资源立法的基本要求

首先,要实现立法的系统化。立法要考虑人和自然之间的和谐共生关系,在综合权衡利弊的基础上明确社会成员的权利义务。其次,要实现执法的规范化。要有力推动环境法律的落实落地,以环境行政执法的透明化、规范化、法治化为着力点,努力提高执法效能,促进严格规范公正文明执法。最后,要实现司法的专业化。换言之,就是要实现全国范围内法律适用的相对统一。

(二)环境资源立法的具体路径

现行法律对生态文明法治化建设的回应主要有两种具体路径,有学者称之为法律体系生态化,即指用生态文明的理念和生态学的原理方法指导我国法律体系的发展

[①] 参见刘长兴:《中国环境立法年度观察报告(2021)》,载《南京工业大学学报(社会科学版)》2022年第2期。

与健全,将生态文明观和生态文明建设贯穿到我国相关法律制定、修改和健全的全过程。[1]

第一条路径,传统法律的绿色化。具体而言,就是通过在传统法律制度中融入绿色元素,让既有法律体系呈现生态化绿色化的趋势,由此形成现代意义上的绿色法律体系。第二条路径,制定专门的环境资源法律。质言之,在立法的顶层设计层面,要承认环境资源法这一独立的法律部门,将其作为中国特色社会主义法律体系的重要组成部分,并开展专门立法活动,从而调整日益严重的人与自然资源之间的矛盾。

(三)环境资源立法的建议

法律是治国之重器,法治是国家治理体系和治理能力的重要依托。因此,以良好的环境资源法律制度来引领环境善治是当然的方向。从目前的环境立法来看,还存在一些与生态文明建设需求不相适应的地方,在这种情况下,可以从以下几个方面改进、完善我国环境资源法律制度。

第一,要提升环境立法质量,必须解决立法偏虚的问题。习近平总书记指出:"人民群众对立法的期盼,已经不是有没有,而是好不好、管用不管用、能不能解决实际问题;不是什么法都能治国,不是什么法都能治好国;越是强调法治,越是要提高立法质量。"[2]因此,立法作为法治之基础,要持续为善治供给良法,不能只考虑自己的方便,而要考虑是否能提升社会总体效率、是否有利于法律规范的实施。在法律规则的设计方面,要不断提高立法规则的精细化水平,杜绝形式主义,突出环境义务责任。这主要有四个方面有待完善:标准要尽可能严格、措施要尽可能周全、程序要尽可能妥当、责任要尽可能严厉。

当然,近年来环境立法质量已得到大幅提升,未来要进一步攻坚环境资源法律制度中的重点难点。在重点立法层面,既包括土壤污染、水污染、大气污染防治以及海洋生态环境保护等方面的法律法规,也包括生态补偿标准、环境保护教育、环境垃圾分类等方面的补充规范。在重点制度层面,既包括自然资源产权方面的法律制度,也包括国土空间开发保护方面的法律制度,还包括促进绿色发展、循环发展、低碳发展方面的法律制度,以及相应的法律责任规范。

---

[1] 蔡守秋:《论我国法律体系生态化的正当性》,载《法学论坛》2013年第2期。
[2] 参见2013年2月23日,习近平在十八届中央政治局第四次集体学习时的讲话。

第二，要提高立法质量，必须强化法律制度之间的协同。就各类法律制度的性质而言，大体上分为三类：预防性法律制度、管控性法律制度和救济性法律制度。生态规划、环境影响评价、环境风险评估、环境标准、环境信息公开，属于预防性法律制度；而产权制度、行政许可制度、总量控制、经济调控等属于管控性法律制度；生态补偿、生态修复、环境公益诉讼属于救济性法律制度。在环境立法过程中，需要我们进一步强化不同法律制度之间的协同，真正做到预防优先、管控有效、救济有力。

关于如何解决中央和地方之间法律协调问题。一方面，地方环境立法应当在中央统一立法的框架下来推进，这也是由法治的统一性所决定。另一方面，鉴于环境立法的个性化、差异化，地方环境立法既要根据地方自身的环保需求与中央制定的国家法律规范相契合，也要充分发挥主观能动性推出因地制宜的地方性环保法规。我们认为，地方环境立法既是对上位法的遵循，也是对上位法的补充，更是推动实现良法善治的助力和赋能。

三、环境权益的司法救济

（一）专门审判机构和集中管辖机制的构建

党的十八大以来，我国环境司法发展迅速而澎湃。2014年6月，以最高人民法院环境资源审判庭的设立为标志，各地环境资源审判机构纷纷设立，掀起了环境司法专门化的热潮，我国环境司法事业正式迈入专业化时代。数据显示，包括环境资源审判庭、合议庭、巡回法庭在内，目前全国的环境资源审判机构已超过1200个。[1]特别是继设立南京、兰州环境资源法庭之后，最高人民法院批准设立昆明、郑州环境资源法庭，积极探索专门审判机构建设和集中管辖机制新实践。这对于推进环境司法的专业化，有效维护环境权益发挥了重要作用。

（二）完善环境侵权司法救济制度的路径

从当前司法现状来看，环境侵权司法救济的门槛较高，维护权益的激励机制不够成熟，相关证据规则不尽完善，现实中各方力量的博弈也可能导致环境侵权司法救济

---

[1] 参见《从1到1200，环境司法浪潮澎湃——环保法庭守护青山绿水》，载《光明日报》2020年3月21日，第7版。

的途径不通畅。从未来的发展趋势看，完善环境侵权司法救济制度的路径主要有以下两个方面。

一要进一步畅通诉讼渠道。当前人民法院实行了立案登记制改革，依法保障当事人诉权，实现了"有案必立，有诉必理"，这为畅通环境诉讼的救济渠道提供了重要的体制机制。在这种情况下，应当鼓励相关的行政机关、社会组织以及检察院，充分利用法律所赋予的诉权来维护自身的环境权益和社会公共利益。当然，环境资源审判与传统民事审判在司法目的层面还有所不同：传统民事审判的目的更多在于定分止争、填补损害等，而环境资源审判的目的还蕴含教育意义，即达到"办理一案、教育一片"的社会效果。

二要实现环境司法专门化。换言之，立案之后还要有效地进行裁判。从未来的发展趋势来看，环境司法应当恪守创新思维，建立更为有效的体制机制。比如，探索实现跨区域管辖制度，可将一省划分为多个环境审判区域，实现跨区域的管辖；又如，建立生态鉴定制度，通过专业化的生态鉴定来为环境司法提供案件审理的科学理论依据；再如，进一步完善专家辅助机制，充分借助专家辅助机制提高案件审理的专业化水平。

（三）环境资源审判典型案例的意义

各级人民法院坚持以习近平新时代中国特色社会主义思想为指导，认真学习贯彻习近平生态文明思想，深入贯彻落实"两山"理念，通过依法审理环境资源审判案件，全面加强生态环境司法保护，落实最严格的源头保护、损害赔偿和责任追究制度，为推进新时代生态文明建设、实现经济高质量发展、建设美丽中国提供了有力司法服务和保障。

近年来，为全面展示并指导各级法院环境资源审判工作，最高人民法院持续开展典型案例和指导案例的遴选工作，涉及环境污染防治、生态保护、资源开发利用、气候变化应对以及环境治理与服务等相关领域，发布的案例所涉生态要素多、保护范围广、程序复合程度高、探索创新意识强，集中体现了人民法院环境资源审判的鲜明特色、专业要求和功能作用。相较传统型司法，鉴于环境司法裁判规则供给不足，典型案例和指导案例对环境司法尤为重要，很多司法实践经验都是从司法案例中提炼形成的，以此发挥案例示范引领和规则补充作用。此外，最高人民法院高度重视涉外法治宣传，迄今已有 20 件中国环境资源司法案例和 4 部白皮书刊登于联合国环境规划署司法门户网站,持续向国际社会宣讲中国法治故事、传播中国法治强音。由此可见,司法案例在环境司法领域发挥着无可替代的重要作用。

首先,司法案例体现最严格制度最严密法治要求。例如,相关案例妥善适用禁止令和从业禁止,发挥了司法裁判的矫正作用和预防性保护功能,助力深入打好污染防治攻坚战。再如,人民法院依法审理江河源头地区水土保持费征缴案件,显著提升了水土流失治理效能,加强了长江、黄河等重点流域区域生态环境保护。

其次,司法案例完整准确全面贯彻新发展理念。例如,人民法院依法审理涉高耗能、高排放企业规划、建设、生产引发的纠纷,鼓励清洁生产,推动了重点行业和重要领域绿色转型升级。再如,人民法院依法审理高耗能、高排放企业破产清算转重整案件,设置"环保承诺"投资条件,制定绿色重整方案,推动企业重获新生走上绿色低碳发展道路。

再次,司法案例彰显恢复性司法理念。例如,在破坏生态环境案件中,人民法院对引入外来物种等不合理、不科学生态修复行为作出否定评价,指引科学合理开展生态修复。再如,人民法院明确要以技改费用抵扣生态环境修复费用,并引导、鼓励、支持企业在没有法律强制要求情况下,自觉采取措施节能减排、降低环境风险、维护环境公共利益。

最后,司法案例助力推动提升生态环境治理法治水平。例如,人民法院在案件办理过程中,通过联动机制、司法建议、线索移送等方式实现信息共享,推动提升环境治理效能,构建完善全方位、全领域、全要素的生态环境保护法治体系。再如,在涉行政职能调整行政公益诉讼案件中,人民法院准确识别部门职能范围,推动行政机关依法履职。

结 语

习近平新时代中国特色社会主义思想是生态文明建设的"魂"与"根",习近平生态文明思想和习近平法治思想更是贯穿于生态文明法治化建设的"定星盘""压舱石"。"理论是灰色的,而生命之树常青。"习近平生态文明思想和习近平法治思想之间具有内在的逻辑关联,彼此融通呼应、互为支撑保障,共同构成新时代中国环境司法的源泉动力,不断推动环境资源审判能力水平现代化向纵深发展。在环境资源审判工作中,习近平生态文明思想和习近平法治思想既是解释论上的思维方式,也是认识论上的目标要求,还是方法论上的现实路径。每一个司法案例都是我们践行习近平新时代中国特色社会主义思想的生动实践,让马克思主义中国化的生命之树愈发青翠蓬勃。

如果用全面、辩证、发展的眼光来看待人类文明发展,以人类命运共同体为核心的全球化已经是不可逆转的大势所趋,而下一阶段必然进入生态文明。生态文明作为工业文明之后的崭新文明形态,它是人类遵循人、自然、社会和谐发展这一客观规律而取得的物质与精神成果的总和。包括中国在内的很多国家,生态文明的美好画卷正在徐徐铺开、逐帧绘就,不同国家或地域的社群和族群在生态文明建设的浪潮里一脉相连、祸福相依,共同构建了人类命运共同体。

"生态兴则文明兴,生态衰则文明衰",纵观人类文明发展史,生态环境是人类生存和发展的根基,其变化直接影响人类文明的兴衰演替。2013年3月,习近平总书记首次提出人类命运共同体的理念,为生态文明建设提供了逻辑支撑,更为人类文明发展新形态作出了生动诠释。离开人类命运共同体的基本共识,共谋全球生态文明将举步维艰,畅想构建未来文明更缺乏深厚积淀。

正因如此,我们要始终坚持以习近平新时代中国特色社会主义思想为指导,恪守人类命运共同体理念,深入贯彻习近平生态文明思想和习近平法治思想,用辩证思维和创新思维妥善处理环境资源审判中的法治问题和生态问题,努力推动环境资源审判体系和审判能力现代化不断向纵深发展,更好地为生态文明建设提供司法服务和保障。

后　记

《环境资源审判研究》教材的编写始终坚持以习近平新时代中国特色社会主义思想为指导，深入贯彻习近平生态文明思想和习近平法治思想。国家法官学院组成专门撰写团队，广泛调研、反复研讨，历时两年，最终呈现给各位读者。教材旨在通过历史梳理、大数据分析、实践调研等视角充分把握环境资源审判的过去、现在、未来，为司法实践以及相关领域提供参考。

撰写团队拟定初步编写大纲后，于 2020 年 12 月前往河南濮阳、鹤壁，陕西延安等地开展实地调研，同时与中国司法大数据研究院合作开展环境资源审判数据分析，并积极参与相关环境资源审判工作会议和开展环境资源审判专题培训，在此基础上，对环境资源审判展开全面系统研究。

本教材的面世离不开诸多助力。首先感谢最高人民法院环境资源审判庭对编写大纲提出的中肯建议。其次感谢河南省濮阳市中级人民法院、河南省鹤壁市中级人民法院、陕西省延安市中级人民法院、安徽省黄山市中级人民法院、浙江省湖州市中级人民法院、湖南省岳阳市中级人民法院等对教材调研工作的大力支持，包括提供当地法院以及检察机关、行政机关环境资源案件处理情况的第一手资料在内的大力帮助。最后，感谢最高人民法院信息中心和中国司法大数据研究院在本书有关大数据分析内容方面给予的大力支持。本书所涉数据分析由中国司法大数据研究院依托人民法院大数据管理和服务平台挖掘提取并做统计分析，对全貌式呈现环境资源审判变化趋势发挥了积极作用，便于读者洞察和把握环境资源审判规律性特点和趋势性特征。此外还要感谢对本书给予指导和帮助的中央党校政法部王伟教授，感谢对于本书第二章提供不同形式帮助的王翼妍、吴凯杰、冉旭、张静婷、杜金啸、关士香。

当然，由于时间以及能力等原因，教材难免存在不足之处，敬请各位读者谅解，并多提宝贵意见。

本书编写组
2022 年 1 月